普通高等教育“十一五”国家级规划教材

小麦加工工艺与设备

田建珍　温纪平　主编

科学出版社
北京

内 容 简 介

本书在详细分析小麦品质特性的基础上，对小麦加工的清理、制粉及小麦粉后处理工序的生产工艺、操作与控制等方面作了较全面的阐述；对小麦加工生产过程中各主机设备的基本原理、设备结构、性能参数、操作与维护、常见故障的排除方法，以及影响工艺效果的主要因素等也进行了较为详细的介绍。

本书可作为高等院校粮食工程专业本科生的专业课教材，也可作为从事粮食加工的科技工作者和企业工程技术与管理人员的参考书。

图书在版编目(CIP)数据

小麦加工工艺与设备/田建珍，温纪平主编.—北京：科学出版社，2011.6
普通高等教育“十一五”国家级规划教材
ISBN 978-7-03-031574-8

Ⅰ.①小… Ⅱ.①田…②温… Ⅲ.①小麦-粮食加工-高等学校-教材
Ⅳ.①TS211

中国版本图书馆 CIP 数据核字(2011)第 113485 号

责任编辑：席 慧 王国栋 贺窑青 / 责任校对：张怡君
责任印制：赵 博 / 封面设计：耕者设计工作室

科学出版社 出版
北京东黄城根北街 16 号
邮政编码：100717
http://www.sciencep.com
北京科印技术咨询服务有限公司数码印刷分部印刷
科学出版社发行 各地新华书店经销
*
2011 年 6 月第 一 版 开本：787×1092 1/16
2024 年 5 月第十二次印刷 印张：20 1/2
字数：489 000

定价：79.80 元

（如有印装质量问题，我社负责调换）

《小麦加工工艺与设备》编委会名单

主　编　田建珍　温纪平

编　委　（按姓氏笔画排序）

王晓曦　毛广卿　朱永义

李利民　林江涛　赵仁勇

主　审　朱永义　郭祯祥

前　　言

当今的小麦加工业正朝着规模化、集约化方向发展，小麦加工工艺不断更新，新型的加工设备不断涌现。为适应小麦加工业的发展，满足粮食工程专业的教学、科研需求，特编写《小麦加工工艺与设备》一书。本书是编者在同类型教材的基础上，汇集多年的教学、科研与生产实践经验，借鉴近年来国内外小麦加工领域大量的科技成果与文献资料编撰而成的。编写过程中，在注重小麦加工基础理论的前提下，增加了设备操作等内容，强化了其实践性与实用性，并力求反映小麦加工业的新设备、新工艺、新技术与新成果。

书中系统地论述了小麦的工艺品质、小麦加工主要生产工序的基本原理、设备结构特点、性能参数与应用技术；着重介绍了小麦制粉工艺的特点与关键技术。本书可作为高等院校粮食工程专业本科生的专业课教材，也可作为从事粮食加工的科研人员、工程技术人员以及小麦粉师的参考书。

本书由河南工业大学田建珍、温纪平任主编，朱永义、王晓曦、毛广卿、李利民、林江涛、赵仁勇参与编写。朱永义教授除参与本书编写外，在本书整体框架的构建、结构的把握等方面做出了贡献，并与郭祯祥教授一起担任本书的主审。本书的编写人员均为河南工业大学粮油食品学院粮食工程系的教授与副教授，具有丰富的教学、科研与小麦加工厂工程设计的实践经验。

在本书编写过程中，得到了河南工业大学领导的大力支持，得到了粮食工程与粮食机械有关专家、教授的热心帮助，同时参阅了诸多专家、学者的优秀论著与文献，借鉴并引用了部分有价值的资料及研究成果，在此一并表示诚挚的谢意。

限于编者的学识水平，书中难免有疏漏、缺陷与错误之处，恳请各位读者批评指正。

编　者

2011 年 3 月

目　　录

第一章 小麦及其理化特性

小麦是小麦属(*Triticum*)植物的统称，是一种在世界各地广泛种植的禾本科植物，最早起源于中东的新月沃土(Levant)地区。中国是世界上较早种植小麦的国家之一，春秋战国时期，我国文字中就有了“麦”字，黄淮流域广大地区也已种植有小麦。公元4～5世纪，中国小麦经朝鲜半岛传入日本，被广泛种植。

小麦的颖果是人类的主食之一，磨成面粉后可制作面包、馒头、饼干、蛋糕、面条、油条、油饼、烧饼、煎饼、水饺、煎饺、包子、馄饨、蛋卷、方便面、年糕、意式面食、古斯米等食物；发酵后可制成啤酒、酒精、伏特加，或生物质燃料。小麦也可作为家畜的饲料，麦草还可作为饲料或铺设屋顶的材料。小麦是我国居民最重要的口粮作物，我国有45%左右的居民以小麦为主要口粮。近年来我国年人均小麦口粮消费78kg左右，仅次于稻谷的年人均消费量(102kg)。2009年制粉小麦的消费量达1.05×10^8t。由于小麦粉优良的食品加工特性，未来小麦的消费因食品工业的发展将呈现小幅增长的态势。

小麦是一种温带长日照植物，适应范围较广，自北纬18°～50°，从平原到海拔4000m的高度(如我国西藏自治区)均有栽培。根据小麦穗状花序的疏密程度，小穗的结构，颖片、外稃和芒，以及谷粒的性状、颜色、毛绒等特征，种下划分为很多亚种、变种、变型和品种；根据小麦对温度要求的不同，将其分为冬小麦和春小麦两个生理型，不同地区种植不同生理型小麦。

小麦是世界上总产量第二的粮食作物，仅次于玉米，而稻米则排名第三。20世纪50年代以来，世界小麦生产发展很快。2008～2009年，世界小麦种植面积为2.258亿公顷，总产量6.749×10^8t，占谷物总产量的1/4以上，与1948～1952年平均值比较，2008～2009年世界小麦面积扩大了41.2%，单产提高了151.2%，总产量增长了254.7%。美国农业部曾在2010年8月预计2009～2010年全球小麦产量为6.593×10^8t，消费量为6.452×10^8t，期末库存量为1.836×10^8t。2008～2009年小麦种植面积超过1000万公顷的国家和地区有7个，即俄罗斯、印度、欧盟、中国、美国、澳大利亚和加拿大，7个国家和地区小麦种植面积占世界总种植面积的66.3%，占世界小麦总产量的77.6%。

小麦为我国三大粮食作物之一，历史最高产量突破1.2×10^8t，近年来小麦产量稳定在1.1×10^8t左右，超过国内粮食总产量的1/5；小麦为北方地区冬季唯一在田粮食作物。

第一节 小麦的分类与质量标准

一、小麦的分类

我国小麦分为6个种，每个种又有许多亚种。普通小麦分布最广，约占96%以上；圆锥小麦主要分布在我国中部、西部和西北部，约占2%；密穗小麦和硬粒小麦(杜伦小麦)主要分布在我国西南和西北地区，不足1%；极少量的东方小麦和波兰小麦主要分布在山西省、新疆维吾尔自治区等地；云南小麦为我国独有，主要分布在云南省西部地区。

（一）按播种气候和地理位置划分

按播种气候和地理位置划分普通小麦可分为冬小麦和春小麦两种。春季播种的小麦称春小麦，秋季播种的小麦称冬小麦。我国以冬小麦为主。我国在黑龙江省、内蒙古自治区和西北地区种植春小麦，于春天3～4月播种，7～8月成熟，生育期短，100天左右；在辽东、华北、华南一带，新疆维吾尔自治区南部、陕西省、长江流域各省栽种冬小麦，秋季10～11月播种，翌年5～6月成熟，生育期长达180天左右。

根据各地域的气候特征、地势地形、土壤类型、品种生态类型、种植制度、栽培特点和播种、成熟期早晚等，将全国小麦种植区划分为10个主要区（图1-1-1）。

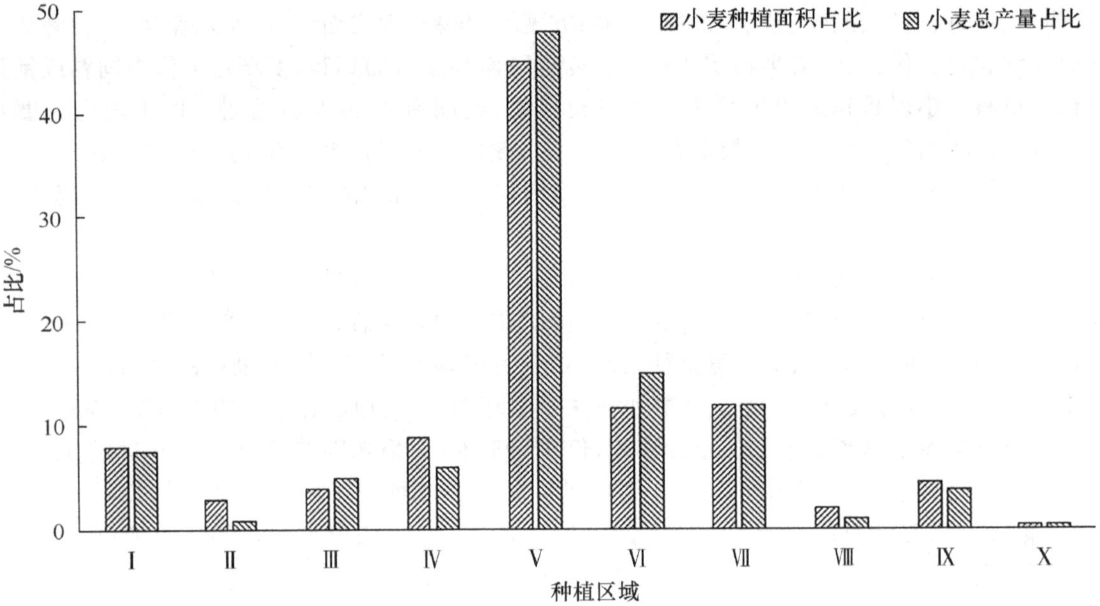

图1-1-1　不同区域的小麦种植面积和总产量占全国的比例/%

Ⅰ．东北春麦区

东北春麦区包括黑龙江、吉林两省全部，辽宁省除南部沿海地区以外的大部分地区及内蒙古自治区东北部。全区麦田面积和小麦总产量均接近全国的8%左右，约占全国春小麦面积和总产量的47%和50%，为春麦主要产区，其中黑龙江省为该区主产区。

Ⅱ．北部春麦区

北部春麦区地处大兴安岭以西、长城以北，西至内蒙古自治区的鄂尔多斯市和巴彦淖尔盟、北邻蒙古人民共和国。全区以内蒙古自治区为主，同时包括河北、陕西两省长城以北地区和山西省北部。全区小麦种植面积和总产量分别占全国的3%和1%左右，约为全区粮食作物面积的20%。该区小麦平均单位面积产量在全国各麦区中为最低，且发展很不平衡；西部河套灌区的鄂尔多斯市、巴彦淖尔盟等地的产量水平较高，其他地区，如河北省的张家口、山西省的大同、朔州及陕西省的榆林等均为低产区。

Ⅲ．西北春麦区

西北春麦区以甘肃省及宁夏回族自治区为主，还包括内蒙古自治区西部及青海省东部部分地区。全区麦田面积约占全国的4%，小麦总产量达5%左右。该区小麦单产在全国范围内仅次于长江中下游冬麦区，居各春麦区小麦单产之首；地区间差异大，其中甘肃省河西走廊灌区及宁银引黄灌区的单产较高。

Ⅳ. 北部冬麦区

北部冬麦区包括河北省长城以南，山西省中部和东南部，陕西省长城以南的北部地区，辽宁省辽东半岛，以及宁夏回族自治区南部，甘肃省陇东地区和北京、天津两市。全区麦田面积和总产量分别为全国的9%和6%左右，约为该区粮食作物种植面积的31%。

Ⅴ. 黄淮冬麦区

黄淮冬麦区包括山东省全部，河南省大部(信阳地区除外)，河北省中南部，江苏及安徽两省淮北地区，陕西省关中平原地区，山西省西南部及甘肃省天水地区。全区小麦面积和总产量分别占全国麦田面积及总产量的45%和48%左右，约为全区粮食作物种植面积的44%，是中国小麦主要产区。

Ⅵ. 长江中下游冬麦区

长江中下游冬麦区北抵淮河，西至鄂西山地及湘西丘陵区，东至东海海滨，南至南岭，包括江苏、安徽、湖北、湖南各省大部，上海市与浙江、江西两省全部，以及河南省信阳地区。全区小麦面积约为全国麦田总面积的11.7%，总产量约为全国小麦总产量的15%。

Ⅶ. 西南冬麦区

西南冬麦区包括贵州全省，四川省、云南省大部，陕西省南部，甘肃省东南部，以及湖北、湖南两省西部。麦田面积和小麦总产量均为全国小麦总产量的12%左右，其中以四川盆地面积最大，亩产和总产最高。

Ⅷ. 华南冬麦区

华南冬麦区包括福建、广东、广西和台湾四省(自治区)全部，以及云南省南部。小麦种植面积约为全国麦田总面积的2.1%(不包括台湾省)，总产量约为全国小麦总产量的1.1%；小麦不是该区主要农作物，其历年面积极不稳定，且近年锐减。

Ⅸ. 新疆维吾尔自治区冬春麦区

新疆维吾尔自治区冬春麦区小麦种植面积和总产量分别为全国的4.6%和3.8%左右。其中北疆小麦面积约为全区的57%，以春麦为主，单产也高于南疆；南疆则以冬小麦为主，面积为春小麦的3倍以上。

Ⅹ. 青藏春麦冬麦区

青藏春麦冬麦区包括西藏自治区和青海省大部，甘肃省西南部、四川省西部及云南省西北部。全区以林牧为主，小麦种植面积和总产量均占全国小麦总产量的0.5%，其中以春麦为主。20世纪70年代中期起，藏南开始发展冬麦。藏南河谷地带及昌都等地区地势低平、土壤肥沃、灌溉发达，是全区小麦主产区。

(二) 按照小麦籽粒的皮色划分

麦粒皮色有红白之分，红皮的为红麦，白皮的为白麦。由于品种和受环境影响不同，红皮小麦又有深红色和红褐色之分；白皮小麦又有白色、乳白色或黄白色之分。

(三) 按照小麦籽粒的粒质划分

世界上所生产的小麦约95%属于普通小麦，另外5%为硬粒小麦或杜伦小麦(Durum

wheat)，而普通小麦中的商品小麦(market class of common wheat)则以硬度(hardness)及其所反映的用途作为分类的依据，分成两大类，一类为硬质小麦，另一类为软质小麦。

二、我国商品小麦的分类

鉴于冬、春小麦在实际贸易中不易区分，且在品质、性状和加工利用等方面无明显差异，新的国家标准《小麦》(GB1351—2008)根据皮色和粒质将我国商品小麦分为5类，取消了原标准(GB1351—1999)中冬小麦和春小麦的分类。小麦播种季节可在合同等随行文件中或在包装上标注。

① 硬质白小麦：种皮为白色或黄白色的麦粒不低于90%，硬度指数不低于60的小麦。

② 软质白小麦：种皮为白色或黄白色的麦粒不低于90%，硬度指数不高于45的小麦。

③ 硬质红小麦：种皮为深红色或红褐色的麦粒不低于90%，硬度指数不低于60的小麦。

④ 软质红小麦：种皮为深红色或红褐色的麦粒不低于90%，硬度指数不高于45的小麦。

⑤ 混合小麦：不符合①～④各条规定的小麦。

其中，硬度指数(hardness index)是表征小麦硬度的指标，指在规定条件下粉碎小麦样品，留存在规定筛网上的样品占试样的质量分数，用HI表示。硬度指数越大，表明小麦硬度越高，反之表明小麦硬度越低。

三、我国商品小麦的定等指标及质量要求

国家标准《小麦》(GB1351—2008)规定，商品小麦按容重分为6个等级。容重相差20g/L降一个等级。不完善粒(%)为辅助定等指标。商品小麦的质量要求见表1-1-1。

表1-1-1 小麦质量要求

<table>
<tr><th rowspan="2">等 级</th><th rowspan="2">容重/(g/L)</th><th rowspan="2">不完善粒/%</th><th colspan="2">杂质/%</th><th rowspan="2">水分/%</th><th rowspan="2">色泽、气味</th></tr>
<tr><th>总量</th><th>其中矿物质</th></tr>
<tr><td>1</td><td>≥790</td><td rowspan="2">≤6.0</td><td rowspan="6">≤1.0</td><td rowspan="6">≤0.5</td><td rowspan="6">≤12.5</td><td rowspan="6">正常</td></tr>
<tr><td>2</td><td>≥770</td></tr>
<tr><td>3</td><td>≥750</td><td rowspan="2">≤8.0</td></tr>
<tr><td>4</td><td>≥730</td></tr>
<tr><td>5</td><td>≥710</td><td>≤10.0</td></tr>
<tr><td>等外</td><td><710</td><td>—</td></tr>
</table>

注："—"为不要求。

小麦赤霉病粒最大允许含量为4.0%，单粒赤霉病项目按不完善粒归属。

小麦赤霉病粒超过4.0%的小麦是否收购，由省、自治区、直辖市规定，收购超过规定的赤霉病麦要就地妥善处理。

黑胚小麦由省、自治区、直辖市规定是否收购或收购限量。收购的黑胚小麦就地处理。卫生检验和植物检疫按照国家有关标准和规定执行。

供人食用小麦的卫生要求必须符合《粮食卫生标准》(GB 2715—2005)，饲料小麦的卫生要求必须符合《饲料卫生标准》(GB 13078—2001)。

不完善粒(unsound kernel)是指受到损伤但尚有使用价值的小麦颗粒。包括以下几种。

① 虫蚀粒(injured kernel)：被虫蛀蚀，伤及胚或胚乳的颗粒。

② 病斑粒(spotted kernel)：粒面带有病斑，伤及胚或胚乳的颗粒。其中，黑胚粒(black germ kernel)：籽粒胚部呈深褐色或黑色，伤及胚或胚乳的颗粒；赤霉病粒(gibberella damaged kernel)：籽粒皱缩，呆白，有的粒面呈紫色，或有明显的粉红色霉状物，间有黑色子囊壳。

③ 破损粒(broken kernel)：压扁、破损，伤及胚或胚乳的颗粒。

④ 生芽粒(sprouted kernel)：芽或幼根虽未突破种皮但胚部种皮已破裂或明显隆起且与胚分离的颗粒，或芽或幼根突破种皮不超过本颗粒长度的颗粒。

⑤ 生霉粒(moldy kernel)：粒面生霉的颗粒。

色泽、气味(color and odor)指一批小麦固有的综合颜色、光泽和气味。

优质小麦中强筋小麦的分类与质量标准见附录一 GB/T 17892—1999，弱筋小麦的分类与质量标准见附录二 GB/T 17893—1999。

第二节　小麦籽粒的形态结构

一、小麦籽粒的形态特征

小麦籽粒的形态(morphological characteristics of wheat kernel)如图 1-2-1 所示，因为小麦的穗轴韧而不脆，脱粒时颖果很容易与颖分离，所以收获所得的小麦籽粒是不带颖的裸粒

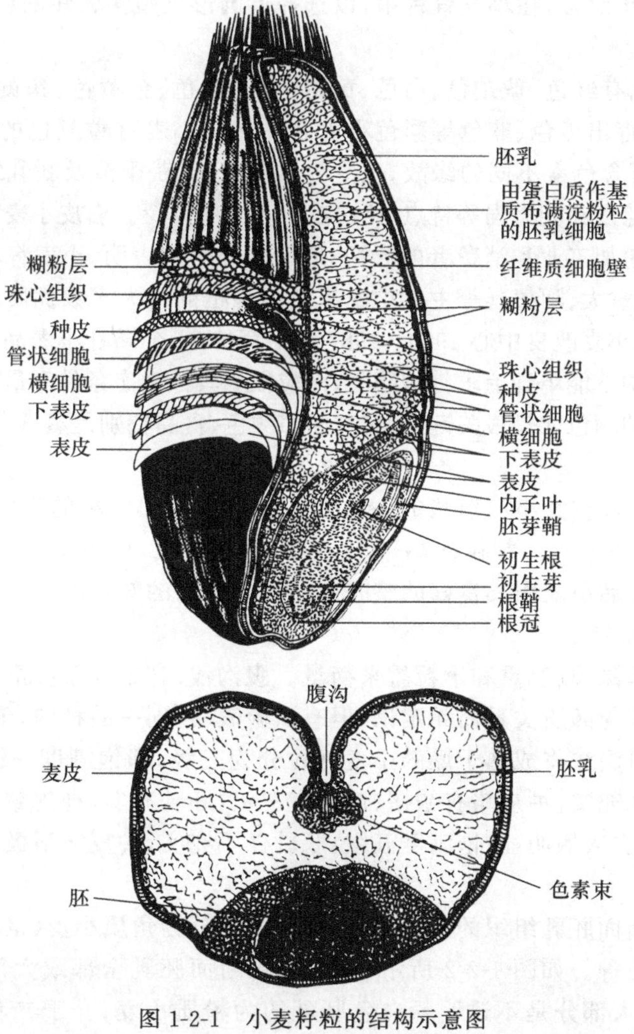

图 1-2-1　小麦籽粒的结构示意图

(颖果)。小麦籽粒的顶端生长有茸毛(称麦毛),下端为麦胚,胚的长度为籽粒长度的1/4～1/3。在有胚的一面称为麦粒的背面,与之相对的一面称为腹面。麦粒的背部隆起呈半圆形,腹面凹陷,有一沟槽称为腹沟。腹沟的两侧部分称为颊,两颊不对称。

小麦籽粒的形态特征包括籽粒形状、粒色、整齐度、饱满度、透明度等。这些形态指标不仅直接影响小麦的商品价值,而且与加工品质、营养品质关系密切。

1. 形状

小麦籽粒的长度一般为4～10mm,随品种和在小穗上着生的位置有所不同。籽粒形状是小麦的品种特性,有长圆形、卵圆形、椭圆形和圆形等,以长圆形和卵圆形为多,其腰部断面形状都呈心脏形。圆形籽粒的长宽相似;椭圆形籽粒中部宽,两端小而尖。与其他谷物相比,小麦籽粒形态特征最显著特点的是具有腹沟。腹沟的深浅及沟底宽度随品种和生长条件的不同而异,一般而言,腹沟面积占麦皮总面积的15%～25%。小麦腹沟的形状和深浅是衡量籽粒形状优劣的重要指标:腹沟开裂型的品种,麦皮面积和质量占籽粒的比例相对较大,出粉率低;而腹沟闭合型的品种,籽粒的皮层面积和质量占籽粒的比例相对较小,且能较好地抵御外界微生物的侵染,有利于抗穗发芽和延长储藏期,在磨粉过程中也可使润麦均匀、受力平衡、方便研磨。因此,就籽粒形状而言,在小麦育种中,以选择近圆形且腹沟较浅的籽粒为优。

2. 粒色

小麦籽粒的颜色有红色、琥珀色、白色、黄白色、浅黄色、金黄色、深黄色、紫色等。最近几年,我国育种家还培育出黑色、蓝色等彩色小麦新品种。小麦籽粒颜色的深浅不同,主要是由于种皮色素层细胞所含色素不同的缘故,也受气候条件、收获季节及胚乳结构的影响。红皮小麦具有休眠期长、抗穗发芽能力强等特点,比白皮小麦分布广泛。白皮小麦因加工的面粉麸星颜色浅、粉色白而受面粉加工业和消费者的欢迎;但国内外研究表明,小麦籽粒颜色与品质无必然联系。法国、美国、加拿大、阿根廷等主要小麦出口国种植的绝大多数优质小麦品种都是红皮小麦。墨西哥国际玉米小麦改良中心1950～1987年培育的21个矮秆小麦品种都是红皮小麦。因此,在优质小麦生产中不能单纯追求籽粒颜色,而应根据具体生态条件和最终用途决定种植的小麦品种;面粉(胚乳)的颜色才是最关键的,它与面团颜色、食品特别是蒸煮食品的颜色密切相关。

3. 整齐度

整齐度是指小麦籽粒大小和形状的一致性。同样形状和大小的籽粒占总量90%以上者为整齐,小于70%为不整齐。籽粒越整齐,出粉率越高;反之,出粉率越低。在世界小麦市场,加拿大和澳大利亚商品小麦因其良好的整齐度而具有很高的知名度。

4. 饱满度

饱满度多用腹沟深浅、容重和千粒重来衡量。腹沟浅、容重和千粒重高,小麦籽粒饱满、出粉率高。籽粒饱满度与品质关系尚无定论,但有试验表明,同一品种内,千粒重提高,蛋白质含量降低。习惯上用目测法将成熟干燥的小麦籽粒分为五级,即饱满度一级:胚乳充实,种皮光滑;饱满度二级:胚乳充实,种皮略有皱褶;饱满度三级:胚乳充实,种皮皱褶明显;饱满度四级:胚乳明显不充实,种皮皱褶明显;饱满度五级:胚乳极不充实,种皮皱褶极明显。

5. 透明度

根据小麦籽粒断面胚乳组织的紧密程度,将小麦划分为角质小麦(也称玻璃质小麦)、半角质小麦和粉质小麦三种。如图1-2-2所示,小麦籽粒断面胚乳全部或大部分是透明玻璃质的为角质小麦;全部或大部分是不透明粉白色胚乳的为粉质小麦;介于二者之间的为半角质小麦。小麦胚乳的外观(透明度、角质或粉质)易受小麦栽培、生长和干燥条件等外界因素的影响,不具有遗传性。籽粒中有空气间隙时,由于衍射和漫射光线,从而使籽粒呈现不透明或粉质。籽粒充填紧密时,没有空气间隙,光线在空气和麦粒界面衍射并穿过麦粒形成半透明或玻璃质。籽粒中的空气间隙是由于在田间干燥过程中蛋白质皱缩、破裂而造成的。谷物干燥失水时,如果玻璃质蛋白质皱缩时仍保持完整而形成密实度较大籽粒,外观就较透明。土壤水分缺乏、氮素供应平衡、适当施用磷肥等都有利于提高小麦的角质率。一般来讲,高蛋白的硬质小麦往往是玻璃质的,低蛋白的软质小麦往往是不透明的。但透明度和硬度不是同一根本因素造成的,两者并不总是相关联。角质率高并不意味着硬度一定大。有时硬质小麦不透明而软质小麦却是角质是完全有可能的。例如,将全为角质粒的小麦湿润,然后快速干燥,则该小麦变为粉质粒特征,而试验前后小麦硬度基本不变。

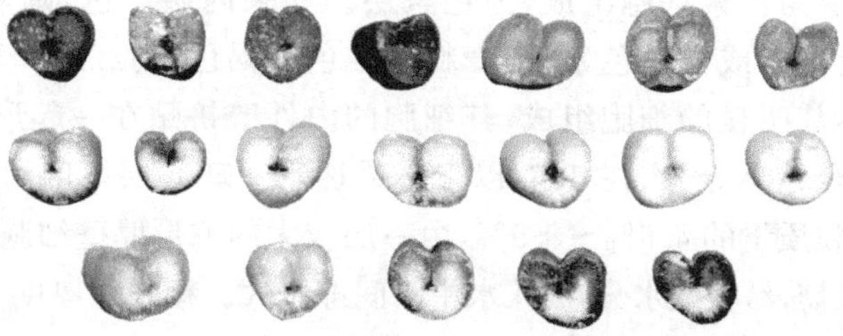

图 1-2-2　不同透明度的小麦籽粒断面比较

二、小麦籽粒的植物学结构

小麦籽粒的植物学结构(botanical structure of wheat kernel)在解剖学上主要分为三个部分,即皮层、胚乳和胚(图 1-2-1)。

1. 皮层

皮层由果皮、种皮、珠心层、糊粉层等组成。制粉时,糊粉层随同珠心层、种皮和果皮一同被除去,统称麸皮。图 1-2-3 是小麦籽粒的果皮及邻近组织的扫描电子显微图。

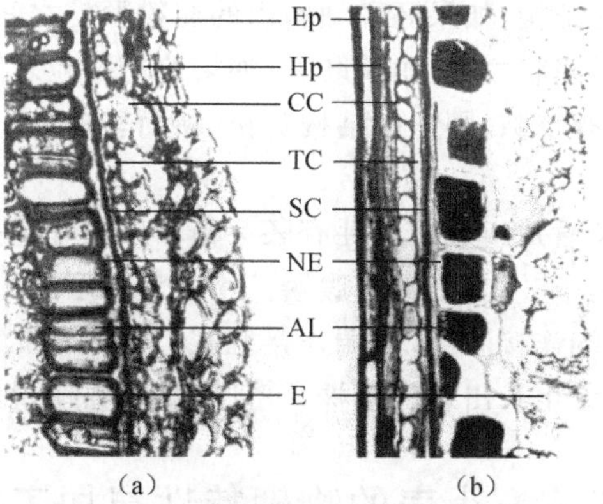

图 1-2-3　小麦籽粒的果皮及邻近组织的剖面图

(a) 横切面;(b) 纵切面。

Ep. 表皮;Hp. 下表皮;CC. 横细胞;TC. 管状细胞;SC. 种皮;NE. 珠心层;AL. 糊粉层;E. 淀粉胚乳

果皮占小麦籽粒质量的 5.0%～8.9%。由外果皮(表皮)、中果皮(下表皮)、中间细胞层和管状细胞层(内果皮)等几部分组成。成熟的麦粒果皮 40～50μm;约含蛋白质 6%、灰分 2.0%、纤维素 20%、脂肪 0.5%,其余主要为阿拉伯木聚糖等半纤维素。

外果皮:为果皮的最外层,由几排与麦粒长轴平行分布的长方形细胞组成,细胞壁很厚,有孔纹,外表面角质化,染有稻秆似的黄色。麦粒顶端的表皮细胞为等径多角行,其中有一些突出为麦毛。

中果皮:由几层薄壁细胞组成,紧贴表皮的一层形状与表皮相似,另外 1 或 2 层细胞多少被压成不规则形。

内果皮:由一层横向排列整齐的长形厚壁细胞和一层纵向分散排列的管状薄壁细胞组成。麦粒发育初期细胞内含有叶绿素。

种皮:由两层斜长形细胞组成,极薄;外侧紧连管状细胞,内侧紧连珠心层。外层细胞无色透明,称为透明层;内层为色素细胞组成,为色素层。如果内层无色,则麦粒呈白色或淡黄色,为白麦;如果含有红色色素或褐色色素,则麦粒呈红色或褐色,为红麦。种皮厚度 5～8μm。

珠心层:由一层不甚明显的细胞组成,其细胞的内外壁挤贴在一起形成一薄膜状,极薄,与种皮和糊粉层紧密结合不易分开,在 50℃以下不易透水。珠心层厚度约 7μm。

糊粉层:占小麦籽粒质量的 4.6%～8.9%,由一层较大的方形厚壁细胞组成,胞腔内充满深黄色的糊粉粒。细胞皮极韧,易吸收水分,放入水中瞬间即胀大。糊粉层厚度 40～70μm,其中细胞壁厚 3～4μm。糊粉层完全包围整个麦粒,既覆盖着淀粉质胚乳,又覆盖着胚。糊粉层含有相当高的灰分、总磷、植酸盐磷、蛋白质、脂肪和烟酸,糊粉层中的硫胺素和核黄素含量也高于皮层其他部分。

2. 胚乳

淀粉胚乳不包括糊粉层,由三层细胞组成:边缘细胞、棱柱形细胞和中心细胞。胚乳细胞,又称淀粉细胞,近乎横向排列,内含淀粉粒。细胞体较大、壁薄、横切面呈多面体,因含有淀粉而呈白色或略黄色的玻璃色彩。胚乳细胞中充满着大小和形状各异的淀粉颗粒,小粒近似球形、粒径 2～9μm;中等颗粒为 9～18μm;大粒为扁豆形、粒径 18～50μm。从糊粉层到胚乳中心,小粒淀粉的相对数量逐渐减少,而大粒淀粉的数量增加。胚乳细胞壁没有纤维素,主要由阿拉伯木聚糖、半纤维素和 β-葡聚糖组成。

胚乳基本有两种不同的结构:如果胚乳细胞内的淀粉颗粒之间被蛋白质所充实,则胚乳结构紧密、颜色较深、断面呈透明状,称为角质胚乳;如果淀粉颗粒之间及其与细胞壁之间具有空隙,甚至细胞与细胞之间也有空隙,则形成结构疏松、断面呈白色而不透明,称为粉质胚乳。

3. 胚

胚由胚芽、胚根、胚轴及盾片组成。胚芽有胚芽鞘和外胚叶保护,胚根有胚根鞘保护,延伸于胚芽之上的盾片被认为是子叶,其下部有腹鳞。小麦为单子叶植物,因此只有一片子叶。胚轴侧面与盾片相连接,其上端连接胚芽,下端连接胚根。胚是雏形的植物体,含有较多的营养成分,在适宜的条件下能萌芽生长出新的植株,一旦胚受到损伤,籽实就不能发芽。

第三节　小麦的物理特性与加工品质

一、小麦的色泽、气味与表面状态

正常小麦籽粒随品种不同而具有不同的颜色与光泽。例如,硬麦的色泽有琥珀黄色、深琥珀色和浅琥珀色；软麦除具有红、白两个基本色泽外，红软麦的色泽还有深红色、红色、浅红色、黄红色和黄色等。但在不良条件的影响下小麦籽粒就会失去光泽，甚至改变颜色。

引起麦粒色泽异常的原因主要有：小麦晚熟，使籽粒呈绿色；受小麦赤霉病菌的侵染，麦粒颜色变浅，有时略带青色，严重时胚部和麦皮上有粉红色斑点或黑色微粒；储藏时间过久，色泽变得陈旧；受潮会失去光泽、稍带白色；发生霉变，麦粒上出现白色、黄色、绿色和红色斑点，严重的则完全改变其固有颜色，成为黄绿、黑绿色等。

正常麦粒具有小麦特有的香味，如果气味不正常，说明小麦变质或吸附了其他有异味的气体。引起小麦气味不正常的主要原因有：发热霉变，使小麦带有霉味；小麦发芽，带有类似黄瓜的气味；感染黑穗病，散发类似青鱼的气味；包装和运输工具不干净，使小麦污染后带有煤油、卫生球和煤焦油等气味。

正常小麦的表面光滑并富有光泽，储藏时间过长、发热霉变或受潮的小麦，表面会失去光泽而会出现各种色泽的斑点，使表面的光滑度变差。麦粒的表面状态对小麦的容重具有决定作用。粗糙的、表面有皱纹和褶痕的麦粒，容重就比表面光滑的麦粒小。

对于色泽、气味不正常的小麦，生产中要采取相应措施，在不影响成品面粉质量的前提下，可按一定比例搭配加工，否则其就不能加工食用面粉。

二、小麦的粒形、粒度与均匀度

1. 粒形与粒度

小麦籽粒为颖果，不带颖壳，形状多为长圆形和椭圆形。麦粒大小的尺度称为粒度，粒度的表示法用长、宽、厚三个尺度表示。所谓长度通常是指从籽粒基部到顶端的距离，腹背之间的距离为粒厚，两侧之间的距离为粒宽，一般都是粒长＞粒宽＞粒厚。表 1-3-1 为我国小麦的粒度范围。

表 1-3-1　小麦的粒度范围

项　目	外　形		
	长度/mm	宽度/mm	厚度/mm
尺寸范围	4.5～8.0	2.2～4.0	2.1～3.7
平均	6.2	3.2	2.9

小麦粒度是选择和配备筛选设备筛孔的重要依据，与加工工艺参数和工艺效果都有密切的关系。大粒麦比小粒麦的表面积小，小麦皮层占籽粒质量的比例亦相应减少。在相同加工工艺条件下，大粒小麦的出粉率就比较高。加工实验证明，圆形和卵圆形籽粒的表面积小，容重高，出粉率高。圆形籽粒有利于剥皮制粉。

2. 均匀度

麦粒均匀度（又称整齐度）是指麦粒粒形和大小的均一程度。麦粒的均匀度高，对小麦的清理除杂、研磨都有利，也有利于提高出粉率。籽粒均匀度较差的小麦，应在加工工艺中采取分级加工等措施。麦粒群体中颗粒度不均匀的原因主要与麦粒在穗、小穗和麦秆上的生长位置有关，在同一穗上，中部的麦粒就大于上、下两端的麦粒。

三、小麦的密度、容重与千粒重

1. 密度

密度是指小麦籽粒单位体积的质量。不同类型的小麦其密度不同。即便是同一品种的小麦，其密度也不完全相同，根据品种和生长情况会有一定范围的变化。

密度的大小还与籽粒的化学成分有关。由表 1-3-2 可见，小麦籽粒中各种化学成分的密度是有差别的，其中矿物质的密度最大，其次是淀粉，而脂肪的密度最小。小麦籽粒的胚乳中绝大部分是淀粉，故密度大；而胚中富含蛋白质和脂肪，故密度小。

表 1-3-2 小麦籽粒中各种化学成分的密度 （单位：g/cm³）

指标	成分					
	淀粉	蛋白质	纤维素	水	脂肪	矿物质
密度	1.48～1.61	1.24～1.31	1.25～1.40	1.00	0.92～0.93	2.50

密度的大小决定于籽粒的粒度、饱满度、成熟度和胚孔结构。因为胚乳占全籽粒的绝大部分，而胚乳中绝大部分为淀粉，因此，胚乳所占比例是影响籽粒密度的主要因素。一般而言，凡是发育正常、充分成熟、粒大而饱满的籽粒，具有较多的胚乳，其密度必然较大，而发育不良、成熟不足、粒小而不饱满的籽粒，皮壳相对含量较多，其密度就较小。如上述条件相同，密度则取决于胚乳的结构。胚乳角质率大的籽粒，结构紧密，密度较大；胚乳粉质率大的籽粒，结构疏松，密度较小。

我国小麦的密度为 1.33～1.45g/cm³，是谷物中密度较大的一种。其他谷物如稻谷的密度为 1.27～1.22g/cm³，玉米的密度为 1.2g/cm³ 左右，大麦的密度为 1.10～1.23g/cm³，燕麦的密度为 1.13g/cm³ 左右，荞麦的密度为 1.06g/cm³ 左右。

2. 容重

容重是指单位容积中小麦的质量，以 g/L 或 kg/m³ 为单位。容重的大小取决于小麦的密度和麦堆的孔隙度。一般籽粒长宽比越大，籽粒越细长，则孔隙度越大，容重就越小。

小麦籽粒表面较光滑，密度较大，粮堆的孔隙较小，一般为 680～820g/L。软麦的容重偏低。容重大的小麦一般出粉率较高。所以容重是评定小麦等级的主要指标，为世界各国普遍采用。

根据容重可进行粮堆质量与体积的换算，这对粮食运输工作中计算装载量和仓储，以及工厂设计工作中计算仓容量等都有现实意义。

3. 千粒重

千粒重是指 1000 粒小麦籽粒所具有的质量，以 g 为单位。由于小麦的含水量很不稳定，千粒重经常受外界条件影响而改变。为了排除水分对小麦千粒重的影响，可根据小麦的含水量换算成以干物质为基础的千粒重，称为“干物千粒重”；将小麦在含有约定水分（如 14%）状况下的千粒重称为“标准水分千粒重”。通常所讲的千粒重，是指自然状态下风干籽粒的千粒重。

小麦的品种和生长条件的不同，对千粒重有很大的影响。千粒重的大小取决于小麦样品的粒度、饱满度、成熟度和胚乳的结构。一般粒大、饱满、成熟而结构紧密的样品，千粒重较大，反之则小。

我国小麦的千粒重一般为 30～50g。随着小麦品种和成熟条件的不同，千粒重的差别比较大。千粒重是度量小麦粒度和籽粒饱满程度的直接指标。在相同水分的条件下，千粒重越大，表明小麦籽粒粒度大、饱满、充实、含粉多。

综上所述，千粒重、密度和容重都与籽粒的粒形、大小及饱满度呈正相关，即与胚乳所占的质量比例呈正相关。但它们之间又各具特点，表现在这三者之间并不总呈线性关系。这是因为，影响它们的因素不完全相同，粒形和表面性状对容重的影响较大，而对千粒重和密度的影响较小。因此，在粒形和表面性状不同的情况下，千粒重、密度和容重则会表现出它们的不一致性。

四、小麦的散落性与自动分级

1. 小麦的散落性

麦堆可以看做由许多分散的质点(即散粒)组成的。通常将这些分散的质点称为散粒体。由散粒体组成的小麦自然下落主平面时，有向四面流散并形成一圆锥体的性质，称为小麦的散落性。常用静止角或自流角来表示。

当小麦在不受任何限制和外力作用时，自然下落到水平面上，达到相当数量和高度后，都会自动形成一个圆锥体。圆锥体的母线和底平面线所构成的角度 α 称为静止角。它可用度数或 $tg\alpha$ 表示。

各种小麦由于形状、结构的差异，麦粒间的摩擦力大小也不同，因而所形成的圆锥体也各不相同。摩擦力大的麦粒所形成的圆锥体较高，其静止角较大，散落性较差；反之，摩擦力小的麦粒所形成的圆锥体较低，其静止角较小，散落性较强。小麦静止角一般为 $23°\sim38°$。小麦散落性的大小与静止角的大小呈反比。

当小麦沿着某一斜面开始滑动时，该斜面与水平面所形成的夹角称为小麦的外摩擦角，即小麦的自流角。如果这一斜面是小麦本身表面，此时，小麦的摩擦角称内摩擦角，其最大的内摩擦角等于小麦的静止角。

散落性的大小与小麦的形状、大小、表面性状、所含水分、杂质的特性及含杂量等有关。小麦越接近球形、表面越光滑、水分越低，其散落性越强、静止角越小。小麦中的杂质对其散落性有一定影响，一般都会降低小麦的散落性。

散落性是散粒体重要特性之一。小麦的装卸和输送工作都要利用它的散落性。此外，麦堆对仓壁的静压力、仓库的实际容量，以及自溜管的安装角度等，都需要根据小麦的静止角或自流角进行计算，所以散落性对加工工艺有极大的影响。散落性差的小麦，其流动性差，除需要较大角度的自溜管和筛面斜度外，同时还影响产量的提高，使仓库不易装满，并容易造成机器和输送管道堵塞等事故。

2. 自动分级

自动分级不是单一籽粒所具有的特性，而是粮粒群体(粮堆)的性质。小麦籽粒群体在流动、震动或散落过程中，不同粒型、不同密度的粮粒和杂质自动聚集在不同区域的现象称为自动分级。

由于粮粒群体中各组分在粒形、粒度、表面状态、密度等物理特性上的差异，使其在运动过程中，各自所受摩擦力、气流浮力等的影响也不同，在这些因素的综合作用下，粮堆各组分按其物理性质重新排列，形成粮堆的自动分级。产生自动分级后，粮堆的上层为密度小、颗粒大、表面粗糙的物料，下层为密度大、颗粒小、表面光滑的物料。在小麦加工中为了使小麦处于均匀状态，所以常采取一定的措施防止粮堆的自动分级。但在小麦加工中有时也要利用粮堆的自动分级。

五、小麦的吸附性与导热性

1. 吸附性

小麦是一种多细胞的有机胶体，其内部分布着多孔性的毛细管。这些大大小小的毛细管纵横贯通，其内壁具有吸附各种气体和水蒸气的能力，这种内壁称有效表面。小麦有效表面面积的总和大致超过小麦本身外部表面面积的20倍。除小麦自身具有多孔毛细管的结构外，组成小麦表面和毛细管内壁的胶质体分子，如蛋白质、淀粉、纤维素和半纤维素等，都具有一部分自由分子吸引力，能吸附外来的气体分子。因此，小麦具有吸附气体及水蒸气的能力，这种能力称为小麦的吸附性。吸附能力的大小称为吸附能量。在单位时间内所能吸附的气体或水蒸气数量称为吸附速度。

小麦吸附气体的过程可分为吸着、吸收、毛细管凝结和化学吸附。一种物质的气体或水蒸气分子由外部扩散到麦堆的内部，充满在小麦的间隙中，其中一部分气体或水蒸气的分子就被吸附在小麦的表面上，这称为吸着；另一部分气体或水蒸气的分子通过籽粒内部的毛细管向细胞间隙中扩散，被毛细管的内壁所吸收，这称为吸收。当气体或水蒸气超过饱和度时，就在毛细管中凝结成为液体而转变为液体扩散，这称为毛细管凝结。最后，有一部分气体分子渗透到细胞内部而与胶体微粒密结在一起，甚至和籽粒内部的有机物质起化学反应，而形成一种可逆的“新相”，这就是所谓的化学吸附。这一系列现象概括起来总称为小麦的吸附过程。

但当外界环境中该物质的气体或水蒸气很稀薄或完全不存在，而麦粒内部吸附的气体浓度很高时，则产生一系列与上述方向相反的扩散作用，即被麦粒吸附的气体或液体分子可能部分或全部从谷粒内部逐渐向外部移动，最后散发到大气中，这种现象称为解吸。

在一定温度、一定气体浓度或一定空气相对湿度条件下，经过相当长的时间，小麦吸附和解吸过程达到相等的速度，此时这两种过程即达到平衡状态。

按照被吸附气体的种类可把小麦吸附分为两类：吸附和解吸水蒸气的，称为小麦的吸湿性；吸附和解吸水蒸气以外的各种气体或蒸汽的称为小麦的各种气体或蒸汽的吸附。

小麦吸附能量和吸附速度的大小主要取决于以下因素。

(1) 周围环境中气体的浓度

环境中气体浓度越大，小麦和气体的相对压力也越大，小麦吸附能力就增强。反之，则减弱。在梅雨季节，空气相对湿度大，小麦吸湿性增强，其含水量增加，这将使麦粒的散落性减弱、脆性降低、韧性增加。因此，在梅雨季节，小麦及其在制品的清理、筛理分级要困难一些。这就是小麦加工工艺效果经常随气候变化而改变的缘故。

(2) 周围环境中气体的活性

气体性质越活泼，小麦的吸附性就越强。例如，氧气充足，能增强小麦的呼吸强度，加速籽粒中的各种物质的氧化与分解，从而引起小麦内部物质的损失，甚至酸败变苦。小麦吸附了煤油、汽油和某些熏蒸药剂、农药等物质后，不易解吸，将使小麦带有种种异味，影响其商品品质，甚至不能食用。

(3) 周围环境的温度和小麦自身的温度差

气温高而小麦温度低时，小麦的吸附能力就强，空气中的水蒸气很容易被小麦吸附。

(4) 麦粒的化学成分

麦粒中亲水胶体的含量越多，则其吸附性越强；反之，脂肪含量越多，则其吸附性越弱。所以，小麦的吸附性较油料类种子为强，胚的吸附性较其他部位为弱。

(5) *麦粒的构造和细胞结构*

凡外表粗糙和组织疏松的麦粒，吸附有效面积大，其吸附能力较强；外表光滑和组织坚实的麦粒，其吸附能力较弱；小粒比大粒吸附能力强；硬质粒的蛋白质含量一般比粉质粒高，但硬质粒的胚乳结构要细密得多，硬质粒的吸附能力反而较弱。

由此可见，小麦的吸附性在储藏和加工过程中都具有非常重要的意义。

2. 导热性

物体传递热量的性能称为导热性。麦堆中热量的传递主要通过麦粒间直接接触传导和麦堆中空气的对流两种方式进行，且以对流为主。

小麦是热的不良导体，小麦的导热性可用导热系数来表示。小麦的导热系数是指 1h 通过 $1m^3$ 正方形体积的小麦，使其上、下表面温度相差 1℃时所传递的热量。导热系数表明小麦导热能力的大小。导热系数越大，在单位时间内，通过单位面积的热量越多。

由于空气流过麦堆内孔隙时的阻力较大，对流缓慢，加之空气和小麦的导热系数都不高，因此麦堆也是热的不良导体。麦堆的导热性能与麦堆的形式、大小、密闭情况、孔隙度、含水量等因素有关，其中尤以含水量影响较大。因为水的导热系数比小麦大得多，所以高水分小麦的导热性能比低水分小麦强得多。

由于麦堆具有不良导热性，其温度变化是很缓慢的。这在储藏和加工中起着两种不同的作用。当粮温较低时，它不易受外界高温的影响，可以保持较低的粮温，这是有利的一面；在储藏和加工中，如因麦堆发热使粮温升高时，其温度又不易下降，而保持较长时间的高温，这是不利的一面。

六、小麦的硬度

小麦胚乳的质地（硬度）被定义为破碎籽粒时所受到的阻力，即破碎籽粒时所需要的力。小麦籽粒质地的软硬是评价小麦加工品质和食用品质的一项重要指标，并与小麦育种和贸易价格等多方面密切相关。硬度是国内外小麦市场分类和定价的重要依据之一，也是各国的育种家重要的育种目标之一。一般而言，用作面包的小麦是硬麦，用作糕点的小麦是软麦。

小麦硬度与小麦加工工艺和最终产品品质密切相关。小麦的制粉品质与籽粒硬度密切相关，硬度是表征小麦研磨品质的主要指标。小麦硬度的变化可使小麦制粉流程中各系统在制品数量和质量、各设备工作效率、面粉出率和面粉质量、加工动力消耗等产生很大变化。硬质麦胚乳中淀粉粒与蛋白质基质密结，其胚乳粒（渣）在心磨系统中较难被研细而达到粒度要求，因而研磨耗能较多，但其胚乳易与麸皮分离，出粉率高，小麦麸星少、色泽好、灰分低，而且压碎时大多沿胚乳细胞壁的方向破裂而不是通过细胞内含物，形成颗粒较大、形状较规整的粗粉，流动性好，便于筛理；软质麦则相反，小麦粉颗粒小而不规则，表面粗糙，粒度分布小且有较多的小粒存在，软麦粉及其制粉中间物料较为蓬松，密实度小、流动性差，容易造成粉路堵塞，筛理效率也较差，综合表现为加工软麦时总出粉率下降、产量降低、总动耗增加、操作管理难度增大。

小麦制粉流程和相应的设备技术参数通常是根据待加工原料小麦硬度范围来确定，确定了的制粉工艺流程对原料小麦的硬度变化适应范围有很大局限性。因此，预先测定原料小麦的硬度，对及时调整制粉工艺流程和相应的技术参数，确定配麦方案、保持流程的物料平衡和生产稳定、提高生产效率等，都具有重要的技术指导意义。

目前，国内面粉加工企业经济效益的好坏在很大程度上取决于不同等级的面粉联产加工时高精度、低灰分(如灰分0.5%以下)面粉的出率。面粉厂所有的技术改造工作，包括工艺设计、设备操作等，都是为了多生产这部分好粉。相应的，采取的技术措施有精细的物料分级处理、长粉路设计、使用喷砂光辊和松粉机辅助出粉、扩大清粉的范围、磨辊技术参数特殊设置，以及磨粉机适宜操作等。此外，小麦硬度自身对高精度、低灰分面粉出率的重要影响已引起制粉业广泛的关注和高度重视。因为目前加工厂生产的高精度、低灰分面粉基本来自制粉系统的心磨系统，而心磨系统的来料几乎又全部来自清粉系统；制粉系统送往清粉机的物料越多，心磨系统的来料也就越多，出好粉的机会也就越多。目前工艺设计和设备操作的指导思想就是为了制粉系统多制造麦渣和麦心，保证清粉机的来料饱满，而在同样的加工工艺和加工设备前提条件下，不同硬度的小麦在研磨和筛分后麦渣和麦心的数量差异悬殊，即选择硬麦加工时，高精度、低灰分面粉的出率要高。

新中国成立以来，我国较长一段时间使用角质率的大小来反映小麦的硬度。小麦角质率的测定采用目测法《GB/T 5493 粮食、油料检验类型及互混检验法》，一般做法是从小麦样品中随机取出约100粒正常的小麦，将每粒小麦用刀片从中部横向切断，玻璃状透明体(角质胚乳部分)占本籽粒截面1/2以上的小麦定义为角质粒；小于1/2(含1/2)的小麦为粉质粒。角质粒的总粒数占所取样品粒数的百分数，即为小麦角质率。与角质率概念对应的是小麦粉质率。由于涉及感官评价，在实际操作中不易准确判断，人为误差大，执行中往往引起纠纷。

尽管在正常收获、干燥的小麦中，硬度与角质率之间存在着显著的正相关，但也有例外，角质率高的小麦未必硬，角质率低的小麦未必软，因此，用角质率表示小麦硬度不完全合理。角质率虽然与硬度有关，但它们是两个不同的概念。

(一) 小麦籽粒的结构力学性质

采用力学装置测定小麦的结构力学性质，其原理如图1-3-1所示。

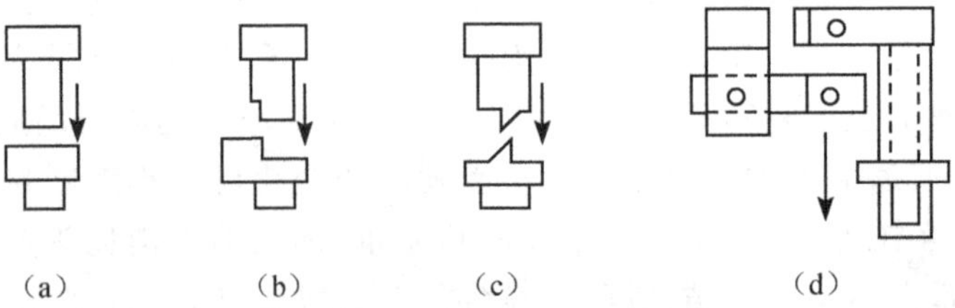

图1-3-1　小麦结构力学性质测定原理

(a) 抗压；(b) 抗剪；(c) 抗切削；(d) 抗拉

表1-3-3至表1-3-6是一组对小麦结构力学性质进行测定的试验数据。

表1-3-3　整粒小麦在不同水分条件下的破坏力

水分/%	抗压力/(kgf/cm²)	抗剪力/(kgf/cm²)	抗切力/(kgf/cm²)
13.5	102	40	24
14.0	99	36	23
14.5	89	35	19

表 1-3-4　胚乳在不同水分条件下的破坏力

胚乳水分/%	抗压力/(kgf/cm²)	抗剪力/(kgf/cm²)	抗切力/(kgf/cm²)
14.0	69	10.9	9.7
14.5	58	9.8	9.2
15.0	42	9.7	8.3

表 1-3-5　表皮在不同水分条件下的破坏力

表皮水分/%	纵向破坏力/(kgf/cm²)	横向破坏力/(kgf/cm²)
16.5	228	210
12.7	208	134
6.3	191	103

表 1-3-6　不同类型小麦胚乳的破坏力

小麦类型	水分/%	角质率/%	抗压力/(kgf/cm²)			抗剪力/(kgf/cm²)			抗切力/(kgf/cm²)		
			大	小	平均	大	小	平均	大	小	平均
硬麦	10.1	92	108	63	77.3	61.7	18.4	35.1	23.8	9.24	15.9
软麦	14.0	40	121	52	69	22.5	8.2	10.9	16.4	7.7	9.7

从以上测定数据可以得出以下结论。

① 不同种类的小麦及其各组成部分的组织结构对强度有很大影响,各种破坏力以麦皮为最大、胚乳最小、麦粒居中。所以小麦在研磨时,胚乳易于粉碎,而麦皮粉碎却较困难。现代制粉技术正是利用这一原理,将胚乳磨成面粉,而把麸皮提出来,并可由此推论在制粉过程中,保证麸皮适宜的完整性可以降低动力消耗。

② 试验结果还表明,破坏胚乳所需的压力比剪力和切削力都大得多。所以在磨制允许少量麸皮磨入面粉中的高出粉率面粉时,磨粉机的磨辊都采用齿辊而不用光辊,这样可大大降低动力消耗。

③ 麦粒、胚乳、麦皮的水分不同,所需的破坏力也不同。胚乳和整粒小麦都是水分越高,抗破坏力越差,而表皮正好相反。所以应根据制粉工艺的要求,将入磨小麦的水分控制在最佳范围内。

(二) 小麦硬度的理论解释

目前,谷物化学界关于小麦硬度的理论解释是:硬度是由胚乳细胞中蛋白质基质和淀粉之间的结合强度决定的,这种结合强度受遗传所控制。在硬麦中,蛋白质与淀粉结合紧密,细胞内含物之间结合牢固,研磨时,破损首先发生在细胞壁,而不是通过细胞内含物。在继续研细时,破损处穿过某些淀粉粒,而不是在淀粉与蛋白质的分界面。软质小麦的胚乳细胞内含物淀粉和蛋白质在外表上与硬麦是相似的,但软质小麦的淀粉粒表面黏附有较多的分子质量为15K 原子质量单位的蛋白质,而硬质小麦的淀粉粒表面该蛋白质含量少或没有。淀粉粒蛋白的存在,在物理上削弱了蛋白质与淀粉之间的结合强度。由于蛋白质与淀粉之间的结合不牢固,容易破裂,因此,籽粒用较小的力即可粉碎,产生破损淀粉粒也很少。遗传分析表明,该蛋白质由两个多肽[puroindoline a(pina)和 puroindoline b(pinb)]组成,主要受一对主效基因和一些修饰基因控制。Pina 蛋白缺失或 Pinb 蛋白基因突变均可使小麦胚乳质地变硬。

（三）小麦硬度的测定方法

由于硬度的重要性，自从 Cobb 在 1896 年首先将硬度指标量化之后，100 多年来各国建立了很多测定小麦硬度的方法。这些方法大多是建立在研磨、压碎、磨耗或压痕原理上，利用压裂籽粒所需压力或功、籽粒抗研磨和碾削强度、研磨后粒度分布、淀粉破损率，以及近红外反射率等特征来测定小麦的硬度。目前检验或测定小麦硬度的方法主要有角质率法、压力法、研磨法、碾皮法和近红外法等。

1. 角质率法

角质率法又称玻璃质法、硬质率法。如前所述，它是用肉眼观察籽粒透光部分所占的比例，从而判断其硬度。由于这类方法简便易行而首先被广泛采用，其指标迄今仍作为一些国家小麦分类的标准。例如，美国、加拿大、日本、前苏联等，一般把角质率含量在 70%以上的小麦定为硬质麦。我国 2008 年以前的小麦国家标准中，曾规定角质率含量在 70%以上的小麦为硬质麦。但我国对角质粒的定义与国外相比有所不同。国外标准中，只有角质含量是 100%的小麦籽粒才定义为角质粒，这类角质粒在所有小麦籽粒中所占的百分比为角质率；我国则将角质部分占本籽粒截面 1/2 以上的籽粒定义为角质粒(角质含量保证 50%以上)。我国旧标准中的硬质麦，只能保证其角质含量在 35%以上，数值偏低，不能较好地反映我国小麦的真实硬度。在美国小麦质量年度报告中，可以找到小麦的角质粒率指标，但仅限于硬红春麦和杜伦小麦，是指 50g 干净小麦中角质粒占样品籽粒数的百分比。这两种小麦的角质率高，容易区分。

2. 压力法

利用压头或刀头压碎或切割小麦的方法来测定小麦硬度，如压裂籽粒法、切割法等。当前这种方法使用不多。因为小麦籽粒之间的硬度、粒度及粒形差异较大，需要对大量样品测定的基础上，统计分析才能得出正确的结果；而且单籽粒硬度不能真实反映小麦的研磨品质，制粉行业更关心散粒体的硬度(一批小麦在研磨或粉碎时表现出的综合特性)。这种方法的使用因结果的重复性低，以及籽粒的变异性而受到限制。

波通(Perten)公司 4100 单粒谷物特性仪(single kernel characterization system，SKCS)测定小麦籽粒硬度便属于压力法。单粒谷物特性仪由真空吸粒转轮、称重器、压碎装置等构成。它可在 3～4min 测定 300 粒小麦籽粒，得到小麦籽粒的水分、颗粒大小、质量、硬度的分布，可进行谷物均匀性测试，得到平均值、标准差和直方图。由于它是一粒一粒地进行测定，因此可以测定小麦的均匀程度、是否掺假和混杂、预测仓储稳定性、确定适宜的制粉工艺、预测小麦的制粉出率等。美国现在的小麦品质测报的年度报告便列出了各种小麦单粒谷物特性测定的结果。

3. 研磨法

研磨法是利用研磨粉碎来测定小麦硬度。一般来讲，硬质小麦研磨或粉碎后得到较粗的颗粒，流动性好，而软质小麦得到较细的颗粒，流动性差。不同硬度的小麦研磨或粉碎后得到的颗粒具有不同的粒度分布。研磨法主要有研磨细度法、研磨时间法、研磨功耗法三种，在国外得到普遍的认可及使用，此外还有研磨体积法、硬度指数法等。

① 研磨细度法。用一定型号的粉碎机磨碎一定量的小麦样品，借用筛分手段，测定磨碎

后物料中细粉的比例。该方法又称为颗粒度指数法(particle size index,PSI)。硬质麦的 PSI 值较低,软麦的 PSI 值较高。由于研磨设备、筛分设备,以及筛孔径、筛理时间等方面的差异,研磨细度法派生出很多方法,表征的小麦硬度值也有很大差别。以波通公司生产的 3100 实验粉碎机为例,磨碎 10g 样品,用 140 目筛筛理 8min,根据细粉(筛下物)的出率来判断小麦硬度。硬麦 PSI 值为 20%～40%,软麦 PSI 值为 50%～70%。研磨细度法有很好的分辨能力,测定重现性好,但测定时间较长。

目前,在加拿大和澳大利亚两国的小麦质量年度报告中,都采用颗粒度指数来表征小麦的硬度,但两国的测定数据范围差异较大,说明两国采用了不同的测定仪器和方法。美国谷物化学家协会标准方法(AACC-3970A)用近红外反射法测定小麦的硬度,其定标方法也是颗粒度指数法。

② 研磨时间法。用具有锥形磨体的德国布拉班德(Brabender)公司生产的微型硬度计(micro-hardness tester)测定小麦的硬度。测定时,取小麦 6g 投入磨口中,用研磨出 4g 粉时所需的时间(ground time,GT)表示小麦的硬度,以 s 计。软麦磨碎后得到细的颗粒粉,流动性差,不易从磨体间隙中流出,GT 值长;籽粒越硬,GT 值越短。硬质小麦 GT 值 15～25s,软质小麦 GT 值 26～60s。研磨时间法在测定时所需样品数量少、测定时间短,手续十分简单,测定重现性也很好。用微型硬度计测定时,小麦硬度随温度变化较大,并呈正相关,且不同的小麦品种硬度随温度变化的幅度不同。但研磨时间法测定小麦硬度对环境温度要求相当苛刻,通常配备有冰-水恒温水浴装置。

③ 研磨功耗法。该方法是使用布拉班德公司生产的硬度-结构仪(hardness and structure tester)测定研磨籽粒时所需要的扭矩和功。硬质麦比软质麦需要更大的功。该方法更为准确,所需仪器较复杂,要将硬度结构仪与粉质仪的测定系统相连接,一次测定需用 50g 样品,费工费时,手续繁杂。

④ 研磨体积法。该方法是利用软麦粉较蓬松、体积大,硬麦碾磨后体积小的特点,测定小麦硬度。使用 Stenvert 硬度仪(Stenvert hardness tester)测定粉碎后的物料在有刻度试管中的高度(体积),单位 mm。该方法的重复性不好,影响推广使用。

⑤ 硬度指数法。"十五"期间,河南工业大学根据软、硬质小麦具有不同的抗机械粉碎强度的原理,研究并提出了测定小麦硬度的新方法——硬度指数法(GB/T 21304—2007),开发出了具有我国自主知识产权、适合现场收购的 JYDB100 型小麦硬度测定仪(国家发明专利 ZL 03135085.2)。硬度指数(HI)是在规定条件下粉碎小麦样品,留存在筛网上的样品质量占测试样品质量的百分比。硬度指数越大,表明小麦硬度越高,反之表明小麦硬度越低。

4. 碾皮法

一定质量的小麦样品,放在装有金刚砂盘和钢丝筛网的实验室用大麦碾皮机中碾削一定时间,碾削后穿过筛网的物料质量占试样质量的百分数称为抗碾指数(pearling resistance index,PRI),用以表征小麦硬度。硬麦比软麦耐碾削,抗碾指数越小、小麦硬度越大。碾皮法受小麦颗粒大小分布的影响,粒度小的籽粒被碾削的程度低,抗碾指数小。由于碾皮设备和筛碾皮时间等方面的差异,碾皮法也派生出很多方法。

5. 近红外法

近红外法(near infrared,NIR)可以快速测定谷物的蛋白质、脂肪、水分含量等。其中 1680nm、2230nm 处的反射量 NIR 值与研磨时间法的 GT 值或研磨细度法的 PSI 值都有较好的相关性。用近红外反射仪测定小麦籽粒的硬度,国内外均有应用的报道。其优点是测定速度快、成本低、重现性好,样品间可比性强,用样量较小,还可同时测几个性状。NIR 值越大,籽粒硬度越高。NIR 法已列入美国谷物化学家协会标准方法(AACC—3970A),有望批准列入国际谷物化学家协会标准方法(ICC 方法)。在法国小麦质量年度报告中,采用近红外法来表征小麦的硬度,将小麦用指数 0~100 分成不同的硬度等级(极软、软、中等偏软、中等偏硬、硬、极硬 6 个等级)。一般来说,软麦的平均硬度指数为 25,硬麦的平均硬度指数为 75。近红外法测定小麦硬度克服了角质率法存在的人为观察误差大、费时、费力、不易定量等不足,具有快速、简便、准确等优点,但仪器价格昂贵,也难以推广普及。

除以上小麦硬度测定方法外,还有损伤淀粉法(starch damage)等方法,在各种硬度测定方法中,PSI、SKCS 法和 NIR 法应用较为广泛。在我国现行的《小麦》国家标准(GB 1351—2008)中对小麦软、硬的分类使用了硬度指数,消除了以往用角质率法凭借感观判断的主观误差,为小麦收购时的分类和定价提供了量化依据,有力地保护了农民的利益。

第四节 小麦的化学成分与营养品质

一、小麦蛋白质

蛋白质是一切生命有机体中天然产生的一种多聚体,小麦蛋白质是人类食物和动物饲料中的重要营养素,从营养的角度看,小麦蛋白质的类型和量是重要的。此外,小麦蛋白质的量和类型在小麦的功能用途中也是重要的。

1. 小麦蛋白质分类

自然界中蛋白质种类繁多,分子结构较为复杂,目前还不能按其化学结构来分类。通常根据蛋白质的组成和特性将其分成简单蛋白质和结合蛋白质两类。和其他谷物一样,小麦籽粒中的蛋白质绝大部分是简单蛋白质,结合蛋白质含量不多。简单蛋白质指分子中只含有 α-氨基酸的一类蛋白质。根据溶解性习惯将小麦蛋白质分成 4 类。a. 清蛋白。此类蛋白质溶于水,其溶解度不受适当盐浓度的影响,加热易凝固,为强碱、金属盐类或有机溶剂所沉淀,能被饱和硫酸铵所盐析,其等电点一般为 4.5~5.5。b. 球蛋白。此类蛋白质是不溶于纯水而溶于中性盐稀溶液的一类蛋白质。它不溶于高浓度的盐溶液,加热凝固,为有机溶剂所沉淀,添加硫酸铵至半饱和状态时沉淀析出,其等电点为 5.5~6.5。这类蛋白质表现出典型的盐溶和盐析特性。c. 麦醇溶蛋白(也称麦胶蛋白、醇溶麦谷蛋白)。此类蛋白质不溶于水及中性盐溶液,可溶于 70%~90%乙醇溶液,也可溶于稀酸及稀碱溶液,加热凝固,水解时产生大量的谷氨酰胺、脯氨酸及少量的碱性氨基酸。d. 麦谷蛋白。此类蛋白质不溶于水、中性盐溶液及乙醇溶液,包括可溶于稀酸及稀碱溶液的可溶性谷蛋白,以及不溶于稀酸及稀碱溶液的谷蛋白(也称残余蛋白或胶状蛋白)。

大多数具有生理活性的蛋白质(代谢蛋白)均发现在清蛋白类和球蛋白类中。小麦中的清蛋白和球蛋白集中在糊粉层细胞和胚中,胚乳中含量较低。从营养观点看,清蛋白和球蛋白氨基酸平衡很好,赖氨酸、色氨酸、精氨酸含量较高,而这三种氨基酸在其他谷物中的含量都较低。

麦醇溶蛋白和麦谷蛋白是小麦中的储藏蛋白,用于幼苗生长。这些蛋白质基本上局限在小麦的胚乳中，果皮和胚中没有。麦醇溶蛋白中，具有重要营养意义的赖氨酸、色氨酸和蛋氨酸的含量都低。麦谷蛋白与麦醇溶蛋白的组成相似。

小麦的储藏蛋白(面筋蛋白)是独特的，它们也是功能蛋白，不具有生理活性，但具有形成面团的功能，能保持气体从而生产各种松软的烘烤或蒸煮食品。

小麦籽粒中蛋白质含量改变时，各种蛋白质的相对组成也随之变化。随着样品中蛋白质含量的增加，清蛋白和球蛋白的量增加。但以占总蛋白的百分率计，这种增加没有储藏蛋白百分率的增加快，这表明清蛋白和球蛋白是生理活性蛋白，而麦醇溶蛋白和麦谷蛋白是储藏蛋白是符合逻辑的。随着作物生产较多的蛋白质，将有更多的蛋白质变成储藏蛋白。

在小麦面粉中加水至含水量高于 35%时，再用手工或机械进行揉和即得到黏聚在一起具有黏弹性的面块，这就是所谓的面团。面团在水中搓洗时，淀粉和水溶性物质渐渐离开面团，冲洗后，最后只剩下一块具有黏合性、延伸性的胶皮状物质，这就是所谓的湿面筋。湿面筋干燥后可得到干面筋(又称谷朊粉)。在所有谷物粉中，只有小麦粉能形成可夹持气体从而生产出松软烘烤或蒸煮食品的强韧黏合的面团。小麦蛋白，更准确地说是面筋蛋白，是小麦具有独特性质的根源。

面筋复合物由两种主要的蛋白质组成，即麦醇溶蛋白和麦谷蛋白。这两种蛋白质可被方便地分离，如在稀酸中溶解面筋，添加乙醇配成 70%的乙醇浓度，然后添加足够的碱以中和酸，在 4℃下放置一夜，使麦谷蛋白沉淀，溶液中剩下麦醇溶蛋白。麦醇溶蛋白是一大类具有类似特性的蛋白质，其相对分子质量为 $30\times10^3\sim80\times10^3$，单链，倾向于形成分子内的二硫键，水合时胶黏性极大。利用酸性聚丙烯酰胺凝胶电泳(A-PAGE)可按电荷不同将麦醇溶蛋白分成 α-、β-、γ-、ω- 4 类亚基。这类蛋白质的抗延伸性小或无，被认为是造成面团黏合性的主要原因。麦谷蛋白是一大类不同组分的蛋白质，其相对分子质量为 $80\times10^3\sim130\times10^3$，更高可达上百万，是由多条肽链彼此通过分子间二硫键连接而成的大分子组分，有弹性但无黏性。利用十二烷基硫酸钠聚丙烯酰胺凝胶电泳(SDS-PAGE)将麦谷蛋白分为高分子质量(HMW)和低分子质量(LMW)两类亚基。麦谷蛋白使面团具有抗延伸性。

小麦籽粒中的 4 种蛋白质组分的含量随小麦品种和提取条件不同而有一定的变化。这些蛋白质的氨基酸组成也各不相同。表 1-4-1 列出了某种小麦粉中主要蛋白质组分的大致含量及其氨基酸组成。

表 1-4-1 小麦粉每 100g 蛋白质中主要蛋白质组分的含量及其氨基酸组成 (单位:g/100g)

项 目	小 麦	面 粉	可溶性蛋白		面筋蛋白		
			清蛋白	球蛋白	麦醇溶蛋白	麦谷蛋白	残余蛋白
提取溶剂			蒸馏水	0.5mol/L NaCl	70%乙醇	0.5mol/L NaCl	
比例/%		100	15	3	33	16	33
色氨酸	1.5	1.5	1.1	1.1	0.7	2.2	2.3
赖氨酸	2.3	1.9	3.2	5.9	0.5	1.5	2.4
组氨酸	2.0	1.9	2.0	2.6	1.6	1.7	1.8
氨(NH_3)	3.5	3.9	2.5	1.9	4.7	3.8	3.5
精氨酸	4.0	3.1	5.1	8.3	1.9	3.0	3.2
天冬氨酸	4.7	3.7	5.8	7.0	1.9	2.7	4.2

续表

项目	小麦	面粉	可溶性蛋白		面筋蛋白		
			清蛋白	球蛋白	麦醇溶蛋白	麦谷蛋白	残余蛋白
苏氨酸	2.4	2.4	3.1	3.3	1.5	2.4	2.7
丝氨酸	4.2	4.4	4.5	4.8	3.8	4.7	4.8
谷氨酸	30.3	34.7	22.6	15.5	41.1	34.2	31.4
脯氨酸	10.1	11.8	8.9	5.0	14.3	10.7	9.3
甘氨酸	3.8	3.4	3.6	4.9	1.5	4.2	5.0
丙氨酸	3.1	2.6	4.3	4.9	1.5	2.3	3.0
半胱氨酸	2.8	2.8	6.2	5.4	2.7	2.2	2.1
缬氨酸	3.6	3.4	4.7	4.6	2.7	3.2	3.6
蛋氨酸	1.2	1.3	1.8	1.7	1.0	1.3	1.3
异亮氨酸	3.0	3.1	3.0	3.2	3.2	2.7	2.8
亮氨酸	6.3	6.6	6.8	6.8	6.1	6.2	6.8
酪氨酸	2.7	2.8	3.4	2.9	2.2	3.4	2.8
苯丙氨酸	4.6	4.8	4.0	5.5	6.0	4.1	3.8

资料来源：Khan and Shewry，2009。

为什么面筋蛋白质相互作用可以形成强韧黏合的面团？至今仍然不清楚。不过，某些因素可能与面筋蛋白形成面团相关。表 1-4-1 中氨基酸的组成表明，面筋蛋白中谷氨酸含量非常高（约占面筋蛋白总量的 35%），这就是说，在面筋中每三个氨基酸就有一个是谷氨酸。谷氨酸残基在蛋白质中的存在形式是其酰胺——谷氨酰胺，而不是游离的酸。证据是酸解之后发现有高氨型氮及面筋蛋白在碱性缓冲液中电泳不发生迁移这一事实，证明了在碱介质中的面筋蛋白分子上实际没有负电荷存在。面筋蛋白中碱性氨基酸（精氨酸、组氨酸、赖氨酸）的含量是很少的，因此，面筋蛋白基本没有潜在的负电荷，仅有少量的潜在正电荷。据此可知，面筋蛋白的电荷密度小，这意味着蛋白质中相互排斥力弱，蛋白质链便能很容易地相互作用，这一条件对面团的形成显然是必需的。关于面筋氨基酸组成的另一个最值得注意的问题是脯氨酸含量高，约占蛋白质的 14%或残基的 1/7。由于脯氨酸的氨基包含在一个环状结构中，故脯氨酸的肽键是不易弯曲的。因此，在蛋白质链中，凡是在有脯氨酸存在的地方都出现一个硬结，使蛋白质不易形成 α 螺旋。测定面筋中的螺旋结构，其值通常是低的。这并不一定意味着面筋蛋白不具备有序的结构，仅能说明它不是 α 螺旋。

2. 小麦蛋白与营养品质

从小麦蛋白的营养价值来看，小麦蛋白组分中人体必需的赖氨酸含量较低，因此育种工作者也特别注意选育出高赖氨酸含量的小麦品种。国家“七五”计划期间组织测定了包括国外品种和稀有种在内的 20 184 份小麦种质的蛋白质和赖氨酸含量。结果蛋白质含量（干基）平均为（15.17±2.209）%、变异系数 14.57%、变幅 7.5%～28.90%，高于 18%的样品有 1637 份。籽粒赖氨酸含量平均为（0.438±0.049）%、变异系数 11.13%、变幅 0.250%～0.800%，高于 0.500%的样品仅有 2073 份。

麦醇溶蛋白和麦谷蛋白约占籽粒蛋白质的 80%，主要集中在胚乳中，但它们的赖氨酸、缬氨酸和蛋氨酸含量较低；清蛋白和球蛋白都是可溶蛋白，主要集中在小麦籽粒的皮层和胚部，其氨基酸组成比较平衡，特别是赖氨酸和蛋氨酸含量较高。小麦面粉是由胚乳细胞壁及其内含物组成的混合物，因此，小麦粉的加工精度与其营养品质就是一对矛盾体。

小麦胚是小麦籽粒的生命源泉，占小麦粒质量的2.5%～3.0%，被营养学家誉为“人类天然的营养宝库”、“人类的生命之源”。未脱脂的小麦胚中，蛋白质含量为30%～33%，从氨基酸组成看，麦胚蛋白的营养效价很高，它不仅含有大量的各种必需氨基酸，而且各类氨基酸的比例均衡，非常接近世界卫生组织（WHO）推荐的标准，尤其是赖氨酸（面粉中最为缺乏的氨基酸）含量特别高。许多研究认为，麦胚蛋白的营养价值优于动物蛋白中的牛奶蛋白和鸡蛋蛋白。面粉中其他含量不足的蛋氨酸、苏氨酸和缬氨酸等也可通过添加麦胚蛋白来平衡。

小麦加工的副产品——麸皮中也含有一定数量的蛋白质，采用碱法将麸皮中大部分蛋白质提取出来，此麸皮蛋白的营养价值和生理价值都比小麦蛋白高，它具有较高的赖氨酸含量，它的蛋白质功效比值为2.07、消化率为89.9%，都仅略逊于酪蛋白而优于大豆蛋白和小麦胚乳蛋白等。

3. 蛋白质在小麦籽粒中的分布

表1-4-2列出两种代表性的小麦（软麦和硬麦）籽粒中蛋白质各组成部分的分布。

表1-4-2 小麦籽粒各部分蛋白质组成

籽粒结构各组成部分	占小麦籽粒/%	蛋白质含量①/%	蛋白质含量②/%
果皮和种皮	8.0	4.1	7.6
种皮和透明层	—	—	15.7
糊粉层	7.0	18.4	24.3
胚轴	1.0	31.1	26.3
胚盾片	1.5	24.9	—
胚乳外层	12.5	12.8	16.2
胚乳中间层	12.5	8.2	—
胚乳内层	57.5	5.8	8.0
全粒小麦	100.0	8.2	12.1

① 软麦，14%水分；② 硬麦，14%水分。

资料来源：Lorenz and Kulp，2000。

面粉厂的实际生产流程中，小麦研磨筛分后得到的各系统面粉（如皮磨粉、心磨粉、渣磨粉、尾磨粉、打麸粉、吸风粉等），实际上是采用逐层剥刮技术人为将小麦胚乳部分从里到外分成了不同的层次。如表1-4-3所示，制粉生产线上各系统面粉的蛋白质含量差异显著。

表1-4-3 某制粉车间（200t/d）各系统面粉蛋白的含量

系统名称	水分/%	蛋白质（干基）/%	系统名称	水分/%	蛋白质（干基）/%
1B	14.73	10.24	7M	12.38	17.89
2B	14.82	11.41	8M	12.48	15.24
3B	14.22	13.22	D1	14.52	12.08
4Bc	14.10	14.28	D2	14.04	14.92
4Bf	13.56	14.29	1S	12.90	12.06
1Mc	14.32	11.00	2S	14.08	12.15
1Mf	14.07	13.16	1T	13.79	12.56
2M	13.76	12.27	2T	13.22	15.82
3M	13.22	13.88	打麸粉	14.00	13.89
4M	13.29	14.65	吸风粉	15.13	21.07
5M	13.18	15.76	F1	14.14	12.46
6M	12.79	14.76	F2	13.68	13.24

河南工业大学曾组织测定了某300t/d意大利OCRIM制粉生产线生产面包专用粉过程中各系统面粉的理化特性。结果表明，小麦籽粒胚乳中由内层向外层的蛋白质含量和其性质均存在一定的差别。由里向外，小麦蛋白质的数量和质量均呈梯度分布。这是在线粉流选择配混生产专用粉技术的重要理论基础。对于具有一定品质适应性的小麦原料，完全可以通过有效的逐层剥刮制粉技术，人为扩大制粉流程中各系统粉流的特性差别，并采用具有针对性的在线粉流选择配混，以达到专用食品要求的品质特性，是在一定限度内提高和改善成品面粉品质的重要技术手段。

二、小麦淀粉

淀粉的性质

1. 淀粉粒的糊化作用

加淀粉于水中，经过搅拌得到不透明、乳白色的悬浮液，称为淀粉乳。淀粉粒不溶于冷水，若在冷水中不加以搅拌，淀粉乳就沉淀。但若把淀粉乳加热，淀粉颗粒吸水膨胀，这个阶段发生在淀粉粒的无定形区域，结晶性微晶束具有弹性，仍能保持颗粒的结构，随着温度上升，淀粉粒吸水更多，体积膨胀更大，达到一定温度时（一般55℃以上），高度膨胀的淀粉粒之间互相接触，变成半透明黏稠的胶体溶液，称为淀粉糊。这种由淀粉乳转变成淀粉糊的现象，称为淀粉的糊化。淀粉悬浮液的糊化过程是在一定温度范围内完成的。当温度到达糊化终温时，反应已属不可逆反应，结晶区完全溶解，淀粉颗粒完全崩溃。Kofler把双折射现象消失5%、50%和95%的温度分别作为糊化温度的初温、中温和末温的判定方法。淀粉糊化的本质是淀粉粒中微晶束分子间氢键破裂而形成胶体溶液。研究淀粉糊化作用的测定方法有Kofler偏光显微镜法、差式扫描量热仪法（简称DSC）、Brabender黏度仪法，此外还有电子显微镜、光传播、核磁共振、激光光散射、溶胀和溶解度的测定及酶分析等方法。

与淀粉使用品质有很大关系的是糊化后的淀粉性质。Brabender黏度仪或类似仪器（如快速黏度测定仪，简称RVA）不仅对糊化过程，而且对冷却后的淀粉糊性质提供信息。当将淀粉悬浮液按拟定的加热和冷却循环周期进行处理时，仪器能记录下与体系黏度相平衡时所必需的扭矩，因而测定结果就用给定时刻的糊膏温度和糊膏性质表示。在过量的水中加热淀粉时，黏度随温度的上升而增加，黏度升高达到第一个最大值的温度，主要取决于淀粉的浓度，通常高于双折射现象消失时的糊化温度。分析淀粉黏度仪测定资料时应比较仪器型号、所用扭力弹簧、转筒或搅拌转子的速度、乳浆的体积、乳浆的浓度，以及开始温度、保持温度和最终温度等。

在水中加热淀粉时，黏度的增加是因为淀粉吸水膨胀的缘故。继续加热，淀粉粒被破坏，可溶性淀粉释放到溶液中，可溶性淀粉和淀粉粒残余的继续吸水作用造成黏度增加。淀粉的溶解是连续性的，直到颗粒结构完全可溶之前，淀粉的溶解是不完全的；在过量的水中，要使温度超过120℃才能完成淀粉的完全溶解。因此，在任何食品中都不可能使淀粉完全溶解。

除加压烹调装置外，在黏度仪中，如同所有的食品加工装置中一样，温度在不超过100℃时，装置内就会沸腾。因此，黏度仪中的加热终止在95℃，在95℃下保温一段时间，淀粉即被认为已熟化。但将淀粉在一个特定的温度下保持一段时间，其黏度不会增加，必须使温度升高，黏度才能增加，看起来淀粉的溶解作用仅受温度而不是时间和温度相互作用的控制。分析黏度曲线可知，在95℃保温1h，期间淀粉糊膏的黏度显著下降，黏度的下降是因为淀粉混合物在受到搅拌的情况下，可溶性淀粉分子自身定向排列而引起的，这一现象称为切变稀懈（shear thinning），是淀粉糊的一个重要特性。一般来说，越易溶的淀粉，其抗切变力越弱。在95℃条件下保温一段时间后，控制冷却速度，使黏度仪从95℃冷却到50℃，此时，黏度会迅速上升，这一现象称为回生。不同淀粉的回生程度也各异。回生是因为混合物系统中能量降低，产生更多的氢键，从而使黏度增加。

2. 淀粉的凝成作用

淀粉的稀溶液，在低温下静置一定时间后，溶液变混浊、溶解度降低而沉淀析出。如果淀粉溶液浓度比较大，则沉淀物可以形成硬块而不再溶解，也不易被酶作用，这种现象称为淀粉的凝成作用，也叫淀粉的老化作用或淀粉的回生。淀粉的凝成作用在固体状态下也会发生，如冷却的陈馒头、陈面包和陈米饭，放置一定时间后，便失去原来的柔软性。

面包、馒头这类食品的老化问题，是目前世界范围内尚未解决的难题。面包的老化是指新鲜面包所具有的人们所喜好的各种性质（如色、香、味及面包受酶作用程度，柔软程度等）的丢失，面包芯变硬而无弹性。在面包老化机理中，淀粉的凝成作用是一个重要原因，其他因素如水分、蛋白质、糖类及面包辅料等也都有一定影响。有人认为面包老化主要是支链淀粉在起作用。为了防止面包老化，常添加乳化剂、酶制剂等。生产中为了防止淀粉的凝成作用，采用高温糊化（淀粉α化），使淀粉分子充分分散，如方便面、方便米粉、膨化谷物粉等。

淀粉发生凝成作用，使食品的品质下降，但有时也可利用淀粉的凝成作用加工各类制品，如我国“三粉”（粉丝、粉皮、粉条）的加工，就是利用淀粉通过糊化、凝成、干燥等步骤而制成的。

3. 淀粉的化学性质

淀粉分子是由许多葡萄糖通过糖苷键连接而成的高分子化合物，许多化学性质与葡萄糖基本相似，但因分子质量比葡萄糖大得多，故具有其特殊的性质。淀粉既可以与无机酸作用生成无机酸酯，也可以与有机酸作用生成有机酸酯，由于具有还原性，淀粉可被高碘酸、次氯酸或氯气等氧化剂氧化。淀粉与酸一起加热时发生水解反应，最后生成葡萄糖。原淀粉（也称天然淀粉）能因化学处理而改性，从而生产变性淀粉（如氧化淀粉、交联淀粉、羟烷基淀粉、阴离子淀粉、淀粉磷酸单酯等）。

4. 小麦淀粉的物理化学特性

小麦以淀粉的形式储存能量，小麦中含有相当高水平的淀粉。小麦淀粉有两种颗粒，碟片状的A淀粉和球粒状的B淀粉。小麦淀粉的粒度分布很大程度受遗传基因的控制，环境因素也会引起粒度变化。各种类型小麦的淀粉粒度按下列顺序逐步降低，即软麦淀粉粒、硬麦淀粉粒、杜仑麦淀粉粒。B淀粉比A淀粉多含有1/3的单酰基酯类，但少2%～3%的直链淀粉，温度低于90℃时其溶胀力比A淀粉粒低，超过95℃后情况相反。即便如此，B淀粉粒的热糊物黏度仍低于A淀粉。

尽管小麦淀粉的增稠力低于玉米淀粉，但它们的糊浆结构、透明度和强度大致相同。小麦淀粉的糊化温度较低，用它作为瓦楞纸板的黏合剂优于玉米淀粉。它能以低于玉米淀粉的温度用于浆洗，所得衣服比较挺括，所以适宜做浆洗剂或浆纱剂。小麦淀粉在加工过程中未使用任何化学药品，所以它宜用于制作烘烤或蒸煮食品。当然，大多数小麦淀粉都是以非改性淀粉的形式应用于工业生产，而不是食品加工。

从小麦淀粉粒表面可分离出一种称为淀粉粒蛋白的蛋白质。Greenwell等采用SDS-

PAGE技术分析了100个英国小麦品种的淀粉粒蛋白,发现了两个主要谱带,分子质量分别为15kDa和30kDa。软麦中富含分子质量为15kDa的淀粉粒表面蛋白,在硬麦中含量少或没有,特别硬的杜仑小麦不含。随后对全世界几百个不同遗传条件下的软麦和硬麦品种分析,均无例外。据此认为分子质量为15kDa的淀粉粒表面蛋白与小麦的硬度有关。国内研究也表明,分子质量为15kDa的小麦淀粉粒表面蛋白与籽粒硬度高度相关($R=0.9239$),用该蛋白评价小麦籽粒硬度是可行的。

小麦胚乳中按质量计有3/4是淀粉,作为一项品质决定因素,淀粉在小麦籽粒中所占比例最大,但对淀粉在各种食品中的功能性的研究,比起对小麦蛋白质,特别是对面筋蛋白的研究则还很不够。近年来发现,小麦淀粉对面制食品特别是对面条等东方食品的品质影响极大。

小麦淀粉在各种食品中所起的功能性作用,因配方和加工方法不同而异。例如,在汤中混入少量小麦淀粉,经煮熟会使淀粉颗粒糊化而溶胀,并释放直链淀粉,还由于溶胀淀粉粒之间的碰撞使汤的黏度增加。冷却后,由于可溶性直链淀粉分子之间的回生,使汤呈软的浓糊状。在面包等中等水分的食品中,淀粉颗粒经焙烤溶胀、糊化后吸收超量的水,产生柔软的胶状物。在曲奇饼干等低水平的食品中,特别是配方中蔗糖含量高时,小麦淀粉很难糊化,其存在形态为部分晶体状的完整颗粒,在制成食品中呈现为填充物。在小麦淀粉挤压熟化食品中,由于水分含量高和受到高剪力,使淀粉转化为具有热塑性的塑化物团。

小麦淀粉在面包烘焙中的变化可分为烘烤时的吸水糊化和烘烤后的回生。淀粉在水和温度合适的条件下必定会糊化形成一种连续相。这种连续相能参与面包瓤壁的组成,有利于协助面筋持气。淀粉所表现出的变化是造成面包凝固的部分原因。实际上,由于水分不足,面粉中的淀粉并不能完全糊化,而且面包不同部位的淀粉糊化程度也不相同,在面包皮与瓤交接处的淀粉很少糊化,这是因为在这些部位,当温度达到淀粉的糊化温度时,水分已大部分丧失;而面包中心部的淀粉其糊化程度要高得多。通过扫描电子显微镜观察面包瓤发现,面包气室壁的组成为包容了淀粉粒的蛋白质膜,部分基本完整的淀粉颗粒通过糊化部分和气室壁连接在一起。

淀粉与面条口感有很大的关系,并且影响面条的柔软度和光滑度。研究表明,淀粉糊化达到峰值时的温度较低的面粉及达到峰值后在95℃保温期间黏度下降较多的面粉,制作的面条其柔软性和口感较好。

破损淀粉是指小麦在制粉时由于机械的碾压作用,有少量的淀粉外层细胞膜被损伤,从而造成淀粉粒的损伤。一般来讲,硬麦比软麦、春麦比冬麦磨制的面粉其破损淀粉含量高。破损淀粉对面粉的烘焙和蒸煮品质有一定的影响。破损淀粉可在酸或酶的作用下分解成为糊精、麦芽糖和葡萄糖,它们对面团在发酵、烘焙期间的吸水量有重要的影响。破损淀粉的吸水率可达200%,是完整淀粉粒的5倍。更重要的是破损淀粉能提供酵母赖以生长的糖分,这对面包制作来讲是非常有利的。但破损淀粉过多将使面包气室壁的组分中糊化淀粉含量增加、持气能力减弱,从而导致面包体积的减小。面粉中最佳的破损淀粉程度应在4.5%～8%。

三、小麦其他化学成分

(一) 单糖与低聚糖

单糖与低聚糖又称糖类,它们可溶于水或乙醇水溶液,也称可溶性糖。

普通小麦籽粒中含有2.8%左右的糖。这些糖中有属于单糖类的葡萄糖、果糖和半乳糖，有属于二糖类的蔗糖和麦芽糖，有属于三糖类的葡双果糖和棉子糖。此外，还有属于低聚糖的葡果聚糖。正常小麦籽粒中游离态的麦芽糖含量很少，但在小麦发芽过程中，小麦籽粒内的淀粉在受淀粉酶的水解作用下，可产生大量的麦芽糖。因此，通过测定小麦籽粒中麦芽糖的含量可以判断小麦发芽损伤的程度。

麸皮的含糖量约占5%，主要有蔗糖和棉子糖，其他糖数量很少。葡果聚糖集中在胚乳中，在胚和麸皮中缺乏。小麦胚的含糖量高达24%，也主要是蔗糖和棉子糖，其中以蔗糖居多，占60%。由于小麦胚内含糖量较多，而且糖又具有吸湿性，加工时如将胚磨入面粉，将不利于面粉的保存。

（二）非淀粉多糖

1. 纤维素

纤维素是一个大聚合体，但化学结构相当简单，由D-葡萄糖残基通过β-1，4糖苷键连接而成，其长度因来源和分离方法不同而异。纤维素分子没有分枝，基本是直线结构，故纤维素自身之间紧密联合，不溶于水及一般的有机溶剂。纤维素是茎秆、粗饲料及皮壳中的主要成分，其中纤维素含量可达40%～50%。果皮和种皮中也富含纤维素。小麦胚乳中纤维素的含量一般仅0.3%或更少。

2. 半纤维素和戊聚糖

半纤维素和戊聚糖这两个术语经常互换使用，二者都没有确切的含义，广泛分布在谷物籽粒中，一般认为它们是构成细胞壁和将细胞连在一起的粘连物质。它们的化学结构很不一致，其成分从简单的糖，如β-葡聚糖到可能含有戊糖、己糖、蛋白质和酚类的多聚体，变化多样。小麦半纤维素组成中的糖类文献中常提及的有D-木糖、L-阿拉伯糖、D-半乳糖、D-葡萄糖、D-葡萄糖醛酸等。由于缺乏权威性的试验手段来得到纯净的半纤维素化学组分供研究之用，在半纤维素结构方面还存在很多混乱认识。小麦籽粒中的半纤维素在数量和组成成分上与品种、土壤、气候等条件有直接关系，在文献中通常将它们分为水溶性和水不溶性两类。

小麦胚乳中，水不溶性戊聚糖约占2.4%，水溶性戊聚糖占1.0%～1.5%。水溶性戊聚糖的聚合度和分子质量都远远小于水不溶性戊聚糖。长期以来，戊聚糖的应用一直集中在对面粉和面团品质的改良上。大量的研究表明，戊聚糖具有氧化凝胶的作用，它能在蛋白质分子之间起连接作用，从而改变面团中蛋白质的结构和性质。戊聚糖的加入可以提高面粉的吸水率、延长面团形成时间和稳定时间，并能显著改善面包的烘焙品质，因此戊聚糖作为一种优良的改良剂被用于面粉和食品工业中。由于戊聚糖良好的吸水性和吸水后能成为一种黏稠的浆状物，故可以作为增稠剂、赋性剂和填充剂应用于食品和化工业。比较纯净的戊聚糖经过处理后其吸水率可以达到1∶100，因而也是一种良好的吸水剂和干燥剂。戊聚糖在面粉以外的应用还处于研究阶段。

（三）脂类

小麦脂类可分为淀粉脂类（与淀粉粒结合的脂类）和非淀粉脂类。淀粉脂类存在于淀粉粒内部，处于直链淀粉的螺旋结构之中，十分稳定。这种脂类需要用水使淀粉粒膨胀或用冷冻干燥方法使淀粉粒产生缝隙，破坏结构，脂类分子才会露出。一般用热丁醇-水定量混合液就能把它提取出来。淀粉脂类包括大量的成员，可分成非极性脂类(9%)、糖脂(5%)和磷脂(86%)。磷脂是最主要的淀粉脂类，在淀粉脂类的磷脂中，溶血卵磷脂占有很大的比例(85%)。非淀粉脂类包括淀粉粒以外籽粒各部分中的脂类，在室温下用一般极性溶剂就可提取出来。根据脂类结构的差别，非淀粉脂类又可分为非极性脂类和极性脂类。非淀粉脂类也包括大量的成员，可分成约60%的极性脂类、25%的糖脂和15%的磷脂。

小麦籽粒中脂类的含量与品种、土壤、气候等条件有直接关系。测定所得的数据也因测定方法、抽提溶剂的选择而有所差异。例如，某品种小麦用酸水解法测得的含量为2.5%，用强极性溶剂，如水饱和丁醇提取为2.2%左右，而用乙醚提取则为1.9%。

脂类在小麦籽粒中各部分的分布情况如表1-4-4所示，胚的脂类含量最高、皮层次之、胚乳最少。由于小麦胚含有活力很强的脂肪酶，与脂类反应而使之酸败变味，为了避免小麦粉在储藏中因脂类分解产生的游离脂肪酸而影响品质，在制粉时应使胚与胚乳分离，尽量避免胚中的脂类混入小麦粉中。

表1-4-4　游离脂类在小麦籽粒中各部分的分布情况(以干基计)

籽粒解剖层	占籽粒质量/%	游离脂类含量/%
全籽粒	100	1.8
皮层	—	5.1～5.5
果皮	5.0～8.9	0.7～1.0
透明层	0.2～1.1	0.2～0.5
糊粉层	4.6～8.9	6.0～9.9
胚乳	74.9～86.5	0.8～2.2
外层胚乳	—	2.2～2.4
内层胚乳	—	1.2～1.6
胚	2.0～3.9	28.5
胚轴	1.0～1.6	10.0～16.3
盾片	1.1～2.0	12.6～32.1

资料来源：Lorenz and Kulp，2000。

试验表明，面粉中的脂类含量和类型对烘焙品质都有相当大的影响。在面包烘焙过程中，极性脂能抵消非极性脂的破坏作用，改善烘焙品质。在极性脂中，糖脂如双半乳糖甘油二脂对促进面团的醒发和增大面包体积最为有效。面粉中添加糖脂，不仅使原来的品质得到保持，而且使面包的体积显著增加，质地松软并能保鲜，其机理尚不很清楚。有人认为由于糖脂同时具有多元醇类的极性特性和长链脂肪族亲脂的特性，在面团中形成了一种麦醇溶蛋白-糖脂-麦谷蛋白的复合物。而向脱脂面粉中添加非极性脂超过一定量，对面包的体积大小和面包芯质地有不良影响。

(四) 酶类

1. 淀粉酶

淀粉酶涉及小麦发芽、小麦加工与食用品质的变化，对发芽、酿造及谷物食品制作都很重要。

(1) 淀粉酶分类

淀粉酶的习惯名称也叫水解淀粉酶。淀粉酶不仅能水解淀粉分子，对淀粉的水解产物，如糊精、低聚糖等也能进一步产生降解作用。按作用方式的不同，谷物淀粉酶可分为 4 大类。

① α-淀粉酶：作用于淀粉分子内部的 α-1，4-糖苷键，其水解淀粉生成的产物构型为 α-D 型。

② β-淀粉酶：从淀粉分子的非还原末端逐次水解下麦芽糖单位，作用于淀粉分子内部的 α-1，4-糖苷键；由于在水解过程中发生了构型的变化，产生的麦芽糖属于 β 构型。

③ 葡萄糖淀粉酶：从淀粉分子的非还原末端逐次水解下葡萄糖单位，作用于淀粉分子内部的 α-1，4-糖苷键及支链淀粉分支点的 α-1，6-糖苷键。

④ 脱支酶：也称解支酶，只作用于糖苷及支链淀粉分支点的 α-1，6-糖苷键。

小麦中存在的淀粉酶主要为 α-淀粉酶和 β-淀粉酶。

(2) α-淀粉酶

α-淀粉酶是单成分酶，Ca^{2+} 对酶的稳定性起重要作用，除去 Ca^{2+} 的 α-淀粉酶容易受蛋白酶的水解。各种来源的 α-淀粉酶，在 pH 5.8～8 时稳定，最适 pH 为 5～6。小麦 α-淀粉酶在 pH 3.8～4.0 时迅速钝化。α-淀粉酶在近中性的环境及有 Ca^{2+} 存在的情况下，具有一定的耐热性。实验室常利用淀粉酶对温度、酸碱度等敏感程度的差别对其进行分离和纯化。

α-淀粉酶对整个淀粉分子内外同时进行水解作用，结果只水解淀粉分子的 α-1，4-糖苷键，而对淀粉分子的 α-1，6-糖苷键不能水解，水解 α-1，4-糖苷键的先后次序没有一定的规律。α-淀粉酶是一种内酶，它能几乎随意地裂解 α-1，4-糖苷键，使淀粉分子最初水解速度达到很快，庞大的淀粉分子很快断裂成较小的分子，淀粉糊黏度急速降低，所以又称为液化酶。该酶作用于已糊化的淀粉或破损淀粉比作用正常粒状淀粉要快得多。由于该酶对黏度影响很大，故黏度仪及降落数值仪等实验已广泛应用于测定该酶的活性。

小麦发芽后存在的主要问题之一是芽麦面粉食品制作的工艺品质差，表现在机械加工过程中面团稀软、黏滞、流态化、缺乏弹性，在面团搅拌、机械分割、压片、成型等一系列工序中粘连机器严重，给机械化生产造成很大困难。用发过芽的小麦面粉制作面包、馒头等发酵食品，其外皮发暗、心部发黏、体积下降、口感欠佳。制作的面条等食品，弹性弱、面汤浑、口感差。这主要归于小麦发芽过程中活性急剧提高的水解酶对小麦籽粒内碳水化合物及蛋白质的水解，特别是活性很高的 α-淀粉酶对淀粉的降解。如果用储存多年的小麦面粉制成面包，其体积小、面包心发硬，货架期下降，这主要是小麦籽粒中 α-淀粉酶活性不足造成的。

发芽小麦粉中的破损淀粉与正常面粉中的破损淀粉在结构、特性上存在显著差别，前者主要归于淀粉酶的降解作用。发芽小麦食用品质的劣化，除 α-淀粉酶作用外，发芽过程中由于淀粉酶的作用产生的大量破损淀粉对其品质也有很大影响。即使小麦在发芽初期或处于萌发阶段，淀粉酶活性相对较低，也可能引起的淀粉颗粒表面的显著变化，从而导致面团特性的改变。

发芽小麦中，α-淀粉酶在籽粒结构上的分布主要取决于发芽的程度。刚开始，α-淀粉酶出现在黏附有糊粉层和胚膦细胞的胚乳细胞的外层，但随着发芽程度的加深，酶会逐渐穿过糊粉层，慢慢向胚乳中心转移。α-淀粉酶在小麦籽粒内部层呈梯度分布，即糊粉层和靠近糊粉层的胚乳中淀粉酶活性高，而内部胚乳层中活性低。对发芽小麦制粉前剥皮制粒，部分去除胚、皮层及糊粉层中富含 α-淀粉酶及其他酶类的小麦组织，或调整制粉工艺，选择性的取舍粉流，以达到降低面粉中 α-淀粉酶活性、提高其食用品质的目的。

目前，国内外对改善发芽小麦食用品质技术的研究，主要是利用蛋白质的热变性效应，部分钝化过量的 α-淀粉酶。据研究，纯度很高的 α-淀粉酶酶液 70℃条件下持续 15min，活性仍能维持 50%以上。面粉或小麦水分较低(相对稀的 α-淀粉酶液而言),α-淀粉酶在干基状态下对热的敏感性降低,且大量的面筋蛋白对其稳定性有维护作用,因此面粉或小麦中的 α-淀粉酶更难钝化。

(3) β-淀粉酶

β-淀粉酶是一种外酶,作用淀粉分子从非还原末端开始,水解间隔的 α-1,4-糖苷键,不能水解也不能跨越 α-1,6-糖苷键,遇此键水解作用就停止。β-淀粉酶作用于直链淀粉分子时,从非还原末端逐步水解下麦芽糖,溶液中总有较大的淀粉分子存在,因此淀粉糊黏度下降很慢,而还原力在不断增加,所以该酶又称为糖化酶。理论上讲,β-淀粉酶能完全使直链淀粉分子水解,生成麦芽糖。实际上,只有 70%~85%的直链淀粉转化成麦芽糖。该酶作用于支链淀粉时,麦芽糖的转化率仅有 50%左右,剩下的是具有较大分子质量的 β-极限糊精。

α-淀粉酶与 β-淀粉酶结合使用时,淀粉降解非常迅速,比各自单独作用时快得多,反应也更彻底。α-淀粉酶每断裂一个糖苷键,就产生一个新的非还原末端,有利于 β-淀粉酶起作用。α-淀粉酶与 β-淀粉酶的混合物也不能完全降解淀粉,因为它们二者都不能断裂存在于淀粉中的 α-1,6-糖苷键。

β-淀粉酶对完整的淀粉粒几乎不起作用。通常根据麦芽糖的产率来测定 β-淀粉酶的活性,但 β-淀粉酶活性又在很大程度上受 α-淀粉酶存在水平的影响。与 α-淀粉酶不同,β-淀粉酶存在于饱满的小麦中,通常其含量并不随着小麦发芽而剧增。β-淀粉酶对热钝化作用比 α-淀粉酶要敏感。

2. 蛋白酶

凡能水解蛋白质或多肽的酶都可称为蛋白酶。小麦中蛋白酶类根据其水解蛋白质的方式,可分为内肽酶和外肽酶两类。内肽酶能水解蛋白质多肽链内部的肽键,使蛋白质成为分子质量较小的多肽碎片。外肽酶可以分别从蛋白质或多肽链的游离氨基端或游离羧基端的氨基酸残基逐一水解生成游离氨基酸。测定蛋白酶活性的大多数方法都是基于可溶氮的产生,然后再根据氮量进行测定。

小麦中含有少量的蛋白酶,在小麦发芽时活力有所增加。在小麦籽粒中蛋白酶主要存在于胚及糊粉层内,胚乳部分基本无蛋白酶。小麦中蛋白酶到底有几种类型,它们的作用机制如何,目前尚无定论。

小麦发芽过程中,除 α-淀粉酶活性有所提高外,水解蛋白酶的活性也有显著的增加。Hanford 和 Redman 研究发现,源于发芽小麦粉或添加有麦芽面粉的面筋,较从正常小麦面粉中分离出的面筋软化程度大。随着发芽程度的加深,发芽小麦粉中水解蛋白酶活性非线性增加。小麦在经过 8 天发芽之后,面粉中蛋白酶活性增加了 17 倍。发芽小麦粉中游离氨基酸数量上的显著增加,可作为水解蛋白酶作用胚乳蛋白、切断肽键的有力证据。发芽 54h 的小麦,游离氨基酸的数目增加了约 4 倍。

尽管普遍认为,水解蛋白酶对面粉食用品质的劣化影响远不如 α-淀粉酶,但这种劣化作用是显而易见的。因为在面粉各成分中,蛋白质所起的作用是主要的。Huang 和 Bushuk 定性及定量分析了小麦胚乳蛋白在发芽过程中的变化,研究结果表明,在发芽过程中,小麦蛋白质发生了显著变化:高分子质量蛋白组分向低分子质量蛋白组分转移,残留蛋白组分降低、麦醇溶蛋白及麦谷蛋白组分相应增加。Arigama 等也有类似的研究结果。可以设想,小麦发芽过程中,胚乳蛋白的降解,不仅限于残留蛋白,其他性质的蛋白质组分也会降解。综合效应表现为大分子质量残留蛋白组分数量的降低，小分子质量含氮化合物数量的增加。小麦发芽之后，即使水解蛋白酶活性很低，但已足够切断某些关键位置的肽键，可导致蛋白质组分的溶解性分布产生显著变化。肽键的切断，外加碳水化合物或与某些特定面筋蛋白组分相联系的脂类的降解，极有可能破坏面筋蛋白的原始结构，产生分子质量小的、溶解性强的蛋白质“碎片”，从而显著影响小麦面粉形成正常面团的能力。

3. 脂肪酶

脂肪酶是一类裂解三酰甘油的酶。由于研究脂肪酶时采用的技术和底物不同，结果变化很大，所以对其活性很难进行比较。由于游离脂肪酸对氧化酸败的敏感性高于三酰甘油上相同的脂肪酸，因此，小麦中脂肪酶活性是很重要的。

4. 植酸酶

植酸酶是一种能水解植酸的酶，能使植酸转化为肌醇和游离的磷酸。小麦中，有70%～75%的磷以植酸形式存在，而植酸被认为能螯合二价金属离子，并使它们不能在肠道中被吸收。植酸酶能将抗营养因子——植酸转化成肌醇，而成为营养素，其活性显然是重要的。研究表明，小麦粉中至少有一部分植酸在发酵过程中被水解，而底物的溶解度是限制水解的因素。

（五）色素

国家粮食等级标准中将粮食固有的颜色规定为“色泽”。色泽的含义既表明颜色又包含光泽。小麦的色泽是构成谷物感官质量的一个重要因素。小麦籽粒常具有不同的颜色，主要取决于小麦中的色素。色泽与籽粒的成熟度也有关，未成熟的籽粒多数呈绿色无光泽，成熟的籽粒应具有本品种固有的颜色和光泽。籽粒的色泽是小麦品种分类的依据，如红皮小麦和白皮小麦。

根据溶解性能的不同，小麦中的色素可分为脂溶性色素和水溶性色素两大类。前者又叫质体色素，存在于细胞质中，其中包括叶绿素、胡萝卜素和叶黄素。后者又叫胞液色素，存在于细胞液中，其中包括花黄素、花青素和单宁。

小麦籽粒的颜色一般为白色、黄白色或红色，与种皮的色素相关。色素的类型和存在受遗传的制约，因此育种者能通过控制遗传因子，以获得所要求的颜色。

由于小麦品种、地区来源、生长条件不同，其所含色素的深浅及色素本身的组成也不相同。研究表明，小麦中与面粉粉色有关的色素主要有叶黄素和叶黄素酯化物，此外还有胡萝卜素、黄酮素（小麦黄酮）、隐黄素及叶绿素的降解产物等。因为叶黄素由许多不饱和双键结合而成，易受氧化变成无色物，人工加入的面粉漂白剂可快速释放原子氧，破坏面粉中的叶黄素，从而使面粉变白。

小麦黄酮在籽粒各部分的分布是不均匀的，以胚含量最高，表皮中的含量次之。通常，小麦黄酮在自然条件下，可由黄色变淡以至无色。而在碱性条件下却由黄色变为深黄色。利用这一性质可辨别红皮小麦和白皮小麦。用5%碱液浸泡小麦15min，显示红褐色的为红皮小麦，显示浅黄褐色的为白皮小麦。类胡萝卜素在小麦籽粒各部分的分布也不平衡。

小麦籽粒颜色（皮色）和胚乳的颜色是两个概念，应加以区分。“用白麦加工的面粉就白，用红麦加工的面粉就黄”，这是我国目前小麦种植、流通、加工等环节在小麦及面粉色泽方面存在的片面认识。面粉企业为追求高出粉率，喜用白麦为原料，加工时可使较多的麸皮混入小麦粉中，而不严重影响色泽。普通小麦的胚乳研磨后以白色为好，而皮层的红白实质上与品质并无多大关系,只是红麦比白麦的皮层厚,而皮层的厚薄则与出粉率有关。

面粉加工企业更应注重加工后面粉的颜色,特别是用面粉制作的食品的颜色。造成面粉颜色不同的原因是由于面粉中色素含量的不同和面粉中小麸片(麸星)数量的多寡。不同品种的小麦之间,纯净胚乳的色泽差异也很大。面粉颜色还与小麦的软硬、面粉的粗细度及粒度分布等因素有关。

(六) 维生素

维生素是人类食物中不可缺少的微量成分,属于低分子质量的有机化合物,在人或动物体内一般不能合成,或合成量满足不了肌体代谢的需要,大多数维生素必须从食物中摄取。小麦是很好的维生素摄取源。小麦品种不同,含有的维生素种类和数量也不同。因小麦籽粒中维生素含量很少,又绝大部分在籽粒的胚和糊粉层里面(表 1-4-5),了解小麦籽粒中维生素组成和分布对小麦营养品质评定及综合利用小麦加工的副产品等都具有重要意义。

表 1-4-5　小麦中的维生素及其在小麦籽粒中的主要集中部位

维生素	化学名称	在小麦籽粒中的主要集中部位
A	视黄醇(retinol)和胡萝卜素(carotene)	
B_1	硫胺素(thiamin)*	胚
B_2	核黄素(riboflavin)*	籽粒大部分
B_6	吡哆素(pyridoxin)*	糊粉层
B_{12}	钴胺素(cobalamin)	
B_5 或 PP	烟酰胺(niacin)和烟酸(nicotinic acid)*	糊粉层
B_{11}	叶酸(folic acid)	
	生物素(biotin)	
B_3	泛酸(pantothenic acid)*	糊粉层,胚乳
	胆碱(choline)	
	肉碱(carnitine)	
C	抗坏血酸(ascorbic acid)	
D	胆钙化醇(cholecalciferol)和 麦角钙化醇(ergocalciferol)	
E	生育酚(tocopherol)*	胚
K	叶绿醌(phylloquinone)	

*表示含量比较高的几种维生素。

资料来源:Lorenz and Kulp,2000。

小麦中维生素按它们的溶解特性可分为脂溶性和水溶性两类。脂溶性维生素包括维生素 A、D、E 和 K,水溶性维生素有 B 族维生素和维生素 C。脂溶性维生素在小麦加工过程中性质相对稳定,不易损失。B 族维生素和维生素 E 是籽粒中最重要的维生素(表 1-4-5)。

1. 脂溶性维生素

小麦中尚未发现有现成的维生素 A,一般谷物中含有少量类胡萝卜素,能在动物体内受胡萝卜素酶作用变成维生素 A,其含量一般黄颜色的籽粒比白色籽粒多。但小麦籽粒中的类胡萝卜素主要是叶黄素,不具有维生素 A 的活力。小麦籽粒中也不含维生素 D,但含有少量的维生素 D 的前身物质——维生素 D 元,如麦角固醇和古固醇。小麦籽粒中维生素 K 的含量很少，为 10～100μg/100g。

维生素 E 也称生育酚，是一种极具保健功能的维生素，已知有 8 种，其中 4 种（α-、β-、γ-、δ-生育酚）较为重要。小麦胚中维生素 E 的含量为 30～50mg/100g，是植物原料中含量最高的维生素，而且维生素 E 又以在人体内具有最高生理效果的 α 体为主要成分（α 体比例为 54%），除含 α-、β-、γ-、δ- 4 种异构体外，还含有一定量的生育三烯酚，这些成分都是化学合成的维生素 E 中没有的。因此，小麦胚成为研究开发天然维生素 E 的主要原料。已有大量的医学临床证明，人体摄取的多元不饱和脂肪酸必须依靠维生素 E 配合方能生效。小麦胚中富含多元不饱和脂肪酸又具有丰富维生素 E 的特点，其保健功效大有潜力可挖。由于维生素 E 是脂溶性的，在胚脱脂后所获得的胚油中保留有大部分的天然维生素 E，其含量为 250～520mg/100g。从小麦胚油中提取、浓缩和精制维生素 E 是目前研究开发的主要途径。

2. 水溶性维生素

相对其他谷物而言，小麦籽粒中的 B 族维生素含量是比较均衡的，但 B 族维生素在小麦籽粒中的分布却是不平衡的，主要集中于胚和糊粉层中，纯胚乳中的含量很低。小麦粉的加工精度越高，维生素损失就越严重，从营养的角度看是不合适的。

维生素 B_5 除由食物直接供给烟酸和烟酰胺外，在体内尚可由色氨酸转变为一部分烟酸，通常大约 60mg 色氨酸可转变 1mg 烟酸，但这种转变作用是有限的。

（七）矿物质

经化学分析证明，小麦中的矿物质元素不下 30 多种，含量较多的称“大量元素”，有 P、K、Mg、Ca、Na、Fe、Si 等；此外还有含量极少的 Zn、Ni、S、Cl、B、Cu、Cr、Co、Al、I、Mn 等微量元素。小麦籽粒中的矿物质元素组成随小麦品种、种植区域、气候条件、施肥状况等不同而有很大差异，且在籽粒中的分布也极不均衡，以糊粉层中的含量最高，内胚乳中的含量最低。

小麦籽粒中，矿质元素的分布规律并不完全相同。籽粒中大约 50%的 Ca 和 Na 分布在胚乳中，糊粉层中含 25%～30%；约 40%的 Sr 和 Co 也分布于胚乳中，糊粉层中含 15%～20%；胚乳中 Mg、Zn、Mn 和 Cu 的含量不到全籽粒的 10%，40%～50%的 Zn、Mn 和 Cu 分布在糊粉层中；10%～12%的 Mn 分布在胚盾片中；70%以上的 Mg 则分布于糊粉层中，这可能与糊粉层中植酸含量高有关。

小麦样品经高温灼烧后，其中的矿物质元素都完全被氧化变成灰分，灰分中的这些矿物质元素又称为灰分元素。按灰分的水溶性和酸溶性可将灰分分为三类。水溶性灰分大部分是 K、Na、Ca、Mg 等氧化物和可溶性盐类；水不溶性灰分除泥沙外，还有 Fe、Al 等氧化物和碱土金属、碱式磷酸盐等；酸不溶性灰分大部分是掺入的泥沙和二氧化硅。将面粉样品高温灼烧后的灰分用 10%的盐酸处理以测定面粉的含砂量，就是利用灰分的酸溶解特性。

小麦中的灰分主要分布在皮层（包括果皮、种皮和糊粉层）及胚部。小麦加工的目的就是采用不同的方法，实现皮层、胚和胚乳部分最大限度的分离，所以加工精度很高的面粉中的灰分含量基本接近于纯胚乳的灰分；只要有部分的皮及胚混入或留存在加工制品中，就会明显地增加灰分的含量。小麦加工业就以灰分含量作为鉴别小麦加工精度或确定等级的依据。应注意不同品种的小麦之间，纯胚乳的灰分也有差异。当然，小麦制品的加工精度越高，加工设备就要求越完善，加工工艺就越复杂，耗能就越多，其功能特性或食用品质可能也会越好，但小麦制品的营养品质也就越差。

灰分是表示小麦粉加工精度的最重要指标，是面粉定等的基础。面粉灰分含量与面粉出率、加工工艺和设备、小麦自身灰分等都有密切关系。生产高精度、低灰分面粉是目前小麦加工工艺和设备研究的重点，我国小麦的灰分(1.70%～1.90%)普遍比国外(一般低于1.60%)高，应引起重视。

第五节　小麦粉的食用品质

一种面粉的品质是好是差，最终总是要通过做成的面制品的质量体现出来。我们把由小麦粉体现出来的，在食品制作中起作用的，对最终面制品的质构、纹理等质量特性有直接影响的品质性状称为面粉的食用品质。其主要包括小麦粉面团的理化特性和面粉的烘焙品质、蒸煮品质、煎炸品质等。小麦粉的食用品质可以通过烘焙试验、蒸煮试验等直接评定，此外也可以用间接方法，如小麦粉的外观和理化指标、面团的物理特性、面糊的黏度特性等进行预测。直接方法较为直观，也简便易行，能最充分表现出小麦粉的食用品质特性。因此，烘焙、蒸煮及煎炸试验等也就成为评定小麦粉食用品质的最重要、最有效的方法。不同食品对小麦粉的食用品质特性要求不同，因此，要有针对性地开展烘焙、蒸煮及煎炸等试验。

一、面团的物理特性

面团物理特性不仅决定了食品加工各工艺过程中面团的操作性能，而且对最终食品的品质具有重要的影响。广义上讲，面团的物理特性取决于小麦粉的品质，因此，面团物理特性测试就成为评价小麦粉品质的一种必不可少的方法手段，并为各国谷物化学家所认可。面团物理特性的中心是面团流变学特性，它是指半流体物质的弹性、塑性、韧性，以及发生形变时的各种特性。它不同于固体和液体的特性，无法用固体和液体的物理学规律进行表达和解释。面团的一系列特性属于流变学特性，如面团的揉混特性、延展特性、发酵特性等。通过面团流变学特性的测定可以了解小麦粉和小麦的品质，对指导小麦粉加工、决定小麦搭配比例和小麦粉搭配比例、制订各种专用粉标准、保证小麦粉质量稳定和指导食品加工等，都具有十分重要的意义。

1. 面团形成及搅拌过程中的工艺特性

几乎所有面制食品的制作都离不开和面工序，面团是食品制作的基础。即使用来制作饼干和糕点的小麦粉，其面团的揉混特性对成品的质量也相当重要。制作不同面制食品时，对和面方式、和面设备、和面时间、加水量、面团柔软度等都有不同的要求，但都有水合这个过程，只不过水合的程度不同而已。所有面制食品中，面包面团的吸水量最大、揉混时间最长、搅拌耗能最多、小麦粉颗粒与水的水合也最充分。

(1) 水合作用

面团并不是将小麦粉与水简单加以混合就形成的。当小麦粉与水按不同比例混合时，会出现各种情况，水分过量时形成浓浆，小麦粉过量时形成稍有黏合力而粗糙干硬的物料，加水量合适时比较容易形成具黏弹性、表面光滑的面团。

小麦粉中的主要成分是淀粉和蛋白质，它们对水分都有一定的亲和力。在小麦粉中加水并连续搅拌(即混合)时，小麦粉颗粒表面迅速水合(因为与颗粒表面相比，水大大过剩)，小麦粉颗粒消失。此时，由于水分主要集中在小麦粉颗粒的表面，混合体系呈现相当大的流动性，具有黏性，所产生的抗延阻力不大，这就是搅拌开始时所观察到的粗糙而黏湿的面块。由于小麦粉颗粒稠密，而水向颗粒中心渗透的唯一推动力是扩散，速度相当缓慢，但随着搅拌的进行，由于水合颗粒相互之间的摩擦，及其与混合机筒体或混合搅拌叶片的摩擦作用，颗粒失去其水合表面，从而将新的颗粒层暴露给过量的水，颗粒被层层剥落。如此重复多次，小麦粉颗粒就慢慢完全消失(即水合)了。随着用于水合蛋白质和淀粉的游离水越来越少，混合体系的抗延阻力会越来越大而逐步增加到峰值。

(2) 面团形成

混合形成好的面团(亦称流动性最小的面团、最佳搅拌面团)，是指混合体系的抗延阻力达到峰值的面团。显然，只有所有的小麦粉颗粒都水合后才产生峰值，如果不是所有的小麦粉颗粒都水合，继续混合会增加抗延阻力，峰值就要推迟较长的时间才会出现。形成良好的面团用手拉伸时，可成均匀透明的薄膜状。借助扫描电子显微镜观察冷冻干燥后的最佳混合面团，看到的并非完整的小麦粉颗粒，而是一种蛋白质纤维与黏附在其上面的淀粉粒的混合物。面团形成本身就是小麦粉颗粒的完全水合。

面团形成过程离不开搅拌混合，正是由于其机械物理作用产生的物理和化学反应，促进了面团的形成。面团的搅拌成为食品生产特别是面包生产中的第一个关键步骤。主要表现在以下几个方面。

① 搅拌有助于小麦粉颗粒均匀水化。当小麦粉与其他原料和水一起放入搅拌缸时，水湿润小麦粉颗粒的表面部分形成一层胶韧的膜。如果不搅拌，则小麦粉颗粒的中心部分很难受到水的湿润，使小麦粉水化不均匀。因为面团中水的分布决定面团水化作用的速率，水在小麦粉颗粒的表面分布越均匀，则进入颗粒内部的速度越快，水化作用也越快。均匀的水化作用是面筋形成和扩展的先决条件。搅拌的目的之一是使所有小麦粉在短时间内都吸收到足够的水分，以达到均匀水化。

② 搅拌有助于面筋网络充分形成。搅拌机的搅拌叶片对面团不断重复地推揉、迭叠、压伸等机械动作，使面筋得到扩展，达到最佳状态，成为既有一定弹性又有一定延伸性的面团。

③ 搅拌有助于面团中空气的掺和。面团在搅拌时，由于搅拌作用不断进行，空气也不断进入面团内。掺入的空气，特别是其中的氮(N_2)对烘焙食品很重要，因为它产生气泡，可供发酵过程中产生的气体扩散到面团里面去(酵母发酵产生 CO_2 但不生成新的气泡)。

目前，在半真空状态下调制面团，主要是使小的气泡在低压下扩大，这样就能再分成更多的气泡。气泡越多，烘焙产品就越细软。发酵面团要“赶气”的主要目的也就是将大气泡变成小气泡。

④ 搅拌有助于氧化作用。空气不断进入面团内，产生各种氧化作用，其中最为重要的是氧化蛋白质内的巯基(—SH)成为分子间的二硫键(—S—S—)，使原来杂乱无章的蛋白质分子相互连接成在三维空间的网状结构，即面筋网络，增加蛋白质分子链的交联，因而能保持气体并使面团膨大、疏松。实际上，在面团的搅拌和揉混过程中，剪切力使蛋白质分子链直线排列和巯基(—SH)充分暴露，使蛋白质分子彼此间有最强的相互作用，从而有助于这种氧化作用的形成。而且，可将某些蛋白质改造或瓦解，以促使它们更好地参加到面筋的网络结构中去。从加水搅拌到面团形成(混合体系的抗延阻力达到峰值)的这段时间称为小麦粉的混合时间或面团的形成时间。不同的小麦粉，其面团吸水率和形成最佳面团所需要的搅拌时间不同，有时差异很大。

(3) 面团搅拌过度

随着不断搅拌面团，水分大量渗透到蛋白质胶粒内部和结合到面筋的网状组织内部，使面团具有良好的弹性和延伸性。面团达到最佳顶峰后，若继续再搅拌，其表面就会出现游离水浸湿现象，使面团又恢复黏性状态，这个阶段称为面团搅拌（或混合）过度阶段，也称面团的崩塌。面团搅拌过度的可能原因在于过度的机械作用折断了二硫键（—S—S—），引起蛋白质即面筋网络的脆弱现象。

面团的搅拌稳定性，又称面团耐搅拌特性，是面团揉混特性的又一重要内容。小麦粉的品质与耐搅拌能力密切相关，小麦粉的筋力越强，峰值到达后的弱化过程就长，面团稳定性越好，这种小麦粉被称为搅拌耐力大的小麦粉。

2. 面团揉混特性

粉质仪是分析面团揉混特性的专门仪器，常用于测定小麦粉的吸水量和揉混面团时的稳定性。粉质仪是根据揉混面团时所受阻力的原理设计的，测定小麦粉加水后面团形成和发展过程中“力”的变化行为，反映面团形成和发展过程中的特性变化。它不但可用于研究小麦粉中面筋的发展，比较不同质量小麦粉的面筋特性，还可以了解小麦粉组分，以及添加物如盐、糖、氧化剂对面团形成的影响。

将定量的小麦粉置于揉面钵中，用滴定管滴加水，在定温下开机揉成面团，根据揉制面团过程中动力消耗情况，仪器自动绘出一条特性曲线，即粉质曲线。它反映揉制面团过程中，混合搅拌刀所受到的综合阻力随搅拌时间的变化规律，可作为分析面团内在品质的依据。粉质曲线表征了面团的耐搅拌特性，可提供量化指标评价被测试小麦粉的质量。

① 吸水率，是指面团最大稠度（粉质曲线峰值）处于500B. U. 时所需的加水量，以占14%湿基小麦粉质量分数表示，准确到0.1%。以正式滴注时一次加水（25s内完成）量为依据。如果曲线峰值偏离了500B. U. 标线，则应校准到500B. U. 时的加水量。

粉质仪测出的吸水量是指含有14%水分的小麦粉所能吸收的水量，是在特定面团黏度基础上的吸水率。以“X”表示面团最大稠度集中到500B. U. 标线时所消耗水分的毫升数，“Y”表示测试用小麦粉的克数（相当于14%湿基时300g或50g小麦粉），则粉质曲线吸水率A(%)为

$$A = (X + Y - 300)/3 \quad \text{(大号揉面钵)}$$

$$A = 2(X + Y - 50) \quad \text{(小号揉面钵)}$$

粉质仪测定吸水率把所有小麦粉都校正到14%湿基，测定结果具有可比性。

小麦粉的吸水率高，制作面包时的加水量大，不仅能提高单位质量小麦粉的面包出品率，而且能做出疏松柔软、存放时间较长的优质面包。但也有吸水率大的小麦粉做出的面包品质不良的情况，并非吸水率越高越好。美国要求面包粉的吸水率为(60±2.5)%。一般来讲，小麦粉粉质曲线的吸水率高，其烘焙吸水率也高。但粉质吸水率与烘焙面包时的实际吸水率是两个概念，有时，二者也有不一致的情况，如表1-5-1所示。

表1-5-1 粉质吸水率与烘焙吸水率比较

项 目	小麦品种				
	豫麦47	豫麦34	高优503	兰考906	济南17
粉质吸水率/%	66.8	62.6	60.6	66.1	62.4
烘焙吸水率/%	62	55	60	55	62

小麦粉吸水率与蛋白质质量、含量及破损淀粉的含量有关。蛋白质有很强的水合能力，它可吸收其自身质量2倍的水。往小麦粉中添加谷朊粉(活性面筋粉)，添加量越大，小麦粉吸水率越高。不同品质的蛋白质，其水合能力不同。一般硬麦粉吸水率60%左右，软麦粉吸水率56%左右；破损淀粉的吸水量比未破损淀粉高2～2.5倍；正常未破损淀粉吸水量约为自身质量的1倍；小麦粉中破损淀粉率越高，其吸水量越大。

② 形成时间，是指开始加水直到面团稠度达到最大(峰值)时所需揉混的时间，准确到0.5min。此时间也叫峰值时间。有时观察到两个峰，此时第二个峰用来确定面团的形成时间。面团形成时间如图1-5-1和图1-5-2所示。

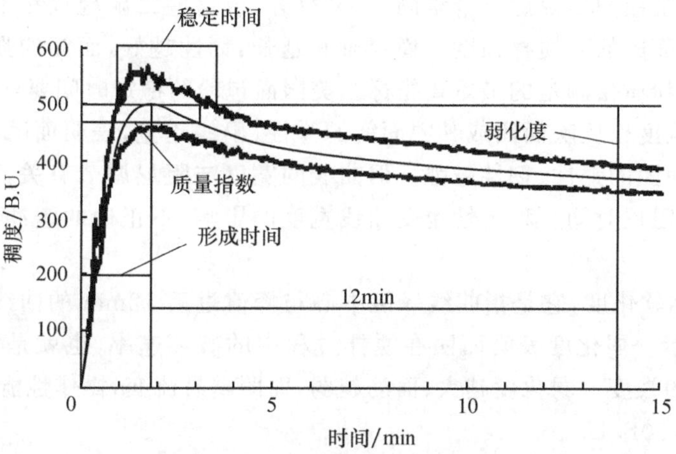

图1-5-1 弱力粉的粉质曲线

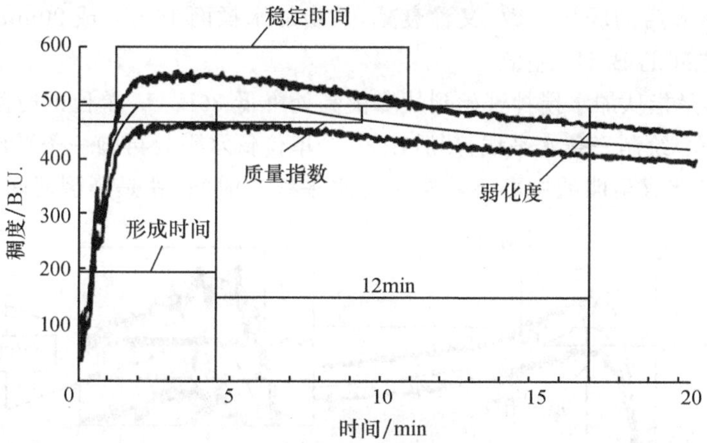

图1-5-2 强力粉的粉质曲线

制作面制食品时，峰值时间长，面团相应需要较长的和面时间(搅拌时间)。一般软麦粉面团的弹性差，形成时间在1～4min，不适宜做面包。硬麦粉面团弹性强，形成时间在4min以上。美国面包粉的形成时间要求为(7.5±1.5)min。当然，峰值时间太长，对面包加工工艺是不利的，面包房不喜欢形成时间过长的面包粉。

③ 稳定性也称稳定时间，是指粉质曲线首次穿过500B.U.标线(到达时间)和离开

500B. U. 标线(离开时间)两点之间的时间差,准确到 0.5min。如果曲线的最大稠度不是准确地集中在 500B. U. 标线,如在 510B. U. 或 490B. U.,则必须在 510B. U. 或 490B. U. 处画一条平行于 500B. U. 的水平线,用这条新线代替 500B. U. 标线来确定交叉点。稳定时间也可定义为粉质曲线的上边缘与 500B. U. 标线第一次和第二次相交点之间的时间差。

到达时间:从加水开始到粉质曲线上边缘到达 500B. U. 标线所需时间。

离开时间:从加水开始到粉质曲线上边缘离开 500B. U. 标线所需时间,也称衰减时间。

稳定性表示小麦粉形成面团时耐受机械搅拌的能力,这是小麦粉"内在"质量中一项十分重要的指标。面团稳定时间长,说明小麦粉筋力强,反映其对剪切力降解有较强的抵抗耐力,也就意味着其麦谷蛋白的二硫键结合牢固,不易打开,或这些二硫键处在十分恰当的位置上。面团的稳定性说明面团的耐搅拌强度。稳定时间越长,韧性越好,面筋的强度越大,面团操作性能好。稳定性是粉质仪测定的最重要指标。美国面包粉的稳定时间要求为(12±1.5)min。

此外,曲线的宽度也反映面团或其中面筋的弹性,墨线越宽,表明面团对搅拌叶片撕裂作用的抵抗力越大,面团的弹性、韧性越强。但曲线的宽度与阻尼调节有关,要求将不同的检测仪器调整为相同的阻尼时间。稳定性也受曲线宽度的影响,不正确的缓冲调节会产生不正确的稳定性数值。

④ 弱化度又称软化度,它是指曲线峰值中心与峰值过后 12min 的曲线中心两者之差,用 B. U. 或 F. U. 表示。弱化度表明面团在搅拌过程中的破坏速率,也就是对机械搅拌的承受能力,也代表面筋的强度。弱化度越大,面筋越弱,面团越易流变,操作性能差。美国面包粉的弱化度要求为 20～50B. U.。

与面团弱化度相关的表示指标还有机械软化指数又称公差指数、机械耐力指数,是指峰值过后 5min 处曲线中心与峰值中心之间的差值。

10min 或 20min 后的弱化指数,又称衰减,是指加水揉面 10min 或 20min 后所测定的曲线中心与峰值中心之间的 B. U. 差值。

⑤ 断裂时间,是指从加水搅拌开始到从峰值高处降低 30B. U. 单位的时间。其测定方法是在峰顶经过曲线中心绘制一条水平线,然后在 30 个单位低水平处再画一条平行线,如图 1-5-3 所示。于是从开始搅拌直至曲线中心下降穿过低水平线的时间,就是断裂时间。

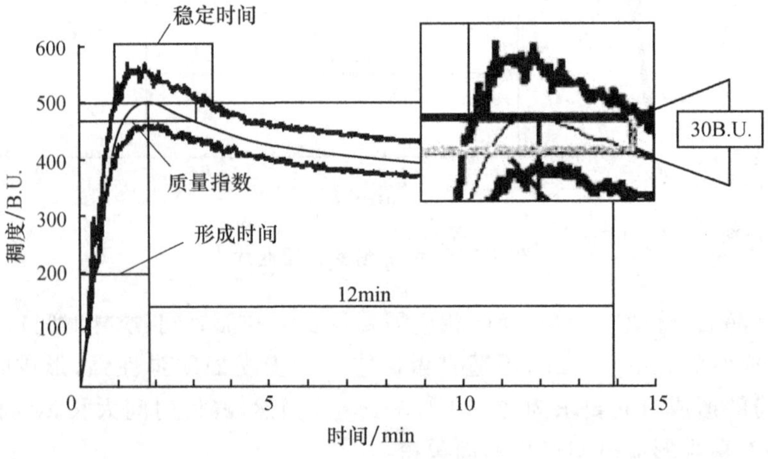

图 1-5-3　粉质曲线质量指数

⑥ 粉质曲线质量指数(简称 FQN)。断裂时间以 min 计,质量指数在数值上为断裂时间的 10 倍,无单位。弱力粉的 FQN 低,而强力粉具有较高的 FQN。当几个样品的 FQN 相近时,具有较高吸水率的结果为好。

⑦ 评价值。使用评价计,将粉质曲线形状综合为一个数值来进行评价,这个数值称为评价值。该数值与面团形成时间、稳定时间和弱化度都有联系,曲线开始下降至其后 12min 曲线的下降程度非常重要。理论上讲,评价值最小为 0、最大为 100。

3. 面团延展特性

面团在外力作用下发生变形,外力消除后,面团会部分恢复原状,表现出塑性和弹性。不同品质小麦粉形成的面团、变形的程度,以及抗变形阻力差异很大,这种物理特性称之为面团的延展特性。硬麦粉形成吸水率高、弹性好、抗变形阻力大的面团;软麦粉形成吸水率低、抗变形阻力小、弹性弱的面团。不同食品对面团延展特性的要求不同,制作面包要求强力的面团,能保持酵母生成的二氧化碳气体,形成良好的结构和纹理,以生产松软可口的面包;制作饼干要求弱力的面团,便于延压成型,保持清晰、美观的花纹,平整的外形和酥脆的口感。

测定面团延展特性的仪器主要有拉伸仪和吹泡示功仪。

(1) 拉伸仪测定与分析

拉伸仪也称拉力测定仪,德国 Brabender 公司生产。仪器记录面团伸展至断裂为止的负荷延伸曲线,测试面团放置一定时间后的抗拉伸阻力和拉伸长度,研究面团形成后的延展特性。这些特性的测定也和粉质曲线一样反映了面团的流变学特性和小麦粉内在质量。面团拉伸曲线可以评价小麦粉品质,指导专用粉的生产和面制食品的加工,以及进行科学研究。

1) 拉伸曲线的评价

对同一块面团,可以得到醒面 45min、90min 及 135min 三个阶段的拉伸曲线,对拉伸曲线的评价,必须指明相应的醒面时间曲线。从拉伸曲线可分析得到下列参数。

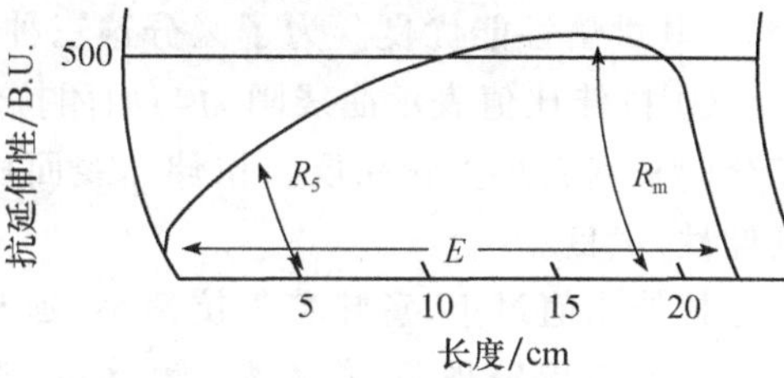

图 1-5-4 面团拉伸曲线

延伸性(E);抗延伸性(R_5);最大抗延伸性(R_m);能量(A)

① 抗延伸性也称抗延展性、延伸阻力或拉伸阻力,它是指曲线开始后在横坐标上到达 5cm 位置的高度(在图纸的横坐标由曲线起点至 5cm 处量取),单位用 B. U. 或 E. U. (extensograph unit)表示。图 1-5-4 中 R_5 表示面团抗延伸性。

② 最大抗延伸性,是指曲线最高点的高度,以 B. U. 或 F. U. (farinograph unit)计。图 1-5-4 中 R_m 表示最大抗延伸性。

③ 延伸性也称延展性,是指面团拉伸至断裂时的拉伸长度,即拉伸曲线在横坐标上的总长度,以 mm 表示。图 1-5-4 中 E 表示延伸性。

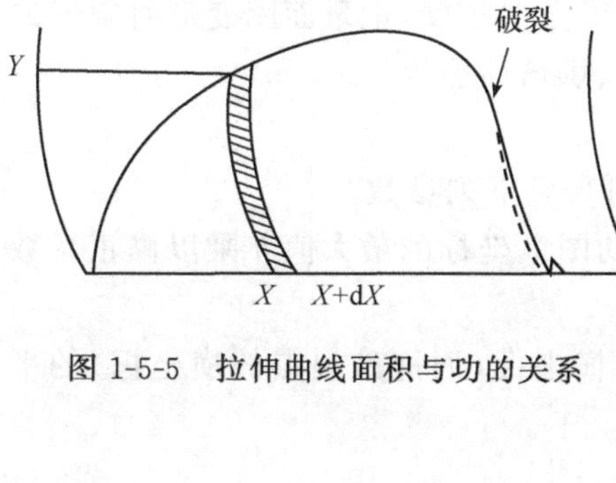

图 1-5-5 拉伸曲线面积与功的关系

④ 能量也称粉力,是指拉伸曲线与基线所包围的总面积,用 cm^2 表示。可用求积仪求出曲线所包围的面积。实际上,面积表示拉伸面团时所做的功,表征面团强度。如图 1-5-5 所示,曲线面积 $A = \int Y dx = \int r dl = W$(功),式中,$Y$ 表示拉伸长度 X 处

曲线高度，即拉伸阻力 r；L 表示拉伸长度；dx 或 dl 表示拉伸时的微小位移。

⑤ 拉伸比值也称比值、形状系数，是指面团抗延伸性与面团延伸性之比，单位为 B. U. /mm 或 E. U. /mm。

2）拉伸曲线参数与小麦粉品质的关系

拉伸曲线表示面团在拉伸过程中力的变化行为，即面团拉伸阻力与距离之间的关系。拉伸曲线可反映麦谷蛋白赋予面团的强度和延伸阻力，以及麦醇溶蛋白提供的易流动性和延伸所需要的黏合力。

① 抗延伸性表征面团的强度和筋力，阻力越大，表示面团越硬。拉伸阻力与面团发酵过程中的持气性有关系。只有当面团有一定的抗延伸性时，才能保持住 CO_2 气体，如果面团拉伸阻力太低，则面团中的 CO_2 气体易冲出气泡的泡壁形成大的气泡或由面团的表面逸出。

② 拉伸长度表征面团延展特性和可塑性。延伸性好的面团易拉长而不易断裂。它与面团成型、发酵过程中气泡的长大及烘烤炉内面包体积增大等有关。

③ 能量，即拉伸曲线所包围的面积，是面团拉伸过程中阻力与长度的乘积，它代表了面团从开始拉伸到拉断为止所需要的总能量。强筋力的面团拉伸所需要的能量大于弱筋力的面团。

实际上，反映小麦粉特性最主要的指标是能量与比值。面团能量数值提供了面团强度的信息和小麦粉烘焙的特性。但具有相反特性的两个面团可以有相同的能量数值。例如，拉伸阻力大而拉伸长度短的面团可以和拉伸阻力小而拉伸长度长的面团能量相等。这两个面团虽然能量数值相等，但面团特性差异很大。第一种是拉伸阻力大、拉伸长度短的脆性面团，第二种是拉伸阻力小、拉伸长度长的流散性面团。此外，还有一种面团，弹性、延伸性均很好，能量较大，其烘焙性能优良。为了区分这三种面团，可同时用拉伸比值表示。

④ 拉伸比值表示曲线阻力与面团拉伸长度的关系，它将面团抗延伸性与延伸性两个指标综合起来判断小麦粉品质。拉伸曲线面积大、比值大小适中的面团品质好，其黏弹特性（弹性、延伸性）优良。

拉伸比值过小，意味着阻抗性小、延伸性大，这样的面团发酵时会迅速变软或流散，面包或馒头会发生塌陷现象，瓤发黏、触感差、缺乏弹性；若拉伸比值过大，意味着阻抗性过大、弹性大、延伸性小，发酵时面团膨胀会受阻，起发不好，面包或馒头体积小，内芯干硬。

（2）吹泡仪测定与分析

面团在搅拌过程中由于空气的掺入，产生气泡，发酵过程中酵母产生的 CO_2 气体扩散到气泡里面。随着发酵进行，产生的 CO_2 气体越来越多，气室内压力逐渐增大，气室增大，团体积慢慢膨胀大。对单个气泡而言，如果发生破裂，说明持气性差；面泡由小气泡变成大气泡而不破裂，面团弹性就好，面包体积大；而坚硬的面团其膨胀率小。吹泡仪模拟面团发酵过程中面泡的膨胀情况，让面团在空气压力（吹泡）的作用下向多维方向扩展，记录面团变形时空气的压力变化，直至面泡破裂，据此分析面团的弹韧性、延展性、烘焙性能等。

1）吹泡示功曲线分析

典型的吹泡示功曲线如图 1-5-6 所示，从图 1-5-6 中可得到下列参数。

① 面团胀力 P 表示吹泡时面团的最大抵抗力，以示功图纵坐标的最大值 h 乘以修正系数 k(1.1)表示 P 值，单位为 mmH_2O(图 1-5-6)。

② 面团延伸性 L 是指曲线最大长度。L 值由示功图横坐标（面泡破裂点的横坐标）的平

均值确定，单位为 mm。

由于压缩空气的流量是恒定的，面泡破裂点的横坐标又是时间的函数，L 值实际上表示了所得面泡的体积（面泡的最大容积）。

③ 面团膨胀性 G 相当于将盘状面团吹成面泡时消耗的空气量的平方根，也反映了面团的延展性。

$$G = \sqrt{V_{rupt}} = 2.226\sqrt{L}$$

式中，V_{rupt} 为面泡破裂时耗用的空气体积(ml)。

④ 面团能量 W 又称功、烘焙强度，是指将面团变成厚度最小的薄膜（面泡）所消耗的能量。在实验条件下所做的功与示功曲线下的面积呈正比。

$$W = 1.32 \times (V/L) \times S = 6.54 \times S$$

式中，S 表示示功曲线与基线所包围的总面积，单位为 cm^2，可由求积仪或计算机自动分析得到。功（W 值）的单位为尔格（erg①）。

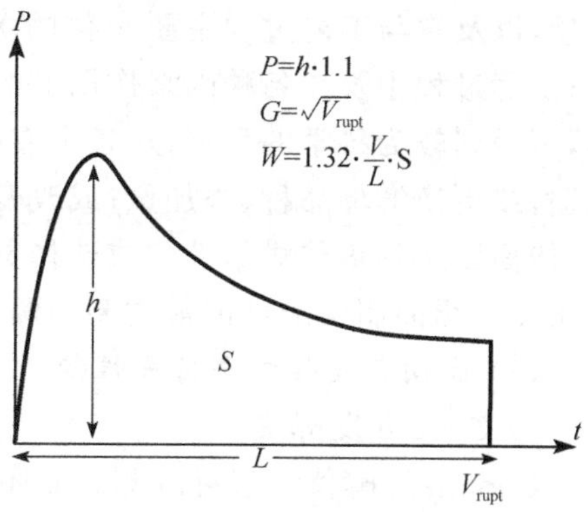

图 1-5-6　吹泡示功曲线

面团胀力(P)；面团延伸性(L)；面团膨胀性(G)；曲线与基线包围面积(S)；面团能量(W)；面泡破裂时空气量(V_{rupt})；曲线峰值(h)

⑤ 比例系数 P/L 又称比例，指面团胀力 P 与延伸性 L 的比值，表征了示功曲线的形状。

⑥ 弹性指数 I_e 是指曲线 4cm 处的高度与最大高度的比值。

$$I_e = H_{4cm}/H_{max} = H_{4cm} \times 1.1/P$$

2）吹泡曲线参数与小麦粉品质的关系

① 面团胀力 P 值代表吹泡过程中面团的最大抗张力。P 值也随面团的稠密度、面团的弹性抗力而变化。P 值和面团的韧性及面团的稠密度相关联。

② 面团延伸性 L 值是面泡破裂点的平均横坐标。它体现了面团的两种能力：蛋白质纤维的延展能力和面筋网络的保气能力。表征面团延展特性的参数还有面团膨胀性 G 值。

③ W 值表示小麦粉的“筋力”，代表用指定的方法使面团变形所需要的功。W 值和图形的面积相关，研究表明 W 值和面包的体积有很好的相关性。

④ P/L 值表示曲线的形状，即面团的韧性和延展性的相互关系。$P/L>1$ 表明面团的韧性过强而缺少延展性；P/L 值过小（低于 0.3）表明延展性过强，可能会带来机械加工时操作方面的问题。

通过吹泡示功仪测定可以快速地评价小麦质量。不同品种的小麦、不同用处的专用小麦粉有着不同的延展特性，表现出不同的吹泡示功曲线。例如，饼干专用粉为了使饼干有酥脆的特点，其 P 值低、L 值适中、W 值较小；专用美式面包粉 P 值高、L 值长、W 值大，此种小麦粉制作的面包筋力强、起发大、纹理好；而优质法式面包粉的 W 值适中，要求筋力并不强，但膨胀性较好。通过吹泡仪还能了解虫蚀小麦、发芽小麦和霉变小麦，这些小麦和正常小麦相比，P 值、W 值下降，说明小麦筋力被破坏。

4. 面团发酵特性

面团烘焙品质的好坏与面团发酵过程中理化特性的变化息息相关。为获得性能良好的发酵面团，必须研究发酵时生物化学过程中的一系列问题。例如，从和面开始到最后“成熟”过程中 CO_2 释放的强度、发酵产物中乙醇的数量，以及面团滞留气体的能力；发酵全过程的糖类消

① $1erg=10^{-7}J$。

耗量,以及它与工艺过程主要参数的关系;不同工艺流程与发酵时面团中各种糖类变化的关系;发酵过程中及在各种因素作用下的面团流变学性质的变化;发酵全过程的工艺损耗等。这样,可得到较为科学的数据,从各个方面来研究发酵时所进行的生物化学变化和微生物的生长代谢,或更换酵母品种、添加量;或改变工艺操作(发酵温度、时间等);或调整配方、添加剂修饰等,使面团达到最佳烘焙性能或选择具有良好烘焙品质的原料小麦粉等。这里只从物理特性的角度介绍面团发酵性能最主要的两个方面。

(1) 面团产气性能与持气性能

1) Chopin 发酵仪

Chopin 发酵仪不仅可以测定面团发酵过程的产气量与持气量,还可以测定发酵过程中面团的体积变化。图 1-5-7 中,左边曲线是发酵过程中仪器记录的面团体积变化,右边曲线是面团产气量和持气量变化,其中曲线 1 代表产气量,曲线 2 代表持气量。面团 A-A′具有良好的发酵能力和发酵耐力;面团 B-B′的发酵能力较好,但发酵耐力较差;面团 C-C′的发酵能力和发酵耐力均较差。

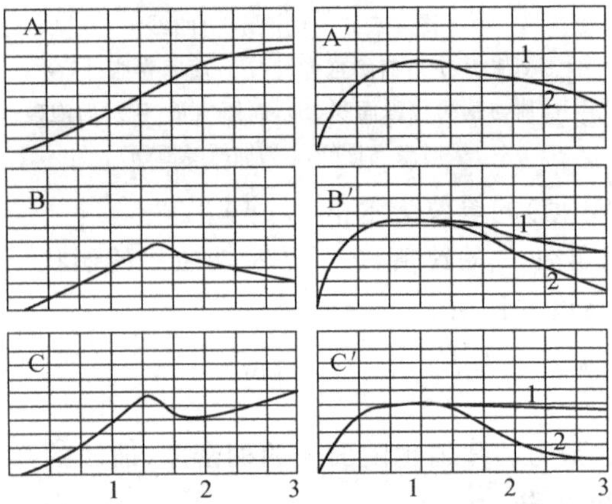

图 1-5-7　标准的 Chopin 发酵曲线

2) Brabender 发酵仪

借助 Brabender 发酵仪可以测定面团发酵时形成的 CO_2 的体积及其动态变化,由自动绘制的发酵曲线识读。其工作原理是在定量的小麦粉中加入定量的盐水和酵母,在定温下揉成面团(粉质仪和面,达到 500B. U. 稠度),然后取一定量面团放入橡皮袋内并驱尽袋内空气,把袋吊在 30℃水浴中让面团发酵,面团发酵过程中产生 CO_2 气体,使橡皮袋膨胀上浮,其上浮速度的变化,即时间增加的程度与浮力的关系,通过连杆机构传递到记录器自动绘成发酵曲线,该曲线可以反映面团的产气能力及产气速度,从而可预测小麦粉的烘焙品质。发酵可分三个阶段,每个阶段为 1h。每个阶段结束后,需除去橡皮袋内产生的 CO_2 气体,使橡皮袋内面团回复到原有状态。

发酵仪直接以立方厘米记录产生的 CO_2 量,得到的是一条反映 CO_2 产生量与时间的关系曲线,曲线越陡,说明产气速率越快;反之,则产气速率越慢。图 1-5-8 是不同的发酵曲线。图 1-5-8(a)表示在第一发酵阶段,开始只有很少的 CO_2 产生,曲线也比较平坦,到发酵结束时,曲线上升很快,即产生 CO_2 较集中;图 1-5-8(b)表示在发酵的整个过程中,发酵进行得很平稳;图 1-5-8(c)表示开始时发酵较激烈,而后产气速率下降,到最后几乎接近零,说明面团里有一定量的 CO_2,但已不产生新的 CO_2;图 1-5-8(d)、(e)表示三个发酵阶段的产气情况,从中可以看出到第三个发酵阶段结束时,曲线都比较平坦,说明这时发酵过程即将完成。

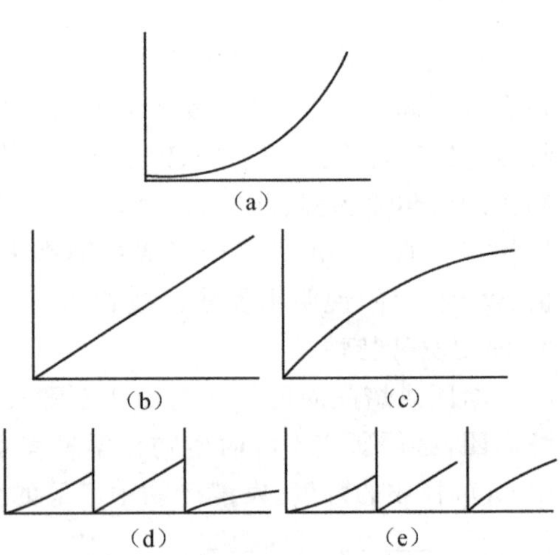

图 1-5-8　不同的 Brabender 发酵曲线

(2) 面团耐发酵性能

国内生产的某些"优质"面包小麦粉,经受不住长时间的发酵过程,即使采用直接发酵工艺,中途根本不能翻面排气,尽管面包体积不小,但内芯结构差,只适合于短时快速发酵工艺生产面包。目前我国面包市场上消费量较大的是一些采用快速发酵工艺生产的中、低档面包,以甜面包为主。我国东南沿海及一些经济比较发达的城市,采用二次发酵法生产的高档面包,由于具有浓郁的面包香味,已逐渐流行,其附加值亦最高。在我国南方大部分地区,制作馒头时大都采用集中和面、现卖现成型现蒸的手工作坊式加工工艺,特别是在温度高、湿度大的炎热夏季,往往出现上午和好的面团到下午就塌陷的情况,且不同的小麦粉表现不一样。这些现象实际上都涉及面团物理特性的另外一个很重要方面——耐发酵性能。面团耐发酵性能的研究在国内几近空白,还没有引起业内人士的足够重视。

Brabender 成熟度测定仪是研究面团耐发酵性能的较好仪器,主要测定发酵过程中面团在周期性外力作用下的表现,即发酵膨胀的面团被挤压,再膨胀,再挤压,周而复始。耐发酵的面团可以经受很多次这种周期性的挤压膨胀过程,膨胀性仍很好,不耐发酵的面团经受的周期少。

成熟度测定曲线呈锯齿状,从图 1-5-9 中可分析得到以下参数。

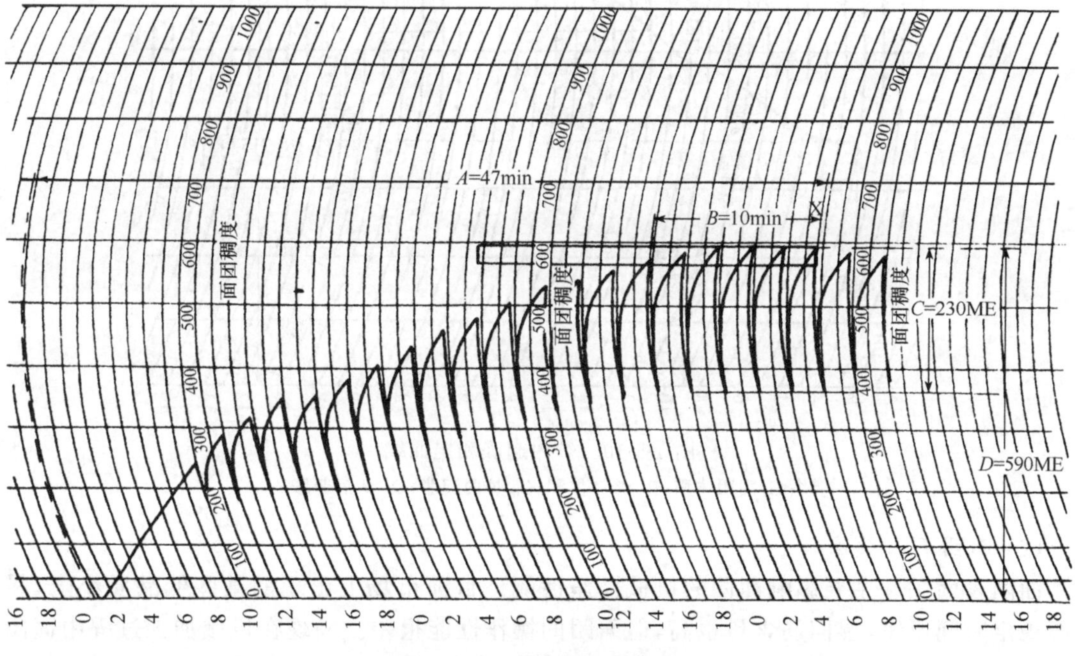

图 1-5-9 成熟度测定曲线

A. 最后醒发时间;*B*. 发酵稳定性;*C*. 面团弹性;*D*. 面团水平

① 最后醒发时间:从面团醒发开始到峰值过后曲线首先开始降落的时间,如图 1-5-9 中 *A* 所示,单位为 min。

② 发酵稳定性:发酵稳定性的评价需借助仪器配置的特殊模板。发酵稳定性指曲线峰值部分在模板视窗内可见部分的长度,以 min 表示,如图 1-5-9 中 *B* 所示。

③ 面团弹性:指峰值区域内曲线的最大宽度,即面团膨胀到最大体积时的压陷深度,如图 1-5-9 中 *C* 所示,以 B. U. 或 M. U. (maturograph unit)表示。

④ 面团水平:指曲线峰值的最高位置与基线之间的距离,即面团表面没有压力时的曲线

峰值，如图 1-5-9 中 *D* 所示，以 B. U. 或 M. U. 表示。

5. 面团的其他物理特性

(1) 面团炉内起胀特性

发酵好的面团，进入烤炉后体积会膨胀。不同的面团，烤炉内增加的体积差异较大，这种现象称之为面团的炉内起胀特性或焙烤急胀特性。研究仪器主要有 Brabender 炉内起胀记录仪，它模拟面团进入烤炉后体积膨胀过程，记录面团膨胀的体积。图 1-5-10 为仪器记录的面团炉内起胀曲线，主要指标有面团体积 *A*、焙烤体积 *B*、炉内起胀 *C* 和最后起胀 *D* 等，单位为 B. U. 。

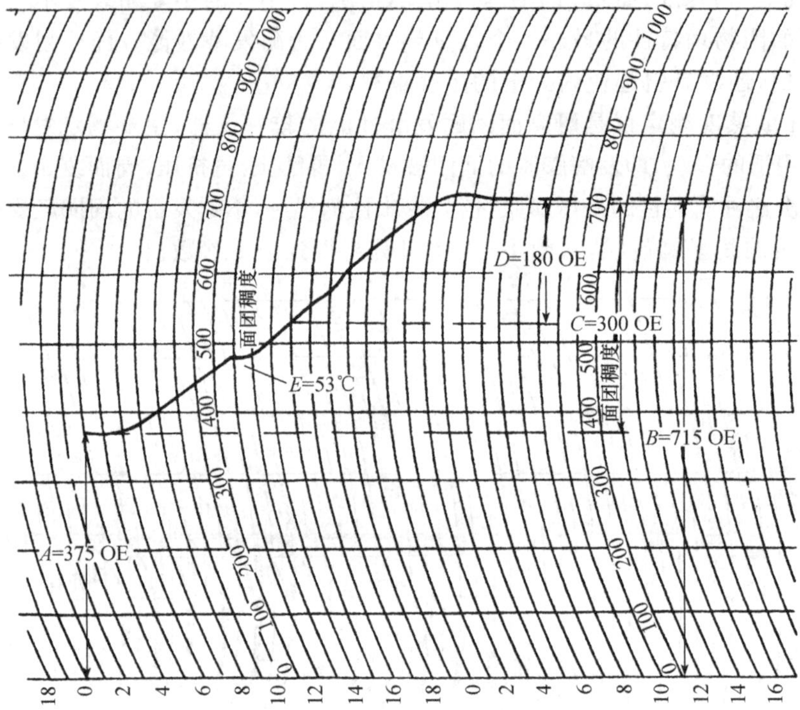

图 1-5-10　炉内起胀测定曲线

A. 面团体积；*B*. 焙烤体积；*C*. 炉内起胀；*D*. 最后起胀

(2) 面团表面黏性

面团表面黏性主要影响面团的机械操作性能。目前市场上出现的某些低品质小麦，尽管面团稳定时间不短，湿面筋含量也高，但面团的操作性能很差。表现在机械加工过程中面团稀软，极为黏滞，流态化严重，缺乏弹性，特别是现代化食品加工厂，在面团搅拌、机械分割、压片、揉圆成型等一系列工序中粘连机器严重，给机械化连续生产造成很大困难。目前，对面团表面黏性的评价方法基本是感官确定，在样品数多特别是彼此黏性相差不悬殊的情况下，无法提出量化指标。为能客观而定量地描述面团表面黏性，河南工业大学开发了仪器测定面团表面黏性的方法，对面团表面黏性的评价提出了量化指标。

二、面糊的黏度特性

淀粉与水在一起加热所表现出的种种变化是造成许多食品具有独特性状的原因。最明显的例子是改变肉卤和布丁的黏度和口感，以及软糖和饼馅的组织。对烘烤食品来说，淀粉变化的影响虽然不很明显，但却是同样重要的，因为所有的烘烤食品都要"凝固"，也就是说，随着温度的增加产生气体压力，达到一定的温度时，面团或面糊不再膨胀从而定形。至少可以说，淀粉所表现出的变化是造成烘烤食品凝固的部分原因。很多学者已经注意到，除蛋白质特性外，淀粉特性，如面糊黏度特性等与加工食品品质关系也很大，特别是馒头、面条、方便面等蒸煮类食品，对这方面的深入研究刚刚起步。

测定面糊黏度常使用的仪器有两种，一种是黏焙力测定仪，亦称为糊化仪；另一种是黏度测定仪。这两种仪器用于测定小麦粉试样中淀粉的糊化性质（糊化温度、最高黏度、最低黏度和面粉糊回生后黏度增加值）和 α-淀粉酶活性。黏度仪测定淀粉的流变学特性，可反映温度连续变化时体系黏度变化状态。

由黏度仪测定面糊的黏度特性时，其最高黏度值随小麦粉破损淀粉的增加而下降，同时发现，α-淀粉酶活力较低时，破损淀粉值的微小变化都会使最高黏度值发生较大的变化。

三、小麦粉的烘焙品质

小麦粉的烘焙品质是指面粉在制作面包、饼干及蛋糕等焙烤类食品过程中体现出来的、影响最终面制食品质量的品质性状。在某种程度上，烘焙品质是各种加工品质的综合体现，常采用烘焙试验对其进行测定。烘焙试验一般是指烘烤面包的试验，它能较好地反映小麦粉品质，因此在面包烘焙试验占有独特的地位。各国结合本国的特点，制订了相应的标准方法，且在试验步骤、仪器设备、品质指标等方面侧重点不同。

烘烤食品除面包外，还有饼干、酥饼、蛋糕、烧饼、月饼等，对这类食品的烘焙试验也是非常必要的。目前，对蛋糕、自然发酵饼干等食品，有的国家也制订了统一的试验方法和规范，但还有许多烘烤类食品尚没有统一遵循的方法。因此，各个企业在开发专用粉时，如果条件允许，可以自行制订试验方法。

1. 面包烘焙试验

面包烘焙试验的具体方法有两种，即直接法和中种法。面包烘焙试验对所使用的小麦粉、操作方法、外部条件及最终产品都有一定的规定和要求。具体做法可参照国标标准或其他标准。

生产优质面包的小麦粉应蛋白质含量高，面筋筋力强，面团物理性状平衡，吸水率高，耐搅拌，具有一定的抗延展性和良好的延伸性，发酵性能好，不易流变，不粘器械等。烘焙出的优质面包应体积大；面包芯孔隙小而均匀，壁薄、结构匀称，松软有弹性，洁白美观；面包皮着色深浅适度，无裂缝和气泡、美味可口等。

进行烘焙试验时，对外界条件和加工操作的要求比较严格，很多因素都可能影响实验结果。表征烘焙品质的指标很多，主要有面包体积、比容、面包芯纹理结构、面包评分等。

(1) 面包体积

用不同小麦粉制作的面包体积差异较大，同一品种小麦粉在不同烘焙条件下面包体积也不相同。具有良好加工品质的优质小麦面粉所烤制的面包，不仅其内部质地良好，也有较大的体积（100g 小麦粉面包体积 750ml 以上）。面包体积间接地反映了小麦粉组成上的差异，小麦粉的烘焙品质最客观的衡量指标首先是面包体积。面包体积也不是越大越好，体积过大内部可能会出现过多的气孔，组织不均匀，结构粗糙。

面包体积的测定，目前主要采用油菜子置换法。将待测面包放进体积测量装置中，再装进菜籽，利用菜籽排空原理测得面包体积，以 cm^3 或 ml 表示。

（2）比容

比容是面包体积(ml)与质量(g)之比，也是评价面包烘焙品质的重要指标之一。面包体积越大，比容越大。国外面包比容一般在4.0～6.0ml/g。

（3）面包评分

面包评分是根据面包体积、皮色、形状、芯色、面包切面的平滑度、面包瓤的弹性、纹理结构、口感等多项指标决定的。一般说来，外观与内质的分值比例是3∶7，但各国不完全一样。世界各国的评分标准虽很不一致，但均以体积为主。例如，我国面包评分的标准按总分100分计，其中体积占35%、表皮色泽占5%、表皮质地和面包形状占5%、包芯色泽占5%、平滑度占10%、纹理结构占25%、弹柔性占10%、口感占5%。

2. 饼干、糕点类食品的烘烤试验

为了区别于面包的烘焙试验，将饼干、酥饼、蛋糕等食品的烘焙实验称为烘烤试验，相应的食品称为烘烤食品。一般来讲，像饼干、蛋糕这一类烘烤食品大都以软质小麦粉为原料，要求小麦粉蛋白质、面筋质及灰分含量低，色泽白，颗粒细腻，且面筋的弹性要好。烘烤食品的花样很多，不同国家和地区对这类食品质量的要求不同，带有较多的习惯性和主观性。由于缺乏有关制作各种制品确定的理化性质的信息，对这类小麦粉食用品质的研究相对复杂。

优质酥饼要求折断强度小(表示酥脆)、比容大、直径与厚度比值(扩展指数)大、外形完整、表面纹理清晰，不鼓、不塌、不变形，呈浅棕黄色、内部孔泡匀称、层次分明、质地酥脆，入口后无粗糙感、不硬、口味纯正、味美甜鲜，其中以酥脆为主。优质蛋糕要求体积大、比容大、表色亮黄，正常隆起，底面平整，不收缩、不塌陷、不溢边、不黏，外形完整，内部颗粒细，孔泡小而均匀，孔壁薄、柔软、湿润，瓤色白亮略黄，口感绵软、细腻、味正，无粗糙感。比容与外形、内部结构和口感的变化有一致性，反映其柔软性，是蛋糕品质的重要指标。饼干则要求色泽均匀，呈金黄色或褐黄色，花纹清晰，外形完整，厚薄均匀，无气泡，不凹底，断面结构有层次(韧性饼干)或内部呈多孔性组织(酥性或甜酥性饼干)，不粘牙、无异味、口感松脆或酥松。

总之，烘焙品质是一综合性状，既受蛋白质和面筋含量影响，也受蛋白质和面筋质量制约。进行烘焙试验时，首先测定小麦粉和面团的理化指标，了解蛋白质含量水平和面团流变学特性，再制订烘焙方案、进行烘焙试验。

四、小麦粉的蒸煮品质

小麦粉的蒸煮品质是指小麦粉在制作馒头、面条、水饺等蒸煮类食品过程中体现出来的、影响最终面制食品质量的品质性状。在某种程度上，蒸煮品质也是各种加工品质的综合体现。表征蒸煮品质的指标很多，但要通过蒸煮试验来获得。对于蒸煮试验目前尚处于研究探索阶段，成熟的方法还比较少。

关于馒头的蒸制试验，近年来已有不少研究，结果表明，影响馒头质量的小麦粉品质性状有蛋白质含量、湿面筋含量、支链淀粉含量、支直链淀粉的比值、沉降值、降落数值、面团的吸水量、发酵成熟时间、发酵成熟体积等。优质北方馒头要求小麦粉的蛋白质和面筋含量中上等，弹性和延伸性较好，筋力过强、过弱的小麦粉制作的馒头质量均不理想。优质南方馒头的配方中含糖量较高(15%～20%)，要求小麦粉的出率低、蛋白质和面筋含量低、灰分低、白度高、吸水率强，其面筋具有良好的弹性。优质馒头应体积较大，比容适中，表皮光滑，色白，形状对称，挺而不摊，内部气孔小而均匀，弹韧性好，色泽细腻，有咬劲，咀嚼爽口不粘牙，清香，无异味。

面条是在常温下压切或拉制的，面条种类很多，对面团的适应性较广。各国对面条种类及质量要求不同。例如，韩国干面条要求蛋白质含量较高、不易断条，但口感柔软度较差，故蛋白质含量与总评分及柔软度均为显著负相关。日本面条要求柔软而洁白，稍有黏性无妨，面条评分标准包括柔软度、黏弹性、塑性、表面光滑度、煮后光泽、煮后黄色度、生面颜色等。东南亚各国要求面条以鲜亮、淡黄色、不发暗、不变色者为佳，此外吃起来有筋道、爽口、有弹性。中华面条，外观必须具有吸引力，不仅刚刚做成如此，就是经 24h 或更长一些时间也是这样。我国传统的河北宫面，需蛋白质含量高、面筋强度大的小麦粉。优质面条煮熟后应色泽白亮，结构细密，光滑，爽口，硬度适中，有韧性，有咬劲，富有弹性，不粘牙，具麦清香味。

与面条品质有关的小麦粉品质性状有蛋白质和面筋的量和质、淀粉性质、色素含量、酶活性、脂类组成等。不同面条对小麦粉的要求不同，一般硬质或半硬质、面团延伸性好而强度中等或稍小的小麦粉适宜做面条。优质面条要求小麦粉色白，麸星和灰分少，面筋含量较高，强度较大，但面条对小麦粉品质性状的要求范围较宽。淀粉的吸水膨胀和糊化特性可使面条具有可塑性，煮熟后有黏弹性，其中支链淀粉含量多一些，比较柔软适口。小麦粉中的色素(类胡萝卜素和黄酮类化合物)和酶类(α-淀粉酶、蛋白水解酶、多酚氧化酶类)含量应尽量低，以保持面条色白，不流变，不黏。非极性脂类对增加煮面表面强度和色泽有利，极性脂类可显著增加挂面的断裂强度。

五、影响小麦粉食用品质的主要因素

1. 小麦粉的外观品质

(1) 粉色和麸星

国家标准中规定按实物标准样品对照检验粉色、麸星来评价小麦粉的加工精度。粉色是指小麦粉对不同波长光线的反射量或吸收量，麸星是指小麦粉中碎麸屑的含量。小麦粉粉色主要取决于下列因素的影响。一是小麦粉等级。不同等级的小麦粉，其中的麸星比例是不同的；小麦粉等级越低，麸星比例越大，粉色越差；麸星含量少的小麦粉色泽好。二是胚乳自身的颜色，不同品种的小麦其纯净胚乳的色泽差异悬殊。小麦胚乳中含有一种橘黄色素，它会转变为商品小麦粉的淡黄色，这种淡黄色不仅与叶黄素、叶黄素酯、胡萝卜素及某些天然物质的数量有关，还与这些物质被人工漂白的程度有关。三是小麦的软硬、红白。通常软麦的粉色好于硬麦的粉色。四是小麦粉的粗细度。小麦粉研磨得越细，越显现出亮色。五是小麦加工前外来污染和黑穗病孢子等的存在。

粉色是影响小麦粉食用品质的因素之一，这与我国大量消费的传统的馒头、面条等蒸煮类食品有关。目前，许多小麦粉厂采用先进的加工设备和完善的加工工艺，以及在小麦粉中添加过氧化苯甲酰等漂白剂，这主要是从提高小麦粉的白度考虑。毋庸置疑，对同样的小麦原料，在同样的加工工艺和不含任何添加剂的前提下，小麦粉越白，加工精度越高，其食用品质越好。从这个角度上看，消费者可以认为越白的小麦粉质量越好。洁白细腻的馒头、面条确实能增加人的食欲，但我国消费者在小麦粉白度方面的认识存在一些误区从而片面追求小麦粉的白度。不同的小麦品种之间纯胚乳的色泽之间差异悬殊，小麦粉生产厂家注意区分籽粒的皮色但更应重视小麦胚乳的颜色。某些生产厂家为了弥补小麦原料和加工手段的不足，在小麦粉中过量添加漂白剂来提高小麦粉的白度，这是我国小麦粉行业的现状。

(2) 流散性

小麦粉的流散性主要与其水分含量和原料籽粒的硬度有关。商品小麦粉的水分差异较小,而小麦籽粒的硬度及其蛋白质含量和成品小麦粉的食用品质有一定的相关性。一般来讲,高筋小麦粉(如面包粉)用手不易抓成团状,流散性好,面团吸水率高。低筋小麦粉(如糕点粉)用手易抓成团状,较为蓬松,密实度小,黏附性强,流散性差,面团吸水率低。国内生产的有些小麦粉,尽管水分含量不高,面筋数量不低,但流散性很差,和面时加水量较少。

2. 小麦粉的理化特性

(1) 水分

水分是小麦粉最重要的储藏品质指标之一。在西方国家,食品的工业化程度很高,小麦粉从加工、销售到食品加工等环节的周期较短,根本不存在高温、高湿和长期储存的问题,环境温度也冷暖适宜,小麦粉厂较注重在最佳研磨条件下制粉,小麦粉的水分含量一般较高(如15%以上)。相反,我国气候环境相对较恶劣,南北方气温差异悬殊,食品的工业化水平较低,手工作坊生产方式居多,小麦粉销售也是全国性的大流通格局,我国规定小麦粉水分的最高限量为14.0%。小麦粉厂在保证储藏品质的前提下尽可能提高小麦粉的水分含量。实际上,对同样的小麦原料,在同样的加工精度和不含任何添加剂的前提下,小麦粉的水分含量越低,其食用品质越好。

(2) 灰分

判断小麦粉的灰分含量可以通过间接的方法来衡量,如通过粉色的深浅、出粉率的高低等。准确的方法是进行灰分测定,通常是将小麦粉置于指定高温的电炉中灼烧,小麦粉燃烧后所剩下的灰烬的量,用百分比表示,即为灰分。

制粉的目的是将麸皮、麦胚和胚乳相互分开,然后,将胚乳颗粒研磨成粉。由于麸皮的矿物质含量约为胚乳中含量的20倍,所以灰分测定基本反映了小麦粉的纯度或麸皮、麦胚与胚乳分离的彻底性。在制粉行业中灰分测定比任何其他测定对控制制粉操作更具有重要性。

无论从食用角度还是从加工优质小麦粉的角度,都希望小麦粉中的灰分尽量低。灰分对面制食品的加工制作有时是有影响的。例如,用于方便面的专用粉,如果灰分过高,其耗油量就会增加,对方便面的货架期产生不利的影响。

(3) 粗细度

由于小麦粉的质量和用途不同,对其粒度要求也不一样,国家标准是:特制一等粉粒度不超过160μm、特制二等粉粒度不超过200μm、标准粉粒度不超过330μm。对某些专用小麦粉的粒度是根据它的成品要求而定,如砂子粉要求粒度比较均匀,一般为250～350μm。

小麦粉的粗细度主要与原料小麦的硬度(质地)、加工工艺和小麦粉的等级有关。在同样的加工条件下,硬麦粉比软麦粉中粗粉的比例大。对同样的小麦原料,在同样的加工精度和不含任何添加剂的前提下,小麦粉的粒度越粗,其食用品质越好。

(4) 面筋质数量与质量

和蛋白质含量类似,可根据面筋质的数量来粗分小麦粉的用途,如湿面筋含量高于32%的小麦粉有制作面包的潜能;湿面筋含量低于22%的小麦粉有可能用来制作糕点类食品。至于小麦粉的最终用途,主要还取决于面筋质的质量。小麦品种间麦胶蛋白和麦谷蛋白在面筋中所占的比例差异很大,形成面筋强度不同,所以小麦粉品质也存在很大的差异。根据面筋强度大小可将小麦粉分为强力粉、中力粉、弱力粉。评定面筋质量和工艺性能的指标有延伸性、可塑性、弹性、韧性和比延伸性(弹性与延伸性比值)。

延伸性是指湿面筋被拉长至某长度后而不断裂的性质。可塑性是指湿面筋被压缩或拉伸后不能恢复原来状态的能力。弹性是指湿面筋压缩或拉伸后恢复原来状态的能力,面筋弹性也可分为强、中、弱三等。韧性是指面筋被拉伸时所表现的抵抗力。一般来说弹性强的面筋，韧性也好。

面筋指数是用 Perten 面筋仪测定小麦粉湿面筋含量时得到的反映面筋内在质量的一个指标。把用洗涤助剂洗好的两个湿面筋块放到离心机上，离心脱水后收集穿透过离心筛网和留存在离心筛网上的湿面筋，面筋指数定义为留存筛网上的湿面筋数量占总湿面筋数量的百分比。面筋弹性越强，面筋指数越大；反之，面筋流散性越强，面筋指数越小。也可利用 Brabender 面筋仪研究面筋质的塑性、弹性、韧性等物理特性。

(5) 破损淀粉含量

破损淀粉(又称损伤淀粉)是指小麦在加工过程中，由于机械力的作用，小麦胚乳中完整的淀粉粒受到外形上和结构上的破坏。破损后的淀粉粒，其物理和化学特性都发生了变化。破损淀粉有三个重要的特征：对淀粉酶作用的敏感性增加，即酶水解率增加；在冷水中可溶解性增加；吸收水分和染料的能力增加。

由于破损淀粉的特殊性能，面制食品的制作都希望在原料小麦粉中含有一定比例的破损淀粉，以使小麦粉能吸收更多的水分，重要的是，在较低淀粉酶活力的条件下，提供酵母发酵所需要的糖量，从而提高发酵食品的产气量和质量。但是，破损淀粉的大量存在，又会使淀粉酶的分解作用增大，破损淀粉和 α-淀粉酶的联合作用造成了面团流散度的变化，降低了面团的耐揉性，从而影响面包体积的增加，而且使面包纹理变粗，结构不匀，降低了加工品质。面包粉要求有一定含量的破损淀粉，过高、过低都对面包品质不利。高破损淀粉的小麦粉明显会降低曲奇饼干的扩展度，使饼干扩展面积下降。

因此，正确认识破损淀粉的特点，测定破损淀粉的含量，探讨破损淀粉的显微结构等是十分必要的。研究结果表明：小麦粉的破损淀粉值与小麦硬度存在十分明显的相关性。硬质麦胚乳中淀粉粒与蛋白质基质密结，胚乳粒(渣)在心磨系统中较难被研细而达到粒度要求，在同样加工条件下，硬麦粉中的破损淀粉含量高于软麦粉。

(6) 酶活性

小麦粉中有淀粉酶、蛋白酶、脂肪酶、脂氧合酶、植酸酶等，其中淀粉酶和蛋白酶的活性对小麦粉的烘焙性能和品质影响最大。

小麦粉中的淀粉酶主要是 α-淀粉酶和 β-淀粉酶。正常小麦粉含有足够的 β-淀粉酶，而 α-淀粉酶含量则不足。为了利用 α-淀粉酶以改善面包的质量、皮色、风味、结构，增大面包体积，可在面团中加入一定数量的 α-淀粉酶制剂或加入占小麦粉质量 0.2%～0.4%的麦芽粉。α-淀粉酶和 β-淀粉酶对面条专用粉是不利的，因淀粉酶会分解淀粉，导致面团黏度降低，产品浸泡时糊汤。因此，要求面条专用粉的淀粉酶含量尽量低一些。Perten 降落数值仪是利用淀粉悬浮液黏度变化的原理间接测定 α-淀粉酶活力。根据大量的实验结果得出，降落数值 250s 的小麦粉，其淀粉酶活力适中，可以烘焙出质量优良的面包；降落数值低于 200s 的小麦粉，淀粉酶活性太高，制作的面包其内芯黏湿、纹理结构差、有大孔洞；降落数值 400s 以上的小麦粉，淀粉酶活性太低，面包芯发干、体积小。

小麦粉中含有蛋白质分解酶，最适 pH 接近 4.1。在面团中加入半胱氨酸、谷胱甘肽等硫氢化合物能激活小麦蛋白酶，水解面筋蛋白质，而使面团软化。出粉率高、精度低的小麦粉或用发芽小麦磨制的小麦粉，因含激活剂或较多的蛋白酶，会使面筋软化而降低小麦粉的烘焙性能。此外，溴酸钾、碘酸盐、过硫酸盐等氧化剂都可抑制面团中蛋白酶的活性，从而改善面团的烘焙性能,得到坚韧硬稠的面团。在使用筋力过强的小麦粉制作面包时,可加入适量的蛋白酶制剂,以降低面筋的强度,有助于面筋完全扩展,并缩短搅拌时间。但蛋白酶制剂的用量必须严格控制,而且仅适合于用快速法生产面包。蛋白酶对面条专用粉是不利的。蛋白酶会分解蛋白质,影响湿面筋的数量和质量,不但会降低面团的加工性能,而且产品口感较差。与淀粉酶相比,蛋白酶对面条专用粉的副作用更大。

小麦粉中的脂肪酶随出粉率的提高有增加的趋势。小麦粉在储藏期间脂肪酶将增加游离脂肪酸的数量,使小麦粉酸败,从而降低小麦粉的食用品质。小麦粉中脂肪酶的最适 pH 为 7.5,最适温度为 30～40℃。因此,用低等粉制作的面包,在高温下储藏最易酸败变质。

早在 1907 年就有报道发现小麦麸皮中多酚氧化酶的存在。多酚氧化酶(polyphenol oxidase,PPO)广泛存在于植物体的各种器官和组织中,根据 PPO 催化底物的不同可分为酪氨酸酶、儿茶酚酶或邻二酚酶、酚酶等。对于小麦,从植株幼苗到成熟籽粒都含有 PPO,但其活性和种类有差异,籽粒中的 PPO 主要存在于麸皮中。小麦的许多品质参数,如籽粒性状(千粒重、籽粒颜色等)、面粉的蛋白质和灰分含量及出粉率都与籽粒和面粉的 PPO 活性显著相关。同一品种,大籽粒比小籽粒 PPO 活性高;同一品种不同籽粒大小的 PPO 活性差异小于籽粒大小相当不同品种间的差异;而且,PPO 活性随籽粒成熟度的增加而降低,其间差异似乎和成熟过程中酶的合成有关。PPO 活性与籽粒蛋白、面粉蛋白呈显著正相关,与面粉灰分含量呈极显著正相关。面粉 PPO 活性随出粉率的提高而提高,随研磨时麸皮污染程度的增强而增强。有研究表明小麦中 PPO 的活性与小麦粉的白度及其面制食品的外观品质关系密切。在湿面条和水饺蒸煮前的几个甚至几十个小时的储存期间或挂面干燥过程中,颜色褐变现象十分普遍。PPO 活性及其相应的底物是引起其褐变的主要原因,它可解释面条(团)颜色稳定性的 50%～70%。酚酸作为 PPO 潜在的作用底物,广泛存在于小麦的植株、籽粒和面粉中。它主要分不溶性束缚酚酸、可溶性酯化酚酸及自由酚酸三类。PPO 催化这些内源性酚酸发生氧化还原反应产生不稳定的醌类物质,这些高度活泼的醌与其他醌、氨基酸及蛋白质聚合产生褐色或黑色的沉积物,从而引起面条(团)失色褐变。面粉中酚酸含量与 PPO 活性呈显著正相关。在做面条的生面团中加入抗坏血酸能有效抑制变色,这可能与其抗 PPO 的氧化有关。小麦 PPO 不仅在植株体内分布不均匀,其活性在品种和地点间存在着显著差异。与普通小麦相比,杜伦小麦的 PPO 活性就要低很多。环境、基因型及其互作对小麦面粉 PPO 活性都有着显著影响。例如,有研究表明种植在澳大利亚和美国的同一品种籽粒 PPO 活性之间存在显著差异,但对同一地点的不同品种进行比较,基因型则是影响 PPO 活性的主要因素。不同品种间酶活性可相差 2～14 倍。若籽粒成熟后期遇到潮湿天气,发生穗发芽,籽粒 PPO 活性显著提高,这对面粉色泽及食品外观影响很大。通过遗传途径降低 PPO 的活性是可行的,美国、加拿大、澳大利亚等国已将其列为育种目标,有可能培育 PPO 接近零的品种。小麦 PPO 的活性一般采用耗氧电极法与分光光度法来测定,使用的底物有邻苯二酚、邻苯三酚、酪氨酸、儿茶酚、L-3、4-二羟基苯丙氨酸(L-DOPA)、绿原酸多巴及多巴胺,其中以邻苯二酚测定较为敏感、稳定,而且操作简便、费用低,适于大规模检验。

此外,影响小麦粉食用品质的因素还有蛋白质含量、磁性金属物含量、气味等,在此不再一一赘述。

(赵仁勇)

第二章　小麦加工前处理工序

第一节　除杂与分级

一、概　　述

（一）小麦除杂与分级的目的

小麦在田间生长过程中，难免要受到自然灾害的影响或病虫害的感染；在收割、脱粒、干燥、运输和储藏过程中，也难免混入各种各样的杂质。小麦中混有杂质直接影响制粉的安全生产和成品质量。例如，一些坚硬的杂质（如石子、金属等），在生产中容易损坏机器工作表面，甚至会因强烈摩擦碰撞而引起火花，酿成火灾或粉尘爆炸事故；小麦中的纤维性杂质容易堵塞输送管道，影响正常生产；灰土、砂石使面粉变得牙碜；皮层为褐色的野草种子及含有黑色孢子且具有腥味的黑穗病麦粒，会影响面粉的色泽和气味。还有些野草种子（如毒麦、麦仙翁等）和感染病害（如赤霉病、麦角菌等）的麦粒含有毒素，人体食入后会引起食物中毒。因此，小麦在加工之前必须把混在其中的各种杂质彻底清除，才能提高面粉纯度，保证产品质量和食品安全卫生，满足食品工业和人民生活的需要，确保人们的身体健康，并达到安全生产的目的，同时还有利于杂质的收集、整理和综合利用。

由于小麦的品种不同、生长条件不同，麦粒的大小和密度也不尽相同。为了高效率地清除各种杂质，有时将小麦先按粒度或密度不同进行分级，使杂质聚集在一起，然后再集中清理其中的杂质。在加工质量较次的小麦时，为了提高研磨效率和保证成品质量，有时也可将小麦先按粒度分级，然后把小粒麦直接送入中路皮磨系统去研磨，以缩短皮层占比例较大的小粒麦的研磨周期，避免麸皮过多地混入成品。

（二）杂质的种类及其特性

小麦中的杂质定义为：除小麦籽粒以外的其他物质和无使用价值的小麦籽粒，包括无机杂质、有机杂质。检验时还包括通过规定筛层的筛下物。

1. 无机杂质

无机杂质指混入小麦中的泥土、砂石、煤渣、砖瓦块、玻璃碎块、金属物等无机类物质。

2. 有机杂质

有机杂质指混入小麦籽粒中的异种类粮油籽粒、无使用价值的本种类籽粒、杂草种子、颖壳等有机类物质。

无使用价值的小麦有霉变小麦、生芽粒中芽超过本颗粒长度的小麦粒、毒麦、麦角、线虫病小麦等颗粒。

此外，小麦与杂质在粒度、形状、颜色、磁性、摩擦系数和空气动力学特性等方面也存在差别，这些都是分离杂质的主要依据。

小麦、异种粮粒及杂质的物理特性见表 2-1-1 至表 2-1-3。

表 2-1-1　小麦与主要异种粮粒的物理特性(水分 14%～17%)

名称	粒度/mm			密度/(g/cm³)	千粒重/(g/千粒)	容重/(g/L)	内摩擦系数
	长	宽	厚				
小麦	4.8～8.0	1.6～4.0	1.5～3.3	1.2～1.5	20～40	760	0.47
黑麦	5.0～10	1.4～3.6	1.2～3.5	1.2～1.5	13～32	730	0.49
燕麦	8.0～18.6	1.4～4.0	1.0～4.0	1.2～1.4	20～42	450	0.51
大麦	7.0～14.6	2.0～5.0	1.2～4.5	1.2～1.4	31～51	650	0.51
玉米	5.5～13.5	5.0～11.5	2.5～8.0	1.35	286	730	0.53
豌豆	4.0～8.8	4.0～9.0	3.0～9.0	1.40	135	830	0.55
荞麦	4.2～6.2	2.8～3.7	2.4～3.4	0.85～1.25	21	720	0.52

表 2-1-2　主要野草种子和杂质的物理特性(水分 14%～17%)

名称	粒度/mm			密度/(g/cm³)	千粒重/(g/千粒)
	长	宽	厚		
野燕麦	8.0～20.0	1.75～3.0	1.25～3.0	0.9～1.1	15～25
麦角	2.0～8.5	1.0～3.0	0.8～1.8	0.9～1.14	—
野豌豆	3	3	2.5	1.25	22.6
毒麦	4.0～7.6	0.8～2.6	1.0～2.4	0.9	2.9
并肩石	—	—	—	2.6	—
麦壳	9	3.4	2.4	0.74	—

表 2-1-3　小麦和各种混杂物的悬浮速度　　(单位:m/s)

名称	悬浮速度	名称	悬浮速度	名称	悬浮速度
正常小麦	8.9～11.5	燕麦	8.0～9.0	大豆	17.2～20
不饱满小麦	5.5～7.6	野燕麦	5.5～8.3	野豌豆	9.0
横断小麦	8.0～9.8	麦仙翁	6.9～9.8	并肩石	>11
纵断小麦	5.7～8.3	麦角	5.2～7.8	轻质草籽	5.5～6.5
虫蚀小麦	7.3～9.5	黑麦	8.4～9.9	<100mm 秆茎	5.0～6.0
大麦	8.4～10.8	玉米	12.5～14.5	麦壳、麦皮、麦胚	1.5～5.5

(三) 除杂的原理与方法

小麦中的杂质虽然种类很多,但在物理特性方面总存在某种差别,而且可能同时存在几个方面的差别。选择除杂的方法和设备时,应以小麦与杂质最显著的差别为依据,并适当考虑其他方面的差别,采用不同设备和相应的技术措施分离杂质。

1. 根据几何性状的不同

按小麦籽粒的几何特性分离杂质和进行分级,主要是以麦粒与杂质的宽度、厚度和长度及形状等方面的差别为依据。

按宽度、厚度尺寸的差别,利用具有一定规格筛孔的筛面,使小麦在筛面上发生相对运动,来分离宽度和厚度不同于小麦的大、小杂质,或将小麦按宽、厚尺寸不同进行分级,这种方法称为筛选，常用的设备有振动筛和平面回转筛等。

按长度差别进行分选，是借助圆筒或圆盘工作表面上的袋孔及旋转运动形式，使短粒嵌入袋孔内并带到一定高度后落入收集槽中，长粒留于袋孔外，从而使长于或短于小麦的杂质得以分离。

按颗粒形状差别进行分选，是利用倾斜的螺旋面，使球形颗粒杂质产生不同于麦粒的运动轨迹进行分离。

按长度和形状差别分选的方法称为精选法，常用的设备有滚筒精选机、碟片精选机和螺旋精选机等。

2. 根据空气动力学性质的不同

小麦和杂质的空气动力学性质一般用悬浮速度表示。根据小麦和杂质的悬浮速度的不同，利用一定方向的气流，选择大于杂质悬浮速度而小于小麦悬浮速度的气流速度，便可将小麦与轻杂质分离。这种除杂方法称为风选法，常用设备是风选器或风选装置。

3. 根据密度的不同

小麦和杂质由于密度不同，可用空气或水为介质进行分离，前者称为干法重力分选，后者称为湿法重力分选(或水选)。

干法重力分选主要借助于振动的分级筛面和气流的作用，使密度不同的物料分层，轻者上浮或上行，重者下沉或下行，从而达到分离的目的。常用的设备有比重去石机、重力分级机等。

湿法重力分选是借助一特制的水槽，使密度小于水的杂质浮于水面，密度大于水的小麦和砂石、金属物等按沉降速度不同而分离的方法。常用的设备是去石洗麦机。

4. 根据强度的不同

某些杂质的强度低于小麦籽粒，受到撞击后容易破碎。根据这一特点，利用高速旋转的机件对小麦与杂质进行撞击和摩擦，使杂质破碎，进而用筛分法将其分离，这种方法称为撞击法。常用的设备有打麦机、撞击机、擦麦机等。

5. 根据磁电性质的不同

根据磁性的不同是利用磁场的作用进行分选的。小麦是非磁性物质，在磁场里不发生磁化现象。而导磁性杂质如含铁、钴、镍等的金属物，在磁场里则被磁化，与磁场的异性磁极相吸引。因此当小麦及其中的磁性杂质通过磁场时便被分离。这种方法称为磁选法。常用的设备有磁选器、永磁滚筒等。

除以上分选方法外，还有根据颜色不同的光电分选法，使用的设备为光电分选机(或称色选机)。可分离小麦中色泽较深的杂质，如草籽、麦角、石子等。

(四) 除杂与分级工艺效果的评定

评定工艺效果的目的在于了解设备的工作情况，以便正确指导生产。

对各种除杂设备的除杂效率进行评定时，如果下脚中不含粮，可用清除杂质的质量与小麦除杂前含杂质量分数来表示，即为绝对除杂效率

$$\eta_{绝} = \frac{G_2}{G_1} = \frac{G_2}{Q_1 \cdot a} = \frac{Q_1 \cdot a - Q_2 \cdot b}{Q_1 \cdot a} \times 100\% \qquad (2\text{-}1\text{-}1)$$

式中，G_1 为小麦除杂前含杂质量(kg)；G_2 为清除杂质的质量(kg)；Q_1 为进机小麦的流量(kg/h)；Q_2 为出机小麦的流量(kg/h)；a 为除杂前小麦含杂率(%)；b 为除杂后小麦含杂率(%)。

由于受生产条件的限制，绝对除杂效率一般只用于单机工艺性能的生产考核。在实际生

产中，设备的流量大、影响因素多，除杂效率很难测定准确。因此，通常都用相对除杂效率来评定。相对除杂效率以小麦除杂前、后含杂率的百分比表示，即

$$\eta_{相} = \frac{a-b}{a} \times 100\% \tag{2-1-2}$$

全面评定除杂设备的效率，还应考虑下脚的含粮情况。除杂设备清除的杂质（下脚）中含正常完整麦粒越少，则该设备除杂效率越好。考虑下脚因素的除杂效率公式，可根据流量平衡关系导出。

除杂前后小麦与下脚的流量平衡关系是

$$Q_1 = Q_2 + Q_3 \tag{a}$$

其中杂质的流量平衡关系是

$$Q_1 \cdot a = Q_2 \cdot b + Q_3 \cdot c \tag{b}$$

将式(a)代入式(b)，整理后得

$$Q_3 = \frac{Q_1 \cdot (a-b)}{c-b} \tag{c}$$

由式(2-1-1)得

$$\eta = \frac{c \cdot (a-b)}{a \cdot (c-b)} \times 100\% \tag{2-1-3}$$

以上式中，Q_3 为下脚流量(kg/h)；c 为下脚含杂率(%)；其余符号同式(2-1-1)。

小麦的分级效率是指分级后的产品中某一级别小麦的质量与原粮中该级别小麦质量的百分比。其计算公式与式(2-1-2)和式(2-1-3)相同，此时式中的 a、b、c 表示的是所测的同一级别小麦在分级前后的含量比率。

小麦制粉厂经过清理后的净麦，要求尘芥杂质不超过 0.3%，其中砂石不得超过 0.02%，其他异种粮粒不得超过 0.5%。

二、筛　　选

（一）筛选的目的

筛选是利用被筛理物料之间粒度（宽度、厚度、长度）的差别，借助筛面上一定规格的筛孔将杂质分离，或将物料进行分级的方法。筛选是粮食加工厂应用最多的一种作业方式，在粮食除杂过程中尤其如此。

进入制粉厂的小麦在入磨制粉前，要经过数道清理工序。在初清工段，采用筛选的目的是首先清除对后续生产最不利的杂质，如容易堵塞输送管道、作业机器进出口，以及影响正常生产的大型杂质和纤维性杂质。在毛麦清理工段，采用筛选是为了分离比小麦籽粒大或小的杂质。另外，还可以视某种杂质的分布情况先将小麦分级，再对杂质集中清理。在光麦清理工段采用筛选，目的在于清除前面工序未除净的杂质、打麦后产生的细碎杂质，以及在小麦进出仓和输送过程重新混入的杂质，以确保入磨小麦的纯度。

（二）筛选的基本方法和条件

根据物料粒度大小进行筛选，必须配备适当的筛孔和相对运动速度，使物料能与筛面充分接触。物料经筛选后，凡是留在筛面上的未穿过筛孔的物料称为筛上物，穿过筛孔的物料称为筛下物，如图 2-1-1 所示。通过一层筛面分选，可以得到两种物料。

1. 筛选的依据

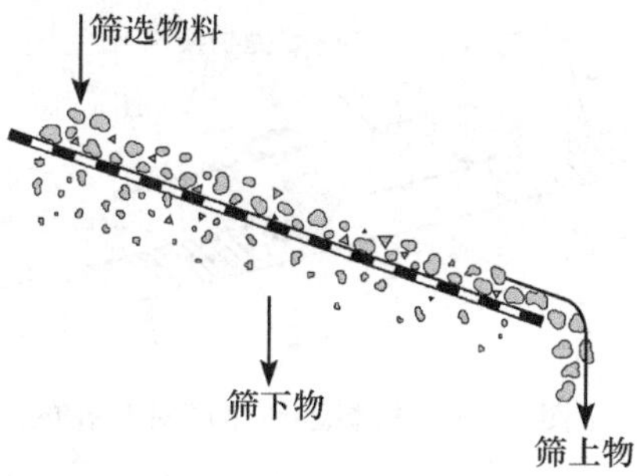

图 2-1-1　筛选示意图

一般小麦籽粒的三度尺寸是不同的，长度 a>宽度 b>厚度 c。筛选主要是根据小麦籽粒宽度、厚度或截面形状与杂质的区别进行分离。

(1) 根据宽度不同

采用圆形筛孔可以将小麦与杂质按其宽度的不同进行分离，其分离原理如图 2-1-2(a)所示。宽度小于筛孔直径的物料能通过筛孔，反之则不能通过。对于长形物料，如欲穿过圆形筛孔，必须依靠自身重力竖立起来方可。但当物料长度大于筛孔直径 2 倍以上并且是沿筛面滑行时，在筛孔上通过仍不能竖立起来，即使宽度小于筛孔直径，也不易穿过筛孔，如图 2-1-2(b)所示。

因此，在实际生产中，多利用圆形筛孔分离大于麦粒宽度或比麦粒长度大得多的大杂，也利用圆形筛孔分离小于麦粒宽度的小杂，或利用圆形筛孔将小麦按宽度进行分级。

(2) 根据厚度不同

采用长方形筛孔可以将小麦与杂质按其厚度的不同进行分离，其分离原理如图 2-1-3 所示。厚度小于筛孔宽度的物料可通过筛孔，大于筛孔的则留于筛面上。利用长方形筛孔分选，筛孔长边与物料运动的方向一致，物料不需要竖立起来，横卧着便可穿过筛孔。因此物料在筛面上的运动仅有简单的滑动即可。

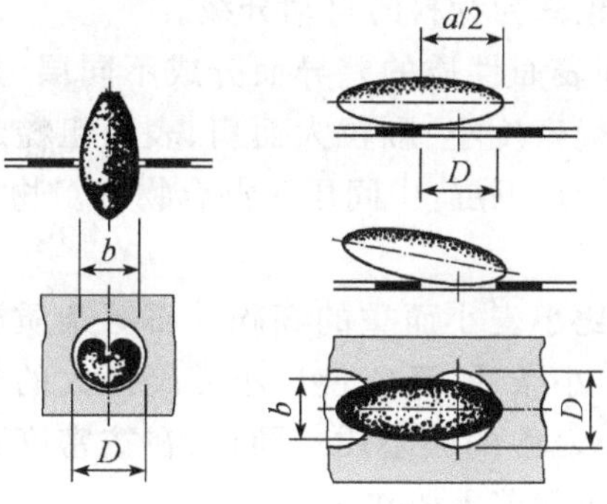

图 2-1-2　圆形筛孔分离原理

a. 小麦籽粒长度；b. 小麦籽粒宽度；D. 圆形筛孔直径

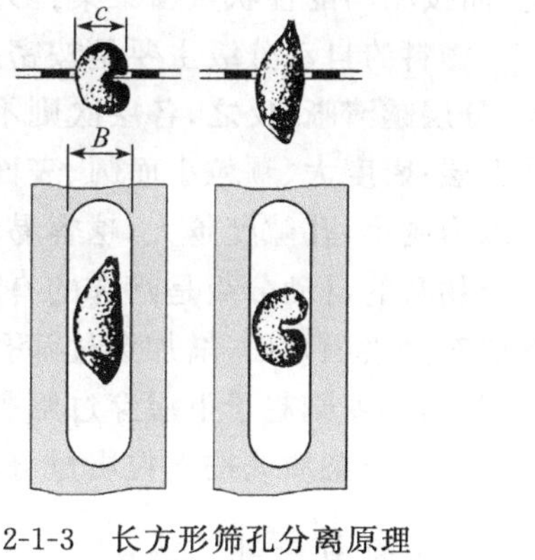

图 2-1-3　长方形筛孔分离原理

c. 小麦籽粒厚度；B. 长方形筛孔宽度

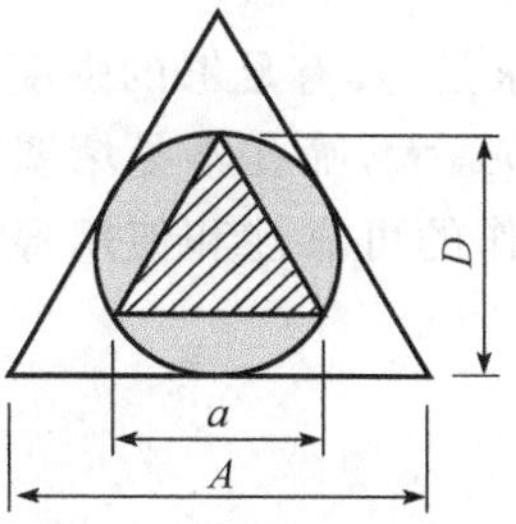

图 2-1-4　三角形筛孔分离原理

A. 三角形筛孔边长；D. 三角形筛孔内切圆直径；a. 三角形颗粒边长

实际生产中，常利用这种筛孔分离比小麦厚度大和小的杂质，或按小麦籽粒厚度不同将小麦分级。

(3) 根据截面形状不同

采用三角形筛孔可以将小麦与杂质按其截面形状的不同进行分离。如图 2-1-4 所示，当颗粒直径小于三角形筛孔内切圆直径或颗粒截面呈三角形而小于筛孔时就能穿过筛孔。对于图 2-1-4 中所示的圆形和三角形颗粒，圆形颗粒穿孔需要较大的筛孔面积，而三角形颗粒则需要较小筛孔面积。因此用三角形筛孔来分离圆形和截面呈三角形的

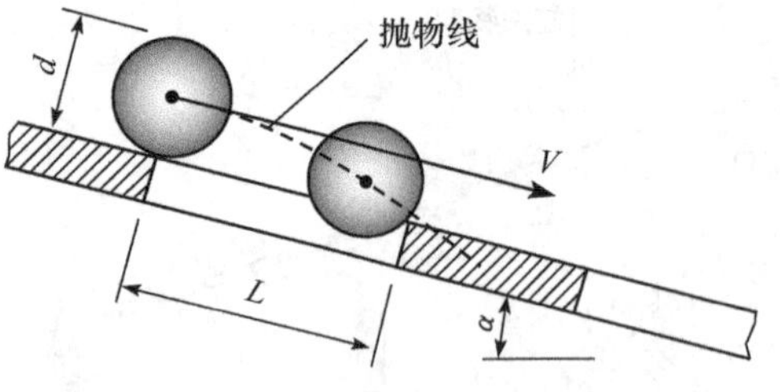

图 2-1-5 物料运动速度对穿孔的影响

颗粒是很有效的。

2. 颗粒运动速度对筛选的影响

筛上物料必须与筛面有相对运动，小颗粒才有机会接触筛孔并从筛孔穿过。但过快的相对速度又会影响颗粒穿孔。如图 2-1-5 所示，物料颗粒以相对速度 V 沿筛面滑动，到达筛孔并越过筛孔边缘后，受自身重力的作用开始沿抛物线向下飞行。当初速度较低时，颗粒会快速下落从筛孔通过；当初速度稍高时，飞行距离略远，颗粒会碰到筛孔对面的边缘，但只要颗粒的重心低于筛孔上边缘或者高出不多，颗粒仍能从筛孔落下；当初速度较高时，颗粒会直接从筛孔上方越过而不能穿孔。

用运动学的方法，可以大致求出颗粒能够穿孔的相对运动速度 V 是

$$V \leqslant \left[L - \frac{d}{2}(1 + \tan\alpha)\right]\sqrt{\frac{g \cdot \cos\alpha}{d}} \tag{2-1-4}$$

物料在筛面上运动的速度越慢，颗粒越容易穿过筛孔，筛选效率就越高。但速度过慢，会降低设备产量。一般速度取 0.1～0.4m/s，小麦除杂多为 0.2～0.4m/s。由于影响物料在筛面上运动的因素很多，在实际生产中常用试验的方法求得适宜的运动速度。

3. 物料的自动分级对筛选的影响

物料与筛面发生相对运动时，物料颗粒之间也发生相对运动，使物理性状不同的颗粒分离，而按相同的性状重新聚集排列分层。这种现象称为物料的自动分级。

物料的自动分级主要是按密度、粒度、形状和表面性质的差异而分成不同层，其间差别越大，分层越清晰；反之，各层次则不十分明显。一般密度小、颗粒大而扁、表面粗糙的物料浮于最上层；密度大、颗粒小而圆、表面光滑的物料趋于最下层，中间层为混合物料。物料颗粒之间摩擦力越小，孔隙度越大，越容易形成自动分级。

物料的自动分级是筛选的有利条件，它能使比小麦小而重的细碎砂石等杂质沉于物料的下层充分接触筛面，增加穿过筛孔的机会，分离出小杂质；还能使比小麦轻而大的杂质浮于最上层，而小麦则趋于下层穿过筛孔，从而分选出小麦中的大杂质。同样，在按密度不同分离小麦中的并肩杂质或按麦粒质量分级时，自动分级也起着重要作用。

（三）筛面与筛孔

1. 筛面的种类

筛面是筛选设备的主要工作部件。小麦清理工艺对筛面的要求是：具有足够的强度、刚度和耐磨性，筛孔面积百分率（筛孔总面积占整个筛面面积的百分率）最大，筛孔不易堵塞，物料在筛面上运动时与筛孔接触机会较多。第一个要求关系到筛面工作的可靠性和使用寿命，后面三个要求影响筛选的工艺效果。

常用的筛面有以下三种。

(1) 栅筛

栅筛是由具有一定截面形状的金属棒或圆钢，按一定间隙平行排列而成的，筛孔呈长条形。栅条的宽度或直径一般为 5mm 左右，栅条的间距在 15mm 以上。栅筛具有筛理能力强、处理量大、制造简单、耐用等特点。主要适用于原粮进车间之前的下粮部位，以去除原粮中较

粗大的杂质，避免设备堵塞。

(2) 冲孔筛面

冲孔筛面有平板冲孔筛面和波纹形冲孔筛面两种。

平板冲孔筛面多用厚度为0.5～2.5mm的薄钢板制造，通常在平整的薄钢板上冲压成圆形、长方形、三角形（等边三角形）或方形筛孔。筛孔规格按实际尺寸用毫米(mm)表示。平板冲孔筛面比较耐磨，筛孔形状尺寸准确，筛分精度高，但筛孔面积百分率较低，筛孔易堵塞。

波纹形冲孔筛面（沉孔筛面）如图2-1-6所示，整个筛面呈波浪形。它有圆形孔与长方形孔两种，圆形筛孔冲压成上大下小的圆锥形，宛如漏斗，对需要直立穿过筛孔的物料可起辅助作用，使其容易穿过筛孔，而且筛孔间距缩小，各筛孔之间没有使物料滑过去的通道，从而可避免物料失去穿过筛孔的机会。长方形筛孔冲压成上宽下窄的斜槽形，可对物料沿长轴运动起导向作用，使其容易穿过筛孔。波纹形冲孔筛面的刚性好，筛孔尺寸可比平板冲孔筛面小些，因而筛分精度更高，筛孔不易堵塞，单位流量较大。

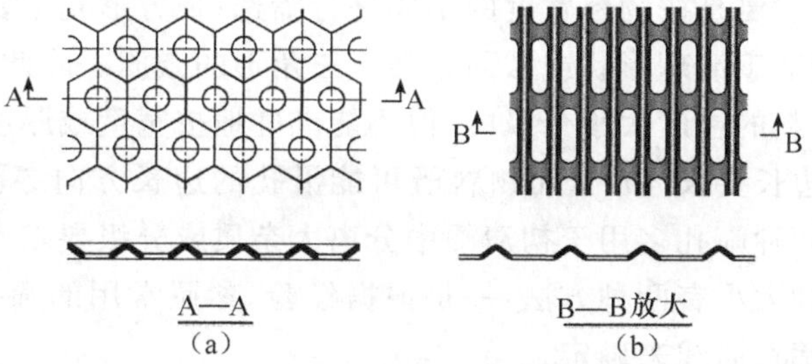

图 2-1-6 波纹形冲孔筛面

(a) 圆形筛孔；(b) 长方形筛孔

平板冲孔筛面多用于振动筛和平面回转筛，波纹形冲孔筛面则多用于高速振动筛和圆筒回转筛。

(3) 编织筛面

编织筛面一般是由镀锌钢丝或其他金属线编织而成。筛孔有长方形、方形或菱形三种（图2-1-7）。方形筛孔规格用相邻钢丝之间的最小距离毫米(mm)表示，或用网目方法表示，即每厘米长度上的筛孔数，在习惯上也常用每英寸(1in＝25.4mm)长度上的筛孔数表示。

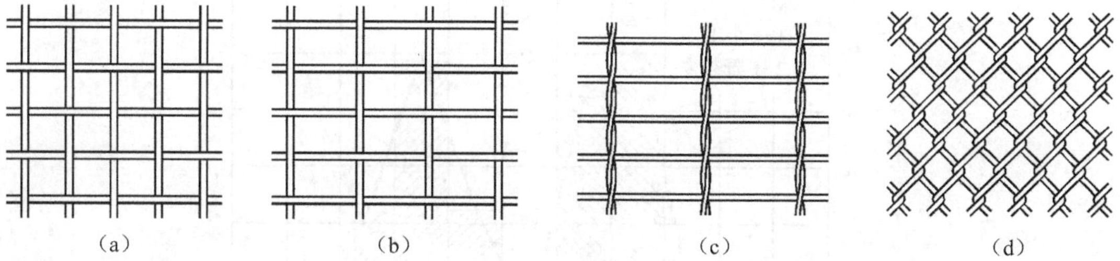

图 2-1-7 编织筛面

(a) 平纹方孔；(b) 平纹长孔；(c) 纺织长孔；(d) 编织菱形筛孔

编织筛面制作容易，造价低廉，筛孔面积百分率较高，圆形钢丝比较光滑，物料容易穿过筛孔，能减少筛孔堵塞现象，同时由于钢丝相互交织，筛面凹凸不平，对物料的摩擦系数较大，容易使物料产生自动分级，有利于筛理。但编织筛面的钢丝容易移动，引起筛孔变形，影响筛分的准确性。

编织筛面多用于高速振动筛、溜筛或回转筛上。编织菱形筛孔只用于网带式初清筛上。

筛孔大小的表示方法因筛面种类而异。冲孔筛面的筛孔直接用筛孔实际尺寸表示。例如，ϕ6mm 表示直径为 6mm 的圆形孔，1.5mm×20mm 表示宽为 1.5mm、长为 20mm 的长形孔，Δ3mm 表示边长为 3mm 的三角形孔。编织筛网的筛孔则常用每英寸(25.4mm)长的筛网上的筛孔数目表示。例如，5×5 表示筛网的径向、纬向都是每英寸长的筛网上有 5 个孔，而且是方形孔；而 5×7 表示径向每英寸长的筛网上有 5 个孔，纬向每英寸长的筛网上有 7 个孔，而且是长方形孔。

2. 筛孔形状与大小的选择

筛孔形状与大小的选择，取决于筛分物料的粒度及其截面形状。小麦清理工艺中，最常用的筛孔形状有圆形、长方形、三角形等。

如前所述，圆形孔主要是按物料宽度的不同进行筛选；长方形孔主要是按物料的厚度不同进行筛选；三角形孔则适于清理形状或截面近似于三角形的杂质。除此之外，还有正方形和菱形筛孔，它们也是按物料的粒度大小分级的，但不能准确地按宽度或厚度分级。因为方形孔或菱形孔的对角线比其边长要长 40%，而物料既可能沿孔的边长方向穿孔，也可能沿孔的对角线方向穿孔，因此，这两种筛孔多用于初清筛中分离大杂质或分级要求不十分高的场合。

选择筛孔的形状和大小有两种方法：一是根据经验，参照常用的筛孔选定；二是按照小麦和杂质的粒度曲线或筛选曲线来确定。

粒度曲线。利用量具对小麦进行长、宽、厚测量，并按统计学方法，将测定结果绘制成曲线即为小麦的粒度曲线。其方法是：任取 300～500 粒小麦，分别测定其长(或宽、厚)度，在直角坐标系上，以一定的尺寸幅度为横坐标，以每尺寸幅度组粒数占总粒数的百分率为纵坐标，画出频数分布直方图，然后将各直方图顶端中点相连即为粒度曲线。以同样方法也可画出异种粮粒或野草种子等杂质的粒度曲线。如果把小麦和杂质的粒度曲线画在同一坐标图上，便可从粒度分布的规律中分析它们筛分的可能性。例如，从小麦中分离野燕麦的可能性，如图 2-1-8 所示。

小麦	—	—	—	0.47	3.84	22.41	48.48	21.65	3.12	0.03
野燕麦	0.4	4.6	50.2	42.4	2.4	—	—	—	—	—

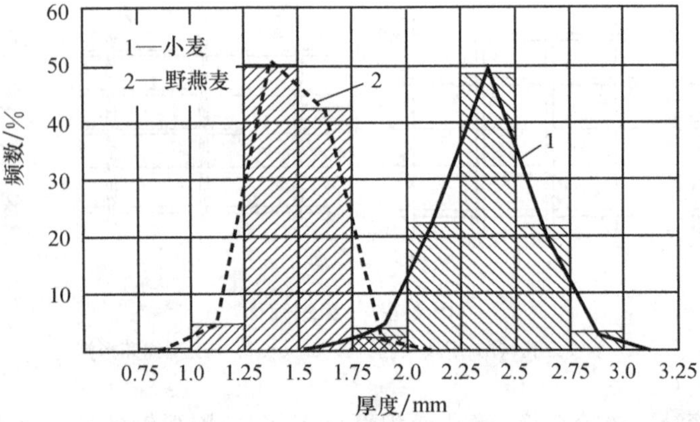

图 2-1-8　小麦与野燕麦的厚度曲线

由图 2-1-8 可以看出，小麦和野燕麦在厚度方面有较明显的区别，绝大部分的颗粒分布在 1.8～1.9mm 两边，重叠部分很少，因此配备适当形状和大小的筛孔将二者按厚度进行分级是可行的。

筛选曲线。用成套的标准检验筛对小麦试样（包括其中的杂质）进行筛选，然后以各层筛面筛孔尺寸为横坐标、以各层筛面上留存物料的质量占试样总质量的百分率为纵坐标，画出的曲线称为筛选曲线。筛选曲线实际上是按筛孔尺寸绘制的粒度分布曲线，如图 2-1-9 所示。从图 2-1-9 中可以看出，采用直径为 2.5mm 的圆形筛孔能筛出大部分小杂质，用直径为 4.2mm 的筛孔能筛出大部分大杂质。但对粒度重叠的部分，用筛选方法是很难分清的，应考虑选择其他除杂方法。

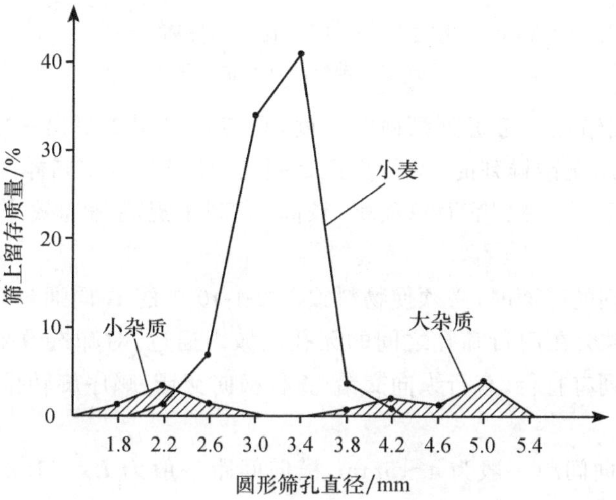

图 2-1-9　小麦的筛选曲线

在实际生产中，由于产量大、影响因素较多，故按筛选曲线选择筛孔尺寸时，应比曲线图中尺寸放大 0.1（长孔）～0.2（圆孔）mm。

应用筛选曲线除了能帮助正确选择筛孔形状和尺寸外，还能近似地计算出筛上物和筛下物所占的比例。因此，也可用它来对小麦按粒度大小确定分级比例。

在选择筛孔形状和尺寸时，还必须考虑筛面运动形式对筛选效果的影响。筛面的运动形式决定了物料在筛面上的运动状态：筛面做纵向往复振动时，物料相对筛面滑行的平均速率较小，运动中物料有停顿、易直立，有利于物料穿孔；筛面做平面回转运动时，物料在筛面上做近似的圆运动，相对筛面滑行的平均速率较大，没有停顿，不易直立，不利于物料穿孔。所以当筛孔的尺寸大于麦粒宽度而小于麦粒长度（如 ϕ3.5～4.5mm 的筛孔）、麦粒过筛需要直立时，受筛面运动形式的影响较大。因此，在选择除小杂质的筛孔时，平面回转筛可选用较大的筛孔，因为麦粒不易直立过筛，这样可以筛出更多的小杂质，提高除杂效率。

3. 筛孔的排列

筛孔的排列是指筛孔在筛面上的分布规律。就圆形（或方形）冲孔筛面而言，筛孔的排列有直行排列（正列）和交错排列（错列）两种，如图 2-1-10 所示。

直行排列的纵、横两个方向的筛孔都相互对齐；交错排列只有一个方向的筛孔（横向）相互

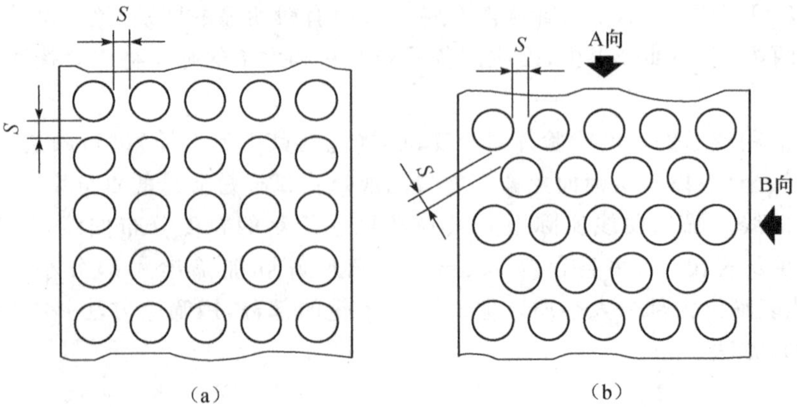

图 2-1-10　圆形筛孔的排列

(a) 直行排列；(b) 交错排列

对齐，另一个方向相互错位。考虑到筛面的强度，孔与孔之间要留出一定的间距 S，一般 S 不大于筛孔直径。当采用交错排列时，两行筛孔之间的行距较小，在同样面积的筛面上可具有较多的筛孔，开孔率(筛孔总面积/筛面总面积)较高，有利于提高筛选效率。生产中大都采用交错排列的形式。

采用筛孔交错排列的筛面时，必须使物料按图 2-1-10 中的 A 向通过筛面。如果按图 2-1-10 中 B 向通过筛面，物料会在两行筛孔之间的无孔区域内通过，对筛选效果不利。

长方形筛孔的排列有直行、直行纵向交错、直行横向交错、顺序旋转排列等几种，如图 2-1-11 所示。

长方形筛孔的纵向间距一般为 4～5mm，横向间距一般为 $L=(1.25+0.45b)$mm，其中 b 为筛孔宽度。

三角形筛孔的排列有同向交错和异向交错两种，如图 2-1-12 所示。

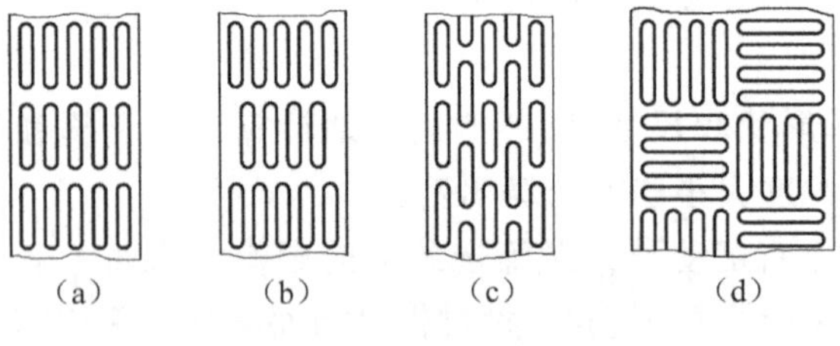

图 2-1-11　长方形筛孔的排列

(a) 直行排列；(b) 直行纵向交错；(c) 直行横向交错；(d) 顺序旋转排列

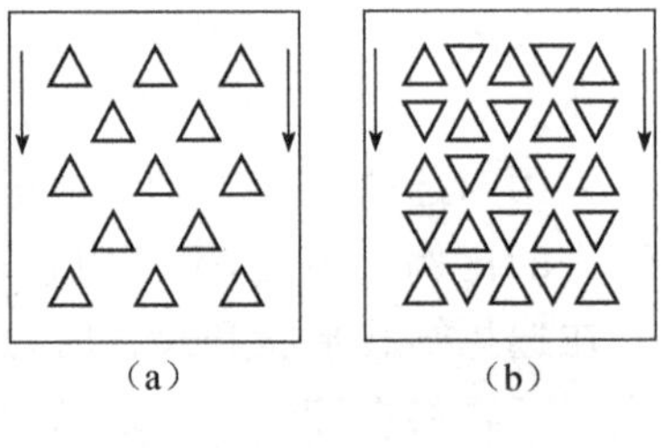

图 2-1-12　三角形筛孔的排列

(a) 同向交错排列；(b) 异向交错排列

编织筛网的筛孔均为直行排列。编织筛面的开孔率较大，筛面安装使用正常时可获得较好的筛选效果。

4. 筛面的组合

生产中，一层筛面往往达不到工艺要求，需要多层组合使用，才能有效地进行筛选。所以，筛面组合是否合理，对筛选过程同样具有重要的作用。

筛面组合的方法一般有以下三种。

① 筛孔由大到小排列。它由几层筛面重叠放置，筛孔由上至下逐渐减小。它筛选杂质的

程序是：先分离特长、特大杂质，再分离一般大杂质，最后分离小杂质，如图 2-1-13 所示。这种组合多应用于振动筛、平面回转筛等。其优点是先除去大杂质可避免对下层筛面的磨损，缺点是物料在筛面上分散落料，有一部分筛下物的筛程较短，不利于小杂质的充分分离。

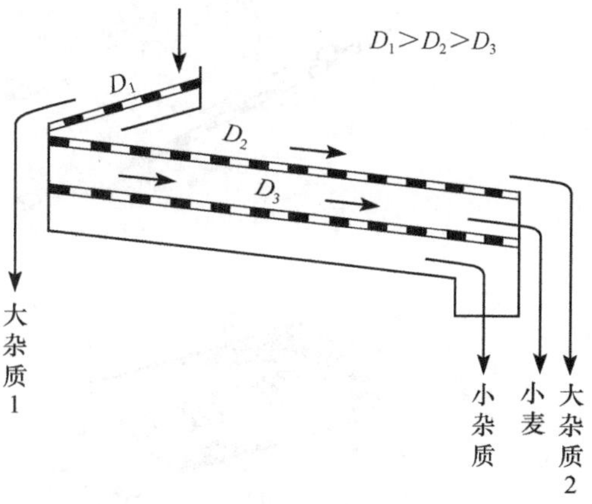

图 2-1-13　筛孔由大到小的组合

② 筛孔由小到大排列。进料端的筛孔较小，出料端的筛孔较大，如图 2-1-14 所示。它的筛选顺序是：先分离小颗粒，再撇出大颗粒。这种组合多用于圆筛和下脚整理工序中。其优点是装置简单；缺点是全部筛理物料均需经过小筛孔筛面，使之容易磨损。

③ 筛孔混合排列。将以上两种组合方法结合起来，一部分筛面的筛孔由大到小，另一部分由小到大配备。其组合形式如图 2-1-15 所示。

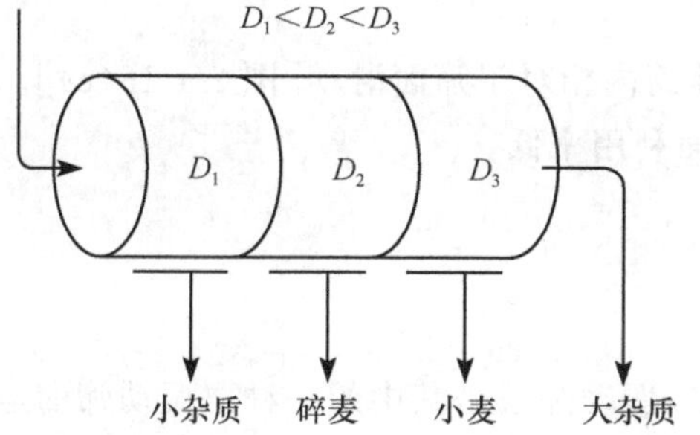

图 2-1-14　筛孔由小到大的组合

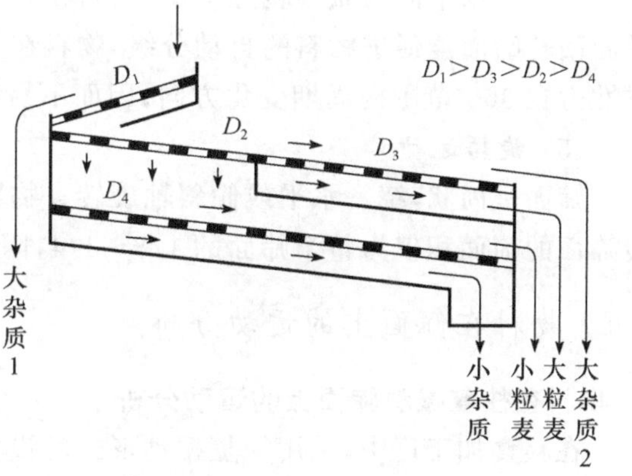

图 2-1-15　筛孔混合组合的形式

（四）筛面的运动形式

筛面的运动形式主要有静止、往复振动、垂直面高速振动、平面回转运动、旋转运动等。

(1) 静止

筛面倾斜静止放置，物料依靠自身重力在筛面上做直线运动[图 2-1-16(a)]。改变筛面与物料之间的摩擦系数或改变筛面倾斜角，可以促使物料在筛面上产生自动分级。物料在静止筛面上运动时，相对于筛面运动的路线较短，因此静止筛面的筛理效率较低。

(2) 往复振动

筛面做往复直线运动，物料沿筛面做正反两个方向的相对滑动[图 2-1-16(b)]。筛面的往复运动能促进物料产生自动分级，且物料相对于筛面运动的路线较长，故筛选效率较高。

(3)垂直面高速振动

筛面在垂直平面内做轨迹为圆形或椭圆形的平动(有的也可做直线振动)。物料在筛面上做小幅度的跳动[图 2-1-16(c)]。高速振动筛面的振动频率较高，振动力强，物料在筛面上跳

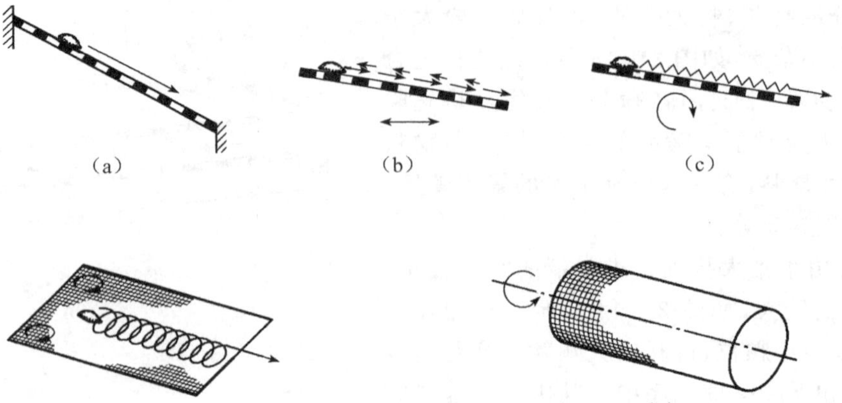

图 2-1-16　筛面的运动形式

动,因而不易产生自动分级。

(4) 平面回转运动

筛面在水平面内做圆轨迹平动,物料在筛面上做圆周运动或螺旋线运动[图 2-1-16(d)]。平面回转筛面能促进物料的自动分级,物料在筛面上的相对运动路线较长,且物料所受的水平惯性力在 360°范围内周期变化方向,因而不易堵塞筛孔,筛选效率也比较高。

(5) 旋转运动

筛面呈筒状,绕一水平或倾斜轴旋转。物料在筛筒内相对于筛面滑动[图 2-1-16(e)]。旋转筛面的筛面积仅为整个筛面的 1/8～1/4,因此筛面利用率低。

(五) 物料在筛面上的运动分析

1. 物料在往复振动筛面上的运动分析

在粮食加工厂中,采用往复振动形式的设备较多,振动筛就是其中的一种。振动筛的运动模型如图 2-1-17 所示。往复振动筛的传动方式有多种,但不管是曲柄连杆传动,还是偏重振动器传动,或是振动电机传动,其运动规律是相同的,均为直线往复简谐振动。

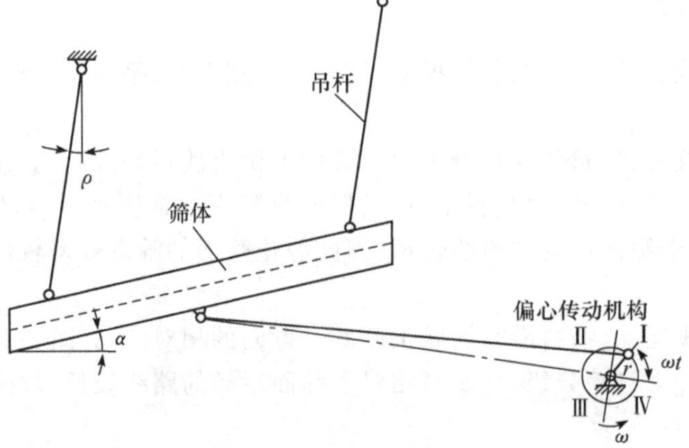

图 2-1-17　振动筛的运动模型

α. 筛面与水平面的夹角;r. 吊杆与铅垂线的夹角;ω. 偏心传动机构旋转角速度

物料在往复振动的筛面上,受倾斜筛面及筛面往复振动的作用,在筛面上做正反两个方向的相对滑动。在每一个振动周期,物料下滑的距离大于上滑距离,其平均运动速度是滑向筛面下游分向。为正确地选择筛面的工作参数,需要分析物料在筛面上的相对运动条件及运动规律。下面取一单颗粒为研究对象,分析其在筛面上的受力及运动状态。

(1) 物料沿筛面相对下滑的运动分析

如图 2-1-18 所示,设筛面倾角为 α(筛面与水平面的夹角),振动方向角为 β(筛面的振动方向与筛面的夹角)。物料与筛面之间静摩擦角为 φ。

当传动系统的偏心位于Ⅱ、Ⅲ象限时(图 2-1-17),筛面及物料具有斜向右下方的加速度 a,从而产生反向的惯性力,惯性力 C 在筛面方向的分力促使物料沿筛面下滑。此时物料的受力有:①颗粒自身重力 $G=mg$;②筛面给颗粒的支撑反力 N;③筛面对颗粒的摩擦力 $F=N\tan\varphi$;④惯性力 $C=m\omega^2 r\sin\omega t$。

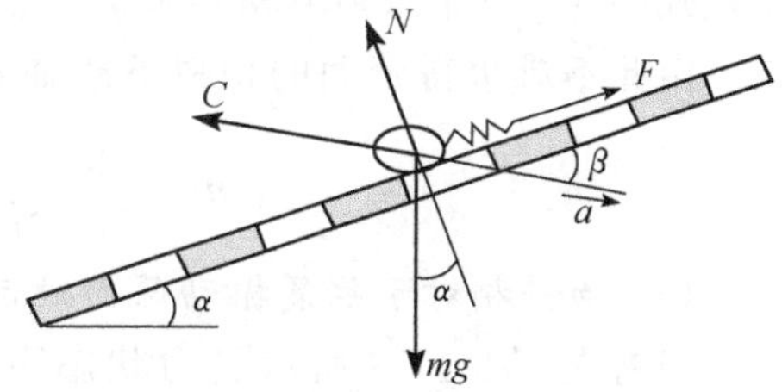

图 2-1-18　物料相对下滑的运动分析

要使物料颗粒相对于筛面下滑,必须满足

$$C\cdot\cos\beta + mg\sin\alpha > F \tag{2-1-5}$$

若物料颗粒相对于振动面无跳动,应有

$$N + C\cdot\sin\beta = mg\cos\alpha \tag{2-1-6}$$

将 $F=N\tan\varphi$ 及 $C=mw^2 r\sin wt$ 代入式(2-1-5)、式(2-1-6),整理可得

$$\frac{\omega^2 r}{g}\sin\omega t > \frac{\sin(\varphi-\alpha)}{\cos(\beta-\varphi)} \tag{2-1-7}$$

取 $|\sin\omega t|_{\max}=1$ 代入上式得

$$\frac{\omega^2 r}{g} > \frac{\sin(\varphi-\alpha)}{\cos(\beta-\varphi)} \tag{2-1-8}$$

式(2-1-8)即为物料相对筛面下滑的条件。

由此不难求得筛面的物料下滑临界转速为

$$n_1 = \frac{30}{\pi}\sqrt{\frac{g\cdot\sin(\varphi-\alpha)}{r\cdot\cos(\beta-\varphi)}}\quad(\mathrm{r/min}) \tag{2-1-9}$$

(2) 物料沿往复振动筛面相对上滑的运动分析

如图 2-1-19 所示,当传动系统的偏心位于Ⅰ、Ⅳ象限时,筛面及物料具有斜向左上方的加速度 a,从而产生反向的惯性力,惯性力 C 在筛面方向的分力促使物料沿筛面上滑。此时物料的受力有:①颗粒自身重力 $G=mg$;②筛面给颗粒的支撑反力 N;③筛面对颗粒的摩擦力 $F=N\tan\varphi$;④惯性力 $C=m\omega^2 r\sin\omega t$。

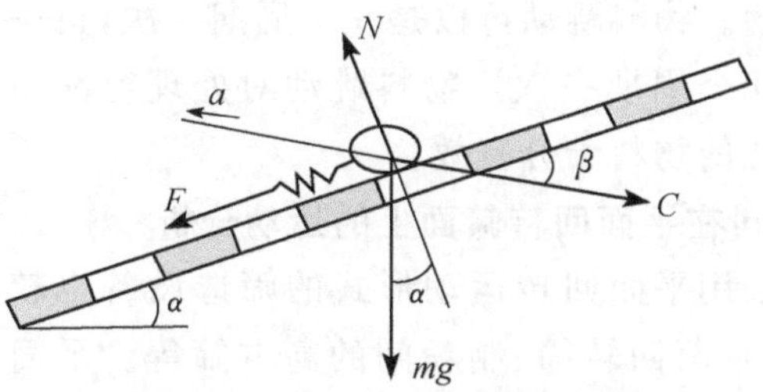

图 2-1-19　物料相对上滑的运动分析

要使物料颗粒相对于振动面上滑,必须满足

$$C\cdot\cos\beta > F + mg\sin\alpha \tag{2-1-10}$$

若物料颗粒相对于振动面无跳动,应有

$$N = mg\cos\alpha + C\cdot\sin\beta \tag{2-1-11}$$

将 $F=N\tan\varphi$ 及 $C=m\omega^2 r\sin\omega t$ 代入式(2-1-10)、式(2-1-11)，整理可得

$$\frac{\omega^2 r}{g}\sin\omega t > \frac{\sin(\varphi+\alpha)}{\cos(\beta+\varphi)} \tag{2-1-12}$$

为保证式(2-1-12)有意义，对 $\cos(\beta+\varphi)$ 取绝对值，并取 $|\sin\omega t|_{\max}=1$ 代入上式得

$$\frac{\omega^2 r}{g} > \frac{\sin(\varphi+\alpha)}{|\cos(\beta+\varphi)|} \tag{2-1-13}$$

式(2-1-13)即为物料相对筛面上滑的条件。

由此不难求得筛面的物料下滑临界转速为

$$n_2 = \frac{30}{\pi}\sqrt{\frac{g\cdot\sin(\varphi+\alpha)}{r\cdot|\cos(\beta+\varphi)|}} \quad (\text{r/min}) \tag{2-1-14}$$

(3) 物料相对于往复振动筛面跳动的运动分析

只有在图 2-1-18 所示受力状态下，物料颗粒才有可能跳动。若使物料颗粒能跳离振动面，必须满足 $N<0$，

即

$$N = mg\cos\alpha - C\cdot\sin\beta \tag{2-1-15}$$

将 $C=m\omega^2 r\sin\omega t$ 代入上式，整理可得

$$\frac{\omega^2 r}{g}\sin\omega t > \frac{\cos\alpha}{\sin\beta} \tag{2-1-16}$$

取 $|\sin\omega t|_{\max}=1$ 代入上式得

$$\frac{\omega^2 r}{g} > \frac{\cos\alpha}{\sin\beta} \tag{2-1-17}$$

式(2-1-17)即为物料相对筛面能跳动的条件。

由此不难求得筛面的物料跳动临界转速为

$$n_3 = \frac{30}{\pi}\sqrt{\frac{g\cdot\cos\alpha}{r\cdot\sin\beta}} \quad (\text{r/min}) \tag{2-1-18}$$

当设备的转速为 $n>n_3$ 时，物料在筛面上开始产生抛起现象。物料在筛面上先下滑一段，当法向压力 $N=0$ 时，离开筛面做抛物线轨迹运动，当物料落回到筛面上之后，根据转速 n 的大小，可能继续下滑，也可能上滑，反复重复上述运动。物料跳动可以是一个周期一次，也可以是几个周期一次。物料跳动对处理容易堵塞筛孔的物料十分有效。

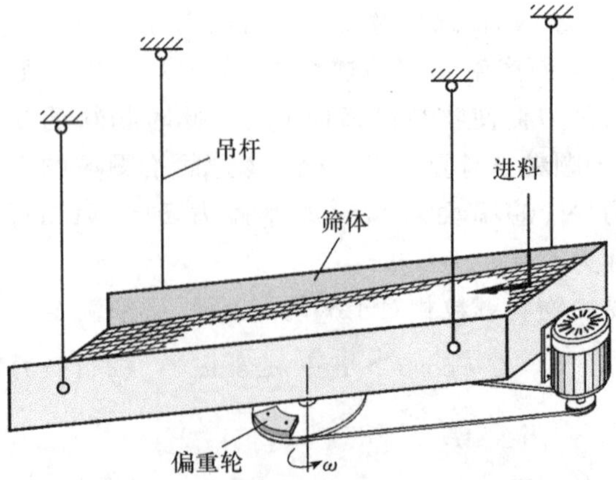

图 2-1-20　平面回转筛的运动模型

2. 物料在平面回转筛面上的运动分析

采用平面回转运动形式的筛选设备也较多，如平面回转筛、制粉间的高方筛等。平面回转筛的运动模型如图 2-1-20 所示。平面回转筛面无论采用偏心传动，还是采用惯性传动，其筛面的运动轨迹均为水平面内的圆平动。目前，所使用的平面回转运动机械多采用

惯性传动。

(1) 物料相对筛面运动的条件

当筛面做平面回转运动时，筛面上的物料受摩擦力的作用随筛面一起运动，圆运动使物料产出离心惯性力。当筛面运动速度达到一定数值后，离心惯性力克服了物料与筛面的摩擦阻力，物料才可能相对于筛面运动。

如图 2-1-21 所示，以筛面上单颗粒为研究对象，设颗粒质量为 m，筛面回转半径为 R，角速度为 w，颗粒与筛面的摩擦系数为 $f=\tan\varphi$（φ 为摩擦角）。此时物料的受力有：①颗粒自身重力 $G=mg$；②筛面给颗粒的支撑反力 N；③筛面对颗粒的摩擦力 $F=Nf$；④惯性力 $C=m\omega^2R$。

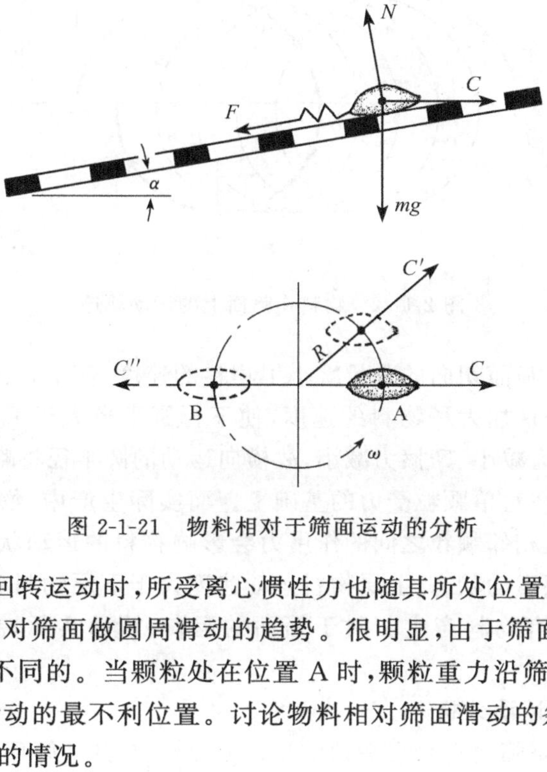

图 2-1-21　物料相对于筛面运动的分析

颗粒随筛面做平面回转运动时，所受离心惯性力也随其所处位置在 360°范围内不断地改变方向，使物料颗粒有相对筛面做圆周滑动的趋势。很明显，由于筛面的倾斜，颗粒处于不同的位置时其受力大小是不同的。当颗粒处在位置 A 时，颗粒重力沿筛面切向的分力与离心惯性力反向，是颗粒产生滑动的最不利位置。讨论物料相对筛面滑动的条件时，只讨论最不利的条件——处于位置 A 时的情况。

要使物料颗粒相对于筛面滑动，必须满足

$$C\cdot\cos\alpha > F + mg\sin\alpha \tag{2-1-19}$$

式中，$F=N\cdot f=(mg\cos\alpha+C\sin\alpha)\tan\varphi$、$C=m\omega^2R$ 分别代入式(2-1-19)，整理可得

$$\frac{\omega^2R}{g} > \tan(\varphi+\alpha) \tag{2-1-20}$$

式(2-1-20)即为物料能够相对筛面向上滑动的条件。

不难求得物料能够上滑的筛面转速临界转速为

$$n_s = \frac{30}{\pi}\sqrt{\frac{g\tan(\varphi+\alpha)}{R}} \tag{2-1-21}$$

(2) 物料相对平面回转筛面运动的轨迹

当筛面以等角速度 ω 做平面圆轨迹平动时，筛面上物料也以相同的角速度 ω 相对筛面做回转运动。如果筛面是水平安装，则物料相对于筛面的运动轨迹为正圆——其半径 r_0 小于筛

面回转半径 R。通过运动分析可以得

$$r_0 = R\sqrt{1-\left(\frac{f \cdot g}{\omega^2 R}\right)^2} \tag{2-1-22}$$

实际上，平面回转筛的筛面均具有一定的斜度，物料重力在筛面切向的分量会影响物料在筛面上的运动，使物料在做圆运动的同时向筛面的低端移动，物料的合成运动为平面的螺旋线轨迹，如图 2-1-22 所示。

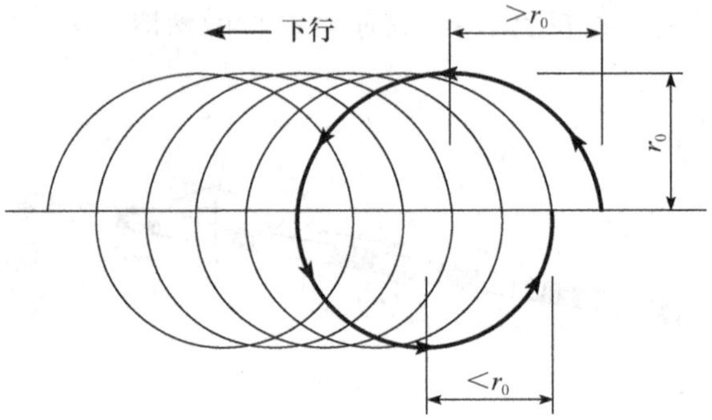

图 2-1-22　物料在筛面上的运动轨迹

物料上行时，重力在筛面切向的分量减小了物料的速度，使上行圆半径小于 r_0；物料下行时，重力在筛面切向的分量加大了物料的速度，使下行圆半径大于 r_0；而在横向，筛面的倾斜使重力对筛面的垂直压力减小、摩擦力减小，故横向运动的圆半径将略大于 r_0。

以上的分析是建立在对单颗粒受力的基础上。而实际生产中，物料是以群体形式存在于筛面上，上下料层之间及相邻颗粒之间的作用力会影响物料的运动状态。筛面上的物料做螺旋线运动时，物料呈分层运动状态，上层物料运动速度大于下层物料(这样更有利于物料的自动分级)。因此，要使所有物料产生相对于筛面的运动，筛面实际转速应比式(2-1-21)计算值大。

3. 物料在圆筒筛面内的运动分析

圆筒筛面的运动是绕筛筒自身水平轴或倾斜轴旋转，与其他筛理设备一样，要求物料必须相对于筛面滑动。如果物料仅仅是随筛面一起转动，或旋转到一定高度后脱离筛面落下，而没有相对于筛面的滑动过程，则起不到筛理作用。因此，筛筒要有适宜的旋转速度。

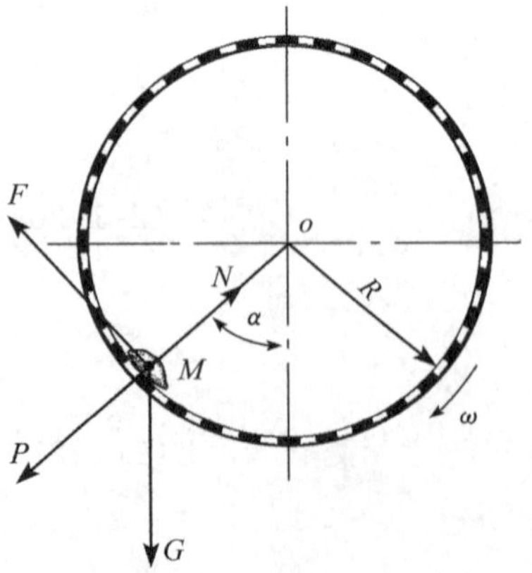

图 2-1-23　物料在旋转筛筒内的受力

取筛筒内的单颗粒物料进行分析。如图 2-1-23 所示，设物料随筛筒转至图示位置时开始沿筛筒滑动，α 称为物料的提升角。此时物料的受力有：a. 物料重力 G；b. 物料的离心惯性力 P；c. 筛面对物料的法向反力 N；d. 筛面的摩擦力 F($F=N \cdot \tan\varphi$，φ 为物料与筛面之间的摩擦角)。

根据力的平衡原理，物料在该点的受力应该是平衡的，即

$$\begin{cases} P + G \cdot \cos\alpha - N = 0 \\ F - G \cdot \sin\alpha = 0 \end{cases}$$

将 $F=N\cdot\tan\varphi$、$P=m\cdot R\cdot\omega^2$、$G=m\cdot g$ 代入上面两式，整理后可得

$$R\cdot\omega^2=\frac{g\cdot\sin(\alpha-\varphi)}{\sin\varphi} \tag{2-1-23}$$

式中，$\omega=\frac{\pi\cdot n}{30}$，代入上式可求出筛筒的转速为

$$n=\frac{30}{\pi}\sqrt{\frac{g\cdot\sin(\alpha-\varphi)}{R\cdot\sin\varphi}} \tag{2-1-24}$$

式中，n 为筛筒转速(r/min)；R 为筛筒半径(m)；α 为物料在筛筒内的提升角(°)；φ 为物料与筛面之间的摩擦角(°)；g 为重力加速度(m/s^2)。

物料的提升角与筛筒的转速是相互关联的，转速越高，则提升角越大。然而提升角要有一定的限度。很明显，物料能够沿筛面下滑的极限提升角是 $\alpha_{max}=90°$，因为一旦物料的旋转高度超过了筛筒的中心线高度，即 $\alpha>90$ 时，此后将不会再相对筛面下滑，而是以抛撒状态脱离筛面。因此，圆筒筛的极限转速应为

$$n_{max}=\frac{30}{\pi}\sqrt{\frac{g}{R\cdot\tan\varphi}} \tag{2-1-25}$$

如果转速过慢，则提升高度小，物料在筛面上做相对滑动的区域小，因而使筛理效率下降，同时产量也降低。筒筛的转速一般以将物料提升至提升角比摩擦角大 5°左右为宜。

(六) 筛选设备主要工作参数的确定

1. 往复运动设备主要工作参数的确定

做往复运动的筛选筛面，物料在筛面上做正反两个方向的相对滑动。下面以振动筛为例，对往复运动筛选设备主要工作参数的确定加以分析。

(1) 转速

为了使振动筛具有良好的分离效果，要求物料沿筛面做上下滑动，以增加物料与筛面接触的机会。同时，还要防止物料跳离筛面，以免跨越筛孔，减少穿孔机会。因此，振动筛的转速应满足下列关系式：

$$\frac{30}{\pi}\sqrt{\frac{g\cdot\sin(\varphi+\alpha)}{r\cdot\cos(\beta+\varphi)}}<n<\frac{30}{\pi}\sqrt{\frac{g\cdot\cos\alpha}{r\cdot\sin\beta}} \tag{2-1-26}$$

式中，n 为振动筛的转速或称振动频率(r/min)；α 为筛面倾斜角(°)；φ 为物料与筛面之间的摩擦角(°)；β 为振动方向角(筛面的振动方向与筛面的夹角)；r 为振幅(m)；g 为重力加速度，$9.81m/s^2$。

上式是对单颗粒物料在筛面上运动的分析所得。实际上振动筛筛面上的物料是群体，考虑生产实际并为了应用简便，振动筛的工作转速可按以下经验公式计算：

$$n=(55\sim65)\sqrt{\frac{\sin(\varphi+\alpha)}{r\cdot\cos(\beta+\varphi)}}\quad(\text{r/min}) \tag{2-1-27}$$

振动筛转速的高低，决定了物料在筛面上流动速度的快慢。转速高，物料流动速度快，有利于设备生产能力的提高。但转速过快时，物料易滑过筛孔，穿孔机会减少，使筛选效率降低。转速低，物料流动速度慢，设备生产能力下降；如果流速过慢，还易使物料在筛面上堆积，同样影响筛选效率。一般振动筛的转速 n 取 400～650r/min。

（2）筛面倾斜角与振幅

由振动筛的转速公式可以看出，转速 n、振幅 r 和筛面倾斜角 α 三者是紧密结合、相互制约的，它们是决定物料在筛面上的运动状态和流动速度的主要因素。

在转速一定的情况下，筛面倾斜角越大或振幅越大，物料在筛面上的流动速度也就越快。反之，筛面倾斜角或振幅越小，物料在筛面上的流动速度也就越慢。物料的流速过快或过慢，都会使振动筛的筛选效率降低。因此，应根据实际生产情况，选择适宜的筛面倾斜角和振幅。

振动筛筛面倾斜角通常在 6°～12°。确定筛面倾斜角的原则是：当筛选物料的绝大部分作为筛下物或筛面较短时，取较小的筛面倾斜角；当筛选物料的绝大部分作为筛上物或筛面较长时，取较大的筛面倾斜角。生产中使用的振动筛，用于小麦初清时，采用较大的倾斜角（一般 12°左右）；用于小麦清理时，采用较小的倾斜角（一般 6°左右）。振动筛振幅的确定，应与筛面转速的高低相适应，二者呈反比关系。采用较高的转速时，应取较小的振幅。采用较低的转速时，振幅就应适当地增加。这样才能保证物料在筛面上具有适宜的相对运动速度，从而达到良好的筛选效果。生产中使用的振动筛振幅大多数为 5～6.5mm。

（3）筛孔

筛孔的形状和大小影响振动筛的筛选效率。一般情况下，清除大型杂质的筛面，筛孔选用直径为 10～12mm 的圆形孔或 7mm×35mm（宽×长）的长形孔；清除中型杂质的筛面，筛孔选用直径为 6～8mm 的圆形孔；清除细小杂质的筛面，筛孔选用直径 2.2～2.5mm 的圆形孔或边长为 3mm 的三角形孔。

此外，在选择筛孔大小时，还应考虑设备的生产能力和物料中的杂质含量。当流量较大、杂质含量较多时，为了保证达到规定的工艺效果，应选择稍大一点的筛孔。

2. 平面回转运动设备主要工作参数的确定

（1）转速与回转半径

筛体的转速和回转半径是影响物料在筛面上相对运动的两个主要因素。

转速快，物料在筛面上的相对运动速度快，自动分级作用强，但物料穿孔比较困难，使筛下物数量减少。转速慢、回转半径小，物料在筛面上的相对运动速度慢，自动分级作用较差，但物料穿孔容易，易使不该过筛的物料穿过筛孔，影响筛下物的纯度。生产实际中，平面回转筛的工作转速可按下式计算：

$$n_g = (40 \sim 50)\sqrt{\frac{\mathrm{tg}(\varphi+\alpha)}{R}} \quad (\mathrm{r/min}) \tag{2-1-28}$$

式中，φ 为筛面与物料之间的摩擦角（°）；α 为筛面与水平面的夹角（°）；R 为筛面回转半径（m）。

筛面回转半径的大小主要影响物料在筛面上相对运动轨迹圆的大小。在转速一定的情况下，回转半径大，物料相对筛面的运动轨迹圆大，筛理路线较长，有利于物料的自动分级和提高分离效率。但回转半径过大，会使物料穿孔困难，反而使分离效率下降。回转半径小，则结果相反。

筛体的转速和回转半径是两个相关联的因素，共同影响着筛面上物料的运动。如果筛面回转半径较小，则应采用较高的转速；如果筛面回转半径较大，则应采用较低的转速。

（2）筛面倾斜角

筛面倾斜角也是影响物料在筛面上流动速度的因素之一。增大筛面倾斜角，物料的流动速度加快，在筛面上停留时间短，物料穿孔机会减少，筛下物数量减少。减小筛面倾斜角，则结果相反。

筛面的适宜倾斜角，应根据工艺的要求、筛选物料的工艺性质及筛孔的配备等情况全面考虑。用于小麦除杂时，筛面倾斜角一般在6°左右。

(3) 筛孔

平面回转筛具有两层筛面，上层筛面一般采用4.2mm×24mm或4mm×23mm、4.5mm×25mm的长形筛孔，其排列形式见图2-1-11(d)，用来清除颗粒厚度大于筛孔宽度的大杂质。下层筛面采用直径为2～2.2mm的圆形筛孔，或边长为3.5mm的三角筛孔，筛孔交错排列，用来清除小杂质。

3. 旋转运动设备主要工作参数的确定

(1) 转速

要使物料在旋转的筛筒内进行筛理，必须使物料沿筛面做相对滑动，转速是主要的影响因素。根据前面对物料的运动分析，得知筛筒转速 n 与物料在筛筒内的提升角 α 的关系是

$$n=\frac{30}{\pi}\sqrt{\frac{g\cdot\sin(\alpha-\varphi)}{R\cdot\sin\varphi}}$$

转速高，物料受到的离心力大，则提升角大。在一定范围内，提高转速增大提升角对物料的筛理是有利的，因为物料与筛面的接触机会增多，有利于筛理效率的提高。但转速过高时，物料受到的离心力过大，会使物料难以沿筛面滑动，甚至随筛面一起旋转，丧失筛理功能。反之转速过慢，则提升高度小，物料在筛面上做相对滑动的区域小，因而使筛理效率下降，同时产量也降低。

生产中，筒筛的转速一般以将物料提升至提升角比摩擦角大5°左右为宜。

(2) 筛孔

筒筛主要用于初清，分离小麦中的大型杂质，筛孔边长11～20mm。

(七) 典型筛选设备

筛选是小麦加工厂使用最广泛的一种清理方法，典型设备有圆筒初清筛、往复振动筛和平面回转筛等。筛选设备常与风选设备结合，在清除大、中、小杂质的同时，也清除了轻杂。

1. 圆筒初清筛

初清筛用于小麦接收入库或入仓前的初步清理，专门分离小麦中的秸秆、绳头、砖石、泥块等大型杂质，防止这类大杂损坏后续设备或堵塞管道。对初清筛的要求是产量大、能有效地清理大杂和柔性杂质、结构简单、操作方便、动力消耗小、灰尘不外扬。

初清筛的清理效率指标是：大杂质去除率应在90%以上，下脚中不应含有正常完整麦粒。

初清筛的种类很多，圆筒初清筛就是一种常见的初清设备。

圆筒初清筛的结构如图2-1-24所示，由筛筒、传动机构、进料装置和机架等部分组成。筛筒是主要工作构件。

筛筒由冲孔薄钢板制成，规格有ϕ500×650、ϕ630×750、ϕ800×950、ϕ1000×1090 4种型号。筛筒分清理段和检查段两部分，清理段起主要筛理作用，检查段起继续筛理作用以降低大杂质中含粮量。筛孔为正方形，沿筛筒圆周方向交错排列。清理段筛孔较大，规格有20mm×20mm、16mm×16mm、13mm×13mm三种。检查段筛孔较小，规格有15mm×15mm、13mm×13mm、11mm×11mm三种。根据所处理的物料和工艺要求，清理段/检查段筛孔可组合成

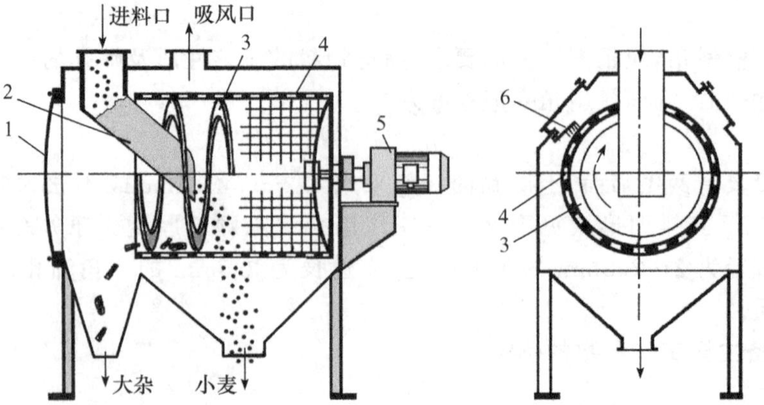

图 2-1-24　圆筒初清筛的结构

1. 检查盖；2. 进料管；3. 导向螺旋带；4. 筛筒；5. 电动机；6. 清理刷

20mm/15mm、20mm/13mm、16mm/11mm、13mm/11mm 等几种方式，以达到所要求的产量和分离效率指标。小麦等进入筛筒后，穿过筛孔落至出口。大杂质不能穿过筛孔，留于筛筒内，经检查段送至大杂质出口。为便于大杂质顺利排出，在检查段设有导向螺旋带。螺旋带为单头，导程为 100mm，共 3.5 圈。螺旋带高度按大杂质出口方向，从 55mm 逐渐降低至 45mm。

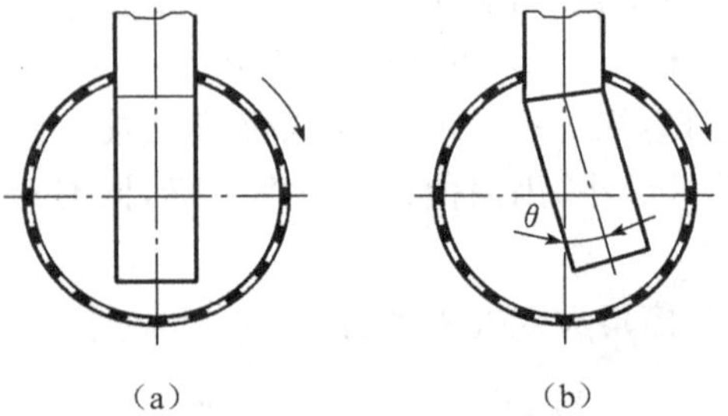

图 2-1-25　进料管安装位置

筛筒呈水平悬臂状安装于传动端的主轴上。主轴由带减速装置（涡轮减速器或摆线针轮减速器）的电动机驱动。进料管从大杂质出口端伸入筛筒内，安装位置有两种，如图 2-1-25 所示。图 2-1-25(a)为进料管一般安装位置；图 2-1-25(b)为进料管有一偏转角 θ，使落料位置向筛筒旋转的下行方向偏移，有利于提高产量和分离效率。在筛筒旋转的上行方向装有清理刷，以清理筛面。

吸风的任务主要是保持机内处于负压状态，使灰尘不外逸，避免环境污染。设计取单位面积吸风量一般为 5～6m^3/min。

圆筒初清筛的主要技术参数见表 2-1-4。

表 2-1-4　圆筒初清筛的主要技术参数

技术参数	型　号		
	TCQY·63	TCQY·80	TCQY·100
筒(直径×长度)/mm	630×800	800×950	(950～1000 锥筒)×1000
产量/(t/h)	20～35	30	50
筛筒转速/(r/min)	18～25	18	11.3
吸风量/(m^3/min)	8～10	12	15～20
功率/kW	0.55～0.75	1.1	2.2

圆筒初清筛的操作步骤如下所述。

(1) 设备的启动与停机

圆筒初清筛启动时，先开启有关的通风设备，对初清筛进行吸风。然后启动电机，检查设备空转正常后方可进料。停机时,应先断料,待机内物料排空后停机,数分钟后可停止有关通风除尘设备。停机后应打开检查盖查看,筛筒内若缠绕有绳带类杂质,应及时清理。

(2) 流量的控制

设备运行中注意原料的接收流量不得超过初清筛的额定处理量。流量过大可能导致物料从大杂质出口排出,还可能引发设备堵塞。

(3) 设备的保护

若圆筒初清筛的小麦出口或大杂质出口发生堵塞,阻滞在机内的物料将卡住筛筒,这样可能造成传动机构或电机的损坏。因此操作时应加以注意,并在控制电器线路中设置必要的保护。正常工作时,初清筛传动电机的负荷很轻,因此保护电器的限定值可偏小整定,当设备出现堵塞时,保护装置有较高的动作灵敏度。

初清设备处理的原料中各类杂质的含量都较高,产生的灰尘较多,因此对初清设备的吸风除尘要切实有效,以保护生产环境。

2. 往复振动筛

往复振动筛是小麦清理中应用最广泛的一种筛选与风选相结合的清理设备,其主要作用是清除混入小麦中的大、小、轻杂质。

传统的往复振动筛自带吸风系统,故兼有清除轻杂质的作用,但结构较庞大。早期的筛体采用曲柄连杆机构(或偏心机构)传动,惯性力无法自动平衡,必须通过附加偏重或采用一定的方式来平衡,且运动参数(如振幅、振动方向等)难以调节,后来逐渐被自衡振动器传动所取代。自衡振动器是通过齿轮副带动两组质量和形状相同的偏重块做相向等速旋转,产生激振力迫使筛体振动,因而,筛体运动惯性力可以得到自动平衡。由于自衡振动器结构较复杂,制造精度要求高,噪声及齿轮箱密封等问题难于解决,20 世纪 80 年代起开始采用振动电机传动。

TQLZ 型振动筛由振动电机传动,以其优良的性能很快替代了传统的往复振动筛。该设备主要用于清除原粮中的大、中、小杂质。使用该设备时,还可配套使用吸风分离器对物料进行风选,以清除其中的轻杂和灰尘。其最大优点是小杂质筛面不堵率达到 80%以上。

TQLZ 型振动筛由筛体、进料装置、出料斗、驱动机构和机架等部分组成,如图 2-1-26 所示。

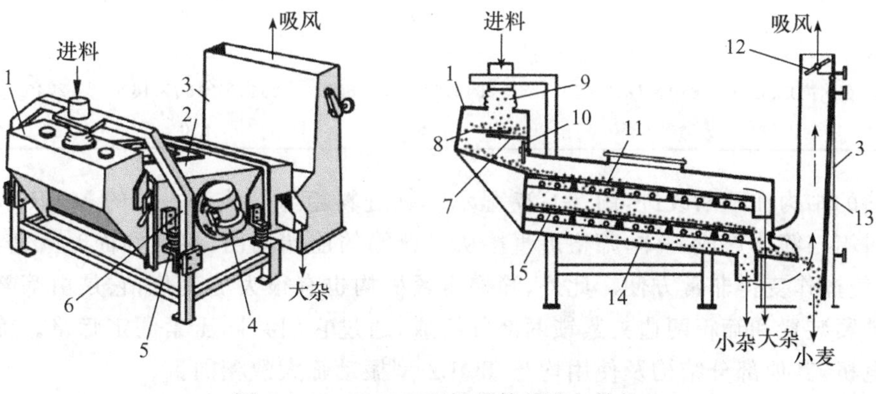

图 2-1-26 TQLZ 型振动筛外形与结构

1. 进料箱;2. 筛体;3. 垂直吸风道;4. 振动电机;5. 橡胶支座;6. 机架;7. 分料板;8. 分料闸门;9. 软布套管;10. 匀料门;11. 第一层筛面;12. 调风门;13. 可调玻璃板;14. 底板;15. 第二层筛面

筛体由钢板用螺栓连接而成，通过中空的橡胶支座支撑在机架上。筛体内装有两层抽屉式筛格，筛面用橡皮球清理，振动电机安装在筛体的两侧，筛体倾角能在0°～12°、振动角能在0°～45°内调节。进料装置主要由进料管、软布管和进料箱组成。进料管固定在机架上，通过软布套管与进料箱连接。进料管内设有偏心锥形圆筒，其作用是引导物料落入进料箱的中心部位。进料箱安装在筛体上，与筛体一起运动。为了便于抽插筛格，进料箱可以翻转或拆卸。出料斗用螺栓连接在筛体上，随筛体一起运动，能将分离出来的各种物料分别排出机外。驱动机构由两台振动电机、筛体和中空的橡胶支座组成，由振动电机驱动使筛体做往复直线运动。机架是由钢板压制而成，还用不同高度的横臂支撑筛体，调节筛面倾角很方便。

TQLZ型振动筛工作过程如下：物料由进料口通过软布套管落入进料箱，经分料板和分料闸门沿筛宽方向均匀分布，调节匀料门可控制料层厚度。物料进入第一层筛面后，筛上物从筛体侧面的大杂质出口排出，筛下物落到第二层筛面继续筛理。第二层筛面的筛孔比较小，筛下的是小杂质，直接落到底板上，从小杂质出口排出。第二层筛上物为小麦，从卸料口进入吸风道进行风选去除轻杂质。

TQLZ型振动筛清理小麦时，一般第一层筛面为7.5mm圆孔、第二层筛面为边长3mm三角孔、倾角为6°、振动角为20°，其主要规格和技术参数见表2-1-5。额定产量是指小麦含杂质为2%～3%、水分为15%以下的产量。当含杂质较多、水分较大时，产量会明显减小。

表2-1-5　TQLZ型振动筛主要技术参数

技术参数	型号			
	TQLZ·60	TQLZ·100	TQLZ·150	TQLZ·180
产量/(t/h)	3～5	8～16	18～24	20～28
功率/kW	0.25×2	0.37×2	0.7×2	1.1×2
振动频率/(r/min)	920～950			
振幅/mm	2.5～5.5			
振动角/°	20(0～45可调)			
筛面倾角/°	6(0～12可调)			
筛面宽度/mm	600	1000	1500	1800
筛面长度/mm	1000	2000	2000	2000
外形尺寸(长×宽×高)/mm	1640×1210×1455	2640×1610×1600	2640×2160×1600	2740×2510×1800
机重/kg	360	540	650	1000

振动筛的结构在不断改进，图2-1-27显示一款进料箱与筛体为一体的MTRB型振动筛。由于将进料箱与筛体连成一体，筛格可直接从进料箱的前端抽出，更换筛面时无需再拆卸、翻转进料箱，使操作变得非常方便。此外，筛格压紧机构也有很大的变化，它是由筛格前端抽屉面板上的锁紧装置和筛箱两边夹紧锁两部分组成，通过它们共同压紧固定筛格。筛体驱动仍采用振动电机，其他部分结构及使用均与TQLZ型振动筛大致相同。

1）设备的操作指标

振动筛的除大杂质效率应大于或等于90%。第一道筛除小杂效率应大于或等于65%，其他应大于或等于50%。下脚含粮率应低于1%。

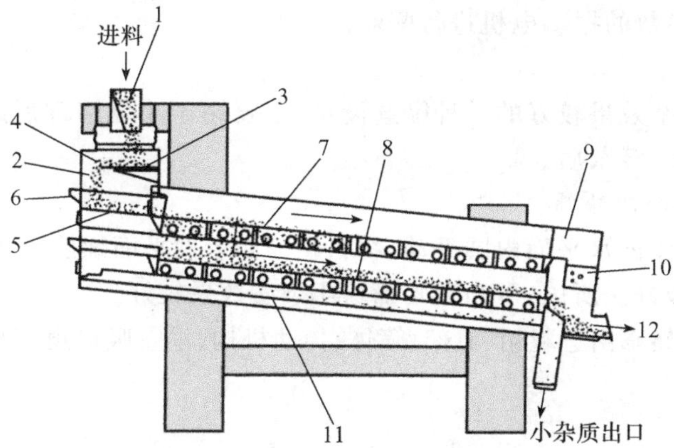

图 2-1-27　MTRB 型振动筛的结构

1. 接料管；2. 进料口；3. 分料板；4. 匀料闸门；5. 上抽屉底板；6. 上抽屉；7. 上层筛；8. 下层筛；9. 大杂出口；10. 大杂分离器；11. 筛箱底板；12. 主流出口

用于原料的初步清理时，因流量较大，振动筛的作用主要是除大杂质，除小杂质的效率将明显下降。

2）设备的启动与停止

设备启动前需先启动相关的除尘风机，振动筛启动运行平稳后才可进料。停机前需先断料再关闭振动电机电源，最后关闭风机。

3）设备工作流量控制及喂料机构的调整

正确控制进机物料的流量，才能使设备处于良好的工作状态。一般情况下，设备的实际工作流量应小于其设计产量，这样可在原料、操作等因素发生变化后仍能保证筛选效果。喂料状态对设备的工作有影响，应根据筛上物料的分布状态来调节喂料机构，使物料在整个筛面宽度上均匀、稳定地分布，不应出现走单边现象。用于初清时，应重点防止设备因物料流量过大而发生堵塞。

4）振动状态的检查与调整

定期检查筛体的振幅是否符合要求。若发现物料流动困难、自动分级不充分时，应适当加大振幅。改变振幅可通过调节两振动电机的偏重块安装角来实现，应注意两侧电机的调节必须一致，否则工作时筛体可能出现不规则扭动。必要时还可调节筛体的振动角。振动角一般为 10°左右，用于初清时为 25°。加大振动角有利于增加流量，但振动角过大时物料易跳离筛面，减少了物料与筛面接触的机会。

5）筛面的清理与调整

运行过程中应注意筛孔的通畅，以保持足够的有效筛理面积。筛面需经常进行清理，清理时不得重力打击而使筛面变形。须经常检查筛面下方橡皮球的工作状态，发现其卡住或磨损应及时修复或更换。

筛面倾角一般为 6°左右。流量较小时，可适当调小，使筛上物料运动平稳且筛选时间更长。若原料中含杂质量较高，在筛面上物料厚度允许的前提下，可适当减小筛面的倾角，以增加物料在筛面上的停留时间。

6）振动电机的使用

两台振动电机的旋转方向相反。两电机的控制电路必须连锁，同时启停。若其中一台损坏，必须用相同型号参数的振动电机进行配对。

3. 平面回转筛

平面回转筛是除杂效果较好的一种筛选设备，主要用于小麦清理后路筛选工序。可进一步清除原粮中的中、小、轻杂质。

(1) TQLM 型平面回转筛

平面回转筛的筛体做水平面内圆平动，物料在筛面上做平面螺旋线轨迹运动，因此物料的筛理路线长、自动分级好。所以，平面回转筛除小杂质效果较好。

TQLM 型平面回转筛由进料箱、机架、筛体、传动机构、垂直吸风道等部分组成，如图 2-1-28 所示。

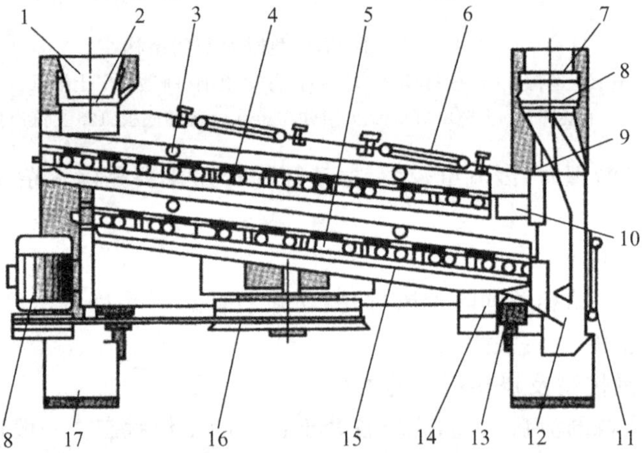

图 2-1-28 TQLM 型平面回转筛的结构

1. 进料口；2. 布筒；3. 压紧机构；4. 上层筛面；5. 下层筛面；6. 观察门；7. 吸风管；8. 布筒；9. 吊杆；10. 大杂出口；11. 观察门；12. 吸风道；13. 限振器；14. 小杂出口；15. 筛体；16. 振动器；17. 机架；18. 电机

机架由钢板冲压或折边而成的薄壁型钢焊接而成，刚度好、质量轻、外形美观。机架分成前后两片，中间由侧板连接，可以整体吊装，也可以拆开后安装。

筛体有单筛体、双筛体两种，为全封闭式结构。筛体由 4 组吊杆或 4 根钢丝绳悬挂在机架上。双筛体的两箱可完全分开，制造安装方便。筛体内装两层抽屉式筛格，筛格分前后两段，可从进料端推入或拉出，采用偏心压紧机构压紧，可避免筛格与筛体之间嵌入粮粒或杂质。筛格装拆方便、省力，紧固可靠。筛面采用薄钢板冲孔筛面，下面用中等硬度的橡皮球清理，堵孔率低。

电机固定在筛体前端下部，通过皮带驱动固定在筛体底部的皮带轮，皮轮内装有扇形偏重块，偏重块可增减或调节相位，以调整筛体的回转半径。启动后，由偏重块的惯性离心力驱动筛体产生平面回转运动。这种传动机构结构简单、运行平稳，但在启动和停机的瞬间振幅较大，因此在筛体底部前、后端机架上装有限振装置。

垂直吸风道装在筛子的出料端，随同筛体一起运动。筛理后的物料，通过匀料板直接进入垂直吸风道内，将挡板调节至适当的位置，采用狭风道，改善风选效果，能有效地将轻杂质和泥灰分离出来。

TQLM 型平面回转筛的主要规格和技术参数见表 2-1-6。

表 2-1-6　TQLM 型平面回转筛主要技术参数

技术参数	型　号				
	TQLM·63	TQLM·80	TQLM·100	TQLM·125	TQLM·160
筛面宽度/mm	630	800	1000	1250	1600
筛面长度/mm	1250	1500	1500	1500	1500
筛面倾角/°	8	8	8	8	8
回转速度/(r/min)	400	400	400	400	400
回转直径/mm	14±0.5	14±0.5	14±0.5	14±0.5	14±0.5
风量/(m^3/h)	1800	2275	2840	3550	3860
产量/(t/h)	3.2	4.8	6.0	7.5	16
功率/kW	0.37	0.6	0.8	1.1	1.5
外形尺寸(长×宽×高)/mm	1756×930×1250	2000×1113×1400	2000×1313×1400	2000×1563×1400	2120×2065×1645
机重/kg	600	680	750	860	996

筛孔的配备可根据工艺要求选用。上层筛面若以去除异种粮粒(玉米、大豆等)为主,则可配(4.0～4.2)mm×24mm 或(4.2～4.5)mm×25mm 的长形孔;如以去除秸秆等大杂为主,则可选用圆形孔,当进料端配 ϕ7.5～8mm、出料端配 ϕ6mm 时,效果为最佳。下层筛面,一般配用 ϕ2.2mm 圆形孔或边长为 3.5mm 的三角形孔,筛孔交错排列。

TQLM 型平面回转筛可达到的工艺效果:大杂质、小杂质的除杂效率不低于 80%,轻杂质的除杂质效率不低于 60%。在分离出的杂质中,完整麦粒的数量不超过 1%。

平面回转振动筛主要用于清除原粮中的中、小、轻杂质,同时利用出料口的永久磁钢还可吸除原粮中的磁性杂质。其最大特点是筛面既有平面回转运动又有往复振动。

TQLMz 型平面回转振动筛的结构如图 2-1-29 所示,主要由机架、筛体、传动装置和垂直吸风分离器等部分组成。

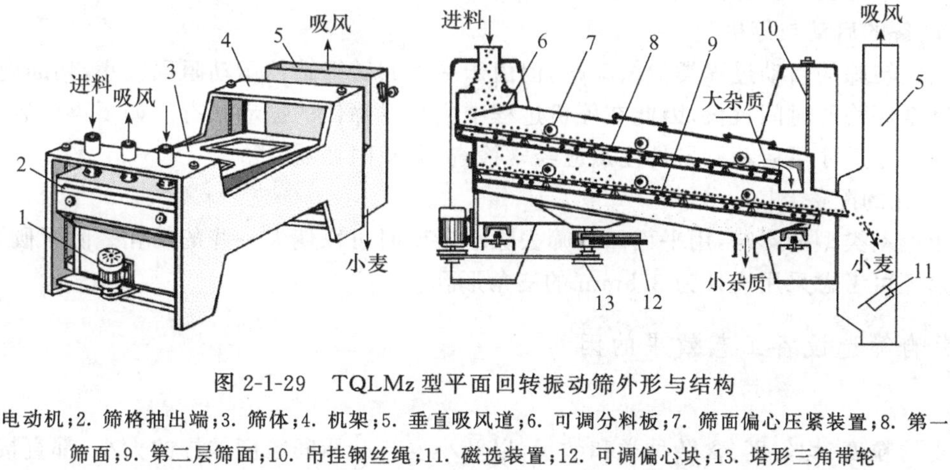

图 2-1-29　TQLMz 型平面回转振动筛外形与结构

1. 电动机;2. 筛格抽出端;3. 筛体;4. 机架;5. 垂直吸风道;6. 可调分料板;7. 筛面偏心压紧装置;8. 第一层筛面;9. 第二层筛面;10. 吊挂钢丝绳;11. 磁选装置;12. 可调偏心块;13. 塔形三角带轮

TQLMz 型平面回转振动筛的最大特点是集平面回转运动与往复振动于一体,筛体前部做平面回转运动,而尾部沿筛体纵向做往复振动。前部的平面回转运动,可延长物料的筛理路程,促进物料的自动分级,从而提高了筛理效率。尾部的直线往复运动则可加快物料排卸速度，因而增大了设备的产量。传动装置由电动机、塔形三角带轮、三角带及两偏重块等组成。皮带轮的安装位置在筛体的前部，筛体后部有一限振装置，强迫尾部做近似直线往复振动。改变三角带在塔轮上的位置，可改变筛体的转速。同时，两偏重块的相对位置可调整，以取得适宜的振幅。物料出口处配有磁选装置和垂直吸风道，用于去除磁性金属杂质和轻杂质。

TQLMz型平面回转振动筛工作过程如下所述。物料经进料口落到可调分料板上，借助于筛体前部的平面回转运动，能迅速而均匀地散布在整个筛面宽度上，并产生良好的自动分级。第一层筛面的筛上物为大杂质，由大杂质出口排出。第二层筛面的筛上物(小麦)，在筛体尾部往复运动作用下，迅速排进垂直吸风道内进行风选，然后流过磁选装置，去除磁性金属杂质，最后排出机外。第二层筛面的筛下物是小杂质，由小杂质出口排出。

TQLMz型平面回转振动筛主要规格和技术参数见表2-1-7。

表2-1-7 平面回转振动筛的主要技术参数

技术参数	型号			
	TQLMz·80	TQLMz·100	TQLMz·125	TQLMz·150
产量/(t/h)	6	8	12	15
筛面宽度/mm	800	1000	1250	1500
转速/(r/min)	300、400、500可调			
筛面倾斜角/°	5～7			
风量/(m^3/min)	60	80	100	120
功率/kW	0.55	0.55	0.75	1.1
外形尺寸(长×宽×高)/mm	2251×1194×1374	2251×1394×1374	2251×1644×1374	2251×1894×1374

(2) 平面回转筛的操作

1) 主要操作指标

平面回转筛除大杂质效率应大于或等于50%，除小杂质效率应大于或等于60%。在分离出的大杂质中，完整麦粒的数量不超过1%，小杂质中不应有完整麦粒。

2) 设备的启动与停机

平面回转筛的启动过程类似振动筛，但由于平面回转筛筛体运动阻尼较小，切断电机电源至筛体完全停稳的时间较长，因此在停机过程中应注意筛体的振动状态。如要再次启动，须等筛体完全停稳后才可启动。另外注意应经常检查、调整限振器。

3) 筛孔的配备

由于运动类型的影响，用平面回转筛去除小杂质时可取偏大一些的筛孔。除了圆形孔，平面回转筛还可考虑采用边长为3.5mm的三角形孔。

(八) 影响筛选设备工艺效果的因素

1. 原料

小麦的粒度、均匀度、含杂种类和数量，以及小麦与杂质间粒度差异的大小，都直接影响筛选设备的工艺效果。如果小麦品种混杂、均匀度低、含杂质多，而且其粒度与小麦相近，筛孔配备困难，清理效率就会大大降低。

2. 筛孔形状和大小

筛孔形状和大小，宜根据被筛理物料的粒度、设备的产量和清理工艺要求等确定。清理大杂质时，如果筛孔配备过大，除杂质效率降低；过小，虽除杂质效率较高，但下脚含粮也会增多。清理小杂质时，筛孔配备太小，除杂质效率降低；放大筛孔虽可提高除杂质的效率，但下脚中含粮也会增多。

3. 筛面尺寸

筛面宽度和长度与设备的生产能力和筛理效率有密切的关系。一般情况下，在其他条件相同时，生产能力主要取决于筛面宽度，筛选效率取决于筛面长度。当单位筛宽流量一定时，筛面越宽、产量越大。但筛面过宽，难以保证均匀喂料，会使筛理效率降低，同时还会增大设备的体积，不便于操作维修。因此，筛选设备筛面宽度一般在 500～1600mm。筛面长度决定物料的筛理路程，筛面越长，物料筛理路程也越长，筛理效率相对较高。但筛面长度达到一定限度后，继续加长筛面，筛理效率提高很少，因此，筛面长度应根据物料筛选的难易程度和清理工艺的要求来确定。当采用较大筛孔筛理大杂质时，筛面可短一些。用较小的筛孔筛理小杂质时，筛面可长一些。

4. 筛面倾角、转速和振幅

筛面倾角、转速和振幅是决定物料运动状态和速度的主要因素，三者密不可分，相互制约。在其他条件确定的情况下，物料的流动速度与筛面倾角、转速和振幅呈正比关系。筛面倾角越大，或转速越高，或振幅越大，物料流动速度就越快。物料流动的速度增大，虽有利于提高设备的生产能力，但物料在筛面上停留时间短，筛理不充分，筛理效率下降。物料流速过慢，容易造成筛面上物料堆积，物料层过厚，从而减少物料接触筛面的机会，筛理效率降低，也不利于设备生产能力的提高。因此，应选择适宜的筛面倾角、转速和振幅，使物料具有适宜的流动速度，方能保证良好的筛理效果。

5. 流量

物料的流量影响筛上物料的厚度，在筛体转速、振幅和筛面倾角等一定的情况下，增加流量，会使料层加厚，影响物料的自动分级，使物料接触筛面的机会减少，导致筛理效率降低。流量过小，料层过薄，物料容易产生跳动，不利于物料的自动分级，不仅影响筛理效果，而且降低设备的产量。

6. 筛面清理

在筛选过程中，良好的筛面清理是确保较高筛选效率的重要条件之一。因此，在生产操作中，应经常检查筛面清理机构的效果，并进行定期人工清理，确保筛孔畅通。

三、风　选

（一）风选及其目的

根据小麦和杂质空气动力学性质的差别，利用气流进行分离的方法称为风选。

风选技术在小麦及其他粮食的除杂工序中应用十分广泛，它除能对重杂质起辅助分离作用外，其主要目的还在于分离小麦中的轻杂质，如灰尘、麦壳、瘪麦等，以保证成品质量和生产正常稳定地进行。

（二）风选的基本原理

在气流中，物料与气流做相对运动时受到的作用力 P 的大小为

$$P = K \cdot \rho_a \cdot F \cdot (V_a - V)^2 \tag{2-1-29}$$

式中，K 为阻力系数，与物料形状、表面性质和气流雷诺数有关；ρ_a 为空气密度（kg/m^3）；F 为物料的受风面积，即物料在气流方向的投影面积（m^2）；V_a 为气流的绝对速度（m/s）；V 为物料的绝对速度（m/s）。

在风选装置中，按气流的运动方向可分为垂直气流风选、水平气流风选和倾斜气流风选三种形式。

1. 垂直气流风选

如图 2-1-30 所示，在重力场中，当质量为 m 的物料颗粒处于垂直上升的稳定气流中，将受其自身重力 G、气流的作用力 P 和空气浮力 P' 的作用而产生运动。其运动方程式为

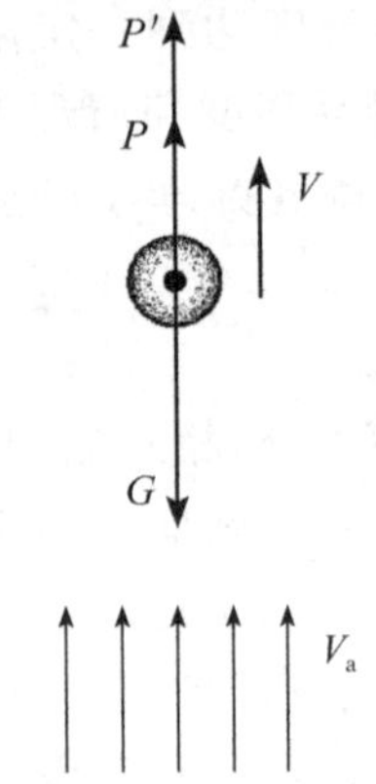

图 2-1-30　物料在垂直气流中受力分析

$$m\frac{dV}{dt} = G - P - P' \tag{2-1-30}$$

由于空气的密度很小，所以浮力 P' 可略去不计，因此上式可写为

$$m\frac{dV}{dt} = G - P \tag{2-1-31}$$

当 $P>G$ 时，$\frac{dV}{dt}<0$，物料向上运动。

当 $P<G$ 时，$\frac{dV}{dt}>0$，物料向下运动。

如果 $P=G$，$\frac{dV}{dt}=0$，物料在气流中既不上升也不下降，而呈悬浮状态，那么这时气流速度 V_a 就称为该物料的悬浮速度。由式 2-1-29 可得

$$P = K \cdot \rho_a \cdot F \cdot V_a^2 = G$$

则

$$V_a = \sqrt{\frac{G}{K \cdot \rho_a \cdot F}} \quad (m/s) \tag{2-1-32}$$

如果物料颗粒为球形，则

$$G = m \cdot g = \frac{\pi \cdot d^3}{6}\rho \cdot g, \quad F = \frac{\pi \cdot d^2}{4} \quad (m^2)$$

式中，d 为物料颗粒的直径（m）；ρ 为物料的密度（kg/m^3）；g 为重力加速度（$9.8m/s^2$）。

将上列数值和空气密度 $\rho_a = 1.226kg/m^3$（15℃、标准大气压时）代入式（2-1-32），整理后得

$$V_a \approx 2.3\sqrt{\frac{\rho \cdot d}{K}} \tag{2-1-33}$$

小麦和杂质的颗粒大多不是球形，它们在垂直上升的气流中运动时，由于其位置和方向不断变化，其受风面积也经常在变化，因而受气流的作用力也不同。

设颗粒长、宽、厚分别为 a（m）、b（m）、c（m），其体积为 $a \times b \times c$（m^3）。若将其作为正方体看待，则其边长 $l = \sqrt[3]{a \cdot b \cdot c}$，其平均受风面积 $F' = (\sqrt[3]{a \cdot b \cdot c})^2$。为了方便，常把这种颗粒看做球形，用当量直径来计算，即

$$d' = \sqrt[3]{\frac{6a \cdot b \cdot c}{\pi}} = 1.24\sqrt[3]{a \cdot b \cdot c} \tag{2-1-34}$$

实际计算时，上式尚需乘以系数 0.9，通常取

$$d' = (1.13 \sim 1.15)\sqrt[3]{a \cdot b \cdot c} \quad (2\text{-}1\text{-}35)$$

物料的悬浮速度一般通过实验求得。如按式(2-1-33)计算，还需确定阻力系数 K 值。K 值的影响因素很多，根据实验资料，小麦 K 值为 0.184～0.264、大麦 K 值为 0.191～0.272、燕麦 K 值为 0.169～0.30、豌豆 K 值为 0.190～0.229、玉米 K 值为 0.162～0.236、黍 K 值为 0.045～0.073。

部分物料的悬浮速度见表 2-1-3。

2. 水平气流风选

物料在稳定的水平气流中，同样受重力 G、气流作用力 P 和空气浮力 P' 的作用（P' 值可略去不计）而朝着 P 和 G 的合力 R 的方向运动，轨迹为一抛物线，如图 2-1-31 所示。合力 R 与重力 G 的夹角 α 越大，物料被气流带走的距离越远，反之就越近。

如果用水平气流作用力 P 与重力 G 的比值表示，则得 α 角的正切值，即

$$\tan\alpha = \frac{P}{G} = \frac{K \cdot \rho \cdot F(V_a - V_x)^2}{G} \quad (2\text{-}1\text{-}36)$$

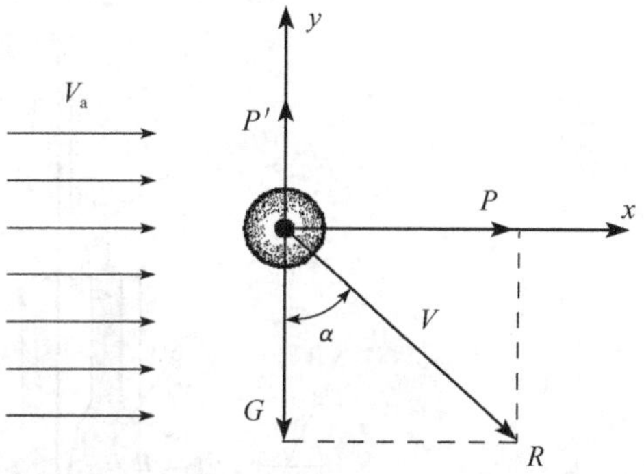

图 2-1-31 物料在水平气流中的受力分析

$\tan\alpha$ 一般称为物料的飞行系数，表征物料在水平气流中的空气动力学特性。由于小麦和杂质的飞行系数不同，在同一水平气流作用下，它们便沿着各自不同的轨迹运动而分离。利用水平气流不仅能分离小麦中的轻杂质和重杂质，而且还能把小麦按颗粒密度不同近似地分成轻质麦和重质麦。

3. 倾斜气流风选

倾斜气流与水平气流的分离原理基本相同，只是同样的物料在与水平成 β 角（通常 $\beta=30°$）的倾斜气流中，其飞行系数 $\tan\alpha'$ 比在水平气流中大（图 2-1-32），因此效果也较水平气流好。气流作用力与重力的比值为

$$\tan\alpha' = \frac{P_x}{G - P_y} = \frac{P \cdot \cos\beta}{G - P \cdot \sin\beta} \quad (2\text{-}1\text{-}37)$$

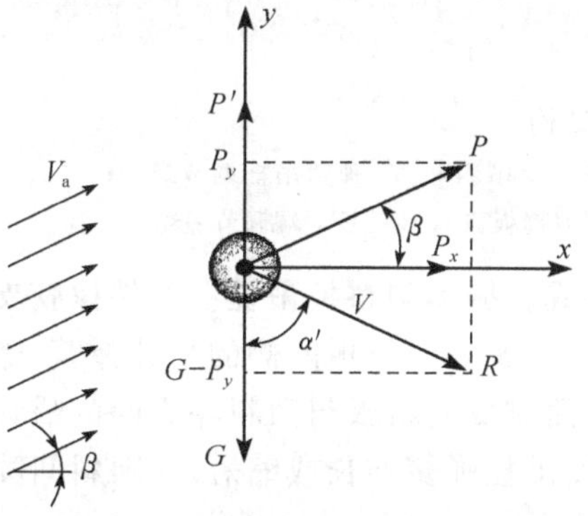

图 2-1-32 物料在倾斜气流中受力分析

（三）典型风选设备

用于小麦清理的风选设备，按照含尘空气的处理方式分为两种形式：a. 外吸式——外部风网对风选设备吸风，吸出的含尘空气由外部风网中的除尘器净化；b. 循环式——含尘空气在机内净化后循环使用。按照气流运动方向来分，则如前所述，小麦清理的分选设备有垂直式、水平式、倾斜式。

风选设备在小麦清理流程中可以单独使用，也可以与其他清理设备组合使用。例如，筛选与风选结合、打麦与风选结合、气力输送过程中的卸料与风选结合等。这种组合清理方式，可

以减少设备体积，节约车间占地面积，并使设备内空气处于负压状态，有利于改善劳动卫生条件。

1. 垂直吸风分离器

垂直吸风分离器有两种型式：带喂料装置的和不带喂料装置的垂直吸风分离器。

带喂料装置的垂直吸风分离器主要由装有振动电机的喂料装置、垂直吸风道、风道调节装置、风门调节装置、照明装置等组成，见图 2-1-33(a)。这种吸风分离器具有专门的喂料装置，可以单独使用也可以配合其他设备使用。不带喂料装置的垂直吸风分离器如图 2-1-33(b)所示，其主要与振动筛或平面回转筛配合使用，由于筛子可以向其均匀供料，所以取消了喂料装置。

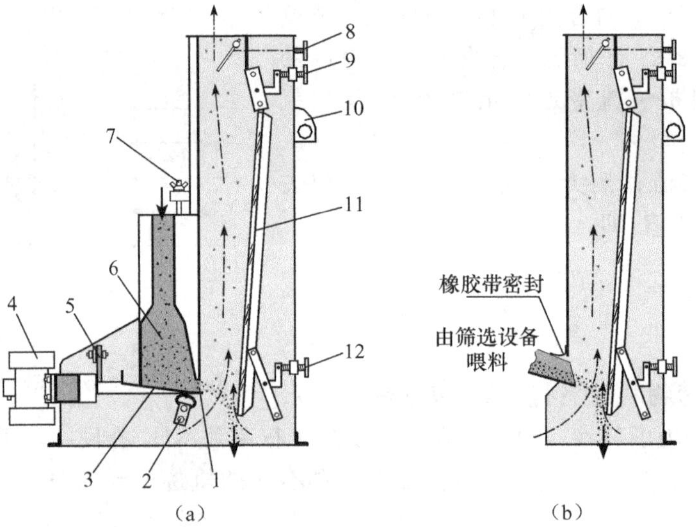

图 2-1-33　垂直吸风分离器的结构

1. 喂料间隙；2. 限振装置；3. 振动匀料板；4. 振动电机；5. 橡胶吊杆；6. 喂料斗；7. 弹簧吊杆调节螺母；8. 风门调节手轮；9. 玻璃板上端调节手轮；10. 照明灯；11. 可调玻璃板；12. 玻璃板下端调节手轮

振动喂料装置由振动电机和自由摆动的振动匀料板组成。振动匀料板吊挂在两件橡胶支撑块和弹簧上，振动电机带动匀料板在水平方向上振摆。通过调节匀料板两侧的吊挂弹簧、橡胶吊杆及限振装置的钢丝拉索，可使匀料板上升或下降，从而改变匀料板与喂料斗之间的喂料间隙。当喂料斗内的存料量增加或减少时，物料的质量会使吊挂弹簧伸长或缩短，使喂料间隙增大或缩小，从而大致保持喂料斗内物料量的稳定。

风门调节手轮 8 通过螺杆传动，控制蝶阀的开启度，从而控制风道内风量的大小。调节手轮 9 可以调节玻璃板上端的位置改变上风道的厚度，调节手轮 12 可以调节玻璃板下端的位置改变下风道的厚度。改变风道的厚度可以改变风道内的风速。照明部分装置一支 20W 日光灯，便于观察风道内物料的分离情况和风道的调整。

工作时，物料由喂料斗进入匀料板，匀料板在振动电机的作用下做水平振动，使物料均匀地分布在整个匀料板上，呈薄料层水平地沿匀料板抛入风道。气流穿透物料层，借助于风力的作用，利用小麦和轻杂悬浮速度的差异，使物料中的尘土、皮壳及轻杂质、病小麦随气流从吸风道吸走，从而达到清理小麦的目的。通过调节风门的大小或风道的厚度可以改变气流的速度，从而达到最佳分离效果。

垂直吸风分离器主要规格和技术参数见表 2-1-8。

表 2-1-8　垂直吸风分离器主要规格和技术参数

型　号	风道宽度/cm	风道厚度/mm	功率/kW	分离瘪麦		分离小麦中的皮壳	
				产量/(t/h)	风量/(m³/min)	产量/(t/h)	风量/(m³/min)
TFDZ · 50	50	75～125	0.2	1.7	22	3.3	21
TFDZ · 50G	50	175～225	0.2	3.1	40	5.9	37
TFDZ · 75	75	75～125	0.2	1.7～2.6	33	3.3～4.9	31
TFDZ · 75G	75	175～225	0.2	3.1～4.7	60	5.9～8.9	55
TFDZ · 100	100	75～125	0.2	2.6～3.4	44	4.9～6.6	41
TFDZ · 100G	100	175～225	0.2	4.7～6.2	80	8.9～118	74
TFDZ · 150	150	75～125	0.2	3.9～5.1	66	7.3～9.9	61
TFDZ · 150G	150	175～225	0.2	7～9.3	120	13～17.7	111

2. 循环风吸风分离器

同垂直吸风分离器一样，循环风吸风分离器也有带喂料装置和不带喂料装置两种型式。

带喂料装置的循环风吸风分离器主要由喂料系统、风循环通道、离心风机和集尘排料系统等组成，如图 2-1-34 所示。

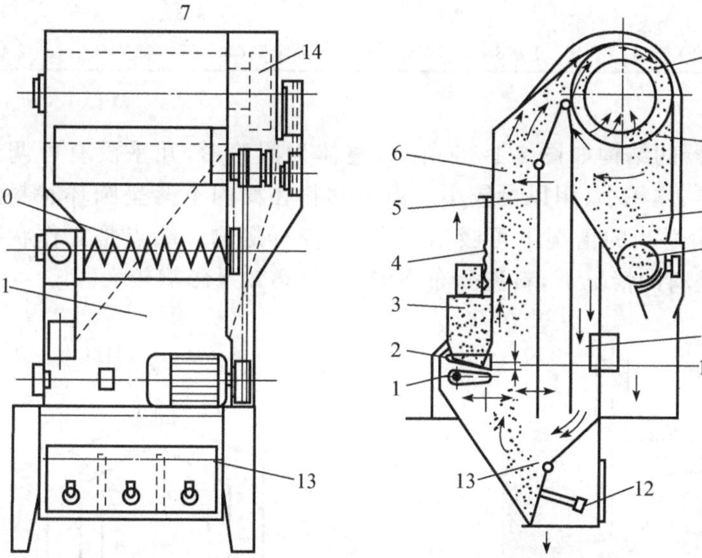

图 2-1-34　循环风吸风分离器的结构

1. 偏心振动机构；2. 振动匀料板；3. 喂料斗；4. 弹簧；5. 调节风板；6. 垂直风道；7. 圆筒分离器；8. 闭风隔板；9. 集尘器；10. 绞龙；11. 回风道；12. 重力活门；13. 料斗；14. 离心风机；15. 喂料间隙

喂料装置由喂料斗、振动匀料板、偏心振动机构等部分组成。振动匀料板由弹簧悬挂在机架上，通过偏心振动机构带动做水平振动。

垂直风道内设有调节风板，可通过调节手轮改变吸风道上部或下部截面的厚度，以达到控制吸风道内风速的目的。

轻杂质分离器内有圆筒分离器和闭风隔板，分离圆筒下半部是栅状导风板，分离圆筒的一端与离心风机的进风口相接，经分离器净化后的空气由导风栅板处进入分离圆筒内被风机吸走，然后通过回风道返回吸风道循环使用。

工作时，物料首先进入喂料斗，当物料堆积到一定高度时，由于重力的作用，使悬挂在弹簧上的匀料板受压下降，从而打开喂料的间隙。物料在匀料板的振动作用下均匀地抛入吸风道，密度较大的物料垂直降落，经重力活门排出机外，轻杂质被垂直气流带到圆筒分离器的狭窄通道里，由于惯性力的作用，这些轻杂质沿圆筒分离器的外壁落入空间突然增大的集尘器，然后由绞龙送至端部经压力门闭风器排出机外。

循环风吸风分离器主要规格和技术参数见表 2-1-9。

表 2-1-9　TFXH 型循环风吸风分离器主要规格与技术参数

技术参数	型号		
	TFXH·60	TFXH·100	TFXH·150
产量/(t/h)	10～12	15～18	22～26
风量/(m^3/h)	5 000	7 500	11 000
风压/Pa	400	400	400
风机转速/(r/min)	2 840	2 840	2 840
喂料器转速/(r/min)	488	488	488
螺旋输送器转速/(r/min)	343	343	343
功率/kW	2.6	3.6	4.0
外形尺寸(长×宽×高)/mm	1 178×1 074×2 240	1 568×1 074×2 240	2 456×1 074×2 240

3. 圆筒吸风分离器

圆筒吸风分离器的结构如图 2-1-35 所示，整体为圆筒形，几乎没有可调节部件。其结构简单、分离效果较强、体积小、用风量较小。由于物料在筒内下落呈圆环状料流，分布区域宽，因而料层较薄，风量适当的情况下可吸出瘪麦、短麦秆等物。缺点是工作状态的调节较难把握，特别是在偏斜进料的情况下，料流分布不匀，对分离效果影响较大。

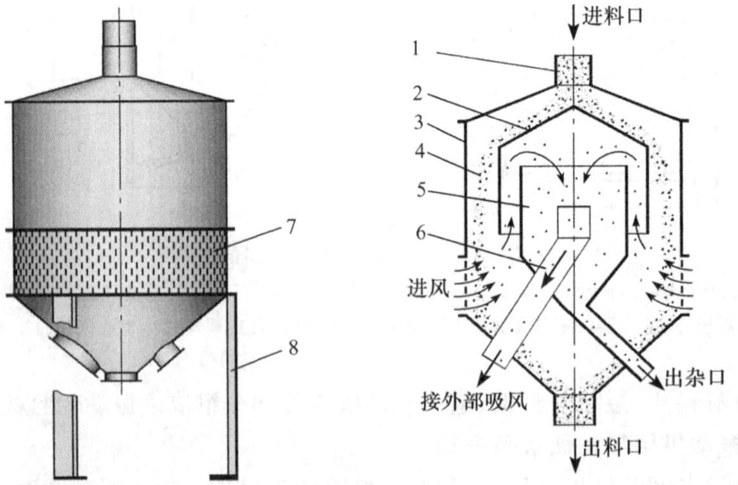

图 2-1-35　圆筒吸风分离器外形与结构

1. 进料口；2. 锥形分料器；3. 外壳；4. 环形料流；5. 沉降斗；6. 吸风管；7. 进风栅；8. 支腿

整机由外壳、进风栅、锥形分料器、沉降斗等组成。外壳为圆筒形结构，上半部与内部锥筒状的分料器构成环形的物料通道，下部为冲孔筛板制作的进风栅。锥筒状的分料器用支撑件固定在外壳上，锥筒内部从下方套入沉降斗，构成轻杂质的沉降区，中心部位是吸风管。吸风管从斜下方连向机外，沉降斗由斜管道通向机外以排出杂质。

工作时，物料从顶部的进料口进入，被锥形分料器分配到圆周各处，呈圆筒状的料流下落。吸风管的吸风使机内呈负压状态，外部的空气由进风栅进入，从环层的料流穿过，将料流中的轻杂吸走并带到锥筒内的沉降区。一部分轻杂随空气进入吸风管被吸走，另一部分落入沉降斗排出机外。经过风选后的小麦由筒体下部的出料口排出。

圆筒吸风分离器主要规格和技术参数见表 2-1-10。

表 2-1-10　圆筒吸风分离器主要规格与技术参数

型　号	额定处理量/(t/h)		吸风量/(m^3/h)		质量/kg	外形尺寸(直径×高)/mm
	清理	初清	清理	初清		
TXFL·80	12	50	2800	3000	230	860×1680
TXFL·100	16	65	3500	3800	360	1060×1680
TXFL·120	20	83	4100	4500	400	1260×1680

(四) 影响风选设备工艺效果的因素

1. 原料

原料所含的轻杂质与粮粒之间悬浮速度差异的大小是影响风选工艺效果的重要因素。差异越大，则越容易风选；差异越小，风选效果越差。

2. 结构尺寸

吸风道的结构尺寸对物料沿风道的分布与气流作用于物料的时间有密切关系，并直接影响风选分离效率。风道的宽度与设备生产能力和单位流量密切相关，应根据生产能力和单位流量来确定，以确保风选工艺效果。通常单位流量取 40kg/(cm·h)比较合理。

3. 风速和风量

一般情况下，风选的分离效率同风道内的平均风速呈正比，但风速过大，吸出物中含完整粮粒增多，风量增加，动力消耗也增加。所以，风速应根据物料与待分离杂质的悬浮速度及风选工艺要求来确定，一般以不吸出完整粮粒为原则。常用风速为 4～7m/s。风量的大小与风速及吸口截面尺寸有关，当风速和吸口截面尺寸确定后，风量即可确定。

4. 流量

流量大小对风选效率有很大影响。在其他条件一定的情况下，流量增大，物料料层则变厚，轻杂被气流吸出的机会就减少，从而使风选效率降低；反之，风选效率提高，但设备产量降低。

(五) 吸风分离器的操作

垂直吸风分离器和循环风吸风分离器的操作步骤如下所述。

(1) 操作指标

第一道吸风分离器的除轻杂质效率应大于或等于 70%，其他除杂质效率应大于或等于 60%，下脚中不应含完整麦粒。

(2) 进料状态控制

与筛选设备配套使用的吸风分离器，其物料是由筛选设备直接供入，不需单独调节。

对于单独使用的吸风分离器，可通过调节匀料板与喂料斗的给料间隙来控制进料状态。喂料状态应符合下列要求：a. 给料间隙应均匀，进入分离区的物料沿整个工作宽度厚薄一致；b. 喂料斗内的存料至少有 10cm 左右的深度，这样有利于稳定给料，也可阻止气流由此进入风道。

当进机流量发生变化时，应及时对给料间隙进行修正。

吸风分离器的工作流量不应大于设备的设计产量，否则分离区的料层过厚，气流阻力增加，风量下降，轻杂还未吸出就被物料夹带流走。

(3) 风量的调节

风量调节是吸风分离器操作的主要内容。通过调节玻璃板的位置可以控制风道中的风速，特别是上段风速不应过高。风速过高，易吸走小麦。

风量适当时，进入分离区的小麦在上升气流的作用下，运动方向近似水平，这样有利于气流穿透料层带走轻杂质。

通常以下脚中不含完整小麦为前提，尽量开大调节风门，以得到较高的除杂质效率。

(4) 风网的管理

对于外接风网的吸风分离器，要注意风网的工作状态。风机转速变化、管网漏风或堵塞、布筒除尘器的布筒堵塞等都将影响除杂质效果。尤其是组合风网，任何一个吸风点的风量变化都会对风网平衡和吸风分离器的风量带来影响，在操作时应加以注意。

对于自带风机的吸风分离器，因内部气流含尘较多，风机的叶片上易粘带灰块，使设备的振动增强，风量下降，应注意经常进行清理。

四、比重分选

(一) 比重分选的目的和基本原理

比重分选是根据不同物料之间的比重不同和它们在空气（或其他介质）中的悬浮速度不同，使不同的物料在运动过程中产生自动分级，再借助适当的方法将其分离。

比重分选在小麦清理过程中有两个主要用途。a. 去除小麦中的并肩石和并肩泥块，也叫“去石”。并肩石是指粒度大小与小麦接近的石子，这类石子用筛选的方法无法将其去除，需要采用比重分选的方法。b. 将不同质量的小麦按比重的差异进行分级，然后分别加工处理，或通过育种工程来对种子进行精选。

依照所使用介质的不同，比重分选分为干法和湿法两类。干法比重分选是以气流为介质进行分选，湿法比重分选是以水为介质进行分选。这里仅介绍干法比重分选。

干法比重分选的基本原理如图 2-1-36 所示。

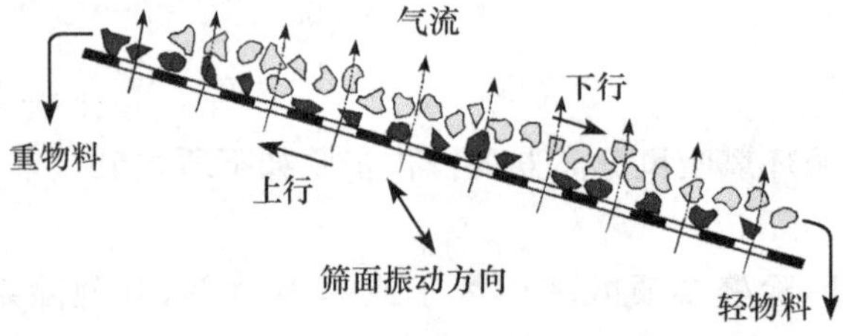

图 2-1-36　干法比重分选原理

比重分选的主要工作部件为振动的筛面，并有强制的气流自下而上穿过筛面。筛面做直线往复振动，对筛面上的物料呈“纯上行体制”。工作时，物料在筛面振动和气流吹升的综合作用下，产生自动分级，比重大的物料，如砂石等沉到底部，比重小的物料，如小麦等浮到上层。沉到底部的物料与筛面相接触，筛面的振动作用使其向筛面上端爬行（上行）。浮到上层的物料几乎不受筛面振动的影响，其重力沿筛面分力的作用使其向筛面下端滑行（下行）。最后，重物料从筛面上端排出，轻物料从筛面下端排出，使轻、重物料得以分离。

筛面并不起筛理作用，只是促进物料的自动分级和分离。为保证重物料能顺利向上爬行，可以将筛面的筛孔制成特定的形状，使气流向筛面斜上方穿过，辅助重物料上行。

（二）比重分选筛面的种类

比重分选筛面是比重分选设备的关键工作部件，直接决定分级去石的效果。对比重分选筛面的要求是：具有一定的摩擦系数、较大的开孔率、较小的气流阻力、良好的气流导向作用和较持久的耐磨性。目前国内粮食行业常用的比重分选筛面有鱼鳞孔筛板和钢丝编织筛网两种。

1. 鱼鳞孔筛板

鱼鳞孔筛板是用厚为 0.8～1.5mm 的薄钢板冲压而成。鱼鳞孔的凸起高度、冲孔面积的大小及排列是否均匀，都直接影响去石效果。现使用的筛孔形状有两种，图 2-1-37(a)所示为单面凸起鱼鳞孔筛板，图 2-1-37(b)所示为双面凸起鱼鳞孔筛板。单面凸起鱼鳞孔筛板的工艺效果优于双面凸起鱼鳞孔筛板，这主要是由于筛孔的截面尺寸大，有利于阻止石子的下滑。其次是诱导的气流运动方向几乎与筛面平行，有利于石子的上行。单面凸起鱼鳞孔筛板的使用寿命较长，它的缺点是制造技术要求较高。

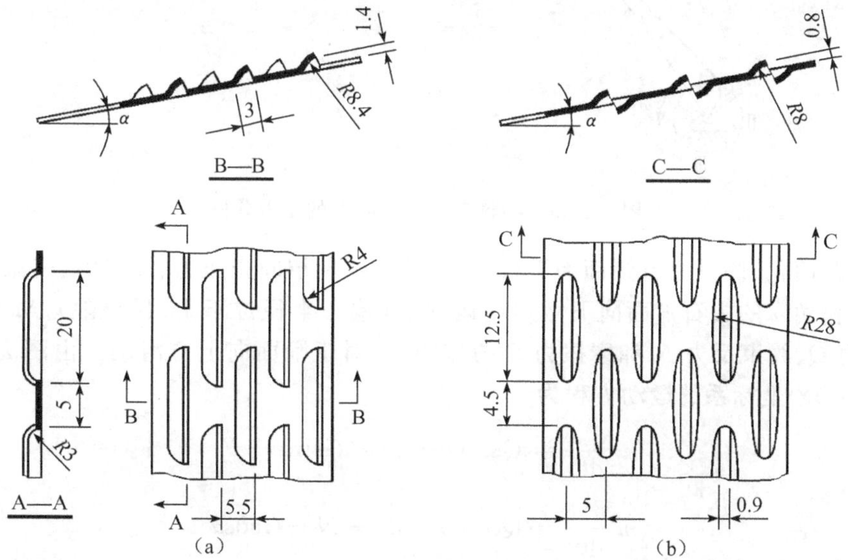

图 2-1-37　鱼鳞孔形状

(a) 单面凸起鱼鳞孔；(b) 双面凸起鱼鳞孔。图中数值单位为 mm

鱼鳞孔的作用是：增加筛面粗糙度，促进物料的自动分级；推动与筛面接触的物料沿筛面向上爬行；诱导气流按一定方向穿过筛面。

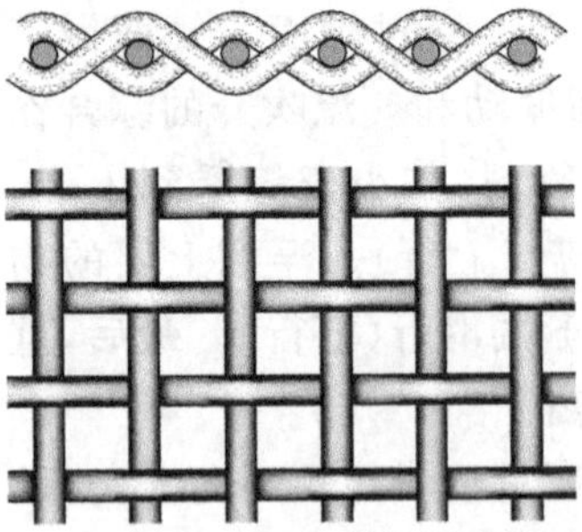

图 2-1-38　钢丝编织筛网

2. 钢丝编织筛网

钢丝编织筛网是用直径为 1mm 的圆形钢丝或边长为 1mm 的方形钢丝编织而成的筛面，如图 2-1-38 所示。通常经向钢丝为直线（有微量弯曲，以固定孔形），纬向钢丝为曲线，形成凹凸不平的表面，增大了其表面的摩擦系数和进风面积，促进了物料在筛面上的自动分级，有利于提高比重分选效率。

钢丝编织筛网的特点是对气流的阻力小，气流均匀垂直上升，但对气流不具有导向作用，刚度较差。

（三）物料在比重分级筛面上的运动分析

比重去石机是众多比重分选设备中的一种，在粮食加工厂广泛使用。以下将以比重去石机为例，分析物料在去石筛面上的相对运动条件及运动规律。

取筛面上一单颗粒为研究对象，其受力情况如图 2-1-39 所示。

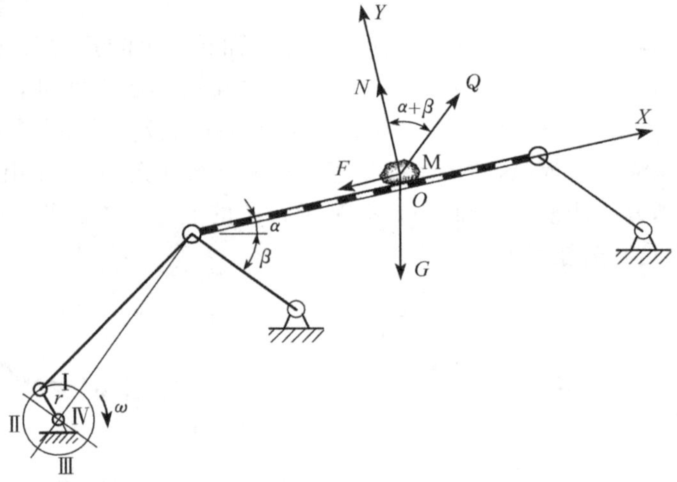

图 2-1-39　物料在去石筛面上的受力分析

为使问题简化，假设去石筛面为平板冲孔筛面，物料层间正压力、摩擦力、气流作用力略去不计。当倾斜角 α 的去石筛面向下做加速运动时（偏心半径位于Ⅰ、Ⅳ象限），M 受到自身重力 G、惯性力 Q、约束反力 N 和摩擦力 F 的作用，相对于筛面向上方滑动。由图 2-1-39 可知，物料 M 在 XOY 坐标系的运动方程为

$$m\frac{\mathrm{d}^2x}{\mathrm{d}t^2}=Q\sin(\alpha+\beta)-G\sin\alpha-F \tag{a}$$

$$m\frac{\mathrm{d}^2y}{\mathrm{d}t^2}=Q\cos(\alpha+\beta)+N-G\cos\alpha \tag{b}$$

如果 M 对 Y 轴不发生相对位移，即 $\frac{\mathrm{d}^2y}{\mathrm{d}t^2}=0$，则

$$N=G\cos\alpha-Q\cos(\alpha+\beta) \tag{c}$$

式中，α 为筛面与水平面的夹角；β 为撑杆与水平面的夹角。

将 $F=N\cdot\tan\varphi$、$G=m\cdot g$、$Q=m\cdot r\cdot\omega^2\cos(\omega t)$ 代入式(a)，整理后得

$$\frac{d^2x}{dt^2}=\omega^2\cdot r\cdot\cos(\omega t)\frac{\sin(\alpha+\beta+\varphi)}{\cos\varphi}-g\frac{\sin(\alpha+\varphi)}{\cos\varphi}\tag{d}$$

物料沿去石筛面上滑的条件是$\frac{d^2x}{dt^2}>0$，且因$|\cos\omega t|_{max}=1$，于是，由式(d)可得物料上滑时去石筛面的振动频率

$$\omega_{上}>\sqrt{\frac{g\cdot\sin(\alpha+\varphi)}{r\cdot\sin(\alpha+\beta+\varphi)}}\tag{2-1-38}$$

偏心机构相应的临界转速

$$n_{上}>\frac{30}{\pi}\sqrt{\frac{g\cdot\sin(\alpha+\varphi)}{r\cdot\sin(\alpha+\beta+\varphi)}}\tag{2-1-39}$$

同理，当去石筛面倾斜向上做加速运动时(偏心半径位于Ⅱ、Ⅲ象限)，物料下滑的频率和相应转速为

$$\omega_{下}<\sqrt{\frac{g\cdot\sin(\varphi-\alpha)}{r\cdot\sin(\alpha+\beta-\varphi)}}\tag{2-1-40}$$

$$n_{下}<\frac{30}{\pi}\sqrt{\frac{g\cdot\sin(\varphi-\alpha)}{r\cdot\sin(\alpha+\beta-\varphi)}}\tag{2-1-41}$$

对于石子，当去石筛面倾斜向下加速时，上层物料对石子的压力近于零，使石子上滑而又不跳动，即$N\geqslant0$，且因$|\cos\omega t|_{max}=1$，则得

$$\omega_{不跳}\leqslant\sqrt{\frac{g\cdot\cos\alpha}{r\cdot\cos(\alpha+\beta)}}\tag{2-1-42}$$

$$n_{不跳}\leqslant\frac{30}{\pi}\sqrt{\frac{g\cdot\cos\alpha}{r\cdot\cos(\alpha+\beta)}}\tag{2-1-43}$$

由于鱼鳞冲孔去石筛面的筛孔向上凸起(图 2-1-37)，使得局部位置的筛面倾角由α增加到α'，因此实际计算上滑临界转速时，应将公式中的α替换为α'。偏心机构的工作转速应在式(2-1-39)和式(2-1-43)的计算结果之间选取。

对于编织去石筛面，由于凹凸不平的筛网表面对石子的阻碍，只有当去石筛面倾斜向下运动时，石子才有可能跳动而不断向上运动，即$N<0$。又因$|\cos\omega t|_{max}=1$，于是得

$$\omega_{跳}>\sqrt{\frac{g\cdot\cos\alpha}{r\cdot\cos(\alpha+\beta)}}\tag{2-1-44}$$

$$n_{跳}>\frac{30}{\pi}\sqrt{\frac{g\cdot\cos\alpha}{r\cdot\cos(\alpha+\beta)}}\tag{2-1-45}$$

实际工作中，为使每转一周石子能跳跃一个筛孔高度，编织去石筛面的转速一般按下式计算：

$$n_e=\frac{54.4}{\pi}\sqrt{\frac{g\cdot\cos\alpha}{r\cdot\cos(\alpha+\beta)}}=\frac{54.4}{\pi}\sqrt{\frac{g\cdot\cos\alpha}{r\cdot\sin\delta}}\tag{2-1-46}$$

式中，δ为去石筛面与振动方向的夹角(°)；$\delta=\frac{\pi}{2}-(\alpha+\beta)$。

（四）比重分选设备主要工作参数的确定

1. 振动频率与振幅

与筛选不同，去石筛面上物料的运动状态要求是单纯上行。影响物料运动状态的因素有多项，其中筛面的振动频率和振幅起着决定性的作用。

筛面的振动频率高、振幅大，物料的运动速度就快，自动分级作用强，有利于分离效率的提高，同时设备的处理量也较高。但频率过高和振幅过大时，物料易跳离筛面，从而破坏了物料的自动分级，使分离效率大大下降。同时筛面振动剧烈，减少机器使用寿命。反之，频率低、振幅小，物料在筛面上的运动速度缓慢，料层厚度增加，不利于物料的自动分级，不仅影响分离效率，而且影响设备的处理量。

由于筛面加速度是与频率的平方和振幅的乘积呈正比，因此频率比振幅对物料运动的影响更大。另外，振幅大小对物料在去石筛面上滑动的距离有重要影响，为有助于石子只上滑而不下滑，物料在每一个周期内向上滑动的距离应大于筛面筛孔的纵向间距。

振幅和频率共同决定物料的运动状态，实际选择时应将二者一同考虑。高频率（转速）时应取小振幅，低频率（转速）时应取大振幅。

2. 去石筛面倾斜角

去石筛面倾斜角与物料在筛面上的运动速度有关。倾斜角太大时，石子进入精选室的速度减慢，甚至难以从出石口排出。同时，在去石筛面上向下滑动的流速增加，石子有可能被夹带而从出粮口排出，使分离效率下降。倾斜角过小时，石子向上的阻力虽小，但粮粒在去石筛面上向下运动的速度减慢，影响设备产量，而且粮粒有可能与石子一起上行从排石口排出，使石子中含粮增加。一般情况下，去石筛面的倾斜角为10°左右。

3. 风速

穿过去石筛面的平均风速一般为1.2～1.3m/s。平均风速过小会降低气流对上层物料的作用力，使物料下滑速度减小，料层厚度增加，不利于物料的自动分级，使石子不能充分地分离出来，同时精选区反向气流速度减小，石中含粮率则会增加。平均风速过大，去石筛面上的物料易被吹穿，气流分布不均，同时也不利于物料的自动分级，使精选区的反向气流速度增大，石子不易排出。

（五）典型比重分选设备

1. 比重去石机

比重去石机是小麦加工厂最常用的设备，主要用于清除小麦中所含的并肩石等杂质。比重去石机按供风方式的不同可分为吹式比重去石机、吸式比重去石机和循环气流去石机三种。

（1）吹式比重去石机

QSC型吹式比重去石机的结构如图2-1-40所示，主要由进料装置、筛体、传动机构、风机等部分组成。

吹式比重去石机采用敞口式六片直叶风机，筛体由偏心连杆机构传动做往复振动。去石筛面为鱼鳞孔筛板（图2-1-41）。根据去石筛面上各部位作用的不同，又可分为分离区、聚石区和精选区三个区段。分离区和聚石区鱼鳞孔的凸起孔指向石子上行方向，引导气流斜向上吹，促进石子上行，同时还起到阻挡石子下滑的作用。精选区一般采用直径1.5mm圆形冲孔筛

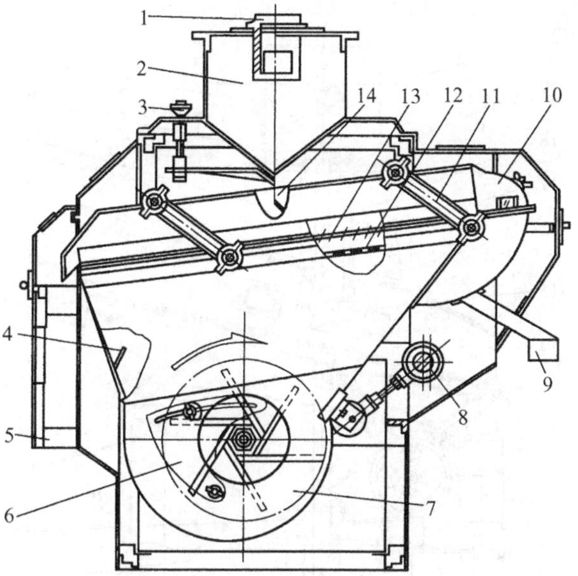

图 2-1-40 QSC 型吹式比重去石机的结构

1. 进料口;2. 进料斗;3. 流量调节装置;4. 导风板;5. 出料口;6. 风量调节装置;7. 风机;
8. 偏心转动机构;9. 出石口;10. 精选室;11. 吊杆;12. 匀风板;13. 去石筛面;14. 缓冲匀料板

板或反向凸起鱼鳞孔板，以利于反吹气流将混入石子中的粮粒吹回聚石区。精选室是用来控制石子中含粮的重要机构，设置在筛体的出石端，结构见图 2-1-42。改变弧形调节板的位置，可以增减反吹风流量，改变反吹气流速度，以达到控制石子中含粮的目的。

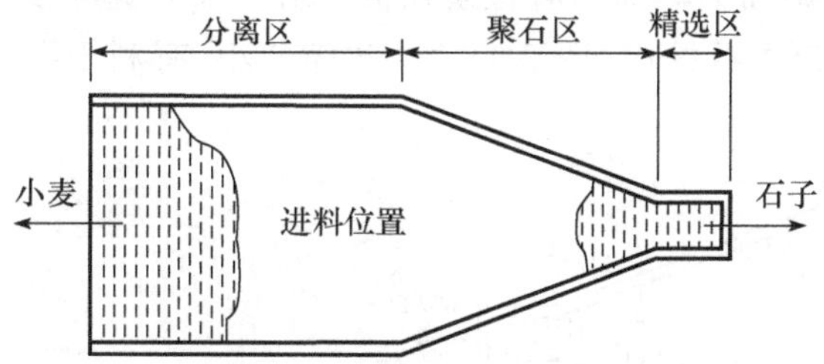

图 2-1-41 单收缩口去石筛面

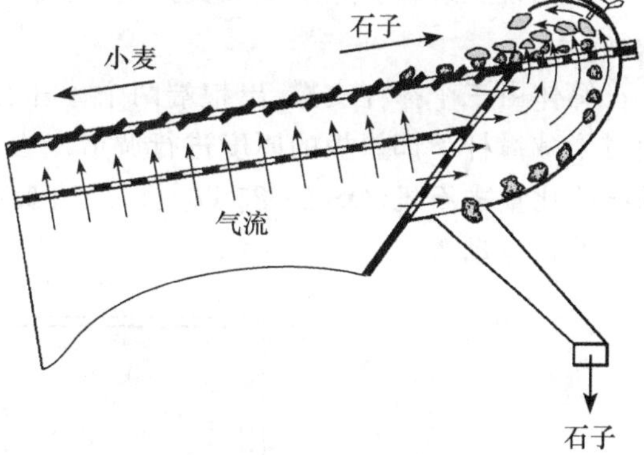

图 2-1-42 吹式比重去石机的精选室

(2) 吸式比重去石机

1) QSX 型吸式比重去石机

QSX 型吸式比重去石机的结构如图 2-1-43 所示，主要由进料装置、筛体、偏心传动机构、吸风系统及机架等部分组成。

进料装置包括进料口、料斗、弹簧压力门和缓冲槽，料斗位于吸风道中部。流量由弹簧压力门控制，压力大小可借助于拉簧在机外调节。

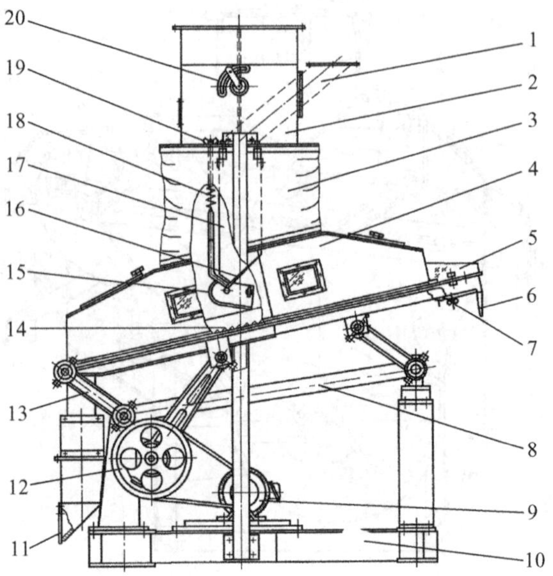

图 2-1-43　QSX 型吸式比重去石机的结构

1. 进料管；2. 吸风管；3. 吸风软管；4. 吸风罩；5. 精选室；6. 出石口；7. 调风板；8. 机架连杆；9. 电机；10. 底座；11. 出料口；12. 偏心传动机构；13. 撑杆；14. 去石筛面；15. 缓冲槽；16. 压力门；17. 料斗；18. 拉簧；19. 拉簧调节螺母；20. 调风门

吸式比重去石机本身不带风机，依靠外界风源吸风。吸风管内设风量调节阀，可根据物料流量的变化调节风量，以确保去石筛面上有一定的料层厚度，并呈流化态，以达到最佳去石效果。吸风管及进料装置由支架支撑，并与筛体软连接，当该装置振动时，吸风管和进料装置不振动。

筛体由三个撑杆支撑，出粮端两个撑杆、出石端中部一个撑杆。去石筛面的倾斜角，可以通过增减撑杆下部垫板的厚度进行调节。去石筛面为单面凸起鱼鳞孔板。对于筛面宽度较大的吸式比重去石机(QSX · 85 以上)，采用双缩口去石筛面(图 2-1-44)，收缩角小，有利于石子向出石口运动。

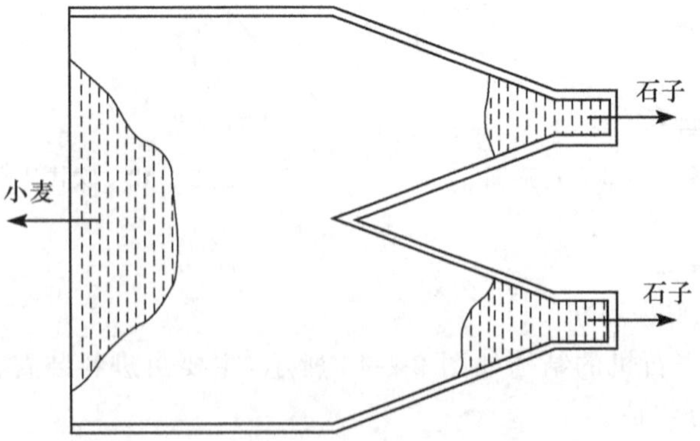

图 2-1-44　双缩口去石筛面

精选室用单面向下凸起的鱼鳞孔板，借助反向气流将石子中的麦粒吹回去石筛面，减少石中含粮。精选室上部装有玻璃罩，便于观察和操作，下部设有调风板，用以调节反吹气流速度的大小。

传动装置采用偏心连杆机构。对于去石筛面较宽的吸式比重去石机，可采用两套偏心连杆机构传动。去石筛面较窄时，采用一套偏心连杆机构传动即可。

QSX 型吸式比重去石机的主要技术参数见表 2-1-11。

表 2-1-11　QSX 型吸式比重去石机的主要技术参数

型　号	筛面尺寸 (宽×长)/mm	产量 /(t/h)	振动频率 /(次/min)	振幅 /mm	功率 /kW	鱼鳞孔 形状	机内阻 力/Pa	风量 /(m^3/h)	外形尺寸 (长×宽×高)/mm
QSX · 56	970×510	3～3.5	485±15	5	0.55	单面凸	147～245	2100～2300	1287×654×624
QSX · 85	1175×800	5.5～6.3	485±15	5	0.75	单面凸	392～490	3200～3400	1514×974×1809
QSX · 100	1175×950	6.5～7.5	485±15	5	0.75	单面凸	392～490	3800～4100	1514×1124×1809
QSX · 125	1275×1200	9.5～11.5	485±15	5	1.1	单面凸	392～490	5400～6200	1614×1374×1809

2) TQSX 型吸式比重去石机

TQSX 型吸式比重去石机的结构如图 2-1-45 所示，主要由进料装置、筛体、支撑机构和振动电机等部分组成。

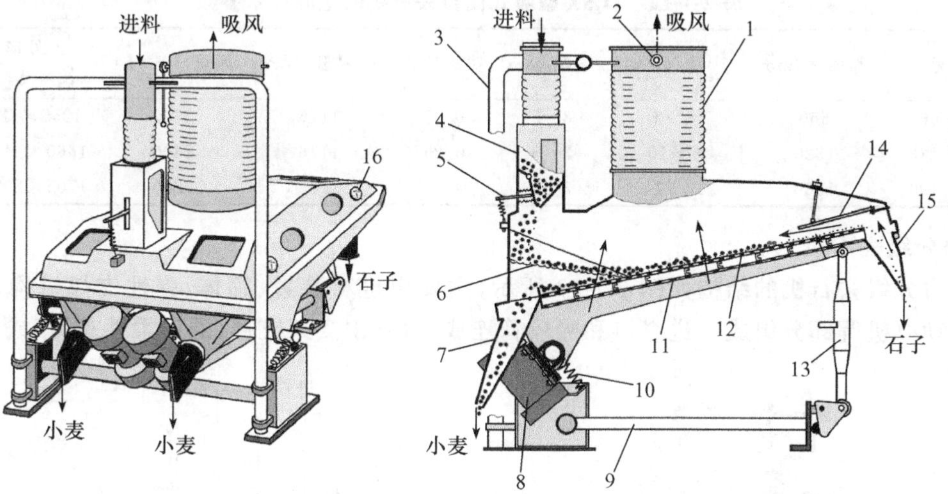

图 2-1-45　TQSX 型吸式比重去石机外形与结构

1. 吸风软管；2. 调风门；3. 支架；4. 喂料箱；5. 进料压力门；6. 预分级筛面；7. 出料口；8. 振动电机；9. 机架；10. 支撑弹簧；11. 匀风板；12. 去石筛面；13. 可调撑杆；14. 反吹风调风板；15. 出石口；16. 振动指示牌

去石筛面采用钢丝编织筛网，筛面摩擦系数较大，有利于物料的自动分级。去石筛面下部设有匀风格和匀风板，使气流垂直向上均匀地穿过整个去石筛面。

如图 2-1-46 所示，去石筛面下端设有预分区，是无孔薄钢板。物料由进料装置首先进入预分区，在筛面振动的作用下初步分级。随着筛面的振动，物料进入筛面的分离区，在气流和筛体振动的作用下，物料充分分级。物料经分离区分离石子后迅速流向出料口，出料口处设置一定高度的挡板，一方面保证筛面上的料层厚度，小麦只有越过挡板才能从出口排出；另一方面使接触筛面的含有石子的重质物料逐步上行进入聚石区，石子流向出石口。与中部进料的去石机相比，筛面上的物料不受进料处物料的冲击，且物料的筛理路线较长，有利于提高分离效率。

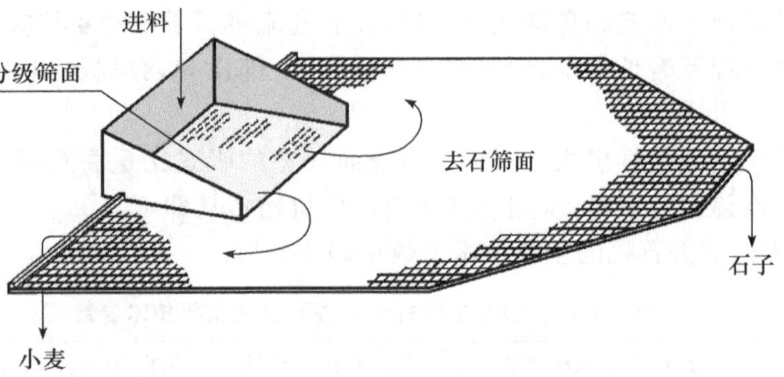

图 2-1-46　TQSX 型吸式比重去石机的物料路线

TQSX 型吸式比重去石机采用振动电机驱动，结构简单，并可根据物料的品种和含杂种类及含杂量来调节激振力的大小，以获得适宜的振幅。小型去石机一般采用一台振动电机驱动，大型去石机多采用两台振动电机驱动。

去石筛面采用两组弹簧支撑，每组两根，呈人字形排列。出石端采用左右螺纹、长度可调的单撑杆，便于筛面倾斜角调节。

TQSX 型吸式比重去石机的主要技术参数见表 2-1-12。

表 2-1-12　TQSX 型吸式比重去石机的主要技术参数

型　号	筛面宽/mm	产量/(t/h)	振幅/mm	功率/kW	机内阻力/Pa	风量/(m^3/h)	外形尺寸(长×宽×高)/mm
TQSX·66	660	3～5	3～5	0.25	1176	2700	1255×785×1550
TQSX·132	1320	5～10	3～5	0.25	1176	5400	1660×1418×1550
TQSX·190	1900	12～14	3～5	0.3	1176	7200	1705×2020×1530

2. 重力分级去石机

重力分级去石机的结构如图 2-1-47 所示，主要由进料装置、筛体、弹性支撑机构、吸风装置和振动电机等部分组成。进料口和吸风管连成一体，由支架支撑，通过柔性布筒(或橡胶、人

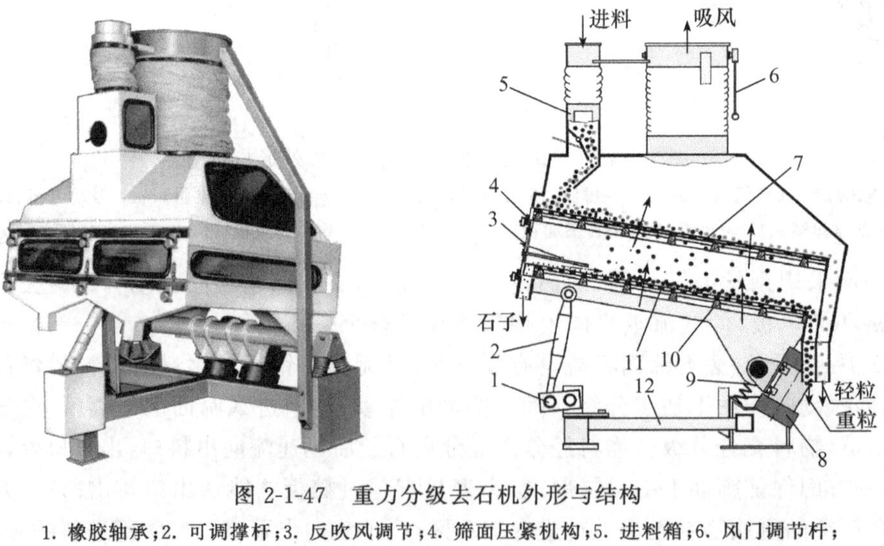

图 2-1-47　重力分级去石机外形与结构

1. 橡胶轴承；2. 可调撑杆；3. 反吹风调节；4. 筛面压紧机构；5. 进料箱；6. 风门调节杆；7. 分级筛面；8. 振动电机；9. 支撑弹簧；10. 支撑木条；11. 去石筛面；12. 机架

造革)与筛体相连接。筛体出料端下部安装两台型号规格相同、相向运转的振动电机,驱动筛体做直线往复运动。该装置由呈人字形排列的两组螺旋弹簧和一个高度可调的撑杆共同支撑,撑杆两端使用橡胶轴承连接。

重力分级去石机采用外部风网吸风。吸风管内装有碟形风门,用于调节风量。筛体外壳4个角各装有1个圆形的振动参数指示牌,用以测量4个角的振幅大小及振动方向角,为设备操作管理提供方便。

筛体内装两层筛面。上层为分级筛面,由三段不同的筛面组成:第一段是较密的钢丝编织筛网,其作用是促进物料的自动分级,不起筛理作用;第二段是冲孔筛面,采用长方形孔,按物料的厚度分级;第三段也是冲孔筛板,使用圆形筛孔,按物料的宽度分级。下层为去石筛面,材料为钢丝编织筛网。

重力分级去石机将物料分为轻质物料、重质物料、砂石三种。工作时,物料由进料装置首先进入上层第一段筛面,在筛面往复振动及由下而上气流的综合作用下,促使物料自动分级,轻质物料因浮于料层上部成筛上物,由出口排出。重质物料及砂石等沉入料层下部,在流过第二、三段筛面时,穿过筛面落入下层筛面进行去石分选,石子上行由出石口排出,质量好、容重大的物料下行,由出口流出机外。

TQSF型重力分级去石机的主要技术参数见表2-1-13。

表2-1-13 TQSF型重力分级去石机的主要技术参数

型 号	筛面宽/mm	产量/(t/h)	振动频率/(次/min)	振幅/mm	动力/kW	风量/(m^3/h)
TQSF·60	600	5～7	940	4～5	0.25×2	4 500
TQSF·80	800	8～9	940	4～5	0.25×2	6 000
TQSF·100	1 000	9～11	940	4～5	0.25×2	8 000
TQSF·125	1 250	10～15	940	4～5	0.25×2	10 200
TQSF·150	1 500	14～18	940	4～5	0.25×2	12 000
TQSF·175	1 750	14～22	940	4～5	0.37×2	14 000
TQSF·200	2 000	16～26	940	4～5	0.37×2	16 000
TQSF·250	2 500	22～32	940	4～5	0.37×2	20 600

3. 循环气流去石机

循环气流去石机的结构如图2-1-48所示,主要由进料装置、筛体、传动装置、气流循环系统和机架等部分组成。

循环气流去石机最大特点是自带气流循环分离系统,不需组织外界除尘风网,减少占地面积和动力消耗。

循环气流去石机的主要工作部件是一个密封的筛体,内设上、下两层编织筛网筛面,上层为分级筛面,用于物料分级;下层为去石筛面,用于去除混入物料中的砂石。

进料装置在筛体前上方,用以控制物料的流量,并形成均匀喂料。出石端有一调风板,可调节反吹气流的大小。

筛面的倾角可通过位于机架前端的倾角调节装置进行调节,倾角调节幅度为5°～9°。

循环气流去石机采用振动电机作为振动源,可用一台振动电机驱动,也可采用两台振动电机驱动。

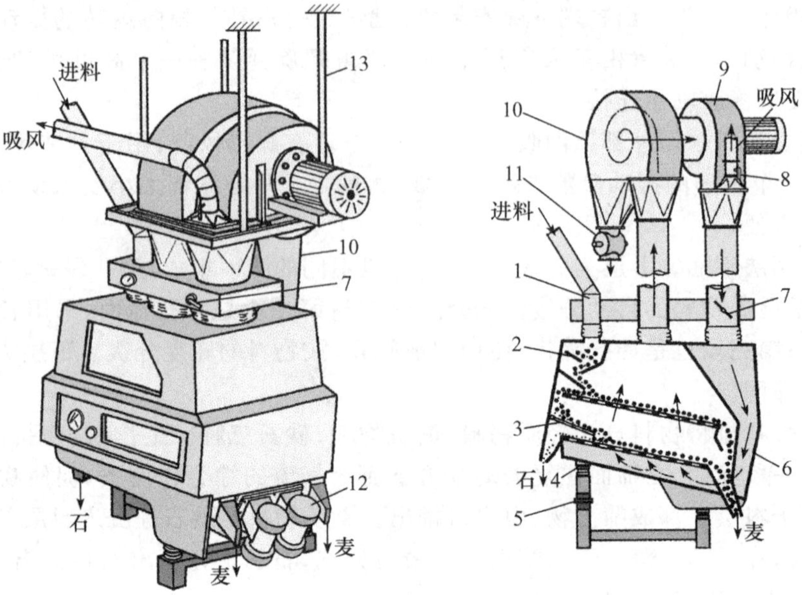

图 2-1-48　循环气流去石机的外形与结构

1. 进料口；2. 喂料机构；3. 反吹调风板；4. 橡胶弹簧；5. 筛面倾角调节机构；6. 回风道；7. 调风门；8. 吸风调节门；9. 风机；10. 空气分离器；11. 闭风器；12. 振动电机；13. 安装吊杆

气流循环系统包括风机、风量调节装置及空气分离器等。空气分离器与风机吸风口相连接，气流从去石箱体上部吸入，先经空气分离器分离出轻杂质后，再入风机，然后又由风机吹回石筛板下部，空气得以循环利用。

循环气流去石机工作时，物料经进料口由喂料装置均匀地进入第一层筛面，在往复运动和上行气流的综合作用下，物料产生自动分级。较轻的物料浮于上层，呈半悬浮状态，沿筛面向下流动至出口排出。较重的物料及石子沉到下层，并穿过第一层筛面落到第二层筛面上。在第二层筛面上，物料再次形成自动分级，上层物料沿筛面下滑从出口排出，与筛面相接触的砂石等在筛面的作用下，进入石子检查区，石子经反吹气流精选后由出石口排出。

经空气分离器分离出来的轻杂质，经闭风器排出机外。为保证机内空气不外扬，需要外接除尘系统给予辅助吸风。

TQFX 型循环气流去石机的主要技术参数见表 2-1-14。

表 2-1-14　TQFX 型循环气流去石机的主要技术参数

型　号	筛面宽度/mm	产量/(t/h)	功率/kW		
			风机	振动电机	关风器
TQFX · 65	650	5～7	4	0.25×2	0.25
TQFX · 80	800	7～9	5.5	0.25×2	0.25
TQFX · 100	1000	9～12	7.5	0.25×2	0.25
TQFX · 125	1250	12～18	11	0.37×2	0.37

（六）影响比重分选设备工艺效果的因素

（1）原料

原料水分、粒度、均匀性、含杂的种类和数量等是影响比重分选设备工艺效果的主要因素。

如果进机物料中含大杂质，会影响进料机构的正常喂料，使料层厚度不一。如果物料中含小杂质，筛孔则容易堵塞，破坏物料的自动分级，使分离效率下降。

(2) 筛面倾角

筛面倾角与物料的流动速度有关。当其他运动参数一定时，增大倾角，比重小的物料容易下滑，而比重大的物料上行的阻力增大。减小倾角，物料在筛面上向下流动的速度也减小，影响设备产量，而且不利于保证重质物料的纯度。

(3) 振幅与振动频率

振幅与振动频率都是影响物料在筛面上运动速度的重要因素。振幅大、频率高，物料运动速度就快，自动分级作用强，有利于分离效率及设备产量的提高。但振幅过大、频率过高，筛面振动剧烈，物料易产生跳动，破坏物料的自动分级，因而降低分离效率。振幅过小或频率过低，物料在筛面上运动缓慢，料层加厚，也不利于物料的自动分级，不仅影响分离效率，而且影响设备的产量。

(4) 流量

物料在筛面上应具有一定的料层厚度。料层太薄，不易产生良好的自动分级，且易被气流吹穿，使气流在筛面上分布不匀，降低分离效率。料层太厚，气流阻力增加，物料分级不充分，比重大的物料与筛面接触机会减少，同样降低分离效率。

(5) 气流速度

一般情况下，气流穿过筛面的平均风速为 1.2～1.3m/s。气流速度过小，会降低气流对物料的作用力，物料在筛面上不易形成悬浮或半悬浮状态，自动分级差，降低分离效率。气流速度过大，去石筛面上的料层易被吹穿，气流分布不匀，破坏物料的自动分级，同样使分离效率降低。

(七) 去石机的操作

去石机是一种需要精心操作的设备。除应调节设备的运动参数、控制风量外，工作过程中主要应把握好设备的工作流量及进料状态。

(1) 去石机工艺效果的评定

去石机除并肩石效率应大于或等于 95%，除泥块效率应大于或等于 60%，下脚含粮应小于或等于 100 粒/kg。

(2) 设备的启动与运行

开机前检查风门是否关好，检查进出料口、筛面是否正常。开机程序为先开风机，再启动去石机，然后开始进料。当物料覆盖大部分筛面时，逐渐开大调风门，使筛上物料呈微沸状，麦粒开始稳定向下流动；调节反向气流，使物料在筛面上沿聚石区内形成明显的麦、石界线，且排石正常。

设备运行过程中，应经常检查筛上物料的运动状态、排石情况、石中含粮情况及机内的静压。若来料中断且短时间内还需生产时，应在物料还盖满筛面时停止筛体振动，以防筛面上物料跑空而造成再次进料时大量小麦涌入出石口。

(3) 进料状态控制

去石机的工作流量一般不应超过设备的设计产量，也不宜过小。工作过程中应保持去石机稳定适当的进料流量，筛上物料的厚度一般应保持在 20～30mm。对筛面较宽的去石机，应注意其两侧进料的均衡及筛面的横向水平，防止物料走单边。

去石机的进机物料中不能含过多的小杂质，否则易造成筛孔堵塞，影响气流通过。

(4) 筛面的维护与调节

筛面应平整、坚固。筛孔若发生堵塞应及时清理，但不得使用硬物打击，以免筛面变形。

当工作流量偏小时，可适当减小筛面的倾角，以降低物料向下的流速，使料层增厚，防止因料层不匀而造成"吹穿"，导致穿透气流风速分布不匀。

(5) 筛体运动状态的检查

应通过设备上的振动指示牌来检查筛体的运动状态，发现异常及时调整。特别是更换或维护振动电机后，应对筛体的振幅与振动角进行仔细的检查与调整。

(6) 吸风量的调节

吸风量的调节是去石机操作中的重要内容，稳定适当的风量是保证去石效果的重要条件。风量过小时下脚含粮将增多，风量过大则筛上物料出现剧烈的沸腾状态，出石口无石子流出。

当下脚含粮较多时，如果筛面上物料的运动状态正常，可调节反吹风调节板，适当提高反吹风速。

（毛广卿）

五、精　　选

（一）长度分离

1. 长度分离的基本原理

长度分离是根据谷物籽粒的长度不同，利用具有一定深度袋孔的器械将其分离。较短的籽粒可以被嵌入袋孔并被带走，较长籽粒则不能，从而将长粒与短粒分开。用于长度分离的、具有一定深度袋孔的器械有碟片与滚筒两种，相对应的设备为碟片精选机和滚筒精选机。

(1) 碟片分离的原理

碟片是碟片精选机的主要工作构件，成组安装在同一水平轴上，如图 2-1-49 所示，碟片两面有许多凹窝，叫做袋孔，借助碟片的旋转运动，可使谷堆中短粒嵌入袋孔，带到一定高度位置后落入收集槽中，而长粒则因为长度大于袋孔深度，重心在袋孔外面而先于短粒落下，仍回到长粒群体中去，从而将短粒从长粒中分离出来。

(2) 滚筒进行长度分离的原理

滚筒是利用袋孔长度的不同而分级。其主要工作构件为一内表面具有袋孔的卧式圆筒，滚筒内设有短粒收集槽，如图 2-1-50 所示。谷物进入滚筒后，随着滚筒的旋转，不断与内表面

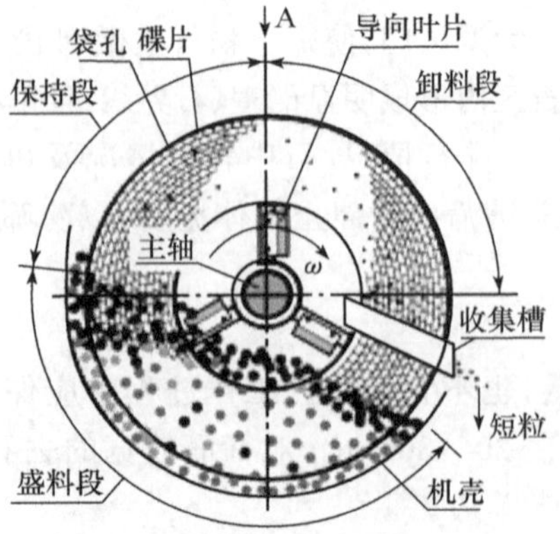

图 2-1-49　碟片工作原理

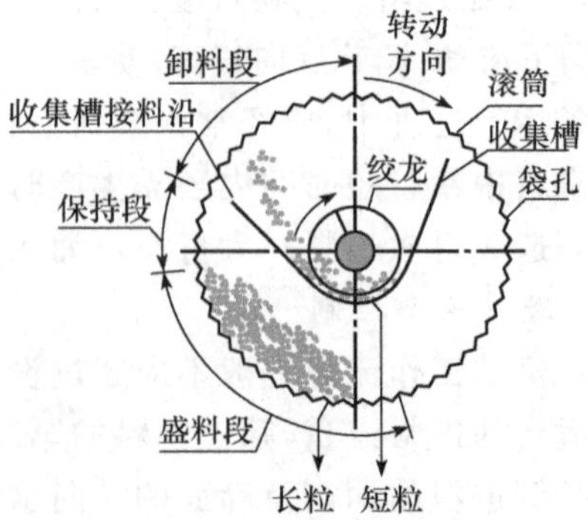

图 2-1-50　滚筒工作原理

相接触，使短粒进入袋孔内，当滚筒转到某一角度后，短粒便靠自身重力脱离袋孔落入收集槽。而长粒靠滚筒内表面摩擦力的带动，上升的位置较低，仅在滚筒底部运动，从而使长短粒得以分离。

2. 长度分离设备主要工作参数的确定

(1) 碟片的极限转速

取碟片上某一袋孔内的短粒 D 为研究对象，如图 2-1-51 所示。设 α 为 DO 连线与过碟片中心垂直面的夹角，袋孔内外两个侧面垂直于盘面，β 为袋孔卸料边与盘面的夹角，ω 为碟片的角速度，f 为短粒与袋孔表面的摩擦系数。根据动静法原理，短粒受重力 G、惯性力 Q、袋孔侧面的约束反力 N_1 和摩擦力 F_2 等作用。其中 G 沿碟片平面可分解为 G_τ 和 G_n，而分力 G_τ 又可分解为 T 和 T'(图 2-1-51 中 A—A 剖面)。N_1 的大小和方向取决于 G_n 和 Q，当 $Q>G_n$ 时，N_1 的方向指向碟片中心，F_1 发生于短粒和袋孔外侧面之间；当 $Q<G_n$ 时，N_1 方向背向碟片中心，F_1 则发生于短粒与袋孔内侧面之间。

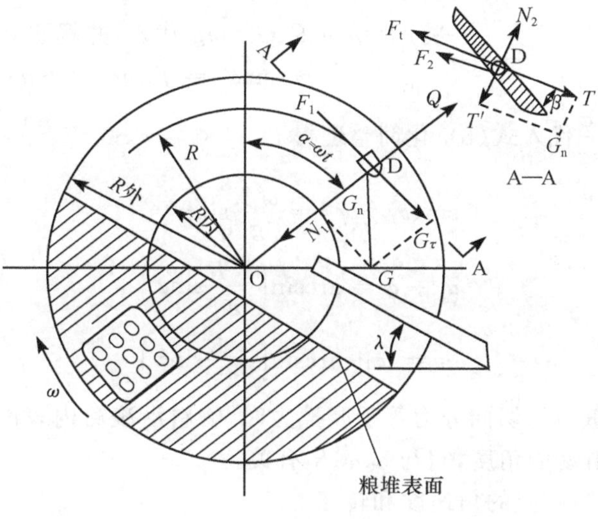

图 2-1-51 短粒在袋孔内的受力分析

由图 2-1-51 可知，分力 T 是促使短粒脱离袋孔的力，而摩擦力 F_1 和 F_2 则是阻止短粒脱离袋孔的力。因此，短粒欲脱离袋孔必须满足

$$T \geqslant F_1 + F_2$$

将 $G=mg$、$Q=m\omega^2 R$、$F=Nf=N\text{tg}\varphi$ 代入上式得

$$mg\sin\alpha\cos\beta \geqslant (fm\omega^2 R - mg\cos\alpha + mg\sin\alpha\sin\beta)$$

化简、整理得

$$\omega \leqslant \sqrt{\frac{g}{R}\left[\cos\alpha + \frac{\sin\alpha}{\sin\varphi}\cos(\beta+\varphi)\right]} \tag{2-1-47}$$

由于碟片在径向位置上每个袋孔的 R 值不等，故袋孔内短粒所受惯性力及其脱离袋孔的难易程度也不等，为使碟片各部分的工作条件不致相差太大，一般取碟片内、外缘半径的比值为 $\frac{R_{外}}{R_{内}} \approx 1.65$。实际生产中，碟片的转速应按 $R_{外}$ 计算，即为碟片的极限转速

$$n \leqslant \frac{30}{\pi}\sqrt{\frac{g}{R_{外}}\left[\cos\alpha + \frac{\sin\alpha}{\sin\varphi}\cos(\beta+\varphi)\right]} \tag{2-1-48}$$

(2) 滚筒的极限转速

1) 长粒沿滚筒内表面的运动

设滚筒半径为 R、角速度为 ω、长粒沿滚筒内壁平滑表面的摩擦系数为 f(摩擦角 φ),取将要滑动的长粒 C 为研究对象(图 2-1-52)。α_1 为半径 CO 与滚筒中心垂直面的夹角。这时长粒受到重力 G、约束反力 N、摩擦力 F 及假想的惯性力 Q 的作用。

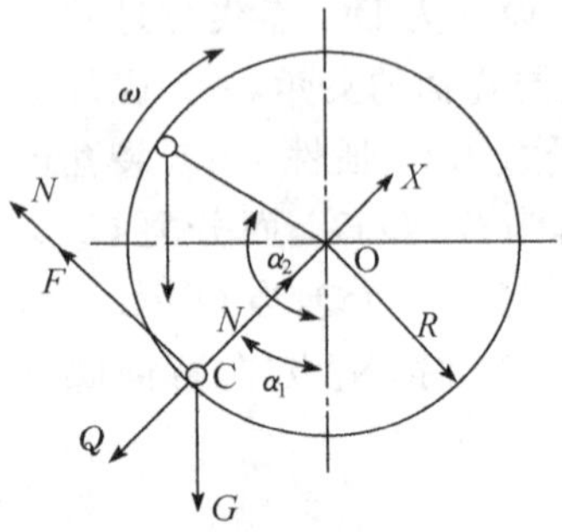

图 2-1-52 长粒沿滚筒内表面的运动

选坐标系 XCY,由力的平衡条件可得

$$\left.\begin{aligned}\sum F_x = 0 \quad N - Q - G\cos\alpha_1 = 0\\ \sum F_y = 0 \quad F - G\sin\alpha_1 = 0\end{aligned}\right\} \tag{a}$$

且 $F = fN$

将 $Q = m\omega^2 R$、$G = mg$ 代入,并解联立方程(a)可得

$$mg\sin\alpha_1 = f(m\omega^2 R + mg\cos\alpha_1) \tag{b}$$

再将 $f = \mathrm{tg}\varphi = \dfrac{\sin\varphi}{\cos\varphi}$ 代入式(b),化简整理得

$$\sin(\alpha_1 - \varphi) = \frac{\omega^2 R}{g}\sin\varphi \tag{c}$$

$$\alpha_1 - \varphi = \arcsin\left(\frac{\omega^2 R}{g}\sin\varphi\right) \tag{d}$$

$$\alpha_1 = \varphi + \arcsin\left(\frac{\omega^2 R}{g}\sin\varphi\right) \tag{2-1-49}$$

由式(b)可知,当重力的切向分力等于摩擦力时,物料沿滚筒内表面开始滑动。α_1 即为长粒沿滚筒内表面开始滑动的角度,它与 φ、ω、R 有关。

由式(c)可求出滚筒相应的角速度和转速

$$\omega = \sqrt{\frac{g\sin(\alpha_1 - \varphi)}{R\sin\varphi}} \tag{2-1-50}$$

$$n = \frac{30}{\pi}\sqrt{\frac{g\sin(\alpha_1 - \varphi)}{R\sin\varphi}} \approx 30\sqrt{\frac{\sin(\alpha_1 - \varphi)}{R\sin\varphi}} \tag{2-1-51}$$

显然,当 $\sin(\alpha_1 - \varphi) = 1$ 时,ω 和 n 为最大,此时 α_1 将趋近于 α_2,$\alpha_2 = \dfrac{\pi}{2} + \varphi$。当 α_2 是 $\omega = \sqrt{\dfrac{g}{R\sin\varphi}}$ 时,为长粒在滚筒内表面开始滑动的角度。

2) 短粒脱离袋孔的条件

取某袋孔内的短粒 D 为研究对象(图 2-1-53)。β 为半径 DO 与滚筒中心垂直面的夹角,δ 为 DO 与袋孔卸料边的夹角,R 为滚筒内表面半径,ω 为角速度,f 为摩擦系数。该短粒将要脱离袋孔时,受到重力 G、袋孔卸料边约束反力 N、惯性力 Q、摩擦力 F 的作用。选坐标 XDY,则其平衡式为

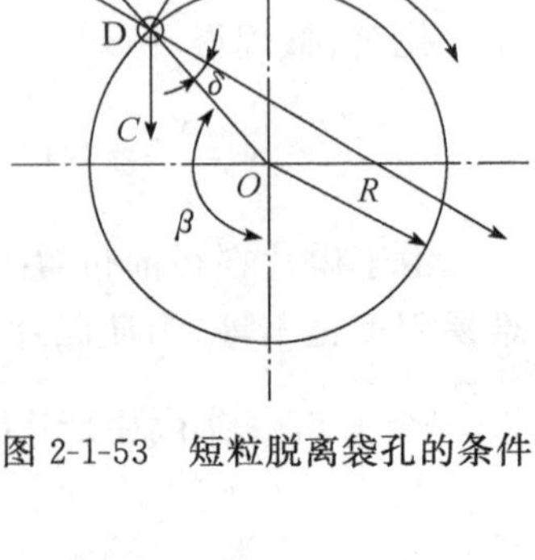

图 2-1-53 短粒脱离袋孔的条件

$$\left.\begin{aligned}\sum F_x = 0 \quad & -F - Q\cos\delta + G\cos[\pi - (\beta - \delta)] = 0 \\ \sum F_y = 0 \quad & N + Q\sin\delta - G\sin[\pi - (\beta - \delta)] = 0\end{aligned}\right\} \tag{a}$$

将 $F=fN$、$Q=m\omega^2R$(OD≈R)和 $G=mg$ 代入联立方程组(a)，解得

$$mg\cos(\beta-\delta) + m\omega^2R\cos\delta + f[mg\sin(\beta-\delta) - m\omega^2R\sin\delta] = 0 \tag{b}$$

由式(b)可知，短粒滑出袋孔的条件是，重力与惯性离心力沿袋孔卸料边方向上的分力必须与袋孔卸料边作用于短粒的摩擦力相平衡。

再将 $f=\mathrm{tg}\varphi=\dfrac{\sin\varphi}{\cos\varphi}$ 代入式(b)，整理后得

$$\cos(\varphi+\delta-\beta) = -\frac{\omega^2R}{g}\cos(\varphi+\delta) \tag{c}$$

先将式(c)左端改用正弦表示，然后求反三角函数得

$$\beta = \frac{\pi}{2} + \varphi + \delta + \arcsin\left[\frac{\omega^2R}{g}\cos(\varphi+\delta)\right] \tag{2-1-52}$$

如果袋孔轴线与滚筒半径重合，即 $\delta=0$ 时，则式(2-1-52)变为

$$\beta = \frac{\pi}{2} + \varphi + \arcsin\left(\frac{\omega^2R}{g}\cos\varphi\right) \tag{2-1-53}$$

β 角是短粒开始脱离袋孔的角度。它是决定收集槽在滚筒内最高位置的重要依据。为了提高滚筒精选机的分选效率，应根据长粒脱离滚筒内表面的最大角度 α_2 和短粒开始脱离袋孔的角度 β，正确安装和调节短粒收集槽的位置。如果它们的角度不互相交错，就有可能将长短粒彻底分开，否则就会有部分物料发生互混的现象。

3) 滚筒的转速

实际生产中，为简化计算，常以袋孔处于顶部位置的短粒来确定滚筒的极限转速，然后再乘以系数作为工作转速，如图 2-1-54 所示。

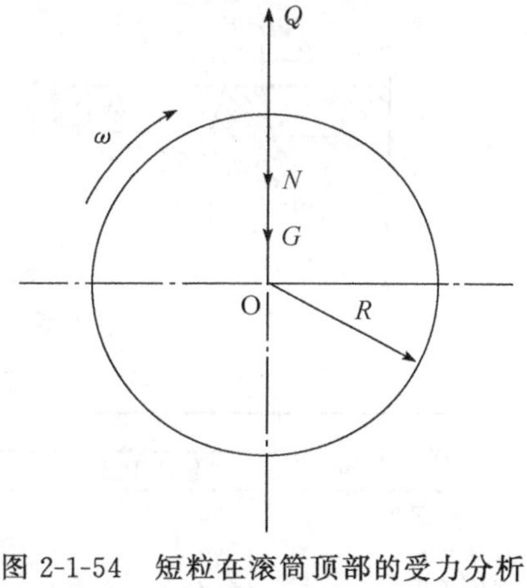

图 2-1-54　短粒在滚筒顶部的受力分析

这时，其平衡条件是

$$G + N - Q = 0$$

显然，短粒处于下落的临界状态，必须是 $N=0$，即 $G-Q=0$

则

$$mg - m\omega^2R = 0,\quad \omega = \sqrt{\frac{g}{R}} \tag{2-1-54}$$

这时滚筒的极限转速为

$$n_{\max} = \frac{30}{\pi}\sqrt{\frac{g}{R}} \approx \frac{30}{\sqrt{R}} \tag{2-1-55}$$

式中，R 以 m 计。

要使短粒在到达顶部前即能脱离袋孔，滚筒的工作转速必须小于极限转速，实践中常取下列数值

$$n = (0.7 \sim 0.9)n_{\max} = \frac{21}{\sqrt{R}} \sim \frac{27}{\sqrt{R}} \tag{2-1-56}$$

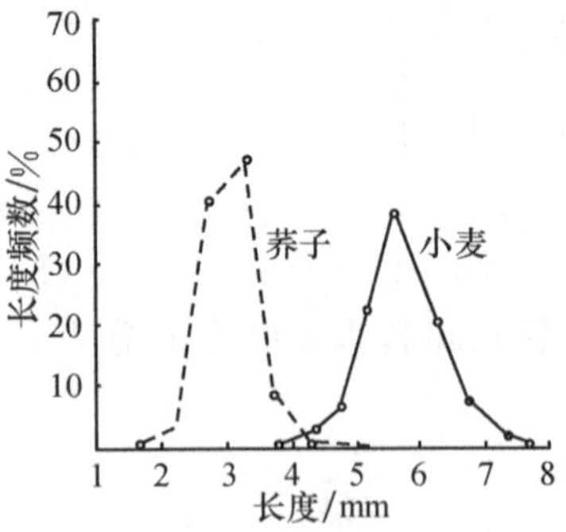

图 2-1-55　小麦和荞子的长度粒度曲线

实践中圆周速度 V 及其相应的工作转速 n 为：碟片精选机（直径 630mm）$V=1.8\sim2.0$m/s，精选荞子时 $n=55\sim57$r/min、精选大麦（或燕麦）时 $n=57\sim60$r/min；滚筒精选机（直径 60mm）$V=1.2\sim1.5$m/s，$n=45$r/min 左右。

（3）碟片袋孔

袋孔的形状、大小应根据小麦和杂质的性状及其粒度曲线来确定。如图 2-1-55 所示，选用 4.5mm 的袋孔就能把小麦和荞子分开。如果选用袋孔不当，对产量和工艺效果都有不利的影响。

碟片精选机的袋孔有三种主要形式（图 2-1-56）：Ⅰ型（或称 R 型）袋口呈半圆形，提料边是直线，卸料边是圆弧，用于分离碎麦或荞子；Ⅱ型（或称 V 型）袋口也呈半圆形，提料边是圆弧，卸料边是直线，主要用于分离荞子；Ⅲ型袋口呈矩形，用于分选大麦和燕麦。三种形式袋孔的大小见表 2-1-15。

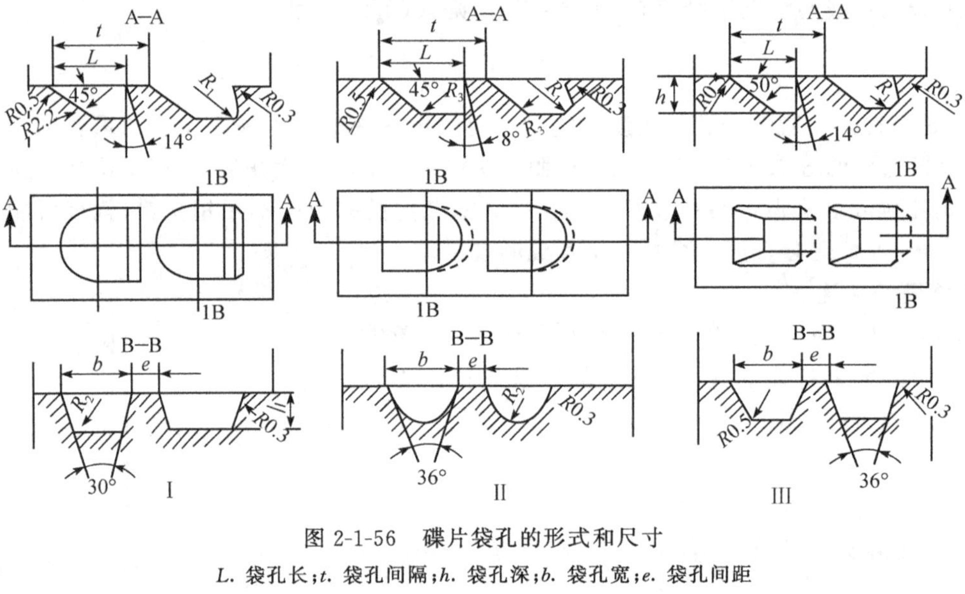

图 2-1-56　碟片袋孔的形式和尺寸

L. 袋孔长；*t*. 袋孔间隔；*h*. 袋孔深；*b*. 袋孔宽；*e*. 袋孔间距

表 2-1-15　三种形式袋孔的大小

尺　寸	三种形式							
	Ⅰ型(R 型)		Ⅱ(V 型)			Ⅲ型(矩形)		
L、b/mm	4	5	4.5	5.5	5.75	7	8	9
t/mm	5.2	6.2	5.7	6.9	7.15	8.5	9.5	10.5
h/mm	2.0	2.7	2.3	2.8	3.15	3.5	4.0	4.5
e/mm	1.2	1.2	1.2	1.4	1.4	1.5	1.5	1.5

袋孔大小的确定：分离荞子一般长为 4～5.5mm，分离大麦或燕麦长为 8～9mm。组装碟片时，袋孔大小的排列也有一定的顺序。在进料端碟片的袋孔应较小。在出料端碟片的袋孔则较大。荞子精选机的袋孔，检查部分应比工作部分小。图 2-1-57 是袋孔大小排列的图示。

（4）滚筒袋孔

滚筒精选机的袋孔多呈半球形，一般使用的袋孔直径如下：分离荞子 4.25～5mm；分离大麦或燕麦 8.0～10mm；荞子检查 3～4mm；大麦和燕麦检查 9～11mm。

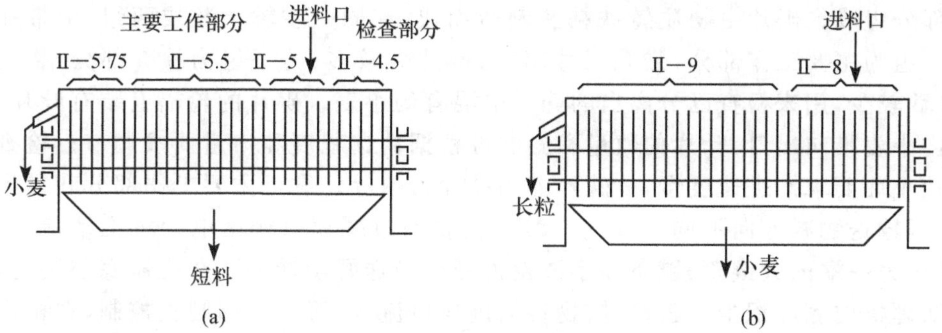

图 2-1-57　碟片精选机袋孔的排列

(a) 精选荞子；(b) 精选大麦

3. 典型长度分离设备

(1) 碟片精选机

碟片精选机按其作用又可分为荞子碟片精选机、大麦碟片精选机和荞子大麦碟片精选机三种。荞子碟片精选机的结构如图 2-1-58 所示，它主要由进料装置、碟片组、输送螺旋和传动

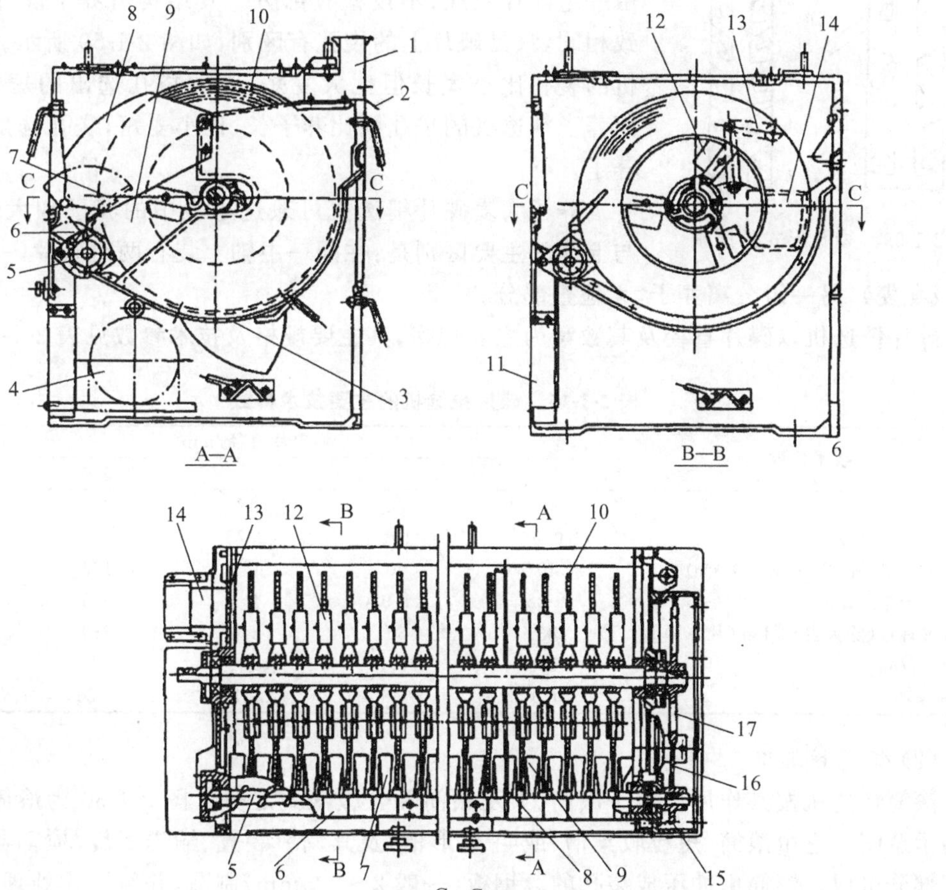

图 2-1-58　荞子碟片精选机的结构

1. 进料口；2. 闸板；3. 活门；4. 电动机；5. 输送螺旋；6. 小活门；7. 收集槽；8. 隔板；9. 孔；10. 碟片；11. 荞子出口；12. 叶片；13. 出口调节装置；14. 小麦出口；15. 小链轮；16. 链条；17. 大链轮

机构等部分组成。碟片由硬质铸铁精密制造而成，在同一主轴上装成两组，由带孔的隔板分开。一组为主要工作部分，袋孔尺寸略大，碟片数较多；另一组为检查部分，袋孔尺寸略小，碟片数较少，用来检查已分离出的荞子中混有的小麦。碟片的轮辐上装有叶片，其作用是将机内小麦推向出口，叶片的数量和斜度可根据精选程度和产量要求调节。检查部分由于流量较小而要求推进速度慢，故碟片上的叶片为单叶。靠近主要工作部分和最尾端的一个叶片，因输送物料方向不同而反向安装。主轴通过减速机构由电动机驱动，带动碟片旋转，并通过另一端的大链轮、链条和小链轮再带动输送螺旋转动。在机器底部装有活门，用于人工清理机内底部积尘。工作时，物料从进料口流入，流量可用闸板控制，在机内堆积到一定深度(可由小麦出口调节装置控制)，依靠叶片推向小麦出口。被袋孔分离出的荞子先落到收集槽上，经小活门(此时起淌板作用)落入荞子出口。如果某一碟片上分离出来的荞子中含有小麦，可视含麦情况同样可送到荞子出口或输送螺旋里；小麦则经隔板上的孔重新进入主要工作部分。

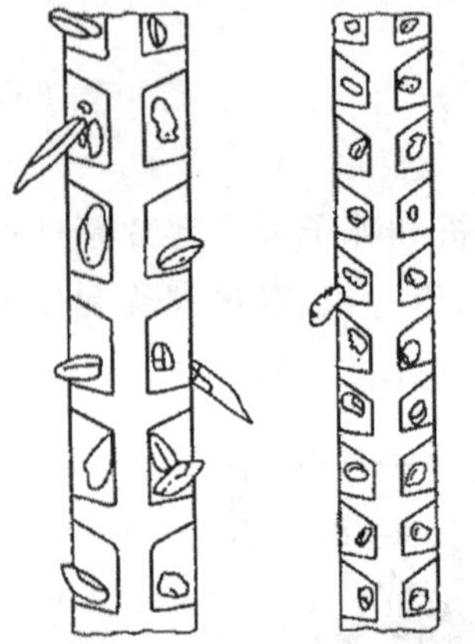

图 2-1-59　袋孔形式的区别

大麦碟片精选机是用来分离小麦中的大麦和燕麦的，一般由一组碟片组成，不设检查部分。其结构与荞子碟片精选机大致相同，只是碟片上的袋孔有区别，如图 2-1-59 所示。大麦精选机的袋孔比小麦长但比大麦短，因此袋孔选出的短粒是小麦。而荞子精选机的袋孔则比荞子长、比小麦短，袋孔选出的短粒是荞子。

荞子大麦碟片精选机可兼选小麦中的荞子和大麦，其结构与上述的主要区别是：在同一主轴上装有两组碟片，一组分离大麦(或燕麦)，另一组分离荞子，无检查部分。

碟片精选机以碟片直径及其数量为主要规格，其主要规格及技术参数见表 2-1-16。

表 2-1-16　碟片精选机的主要技术参数

技术参数	碟片直径/mm				
	380		630		
碟片数量/片	15	22	17	23	27
除荞产量/(t/h)	0.6	1.1	2.75	3.8	4.6
单位处理量(除荞)/[kg/(片·h)]	40	50	142	165	170
除大麦产量/(t/h)	1.25	1.9	4.1	6.5	8.25
单位处理量(除大麦)/[kg/(片·h)]	83	86	240	280	305
转速/(r/min)	55.5	55.5	57	57	57
功率/kW	0.6	0.8	1.5	2.25	2.2

(2) 滚筒精选机

滚筒精选机按其作用有荞子滚筒、大麦滚筒和分级滚筒之分。图 2-1-60 为滚筒精选机的结构示意图。它由滚筒、短粒收集槽(或叫 V 形槽)及其调节装置、输送螺旋、搅动器和传动机构等部分组成。滚筒由冲压成袋孔的薄钢板(一般 2～2.5mm)制造，并经硬化处理，它通过端盖接头固定于主轴上。因此滚筒和输送螺旋一起绕主轴旋转。收集槽一端通过轴承支持于主轴上，另一端利用轴套连接涡杆涡轮调节装置，转动涡杆上的手轮能改变收集槽与滚筒内壁的相对位置，以适应物料性质的变化，保证精选效果。收集槽位置由指示盘显示。

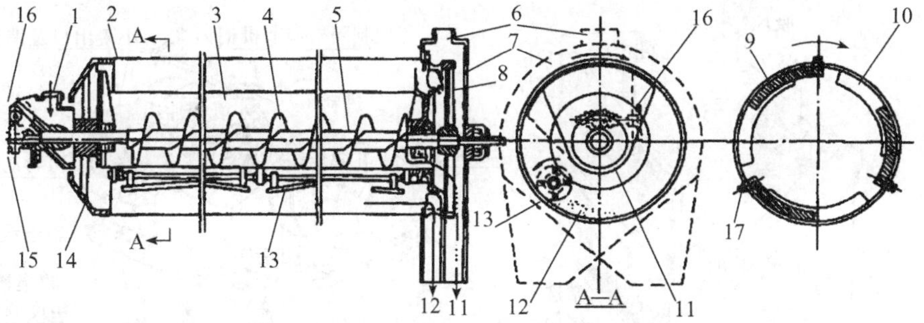

图 2-1-60 滚筒精选机的结构示意图

1. 进料口；2. 滚筒；3. 收集槽；4. 输送螺旋；5. 主轴；6. 吸风口；7. 卸料端护罩；8. 端盖接头；9. 可调挡板；10. 固定挡板；11. 短粒出口；12. 长粒出口；13. 搅动器；14. 端盖接头；15. 指示盘；16. 手轮；17. 螺钉

工作时，由电动机通过减速装置带动主轴旋转，小麦由进口进入滚筒，落入收集槽的短粒由输送螺旋送至出口，长粒经过滚筒内表面流向出口。收集槽的角度可由调节手轮调节，以便选择合适的保持长度，得到理想分选效果。若保持长度过长、收集槽的接料边较高，短粒落不到槽中，将造成除杂效果下降；而保持长度过短又将使长粒落入收集槽中。不调节时，收集槽的角度将被调节装置锁定。

调节筒口的挡板，可控制筒内物料的厚度。当工作流量较小或原料含杂质量较高、除杂质效率下降时，可酌情增加挡板的遮挡面积，以降低筒低物料的流速。为提高产量，可根据需要将两个滚筒并联安装在一起，或组成滚筒组合精选机。滚筒精选机的主要技术参数见表 2-1-17。

表 2-1-17 FJXG 系列滚筒精选机的主要技术参数

技术参数		型号			
		FJXG60	FJXG60×2	FJXG60×3	FJXG71×2
产量/(t/h)	除荞子	2～2.5	4～5	6～8	8～10
	除大麦	1.5～2	3～4	4.5～7	6～7
转速/(r/min)		45～55	45～55	40～50	40～50
功率/kW		1.1	2.2	3	4
风量/(m^3/h)		500	800	1000	900
设备阻力/Pa		200			

(3) 碟片滚筒组合机

碟片滚筒组合机是在总结碟片精选机和滚筒精选机各自特点的基础上，设计制造的组合精选设备。它综合了两者的优点，能够缩短工艺流程，充分发挥设备效能，提高了设备产量和分选精度，相对来说，还可减小车间占地面积，是目前大中性面粉厂应用较普遍的精选设备。

图 2-1-61 为碟片滚筒组合机外形及工作原理图。它主要由上部同轴安装的两组碟片、下部并列的两个滚筒，以及相应的调节、输送、传动机构等部分组成。由处理量较大的碟片对物料进行分级，由滚筒从分级副流中精选出杂质。

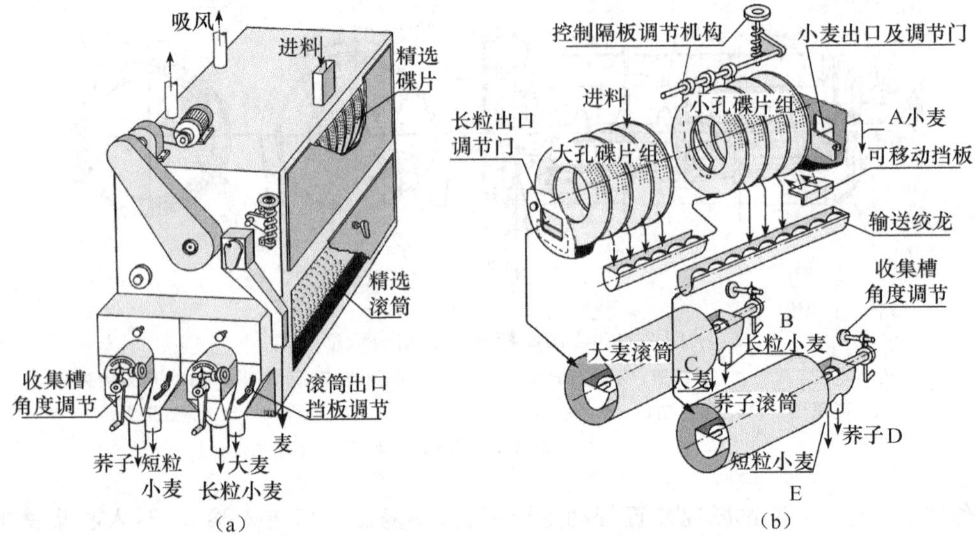

图 2-1-61　碟片滚筒组合机的外形及工作原理图

物料进入设备后，先由大孔碟片组分级把小麦分成两部分，一部分是中、短粒小麦和荞子，另一部分是大麦、燕麦和长粒小麦。前者进入小孔碟片组处理，后者进入大麦滚筒。小孔碟片组选出的短粒小麦和荞子等再进入荞子滚筒处理，留下的是中粒小麦，即该机的主流，从出口A流出。大麦滚筒选出的长粒小麦由出口B流出，留下的是燕麦和大麦，从出口C排出。荞子滚筒选出的是荞子及小粒并肩石等杂质，从出口D排出，留下的是短粒小麦，从出口E排出。这样，便将进机小麦分成了5部分。碟片滚筒组合精选机的技术参数见表2-1-18。

表 2-1-18　碟片滚筒组合精选机的主要技术参数

技术参数		FJXZ-63-YQ
产量/(t/h)		8～10
碟片规格	A组	ϕ630mm 孔径 8mm A型 5片，孔径 8mm B型 10片
	B组	ϕ630mm 孔径 12mm A型 12片，孔径 5.5mm B型 6片
滚筒规格		ϕ500mm 长 2284mm
碟片转速/(r/min)		54～56
滚筒转速/(r/min)		54～56
风量/(m^3/h)		900
功率/kW		4

(4) 滚筒组合精选机

滚筒组合精选机是数个(2～4)滚筒精选机串联组成，对第一道精选出的长粒物料和短粒物料分别进行再精选，以达到提高精选效果的目的。

目前国内常用的滚筒组合精选机有两类，一类是以精选荞子为主的滚筒组合精选机，该类机对短粒物料精选次数多于对长粒物料的精选次数，其工作原理流程图见图2-1-62；另一类是以精选大麦为主的滚筒组合精选机，该类机对长粒物料精选次数多于对短粒物料的精选次数，其工作原理流程图见图2-1-63。滚筒组合精选机的技术参数见表2-1-19。

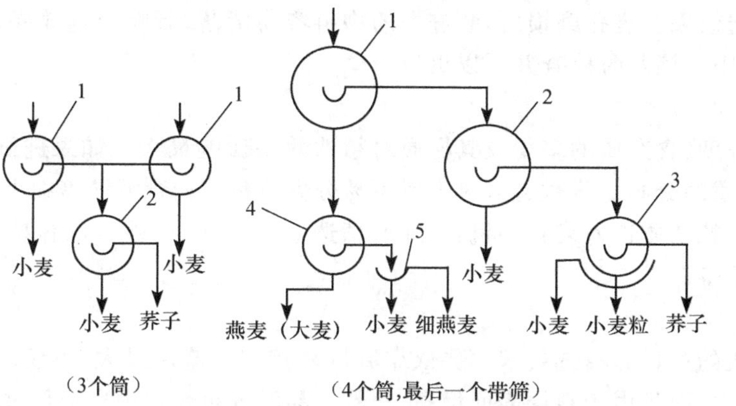

图 2-1-62 （荞子)滚筒组合精选机工作原理图

1. 主流滚筒;2、3、4. 副流滚筒;5. 筛

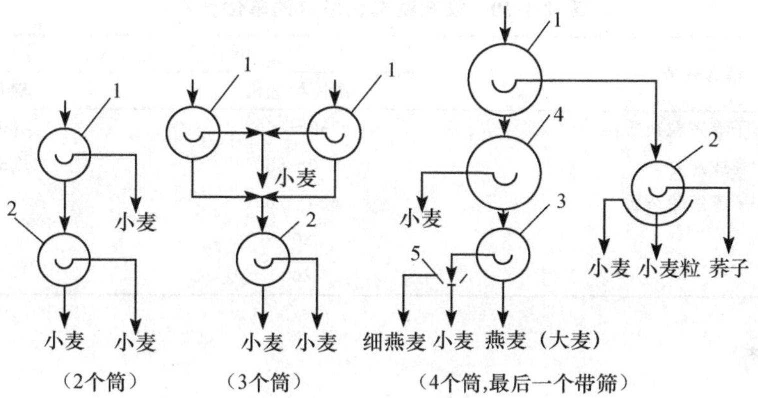

图 2-1-63 （大麦)滚筒组合精选机工作原理图

1. 主流滚筒;2、3、4. 副流滚筒;5. 筛

表 2-1-19 滚筒组合精选机的主要技术参数

技术参数	型号	
	FGJZ·63×290	FGJZ·71×300
滚筒直径/mm	主流滚筒 ϕ630、副流滚筒 ϕ410、ϕ560	主流滚筒 ϕ710、副流滚筒 ϕ410、ϕ560
产量/(t/h)	8～9	9～10
除杂效率/%	≥80	≥80
下脚含正常麦粒	荞子≤10%、燕麦≤30%	荞子≤10%、燕麦≤30%
风量/(m^3/h)	900	900
设备阻力/Pa	350	350
功率/kW	5.9	5.9

4. 影响袋孔精选机工艺效果的因素

(1) 设备

袋孔的形式、大小和完好程度对精选效果有很大影响。如选用袋孔不当,则产量和工艺效果都会降低。单位工作面积上袋孔的多少对工艺也有影响。袋孔多,短粒进入袋孔的机会多,

有利于提高分选效果。袋孔磨损后，装进去的物料容易滑落，影响分选效果，甚至完全不起作用，所以在生产中应该及时检查并予以更换。

(2) 原料

原料的整齐度、含杂质的多少及其性质对精选效果影响最大。如果进机小麦的籽粒不均匀，或长短粒杂质的分布曲线重叠区过大就不易分离清楚。如含泥沙等细小杂质甚多，落入袋孔内就会减少短粒杂质进入袋孔的机会，降低精选效果。同时，砂石也容易磨损袋孔，减少碟片或滚筒的使用寿命。

(3) 流量

袋孔精选机的产量和精选要求主要依靠流量来控制。流量过大，不仅短粒进入袋孔的机会减少，分离不清，而且由于料层表面增高，长粒容易混入短粒之中。流量过小，对碟片精选机来说，因料层表面过低，短粒分离受影响，工作表面得不到充分利用，产量下降。适宜的单位流量见表 2-1-20。

表 2-1-20　袋孔精选机适宜的单位流量

精选任务	单位流量/[kg/(m·h)]	
	滚筒精选机	碟片精选机
从小麦中精选荞子等短粒杂质	750～850	800～900
从小麦中精选大麦或燕麦	550～650	650～750
从燕麦中精选荞子等短粒杂质	650～700	
荞子检查	300	
野燕麦检查	200	

(二) 形状分离

1. 形状分离的基本原理

小麦与杂质(荞子、豌豆)形状不同，在斜面上运动时运动形式、所受摩擦阻力也不同(小麦为滑动摩擦，荞子和豌豆为滚动摩擦)，因而运动速度和轨迹各异，据此将小麦与杂质分离的方法称之为形状分离(图 2-1-64)。用于将小麦与杂质分离的工作斜面称之为抛道，常用设备为螺旋精选机，也称抛车。

2. 形状分离设备主要工作参数的确定

(1) 小麦在内抛道上做稳态运动是抛车分离球状杂质的必要条件

现取处于螺旋面上任一点 B 的麦粒为研究对象。设该螺旋线的螺旋升角为 α，素线 AB 与水平线的夹角为 β(即抛道倾斜角)。取坐标系 OXYZ，OZ 轴为过 B 点的铅直线，OX 轴为过 A 的水平线，OY 轴垂直于 XOZ 平面。

小麦沿斜螺旋面的最大下滑角过 B 点做螺旋线的切线与 OY 轴交于 C 点，连接 CA，则 ABC 平面为斜螺旋面在 B 点的切平面。$\angle OCB$ 为螺旋升角 α。过 O 点做 AC 的垂直线 OD，连接 BD，设 $\angle BDO=\gamma$，则 γ 为切平面 ABC 与水平面 AOC 的最大夹角。物料沿斜螺旋面运动时，重力的分力就是由这个角决定的。因 $\Delta ODC \sim \Delta AOC$，则 $\frac{OD}{OC}=\frac{AO}{AC}$、$OD=\frac{OC \cdot AO}{AC}$，该式右边分别以 BO 和其对应角的余切的积表示之，代入 $\mathrm{tg}\gamma=\frac{BO}{OD}$，整理化简后得斜螺旋面的最

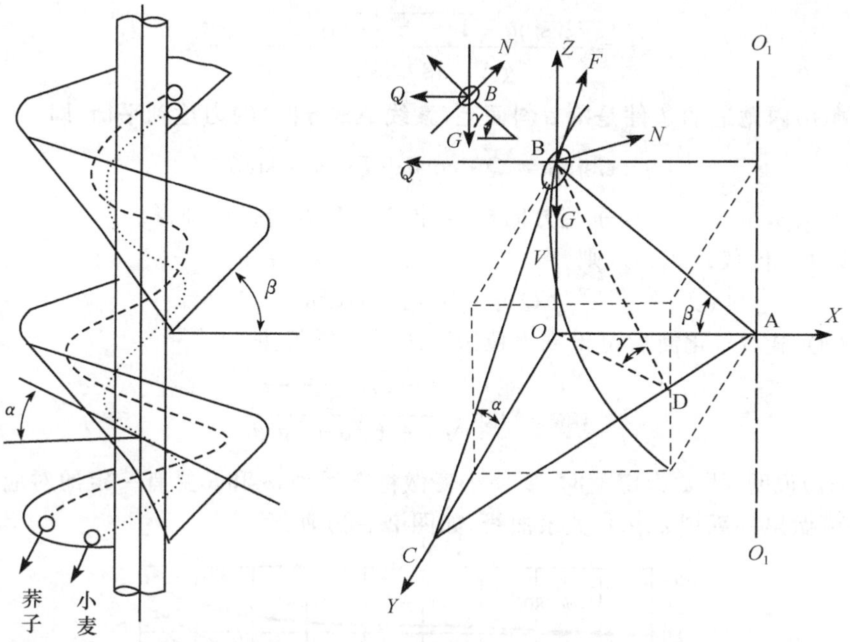

图 2-1-64　小麦在抛道上的受力分析

大下滑角的关系为

$$\mathrm{tg}^2\gamma=\mathrm{tg}^2\alpha+\mathrm{tg}^2\beta$$

(2) 麦粒受力的分析

当麦粒做稳态运动到达 B 点时，受以下诸力的作用。

麦粒本身的重力：$G=mg$

麦粒运动时的惯性力：$Q=m\dfrac{V^2}{\rho}$，在 OXZ 平面内，方向沿水平线向左。

螺旋面的法向反力 N：垂直于切平面 ABC 并且在 BOD 平面内，且垂直于 BD。N 值决定于重力的分量 $G\cos\gamma$ 和惯性力的分量 $Q\mathrm{tg}\beta\cos\gamma$，即

$$N=G\cos\gamma+Q\mathrm{tg}\beta\cos\gamma=\cos\gamma(G+Q\mathrm{tg}\beta)$$

麦粒所受的摩擦力 F：其方向与麦粒速度方向相反，并与 BC 共线。

$$F=fN=f\cos\gamma(G+Q\mathrm{tg}\beta)$$

(3) 麦粒做稳态运动的条件

麦粒在内抛道上做稳态运动的条件是沿 α 斜面的主动力与阻力相等，即

$$G\sin\alpha=F \tag{a}$$

用 fN 代换 F 则

$$G\sin\alpha=fN=f\cos\gamma(G+Q\mathrm{tg}\beta) \tag{b}$$

由螺旋面的几何关系，将 γ 用 α、β 表示，则

$$G\sin\alpha=\frac{f(G+Q\mathrm{tg}\beta)}{\sqrt{1+\mathrm{tg}^2\alpha+\mathrm{tg}^2\beta}} \tag{c}$$

将 f 以 $\mathrm{tg}\varphi$ 代入，整理后得

$$Q = \frac{G(\sin\alpha\ \sqrt{1+\text{tg}^2\alpha+\text{tg}^2\beta}-\text{tg}\varphi)}{\text{tg}\beta\cdot\text{tg}\varphi} \tag{d}$$

麦粒不抛出内抛道的条件是沿 β 斜面上(素线 AB 方向)的力达到平衡,即

$$G\sin\beta = Q\cdot\cos\beta + F\sin\alpha\cdot\sin\beta \tag{e}$$

式中,$F\sin\alpha\cdot\sin\beta$,可先将 F 向垂直方向投影,再向 AB 方向投影即得。

将式(a)中 F 值代入式(e),则

$$Q = G\cdot\text{tg}\beta\cdot\cos^2\alpha \tag{f}$$

比较式(d)、式(f),化简后可得到麦粒做稳态运动的条件

$$\text{tg}\varphi = \text{tg}\alpha\sqrt{\frac{1+\text{tg}^2\alpha}{1+\text{tg}^2\alpha+\text{tg}^2\beta}} \tag{2-1-57}$$

式(2-1-57)说明,当 φ 为定值时,要使小麦做稳态运动,α 和 β 要有一定的对应关系。利用式(2-1-57)可做出一系列 α、β、φ 关系曲线,如图 2-1-65 所示。

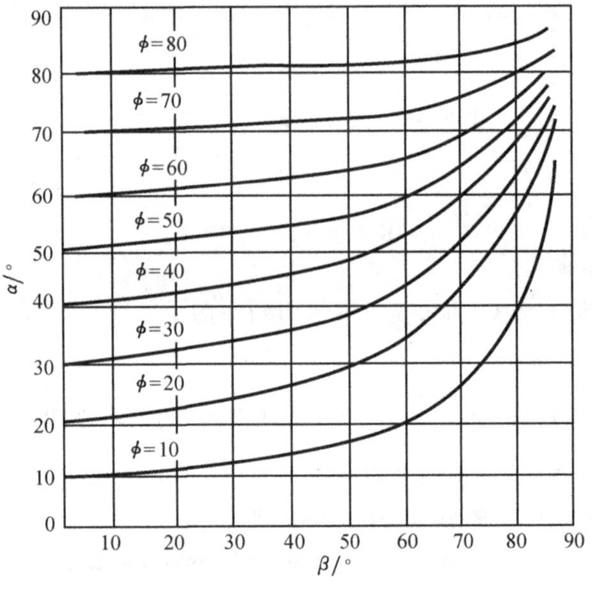

图 2-1-65　抛道的 α、β、φ 关系曲线

对于螺距 H 已确定的螺旋面来说,某一螺旋线的螺旋升角 α 沿整个螺旋线的长度是不变的。但对过素线 AB 直线方向上各点的螺旋线来说,其 α 值则随螺旋半径 R 与轴心距离的增大而减小$\left(\text{tg}\alpha=\dfrac{H}{2\pi R}\right)$。因此,内抛道不宜过宽,以避免麦粒在内抛道里外边缘上的运动状态变化过大,影响分选效果。

小麦做稳态运动的速度,根据 $Q=m\dfrac{V^2}{\rho}$,由式(f)可求出

$$V^2 = \rho\cdot g\text{tg}\beta\cdot\cos^2\alpha \tag{g}$$

因小麦运动的曲率半径 ρ 与螺旋升角 α 和螺旋半径 R 有以下关系:$\rho=\dfrac{R}{\cos^2\alpha}$,将 R 代入式(g),得

$$V^2 = R \cdot g \cdot \mathrm{tg}\beta$$

即

$$V = \sqrt{R \cdot g \cdot \mathrm{tg}\beta} \tag{2-1-58}$$

式中，R 为小麦做稳态运动的螺旋半径(m)；g 为重力加速度(9.8m/s^2)；β 为螺旋面素线与水平面夹角(°)。

如果在上列平衡式中，用 $K=\frac{k}{r}$[k 为滚动摩擦系数(cm)；r 为球状颗粒的半径(cm)]代替滑动摩擦系数 f，则得到球状颗粒的平衡条件，这里不再推导，读者可自行证明之。

实际上，因 $\frac{k}{r} \leqslant f$，所以在满足小麦做稳态运动的条件下，荞子等球状颗粒势必做匀加速曲线运动，其轨迹是 R 逐步增大的螺旋线，已具有足够的速度脱离内抛道。

3. 典型形状分离设备(螺旋精选机)

典型形状分离设备是螺旋精选机(抛车)，其结构见图 2-1-66，由进料斗、放料闸门，以及 4 或 5 层围绕在同一垂直轴上的斜螺旋面所组成。斜螺旋面也称抛道。靠近轴线较窄的并列的几层斜面称为内抛道。较宽的一层斜面称为外抛道。外抛道的外缘装有挡板，以防止球形颗粒抛出机外。内外抛道的下部都设有出口管道。在外抛道出口管道上方装有隔板。

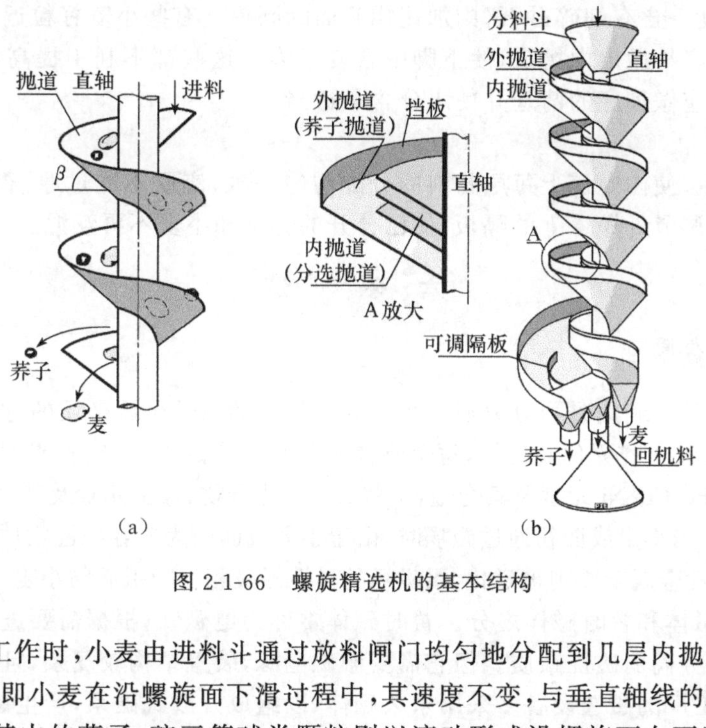

图 2-1-66 螺旋精选机的基本结构

螺旋精选机工作时，小麦由进料斗通过放料闸门均匀地分配到几层内抛道上，沿固定的螺旋线做稳态运动，即小麦在沿螺旋面下滑过程中，其速度不变，与垂直轴线的距离也不变，因此不离开内抛道。其中的荞子、豌豆等球类颗粒则以滚动形式沿螺旋面向下运动，速度越来越快，与垂直轴线的距离也越来越大，最后从内抛道抛至外抛道上，从而使荞子等球形颗粒和小麦分开，并分别从各自的出口管道流出机外。外抛道的里侧为小麦和荞子的混合物，应视情况调节隔板的位置，以达到最佳的分离效果。

螺旋精选机(抛车)的主要技术参数见表 2-1-21。

表 2-1-21　螺旋精选机的技术参数

技术参数	型号				
	FJXPⅠ	FJXPⅡ	FJXPⅢ	FJXP·36·8×2	FJXP·36·10×2
产量/(t/h)	0.4	0.4	0.4	1.9～2	2.4～2.6
抛道数/个	3	3	3	8	10
轴半径/mm	43.5	35.5	35	120	120
螺距/mm	305	223	240	350	350
抛道倾角/°	48	45	47.5	31	31
内抛道外径/mm	130	133	126	360	360
外抛道外径/mm	267	227	239		
抛道圈数/圈	5	4	6	4	4

4. 影响螺旋精选机工艺效果的因素

(1) 设备

由于螺旋精选机目前多系手工制作，焊接过程中对抛道倾斜角、螺旋升角的掌握不十分准确，或接头处不光滑，致使物料运动轨迹发生变化，影响分选效果，所以现场制作时应予注意。

(2) 原料

如果小麦中含有流动性差的麦灰和纤维性杂质，或小麦水分过大、摩擦系数变大，则会影响小麦运动的速度。含有细碎砂石，则加速螺旋面的磨损。有些小麦籽粒近似椭圆形，和球形的荞子差别较小，容易抛出内抛道，使下脚中含麦增多。这些都不利于提高精选效果。因此，在小麦入机之前，应做彻底的清理并使水分含量适当。

(3) 流量

合理掌握流量，使内抛道上每层物料的分配均匀一致，流层不能过厚，否则荞子分离不出来。此外，应正确调节外抛道上的隔板，使已分开的荞子和小麦不再互混。

六、磁　　选

(一) 磁选的基本原理

根据磁性的不同，利用磁力分离混入小麦或面粉中的磁性金属杂质的方法，称为磁选。

磁选设备的主要工作元件是磁体，每个磁体都各有两个磁极，在磁极周围空间存在着磁场，任何导磁性物质(Fe、Co、Ni 元素及其合金，一些 Mn 的化合物、稀土元素及其合金等)在磁场内都受到磁场的作用。当小麦或面粉通过磁场时，由于小麦或面粉为非导磁性物质，在磁场内能自由通过，而其中的磁性金属杂质则被磁化，跟磁场的异性磁极相互吸引而与小麦或面粉分开。

磁体有永久磁体和暂时磁体之分。暂时磁体常称为电磁铁，根据需要进行设计，能产生很强的磁力，可用于分离弱磁性杂质。但它需要激磁电源，装置结构较复杂，且容易发热，维护不便。所以粮食加工厂的磁选设备多采用永久磁体，以组成开放式磁系，产生磁场。对磁场的要求，不仅要有足够的磁场场强，而且还要有一定的不均匀性，即具有一定的磁场梯度，这样才能产生足够的磁场力。

磁性杂质与小麦或面粉分开的条件是作用于磁性杂质上的磁力必须大于与其方向相反的各种机械力，即

$$F_m \geqslant \sum F_j \qquad (2\text{-}1\text{-}59)$$

式中，F_m 为作用于磁性杂质上的磁力(N)；$\sum F_j$ 为与磁力方向相反的各种机械力(N)，包括重力、惯性力、摩擦力和介质阻力等。

在非均匀磁场中作用于磁性杂质上的磁力可用下式表示：

$$F_m = KVH\frac{dH}{dx}(\text{dyn}) \tag{2-1-60}$$

式中，K 为磁性杂质的磁化系数；V 为磁性杂质的体积(cm^3)；H 为磁场强度(Oe①)；$\frac{dH}{dx}$ 为磁场梯度(Oe/cm)。

如果磁感应强度沿磁极表面均匀分布，间隙较小时，作用于被磁化了的磁性杂质上的吸力可按下式近似计算：

$$F_m = 4B^2 \cdot S \times 10^5(\text{N}) \tag{2-1-61}$$

式中，B 为磁感应强度(T)；S 为磁极表面总面积(cm^2)。

(二) 磁选的应用

小麦从收获到加工要经过许多环节，往往会混入铁钉、螺丝、垫圈等各种金属物。这些金属物如不预先清除，随小麦进入高速运转的机器将会严重损坏机器部件，甚至因碰撞摩擦而发生火花，造成粉尘爆炸事故。同时，在加工过程中，由于机器零部件的磨损或氧化，也产生一些金属碎屑或粉末。这些杂质混入成品，会危害人体健康；混入副产品，作为饲料，也会妨碍牲畜的饲养。因此，磁选就用于清除小麦和成品中的磁性金属杂质，以保证安全生产和产品产量。

小麦通过磁选，磁性金属杂质去除率需大于 95%。成品通过磁选，应达到规定指标。对面粉，国家规定每千克含磁性金属杂质不得超过 3mg(磁性金属杂质颗粒一般不大于 200μm)。

(三) 典型磁选设备

1. 永磁筒

TCXT 型永磁筒由外筒体和磁体两部分组成(图 2-1-67)，筒体由上下法兰盘连接在输送管道中，构成管道的一部分。磁体由一定数量的高效磁块装配在一起和不锈钢锥形罩筒组成

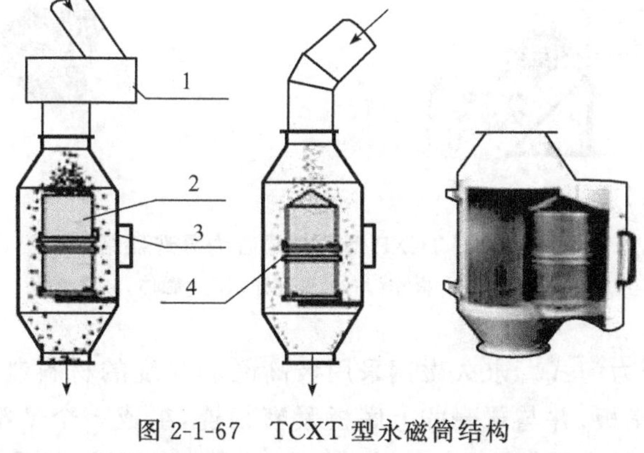

图 2-1-67　TCXT 型永磁筒结构

1. 缓冲接头；2. 永磁体；3. 操作门；4. 挡杂环

① 1Oe=79.5775A/m。

磁体,磁体固定在外筒体的观察门上。工作时磁体位于筒体的中央。

永磁筒工作时,物料由进料口落入,经磁体的锥顶向圆筒内散开,物料从筒体与磁体的环形间隙中通过,由于环形间隙中充满磁场,使混杂在物料中的磁性金属物磁化,在下落过程中均匀减速,被吸附在罩筒表面。清理磁体时,只需拉开观察门,使磁体转到筒体处,人工清理其表面的铁磁杂质。TCXT 型永磁筒的特点是:不需要动力,清理方便。

TCXT 型永磁筒主要规格和技术参数见表 2-1-22。

表 2-1-22　TCXT 型永磁筒的主要技术参数(磁块材料为锶钙铁氧体)

技术参数		型号				
		TCXT·12	TCXT·15	TCXT·20	TCXT·25	TCXT·30
进料口直径/mm		120	150	200	250	300
磁体直径/mm		128	155	220	260	300
磁体有效高度/mm		270	278	296	308	320
磁极感应强度/mT		≥160	≥160	≥160	≥160	≥160
磁性铁质去除率/%		≥98	≥98	≥98	≥98	≥98
产量/(t/h)	麸皮	0.5	1.0	2.0	3.0	4.5
	面粉	1.0	2.0	4.0	6.0	9.0
	小麦	1.5	3.0	6.0	10.0	17.5

2. 磁力分选器

TCXP 型平板式磁力分选器主要由进料压力门、永磁体、平板和罩壳等部分组成,其结构如图 2-1-68 所示。

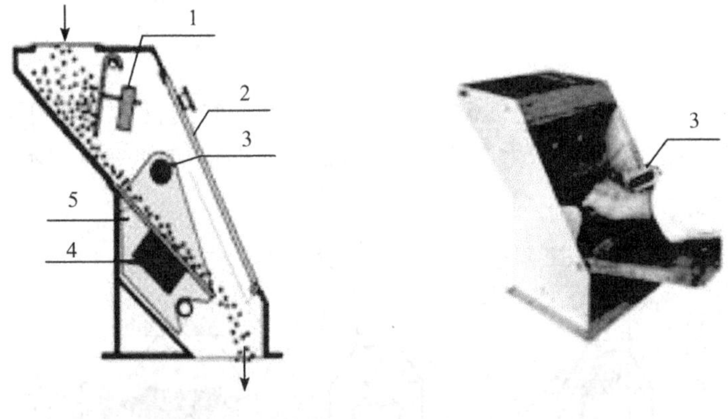

图 2-1-68　TCXP 型平板式磁力分选器结构
1. 进料压力门;2. 操作门;3. 提手杆;4. 永磁体;5. 平淌板

进料装置为重锤压力门式。永久磁钢采用极高磁场强度的材料制成,它与非磁性体不锈钢固定在一起,形成平淌板,并与罩壳的上底板紧密相连,组成一个平滑倾斜表面。磁钢淌板架在罩壳内壁悬臂伸出的小轴上,可以方便地取出,以便清理磁性杂质。

磁力分选器工作时,小麦或粉状物料由进料装置均匀地流过磁钢淌板,将混在其中的铁磁性杂质吸附于磁钢表面,而小麦或粉状物料通过磁场流出机外达到清理的目的。

磁力分选器的主要规格和技术参数见表 2-1-23。

表 2-1-23　磁力分选器的主要技术参数(磁块材料为锶钙铁氧体)

技术参数		型号			
		TCXP·20	TCXP·30	TCXP·40	TCXP·50
产量/(t/h)	小麦	8	10	14	18
	面粉	5	8	12	16
进口尺寸(长×宽)/mm			150×150	250×90	350×90
磁块规格(长×宽×高)/mm		60×35×18	60×35×18		
磁块数量/块		30	54		
表面磁感应强度/mT			>300		
磁性物质去除率/%		≥98	≥98	≥98	≥98

3. 抽屉式磁选器

抽屉式磁选器的外形及基本结构如图 2-1-69 所示。抽屉式磁选器具有安装高度小、除磁效果好的特点,特别适合安装高度空间小、水平空间大的场合。

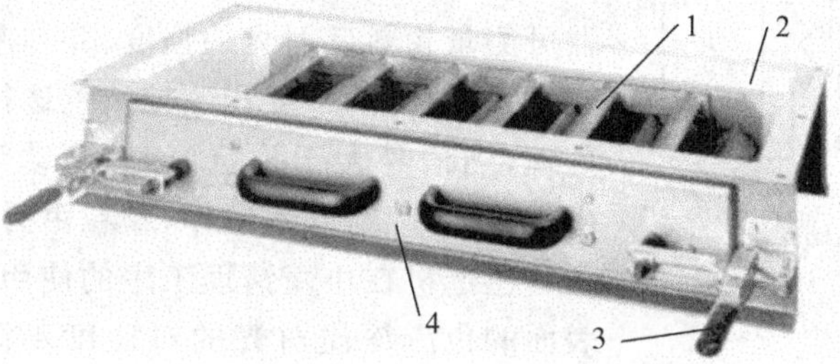

图 2-1-69　抽屉式磁选器的基本结构

1. 斜角铁;2. 外框;3. 锁扣;4. 条形磁体

(四) 影响磁选设备工艺效果的因素

1. 磁体的性能与材料

目前常用的永磁材料有永磁合金和永磁铁氧体。永磁合金磁性受温度影响较小,结构坚实,但不宜做多极磁系,而且价格较贵。永磁铁氧体受振动影响较小,适用于大平面多极磁系,且价格便宜,但性脆易碎,不宜直接与磁性杂质相接触。常用永磁合金(镍钴磁钢、铝镍钴磁钢等)、永磁铁氧体和锶钙铁氧体等作为永磁材料。

2. 物料与磁极面的距离

在开放性磁场中,磁场强度和磁场梯度越大,磁性杂质所受的磁力越大。磁场强度最大的部位在磁极面附近,因此磁性杂质与磁极面的距离越近就越容易被吸住。为使磁性杂质距磁面不宜过远,物料在磁面上的流层不宜过厚,当使用永磁滚筒时,料层厚度不宜超过 16mm。

3. 物料流过磁面的速度

物料运动速度越快,所需磁力就越大,因此,在磁体吸力一定的条件下,如果物料流过磁面的速度过快,则磁性杂质分离效率降低。因为物料在斜面上的流速与倾斜角度有关,生产中常用控制溜管倾角来控制物料的流速。

4. 磁极面的清理

在磁钢的磁面上，若磁性杂质积集过多，又得不到及时清理，易被料流冲走，重新混入物料中，影响分选效果。因此，应定时清理磁面，每周至少清理两次。清理出来的磁性杂质应妥善处理，避免再度混入物料流中。

七、色 选

色选是利用光电原理，从大量散装产品中将颜色不正常的或感受病虫害的个体(球、块或颗粒)，以及外来夹杂物检出并分离的单元操作，色选所使用的设备即为色选机。在不合格产品与合格产品因粒度十分接近而无法用筛选设备分离或比重基本相同无法用比重分选设备分离时，色选机却能进行有效地分离，其独特作用十分明显。

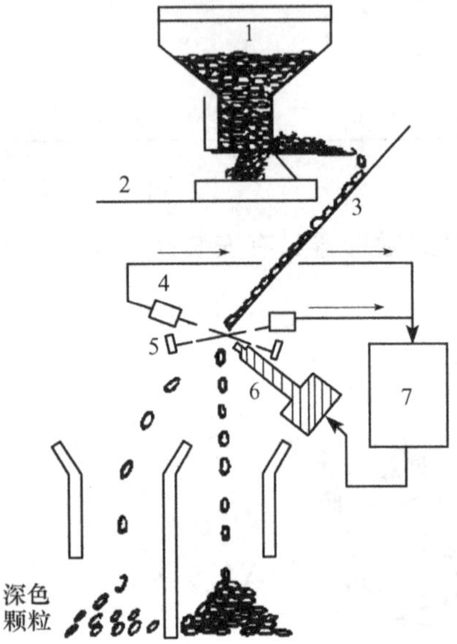

图 2-1-70 色选基本原理图

1. 进料斗；2. 振动喂料器；3. 通道；4. 光电探测器；5. 基准色板；6. 气流喷射阀；7. 放大器

色选是利用物料之同的色泽差异进行分选的，其工作原理如图 2-1-70 所示。将某一单颗粒物料置于一个光照均衡的地方，物料两侧受到光电探测器的探照。光电探测器可测量物料反射光的强度，并与基准色板(又称背景、反光板)反射光的强度相比较。色选机将光强差值信号放大处理，当信号大于预定值时，驱动喷射阀，将深色颗粒吹出。反之，喷射阀不动作，颗粒由另一出口排出。

色选机在小麦清理工序的使用，利用深色杂质与小麦表面的色泽深浅对光的对比度不同这一特性进行工作。工作时，色选机通过震动分流器将麦流均匀地分送到各个滑道内，小麦验滑道自上而下流动时，由装在麦流两侧的光学摄像镜头对流动的小麦表面进行色泽信号的采集，当捕捉到比麦粒表面颜色深的目标时，由光信号转换为电信号并命令电磁阀打开气流开关驱动所述高压气流喷嘴喷吹目标，从而将混在麦粒中的深色杂质清除。高压气流喷嘴在喷吹目标过程中会将少量的麦粒带出，可进行二次色选。

(李利民)

第二节 表面处理

小麦表面处理主要是用于小麦的表面清理。用于小麦表面清理时，其目的就是清除小麦表面黏附的灰尘及并肩泥块、煤渣、病虫害小麦等，用于光麦清理时还可以打掉部分麦皮和麦胚，对于提高面粉色泽、降低面粉灰分和含砂量起着很大作用。

表面处理有干法处理和湿法处理两种方法。干法处理主要包括打击与撞击、碾削和擦刷等方法，湿法清理一般采用清洗。

一、打击与撞击

(一) 打击与撞击的基本原理

打击是根据小麦和杂质的强度不同,在具有一定技术特性的工作筛筒内,利用高速旋转的打板对麦粒进行打击,使麦粒与打板、麦粒与筛筒、麦粒与麦粒之间反复碰撞和摩擦,从而达到使小麦表面杂质与小麦分离的目的。

撞击是利用高速旋转的转子对麦粒的撞击、麦粒与撞击圈之间的撞击,以及麦粒与麦粒之间反复碰撞和摩擦,从而使小麦表面杂质与小麦分离。

(二) 打击与撞击的应用

打击与撞击主要用于小麦的表面清理。在小麦清理中一般采用两道打麦,如采用湿法清理,也可采用一道打麦。若采用两道打麦,一般在水分调节前轻打,水分调节后重打。这是因为小麦着水前干而硬,质地较脆,容易产生过多碎麦、打掉麦胚,影响后续清理设备效果和水分调节。小麦着水后皮层韧性增加,采用重打,有利于表面清理。在每道打麦(撞击)之后应配合筛选和风选,以提高表面清理效率。用于小麦表面清理的设备主要有打麦机、擦麦机、撞击机、撞击吸风打麦机等。

打击与撞击也可用于制粉部分,起辅助研磨、辅助筛理、松粉和杀虫作用,主要设备有打麸机、打板圆筛、松粉机、杀虫机等。

(三) 打击与撞击的应用

用打击和撞击法进行小麦清理时,既要达到表面清理的工艺效果,又不使麦粒破碎。打击力 P 的大小与打板线速 V 和作用时间 t 有关。由于打击作用时间很短,因此主要以打板线速控制打击力。

设麦粒质量为 m,打板打击前后的速度为 V_1 和 V_2,重力、摩擦力忽略不计,根据动量定理有

$$mV_2 - mV_1 = \int_1^2 P\mathrm{d}t$$

假设开始速度 $V_1=0$、$V_2=V$,且 P 的大小和方向不变,则

$$mV = Pt$$

据有关资料,小麦的破碎力为 12×9.8N、平均质量为 3×10^{-5}kg、受打击的平均作用时间约为 10^{-5}s,可以求得打板的极限线速 $V_{\max}=40$m/s。实际生产中,打板的线速度一般在 10~25m/s。

打击设备用于小麦清理时,主轴转速一般为 800~1200r/min。用于打麸机时,主轴转速为 1000~1300r/min,打板圆筛的主轴转速为 600r/min。撞击设备用于清理时主轴转速一般为 1450r/min,用于松粉时为 2900r/min 或 1450r/min,用于杀虫时一般为 3000r/min。撞击磨的转速为 3700~4500r/min。

(四) 典型打击与撞击设备

1. 卧式打麦机

卧式打麦机主要由打板、筛筒、传动机构和机架等部分组成,其结构如图 2-2-1 所示。

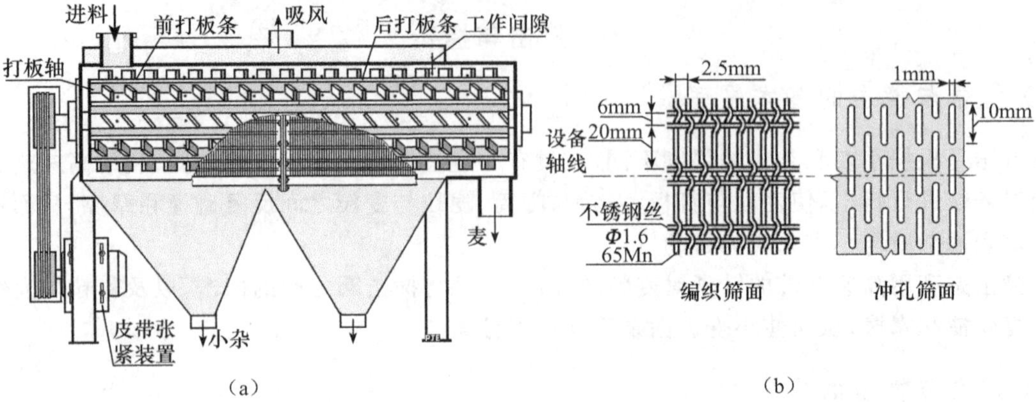

图 2-2-1　卧式打麦机的主要工作机构

(a) 卧式打麦机的结构;(b) 打麦机的筛面

打板安装在主轴上,打板错开排列(角度 10°12′)构成螺旋状,打板的一端与轴的垂直面扭转一定的角度(15°),一方面打击小麦,另一方面推动物料向出口移动。筛筒由 2 或 3 片剖分式钢丝编织筛网或冲孔筛面组成,内表面凹凸不平,利于增加对小麦的摩擦,加强打麦效果。传动机构由电动机和皮带轮组成,通过调整皮带轮大小可以调整打板线速度,从而控制打麦效果。

打麦机工作时,小麦从进料口切线方向进入机内,由于转子的高速转动、打板叶片和筛筒之间有间隙、打板叶片的间断排列,使小麦受叶片的作用而不断从进料口向出料口推进。在打麦过程中,麦粒受到高速旋转叶片的打击,同时麦粒时而随打板叶片一起运动,时而滞后于打板叶片的运动,造成麦粒与打板叶片、麦粒与筛筒、麦粒与麦粒之间的摩擦擦离作用,使麦粒表面得到清理。小麦在打板的推动下从出料口排出,打掉的杂质在筛筒外部吸风和重力的作用下穿过筛筒从出杂口排出。

卧式打麦机主要规格与技术参数见表 2-2-1。

表 2-2-1　卧式打麦机的规格与主要技术参数

技术参数	型号				
	FDMW·30×60	FDMW·30×95	FDMW·30×150	FDMW·40×100	FDMW·40×150
产量/(t/h)	2～4	4～7	8～10	4～7	8～10
筛筒尺寸(直径×长度)/mm	300×600	300×950	300×1500	40×1000	40×1500
主轴转速/(r/min)	850～200	850～1200	850～1200	800～1200	800～1200
打板线速/(m/s)	13～18	13～18	13～18	17	17
风量/(m^3/h)	500	600	600	600	600～800
功率/kW	4	5.5	7.5	11	15

卧式打麦机工艺指标为:并肩泥块去除率不低于 70%;小麦灰分降低 0.02%～0.03%;碎麦增加率不超过 0.5%;下脚中含正常完整麦粒不超过 1%。

2. 撞击机

撞击机分为撞击和吸风两部分,其结构如图 2-2-2 所示,主要由安装在主轴上的甩盘、甩盘边缘的销柱、撞击圈、传动机构和吸风装置等组成。

电动机的转轴与主轴直联，甩盘安装在主轴上，甩盘由两层钢板制成，上层为环形，中部空间使物料流入下层盘，两圆盘通过边缘上的销柱连接，销柱外面为耐磨套管（由白刚玉，即 95# 瓷制成），中间为紧固的螺钉，销柱数随甩盘直径大小而定，呈内外两圈交叉均匀排列。甩盘外围是固定的撞击圈（采用耐磨材料制成）。撞击圈下部连接锥形筒，它与扩散器的间隙可用调节手轮调节。该机下部中间设有吸风口，与除尘风网连接，以便吸走打下的轻杂质。

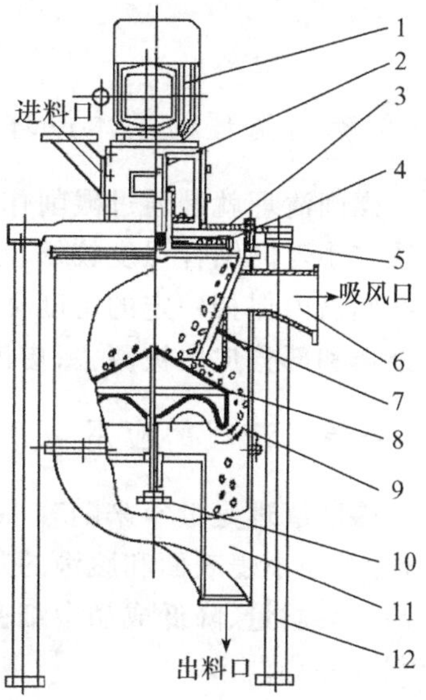

图 2-2-2　撞击机结构示意图

1. 电动机；2. 主轴；3. 甩盘；4. 销柱；5. 撞击圈；6. 吸风口；7. 锥形筒；8. 扩散器；9. 吸风道；10. 调节手轮；11. 下料斗；12. 机架

撞击机工作时，物料由进料口落入匀速转动的甩盘上，在甩盘离心力的作用下，向甩盘边缘运动。随着麦粒位置的变化，惯性离心力逐渐增加，其运动速度也逐渐加快，当运动至甩盘边缘时，与销柱高速碰撞，碰撞后有的麦粒被弹到其他销柱上继续碰撞，有的麦粒被甩到撞击圈上。麦粒与销柱、麦粒与麦粒、麦粒与撞击圈之间经过多次碰撞、相互摩擦等作用，强度小于麦粒的并肩杂质被击碎，麦粒表面的泥灰、麦毛、麦壳等轻杂质被擦离下来。撞击后的麦粒，通过锥形筒和扩散器之间的缝隙均匀散开下落，经过风选流出机外。

撞击机主要规格和技术参数见表 2-2-2。

表 2-2-2　撞击机的主要技术参数

技术参数	型号			
	FZJL·43	FZJL·50	FZJL·56	FZJL·60
产量/(t/h)	3～6	5～8	10	12
甩盘直径/mm	430	500	560	600
工作转速/(r/min)	1450	1450	1450	1450
吸风量/(m^3/h)	2000	2200～2400	2300～2400	2500～2700
功率/kW	4	5.5	7.5	11

（五）影响打击与撞击设备工艺效果的因素

1. 麦粒的工艺品质

小麦的硬度高，脆性较大，生产中产生的碎麦较多。软质麦则与之相反。

水分含量高，麦粒强度大，打麦过程中产生的碎麦少；水分含量低，麦粒脆性大，打麦过程中易产生碎麦。

2. 设备的参数配置

设备的转速高，打击作用强，打麦后灰分降低率高，但同时碎麦率也高；设备转速低，与上述情况相反。打板扭转角大，物料被推进的速度快，在机内滞留时间短，受打击作用弱，灰分降低率低，碎麦率低；扭转角小，与上述情况相反。

二、碾削清理

(一) 碾削清理的基本原理

碾削清理就是通过碾削作用对小麦表面进行清理,其基本原理是利用小麦表面的灰尘等杂质与小麦的结合强度较低、小麦的皮层有一定韧性,借助旋转的粗糙工作构件和圆筒,使小麦在圆筒内保持一定的密度和压力,通过工作构件对小麦进行碾削和摩擦,使小麦表面的灰尘等杂质和部分皮层被碾去,借助吸风系统吸走碾下的杂质,达到碾削清理的目的。

(二) 碾削清理的应用

碾削清理是近年来随着小麦制粉新工艺而出现的一种清理方法。它主要是通过碾削、摩擦作用,使小麦表面和腹沟的灰尘、细菌和麦毛被清除,同时也可碾去部分麦皮。碾削清理对提高成品质量、降低成品中细菌和农药含量,以及对劣质小麦(如霉麦、芽麦等)的利用方面都有很大优势。

通过碾削去除小麦最外部的部分麦皮,其作用有两点。其一是可以缩短润麦时间。因为小麦皮层中的珠心层透水性很差,碾去这部分麦皮可以缩短润麦时间,降低润麦仓仓容。其二是可以缩短粉路,降低成品面粉的灰分。因为部分麦皮已被碾去,可以减少研磨道数,同时麦皮磨碎混进面粉的可能也被降低,有利于保证成品质量,降低成品灰分。

碾削清理需要皮层保持一定韧性。实践证明,小麦的皮层吸水后韧性会增强。因此,在碾削清理前必须采用着水机给小麦加一定的水分,使小麦部分膨胀,表皮韧性增强,强度降低,有利于碾削过程中表皮与麦粒分离开。实际生产过程中,着水机的加水量一般控制在进机流量的0.5%～1.0%。

碾削脱皮清理工艺流程为:毛麦→筛选、去石、精选→加水0.5%～1.0%→碾削脱皮。

通过剥皮机的碾削作用,可碾去小麦皮层5%～8%,由于碾去了部分麦皮,使水分调节的时间可缩短至2～4h。但碾削后麦粒的部分胚乳已外露,着水后在润麦仓中易板结,因此采用该工艺时,小麦在润麦仓中不能久留,最好采用动态润麦的方法。

(三) 典型碾削清理设备

1. 卧式碾麦机

卧式碾麦机由喷雾着水机及碾麦脱皮机组装而成。原料进入碾麦机前先进行喷雾着水,使少量水分湿润麦皮,以利碾辊的碾削。

碾麦机由进料斗、头道碾削室、二道碾削室、刷麦室、机体、传动部分组成。碾麦辊由螺旋推进器和砂辊两部分组成,砂辊采用碳化硅磨料烧结而成,表面坚硬粗糙。碾麦辊与外围的筛筒一起构成碾削室。

小麦进入碾削室后,压力使麦粒贴紧辊面,表面粗糙的碾麦辊可将麦皮碾削下来,碾下的麦皮大部分通过筛孔排出。小麦经第一、第二道砂辊碾削,可将大部分麦皮连同皮上黏附的杂质一起碾下来。

刷麦室与碾脱室一样也采用切向进料,使进料畅通从而避免与螺旋头撞击而引起增碎。刷麦辊由螺旋头和铸铁碾辊组成,其结构与碾削室相同。目的是将麦粒上已碾下的麦皮及杂质除净。

小麦经两道碾削、一道刷麦后，可碾去大部分麦皮及皮上黏附的杂质。

2. 立式碾麦机

立式碾麦机是利用碾削和摩擦作用的原理，可在不破坏麦粒的情况下有效地依次去除小麦腹沟以外的各皮层，并根据制粉的需要保留或去除糊粉层。若以提高低灰分的高精度面粉的出粉率为目的，则尽量去除糊粉层。碾皮后的小麦，水分可迅速被其表面吸收，并在短时间内均匀渗透到胚乳内；同时，使研磨特性大大得以改变。

立式碾麦机主要结构由进料口、碾削室、摩擦室、螺旋推进器、进料门、鼓风机系统、吸风系统和底座组成，如图 2-2-3 所示。

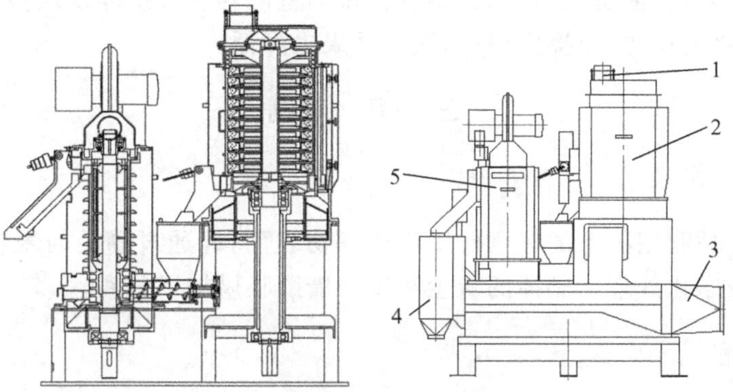

图 2-2-3　立式剥皮机的基本结构

1. 进料口；2. 碾削室；3. 吸风口；4. 出料口；5. 摩擦室

小麦从碾麦机的进料口先进入擦离室，在砂辊表面与筛板间受到碾削和摩擦作用。磨掉的麦皮穿过筛孔被空气吸走，经碾皮后的小麦进入摩擦室，抛光后向上从出料口排出。

3. 碾打刷组合机

碾打刷组合机是综合碾麦、打麦与刷麦于一体的多功能新型小麦加工专用设备。整个工作室分为三个区域，第一段为碾搓区，第二段为打离区，第三段为刷麦区，其基本结构如图 2-2-4 所示。

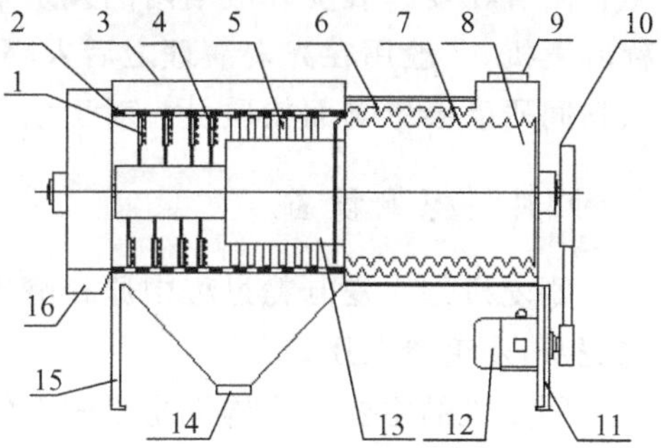

图 2-2-4　碾打刷组合机的基本结构

1. 刷毛；2. 筛筒；3. 机壳；4. 刷板；5. 打板；6. 外齿板；7. 内齿板；8. 主轴；9. 进料口；10. 传动结构；11. 电机支架；12. 电机；13. 压力活门；14. 排灰口；15. 支架；16. 出料口

碾打刷组合机的工作过程如下：物料从进料口送入物料的碾搓区，高速转动的转子上的内齿板与静止不动的外齿板对小麦进行强烈的碾搓，使小麦表面的细灰、细菌、农药残留等分离，同时导向板把小麦送入打离区；打离区高速转动的打板转子对已碾搓过的小麦进行打击，将麦粒表面的粘连杂质打下，通过筛筒排出，同时把小麦推入刷离区；刷离区内小麦经过刷毛的柔和刷离，小麦表面得到进一步清理，清理出的杂质由筛筒排出，同时将小麦推向出料口端排出。筛筒分离出来的灰尘等废弃物由底部的排灰口排出。

碾打刷组合机在清理工艺中，用于小麦的表面清理，把黏附在小麦表面的细灰、细菌、农药残留等除掉，灰分降低率较高，小麦破碎率较低、损失小。

碾打刷组合机结构设计灵活，碾麦与打麦组合为碾打组合机，碾麦与刷麦组合则为碾刷组合机。

(四) 影响碾削清理设备工艺效果的因素

小麦水分过低，会使麦粒和皮层脆性增大，碾削时容易将小麦碾碎，碾削效果差，故碾削前必须进行振动着水。一般使麦皮水分控制在13%左右，水分过高，易发生粘接和堵塞。

砂辊砂粒过粗，会使小麦表面刮痕较深，碾削效果不均匀；砂粒过细，碾削作用不强，小麦皮层碾去较少，碾麦效果差。

出料口压力过大，会使机压力过大，小麦在碾削室内容易被挤碎，碾削效果差；出料口压力过小，小麦在工作室内揉搓、摩擦作用小，碾削效果也降低。

三、擦　　刷

(一) 擦刷的基本原理

擦刷设备主要是利用刷毛的擦刷作用清理谷物表面，即通过刷毛与麦粒的接触及相对运动对麦粒表面进行净化处理。刷掉的灰尘和皮屑借助吸风加以分离。

(二) 擦刷的应用

擦刷主要用于小麦的表面清理。

刷麦是在打击与撞击、清洗、碾削等表面处理基础上，对小麦表面进行进一步清理，其目的是将附着在麦粒表皮和腹沟内的残余杂质刷掉，同时刷掉部分表皮和麦胚等。刷麦所用设备称刷麦机，一般用在光麦清理之后入磨之前，效果最佳。小麦经水分调节后，表皮易脱落，如进入粉间研磨会影响面粉质量。对于生产优质面粉时，刷麦机显得尤为重要。

(三) 典型擦刷设备

刷麦机是小麦制粉过程中原料清理的主要设备。它用于清除附着在麦粒表皮上及腹沟内的泥灰，麦毛等杂质。

刷麦机的主要工作构件是带刷毛的转子，转子有两种基本形式，一种是螺旋式刷(或带刷滚筒)，另一种是板式刷。板式刷麦机结构类似于打麦机。

螺旋式刷麦机主要由弧形定刷、动刷、定刷调节螺杆及检查门组成。小麦进入机内后，由转动刷把物料带入定刷动刷之间的间隙，高速(6～8m/s)刷理后由出口排出。调节杆可调节定刷和动刷间距以满足刷麦的工艺要求。

刷麦机另一种机型是将定刷改为筛板，此时刷下的灰尘自动排出，无需另配风选设备。定刷为毛刷时，刷下的灰尘和小麦一同由出口排出，需进一步风选。

四、表面清洗

(一) 表面清洗的原理

利用水的溶解和冲洗作用可净化小麦表面，常用的清洗设备一般还有去石功能，它是根据小麦和砂石的比重、大小、形状及在水中的沉降速度不同，分离出石子和有害粮粒。下面主要介绍清洗设备去石的工作原理。

不同颗粒在水中,不仅受重力的作用,而且还受水的浮力和阻力的作用。密度比水大的颗粒在水中下落时,在最初的瞬间,颗粒受重力的作用加速沉降。由于阻力随着速度的增加而迅速增加,重力、浮力和运动阻力经短暂的时间就达到平衡。于是,颗粒做等速运动,此时的运动速度称为该颗粒在水中的终点沉降速度。根据沉降速度的不同,将物料分成几种等级的过程,称为水力分级。水力分级和风力分级有类似的地方,颗粒在水中的沉降速度其意义相当于颗粒在气流中的悬浮速度,区别在于介质的密度和黏度不同。

影响颗粒沉降速度的因素很多且复杂:颗粒的粒度、密度和表面形状等;小麦腹沟中附着的小气泡,使本身质量减轻,沉降速度减小;介质的密度、黏度等。此外,颗粒在介质中的分布密度也影响其运动阻力。

由于水的密度和黏度比空气大很多,因此颗粒在水中的运动状态较在空气中有显著不同,小麦和杂质在水中表现出来的性质差异比在气流中大。体积相同而比重不同的颗粒,其质量比值在水中和在空气中相差若干倍。因此,单从去石角度看,用水选比风选更为有效。

例如,小麦的密度(G_m)为1.35,石块的密度(G_s)为2.5,同样大小的颗粒在水中和在空气中的质量比分别为

在水中:$\frac{G_s}{G_m}=\frac{2.5-1}{1.35-1}=4.28$(空气浮力略而不计)

在空气中:$\frac{G_s}{G_m}=\frac{2.5}{1.35}=1.85$

又如,病虫害麦粒的密度(G_B)与完善麦粒的质量比为

在水中:$\frac{G_m}{G_B}=\frac{1.35-1}{1.02-1}=17.5$

在空气中:$\frac{G_m}{G_B}=\frac{1.35}{1.02}=1.35$

由上述结果可以看出,小麦与并肩石及虫害麦粒在水中要比在空气中的差别悬殊。所以,混杂在小麦中的这些杂质,经筛、打设备虽很难除去,但采用清洗(洗麦机)则很容易达到分离的目的。

(二)表面清洗的应用

清洗也称湿法清理,主要用于小麦的清理,常用清洗设备主要有去石洗麦机。去石洗麦机具有清洗小麦表面杂质、去石和着水等多种功能,是典型的一机多用型设备,且具有很好的清理效果。其缺点是用水量大、污水需处理才能排放。

为保证清洗和石子分离效果,入机小麦应先通过筛选、小麦的清洗用在毛麦清理的后段,着水润麦之前。

(三)典型表面清洗设备

典型表面清洗设备是去石洗麦机,主要由进料装置、洗槽、甩干机、传动机构和供水系统组成,如图2-2-5所示。

进料装置包括进料管和进料箱。进料管下部做成球形,装于进料箱上,进料箱起缓冲减速和分流作用,并可在洗槽上移动以调节洗程长度。

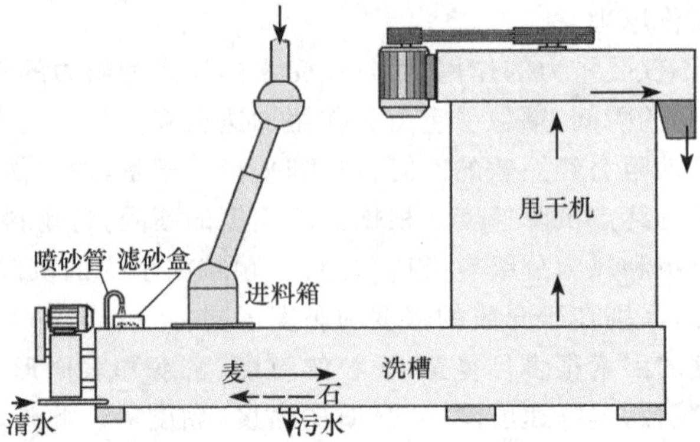

图 2-2-5　去石洗麦机的基本结构

洗槽箱体用钢板焊接而成。内装两对输送螺旋(小型洗麦机只装一对),上面为小麦输送螺旋,叶片直径较大,采用桨叶式。当小麦落入翻转波动的水中、尚来不及下沉时,便被小麦输送螺旋送往浮运箱,被水送入甩干机。下面为石子输送螺旋,直径较小,采用满面式叶片,用于将沉降的石子送往集砂斗。小麦输送螺旋与石子输送螺旋的转动方向相反,不在一条直线上布置,如图 2-2-6 所示,这样有利于分离石子和洗涤小麦。

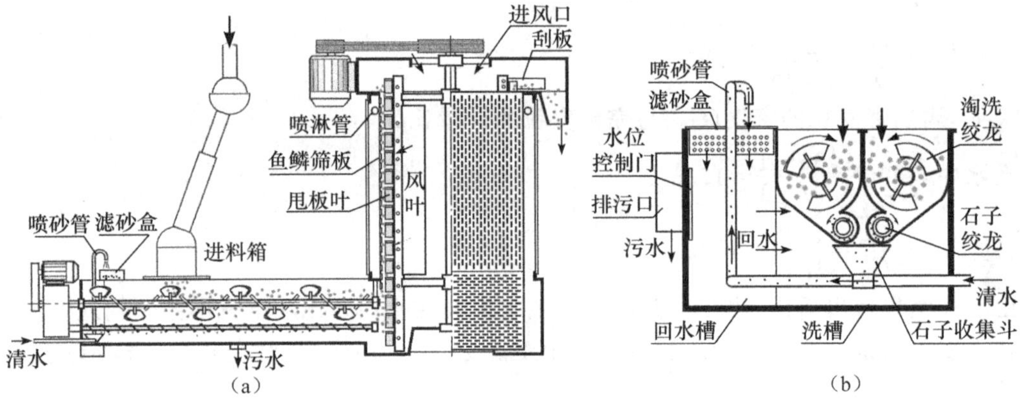

图 2-2-6　去石洗麦机的输送螺旋

(a) 洗麦机的总体结构;(b) 洗槽的结构

甩干机由机座、筛面圆筒、甩板叶轮、顶盖、立柱和金属外壳组成。筛面圆筒固定不动,下部为横向排列的长形筛孔,上部为竖向排列的鱼鳞筛孔。甩板叶轮由固定于主轴上的支架、垂直安装于支架上的角铁及角铁内外的风叶和甩片组成。甩片从底部到上部呈螺旋形,以便将麦粒从底部成螺旋形向上推送到顶盖附近,由刮板把麦粒从上盖的出料口按切线方向排出。装于角铁内的风叶将空气从顶盖上部和底座下部中间的进风孔吸入,从鱼鳞孔排出,以吹干麦粒和吹穿筛孔。

在甩干机顶盖上安装一个主电动机,带动甩干机。在洗槽的出石端安装一个小电动机,通过减速箱传动小麦输送螺旋和石子输送螺旋。

去石清洗机工作时,从洗槽进入甩干机底部的小麦,由于甩板的旋转,一方面在离心力的作用下将麦粒抛向筛面圆筒内壁,将附着在麦粒表面的水和细小杂质从鱼鳞孔甩出;另一方面将麦粒从底部成螺旋形向上推送到顶盖附近,由刮板把麦粒从上盖的出料口按切线方向排出。

装于角铁内的风叶，将空气从顶盖上部和底座下部中间的进风孔吸入，从鱼鳞筛孔排出，起吹干麦粒和吹穿筛孔作用。空气最后从顶盖上部的排气孔排出(有的则从挡水板上部百叶窗式的排气孔排出)。分离出来的水可放出机外或送回水箱，经过沉淀后继续使用。

去石洗麦机主要规格和技术参数见表 2-2-3。

表 2-2-3　去石洗麦机的主要技术参数

技术参数		型号			
		XMS·60×130		XMS·70×150	XMS·90×150
产量/(t/h)		2.5	3	3	6.8
甩干筒	直径/mm	600	600	700	900
	高度/mm	1300	1300	1500	1500
	转速/(r/min)	550	550	450	400
小麦绞龙	转速/(r/min)	166	175	170	185
	叶片直径/mm	150	150	152	152
功率/kW	甩干机	4	5.5	5.5	11
	输送螺旋	0.6	1.5	2.2	2.2

(李利民)

第三节　小麦的水分调节

小麦加工的基本工序都是物理过程，不同的小麦加工工艺对小麦的品质和水分要求也不同。小麦在品种、水分及品质等方面的差别对小麦的加工工艺和产品质量产生影响。为了使小麦更加适合加工、满足产品质量的要求，必须用科学的方法对这些原料进行预处理，如水分调节、蒸汽调节等。通过水热处理改善小麦加工品质和食用品质的方法称为小麦的调质。本节只讨论小麦加工前处理时的调质问题。

一、水分调节的基本原理

(一) 小麦的吸水性能

小麦的吸水性能是进行小麦调质的基础，由于小麦各组成部分的结构和化学成分不同，其吸水性能也不同。胚部和皮层纤维含量高，结构疏松，吸水速度快且水分含量高；胚乳主要由蛋白质和淀粉粒组成，结构紧密、吸水量小、吸水速度较慢。因此，水分在小麦各组成部分的分布是不均匀的。胚部水分最高，皮层次之，胚乳的水分最低。

蛋白质吸水能力强(吸水量大)、吸水速度慢，淀粉粒吸水能力弱(吸水量小)、吸水速度快，故蛋白质含量高的小麦具有较高的吸水量和较长的调质时间。调质处理时，应根据小麦的内在品质和水分高低合理选择调质方法和调质时间。

(二) 水热导作用

小麦是一种毛细管的多孔体，在这种毛细管多孔体中，水分的扩散转移总是由水分高的部位向水分低的部位移动。在热力的作用下，水分转移的速度会明显加快，这种水分扩散转移受热力影响的现象，称为水热传导作用。小麦调质就是利用水扩散和热传导作用达到水分转移目的的，水分的渗透速度与温度有着直接的关系，加温调质比室温调质更迅速、更有效。

（三）小麦组织结构的变化

小麦在调质过程中，皮层首先吸水膨胀，然后糊粉层和胚乳相继吸水膨胀。由于三者吸水先后、吸水量及膨胀系数不同，在三者之间会产生微量位移，从而使三者之间的结合力受到削弱，使胚乳和皮层易于分离。

由于胚乳中蛋白质与淀粉粒吸水能力、吸水速度不同，膨胀程度也不同，引起蛋白质和淀粉颗粒之间产生位移，使胚乳结构变得疏松，强度降低，便于破碎。

小麦的加工方式对调质时结构的变化要求不一，小麦制粉时要求皮层和胚乳既易于分离，又使胚乳易于破碎。因此，应根据小麦加工要求选择调质设备和调质时间，使小麦满足不同的加工要求。

二、水分调节的作用

小麦的水分调节，就是通常所说的对小麦进行着水和润麦处理的过程，即利用水、热作用和一定的润麦时间，使小麦的水分重新调整，改善其物理、生化和加工性能，以便获得更好的工艺效果。

小麦加水后，发生以下物理和生化变化。

① 皮层吸水后，韧性增加，脆性降低，增加了其抗机械破坏的能力。在研磨过程中利于保持麸片完整，有利于提高面粉质量。

② 胚乳强度降低。胚乳主要由蛋白质和淀粉组成。着水过程中，蛋白质吸水能力强，吸水速度慢；淀粉粒吸水能力弱，吸水速度快。由于二者吸水能力和吸水速度不同，吸水后膨胀的先后和程度不同，在蛋白质和淀粉颗粒之间产生位移，使胚乳结构疏松，强度降低，易研磨成粉，有利于降低电耗。

③ 麦皮和胚乳易于分离。麦皮、糊粉层和胚乳三者吸水先后不同，吸水量不同，吸水后膨胀系数也不同，使麦皮和胚乳间产生微量位移，利于把胚乳从麦皮上剥刮下来。

④ 使入磨小麦水分适合制粉性能要求。麦堆内部各粒小麦水分均匀分布，且水分在麦粒各部分中有一定的分配。

⑤ 湿面筋的出率随小麦水分的增加而增加，但湿面筋的品质弱化。

从以上变化结果可以看出，小麦经水分调节后，制粉工艺性能改善，能相应提高出粉率和成品质量，并降低电耗。

小麦经水分调节后，应达到以下工艺效果。

① 使入磨小麦有适宜的水分，以适应制粉工艺的要求，保证制粉过程的相对稳定，便于操作管理。这对提高生产效率、出粉率和产品质量都十分重要。要求水分均匀性在0.2%以内。

② 保证面粉水分符合国家标准或市场要求。

③ 使入磨小麦有适宜的制粉性能。小麦经水分调节后，皮层韧性增加，胚乳内部结构松散，皮层及糊粉层和胚乳之间的结合力下降，有利于制粉性能的改善。但小麦水分过高，会使制粉过程中在制品流动性下降，造成筛理困难和管道堵塞，影响正常生产。故从改善制粉性能考虑，也应有适宜的入磨小麦水分。

三、水分调节的方法

小麦水分调节分为室温水分调节和加温水分调节。室温水分调节是在室温条件下，加室温水或温水（<40℃）；加温水分调节分为温水调质（46℃）、热水调质（46～52℃）。加温水分调节可以缩短润麦时间，对高水分小麦也可进行水分调节，一定程度上还可以改善面粉的食用品质，但所需设备多、费用高。广泛使用的小麦水分调节方法是室温水分调节。

小麦水分调节（着水和润麦）可以一次完成，也可二次、三次完成，一般在经过毛麦清理以后进行。也可采用预着水、喷雾着水的方法。

预着水：为使收购的小麦达到通常小麦的水分含量或在某种工序前需进行的着水（如碾削清理前）。

喷雾着水：在入磨前进行喷雾着水，以补充小麦皮层水分，增加皮层韧性，提高面粉的色泽。喷雾着水的着水量为0.2%～0.5%，润麦时间为30min左右。

生产中普遍应用的是一次着水，随着对入磨小麦要求越来越高，二次着水越来越受到重视，特别是在润麦效果较差的寒冷天气。三次着水，一般在加工高硬度小麦（如杜伦小麦）时应用。

四、影响水分调节的因素

（1）加水量

1）影响加水量的因素

原粮的水分和类型。小麦的原始水分有差异，国产小麦水分在12.5%左右，进口小麦的原始水分相对较低。新麦水分较高，陈麦水分较低。小麦的类型指是硬麦还是软麦。制粉工艺上对硬麦和软麦的入磨水分有不同的要求。硬麦吸水量大，需要加入较多的水才能使胚乳充分软化；软麦只需加入较少的水就能使胚乳充分软化，如果加水过多，则会出现剥刮和筛理困难等问题。

小麦粉的水分要求。小麦粉的水分要求有两方面的意义：一是符合小麦粉标准中的水分要求，不能超，但也不能过低，它直接关系到企业的经济效益；二是要求考虑到小麦粉的安全储存，特别是在高温、潮湿的季节和地方。

加工过程中的水分损耗。小麦胚乳有一定的抗机械破坏力，将胚乳研磨成粉要耗用相应的能量，并损耗相应的水分。小麦制粉过程中影响水分损耗的因素很多，如喷雾着水、制粉工艺（粉路的复杂程度、有无面粉后处理）、研磨的松紧程度、小麦的类型（硬麦还是软麦）、磨辊的新旧、剥刮率和取粉率的大小、气力输送、风量和混合比、小麦粉的粗细度要求等；小麦的入磨水分越高，蒸发量越大；另外，气候条件（温度和湿度）对水分损耗也有一定的影响。

小麦粉的加工精度要求。水分较低的小麦在制粉时，麦皮易破碎而混入面粉中，粉色差灰分高。而水分较高的小麦在制粉时，麦皮破碎少，粉色好而灰分低；同时，加工高等级面粉时一般采用的粉路较长，加工过程中耗水量也大，所以，加工质量较高的等级粉与专用粉时，宜采用较高的入磨小麦水分；加工质量较低的小麦粉时，可采用较低的入磨小麦水分。

2）加水量的计算

入磨小麦水分和小麦的原始水分一旦确定，可采用下式计算加水量：

$$G_1 = G_2\left(\frac{100 - W_1}{100 - W_2} - 1\right) \tag{2-3-1}$$

式中，G_1 为加水量(kg/h)；G_2 为小麦流量(kg/h)；W_1 为着水前小麦的水分(%)；W_2 为着水后小麦的水分(%)。

(2) 润麦时间

着水后的小麦，麦粒与麦粒之间的水分是不均匀的。例如，小麦着水后平均水分为 14%，其中绝大多数麦粒的水分为 13.5%～14.5%，但低的仅有 12%，高的可达 34%。不仅如此，即使在同一粒小麦中，由于各部分的组成成分不同，水分分布也很不均匀，如图 2-3-1 所示。因此着水后的小麦，必须在一定的时间条件下，进行水分的重新分配，一方面要使各麦粒之间水分均匀分布；另一方面，还要求水分渗透到皮层和胚乳中，在麦粒内部进行分布，使麦粒发生物理和化学变化，使之达到制粉工艺的要求。使水分重新分配的过程就是润麦。

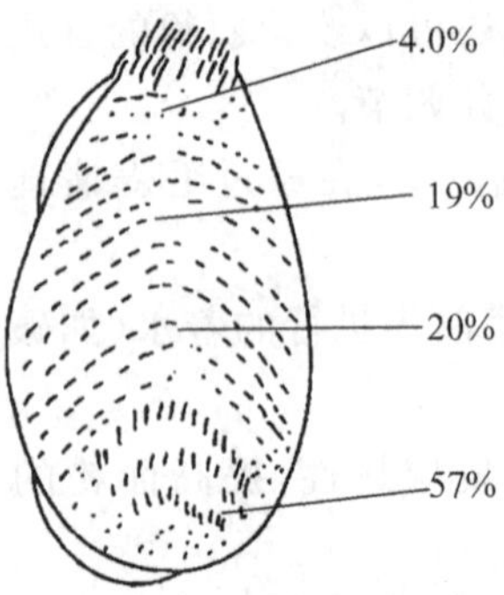

图 2-3-1　麦粒各部分吸水情况

润麦时间主要决定于水分渗入麦粒的速度。影响水分渗入麦粒速度的因素主要有以下几个方面。

1) 原粮情况

小麦原始水分高，加水量少，水分渗透时间短。当原始水分为 9.6%时，水分平衡要 15～18h 才能完成；当水分为 12%时，完成水分平衡时间则为 6～12h。

即使在同一水分情况下，水分渗透速度也不同，这主要是小麦胚乳蛋白含量不同造成的。电子扫描技术发现，粉质胚乳结构杂乱无章，显示出混有空气的开放式结构，而玻璃质胚乳结构紧凑，淀粉粒包围着蛋白质分子，使水分不易进入胚乳内部。由此可见，水分向高蛋白质含量的硬质小麦胚乳内部渗透速度慢，向低蛋白质含量的粉质小麦胚乳内部渗透速度快。

2) 水分渗透的路线

对于结构完好的小麦籽粒而言，水分渗透的主要路线是水分→胚→内子叶、糊粉层→胚乳。次要路线是水分→麦粒皮层→内果皮→管状细胞层→种皮→珠心层→糊粉层→胚乳。但在小麦加工工艺上，水分渗透的主要路线是水分→表皮→内果皮→管状细胞层→种皮→珠心层→糊粉层→胚乳。

可见，水分在小麦中的迁移方式和速度，与小麦经受的清理过程(麦皮有无破损)有关。小麦用打麦机清理时，外果皮受到破坏，因此，水分比较容易渗透到外果皮下面去，尤其是麦粒麦毛一端的背部。另外，紧随打麦处理之后，吸取的水分会沿麦粒背部迅速进入邻近麦皮的胚乳之中。打擦过的小麦胚乳这一部分需要 5h 达到水分平衡，而未打擦过的小麦需要 15h。

润麦前先将小麦压裂或对小麦进行碾削清理，可使水分迅速渗透到小麦籽粒中，可以降低小麦粉灰分含量、改善面筋性质，特别是使水分较低的小麦大大缩短润麦时间，可减少润麦仓仓容。

(3) 麦粒的温度

水分在麦粒中的渗透速度与温度的高低有着密切的联系。不同温度的水，对不同品种、不同质地的小麦渗透速度也不同。表 2-3-1 为不同温度的水浸泡不同品种、不同质地小麦时水的渗透速度。

表 2-3-1　不同温度水浸泡小麦时水的渗透速度　（单位：h）

渗透程度	华北 1885				碧玛 4 号			
	角质粒		粉质粒		角质粒		粉质粒	
	40℃	26.5℃	40℃	26.5℃	40℃	26.5℃	40℃	26.5℃
开始渗入胚乳	0.5	1.0	0.25	0.5	0.5	1.0	0.25	1.0
渗透 1/2 粒	2.5	4.5	1.5	3.5	1.0	2.0	1.0	2.0
渗透到顶	3.0	5.5	2.5	5.5	2.0	4.0	1.5	3.0
基本均匀	4.0	7.5	3.5	7.5	3.0	5.5	2.0	5.5

由表 2-3-1 可以看出，不论什么品种和质地的小麦，用温水浸泡，水的渗透速度要比室温快得多，所需时间几乎可以缩短一半。但在加温水分调节时，也应注意防止水温过高导致蛋白质变性和淀粉糊化，从而影响正常生产及小麦粉的烘焙品质。一般来讲，当小麦水分高于 17%时，小麦温度不应超过 46℃；当小麦水分在 17%以下时，小麦温度不应超过 54℃。

（4）空气介质

空气介质（主要指车间的温度和湿度）对水分调节有一定的影响。小麦和空气介质不断地进行着水分交换，因此水分调节往往受车间温度和湿度的影响。温度高时，水分渗透快；温度低时，水分渗透慢。湿度大时，小麦的水分蒸发少；湿度小时，小麦表皮水分有部分要蒸发到空气中去。因此，在高温、多雨季节要少加水和减少润麦时间；而在气候干燥、气温较低的情况下，则应多加水并增加润麦时间。

五、最佳入磨水分和实际润麦时间

（1）最佳入磨水分

经过适当润麦后，研磨时耗用功率最少、成品灰分最低、出粉率和产量最高，此时的小麦工艺性能最佳。最佳入磨水分有两个含义：一是麦堆内部各粒小麦水分分布均匀；二是水分在麦粒各部分中有一定的分配比例，皮层水分＞胚乳水分＞原料小麦水分，一般希望皮层水分和胚乳水分之比为 1.5∶1～2.0∶1。

硬麦的最佳入磨水分 15.5%～17.5%，软麦的最佳入磨水分 14.0%～15.0%。

（2）实际润麦时间

生产中对润麦时间要求比较严格，润麦时间太短，胚乳不能完全松软，胚乳结构不均匀，研磨时轧距不容易调节，会出现研磨不透、筛理困难的现象。润麦时间太长，会导致小麦表皮水分蒸发，使小麦表皮变干，容易破碎，影响制粉性能。

表 2-3-2 和表 2-3-3 反映小麦渗透速度和小麦着水后体积膨胀的情况。可以看出，小麦水分渗透到顶部约需 8h，小麦着水后经 8～12h 体积膨胀已基本停止。说明小麦着水经 12h 即可，但这是最低要求。实际生产中，大量小麦进行着水，考虑到各种影响因素，润麦时间要长一些，一般为 18～24h。硬麦或冬季 24～30h，软麦或夏季 16～24h。

表 2-3-2　定量着水时小麦水分渗透速度

项　目	澳洲白麦		阿根廷紫麦	
	(1)	(2)	(1)	(2)
原始水分/%	10.86	13.47	13.26	13.64
着水润麦后水分/%	18.86	19.75	18.26	18.50

续表

项　目	澳洲白麦		阿根廷紫麦	
	(1)	(2)	(1)	(2)
实验温度/℃	22	27	21	28
角质率/%	38.30	17.50	80.60	72.10
湿面筋/%	26.70	26.50	38.40	41.70
开始渗入胚乳/h	—	—	—	—
渗入 1/2 粒/h	5	4	4	4
渗透到顶/h	8	8	8	8
渗透速度/(mm/h)	0.739	0.749	0.676	0.676

注:(1)、(2)指两种不同的小麦样品。

表 2-3-3　小麦着水后体积膨胀情况

项　目	水分/%	着水后体积膨胀情况			
		试管未经摇动/cm^3	体积增加/%	试管摇动后/cm^3	体积增加/%
着水前小麦	12.24	200	—	—	—
着水后小麦	15.40	202.5	1.25	225	12.5
润麦 4h	15.41	202.5	1.25	220	10.0
润麦 8h	15.31	205.0	2.5	217	8.5
润麦 12h	15.26	205.0	2.5	217	8.5

六、水分调节设备

(一) 着水设备

小麦着水设备需满足两项基本功能:一是在小麦中加水,并使水分与小麦混合均匀;二是控制加水量,使其达到水分含量要求。加水、混合一般在着水机内完成,而加水量则需通过控制进水阀门来实现。

早期的小麦着水设备有水龙头着水机、水杯着水机和去石洗麦机。其中去石洗麦机虽然具有耗水量大,洗麦污水需进行处理等缺陷,但由于其兼有小麦表面清理和去石作用,益于改善小麦粉的粉色和降低小麦粉灰分,目前仍有一些在使用。

目前使用较多的着水设备为着水混合机、强力着水机和喷雾着水机。

1. 着水混合机

着水混合机的结构如图 2-3-2 所示,主要由进料管、着水喷管、工作圆筒、扇形桨叶、机架、出料、传统装置和着水系统等部分组成。

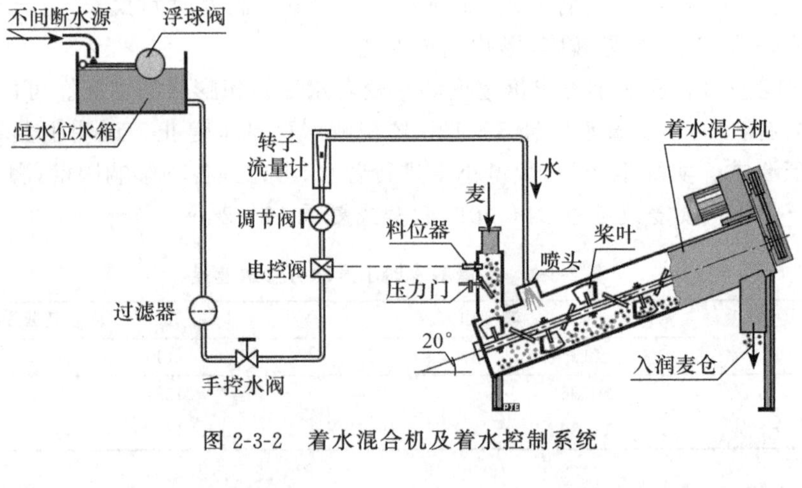

图 2-3-2　着水混合机及着水控制系统

着水混合机是一种连续式的高效着水设备，能把一定量的水正确地加入小麦中，并通过螺旋输送混合器的充分搅拌，使水分均匀地分布在每一粒小麦上。着水混合机通常与微波水分自动控制仪或湿度测量水分控制系统配套使用，能自动而精确地控制着水量。着水混合机结构轻巧简单、动力消耗低，与蒸汽配合使用，着水量可达 7%，对低水分小麦可一次着水达到工艺要求，不必进行二次着水。在不用蒸汽的情况下，一次加水量可达 4%。

工作时，小麦从进料管进入料筒，小麦压下均流调节压力门，此时物料检测传感器开关动作，使着水系统的电控阀打开，水流经过管道进入着水喷管。小麦经均流调节压力门均匀进入着水腔，着水喷管对麦流进行喷水。着水后的麦流按切线方向进入向上倾斜 20°的工作筒体，扇形桨叶按螺旋形排列在低速旋转的主轴上。当桨叶翻动物料时，一部分物料被推向前进，但由于圆筒向上倾斜，有一部分物料因重力作用而落下得到再次混合的机会，使麦粒之间接触充分，作用缓和，从而使水分均匀地分布于每粒小麦上，达到良好的着水效果。改变桨叶的安装角度，可调节物料向前推进的速度和圆筒内料层的深度。低速运转对设备安全运行、减少维修和降低动力消耗有利。着水后的小麦主流部分经出料管进入润麦螺旋输送器送到润麦仓进行润麦。

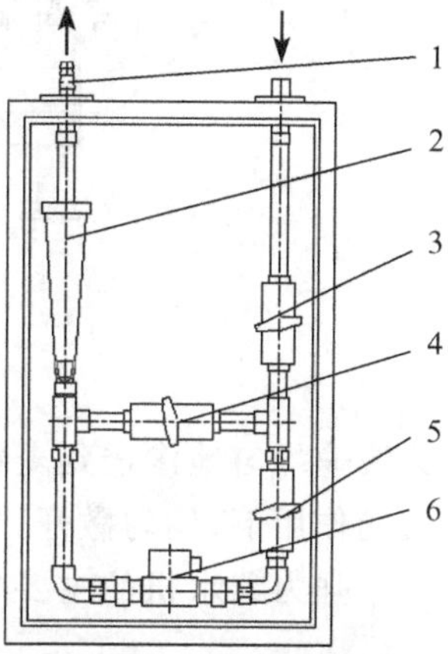

图 2-3-3　着水控制系统

1. 出水口；2. 转子流量计；3. 总截止阀；4. 手动截止阀；5. 电磁阀；6. 调节阀

着水混合机的着水控制系统的工作过程是：水经进水口浮球阀进入恒位水箱，经管道通过截止阀、电磁阀、自动调节阀、流量调节阀、转子流量计，从出水管进入着水混合机内，如图 2-3-3 所示。

着水混合机的主要技术参数如表 2-3-4 所示。

表 2-3-4　着水混合机的主要技术参数

技术参数	型号			
	FZSQ · 25×125	FZSQ · 32×180	FZSQ · 40×200	FZSQ · 40×250
产量/(t/h)	5	10	15	20
最大着水量/%	4	4	4	4
增碎率/%	<0.2	≤±0.5	≤±0.5	≤±0.5
着水精度/%	≤±0.5	≤±0.5	≤±0.5	≤±0.5
筒体直径/mm	250	320	400	400
筒体长度/mm	1250	1800	2000	2500
筒体倾角/°	20±5	20±5	20±5	20±5
转速/(r/min)	690	490	410	410
功率/kW	2.2	3	5.5	7.5

2. 强力着水机

强力着水机是干法小麦水分调节的新型设备。具有着水量大且均匀、着水效果稳定的特点。对小麦品质有明显改善，有助于小麦粉品质的提高。强力着水机的结构如图 2-3-4 所示，它由筒体、打板叶轮、锤片、进水管等部分组成。

强力着水机的主要工作机构是一个密闭的筒体和置于筒体内的高速旋转的打板叶轮。小麦和水进入圆筒后，被打板连续地打击，并将小麦沿工作圆筒抛洒，形成一个环状的“物料流”。在这样的环境中，每粒小麦都能受到多次强烈的撞击和摩擦，使表皮软化和部分撕碎。这为水

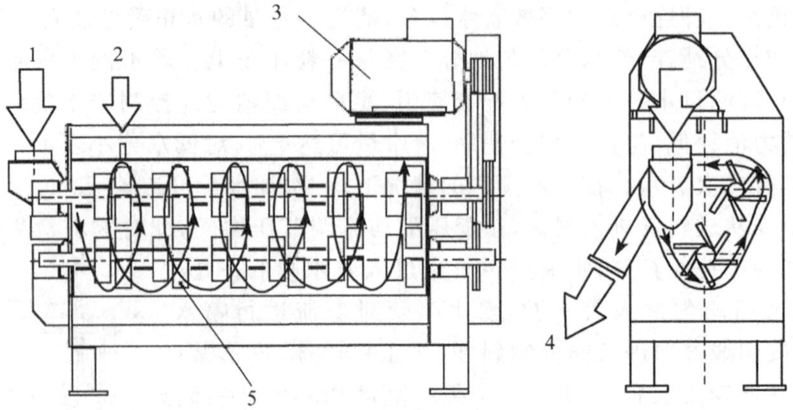

图 2-3-4　强力着水机结构示意图

1. 进料口；2. 进水口；3. 驱动电机；4. 出料口；5. 打板

分快速均匀地渗透到麦粒的各个部位创造了条件。而加入的水在打板高速旋转所产生的离心力的作用下，均匀撒开，与小麦充分混合接触，渗入麦粒中，以达到高速着水的目的。

强力着水机的主要技术参数见表 2-3-5。

表 2-3-5　强力着水机的主要技术参数

技术参数	MOZL · 30/100	MOZK · 30/150	MOZK · 45/150
产量/(t/h)	12	24	48
着水量/%	7	7	7
功率/kW	4.0～5.5	5.5～7.5	11～15

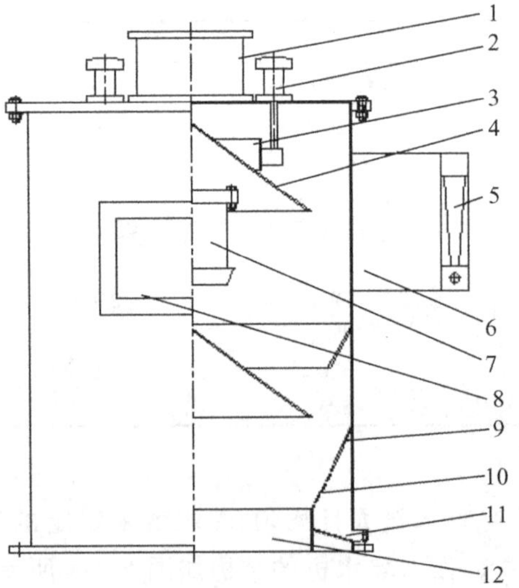

图 2-3-5　喷雾着水机结构示意图

1. 进料管；2. 调节手柄；3. 均料环；4. 分料盘；5. 玻璃转子流量计；6. 控制箱；7. 电动雾化器；8. 观察窗；9. 集料斗；10. 空水槽；11. 排水口；12. 出料口

3. 喷雾着水机

喷雾着水机由雾化喷头、搅拌输送机和水汽控制装置等组成，如图 2-3-5 所示。小麦进入料筒后，推动挡板向下转动，启动水汽电磁阀的微动开关，雾化喷头开始喷水，使麦粒得到水雾均匀喷洒。浆叶式输送机一方面对小麦进行搅拌，提高着水均匀度；另一方面将小麦送入磨前麦仓。

物料从进料管落入均料环，在均料环与分料盘的共同作用下，沿分料盘上表面均匀流向四周，并在分料盘的下方形成环状均匀物料流；水通过玻璃转子流量计，经管道流入电动雾化器内，电动雾化器把水雾化成 10～100μm 的细小雾状水滴，散布到机体内，与物料相遇着水。着水后的小麦经集料斗卸出机体外，多余的水通过空水槽(孔)与物料分离，经排水管排出体外。喷雾着水机的主要技术参数如表 2-3-6 所示。

表 2-3-6 喷雾着水机的主要技术参数

型 号	产量/(t/h)	雾化水量/(L/h)	着水量/%	功率/kW
FZSW·20-300	3	20	0.2～0.5	0.05
FZSW·25-300	5	25	0.2～0.5	0.05
FZSW·50-300	8	50	0.2～0.5	0.1
FZSW·50-380	10	50	0.2～0.5	0.1
FZSW·75-380	15	75	0.2～0.5	0.2
FZSW·100-380	20	100	0.2～0.5	0.2
FZSW·150-380	30	150	0.2～0.5	0.3
FZSW·250-740	50	250	0.2～0.5	0.37

（二）着水控制仪

目前与小麦着水机配套使用的着水控制仪，按水分测定的原理不同分为两类：电容式着水控制仪与微波式着水控制仪。

1. 电容式着水控制仪

电容式着水控制仪水分测量原理：小麦在干燥状态下的相对介电常数较低，而水的相对介电常数较高(约 80)，小麦的含水量不同，介电常数就不同，当其他条件一定时，以小麦为介质所构成电容器的电容量也不同，将以测得的电容推算出小麦的含水量。

电容式着水控制仪由检测、控制和执行三部分组成。电容式湿度传感器测出毛麦的水分含量，重力传感器测出毛麦的容重，温度检测探头测量出毛麦的温度，冲击式重力传感器测出小麦流量。由于小麦的品质和温度会影响电容量，故测得的水分的信号还需参照容重和温度数据进行修正。这些数据送入微机系统算出毛麦水分；之后微机系统根据预先输入的设定水分与实测的小麦水分和流量进行对比，计算出应加水量；再将应加水量与水流量计测得的实际水量进行比较，用比较后的差值信号，控制电动调节阀动作，从而控制着水量。图 2-3-6 为电容式着水控制仪的工作示意图。

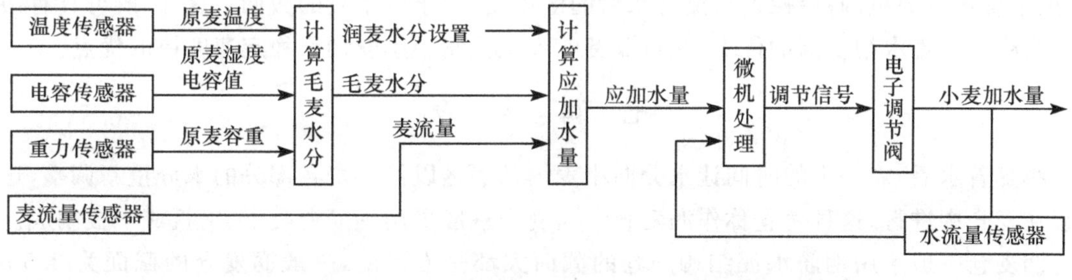

图 2-3-6 电容式着水控制仪的工作示意图

电容式着水控制仪测量水机进料口的干麦，设备结构简单，造价低。电容式着水控制仪由早期的气动控制改为电动控制调节后，简化了机电结构。由于不再需用压缩空气，控制的速度、精度和可靠性均有明显提高。

2. 微波式着水控制仪

微波式着水控制仪与电容式着水控制仪一样，由检测、控制和执行三部分组成，但其传感检测原理和控制方式与电容式着水控制仪不同。

微波式着水控制仪在着水机的出口溜管两侧设置有微波和 γ 射线传感器：一侧为发射部分，另一侧为接收部分。当微波和 γ 射线穿过溜管中小麦的流层时将发生衰减，衰减量经过转换和处理后，可分别获得着水后湿小麦的水分和密度的电信号。微机控制系统将获得的水分信号，经密度和实时测得的温度值进行修正后，计算出湿小麦确切的水分含量。之后，将修正后的水分与事先设定的水分进行比较，如有差异即向供水机构发出增减水量的指令，加水量需逐次渐进调整，使着水结果与设定要求的差值逐渐缩小，直至相符。着水结果与设定相符后，供水量维持不变；如产生差异，则继续进行调整。微波式着水控制仪原理图如图 2-3-7 所示。

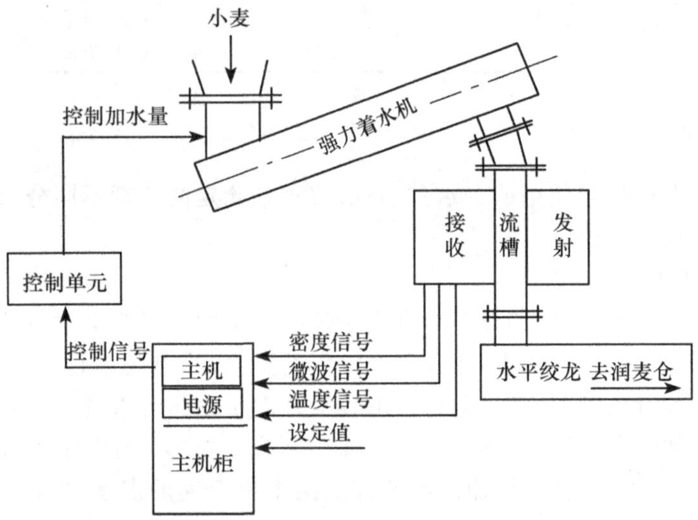

图 2-3-7　微波式着水控制仪原理图

微波式着水控制仪着水精度高，便于动态检测和实时处理控制，但结构复杂、价格较高。

除上述两种着水控制仪外，另有兼顾电容式和微波式两者优点而设计生产的着水控制仪。此类着水控制仪在着水机的进口和出口处均设有检测水分的探道。前探道检测着水前的干小麦，用于着水量的粗调；后探道检测着水后的湿小麦，用于着水量的微调。这样，既可具有微波式检测湿小麦着水精度高的优点，又可兼备电容式检测干小麦调整稳定速度快的优点。

七、润　麦　仓

小麦着水后，需一定的时间让水分向小麦内部渗透以使小麦各部分的水分重新调整，这个过程在麦仓中进行，这种麦仓称作润麦仓。润麦仓一般采用钢筋混凝土、钢板或木板制成。

润麦仓一般采用钢筋水泥结构。仓的截面大都是方形的，一般润麦仓的截面为 2.5m×2.5m、3.0m×3.0m 或 4.0m×4.0m。仓的内壁要求光滑，仓的四角应做成 15～20cm 的斜棱，以减少麦粒膨胀结块的机会。由于湿麦的流动性差，仓底要做成漏斗形，斗壁与水平夹角一般为 55°～65°。润麦仓的出口有单出口和多出口两种。出料口大小为 250mm×250mm。为了便于进仓检查和清仓工作，仓顶应设进入孔，仓内壁设爬梯。进入孔一般为 600mm×600mm，爬梯通常采用预埋的铁爬梯，材料可用 ϕ16～20mm 圆钢。为了及时了解和显示润麦仓中物料的多少，以利组织生产和实现生产过程的自动化，必须在仓的上部、中部和下部设置料位器。

由于小麦籽粒的饱满程度和质量的差异,小麦入仓时会出现自动分级。较重的麦粒落在仓的中心部位,较轻的麦粒落在仓的四周。卸料时,料仓中心部分的籽粒比靠近筒壁的物料更容易流动,靠近四周的物料则因受到较大的摩擦力,以及离仓中心较远流动更困难,使得仓中心的小麦先行流出,在中心部位流出后,上部近壁的小麦逐渐向中心补充,而底部仓壁四角的小麦最后流出,产生后入仓先出仓现象,造成润麦时间不匀。如果小麦进仓时已有自动分级现象,饱满的小麦落在仓的中心,大部分轻质麦和轻杂追积落在靠近仓壁处,结果是早期流出的小麦比后期流出的小麦容重高、杂质少,通常仓内最后 1/4 的小麦,其品质差异相当显著。仓越大,自动分级造成的影响越严重,影响生产和产品质量的稳定。

为克服小麦入仓时产生自动分级现象,可在麦仓入口处装置分散器(图 2-3-8)。在仓顶入口处下方,吊装圆锥形分散器,当麦粒进仓时,撞在圆锥上向四周流出,打破小麦的自动分级现象。

为克服小麦出仓时中心部位首先流出现象,一般采用多出口麦仓。多出口麦仓在一定程度上可克服单出口润麦仓的后进先出缺陷,使仓四周的小麦和中心的小麦具有相同的流动特性,做到先进先出,防止产生自动分级,保证润麦时间和小麦品质的一致性。多出口润麦仓有 4 出口、9 出口等几种形式,其结构如图 2-3-9 所示。每一个出口的溜管直径取 150mm 左右。所有溜管成一定斜度均布在圆锥形汇集斗的圆周上。汇集斗的上部中心设置检查孔。每一根溜管上应装设玻璃观察管,以观察溜管内物料的流动情况。

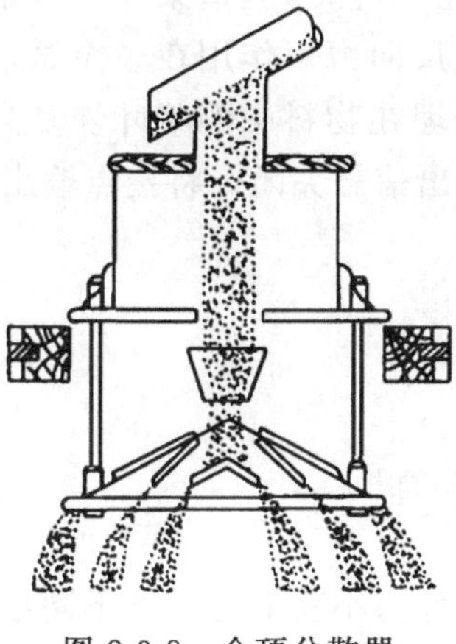

图 2-3-8 仓顶分散器

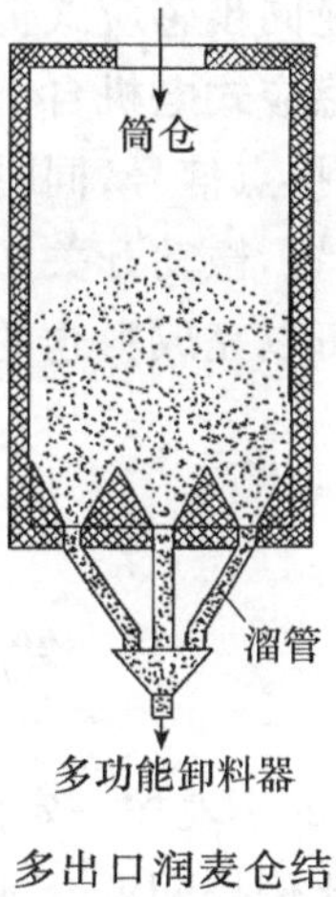

图 2-3-9 多出口润麦仓结构示意图

润麦仓容量的大小,影响润麦时间的长短。应根据所需的润麦时间和生产线的产量来确定润麦仓容量的大小。每个润麦仓的仓容不宜过大、仓的数量不能太少,一个生产线至少要有三个润麦仓,以便于各种小麦分开存放和周转。正常生产时,有一个仓在进麦,有一个仓在出麦,两个仓只起一个仓的作用。润麦仓的数量可按下式计算:

$$Z = Q \cdot t / V \cdot \gamma + A/2 \tag{2-3-2}$$

式中,Z 为润麦仓数量(个);Q 为产量(kg/h);t 为润麦时间(h);V 为每个仓的有效体积(m^3,约为实际体积的 80%);γ 为小麦的容重(kg/cm);A 为同时进、出仓的仓数(取最大数)。

为了及时了解和显示润麦仓中物料的多少,以利组织生产和实现生产过程的自动化,必须在仓的上部和下部设置料位器。料位器基本分为接触式检测和非接触式检测两大类。接触式检测,即检测时料位器探头与被测物料相接触。常用的料位器有电容式料位器、射频导纳式料位器、阻旋式料位器、雷达料位器、超声波料位器、静压式料位器等。

麦仓使用的料位器大多是点位式料位器，主要用作空仓和满仓的定点检测。

ROTONIVO RN 系列阻旋式料位器是性能价格比高的机电一体化料位开关，用于固体料位检测(图 2-3-10)，安装在容器上的阻旋式料位开关。

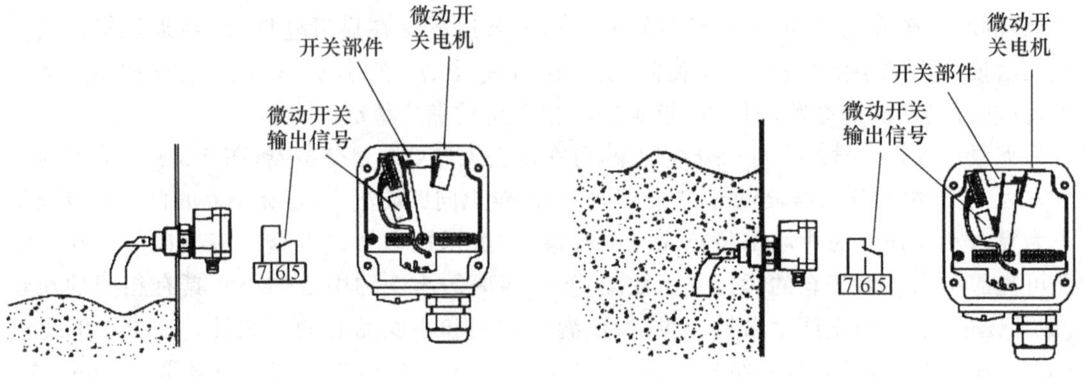

图 2-3-10　阻旋式料位器工作过程图

工作时，一个低速同步感应式传动电机驱动旋转测量桨叶，当测量桨叶一接触到物料，转动就受到阻碍，同步感应式电机自由地被悬挂起来，导致反向力矩作用在一个微动开关上，产生一个与之匹配的电接点信号，同时使电机停止转动，当埋在物料中的桨叶恢复自由时，弹簧把电机拉回到工作位置，微动开关回到初始位置，接点输出信号关闭。将接点输出的信号连接到自动控制系统，就可以完成料仓的料位报警和连锁。

(李利民)

第四节　小麦的搭配

将多种不同类型的小麦按一定配比混合加工的方法称为小麦搭配。将不同小麦分别先加工成面粉，再按相应比例搭配混合的方法称为面粉搭配。搭配是小麦制粉生产中的一个重要环节，与生产的稳定，加工成本的高低、产品的质量及质量的稳定，以及经济效益的好坏等密切相关。小麦制粉厂均可进行小麦搭配，而只有具备散装配粉仓的粉厂方可在后处理工序进行灵活的面粉搭配。

一、搭配目的与搭配方案制订

(一) 搭配的目的

搭配的目的有以下几点。

① 合理利用原料，保证产品质量。根据面粉质量要求，将不同类型、不同等级的多批小麦混合加工，使其性能优势互补，生产出合格产品，并可充分利用原料资源。

② 使入磨小麦加工性能一致，保证生产过程相对稳定。不同类型和等级的小麦在制粉生

产过程中,其加工特性及研磨在制品的分配比例都存在较大差异,若按一定比例混合后,可保证研磨小麦在一段时期内相对稳定。生产过程中针对混合后小麦特性进行相应地操作调整后,即可稳定生产。原料的稳定对自动化程度高的粉厂尤为重要。

③ 在保证产品质量的前提下,尽量降低原料及生产成本。

④ 保证产品质量的长期稳定,即保证不同批次生产的同一品种同一等级的面粉质量相同。专用小麦粉尤其要保证质量的稳定。

(二) 搭配的要求

① 按生产面粉的质量要求,选购相应品质的小麦。

② 具有足够的仓容,分类存放购入小麦,不可互混。

③ 对购入小麦进行相应的品质检验,包括杂质含量、水分、硬度、面筋含量、粉质特性、拉伸特性、降落数值、糊化特性等。并将其按原料的产地、品种、等级、质量指标、数量、价格等分类储存、数据备案。

④ 具有完善的实验设备和条件。

⑤ 工艺流程中设置有相应的搭配设施。

(三) 搭配方案的制订

1. 通用小麦粉的小麦搭配方案制订

制订通用小麦粉的小麦搭配方案时,首先应考虑满足小麦粉质量标准的基本指标,其次再综合考虑现有库存小麦的硬度、色泽、数量、价格等因素。

目前执行的通用小麦粉国家标准中面筋质含量是一个重要的质量指标。小麦粉的面筋质含量虽与制粉工艺中小麦粉的提取部位、出粉率、水分等因素有关,但主要与小麦自身的面筋质含量有关。相同条件下小麦的面筋质含量与小麦粉的面筋质含量呈正相关。因而小麦面筋质含量是小麦搭配时考虑的首要指标,小麦粉的其他指标主要通过生产过程的控制来保证。

色泽是馒头、包子类蒸制面食品的主要感官评价指标之一。虽然小麦粉国家标准中没有色泽的量化指标,但在实际生产中对加工主要用于制作馒头的通用小麦粉时,小麦粉的色泽是一项主要指标。影响小麦粉色泽的因素有许多,但与其麸星含量、麸星的色泽相关性较强,因而需要通过小麦色泽的搭配、生产工艺及操作的配合来改善。

修订后(尚未颁布)的小麦粉国家标准,将主要用于馒头、面条、水饺、包子等面食品的中筋小麦粉分为强中筋和中筋小麦粉。其质量指标中除小麦粉的面筋质含量外,还新增加了粉质曲线的稳定时间、面筋指数和降落数值等。制订小麦搭配方案时要一并考虑。

另外,加工通用小麦粉的利润空间很小,因此原料成本的核算非常重要。确定小麦搭配方案时,必须考虑价格因素,取得较高的性价比。

例如,准备将现有库存的 4 批小麦搭配成 4000t 湿面筋含量为 25%的混合小麦。其中 A、B 两批为红麦,C、D 两批为白麦;A、B、C、D 4 批小麦的湿面筋含量分别为 22%、26%、23%和 27%。考虑色泽、价格等因素,搭配比例中白麦最多仅能占 40%。另外,D 批小麦的库存量仅有 400t。

设 A、B、C、D 4 批小麦分别需 X、Y、Z、W;且 $Z+W=40\%$。

解:$X+Y=60\%$

$Z+W=40\%$

$22X+26Y+23Z+27W=25\times100\%$

$4000\times[1-(X+Y+Z)]=400$

得：$X=5\%$、$Y=55\%$、$Z=30\%$、$W=10\%$

即 A、B、C、D 4 批小麦分别需要 200t、2200t、1200t 和 400t。A、B、C、D 4 批小麦的搭配百分比分别为 5%、55%、30%和 10%。

上例中白麦搭配比例是按上限值 40%计算的。若按小于 40%的比例计算，搭配比例有很多。简化起见可设定若干组进行计算，再通过比较确定最佳方案。

2. 专用小麦粉的小麦搭配方案制订

生产专用小麦粉时，首先需根据不同专用小麦粉的性能要求选取适合的小麦，在此基础上再通过小麦搭配使其优势互补，发挥最大功效。在制订专用小麦粉的小麦搭配方案时，除应考虑上述通用小麦粉的小麦搭配中的诸多因素外，需重点满足不同专用小麦粉的品质指标。为此，采购和小麦入库时均需进行详尽的品质检验：小麦质量检验、实验磨制粉、小麦粉的面团性能检测及评价指标等，为搭配方案的制订提供依据。

表 2-4-1 列出了加拿大硬红春麦和英国软麦按不同搭配比例研磨后，进行面团拉伸试验的结果。结果表明：随着面筋质筋力较弱的英国软麦的搭配比例增加，面团的筋力（曲线面积）和弹性逐渐减小，而延伸性逐渐增加。

表 2-4-1 不同小麦搭配比例磨制成小麦粉的面团拉伸试验

技术参数	序号					
	1	2	3	4	5	6
加拿大硬红春麦/%	100	80	60	40	20	0
英国软麦/%	0	20	40	60	80	100
面积/cm^2	131	121(111)*	113(92)	84(72)	55(53)	33
弹性/B. U.	820	630(681)	515(542)	370(403)	225(264)	125
延伸性/mm	115	126(128)	133(140)	148(153)	161(163)	178

* 表中括号内数据为根据两种小麦特性按搭配比例计算的数值。表中单位 B. U. 为我国的 E. U. 。

我国人民长期以来形成了以蒸煮食品为主的饮食习惯，因而我国小麦以中筋为主，强筋与弱筋小麦较少，故以往生产面包专用小麦粉时，主要以进口硬麦为加工原料。近年来，我国加大了对小麦品质的改良，培育出了许多优质的小麦品种并进行推广种植，为专用小麦粉原料的选择提供了条件。生产面包类专用小麦粉一般则选用强筋与强筋小麦进行搭配；馒头、面条类专用小麦粉则选用中筋小麦进行搭配；饼干类专用小麦粉则选用不同的弱筋小麦搭配加工。

制订搭配方案时，需依照所生产专用小麦粉的质量标准，按上述线性方程初步计算出各种小麦的搭配比例。在实验磨粉机上按搭配比例将各类小麦混合研磨成粉，再将小麦粉进行相应的品质指标检测。或将各类小麦分别研磨成粉后，再将小麦粉按比例混合进行相应的品质检测。

表 2-4-2 是采用实验磨粉机将不同小麦单独研磨和按搭配比例混合研磨成粉后，小麦粉品质指标的检测结果。

表 2-4-2 小麦单独研磨和混合研磨的性能关系

研磨方法	原料	配合比/%	原料粗蛋白/%	实验磨制粉								
				灰分/%	湿面筋/%	粗蛋白/%	粉质仪	面团拉伸仪			淀粉酶仪
							吸水率/%	面积/cm²	弹性/B. U.	延伸性/mm	最大黏度
单独研磨	A	45	13.6	0.48	40.3	13.4	69.9	142	189	570	365
	B	25	12.1	0.43	38.2	12.0	70.6	123	179	518	221
	C	20	12.4	0.45	38.5	12.1	66.6	133	134	790	170
	D	5	11.5	0.46	34.0	11.3	67.4	93	178	402	460
	E	5	12.3	0.51	38.5	12.2	69.3	68	168	300	250
	计算值	100	12.8	0.46	39.0	12.6	69.1	129	174	579	289
混合研磨	实验值	100	13.0	0.46	38.8	12.5	70.9	134	179	590	241
差(实验值－计算值)			0.2	0	－0.2	－0.1	1.8	5	5	11	－48

注:A～E 为各种原料单独研磨的数值;计算值是根据 A～E 原料性能,按搭配比例进行计算所得;混合研磨的实验值是将 A～E 原料按搭配比例混合研磨制粉后的测定数值。

由表 2-4-2 看出,不同小麦单独研磨所得的面粉品质指标按搭配比例计算的数值,与搭配后再研磨的小麦粉品质指标测试值存在一定的差距。因此,制订专用小麦粉的搭配方案时,一般先将搭配的各类小麦分别用试验磨研磨成粉,再将小麦粉按不同比例混合均匀进行相应的品质检测。同时还要进行相应面制品的食用品质检测,各项指标合格后方确定搭配方案。

生产专用小麦粉时,在采取小麦搭配的同时,还需结合不同粉流的质量进行组合,并与小麦粉搭配相结合生产不同等级、不同质量要求的专用小麦粉。

二、搭配的应用

(一) 毛麦搭配

制粉主车间设置有数个毛麦仓的面粉厂,可在毛麦仓下搭配混合,即先将准备进行搭配的小麦分别送到不同的毛麦仓中,按设定的搭配比例分别调整好出仓的小麦流量,然后同时开启几种搭配小麦的麦仓出口,出仓后的多种小麦流入螺旋输送机混合并输送至提升机。

制粉主车间毛麦仓数较少的情况下,若立筒库与主车间距离较近,可在立筒库下进行毛麦搭配,搭配方法同上。立筒库仓容大,调整搭配比例后可较长时间保持不变,但要注意配麦量与主车间生产量的衔接。

车间内无毛麦仓也无立筒库的小型面粉厂,多在下粮井处进行简单的配麦。

毛麦搭配简单易行,可操作性强,不足之处在于水分不同、硬度不同的小麦需要不同的着水量和润麦时间;含杂种类和含杂量不同的小麦清理工序应有所侧重。而小麦混合后着水量和润麦时间相同,难以使不同小麦的制粉特性均达到最佳状态,清理杂质的难度相应增大。

(二) 润麦仓下搭配

为避免上述毛麦搭配的弊端,一些面粉厂将搭配用的小麦分别清理、着水和润麦后,在润麦仓下进行搭配。毛麦清理阶段采用一条或两条平行的清理流程。

润麦仓下搭配的优点显而易见,使不同类型的小麦都达到适宜的制粉性能。不足之处亦明显:a. 需设置较多数量的润麦仓;b. 当只有一条清理流程时,原料变换频繁;c. 操作管理难度增加。

一些工艺完善的面粉厂，在毛麦仓和润麦仓下均可进行小麦搭配，并设置有配粉仓。生产过程中，可根据原料状况、成品的质量要求等灵活应用。为保证出仓小麦质量均衡，一般采用多出口麦仓。

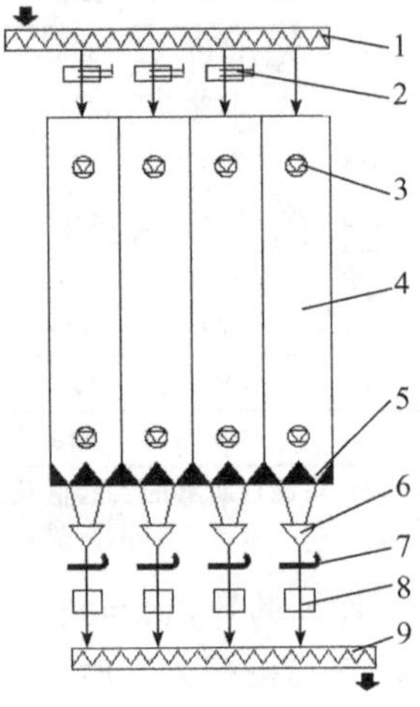

图 2-4-1　小麦搭配流程

1. 仓上螺旋输送机；2. 控制阀门；3. 料位器；4. 麦仓；5. 出料口；6. 收集斗；7. 出仓控制阀门；8. 配麦器；9. 仓下螺旋输送机

面粉搭配本节不做阐述。

三、典型搭配设备

小麦搭配时，需将分别存入不同麦仓中的若干种小麦按预定搭配比例同时放出，控制各麦仓出口小麦流量的设备为配麦器。配麦器一般放置在麦仓出口下方、螺旋输送机之上，按不同比例出仓的多种小麦经螺旋输送机混合均匀，见图 2-4-1。配麦器有容积式和重力式两种形式。

（一）容积式配麦器

1. 容积式配麦器的结构

容积式配麦器主要由可调整容积大小的转子和机壳组成，有几种结构形式。图 2-4-2 为 TPLR 型容积式配麦器的结构示意图，该机的主要构件为一具有袋状定量腔的转子和设在进口处的若干个不同宽度的插板。插板下方对应的定量腔容积比例分别为 2%、8%、38%、32%、16%和 4%。按搭配比例调节不同插板的启闭，可控制通过的小麦流量。当定量转子出现故障时，打开总开启插板 1，使小麦从旁路通道排出，以保证连续生产。

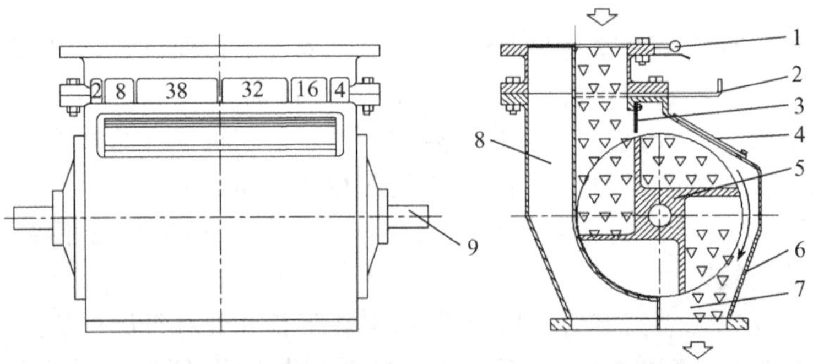

图 2-4-2　TPLR 型容积式配麦器的结构示意图

1. 总开启插板；2. 配比插板；3. 刮板；4. 观察窗；5. 定量转子；6. 箱体；7. 出料口；8. 应急旁路通道；9. 驱动轴

2. 容积式配麦器的流量

容积式配麦器中小麦从进料口落入转子和机壳之间的工作空间内，随着转子转动至下方出料口排出，其流量的计算公式如下：

$$G = 0.06n \cdot i \cdot \varphi \cdot \gamma \quad (2\text{-}4\text{-}1)$$

式中，G 为容积配麦器流量(kg/h)；n 为转子转速(r/min)；i 为配麦器工作容积(L/r)；φ 为充满系数(小麦一般取 0.8);γ 为小麦容重(g/L)。

由上式可知,容积式配麦器的流量与配麦器的转子转速、工作容积、充满系数和小麦容重有关,并随上述参数的增大而增加。

当设定的转子转速较低时,容积配麦器的流量与转速呈线性关系;当转速增大至一定值后,继续增大转速,因小麦来不及充满容积空间导致充满系数下降,反而使流量减小。因此容积配麦器设置有最大工作转速。使用时一般根据产量大小在最大转速范围内设置一个固定转速值。

当转子转速为定值、小麦容重和充满系数也一定时,配麦器的流量随工作容积的变化而改变。

实际生产中,搭配的各批小麦其形状、饱满程度、含杂种类、含杂量及水分不尽相同,因而容重和充满系数存在差异,影响到通过容积配麦器的小麦流量,进而对搭配比例的精确程度造成一定影响。故确定各麦仓配麦器的容积调节比例时,应考虑上述因素。

容积式配麦器结构简单、设备高度较低、占据空间高度小、易在流程中安置。搭配比例调节方便灵活,价格相对也较低。

3. 容积式配麦器的操作与维护

① 容积式配麦器安装时,在进料口上部需安装存料箱,使配麦器进料口的物料始终处于充满状态,这样使配麦器的混合比或定量供给比较准确。

② 运行过程中须经常检查进料是否通畅、料管中叶轮内有无堵塞。经常检查、清除叶轮空腔中积存的杂物,以保证配料的准确性。

③ 经常检查配比插板的闭合状况,若卡料、闭合不严,影响搭配比例的准确。

④ 要经常检查刮板的磨损状况,刮刀磨损后与叶轮的缝隙加大,要及时调整或更换。

⑤ 停机前必须关闭所有配比插板,待机内物料排空后再停机,防止再开机时卡死。

⑥ 设备出现故障时,应立即停机或检修,以防损坏电机。必要时,物料可从容积式配麦器旁路通道排出。

TPLR 型容积式配麦器的主要技术参数见表 2-4-3。

表 2-4-3　TPLR 型容积式配麦器的主要技术参数

技术参数	型号	
	TPLR·30	TPLR·20
叶轮直径/mm	300	200
容积/(L/r)	17	5
最大转速/(r/min)	40	50
最大产量/(t/h)	50	20
配麦精度/%	±2	±2
功率/kW	0.75	0.75
外形尺寸(长×宽×高)/mm	780×440×506	780×360×406

(二) 重力式配麦器

1. 重力式配麦器的结构

重力式配麦器又称流量控制器,主要由微电脑智能测控系统、气动控制系统和机械执行机

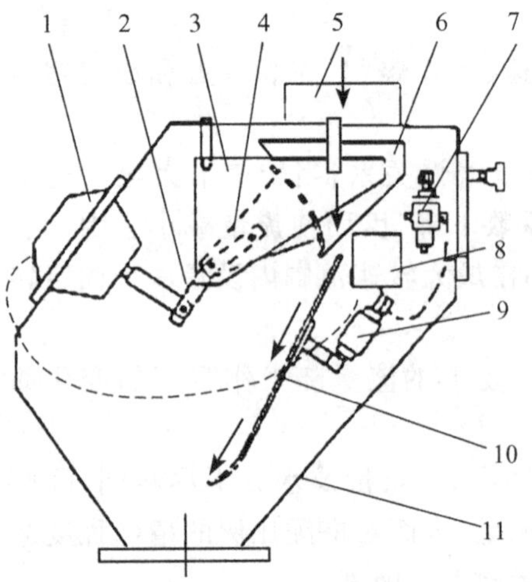

图 2-4-3　TKZL 型重力配麦器的结构

1. 气泵；2. 连接板；3. 支撑架；4. 闸门；5. 进料口；6. 料斗；7. 减压阀；8. 气动控制箱；9. 传感器；10. 流量感应板；11. 箱体

构组成。微电脑智能测控系统包括流量感应板、重力传感器和智能控制仪表，其中智能控制仪表与主机分开安装，可同时控制几个重力式配麦器，设定和控制不同麦仓的出料流量。气动控制系统包括气泵、电磁阀及节流阀等，用来控制进料闸门的开启程度。

TKZL 型重力式配麦器的结构见图 2-4-3。

重力配麦器工作时，料斗中小麦经流量控制闸门落到流量感应板上，感应板把获得的冲力信号送给板下的传感器，传感器将冲力信号转换成电信号传递给智能控制仪表。小麦的冲击力与流量呈线形关系，小麦流量小于设定流量时，气动控制箱内的进气电磁阀处于导通状态，通过气泵使进料闸门开大，流量增大。反之，控制出气的电磁阀导通，流量减小。当小麦流量达到设定值时，进料闸门处于平衡状态，停留在一个与设定值相应的开度上，达到动态平衡位置，仪表显示即时的动态流量。

TKZL 型重力式配麦器的主要技术参数见表 2-4-4。

表 2-4-4　TKZL 型重力式配麦器的主要技术参数

技术参数	TKZL
流量控制/(t/h)	1～10，10～20
精度(设定值)/%	±1
功率/kW	0.04
工作气压/MPa	0.3～0.6

重力式配麦器的优点是不受小麦品质、含杂和水分的影响，保持恒定的质量分数，自动化程度高。但因机电一体化，电子元件较多、结构复杂，需精心地操作和维护。

2. 重力式配麦器的维护

① 重力式配麦器的进机物料应连续、稳定，可避免料门频繁动作，增加设备的损耗。若进机流量不稳定，甚至小于配麦器的设定值，通过配麦器的流量就不能保持稳定。

② 需定期检查感应板的磨损程度。物料连续冲击感应板，长期使用后易磨损，发现破损要及时更换，并及时清理感应板与料门上缠挂的杂物。

③ 传感器、配重及周围经常用小刷子清扫，以免夏季气候潮湿，粉尘结块，影响传感器的自由活动。

④ 定期校验设备精度。在实际应用中，流程中不设自动控制的面粉厂，多采用容积式配麦器；采用毛麦仓下搭配且进行生产自动控制的面粉厂，可使用重力式配麦器；若清理流程中既可在毛麦仓下搭配也可在润麦仓下搭配，可在毛麦仓下配置重力式配麦器，在润麦仓下配置容积式配麦器。

（田建珍）

第五节　小麦清理流程

一、概　　述

小麦磨粉前的准备工作——清理杂质、水分调节和搭配混合是在清理车间进行的。所谓清理流程是指小麦从开始清理至入磨之前，按入磨净麦的质量要求进行连续处理的生产工艺流程，也称"麦路"。在设备完善的工厂中，清理流程中还包括小麦的计量和下脚处理。

在小麦加工厂实际生产中，不可能用一种设备就能将小麦中的杂质全部清除，而是要将各种设备合理地组合在一起进行清理，并使完整的小麦损失最小。

小麦的清理流程并无一定的模式，不过，通常的流程中应具有以下功能。

① 清理大于或小于麦粒的尘芥杂质和部分粮谷杂质；

② 精选出荞子、野草种子、大麦及燕麦；

③ 利用风选清除轻杂质及尘土；

④ 利用打麦和刷麦，清理小麦表面；

⑤ 利用磁选设备清除金属杂质；

⑥ 洗麦及水分调节，如不用洗麦机，则单独使用水分调节设备；

⑦ 根据密度的不同清除石子。

在小麦清理流程中，除配置上述设备以外，还应具备：a. 喂料设备，以保证入机小麦流量均匀；b. 配麦设备，使不同品质的小麦按比例搭配；c. 吸风除尘系统，保证车间环境卫生；d. 根据生产需要，配置一定容量的麦仓。

吸风除尘系统可采用单独或集中的风网。从各个清理设备吸出的含尘空气需经除尘器处理，以除去其中的轻杂质和尘土，而干净的空气方可排入大气。考虑布筒除尘器的工作负荷和使用寿命，建议对润麦前各个清理设备所组成的吸风系统，先经刹克龙初步除尘，再进入布筒过滤器做二次净化。

小麦加工厂是根据成品面粉的产量计算原料的耗用量。清理车间的产量至少要比制粉车间的产量大10%～15%或更多。在清理过程中，由于更换小麦品种、动力传动或工艺设备发生故障而短时的停车、每次停工后的再开车都会影响处理量，因此适当加大小麦清理的流量是必要的。

二、小麦清理流程设计的依据与组合原则

制粉界有句谚语："良好的清理，即工作的一半"。只有合理地设计清理流程，才能用最少的设备、最有效地发挥设备的清理效果，保证净麦质量。同时，还可以降低工作机件的磨损、延长机器使用寿命、节省生产管理费用。

在选用清理设备和组合工艺流程时，必须以净麦质量标准为依据，并结合原粮的含杂情况、工厂生产能力、成品种类、小麦品质及水分调节方法等因素综合考虑。

(一) 设计依据

1. 入磨净麦的质量要求

为了保证小麦粉的纯度，毛麦经过清理和调质后，净麦应达到以下要求。

① 砂石含量不超过0.02%，基本不含磁性杂质。

② 入磨净麦水分适宜，使生产出的面粉水分符合国家标准。

③ 小麦搭配比例合理，润麦时间适中，具有适宜的制粉性能。

2. 小麦的品质和含杂情况

实际生产中，小麦的品质和含杂情况可能会出现比较大的变化。对含杂量大的小麦，设计的清理流程应比较完善；含杂量小的小麦，清理流程可适当简化。当小麦中含荞子、草籽、大麦、燕麦较多时，应加强对小麦的精选；当砂石、泥块、煤渣较多时，应加强对小麦的去石；当病虫麦、瘪麦较多时，应加强对小麦的打麦；当尘土较多时，应加强对小麦的吸风除尘；当小麦的水分较低时，应加强对小麦的水分调节，必要时可采用二次着水、二次润麦。

3. 工厂规模

工厂规模的大小和清理流程的简繁关系不是很大。不论厂型大小，通常都应有较完善的清理流程。特别小型的工厂，受投资及建筑规模的限制，清理流程或通风除尘系统可适当简化，并多采用组合型的设备。大型厂因设备多、处理量大，为节省除尘风网数量可较多采用自循环吸风的设备，并有下脚整理车间或工段。

4. 设备条件

当使用质量好、效率高的设备时，可适当减少流程中的清理道数，或选取较大的设备流量、减少设备数量。当设备效率较差时，应加强清理流程或取较低的流量值。

5. 其他条件

气候、地理条件对清理流程的设计也有影响。我国的北方地区冬天气候寒冷，小麦需要加热水分调节，润麦仓需要有隔热保温措施。

（二）组合原则

小麦清理流程的重要意义就在于，依靠该工作过程来保证面粉的纯度达到甚至超过国家规定的标准，改善小麦的制粉性能，稳定入磨小麦的质量，从而为制粉生产创造高产、优质、低耗的条件。小麦清理流程组合的原则如下所述。

① 首先清除危害性大的杂质。如磁性杂质、体积较大的砂石及麻绳头等。这些杂质对设备的安全运行有较大的影响，必须先除去。

② 先易后难、先综合后单项。选用综合除杂能力强的设备，将容易分离的大小杂质、轻杂质首先清除，再清除并肩杂质和表面杂质。

③ 优先选用体积小、效率高、性能可靠的新型设备。设备技术定额的确定要从实际出发，既先进又可靠。

④ 工艺要有一定的灵活性，以适应加工原料品质的变化。

⑤ 最大限度地发挥设备的除杂效率。除杂方法要完善，并合理安排各种设备在流程中的位置，以便提高清理工艺的综合除杂效果。

⑥ 配置完善、切实可行的小麦调质工段。

⑦ 保证工艺过程的连续性。

⑧ 节约投资、降低消耗。结合厂房建筑，做到合理布局，尽量减少物料的输送环节。

⑨ 要有完善的除尘、防爆措施，有效的降噪、减振功能，保护环境，保证生产安全，劳动卫生。

⑩ 根据杂质的种类及数量，安排必要的下脚处理设备，以回收小麦并充分利用下脚中的

有用物质,减少浪费。

在进行流程组合时,必须考虑合理安排各类设备在流程中的位置。合理的顺序有利于充分发挥设备效率、提高除杂效果、延长机器寿命、降低小麦损耗。下面就此问题进行介绍。

1. 筛选

小麦清理的第一道设备通常是筛选机并配套有风选设备,首先清除大杂质、大部分小杂质和尘土,保证后续设备的正常运转,防止设备和管道堵塞,并尽量减少灰尘对车间的污染。

通常小麦经初步清理后,需经两或三道筛选,以保证将小麦中的大杂质和小杂质除净。在打麦机后使用筛选机,可以使打麦后产生的碎泥块、碎麦和细杂质及时得到清除。

2. 打麦与刷麦

打麦工序应设在小麦中的大杂质(石子、砖块)除去之后。一般的小麦清理流程中都设有两道打麦工序,第一道在毛麦清理阶段,第二道在光麦清理阶段。在清理阶段,小麦的水分较低,脆性较大,易产生碎麦,一般使用轻打。重打通常放在光麦清理阶段,因为小麦着水后韧性增加,较强的打击作用可使小麦表面得到较好的清理。

被打麦机打碎的泥块、煤渣、不完善粒等,成为小和轻的杂质,这些杂质可以通过打麦机筛筒上的筛孔或借助吸风系统分离出去一部分,另外的部分需由打麦机后的筛理和吸风装置清除。

刷麦机用于 1 皮磨前或光麦清理段,可刷掉麦粒外皮及腹沟内的尘土、麦毛,以及经打麦撕裂而未脱离的麦皮和麦胚,并借吸风除去轻杂质。小麦经刷麦后,表面平整光滑。不管小麦经何种设备清理或洗麦机清洗,刷麦机仍是一道重要工序。

3. 磁选

小麦在清理过程中,要经多次磁选。第一道磁选设备设在清理流程的最前面,最后一道设在 1 皮磨之前。此外,在打麦、洗麦前亦应设磁选设备清除磁性金属杂质,以免金属在高速旋转的设备内受打击摩擦而发生火花,引起火灾。

4. 风选

在整个清理流程中至少应有三道专门的风选设备。风选设备一般跟在筛选、打麦、刷麦之后,第一道筛选后的风选尤为重要。小麦入磨前亦应采用风选进行清理,有利于提高净麦的纯度。对流程中的每一台设备都要予以吸风,既可吸除轻杂质,还可降低机内空气含尘浓度、保持机内负压、避免粉尘外溢。

从吸风除尘系统分离出的轻杂质要进行处理,以回收有用的物质。水分调节后所吸出的轻杂中麦皮等有机物质较多。

5. 精选

小麦在进入精选机之前,要求尽可能地清除大量的杂质,如麦穗、玉米、豌豆、沙子和石子等。在着水前使用精选机进行精选,就工艺效果而论是比较好的。因为荞子、小麦没有经过着水而胀大,同时,在经过打麦、洗麦机之后有些麦粒两端会被打掉,与荞子的差别就减小,很难与荞子分离。而且,打麦与洗麦机会造成碎麦,使精选机选出的物料增多,影响精选效果。精选多设在筛选、去石之后。

用滚筒或碟片精选机处理小麦时,应先经荞子精选机再入大麦精选机。

采用螺旋精选机(抛车)分离荞子,通常设在小麦着水之前。因为此时小麦和荞子表面光滑坚硬,摩擦系数小,分离效果好。而且,小麦在着水之后膨胀变圆,影响分离效率。

为合理地使用精选机，可按长度（宽度）将小麦分级，分成长短（大小）粒后，分别入大麦和荞子精选机。这样，可减少精选机的数量，但需有分级设备。

6. 洗麦和润麦

在设计清理流程时，必须把大量的大杂质、泥沙、虫蛀麦粒清除后进行洗麦和着水，才能获得良好的工艺效果，并可节省用水量。

采用去石洗麦机，一般可使小麦水分增加 1%～3%；采用强力着水机时，一次能加水 4%～5%。

在小麦入磨前应采用喷雾着水机加水，润麦 20～45min，以增加麦皮的韧性。

小麦加温水分调节有助于缩短润麦时间、改善面筋质量，对于高水分小麦仍能进行水分调节。但需使用加温设备，增加管理费用，为此一般面粉厂都不采用加温水分调节。

7. 去石与分级

面粉厂利用比重去石机、重力分级机和去石洗麦机清除小麦中的并肩石。

小麦内混杂的石子进入打麦机，易使工作构件磨损，并可能发生火花，影响安全生产；进入精选机，会加速袋孔表面的磨损，影响使用寿命。为此，在清理流程中，去石机应设在筛选之后、打麦和精选机之前。

去石机设在小麦中杂质已大部分清除后的位置——小麦润麦后的清理阶段，以提高除石效率，减少去石筛板的磨损。

利用重力分级去石机将小麦进行分级，使杂质集中在部分麦粒中，然后分别进行处理，可有利于发挥清理设备的效率，减少清理设备的数量。

重力分级去石机除分离出石子外，又能将小麦分成两类：轻质部分和重质部分。轻质部分占 5%～30%，含有大量杂质（包括大麦、燕麦、荞子和不实麦粒）的小麦，可进入大麦精选机和荞子精选机处理。重质部分占 70%～95%，不需进行精选。

为此，在清理流程中，重力分级去石机可设在筛选机之后、精选机或头道打麦机之前使用。

8. 麦仓的设置

清理车间的麦仓有保证正常生产、稳定流量，以及进行润麦和小麦搭配的作用。毛麦仓多设于头道麦筛之前。如果小麦已经过筒仓工作塔初步清理，而毛麦仓的数量又较多，则毛麦仓设在头道筛之前为宜，以保证小麦流量均匀并作小麦搭配用。若将毛麦仓设于头道筛之后，使小麦经过头道清理后入仓，可避免仓口阻塞，此时初清流量较大，需配置设备台数较多。

毛麦仓的容量根据原料库的供料情况、加工工序的工作时间，以及在毛麦仓是否进行搭配等因素来决定。在条件较好的大、中型厂，其仓容量可供生产 40～72h 用。

润麦仓的容量随粉间生产能力与润麦时间的长短而定。为适应加工原料的品质变化，润麦时间一般考虑为 24h。当加工硬麦时，润麦时间可增加到 30～36h。

为了保证粉间流量的均匀和稳定，在 1 皮磨之前设有净麦仓。净麦仓容量为 30～50min 的生产量。如果小麦入磨前采用喷雾着水，则净麦仓还有润麦的作用。

9. 称重

为稳定生产，随时考核粉厂生产实绩，则需掌握进入清理工序的小麦数量及进入 1 皮磨的小麦数量，以便计算毛麦及净麦出粉率。为此，可在进入头道麦筛之前及进入 1 皮磨之前各设一道自动秤计量。

10. 小麦搭配

小麦搭配可以在毛麦清理或光麦清理即将开始的位置进行。有的流程在上述两个位置均设有配麦装置。

若在光麦清理前搭配，不同批次的小麦可以分别进行毛麦清理和水分调节，在小麦从润麦仓出仓时按比例进行搭配。其优点是可以对不同硬度的小麦施以不同的着水量与润麦时间，使硬度较大的小麦能有较高的入磨水分，从而有更好的研磨性能。其缺点是需要较多的麦仓用于周转，品种更换和润麦时间的掌握比较麻烦。硬度差异较大的小麦宜在光麦清理前进行搭配。

在毛麦清理前进行搭配的优点是工艺简单、操作方便，毛麦清理不需要经常更换品种，润麦时间也容易掌握。

三、小麦清理流程设计的内容与方法

（一）小麦清理流程设计的内容

小麦清理流程设计的内容包括以下几点。

① 小麦清理的工艺流程，包括计量等。

② 各工艺环节的流量。

③ 各设备的类型、规格、数量和相关的技术数据。

④ 麦仓的容量、数量。

⑤ 通风与除尘系统的组合及设备配置。

⑥ 下脚处理的方法与设备配置。

（二）小麦清理流程设计的步骤

小麦清理流程设计的步骤包括以下几步。

① 根据设计依据和原则，收集有关资料，制订基本方案，如除杂设备的类型、应用的道数，小麦搭配、水分调节方案、工艺流程的控制方式等。

② 确定初步流程，绘出流程草图。

③ 计算流程的主要参数，如各工段的小麦流量、各种麦仓的容量、润麦时间等。

④ 选择设备型号规格，计算设备的数量及主要工艺参数。

⑤ 确定各吸风点的吸风量，合理组合风网，进行阻力平衡计算，选取合适的风机。

⑥ 绘出正式的流程图。

（三）设备的图形符号及清理流程图

为了清晰地表示出小麦清理的全过程，要采用一定的图形符号代表设备，并反映出它们之间的相互关系。各设备的图形符号应符合 GB12529—2008《粮油工业用图形符号、代号》国家标准。如果现有的符号不能完全满足要求时，可创造新的符号。使用新的图形符号时应尽量做到：①简洁易懂；②近似于设备的形状；③显示设备的功能。各种设备图形符号见附录九。

在清理流程图中，各设备间的物料流向用粗实线表示，清理过程中分出的下脚用细实线表示，并用箭头表示物料的前进方向。若出现线条相交，可将其中一条绕弯通过或在相交处断开。流程线一般画成水平线和垂直线，转弯一律画成直角。设备的吸风除尘风网用虚线表示，转弯处可画成弧线。设备图形的旁边要注明设备的代号、规格型号及主要技术参数。

四、流程设计举例

(一) 设计依据

1. 原粮情况

河南中等小麦,软麦占 50%、硬麦占 50%、白麦 80%、红麦 20%、含杂 1.5%左右,含有一定量的大麦和荞子,水分 12%左右、灰分 1.8%。

2. 生产能力

日处理小麦 200t 等级粉厂,三班生产。

3. 设备选型

优先选用国产设备,个别关键部位可考虑进口设备。

4. 厂外来粮方式

主要为汽车包装来粮。

5. 其他要求

原粮接收后直接入毛麦仓,不设立筒仓;进行毛麦搭配;毛麦仓每天一班进料;不考虑扩大生产。

(二) 清理流程设计

1. 制订基本方案

所有工艺设备采用国内最新型的设备。根据原料情况,清理流程拟采用四筛两打两去石一精选一着水一喷雾一次计量的工艺流程。生产过程由总控制室的工业计算机(PLC)监控。

2. 计算清理流程的主要技术参数

1) 小麦初清流量 Q_c

初清工段按一班制工作(白天 8h)来计算,初清流量应为

$$Q_c = \frac{G}{t_c} \cdot k_1 \cdot k_2 = \frac{200}{8} \times 1.2 \times 1.3 = 39 \quad (t/h)$$

取 $Q_c = 40 \quad (t/h)$

式中,G 为每天接收汽车来粮的总量(t);t_c 为初清工段每天的作业时间(h);k_1 为初清储备系数,取 1.2;k_2 为来料不均衡系数,取 1.2~1.4。

2) 毛麦清理流量 Q_m

$$Q_m = \frac{G}{t_m} \cdot k_3 = \frac{200}{24} \times 1.2 = 10 \quad (t/h)$$

式中,t_m 为毛麦清理每天的工作时间(h);k_3 为毛麦储备系数,取 1.2。

3) 光麦清理流量 Q_g

$$Q_g = \frac{G}{t_g} \cdot k_4 = \frac{200}{24} \times 1.05 = 8.8 \quad (t/h)$$

式中,t_g 为光麦清理每天的工作时间(h);k_4 为光麦储备系数,取 1.05。

4) 毛麦仓容量 G_m

因为不设原料库,毛麦仓兼有储存、缓冲、配麦的三重功能。其容量至少应满足:在当天进

料结束后，仓内储存的物料除能供此后16h的加工消耗外，最后还需保持3或4个品种的小麦供搭配使用。以每个品种占用一个仓、每仓容量100t计（初估），最后的剩余量应为300～400t。所以毛麦仓的仓容应为

$$G_m \geqslant \frac{G}{24} \times 16 + (300 \sim 400) = \frac{200}{24} \times 16 + 400 = 533 \quad (t)$$

考虑原料供应的不稳定性，可酌情扩大仓容，以保证连续生产。以6天的生产量考虑，取$G_m = 1200t$。

5）润麦时间、润麦仓个数n和润麦仓容量G_g

根据原料情况，该设计采用一次着水。润麦时间一般为24～36h，该设计取36h。每个润麦仓的容量按100t计（初估），则润麦仓个数n为

$$n = \frac{200 \times 36}{24 \times 100} + 1 = 4 \quad (个)$$

润麦仓总容量G_g：

$$G_g = 100 \times 4 = 400 \quad (t)$$

6）喷雾着水量和净麦仓容量G_j

喷雾加水量一般为0.2%～0.5%；

净麦仓容量一般为20～60min的生产量，该设计取40min，则净麦仓容量为

$$G_j = \frac{Q_g}{60} \times 40 = \frac{8.8}{60} \times 40 = 5.9 \quad (t)$$

（三）选择设备规格及其工艺参数

根据以上确定的基本方案及计算结果，选择主要工艺设备的类型、型号规格和数量，确定有关工艺参数，并填写设备选用表（表2-5-1）。

表2-5-1　设备选用表格式

序　号	名　称	型号规格	主要参数				台　数
			产量	功率	主轴转速	机重	
01	打麦机	FDMW40×150	8～10t/h	7.5kW	850r/min	400kg	1
⋮	⋮	⋮	⋮	⋮	⋮	⋮	⋮

在表2-5-1中，同类设备处于不同工作位置时应分别编号；不需列式计算的技术参数可直接填入表中，如设备的台数、筛孔尺寸、工作转速等。

（四）除尘风网设计与计算

除尘风网的组合见图2-5-1。除尘风网的计算方法参考有关教材《通风除尘与气力输送》。

（五）绘出清理流程图

清理流程图见图2-5-1。

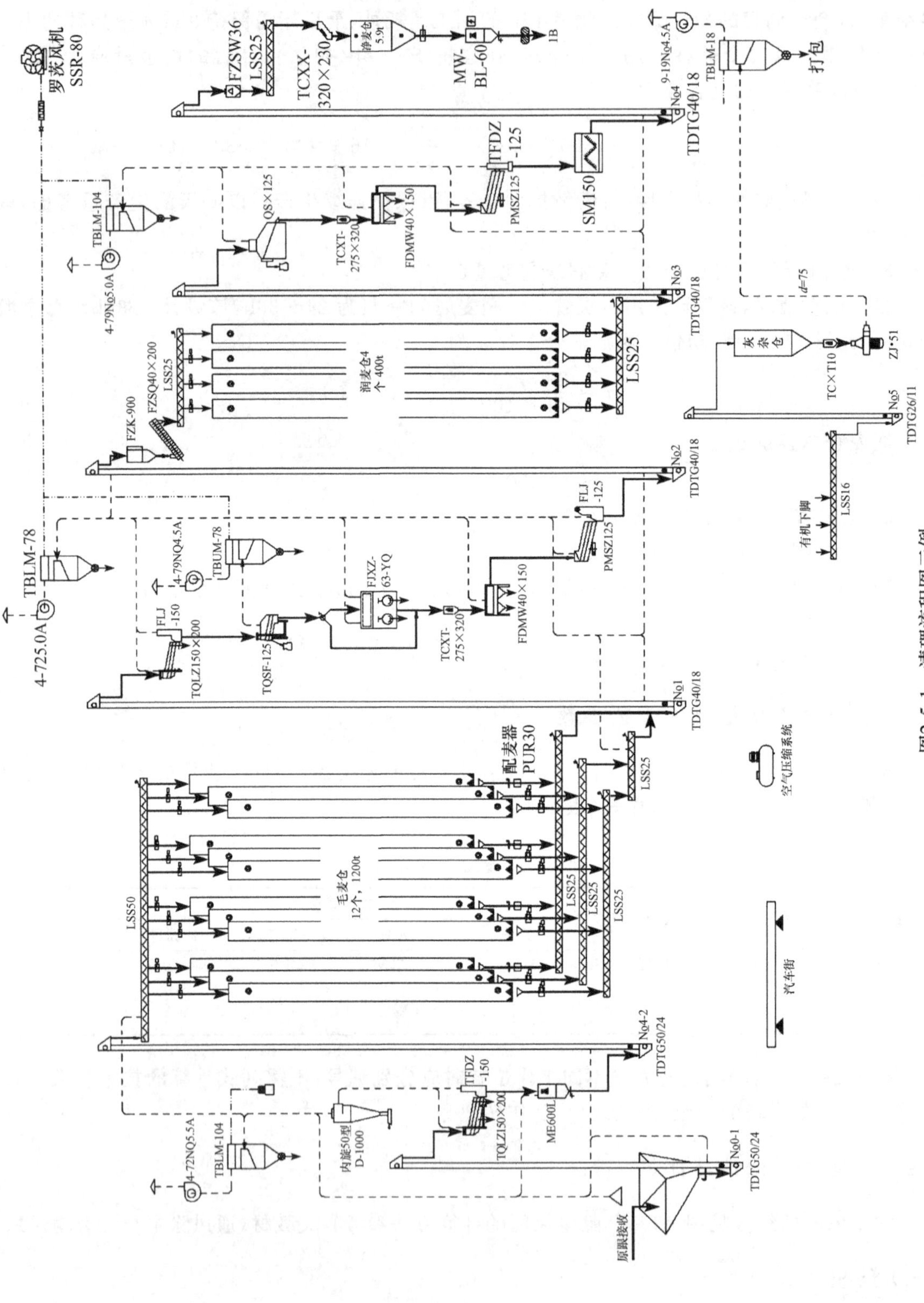

图2-5-1 清理流程图示例

（六）流程说明

1. 初清工艺采用一筛一称重的流程

原粮毛麦进车间后，首先采用综合除杂能力强的高效振动筛（也可采用圆筒初清筛），并配以较大的吸风量，以除去大部分的大杂质、小杂质及轻杂质，特别是危害性较大的麻绳、大块无机杂质等，以保证后续设备的安全运转。称重放在振动筛的后面，优点是对称重设备的正常工作有利，但不能准确反映所接收的原粮总质量。原粮的总量可用称重设备显示的数量加上除去的杂质质量（估算）得出近似值。例如，厂区设有地磅则以地磅计量为准。

2. 毛麦清理采用筛→去石→精选→打麦→筛的流程

首先用高效振动筛（筛孔要比初清时小）除去比较容易去除的大部分大杂质和小杂质。

第一道去石机采用比重分级去石机，放在第一道筛的后面、精选机与打麦机的前面，有利于保证去石效果、提高精选机的使用效果和使用寿命、保证打麦机的使用安全。

精选机放在打麦机的前面，这样可避免打麦机打碎的小麦和细小杂质影响精选机的去荞效果，以及精选出的小粒中含有大量的碎麦。

通常，打麦机的后面配以筛选设备，即打筛结合，以便及时去除打碎、打掉的杂质。在毛麦段采用轻打设备，打麦后的筛选设备采用除中、小杂质能力较强的平面回转振动筛，并配备长形筛孔，以便除去与小麦厚度不同的杂质，如大粒草籽、豆类等。

由于毛麦水分为12％左右，因此采用一次强力着水即可。

3. 光麦工艺采用去石→重打→筛→刷麦→喷雾着水的流程

第二道去石机选用吸式比重去石机（也可采用带鱼鳞筛板的比重去石机）。与第一道去石选用不同类型的设备，利于去除各种不同类型的砂石。实践证明后者对清除中小型砂石更有效。

光麦采用重打设备，方法是增加卧式打麦机的打板数目，提高打板的线速度。打麦后面配备平面回转筛去除小杂质。

在光麦段的最后设置了一台刷麦机，对小麦做最后的表面处理，保证入磨净麦表面尽可能洁净、光滑。

小麦入净麦仓前安装喷雾着水机，加水量0.2％～0.5％，润麦时间40min左右，以保证麸片的完整性。

4. 所有高速运转设备之前均安装磁选设备，保证设备的安全运行

清理流程中，高速运转的设备主要是打麦机、撞击机等。在打麦机进料口处安装磁选器，除去小麦中的磁性金属杂质，以免其损毁打麦机或因与打板撞击产生火花。另外，磨粉机1皮磨研磨之前一定要加磁选。

（毛广卿）

第三章　小麦制粉概述

制粉的目的是将经过清理和水分调质后的小麦(净麦)通过机械作用的方法,加工成适合不同需求的小麦粉,同时分离出副产品。制粉是小麦加工最复杂也是最重要的工段,制粉过程的关键是如何将胚乳与麦皮、麦胚尽可能完全地分离,因此,制粉要解决的首要问题是如何保证高的出粉率和小麦粉中低的麦皮含量,这也是制粉过程的复杂所在。随着社会的发展和进步,专用粉的生产已经成为趋势,对制粉工艺的要求也越来越高。根据食用品质把小麦中不同部位的胚乳分离提纯,并按在制品品质进行工艺组合,以生产质量较好的专用小麦粉。

制粉过程主要包括研磨、撞击、清粉和筛理等步骤。

研磨的主要目的是利用机械作用力把小麦籽粒剥开,然后从麸片上刮净胚乳,再将胚乳磨成一定细度的小麦粉。研磨的主要设备是辊式磨粉机,此外还有较为原始的盘式磨粉机等。

撞击是利用高速旋转体及构件与小麦胚乳颗粒之间产生反复而强烈的碰撞打击作用,使胚乳撞击成一定细度的小麦粉。撞击设备主要有撞击磨、强力撞击机、撞击松粉机、打板松粉机等。

清粉的主要目的是通过气流和筛理的联合作用,将研磨过程中的麦渣和麦心按质量分成麸屑、连皮胚乳粒和纯胚乳粒三部分,以实现对麦渣、麦心的提纯。在磨制高等级小麦粉并要求有较高出粉率的小麦粉厂,清粉工序是必不可少的。清粉工序的主要设备是清粉机。

筛理的目的在于把研磨撞击后的物料按颗粒的大小和比重进行分级,并筛出小麦粉。常用的筛理设备有平筛、圆筛,打麸机和刷麸机也属于筛理设备。

第一节　概　　述

一、小麦制粉方法

小麦制粉方法因生产规模和产品种类与质量的不同而有所差异,一般可分为一次粉碎制粉和逐步粉碎制粉两种。

(一) 一次粉碎制粉

一次粉碎制粉是一种最简单的制粉方法,它的特点是只有一次粉碎过程。小麦经过一道粉碎设备粉碎后,直接进行筛理(或不筛理)制成小麦粉。一次粉碎制粉很难实现麦皮与胚乳的完全分离,胚乳粉碎的同时也有部分麦皮被粉碎,而麦皮上的胚乳也不易刮干净。因此一次粉碎制粉的小麦粉质量差,适合于磨制全麦粉或特殊食品用小麦粉,不适合制作高等级的食用小麦粉。

(二) 逐步粉碎制粉

逐步粉碎制粉是小麦粉加工企业广泛采用的制粉方法,按照加工过程的复杂程度它又可分为以下两种。

1. 简化分级制粉

将小麦研磨后筛出小麦粉，剩下的物料混在一起继续进行第二次研磨，这样重复数次，直到获得一定的出粉率和小麦粉质量，又称“一条龙制粉”。这种方法不提取麦渣和麦心，所以单机就可以生产。我国农村目前还存在采用这种制粉方法的辊式磨粉机或盘式磨粉机，也有用几台磨粉机组成的小型机组。

2. 分级制粉

（1）提取麦渣、麦心，不清粉的分级制粉方法

将小麦经过前几道研磨系统研磨后产生的物料分离成麸片、麦渣、麦心和粗粉，然后按物料的粒度和质量分别送往相应的系统研磨。我国以前广泛采用的“前路出粉法”生产标准粉基本上属于这一类型，这种方法通常采用 5～10 道研磨和筛理系统。心磨一般采用齿辊，小麦粉粒度较粗，能生产高出粉率(＞85％)的小麦粉，也能生产不同质量的等级粉，但高等级面粉的出率较低。该制粉过程的原理见图 3-1-1。

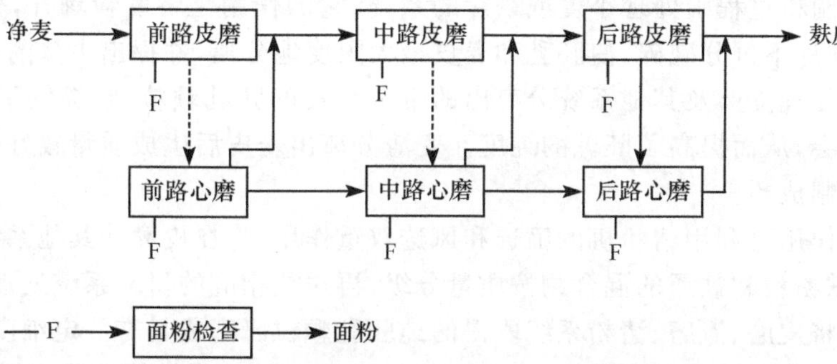

图 3-1-1　提取粗粒不清粉的制粉方法原理图

→ 表示麸片、麸屑；---→ 表示麦渣、麦心；-F 表示面粉

（2）提取麦渣、麦心并进行清粉的制粉方法

提取麦渣、麦心并进行清粉的制粉方法原理如图 3-1-2 所示，在前几道研磨系统尽可能多

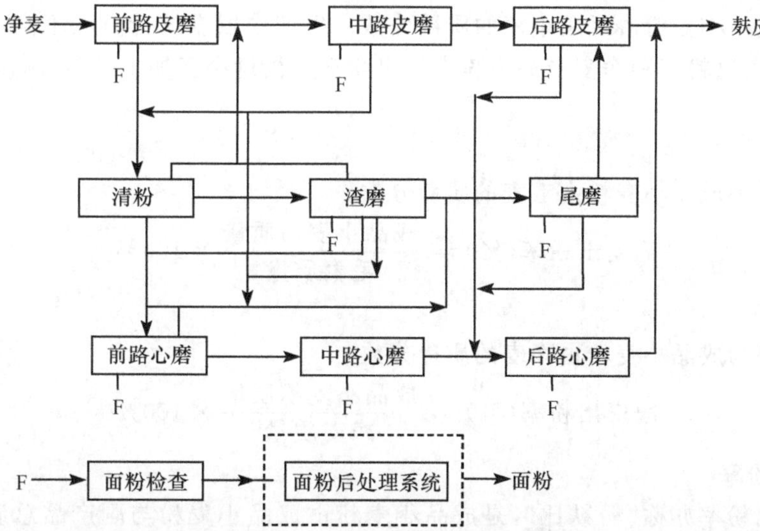

图 3-1-2　提取麦渣、麦心并进行清粉的制粉方法原理图

地提取麦渣、麦心和粗粉，并将提取出的麦渣、麦心送往清粉系统按照颗粒大小和质量进行分级提纯。精选出的纯度高的麦心和粗粉送入心磨系统磨制高等级小麦粉，而精选出的质量较次的麦心和粗粉则送往相应的心磨系统磨制质量较低的小麦粉。

由于前几道皮磨系统的关键在于提取麦渣、麦心和粗粉，出粉的重点放在心磨系统，故这种制粉方法又称作"中路出粉法"。这种制粉方法，高等级粉的出率较高，在小麦粉厂中得到广泛采用。在这种制粉方法中，心磨一般采用光辊，以挤压力为主，尽量避免麸皮破碎，并辅以撞击机、松粉机以松开粉片并提高取粉率。

二、制粉过程中各系统的作用

小麦制粉过程中，按照处理物料种类和方法的不同，将制粉系统分成皮磨系统(B)、渣磨系统(S)、清粉系统(P)、心磨系统(M)和尾磨系统(T)，它们分别处理不同的物料，并完成各自不同的功能。

皮磨系统是制粉过程中处理小麦或麸片的系统，它的作用是将麦粒剥开，分离出麦渣、麦心和粗粉，保持麸片不过分破碎，使胚乳和麦皮最大限度地分离，并提出少量的小麦粉。

渣磨系统是处理皮磨及其他系统分离出的带有麦皮的胚乳颗粒，它提供了第二次使麦皮与胚乳分离的机会，从而提高了胚乳的纯度。麦渣分离出麦皮后生成质量较好的麦心和粗粉，送入心磨系统磨制成粉。

清粉系统的作用是利用清粉机的筛选和风选双重作用，将在皮磨和其他系统获得的麦渣、麦心、粗粉及连麸粉粒和麸屑的混合物按质量分级，再送往相应的研磨系统处理。

心磨系统是将皮磨、渣磨、清粉系统取得的纯胚乳颗粒研磨成具有一定细度的小麦粉。

尾磨系统位于心磨系统的中后段，主要处理从渣磨、心磨、清粉等系统提取的含有麸屑质量较次的胚乳粒，从中提出小麦粉。

三、小麦制粉的主要生产指标

(一) 出粉率

出粉率为成品小麦粉占耗用小麦的质量分数。生产中根据统计方法不同，将出粉率分为毛麦出粉率、净麦出粉率和净麦产品出粉率。出粉率是衡量小麦加工品质、制粉工艺和操作的重要指标。

1. 毛麦出粉率

毛麦出粉率为成品小麦粉占毛麦的质量分数。

$$\text{毛麦出粉率}(\%) = \frac{\text{成品小麦粉质量}}{\text{毛麦质量}} \times 100\%$$

2. 净麦出粉率

净麦出粉率为成品小麦粉占净麦的质量分数。

$$\text{净麦出粉率}(\%) = \frac{\text{成品小麦粉质量}}{\text{净麦质量}} \times 100\%$$

3. 净麦产品出粉率

净麦产品出粉率亦称"粉麸比"，是成品小麦粉占成品小麦粉与副产品总质量的百分率。制粉生产线中未设置毛麦秤与净麦秤时采用的计算方法。

$$净麦产品出粉率(\%)=\frac{成品小麦粉质量}{成品小麦粉质量+副产品质量}\times 100\%$$

（二）电耗

电耗是重要的生产指标，常用吨粉电耗或吨麦电耗表示。

吨粉电耗指加工 1t 面粉耗用的电量，单位 kWh/t 粉；吨麦电耗指加工 1t 小麦耗用的电量，单位 kWh/t 麦。计算电耗的范围是从原粮进入制粉车间至成品面粉打包完毕的整个过程。

当出粉率不同时，吨粉电耗可比性不大。

（三）生产能力

生产能力为每 24h 加工净麦的吨数，以 t 麦/24h 表示。

（四）单位产量

1. 磨粉机的单位产量

磨粉机的单位产量是指生产中磨粉机每厘米磨辊接触长度、单位时间内研磨物料的质量，以 kg 粉/(cm · h)表示。磨制标准粉时，磨粉机单位产量为 6～8kg 粉/(cm · h)；磨制高质量的面粉时，因研磨道数较长，磨粉机总平均流量降低为 3.5～4kg 粉/(cm · h)。

目前习惯用每 24h 加工 100kg 小麦所占用磨辊接触长度来衡量磨粉机单位产量，以 mm/(100kg 麦 · 24h)表示。生产等级粉时，一般在 10～14mm/(100kg 麦 · 24h)。

2. 高方筛的单位产量

高方筛的单位产量是指生产中单位筛理面积、单位时间内筛理物料的质量，以 kg/(m^2 · 24h)表示。

目前习惯用每 24h 加工 100kg 小麦所占用筛理面积表示，以 m^2/(100kg 麦 · 24h)表示。

第二节　筛网与在制品

在制品是指制粉过程中各研磨系统中间物料的统称。在分级制粉法中，关键在于把在制品按粒度大小、纯度和质量进行分级，分级效果的好坏已成为决定小麦粉质量的关键因素之一。在制品的分级主要通过不同规格的筛网来实现。

一、筛网的种类与规格

筛网按制造材料的不同可分为金属丝筛网和非金属丝筛网。

（一）金属丝筛网

金属丝筛网通常由镀锌低碳钢丝、软低碳钢丝和不锈钢钢丝制成。金属丝具有强度大、耐磨性好、不被虫蛀等特点，金属丝筛网经久耐用。但它的缺点也很明显：金属丝没有吸湿性，很容易被结合水气的粉粒糊住筛孔并容易生锈；此外，金属丝筛网的筛孔容易变形，不易张紧，同时金属很难拉成很细的丝，金属丝筛网一般为筛孔较大的筛网。

镀锌低碳钢丝筛网由于颜色光亮，常称作白钢丝筛网，多用于粗筛和分级筛。软低碳钢丝网由于丝黑而粗、强度大，常称作黑钢丝布，常用于刷麸机。

近年来，不锈钢丝筛网被广泛采用，因其强度大、筛孔不易变形、延伸性小、使用寿命长，应逐步取代以上两种金属筛网。

金属丝筛网的表示方法，国内通常以一个汉语拼音字母和一组数字来表示。字母取自金属丝材料名称，如字母 Z 表示镀锌低碳钢丝筛网、R 表示软低碳钢丝筛网。字母后面的数字表示每 50mm 筛网上的筛孔数。例如，Z20 表示每 50mm 筛网上有 20 个孔的镀锌低碳钢丝筛网。

制粉厂习惯用每英寸筛网长度上的筛孔数表示筛网规格，并以字母 W 表示，如 50W 是指每英寸筛网长度上有 50 个筛孔。常用镀锌低碳钢丝筛网的规格见表 3-2-1，刷麸机常用的软低碳钢丝筛网规格见表 3-2-2。

表 3-2-1　制粉厂常用的镀锌低碳钢丝筛网规格

筛网型号	经纬方向筛孔密度/(孔数/50mm)	公称筛孔大小/mm	金属丝公称直径/mm	折合旧规格/W
Z20	20	1.95	0.55	10
Z24	24	1.63	0.45	12
Z28	28	1.44	0.35	14
Z32	32	1.21	0.35	16
Z36	36	1.09	0.3	18
Z40	40	0.95	0.3	20
Z44	44	0.85	0.28	22
Z48	48	0.76	0.28	24
Z52	52	0.71	0.25	26
Z56	56	0.67	0.22	28
Z60	60	0.61	0.22	30
Z64	64	0.58	0.2	32
Z68	68	0.54	0.2	34
Z72	72	0.49	0.2	36

表 3-2-2　常用的软低碳钢丝筛网规格

型　号	经纬方向筛孔密度/(孔数/50mm)	公称筛孔大小/mm	金属丝公称直径/mm	折合旧规格/W
R68	68	0.46	0.28	34
R72	72	0.41	0.28	36
R76	76	0.41	0.25	38
R80	80	0.38	0.25	40
R84	84	0.38	0.22	42
R88	88	0.35	0.22	44
R92	92	0.32	0.22	46
R96	96	0.32	0.2	48
R100	100	0.30	0.2	50

国外制粉工艺中一般用孔径(μm)表示金属丝筛网，如 1950μm。

(二) 非金属丝筛网

非金属丝筛网是指用非金属材料制成的筛网，目前小麦加工厂使用的非金属丝筛网主要有尼龙筛网、蚕丝筛网和绵纶与蚕丝绞织筛网。

蚕丝筛网的优点是：坚韧而有弹性，可在自身长度15%～20%伸缩，且能保持筛网在筛格上的张紧状态；蚕丝有吸湿性，可减少水汽在筛格内的结露现象，从而避免糊筛；蚕丝的表面涂有化学药品，使筛网增加导电能力，避免细小粉粒在筛理时产生静电粘在筛面上降低筛理效率。蚕丝筛网的缺点是较易磨损，用久后易起毛，价格也较贵。

锦纶与蚕丝绞织筛网，具有绵纶与蚕丝的共同优点，即耐磨性好、强度高、延伸性小、筛孔清晰等特点，耐磨强度比蚕丝筛网提高1倍左右。这种筛网由于蚕丝与绵纶丝的延伸性不同，使用不当时宜起皱，因此在筛格上张紧时，应先张紧纬线然后张紧经线，这样可保证绷装后的筛面张紧不松弛，筛孔不变形，经久耐用。

以尼龙筛网为代表的化纤筛网近年来使用越来越多，尼龙筛网具有强度高、耐磨性好、使用寿命长等特点，不足之处是弹性大，筛网张紧后易松弛。但通过技术处理，完全可以克服这些不足。以瑞士SEFAR公司和意大利SAATI公司为代表的一些欧洲厂家生产的尼龙筛网，在保持高强度和耐磨性的同时，基本克服了弹性和延伸较高的缺点，甚至优于蚕丝筛网和绵纶与蚕丝绞织筛网，很受用户欢迎。

非金属丝筛网的筛网编织方法有全绞织(Q)、半绞织(B)和平织(P)三种，如图3-2-1所示。全绞织[图3-2-1(a)]是纬线用一股丝线，而经线由两股组成，一上一下地把纬线绞住，从而筛孔不变形，筛网更牢固，这种织法用于筛孔较稀的筛网。半绞织并非所有经纬线都用两股丝线绞成，而是一双一单地交替织造[图3-2-1(b)]，这种织法用于筛孔较密而小的筛网。平织是经纬线相同，都使用一股线，如图3-2-1(c)所示。

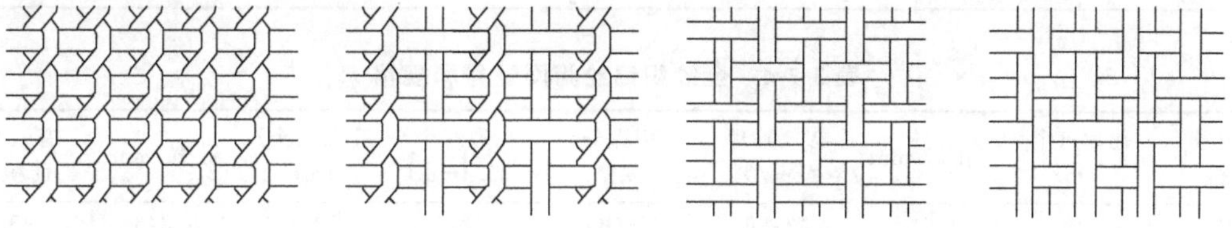

(a)　(b)　(c)　(d)

图3-2-1　筛网的编织方法

非金属丝筛网的规格，传统的表示方法为GG，表示每一维也纳英寸(相当于1.0375英寸)长度上的筛孔数目，如50GG表示每一维也纳英寸上有50个孔。新的表示方法为全绞织用Q表示、半绞织用B表示，前面加上筛网材料的符号，蚕丝用C表示、锦纶用J表示。后面加上一个数字表示每厘米筛网长度上的筛孔数，如CB30表示每厘米长度上有30个孔的半绞织蚕丝筛绢。JCQ20表示每厘米长度20个孔的全绞织蚕丝绵纶筛网。全绞织筛网的规格见表3-2-3、表3-2-4，新旧规格表示方法的对照见表3-2-5。

表3-2-3　全绞织蚕丝筛网型号和规格

新型号规格	孔数/(个/cm)	孔宽/mm	有效筛理面积/%	旧型号规格	孔数/(个/25.4mm)	孔数/(个/cm)	孔宽/mm	有效筛理面积/%
CQ7	7	1.140	63.71	18GG	17.5	6.9	1.132	60.76
CQ8	8	0.974	60.76	20GG～22GG	19～21	7.5～8.5	1.041～0.922	60.57～58.11
CQ9	9	0.850	58.51	24GG	23	9.1	0.836	57.34

续表

新型号规格	孔数/(个/cm)	孔宽/mm	有效筛理面积/%	旧型号规格	孔数/(个/25.4mm)	孔数/(个/cm)	孔宽/mm	有效筛理面积/%
CQ10	10	0.752	56.49	26GG	25	9.8	0.755	58.14
CQ11	11	0.676	55.32	28GG	27	10.6	0.704	56.08
CQ12	12	0.605	56.62	30GG～32GG	29～31	11.4～12.2	0.652～0.603	55.48～54.17
CQ13	13	0.548	50.74	34GG	33	13	0.567	54.31
CQ14	14	0.505	49.88	36GG	35	13.8	0.529	53.13
CQ15	15	0.466	48.80	38GG～40GG	37～39	14.6～15.4	0.494～0.463	51.69～50.47
CQ16	16	0.437	48.92	42GG	40.5	15.9	0.449	51.38
CQ17	17	0.408	48.06	44GG	42.5	16.7	0.424	50.28
CQ18	18	0.385	47.94	46GG	44.5	18	0.403	49.69
CQ19	19	0.358	46.17	48GG～50GG	46.5～48.5	18.3～19.1	0.380～0.366	48.32～48.90
CQ20	20	0.336	45.28	52GG	50.5	19.9	0.346	47.24
CQ21	21	0.318	44.66	54GG	52.5	20.7	0.331	47.00
CQ22	22	0.302	44.14	56GG	54.5	21.5	0.316	46.10
CQ23	23	0.284	42.73	58GG～60GG	56.5～58	22.2～22.8	0.303～0.292	45.45～43.27
CQ24	24	0.270	42.05	62GG	60	23.6	0.282	44.69
CQ25	25	0.258	41.56	64GG	62	24.4	0.273	44.64
CQ26	26	0.251	42.46	66GG	64	25.2	0.264	44.30
CQ27	27	0.242	42.64	67GG～70GG	66～68	26～26.8	0.522～0.246	43.54～43.57
CQ28	28	0.230	41.57	72GG	70	28.3	0.225	40.80

表 3-2-4　全绞织锦纶筛网型号和规格

新型号规格	孔数/(个/cm)	孔宽/mm	有效筛理面积/%	旧型号规格	孔数/(个/25.4mm)	孔数/(个/cm)	孔宽/mm	有效筛理面积/%
JQ19	19	0.345	42.96	50GG	48.5	19.1	0.346	43.5
JQ20	20	0.322	41.36	52GG	50.5	19.9	0.326	41.8
JQ21	21	0.303	40.48	54GG	52.5	20.7	0.309	40.6
JQ22	22	0.294	41.87	58GG	56.5	22.2	0.286	40.5
JQ23	23	0.287	40.88	60GG	58	22.8	0.275	39.38
JQ24	24	0.266	40.61	64GG	62	24.4	0.262	37.57
JQ25	25	0.255	40.25	66GG	64	25.2	0.252	43.42
JQ26	26	0.242	39.42	68GG	66	26.0	0.250	42.23
JQ27	27	0.242	42.78	70GG	68	26.8	0.239	40.78
JQ28	28	0.231	41.65	72GG	72	28.3	0.218	38.00

表 3-2-5　半绞织蚕丝筛网型号和规格

新型号规格	孔数/(个/cm)	孔宽/mm	有效筛理面积/%	旧型号规格	孔数/(个/25.4mm)	孔数/(个/cm)	孔宽/mm	有效筛理面积/%
CB30	30	0.198	35.28	6XX	74	29.1	0.210	37.29
CB33	33	0.181	35.73	7XX	82	32.3	0.193	38.54
CB36	36	0.160	33.03	8XX	86	33.9	0.181	37.93
CB39	39	0.147	32.72	9XX	97	38.2	0.156	34.78

续表

新型号规格	孔数/(个/cm)	孔宽/mm	有效筛理面积/%	旧型号规格	孔数/(个/25.4mm)	孔数/(个/cm)	孔宽/mm	有效筛理面积/%
CB42	42	0.137	33.16	10XX	109	42.9	0.137	35.30
CB46	46	0.123	32.14	11XX	116	45.7	0.124	31.25
CB50	50	0.119	35.50	12XX	125	49.2	0.108	29.27
CB54	54	0.105	32.07	13XX	129	50.8	0.110	30.77
CB58	58	0.095	30.30	14XX～15XX	139～150	54.7～59.1	0.099～0.078	29.7～26.47
CB62	62	0.092	32.31	16XX	157	61.8	0.085	27.69

近年来，国际贸易发展迅速，制粉机械及产品的交易量越来越大，筛网的表示方法必须为各国制粉工作者接受并易于识别，因此，比较通用的筛网表示方法是以筛孔宽度(μm)表示，同时标出材料和编织方法，并配以表格和图形表示(表 3-2-6、表 3-2-7)。如分级筛号表示为 1070，即表示筛孔宽度为 1070μm，相当于 18W。

表 3-2-6 通用筛网表示方法(加强型粉筛 XXX)——平织

型 号	筛孔大小/μm	横向筛丝直径/μm	纵向筛丝直径/μm	每厘米筛孔数	有效筛孔面积/%
PA-3	300	140	140	22.8	47
PA-4	280	140	140	23.8	45
PA-5	250	120	120	27.0	46
PA-6	212	120	120	30.1	41
PA-7	200	120	120	31.2	39
PA-8	180	100	100	35.7	41
PA-$8^{1/2}$	160	100	100	38.5	38
PA-9	150	90	90	41.7	39
PA-$9^{1/2}$	140	90	90	43.5	37
PA-10	132	80	80	47.1	39
PA-$10^{1/2}$	125	80	80	48.8	37
PA-11	118	80	80	50.5	36
PA-12	112	70	70	55.0	38
PA-13	100	70	70	58.8	35
PA-14	95	70	70	60.6	33
PA-$14^{1/2}$	90	60	60	66.7	36
PA-15	85	60	60	69.0	35
PA-17	80	60	60	70.4	33

表 3-2-7 通用筛网表示方法(普通型粉筛 XX)——半绞织

型 号	筛孔大小/μm	横向筛丝直径/μm	纵向筛丝直径/μm	每厘米筛孔数	有效筛孔面积/%
PA-3	300	100＋2×60	100	24/25	55
PA-4	280	100＋2×60	100	25/26	53
PA-5	250	100＋2×60	90	27/29	51
PA-6	212	90＋2×60	80	31/34	49
PA-7	200	80＋2×60	80	33/35	48
PA-8	180	70＋2×60	70	35/40	46
PA-$8^{1/2}$	160	70＋2×60	70	39/43	44

续表

型　号	筛孔大小/μm	横向筛丝直径/μm	纵向筛丝直径/μm	每厘米筛孔数	有效筛孔面积/%
PA-9	150	60+2×60	60	41/48	44
PA-9 1/2	140	60+2×50	60	44/50	43
PA-10	132	60+2×50	60	47/52	43
PA-10 1/2	125	60+2×50	60	49/54	41
PA-11	118	60+2×50	50	51/60	42
PA-12	112	60+2×50	50	53/62	40
PA-10 1/2	106	60+2×43	50	56/64	40
PA-13	100	60+2×50	50	57/67	38
PA-14	95	50+2×43	50	61/69	38
PA-14 1/2	90	50+2×43	50	63/71	37
PA-15	85	50+2×43	50	65/74	35
PA-17	80	50+2×43	43	68/81	35
PA-20	75	50+2×43	43	70/85	34
PA-21	71	50+2×39	43	74/88	33
PA-25	63	43+2×43	43	78/94	30

二、筛网与在制品的分类

（一）筛面的分类

使用平筛筛理在制品时，按物料分级的要求，一般分为以下几种筛面(图 3-2-2)。

① 粗筛：从皮磨磨下的物料中分出麸片的筛面，一般采用金属丝筛网。

② 分级筛：将麦渣、麦心按颗粒大小分级的筛面，一般采用细金属丝筛网或非金属丝筛网。

③ 细筛：指在清粉前分离粗粉的筛面，一般使用非金属丝筛网。

④ 粉筛：筛出小麦粉的筛面，一般采用非金属丝筛网。

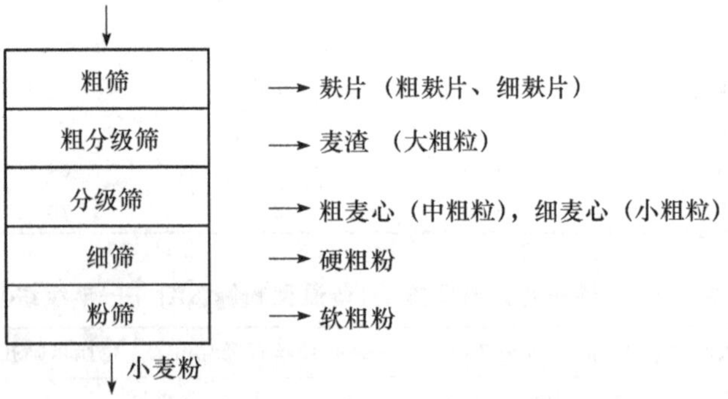

图 3-2-2　筛面分类名称图

（二）在制品的分类

在制品按粒度大小可分为麸片、粗粒（麦渣、麦心）和粗粉（硬粗粉、软粗粉），具体分类见表 3-2-8。

表 3-2-8　在制品的分类

名　称	粒　度			灰分/%
	穿过筛网号数	留存筛网号数	大小/mm	
粗麸片	—	18W～22W	0.9～1.7	—
粗粒				
麦渣(大粗粒)	18W～22W	32W	0.6～0.9	1.1～2.0
粗麦心(中粗粒)	32W	42GG	0.45～0.6	0.7～1.2
细麦心(小粗粒)	42GG	54GG	0.35～0.45	0.6～1.0
粗粉				
硬粗粉	54GG	6XX～7XX	0.21～0.35	0.55～0.9
软粗粉	6XX～7XX	9XX～12XX	0.15～0.21	0.5～0.8

通常平筛均由1～4种筛面组成,将在制品筛理后,分成麸片、麦渣、麦心、粗粉和小麦粉。当磨制标准粉时,前路研磨系统的部分粗粉已是成品小麦粉。

若各级物料的粒度符合在制品分类中的某一标准,但质量较次、灰分高于规定数值,则列为二等品质或后路筛上物(麸屑)。一般从前路皮磨中提出一等品质的物料,从前路皮磨、分级筛、清粉机前中段筛下物提取的麦心称作一等品质的麦心。

(三) 在制品的粒度、数量和质量的表示方法

在制粉工艺中,物料的粒度常用分式表示,分子表示物料能穿过的筛号,分母表示物料留存的筛号。例如,18W/32W,表示该物料能穿过18W,留存在32W筛面上。

在编制制粉工艺的流量与质量平衡表时,在制品的数量和质量常用分式表示,分子表示物料的数量(占1皮的百分比),分母则表示物料的质量(灰分)。例如,1皮分出的麦渣,在平衡表中记为17.81/1.67,表示麦渣的数量为17.81%、灰分为1.67%。

第三节　小麦加工产品与副产品

一、小麦加工产品

小麦的主要加工产品为小麦粉。小麦粉按其用途和筋力强度分为三大类:通用小麦粉或普通小麦粉、不同筋力的小麦粉和各类专用小麦粉。

我国在1988年以前只有通用小麦粉质量标准(GB 1355—1986 小麦粉),标准中将小麦粉分为特制一等粉、特制二等粉、标准粉和普通粉4个等级。1988年针对小麦粉筋力强度不同和小麦粉产品的加工适应性,增设了高筋小麦粉(GB 8607—1988)和低筋小麦粉(GB 8608—1988)两项国家标准。1993年将小麦粉标准进一步细化分类,增设了面包、馒头、面条、饺子等9个专用小麦粉行业标准(LS/T 3201—1993～LS/T 3209—1993)。2003年开始修订的小麦粉国家标准,拟将GB 8607高筋小麦粉和GB 8608低筋小麦粉归入GB 1355小麦粉中,将小麦粉分为强筋小麦粉、中筋小麦粉、弱筋小麦粉与普通小麦粉。

(一) 通用小麦粉

中华人民共和国国家标准GB 1355—1986 小麦粉中将小麦粉分为4个等级:特制一等

粉、特制二等粉、标准粉和普通粉(见附录三)。不同等级的小麦粉质量标准包括:加工精度、粗细度、湿面筋含量、灰分、含砂量、磁性金属物含量、水分、脂肪酸值、气味与口味共 9 项指标。这些指标主要体现小麦粉的加工品质、储存品质和卫生要求,是最低限量指标。

小麦粉主要指标的定义如下所述。

(1) 加工精度

小麦粉的加工精度通常以小麦粉的粉色和所含麸星(即麦皮屑)的多少衡量,它是反映面粉质量的标志之一。粉色是指小麦粉的颜色,麸星是指小麦粉中含有的麸皮碎片。目前对小麦粉粉色与麸星的检验,以国家制订的各等级小麦粉标准样品为准,对比观察小麦粉粉色、麸星。

(2) 灰分

灰分是小麦粉经高温灼烧剩下的残渣占试样的质量分数(%,干基)。主要是矿物元素的氧化物和微量难以氧化的物质。灰分是小麦粉加工精度高低的重要依据,是小麦粉分等级的一项主要指标。

(3) 粗细度

粗细度是小麦粉颗粒的粗细程度。以在规定条件下筛分,各规定筛层的物料占试样的质量分数(%)表示。其中筛上物用 1/10 感量天平称量,其质量小于 0.1g 视为全部通过。

(4) 湿面筋含量

面筋量为面筋质的湿基含量,以面筋占面团质量的质量分数(%)表示。

(5) 含砂量

含砂量为粉类粮食中混入的无机砂尘的含量,以砂尘占试样的质量分数(%)表示。

(6) 磁性金属物含量

磁性金属物为小麦粉中混入的带有磁性的金属物质。其含量以每千克试样中含有磁性金属物的克数(g/kg)表示。

(7) 脂肪酸值

脂肪酸值(fatty acid value)为小麦粉中游离脂肪酸的量值,以中和 100g 粮食试样中游离脂肪酸所需氢氧化钾的毫克数表示,单位为(以 KOH 计)mg/100g。

脂肪酸值是反映小麦粉中游离脂肪酸含量的指标。小麦粉中的脂肪在酶的作用下或自然氧化作用下分解为游离脂肪酸,随着游离脂肪酸含量的升高,小麦粉的质量变差。

(8) 降落数值

降落数值是评价小麦 α-淀粉酶活性或发芽程度的指标,是指在降落数值测定仪所设定的特定条件下,将小麦粉置于测定仪黏度管中,加一定量的水充分振荡后,放入沸水浴中,用特制的搅拌器搅拌,从搅拌开始并使其在小麦粉糊化物中自然降落至特定距离所需的时间(s)。

(9) 面筋指数

面筋指数指面筋筋力的指标,是在规定条件下离心湿面筋试样,以保留在特制离心机筛板上的湿面筋占湿面筋试样的质量分数(%)表示。

在 GB 1355—1986 小麦粉中,不同精度的小麦粉的含砂量、磁性金属物含量、脂肪酸值、气味与口味几项指标采用了一致的限量指标。而其他指标则随着小麦粉等级不同而变化。其中,特制一等粉等级最高,其加工精度、面筋质含量及灰分要求最高,粗细度要求最细,水分含量也高。

从20世纪50年代后期到70年代后期，我国一直以生产标准粉为主，绝大多数面粉厂只生产标准粉一种产品。标准粉是出粉率较高、加工精度较低的面粉。由于标准粉的出粉率要求比较高，因此，允许有比较高的灰分、比较差的粉色，即允许部分麸屑混入粉中。标准粉的加工精度不高，其制粉工艺相对简单。

20世纪80年代，我国开始生产不同等级要求的小麦粉。由于特制一等粉、特制二等粉要求的加工精度相对较高，灰分较低，因而制粉工艺比较复杂、粉路比较长，心磨磨粉机用光辊，使用清粉机等。

随着人民生活水平的提高，许多小麦粉加工企业生产一等粉的质量已高于特制一等粉的标准。故新修订的小麦粉国家标准中取消了GB 1355—1986小麦粉中的特制一等粉、特制二等粉、标准粉和普通粉的名称，统一定义为普通小麦粉，分为4个等级，但等级质量标准依次提高了一个级别。例如，二级普通小麦粉的加工精度相当于GB 1355—1986中特制一等粉的标准。小麦粉质量标准中增加了降落数值指标，其中含砂量、磁性金属物含量、水分、脂肪酸值、气味与口味为强制性指标。

（二）不同筋力的小麦粉

小麦粉按其筋力强度和食品加工适应性能可分为三类：强筋小麦粉、中筋小麦粉和弱筋小麦粉。其中强筋小麦粉，主要作为各类面包的原料和其他要求较强筋力的食品原料；中筋小麦粉，主要用于各类馒头、面条、面饼、水饺、包子类面食品，油炸类面食品等；弱筋小麦粉，主要作为蛋糕和饼干的原料。

1988年制订的GB 8607—1988高筋小麦粉（附录四）和GB 8608—1988低筋小麦粉标准（附录五），以面筋质含量和蛋白质含量分类。高筋小麦粉面筋含量要求大于或等于30%，低筋小麦粉则要求小于或等于24%。两种粉均以灰分高低分为一级和二级，其中一级低筋小麦粉的灰分值较低，要求小于或等于0.6%（干基）。其他指标类同GB1355—1986小麦粉中的相关规定。

即将颁布的小麦粉国家标准，将小麦粉分为强筋、中筋和弱筋小麦粉三类，中筋小麦粉又分为南方型与北方型中筋小麦粉两类，主要依据湿面筋含量和稳定时间作为分类指标。不同筋力小麦粉的湿面筋含量要求：强筋小麦粉≥32.0%，弱筋小麦粉<24.0%，北方型中筋小麦粉≥28.0%，南方型中筋小麦粉≥24.0%；稳定时间要求：强筋小麦粉≥7.0min，北方型中筋小麦粉≥4.5min，南方型中筋小麦粉≥2.5min，弱筋小麦粉<2.5min。

即将颁布的小麦粉国家标准更注重其卫生与安全性。脂肪酸值规定≤60mg KOH/100g（干基），原标准中该指标为80（湿基）。明确规定在小麦粉中禁止添加过氧化苯甲酰和过氧化钙。即将颁布的小麦粉标准见附录六。

（三）专用小麦粉

针对小麦粉的不同用途，以及不同面食品的加工性能和品质要求而专门组织生产的小麦粉称为专用小麦粉。

1. 面包类小麦粉

面包类小麦粉一般采用筋力强的小麦加工，制成的面团有弹性，可经受成型和模制，能生产出体积大、结构细密而均匀的面包。面包质量根据面包体积和面粉的蛋白质含量呈正比，并与蛋白质的质量有关来评定。为此，制作面包用的小麦粉，必须具有数量多而质量好的蛋白质。

2. 面条类小麦粉

面条类小麦粉包括各类湿面、干面、挂面用小麦粉等，一般应选择中等偏上的蛋白质和筋力的小麦粉，其延展性较好。要求用面条粉制成的面条弹性好、爽滑不粘连、不宜糊汤、有较好的色泽等。

3. 馒头类小麦粉

馒头类小麦粉要求湿面筋含量及强度中等偏上。若面筋含量过高、筋力过强，因面筋结构牢固，面团膨胀受限制，且持气性过强，易收缩，制成馒头体积小，内部组织粗糙，口感差；面筋含量过低筋力弱，面团则持气性差，气体易从表面逸出，制成的馒头体积小。馒头对小麦粉色泽要求较高。

4. 饺子类小麦粉

饺子、馄饨类水煮食品，一般和面时加水量较多，要求面团光滑有弹性，延伸性好易擀制，不回缩；制成的饺子表皮光滑有光泽，晶莹透亮，耐煮，口感筋道，咬劲足。因此，饺子粉面筋质含量应在32%以上，具有较高的吸水率。

5. 饼干类小麦粉

制作酥脆和香甜的饼干，必须采用面筋含量低的面粉。筋力低的面粉制成饼干后，干而不硬，而面粉的蛋白质含量应在10%以下。粒度很细的面粉可生产出光滑明亮、软而脆的薄酥饼干。

6. 自发小麦粉

自发小麦粉以小麦粉为原料，添加食用膨松剂，不需要发酵便可以制作馒头(包子、花卷)，以及蛋糕等膨松食品。自发小麦粉中的膨松剂在一定的水和温度条件下，发生反应生成CO_2气体，通过加热后面团中的CO_2气体膨胀，而形成疏松的多孔结构。

根据我国专用粉市场需求，1993年制订了专用粉质量标准(LS/T 3201—1993～LS/T 3209—1993)。具体分为面包、面条、馒头、饺子、酥性饼干、发酵饼干、蛋糕、糕点和自发粉9种专用小麦粉，以灰分、湿面筋、稳定时间、降落数值等指标不同把每种专用小麦粉分成两个等级。不同专用小麦粉的储藏性能指标和含砂量、磁性金属物等指标与等级粉质量指标相同。具体指标详见附表七专用小麦粉质量标准。

(四) 营养强化小麦粉

小麦粉主要由小麦胚乳粉碎制成，而小麦的麦胚和皮层中维生素、矿物质等营养素含量较高，故小麦粉加工精度越高，含麦胚和皮层量就越少，营养素损失的也越多。在小麦粉中添加一些营养素，通过营养强化使小麦粉在加工中损失掉的营养素得到补充；另外，可通过添加一些小麦自身含量较少或缺少的营养素，如铁、钙等营养素进行强化，可提高小麦粉的营养水平。

我国在2007年颁布了营养强化小麦粉的国家标准(GB/T 21122—2007)。标准中将营养强化小麦粉定义为：采用符合GB 1355小麦粉要求的小麦粉为原料，按照GB 14880规定的品种和使用量，添加一种或多种营养素的小麦粉。强化一种或多种营养素的小麦粉都属于"营养强化小麦粉"，需在产品包装上做明确标注。

营养强化小麦粉的质量指标按照GB 1355小麦粉执行。对于强化钙和多种矿物质的营养强化小麦粉，灰分指标在 GB 1355 规定的相应类型和等级小麦粉的基础上，增加 0.27%；对于强化不含钙的其他矿物质的营养强化小麦粉，灰分指标在 GB 1355 规定的相应类型和等级小麦粉的基础上，增加 0.02%。

强化营养素的均匀度要求变异系数不大于 10%。

强化营养素的损失率要求：维生素类、氨基酸及含氮化合物类营养强化剂，在保质期内（保质期应不低于 3 个月），其损失率不应大于其标称值的 20%，且实测含量应在 GB 14880 范围。GB 14880 中规定小麦粉中营养物质的允许使用量见表 3-3-1。

表 3-3-1 食品营养强化剂使用规定

营养物质	使用量/kg 粉	营养物质	使用量/kg 粉
铁	14～26mg	维生素 B_1	3～5mg
锌	22.4～44.8mg	维生素 B_2	3～5mg
钙	600～3200mg	叶酸	1000～3000μg
硒	140～280μg	烟酸（或烟酰胺）	40～50mg
维生素 A	600～1200μg	赖氨酸	1～2g

国家公众营养改善项目办公室推荐的营养强化小麦粉的营养素组方中的 7 种营养成分如下：

维生素 B_1：3.5mg/kg；

维生素 B_2：3.5mg/kg；

叶酸：2.0mg/kg；

烟酸：40mg/kg；

铁：20mg/kg（NaFe-EDTA）或 40mg/kg（$FeSO_4$）；

锌：25mg/kg；

钙：1600mg/kg（可根据企业情况自行决定是否添加）。

（五）小麦颗粒粉

颗粒粉有粗、中、细之分，每一种规格的颗粒粉粒度都相对比较均匀。采用杜伦麦加工成的颗粒粉是制作通心粉的最好原料。而一般硬麦生产的颗粒粉可用作饺子粉，和面时采用温水，加入约 45%的水，开始面团较散，随后揉和变软，静置 1～2h 后，做出的饺子皮薄、筋道、久煮不烂、口感好。也可用颗粒粉煮汤，煮出的汤稠滑可口。

颗粒粉通常在清粉机下和前路心磨提取，实际生产中根据提取粒度差异而定。

二、小麦加工副产品

（一）小麦胚产品

小麦胚是小麦制粉的副产品，是小麦籽粒的精华。小麦制粉时，合理的工艺可提取小麦胚 0.2%左右（占小麦质量），小麦胚的营养丰富，麦胚蛋白质中含有各种必需氨基酸，其中特别是赖氨酸最多。麦胚的蛋白质不仅比大米、面粉的蛋白质多，而且各种必需氨基酸也丰富，所以有很高的营养价值。

小麦胚是天然维生素、矿物质的来源，其主要成分见表 3-3-2 和表 3-3-3。

表 3-3-2　小麦胚的维生素含量　　(单位:mg/100g)

维生素 B_1	维生素 B_2	维生素 B_6	烟　酸	泛　酸	叶　酸	生物素	维生素 E
2.10	0.60	1.00	7.00	0.80	0.50	0.50	22.0

表 3-3-3　小麦胚的矿物营养成分

名　称	灰分/%	镁/%	钙/%	磷/%	钾/%	锌/%	铁/(μg/g)	锰/(μg/g)	铜/(μg/g)	钠/(μg/g)
硬质小麦	4.13	0.26	0.04	0.82	0.90	0.01	78	139	7	67
软质小麦	3.94	0.24	0.05	0.86	0.94	0.01	74	181	8	51

由表 3-3-2 和表 3-3-3 可知,小麦胚含有丰富的维生素和矿物质,因此,小麦胚适用于制造各种营养保健食品。

小麦胚富含脂肪,可用于提取小麦胚芽油。它是营养价值很高的食用油,含有天然维生素 E 复合体,具有特殊的保健作用。可改善人脑细胞的功能,增强记忆力,还具有使细胞活力增强,提高肌肉持久力的功用。小麦胚芽油的维生素 E 由于具有抗氧化作用,因而被广泛使用。小麦胚芽油可用作天然化妆品的原料。

脱脂小麦胚的营养成分也十分丰富,它具有代用脱脂奶粉的作用。小麦胚可用于食品加工、烘焙点心,以及制作人造果仁,别具风味。

综上所述,制粉厂在小麦制粉过程中,将麦胚单独提出,可以使原料得到充分利用,并有高的经济效益。

生产中提取的小麦胚,水分含量高、酶活性很强,极易变质,需对其进行酶钝化处理。通常使用的钝化酶的方法是选用滚筒式转炉或沸腾床对胚进行处理,烘烤温度 80～120℃,烘烤时间约 35min,经过处理的胚便于储存和使用。

我国 1993 年颁发了小麦胚的行业标准 SB/T 10145—1993,小麦胚分等和质量标准见附录八。

(二) 小麦麸皮

小麦麸皮是小麦加工主要的副产品。根据小麦麸皮的用途,分为饲用和食用两类。饲用主要作为为单一饲料或配合饲料的原料;食用是指可以用做生产食品的原料或食用菌类产品的培养基。

目前小麦麸皮主要用于饲料,我国在 1998 年颁发有饲用小麦麸皮的国家标准(GB/T 10368)。

小麦麸皮的主要成分是纤维素和半纤维素,其含量占小麦籽粒中总纤维含量的 88%,是具有代表性的膳食纤维。随着制粉技术的提高和人们生活水平的提高,小麦粉的加工精度大大提高,小麦中的营养成分越来越多地被分离到副产品中,适当的补充膳食纤维已成为人体的必需。目前许多纤维食品已经开发成功,如高纤维的面包、饼干等产品,具有较大的市场。小麦麸皮利用是小麦加工副产品利用主要方向,许多利用途径需要进一步研究开发。目前正在制订新的小麦麸皮国家标准,包括饲用小麦麸皮及食用小麦麸皮两项内容。

(三) 次粉

次粉也称为尾粉,由全部通过 CQ20 筛的外层胚乳、麦屑和少量麦胚所组成的混合物,出品率一般在 10%左右。次粉是一种较好的能量饲料资源,又是预混合饲料常用的一种载体。胚乳含量较高的次粉可进一步加工制作面筋和淀粉,或制造酱油、醋、酒,还常用于培养食用菌。目前对次粉尚没有具体的标准。

(朱永义)

第四章　研　　磨

第一节　概　　述

研磨是利用机械力量破坏小麦籽粒结构,将胚乳与麦皮、麦胚分开,把麦皮上的胚乳剥刮干净,同时将胚乳破碎成粉的方法。在迄今为止的所有小麦加工手段当中,研磨是最有效的方法。

一、研磨的基本原理与方法

(一) 研磨的基本原理

研磨的基本原理是利用磨粉机齿辊磨齿的挤压、剪切和剥刮作用将麦粒剥开,从麸片上刮下胚乳,利用磨粉机光辊的挤压作用或撞击机的撞击作用将胚乳磨成具有一定细度的面粉。研磨时应尽量保持小麦皮层的完整,以保证面粉的质量。

(二) 研磨的基本方法

研磨的基本方法有挤压、剪切和撞击三种。剥刮为挤压和剪切的综合作用。

1. 挤压

挤压是通过两个相对的工作面同时对小麦或在制品施加压力,使其破碎的研磨方法。在皮磨系统,挤压力通过外部的麦皮一直传到位于中心的胚乳,麦皮与胚乳的受力是相等的,但由于小麦籽粒的各个组成部分的结构强度有很大的差别,所以在受到挤压力后,胚乳立即破碎而麦皮却仍然保持相对完整,因此在皮磨系统挤压研磨小麦或在制品的效果比较好。水分不同的小麦籽粒,麦皮的破碎程度及挤压所需的力会有所不同。一般而言,使小麦籽粒破坏的挤压力比剪切力要大得多,所以挤压研磨的动耗比较大。

2. 剪切

剪切是通过两个相向运动的磨齿锋面对小麦籽粒施加剪切力,使其断裂的研磨方法。剪切比挤压更容易使小麦籽粒破碎,所以剪切研磨所消耗的能量较少。小麦籽粒最初受到剪切作用的是麦皮,随着麦皮的破裂,胚乳也逐渐暴露出来并受到剪切作用。因此,剪切作用能同时将麦皮和胚乳破碎,从而使面粉中混入麸星,降低了面粉的加工精度。剪切作用是产生剥刮作用的基础,所以剪切研磨一般用于皮磨系统。

3. 剥刮

在挤压和剪切力的综合作用下产生的摩擦力,通过带有特殊磨齿形状并在一定速比下,对小麦籽粒产生擦撕,此即为剥刮。剥刮的作用是在保持麸皮完整的情况下,实现胚乳和麦皮最大限度的分离,以生产出更加纯净的麦心和粗粉,提高面粉的出率和质量。

4. 撞击

通过高速旋转的部件对物料的打击,使物料与工作部件之间、物料之间反复碰撞、摩擦,使物料破碎的方法。撞击的强度根据打击工作面的尖锐程度和转速不同而变化，不同的物料需要不同的撞击强度。

研磨的主要设备为辊式磨粉机和撞击机。

二、研磨工艺效果的评定

磨粉机的研磨工艺效果通常以剥刮率、取粉率和粒度曲线进行评定。

（一）剥刮率

剥刮率是指一定数量的物料经某道皮磨系统研磨、筛理后，穿过粗筛的数量占物料总量的百分比。生产中常以穿过粗筛的物料流量与该道皮磨系统的入磨物料流量或1皮磨物料流量的比值来计算剥刮率。例如，取100g小麦，经1皮磨研磨之后，用20W的筛子筛理，筛出物为35g，则1皮磨的剥刮率为35%。

在测定除1皮以外其他皮磨的剥刮率时，由于入磨物料中可能已含有可穿过粗筛的物料，所以实际剥刮率应按下式计算：

$$K=\frac{A-B}{1-B}\times 100\% \tag{4-1-1}$$

式中，K为该道皮磨系统的剥刮率（%）；A为研磨后粗筛筛下物的物料量（%）；B为物料研磨前，已含可穿过粗筛的物料量（%）。

例如，取入磨前物料200g，经2皮的粗筛筛理后，筛下物为8g；取2皮磨后物料200g，经2皮的粗筛筛理后，筛下物为130g，则2皮的剥刮率为

$$\frac{65\%-4\%}{1-4\%}=63.5\%$$

剥刮率的大小与磨辊的参数配备、磨粉机的操作（如流量、轧距）及小麦的工艺品质都有关系，皮磨剥刮率的控制对在制品的数量和质量，以及物料的平衡有很大影响，因此剥刮率常用于考察皮磨的操作。测定皮磨系统剥刮率的筛号一般为20W。

（二）取粉率

取粉率是指物料经某道系统研磨后，粉筛的筛下物流量占本道系统流量或1皮磨流量的百分比，其计算方法与剥刮率类似，应按下式计算：

$$L=\frac{A-B}{1-B}\times 100\% \tag{4-1-2}$$

式中，L为该道研磨磨系统的取粉率（%）；A为研磨后物料的含粉率（%），即粉筛筛下物的物料量与取样量之比；B为入磨物料的含粉率（%），即物料研磨前，已含可穿过粉筛的物料量与取样量之比。

例如，取某研磨系统入磨前物料100g，经粉筛筛理后，筛下物为10g；取研磨磨后物料200g，经粉筛筛理后，筛下物为56g，则该道磨粉机研磨系统的取粉率为

$$\frac{28\%-10\%}{1-10\%}=20\%$$

如果入磨物料不含粉，则取粉率可直接以研磨后物料的含粉率（A）代替。测定各系统的取粉率的筛号一般为12XX（112μm）。

(三) 粒度曲线

剥刮率和取粉率能反映物料经研磨后大颗粒和面粉的组成分布,能完整反映磨粉机研磨工艺效果的指标是粒度曲线,但不能表示粒度居中的粗粒和粗粉的数量及比例。粒度曲线的定义为:以物料粒度为横坐标,以大于这种粒度的物料的百分比为纵坐标,将物料粒度和物料百分比在直角坐标中的相应点连接起来所形成的曲线。粒度曲线可体现研磨后不同粒度物料的分布规律。

在粒度曲线的表示方法中,一般将横坐标表示筛孔尺寸(有时也用筛网型号代表筛孔尺寸),单位通常为 μm;将纵坐标表示对应筛面所有筛上物的累计百分比,横坐标原点对应的筛上物累计量为 100%。粒度曲线获得数据的方法有两种:一种是质量法,即在磨下物中取样,通过检验筛筛理后分别称重求得;另一种是流量法,即在粉路测定时测取平筛各出口物料流量后求得。若平筛的筛理效率较高,两种方法所得曲线应重合,若差别过大则说明平筛的筛理效率低。日常生产中通常采用质量法。图 4-1-1 为流量法测定的 4 皮磨粒度曲线,表 4-1-1 为流量分布情况。

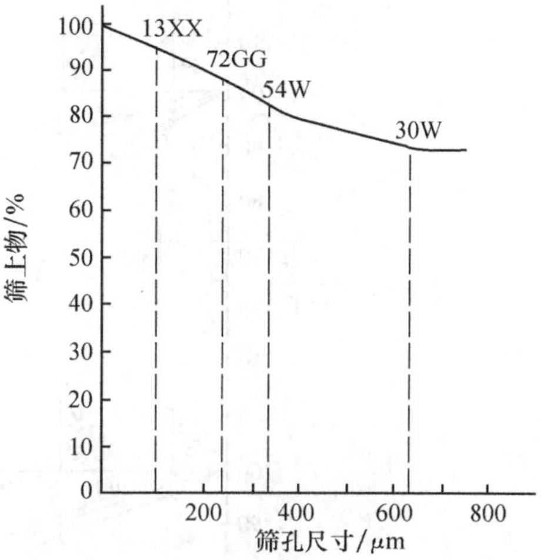

图 4-1-1 流量法测定的 4 皮磨粒度曲线

表 4-1-1 4 皮磨流量分布情况

筛绢配备	流量/(kg/h)	百分比/%	累计/%
30W 以上	1165.5	73.00	73
50W 以上	126.8	7.90	80.9
72GG 以上	139.0	8.70	89.6
12XX~13XX 以上	88.6	5.60	95.2
12XX~13XX 以下	76.4	4.80	100
合计	1596.3	100.00	—

对于同一种磨下物料,可使用不同规格的筛网进行筛理,将结果标定到坐标图上,所得到的点都将分布在同一条连续的曲线上。曲线的形状、位置与筛网的规格无关,主要取决于磨粉机的研磨效果。原料的性质及磨辊的表面状态对粒度曲线的形状有较大影响,研磨硬麦时,磨下物中粗颗粒状物料较多,曲线大多凸起;研磨软麦时,磨下物中细颗粒状物料较多时,曲线一般下凹。

图 4-1-2 和图 4-1-3 分别为硬红麦和白软麦在相同粉路的 1 皮、2 皮、3 皮磨中,以不同的剥刮率做出的磨下物料的粒度曲线。可以看出它们的共同点是剥刮率增加,曲线斜度变大,物料粒度变化大。3 皮物料的粒度曲线无论何种小麦总是下凹形;1 皮硬麦物料粒度曲线无论多大剥刮率总是呈向上凸形,而软麦呈向下凹形,这说明在同样情况下,硬麦在 1 皮产生的中间粒度的物料较多,而软麦较少。

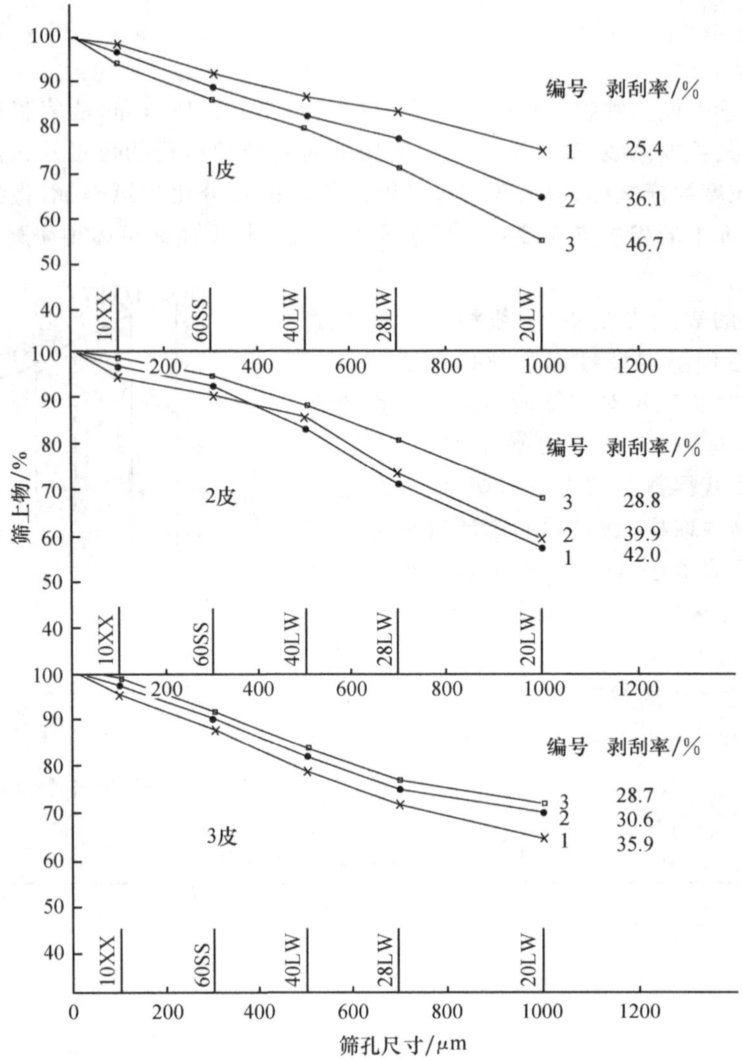

图 4-1-2　硬红麦在不同剥刮率下的粒度曲线

由于一般粒度曲线的弯曲度较小，近乎一条直线，在对磨下物进行粗略的估算时，为了使用上的方便，把所有皮磨粒度曲线都近似地看做直线，这就称之为皮磨理论粒度曲线，图 4-1-4 为 1 皮磨粉机在不同剥刮率时的理论粒度曲线。皮磨理论粒度曲线可用于粗略地估计磨下物料中某一粒度范围物料的比例。

面粉厂制粉效果达到最佳状态时所绘制的粒度曲线，称为最佳粒度曲线。通过曲线可较准确地反映出对应磨粉机的研磨状态及各在制品的分配情况，也可由设定的在制品数量，根据曲线确定对应的平筛筛网规格。因此最佳粒度曲线既可指导操作，又是粉路技术参数选配的主要参考依据。

粉厂在生产时，要经常对几道主要研磨系统尤其是前路皮磨系统的研磨效果进行测定分析，以指导和校正工艺操作。

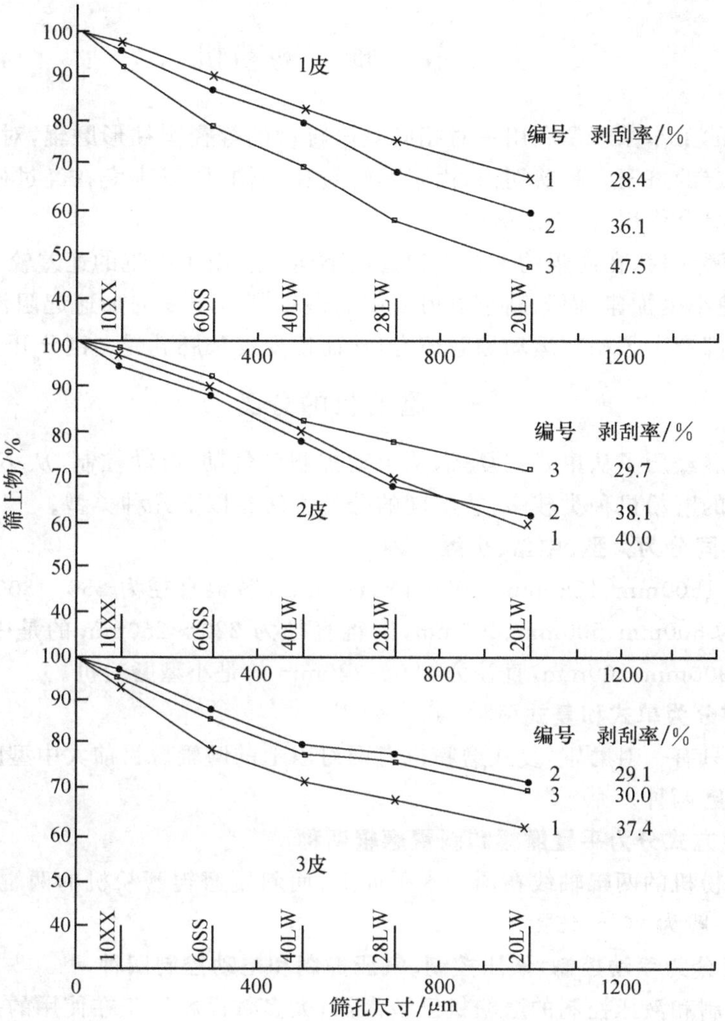

图 4-1-3　白软麦在不同剥刮率下的粒度曲线

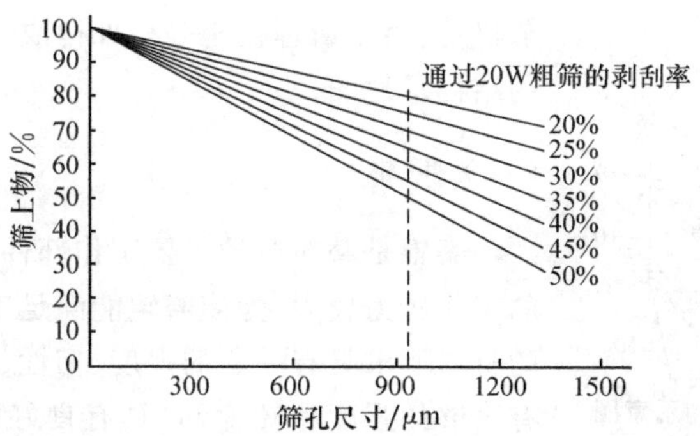

图 4-1-4　1 皮磨理论粒度曲线

第二节　辊式磨粉机

辊式磨粉机的工作原理是利用一对相向差速转动的等径圆柱形磨辊，对均匀地进入研磨区的小麦产生一定的挤压力和剪切力，由于两辊转速不同，所以小麦在经过研磨区时，受到挤压、剪切、搓撕等综合作用，使小麦破碎。

小麦进入研磨区后，在两辊的夹持下快速向下运动。由于两辊的速差较大，紧贴小麦侧的快辊速度较高，使小麦加速，而紧贴小麦另一侧的慢辊则对小麦的加速起阻滞作用，这样在小麦和两个辊之间都产生了相对运动和摩擦力，从而使麦皮和胚乳受剥刮分开。

一、磨粉机的分类

磨粉机的发展经历了从单式到复式，从手动控制到气动、电动控制，从小型到大型的发展历程。目前使用的磨粉机种类较多，按不同的分类方法有以下几种类型。

1. 按磨辊长度不同分为大型、中型、小型三种

磨辊长度为 1500mm、1250mm、1000mm、800mm，磨辊直径为 250～300mm 的是大型磨粉机；磨辊长度为 600mm、500mm、400mm，磨辊直径为 220～250mm 的是中型磨粉机；磨辊长度为 350mm、300mm、200mm，直径为 180～220mm 的是小型磨粉机。

2. 按磨辊的对数分为单式和复式两种

单式磨粉机只有一对磨辊，复式磨粉机有两对以上的磨辊。目前大中型磨粉机均为复式，有四辊磨和八辊磨两种。

3. 按磨辊的放置方式分为平置磨辊和斜置磨辊两种

平置磨辊磨粉机的两辊轴线在同一水平面上；而斜置磨辊磨粉机的两辊轴线在一倾斜面上，斜面的倾角一般为 20°～45°。

4. 按控制方式可分为手动控制、液压控制、气压控制和电动控制四种

目前手动控制和液压控制的磨粉机已被淘汰，大多数面粉厂正在使用的是气压磨粉机。

二、磨粉机的主要构件

磨粉机主要由机架、磨辊、喂料机构、传动机构、轧距调节机构、磨辊清理机构等构件构成。图 4-2-1 为气压磨粉机的结构示意图。

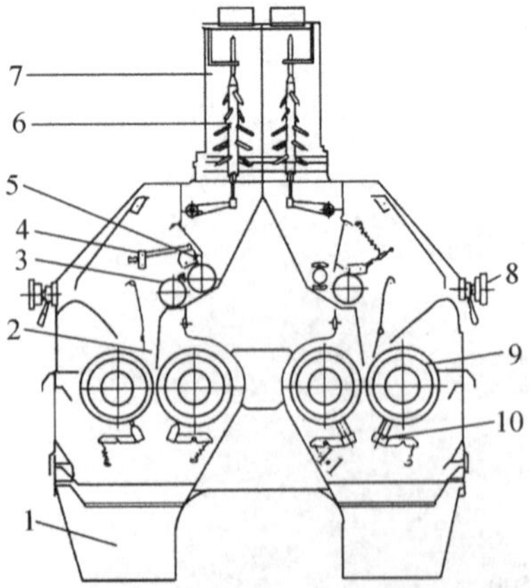

图 4-2-1　气压磨粉机的结构示意图

1. 机座；2. 导料板；3. 喂料辊；4. 喂料门传感器；5. 喂料活门；6. 存料传感器；7. 存料筒；8. 磨辊轧距调节手轮；9. 磨辊；10. 刷子或刮刀

（一）磨辊

磨辊是磨粉机的主要工作部件，磨辊的转速较高，承受的工作压力较大，为使磨辊能满足工艺上的要求，制造磨辊的材料要求具有一定的强度、韧性、耐磨性。磨辊的表面要有足够的强度和硬度，并具有良好的导热性能以使研磨时产生的热量散出，使磨辊的温度不致过高。

磨辊的辊体是用两种以上金属离心浇铸而成，外层为硬度高的冷硬合金铸铁，厚度为辊体直径的 8%～13%，硬度为布氏 450～570，内层为优质灰口铁 HT18—36（HT200—350），离心浇铸的优点是能保证磨辊表面具有较深的硬度层。外层金属化学成分除铁外，还含有碳、硅、锰、铬、镍、铜、磷、硫等元素以调节其硬度、弹性和韧性，不同的磨辊形式需要不同的表面硬度，光辊的硬度一般为布氏 450～490，齿辊的硬度一般为布氏 490～530，有些超硬的表面硬度可达布氏 600。磨辊的轴是用 45 号钢先粗加工，经调质处理后，再压入辊体内，并进行静平衡和动平衡校验。

磨辊分齿辊和光辊两种。齿辊是在圆柱面上用拉丝刀切削成磨齿，用于破碎小麦，剥刮麸片上的胚乳。光辊则经磨光后再经喷砂处理，得到绒状的微粗糙表面，常用于心磨、渣磨和尾磨系统，将胚乳粒磨细成粉和处理细小的连粉麸屑。

齿辊的加工是先磨削使之成为精度高的圆柱形，磨辊全长圆柱度的半径差不大于 30μm，表面粗糙度 R_a1.2μm 左右，然后进行拉丝。

铸好的磨辊要经过切削加工、磨光，进行静平衡和动平衡试验，使之具有精确的圆柱形，不应有凹腰凸肚和大小头现象，其径向跳动应小于 0.05mm，轴向不直度小于 0.01mm，轴与辊的同心度偏差不大于 0.02mm。

在研磨的不同阶段，为适应入磨物料的粒度和特性，磨辊需采用不同的技术参数，如齿辊的齿数、齿角、斜度、排列，光辊的锥度和中凸度等，磨辊的技术参数将在第三节中介绍。

（二）喂料机构

喂料机构是磨粉机的重要组成部分，其主要作用有以下几个方面。

① 控制入机流量，在一定范围内可灵活调节入机流量，保持生产的连续性。

② 使物料均匀地分布在磨辊长度上，充分发挥磨辊的作用，提高研磨效果。

③ 将物料准确地喂入研磨区以提高产量和保证研磨效果。

④ 与磨辊的离合闸动作连锁，有料时喂料合闸，无料时离闸，以减少磨辊磨损，提高使用寿命。

能否保证物料流连续而均匀的进入磨辊工作区，取决于喂料调节机构的构造、喂料辊的尺寸、表面形状及运动参数。磨粉机的喂料机构大多使用一对喂料辊和一个喂料扇门的形式，如图 4-2-2 所示。

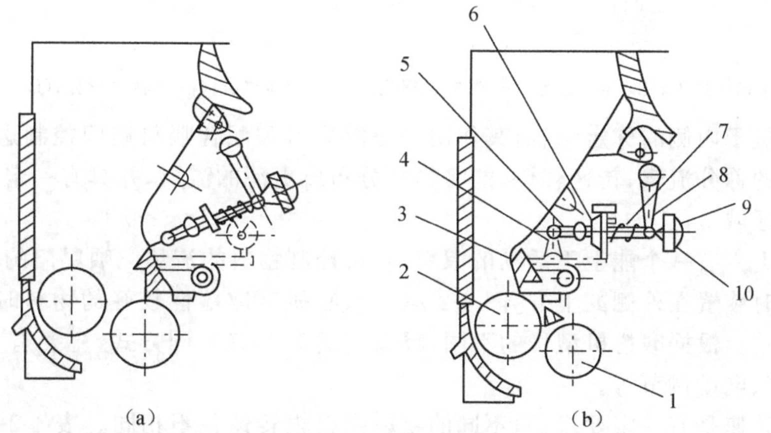

图 4-2-2 磨粉机喂料机构

1. 前喂料辊（分流辊）；2. 后喂料辊（定量辊）；3. 喂料门；4. 拐臂；5. 连杆；6. 锁紧螺母；7. 弹簧；8. 拉杆；9. 活动螺母；10. 调节手轮

喂料辊的形状有深槽梯形齿、浅槽梯形齿、锯形齿或方尖牙、桨叶式螺旋输送、双向螺旋齿等。根据物料性质不同，喂料辊的形状也不同，见表 4-2-1 及图 4-2-3。1 皮磨研磨的是麦粒，为了使抛出的麦粒能形成均匀的一薄层，喂料辊必须具有较大的梯形齿槽，以增加摩擦和限制小麦的滚动。1 皮磨以后的各道皮磨的物料是较大的麸片，其特点是不光滑、较轻而散落性差，定量辊应采用桨叶式螺旋，两端桨叶旋向相反，使物料能从中间向两端散开，并采用较快的转速，以增加其拨动能力，分流辊则采用方尖牙或尖锯齿形的齿槽，齿尖顺着运动方向，使物料分散开来，喂入磨辊。渣磨和心磨的物料呈粒状，粒细而重、黏附力强、不易散开。分流辊易采用密而细的双向螺纹齿槽，以增加拨动能力，并使物料由中间向两端推进，定量辊常采用较密的梯形齿。

表 4-2-1　喂料辊的使用要求

系　统	使用场合	斜度/%	齿　数	齿　形
1 皮磨	外辊	2.5	50	深槽梯形齿[图 4-2-3(a)]
	内辊			光辊
其他皮磨	外辊	2.5	30	锯齿形齿[图 4-2-3(b)]
				方尖牙[图 4-2-3(f)]
	内辊			桨叶式螺旋[图 4-2-3(c)]
渣磨、心磨	外辊			双向螺纹齿[图 4-2-3(d)]
	内辊	2.5	50	浅槽梯形齿[图 4-2-3(e)]

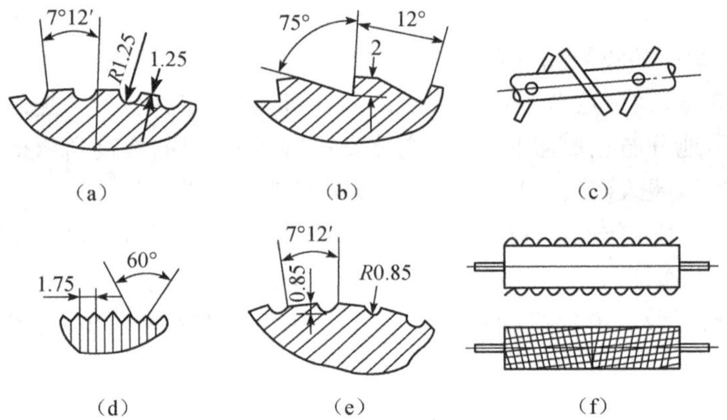

图 4-2-3　喂料辊的形状

(a) 深槽梯形齿；(b) 锯齿形齿；(c) 桨叶式螺旋；(d) 双向螺纹齿；(e) 浅槽梯形齿；(f) 方尖牙

喂料辊中位于内侧的称定量辊，其作用是松散物料和配合喂料扇门控制送入磨辊间物料的流量。外侧的称分流辊，转速较快，能将物料分布成更薄的流层，并具有一定的降落速度，准确地送入研磨区域。

喂料辊的上方有一个能上下活动的喂料门，可控制物料的流量。喂料门的位置，在研磨散落性差的物料时装置在外侧的上方[图 4-2-2(a)]，在研磨散落性较好的物料时装在内侧的上方[图 4-2-2(b)]。根据磨粉机型号的不同，喂料门的调节有不同方式，主要有手动调节、液压调节、气动调节、电动调节等。

喂料辊的转速是有一定要求的，不同的物料喂料辊转速各不相同。表 4-2-2 为 MDDK 型磨粉机喂料辊转速的配置。此外，各厂家生产的不同型号磨粉机，其喂料辊转速也各不相同。一般而言，1 皮磨转速较低，小麦的流动性较好；粗皮磨物料流动性差，喂料辊转速也比较高，特别是后辊(定量辊)转速不能低，保证将粗麸片能推到两端，使物料能均匀地分布在全部长度的磨辊上，且厚度一致，才能够保证大麸皮被充分剥刮，细皮磨喂料辊转速一般低于粗皮磨，渣磨、心磨、尾磨喂料辊转速一般也比较高，因为物料颗粒较细，后路心料又有一定黏性，加之喂料阀门开启度较小，所以应适当提高转速。渣磨和前路心磨流动性较好，喂料辊转速变化对其喂料影响不太大。喂料辊前辊（分流辊）转速较快，后辊较慢，一般为 2∶1～3∶1，粗皮磨应在 2∶1 左右较好。

表 4-2-2 MDDK 型磨粉机的喂料辊转速的配置

设备名称	1B	2B	3～5B	1S	1～2M	3～4M	5～6M	7～8M
外辊/(r/min)	73	117	119	170	170	170	160	152
内辊/(r/min)	102	85	85	87	87	71	71	71

喂料辊转速有固定和可调两种。固定转速是通过磨粉机磨辊上的小带轮三角带带动喂料辊前辊，前辊再带动后辊（定量辊）转动，各传动带轮直径是固定的，所以转速是不可调节的，物料流量的调节只能通过调节喂料阀门的开启来实现。可调转速常用有两种，一种是在传动系统中增加一个分为几挡的齿轮变速箱，根据物料的性质和流量大小，决定使用合适的挡位和转速。换挡时喂料辊必须断开气源，离合器脱开，喂料辊停止转动。换挡调速可灵活调节喂料量（物料流量），一般不再频频调节喂料阀门。可调转速的另一种方法是无级调速，喂料辊无需磨辊带动。喂料辊的前辊（分流辊）直接由无级调速电机驱动。磨粉机玻璃进料筒内装有连续料位器，料位器与电子控制系统连接，电机直接驱动喂料辊。电机受电子控制系统控制，来料增加，玻璃进料筒内料位升高，电机自动加快转速，反之，转速减慢，可灵活调节喂料量。在正常物料流量变化范围内，玻璃进料筒内的料位保持动平衡状态，即不会因料流太大而上堵，也不会因流量小而磨空。

（三）伺服喂料系统

目前，许多磨粉机采用伺服喂料系统。磨粉机运转正常后，玻璃进料筒进料，筒内的感应板或料位器受到感应，使喂料辊运转，喂料阀门自动打开并开始喂料，磨辊自动合闸研磨物料，这一系统称为伺服喂料系统。MDDK 型磨粉机伺服喂料系统如图 4-2-4 所示。物料流到脉冲

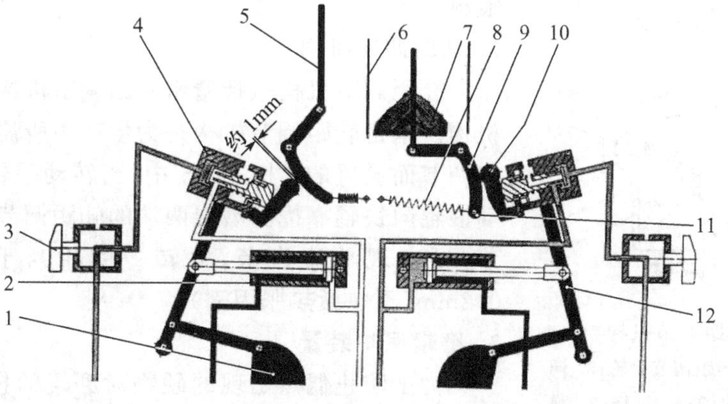

图 4-2-4 MDDK 型磨粉机伺服喂料系统示意图

1. 喂料活门；2. 伺服气缸；3. 手动开关；4. 气动极限键控开关；5. 传感板；6. 玻璃筒；7. 物料；8. 拉簧；9. 脉冲发生器杠杆；10. 滚子杠杆；11. 喂料杠杆；12. 中间杠杆

发生器上,便产生自动合闸,开启喂料装置的脉冲。脉冲使气动极限键控开关动作,使空气能通过,并在这一部分控制管线内形成一定的压力。这一压力首先推动用于工作压力的气动换向阀,推出离合闸气缸活塞,使磨辊合闸。

如果脉冲发生器上继续受到物料的压力,则气动极限键控开关之后的控制管线内气压继续升高,驱使伺服气缸开启,从而打开喂料扇门。

由于气动极限键控开关是装在由伺服气缸带动的杠杆上,故它只有在脉冲发生器向下移动的这段时间内才被推动。如果脉冲发生器保持不动,则极限键控开关就进入中间开关位置,在这一位置上就不会有控制空气流入或流出。这样伺服气缸及与此有关的喂料扇门也就保持不动。

如果脉冲发生器上物料流量小,则在拉簧的作用下,它被压向上方,使极限键控开关上的压力消失。在此极限键控开关处,控制空气泄出。这样,控制压力降低,伺服气缸背面上的主压力,连同喂料扇门上的拉簧将喂料装置关闭。最后(当喂料装置关闭后)气动换向阀被切换,随着离合闸气缸的动作,磨辊离闸。

(四) 轧距调节机构

轧距调节机构是调节物料粉碎程度的工作构件,其主要作用有以下几个方面。

① 能灵活地调节两磨辊任何一端的轧距。

② 按工艺要求可调节两磨辊整个长度间的轧距。

③ 两磨辊正常工作时,如落入硬物或流量突然增加,能使其通过后恢复正常的工作。

④ 当物料中断时,两磨辊应能迅速松开,以免两磨辊碰击使磨齿损坏。

1. 松合闸机构

松合闸机构的作用是在研磨或停止研磨时,使慢辊向快辊靠拢或离开,一般快辊的轴线是固定的,调节轧距是通过改变慢辊的轴线位置来实现的。松合闸机构和伺服喂料控制系统相连接。当喂料门打开,喂料辊开始喂料,磨粉机慢辊离合闸气缸活塞推出,通过偏心轴带动慢辊轴承臂,慢辊即可靠拢快辊,完成合闸研磨物料。反之,当物料停止进入机内时,离合闸气缸活塞反向运动,慢辊即可离开快辊,喂料辊停止喂料。

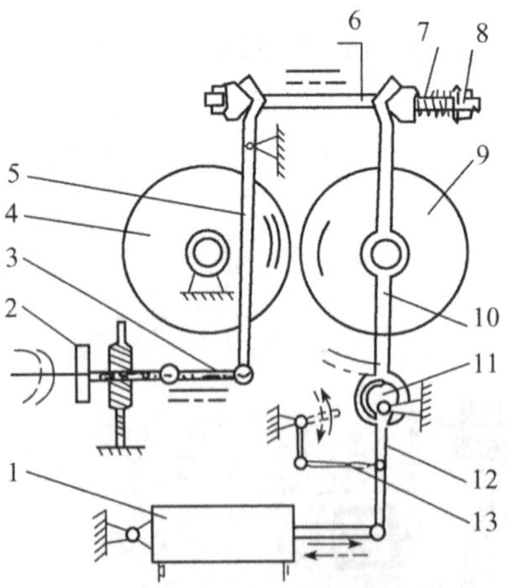

图 4-2-5 轧距调节机构

1. 离合闸气缸;2. 闸距调节手轮;3. 调节杆;4. 快辊;5. 曲臂;6. 拉杆;7. 弹簧;8. 调节螺母;9. 慢辊;10. 慢辊轴承臂;11. 偏心支轴;12. 转臂;13. 磨辊清理机构进退控制连杆

2. 轧距调节机构

轧距调节机构包括精密轧距调节机构和单边轧距调节机构。精密轧距调节机构是为生产中所需要的对轧距的精密调节而设置的。图 4-2-5 中,当转动手轮时,连杆即可带动慢辊向快辊靠拢。磨辊两端的轧距调节手轮都能单独调节,可实现单边调节,每转一圈相当于磨辊轧距变化 0.2mm(不包括热胀因素)。

3. 磨辊保护装置

为了防止偶然出现的硬物对磨辊的损坏,在轧距调节机构里设置了弹簧。当有硬物进入研磨区域内时,弹簧能使轧距自动变大,待硬物通过后,又能自动恢复原状,保护磨辊工作表面不受损坏。

（五）传动机构

图 4-2-6　磨辊间的齿轮传动

磨粉机的传动包括快辊的传动、快慢辊间的传动、分流辊及喂料辊间的传动。

通常由电动机通过三角带传动磨粉机的快辊。

快、慢辊间传动称为差速传动机构。目前差速传动机构的传动形式有齿轮、链条、双面圆弧同步齿型带、齿楔带 4 种。

齿轮传动(图 4-2-6)是较早的传动方式之一，其噪音大，需用液态油润滑，而且要配备多组不同规格的齿轮以适应不同的速比要求和磨辊直径的变化。

链条传动是齿轮传动的改进和发展，链条传动在调节链条的张紧程度、保持链轮齿厚中心处于同一平面、润滑油的使用及防漏等方面要求较高，而且体积大、噪声大，因此只有国内少数液压磨粉机使用。

双面圆弧同步齿型带传动[图 4-2-7(a)]不仅能满足两磨辊中心距的变化要求，而且无需传动箱和润滑油；运转时噪音低、震动小。但当磨辊启动过快或超负荷时，同步齿型带有时会磨损，正常运转时有时会跑偏。

(a)　　　　　　　　　　　　　　(b)

图 4-2-7　同步带和齿锲带

(a) 同步带(双面圆弧同步齿型带)；(b) 齿楔带

齿楔带[图 4-2-7(b)]是为解决磨粉机上双面圆弧齿同步带跑偏而设计的一种辊间环形传动带。此种带一面沿带宽方向布有梯形齿面的隆起，另一面沿带宽方向布有楔角为 40°的等间距三角形楔槽。齿楔带传动除了具备同步齿型带的优点外，还能避免正常运转时的跑偏现象，是一种新型传动方式(图 4-2-8)。

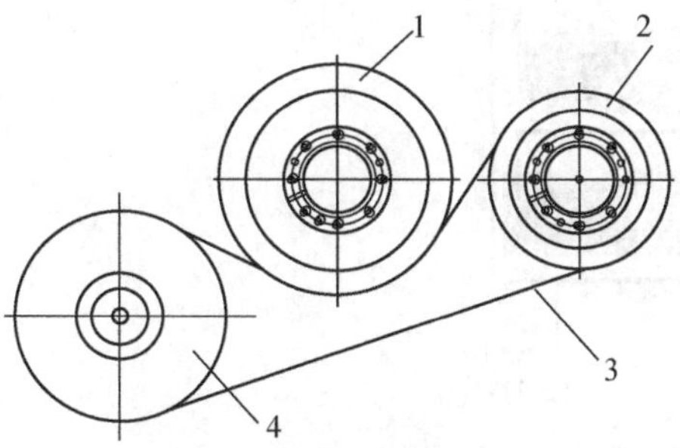

图 4-2-8　磨粉机齿锲带传动

1. 慢辊带轮；2. 快辊带轮；3. 齿锲带；4. 张紧轮

分流辊的传动有两种形式：一种是通过无级调速电机直接驱动；另一种是通过安装在快辊或慢辊轴上的皮带轮用皮带传动。

喂料辊之间的传动通常采用单面同步齿型带或齿轮，由分流辊传动定量辊。

（六）控制机构

控制机构是实现磨粉机离合闸、保持轧距、进行一系列动作的核心。最初的控制机构是手动控制和液压控制，目前液压控制已经被淘汰，大多数磨粉机使用的是气压控制机构和电动控制机构。

1. 气压控制机构

气压磨粉机的气控气路原理见图 4-2-9。气动限位开关 3 必须按下述方式安装和调节，即当滚轮和传杆器杆之间的间隙约 1mm，这时滚轮杆紧贴限位开关阀的销钉。进机物料 2 流到脉冲发生器（传感器）1 上产生推力，使磨辊自动松闸、合闸，是喂料系统开和关。传感器 1 推动气动限位开关 3，使控制空气能流通，能在这一控制线路段建立气压。空气压力首先推动气动换向阀 8 产生作业压力 11，进而使离合闸气缸 9 伸长，使磨辊合闸。如继续在传感器 1 上加载，在气动限位开关 3 后面的控制线路中的压力进一步升高，打开伺服气缸 5，推开喂料扇门 6。由于气动限位开关 3 是安装在被伺服气缸 5 移动的杆上，伺服气缸 5 只在传感器 1 向下移动的时期内起作用。当传感器 1 稳定，不再下降时，气动限位开关 3 进入中间位置，控制用空气在此位置时不在流进也没有空气流出来，伺服气缸 5 和喂料扇门 6 就静止不动。如传感器 1 不再加载，一根拉伸弹簧推其向上，气动限位开关 3 卸载，控制用空气能在限位开关逸出，使控制压力下降，伺服气缸 5 活塞相反一端的主压力连同喂料扇门 6 上的拉伸弹簧使喂料系统关闭。随着喂料系统的关闭，气动转换阀 8 亦转向，离合闸气缸 9 使磨辊松闸。使用位于磨

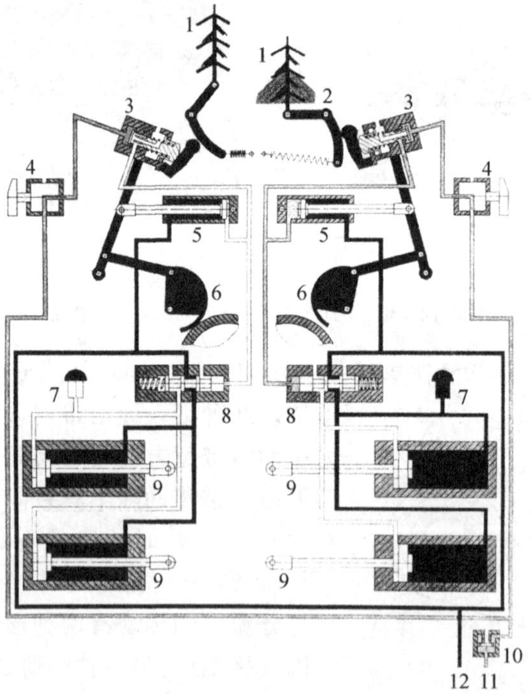

图 4-2-9　气压磨粉机的控制系统

1. 脉冲发生器（传感器）；2. 进机物料；3. 气动限位开关；4. 手动开关；5. 伺服气缸；6. 喂料扇门；7. 气动指示器；8. 气动转换阀；9. 离合闸气缸；10. 快速排气装置；11. 控制气源；12. 工作气源

粉机机座上部左侧的手动开关，可以人为控制压力线路排气达到相同的目的。手动开关上边装有气动开、停指示器，红位表示磨辊松闸，绿位表示合闸。

2. 电动控制系统

电动控制系统也称全自动控制系统，磨辊的松合、喂料辊的离合、轧距的调节，以及机器的停止与转动，全部由计算机电子控制系统和电动机来完成。并可通过PLC程序和计算机在控制室进行操作和监控，也可根据物料变化进行自动调节，自动化程度较高。

（七）轧距吸风机构

在磨辊高速相向旋转的时候，磨辊表面的空气随着磨辊的旋转逐渐向轧距接近，并逐渐被压缩成向上反射的紊流，这种紊流称为泵气。泵气会对喂料薄层产生干扰，使物料散乱、不均匀，流量降低，这对心磨系统的影响尤为显著。为了消除泵气的影响，在磨粉机内部设置了轧距吸风机构。该机构的原理见图4-2-10，它由活动导板、前辊上盖板、后喂料板构成喂料通道，由后辊上盖板、密封板、风道盖板、封板、下挡板和慢辊共同组成风道，磨辊旋转时产生的泵气在风道的吸力下沿着风道进入出料管，与磨下物一起被吸入接料器。风道的风量可通过两侧墙板上的方孔的大小及补气接料器的补风量大小调节，挡板和出料斗的间隙应调节至刚好符合磨下物的数量以减少气体从此进入出料管，出料斗应始终保持负压状态。

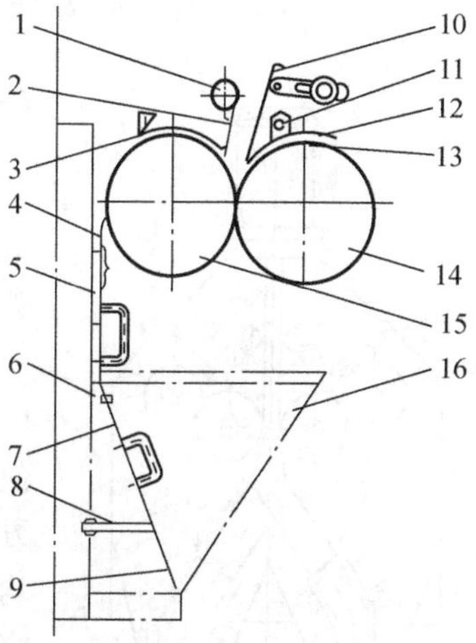

图4-2-10 轧距吸风机构

1. 前喂料辊；2. 后喂料板；3. 后辊上盖板；4. 密封板；5. 风道盖板；6. 封板；7. 下挡板；8. 调节杆；9. 调节挡板；10. 活动导板；11. 螺栓；12. 前辊活盖板；13. 前辊上盖板；14. 前辊（快辊）；15. 后辊（慢辊）；16. 出料斗

（八）磨辊清理机构

磨辊清理机构（图4-2-11）的作用是清理辊面的黏附物，保持辊面的正常状态，保证研磨效果。对黏附在磨辊表面的黏附物，一般使用刷子或刮刀贴紧辊面完成清理。刷子最初应用于齿辊的清理，后来逐渐代替刮刀也被应用于光辊。刷子的材料有棕、猪鬃、禽毛管、尼龙丝等。刷子固定在磨粉机墙板内侧的刷架上，利用弹簧或螺钉使之始终与磨辊表面保持接触状态。

刮刀主要应用于光辊的清理，用薄的合金钢板制成，刮刀与磨粉机的接触要求比较严格，接触线和接触面必须和磨辊轴线平行，磨辊整个长度上的接触压力必须均匀。由于制造和调整技术要求都比较高，因此刮刀逐渐被刷子所代替。

刷子和刮刀机构可以整体移动，在合闸时和磨辊接触，在松闸时离开。

（九）机架

磨粉机的机架有铸铁机架和钢板机架两种。铸铁机架的所有传动机件、调节件等都被封闭在铸铁外壳内，外表只露操作手柄、按钮和仪表。铸铁机架具有较好的减振性能。使用激光切割机加工的钢板机架，精度高、外表美观、质量轻。新型设备中采用不锈钢和铸铁结合，既有较好的减震性能，又卫生、美观。

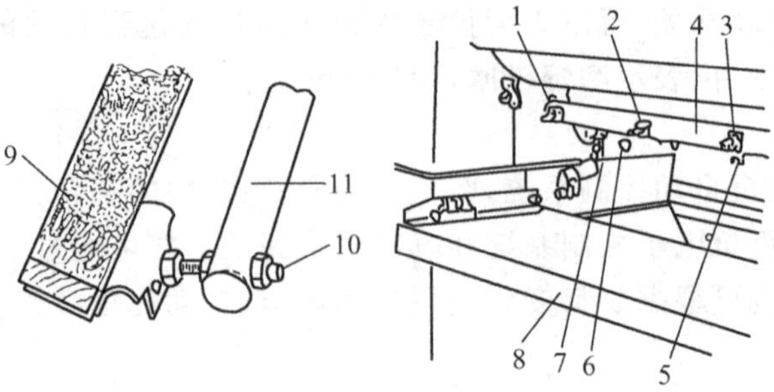

（a）　　（b）

图 4-2-11　磨辊清理机构

1、2、3. 螺杆；4. 配重杆；5、6. 蝶形螺母；7. 刮刀链条；8. 下料门；9. 刷帚；10. 螺杆；11. 配重杆

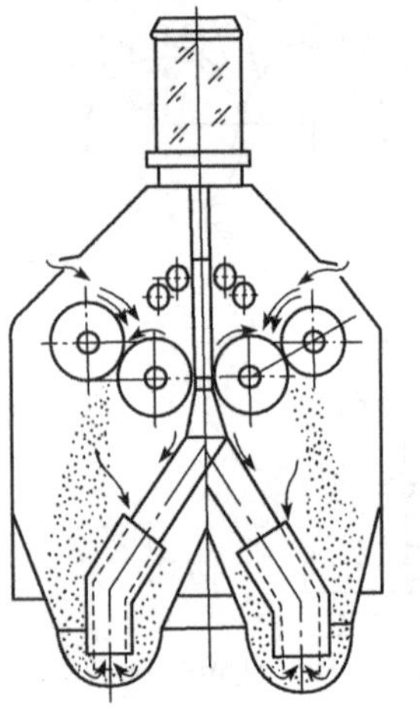

图 4-2-12　磨膛吸料装置

（十）磨膛吸料装置

磨粉机的出料有两种方式：一种出料方式是从出料斗出来后，进入自溜管流入提料管；另一种出料方式是在磨粉机内部设置磨膛吸料装置。

磨膛吸料装置（图 4-2-12）在磨膛底部设有锅形的接料器，锅底中央有一个向上的突锥，它伸向吸料管中心，对物料起导流作用，并使吸料管底部和料斗底之间的吸料管的风速大致相等。突锥的上方是吸料管，吸料管外面装有套管，构成一个环形进风道，可使物料均匀地进入吸料管。两对磨辊的两根吸料管，分别从进料筒的两侧穿过磨顶，接通气力输送网络。采用磨膛吸料后，磨粉机可安装在底层，从而可减少制粉车间的楼层数，节约投资，但气力输送的阻力要大一些，动力消耗较高。为了方便排除故障及清理，底层地面可开地槽和把磨粉机适当架高。

三、磨粉机的主要技术参数

FMFQ 型磨粉机是国内消化吸收国外先进磨粉机的产物，磨辊为水平排列，使生产操作更为安全，其主要规格和技术参数见表 4-2-3。

表 4-2-3　FMFQ 型磨粉机的主要规格和技术参数

技术参数	FMFQ · 6×2	FMFQ · 8×2	FMFQ · 10×2	FMFQ · 12.5×2
磨辊（直径×长度）/mm	ϕ250（300）×600	ϕ250（300）×800	ϕ250（300）×1000	ϕ250（300）×1250
快辊转速/（r/min）	550、600			
快慢辊速比	2.5∶1、1.79∶1、1.5∶1、1.25∶1、1.12∶1			
磨辊使用直径范围	ϕ220～250			
主气缸规格（直径×行程）/mm		ϕ100×100	ϕ80×80	
工作和控制压力/MPa	0.5～0.7			
功率/kW	7.5、11、15、18.5、22、30、37			
外形尺寸（长×宽×高）/mm	1535×1300×1850	1735×1300×1850	1935×1300×1850	2185×1300×1850
机重/kg	2430	2780	3130	3530

四、辊式磨粉机的操作

为了保证磨粉机的正常工作,必须注意以下事项。

① 保证磨粉机机构和部件的技术状态正确。

a. 应有足够的抗压力;磨辊的必须平行;轴承与轴的配合正确;传动带保持有正常的拉力;清理磨辊的刷子不能过紧或过松,刷毛不倒伏。

b. 磨辊符合工艺要求,保证磨辊拉丝和喷砂质量,磨辊要及时更换。

c. 保证电气元件的灵敏性。

d. 保证轧距吸风通道畅通,保证磨辊散热良好、降温降湿、粉尘不外逸。

② 研磨效果的好坏,喂料是关键,操作时要保证喂料正确。

a. 喂料系统具有较高的灵敏度,保证有料时喂料合闸,无料时停料离闸。

b. 调整喂料活门使整个磨辊长度上的流量均匀、厚薄一致。避免走单边或中间一段喂料。

c. 调整喂料活门使物料在进料筒内保持一定高度,既不堵上去,又不磨空,避免频繁离合闸。

d. 调整喂料活门放大流量时需结合提料管和电机荷载能力。

③ 认真进行轧距调节。操作时需注意以下几个方面。

a. 根据工艺要求(剥刮率和取粉率),调整各道磨粉机研磨效果,调整时需考虑小麦品质、小麦水分、成品结构和质量、指标出粉率等因素,避免教条式操作。

b. 调节轧距时,需保持整个粉路流量的平衡,根据各研磨系统中的流量及研磨效率调整。

c. 轧距调节时,避免磨辊两端轧距不一现象,先将紧的一端略为放松,然后一同校紧。

d. 避免轧距过紧而出现物料过分压片或切丝,磨下温度过高现象。

e. 轧距调节时,结合电机荷载能力。

④ 注重磨辊清理作用,及时调节磨辊清理机构,防止物料黏附在磨辊上形成粉圈。

第三节　影响研磨工艺效果的因素

影响磨粉机研磨工艺效果的因素是多方面的,主要有小麦的工艺品质、研磨工艺参数和操作三方面的因素。

一、小麦的工艺品质

(一) 硬度

由于小麦硬度不同,小麦在粉碎过程中便呈现出不同的特性(脆性和韧性)。图 4-3-1 为不同硬度的麦粒在研磨时的变形情况,图 4-3-1(a)小麦的玻璃质为 94%,图 4-3-1(b)小麦的玻璃质为 46%。由图 4-3-1 可见,玻璃质含量高的小麦,在磨齿钝对钝排列时,在最初的一瞬间,立即被破碎成数块。玻璃质含量低的小麦,具有一定的韧性,即使采用锋对锋排列时,破碎的一瞬间也是先产生塑性变形,然后才被破碎的。加工硬麦时,它的研磨过程和操作情况与加工软麦不同。加工硬麦时粗粒粗粉多、面粉少、麦皮易轧碎。

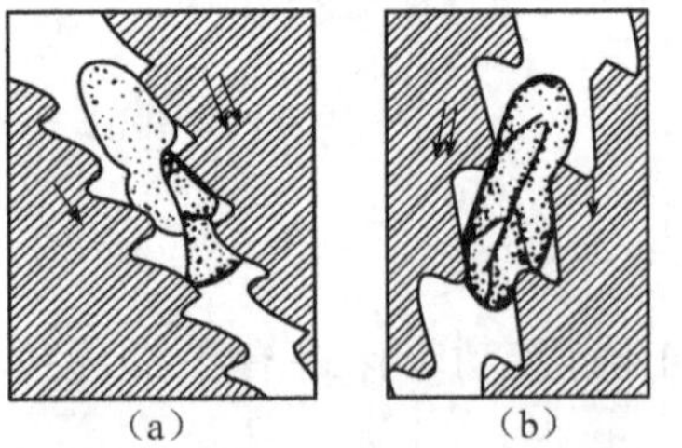

图 4-3-1　麦粒在研磨时的变形

(二) 水分

不同品种和类型的小麦,必须经过合适的水分调节,以改变小麦的结构力学特性,使小麦适于制粉工艺的要求。前苏联科技工作者曾就小麦水分(W)、润麦时间(t)对小麦结构力学特性和制粉效果的影响进行了研究。其方法是将同一品种小麦(红皮冬麦)经室温调节,加入不同的水分和经不同的润麦时间,然后在实验磨粉机上磨制 70%面粉,测得在皮磨系统产生一等品质粗粒的数量(K)和灰分(Z_1),以及研磨时单位产品的能耗(N)[(W・h)/kg]和面粉灰分(Z_2),试验结果见图 4-3-2。

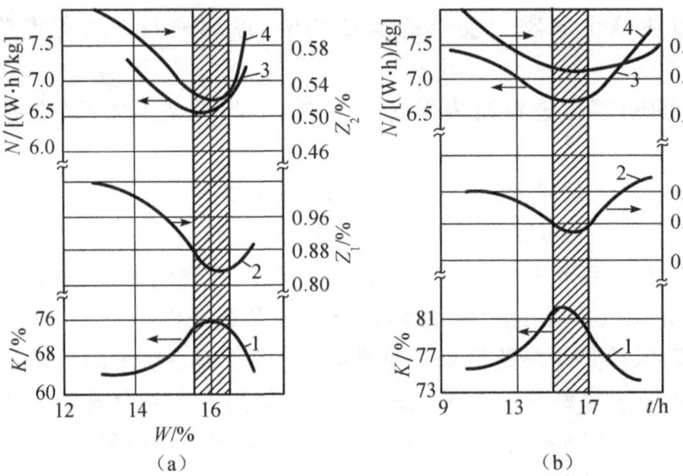

图 4-3-2　小麦水分调节时水分和润麦时间对制粉性质的影响

1. 一等品质的粗粒数 K;2. 粗粒的灰分 Z_1;3. 研磨时单位产品的能耗 N;4. 面粉灰分 Z_2

图 4-3-2(a)表明,当小麦水分(W)在 16%时,小麦的结构力学特性最适于制粉要求,皮磨系统生产的粗粒和粗粉数量最多($K=76\%$)、质量最好(灰分 $Z_1=0.84\%$)、磨制的面粉灰分最低($Z_2=0.52\%$)、研磨时单位动力消耗最省[$N=6.8$(W・h)/kg]。图 4-3-2(b)表明,当润麦时间 $t=16$h 时,获得的研磨效果最佳。因此,小麦在磨粉时应有适宜的水分和润麦时间,这样,在研磨过程中由于表皮韧性增加,麦皮与胚乳间的结合力减弱,使得胚乳与麦皮容易分开,麸片保持完整,以提高面粉质量和出粉率。另外,由于胚乳强度的降低,在研磨时容易成粉,可以减少心磨道数,从而也降低了动力消耗。如研磨小麦的水分过大,则麸片上的胚乳不易刮净,导致出粉率降低,产量下降,动力消耗增加。水分过少则形成的麦渣多,面粉少,麸皮碎而面粉质量变次。

通过实验制粉,对小麦进行不同水分下的磨粉实验,可得出加工该品种小麦的最佳的水分条件,使小麦具有适于制粉性质的结构力学特性,以改进、提高制粉效果,但由于工业化生产时研磨条件和成品水分的要求不同,实验制粉的数据仅供参考。

二、研磨工艺参数

(一) 磨辊表面技术特性

1. 光辊

磨制高质量的面粉时，心磨系统采用光辊，先将磨辊表面磨光，再经无泽面加工(喷砂处理)。这样，可得到绒状微粗糙表面，使胚乳在研磨时容易磨细成粉，以提高研磨效果。光辊的技术参数主要包含硬度、中凸度和锥度、表面粗糙度三个方面。

(1) 硬度

光辊的硬度较齿辊软，易于喷砂，并能保证在使用过程中不断有砂粒脱落，形成微粗糙度。如硬度太高，则不易喷砂，造成磨辊表面粗糙度不够，且磨辊易磨光。

(2) 中凸度和锥度

光辊工作时研磨压力较大，磨辊会轻微弯曲，磨辊发热也比较严重，发热会导致磨辊的膨胀，尤其是在靠近轴承的地方，发热最厉害，膨胀也最大。轻微弯曲和发热膨胀会导致磨辊出现两头粗中间细的现象，为了避免这种情况，光辊一般加工成带有一定锥度或中凸度的形状，如图 4-3-3 所示。当磨辊长度为 1m 时，中凸度的直径差为 15～38μm。如两端加工成锥度，则直径差可取 20～50μm。磨辊材料、磨辊长度和研磨指标不同，所取的直径差也不同，前路心磨系统锥度或中凸度较大，后路心磨稍小。通常前路系统为 25～35μm，中后路系统为 15～25μm。

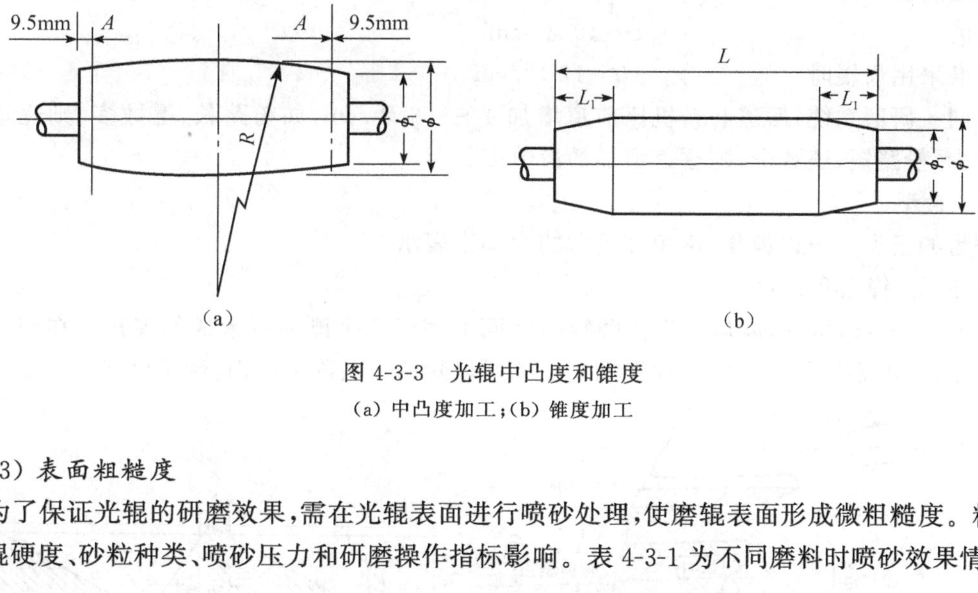

图 4-3-3　光辊中凸度和锥度

(a) 中凸度加工；(b) 锥度加工

(3) 表面粗糙度

为了保证光辊的研磨效果，需在光辊表面进行喷砂处理，使磨辊表面形成微粗糙度。粗糙度受磨辊硬度、砂粒种类、喷砂压力和研磨操作指标影响。表 4-3-1 为不同磨料时喷砂效果情况。

表 4-3-1　不同磨料的喷砂效果

名　称	规　格	粗糙度(R_a)/μm	砂耗/(kg/m)
绿碳化硅	TL24	4.0～5.0	2.54～2.88
	TL30	2.5～4.0	
	TL36	2.0～3.0	
黑碳化硅	TL36	1.3～2.0	3.10
棕刚玉	GZ24	2.6～2.9	3.10

2. 齿辊

齿辊的技术参数主要包含齿数、齿型、斜度和排列 4 个方面。

(1) 齿数

利用拉丝刀在磨辊表面拉丝形成的尖锐状工作面称为磨齿。

磨粉机的齿数是指磨辊单位圆周长度内的磨齿数目，以每厘米长度内的磨齿数表示(牙/cm)。英制则以每英寸磨辊圆周长度内的齿数表示。

磨辊齿数的多少是根据研磨物料的粒度、物料的性质和要求达到的粉碎程度来决定的。入磨物料的颗粒大或要求剥刮率低，齿数就少。磨辊齿数少，则两磨齿间的距离大、齿槽较深，适宜研磨颗粒大的物料，如用它研磨细小的物料，则细小的颗粒容易嵌入磨齿内，不但得不到应有的研磨，而且会影响产量。磨辊齿数多，则磨齿间距就小、齿槽浅，适宜研磨颗粒小的物料。如用较密的磨齿研磨颗粒大的物料，流量少时，麦皮磨得过碎；流量多时，物料的中间部分研磨不充分，磨齿易磨损，动力消耗高而产量低。

磨齿数的多少与物料流量有关，研磨物料的流量大，选用的齿数可稍少；流量小时，选用的磨齿可稍密。

通常，各研磨系统配备的齿数如下所述。

1 皮磨	3.2～4 牙/cm
2 皮磨及以后各道皮磨	较前道加密 1～1.6 牙/cm
末道皮磨	9～10 牙/cm
渣磨	8～10 牙/cm
心磨采用齿辊时	10～12 牙/cm

对同一研磨系统，后道磨粉机比前道增加 1～1.6 牙/cm，如粉路长、道数多，则逐道增加的齿数少；粉路短、道数少，则逐道增加的齿数多。

(2) 齿型

磨齿的齿型一般以齿角、锋角和钝角的大小来表示。

1) 齿角、锋角和钝角

如图 4-3-4(a)所示，齿角是指在磨辊横断面上磨齿两个侧面所形成的夹角。在磨齿的两个侧面中，从磨辊周长的切线方向看倾斜度相对较陡的一面称为锋面，倾斜度相对较缓的一面

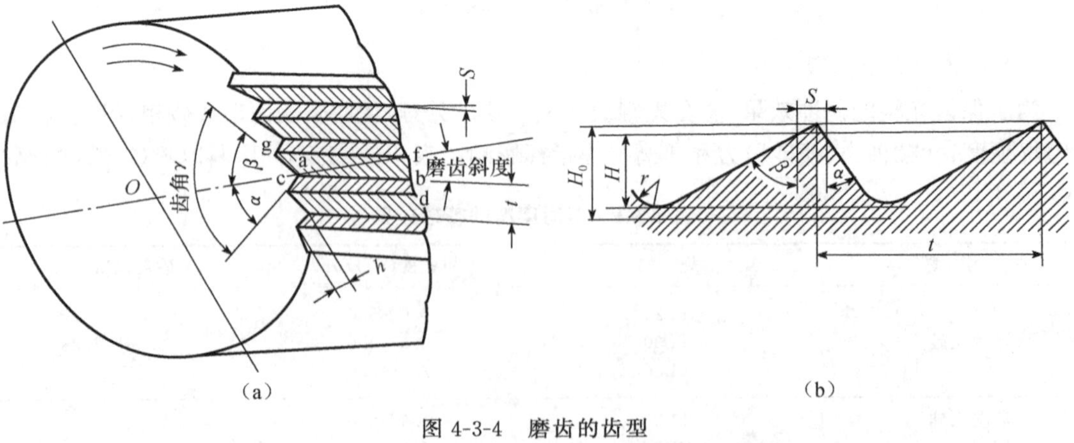

图 4-3-4　磨齿的齿型

α. 锋角；β. 钝角；S. 齿顶平面；H. 磨齿高度；t. 磨齿间距

称为钝面。磨齿齿顶与磨辊中心线的连线与锋面形成的夹角称为锋角 α，与钝面形成的夹角称为钝角 β[图 4-3-4(b)]，锋角比钝角要小。图 4-3-4 中 abcd 是磨齿的锋面，abgf 是钝面，锋面的面积比钝面要小。

拉丝时在磨齿的顶端留有很小的平面，称为齿顶平面(图 4-3-4 中 S)，它可使磨辊的研磨作用缓和，减少切碎麦皮的机会，并使磨齿经久耐用。齿数为 6 牙/cm 以下时，齿顶宽度为 0.2～0.3mm；齿数为 6～9 牙/cm 时，齿顶宽度为 0.15～0.25mm；齿数为 7～12 牙/cm 时，齿顶宽度为 0.1～0.2mm。

齿数相同时，齿角越小，齿高越高，齿沟深，磨辊破碎能力强，适宜处理大流量物料。

由于磨辊表面磨齿的角度难以准确地测定，因此在日常生产中，一般均以拉丝刀的角度来代表。

图 4-3-5 和图 4-3-6 表明拉丝刀角度 γ_1 与齿角 γ 的关系。

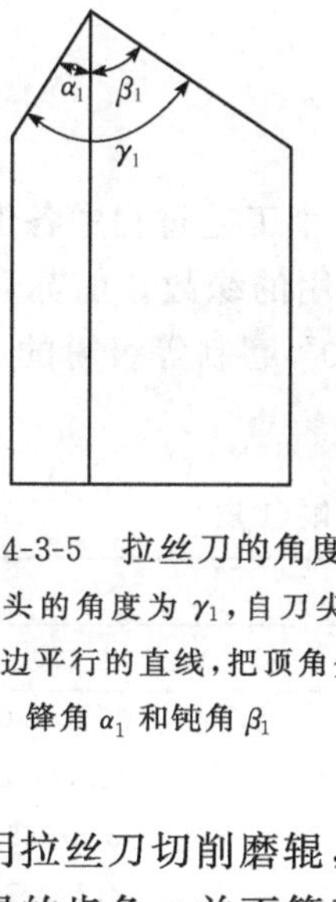

图 4-3-5 拉丝刀的角度

拉丝刀头的角度为 γ_1，自刀尖起，做与两边平行的直线，把顶角分成锋角 α_1 和钝角 β_1

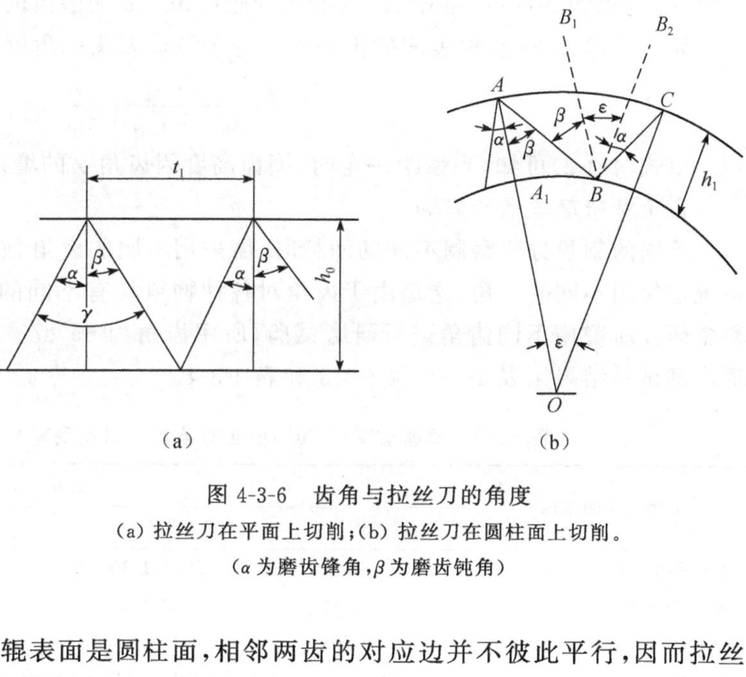

(a) (b)

图 4-3-6 齿角与拉丝刀的角度

(a) 拉丝刀在平面上切削；(b) 拉丝刀在圆柱面上切削。

(α 为磨齿锋角，β 为磨齿钝角)

用拉丝刀切削磨辊，由于磨辊表面是圆柱面，相邻两齿的对应边并不彼此平行，因而拉丝后所得的齿角 γ 并不等于拉丝刀的角度 γ_1。为此，在图 4-3-6 中引 BB_1 及 BB_2，分别平行于 AO 及 CO。

由于：

$\angle ABB_1=\beta$　　$\angle CBB_2=\alpha$

令：$\angle AOC=\varepsilon$

因而，$\angle ABC=\alpha+\beta+\varepsilon$

$\angle ABC$ 为磨辊表面被拉丝刀削去的部分。因此，用拉丝刀角 γ_1 切削后形成的磨齿角度

$$\gamma=\alpha+\beta \tag{4-3-1}$$

根据弧度的定义

$$\varepsilon=\frac{t_1}{R}$$

式中，ε 为磨齿的中心角(°)；t_1 为齿距(mm)；R 为磨辊半径(mm)。

而

$$t_1 Z = \pi R$$

$$t_1 = \frac{2\pi R}{Z}$$

因此，

$$\varepsilon = \frac{t_1}{R} = \frac{2\pi}{Z} = \frac{360°}{Z}$$

式中，Z 为磨辊表面的全部齿数。

由于一个磨齿的中心角 ε 不大，所以在生产实践中，就用拉丝刀角度 γ_1 来代表齿角 γ。

磨齿的齿高可按图 4-3-6 近似计算来确定。

$$h_1 = \frac{t_1}{\mathrm{tg}\alpha + \mathrm{tg}\beta} \tag{4-3-2}$$

式中，h_1 为磨齿的高度(mm)；t_1 为磨齿间距(mm)；α 为磨齿的锋角(°)；β 为磨齿的钝角(°)。

如前所述，由于磨辊表面的齿角并不等于拉丝刀头的角度，因此，正确的齿高 h_1 应为

$$h_1 = \frac{t_1}{\mathrm{tg}\alpha + \mathrm{tg}\beta + \mathrm{tg}\varepsilon} \tag{4-3-3}$$

由式(4-3-3)可知，当齿距一定时，磨齿高度因齿角 γ 的增加而减少。

齿角对研磨效果的影响

不同的制粉方法磨制不同的面粉时，需采用不同的齿角，而且在整个工艺过程中各道研磨系统也使用不同的齿角，这是由于齿角对各种物料具有不同的研磨作用的缘故。前苏联谷物科学研究所曾用不同齿角进行研磨试验，所用齿角为 65°、75°、90°、110°，磨制等级粉的 1、2、3 道皮磨试验结果见表 4-3-2、表 4-3-3 和表 4-3-4。

表 4-3-2　研磨玻璃质 50%小麦时齿角 γ 对剥刮率与质量的影响(1 皮)

研磨工作的指标	齿角 γ/°			
	65	75	90	110
总剥刮率/%	25.4/1.2	25.4/1.15	26.3/1.12	26.3/1.00
麦渣(大粗粒)/%	17.9/1.34	17.2/1.29	17.7/1.28	15.1/1.25
麦心(中小粗粒)/%	2.7/0.97	2.9/0.88	3.1/0.84	3.6/0.57
粗粉/%	2.9/0.77	2.9/0.81	3.1/0.73	4.1/0.56
面粉/%	2.1/0.93	2.4/0.89	2.4/0.83	2.5/0.71
面粉色泽(比色计单位)	80	76	75.5	67.5
单位新生成表面积的耗电量/[(W·s)/cm²]	0.33	0.34	0.35	0.38

表 4-3-3　研磨玻璃质 63%小麦时齿角 γ 对剥刮率与质量的影响(2 皮)

研磨工作的指标	齿角 γ/°			
	65	75	90	110
总剥刮率/%	33.05/1.24	38.1/1.26	43.8/1.25	45.1/1.09
麦渣(大粗粒)/%	29.6/1.28	34.6/1.27	39.7/1.29	40.6/1.11
麦心(中小粗粒)/%	0.2/1.0	0.2/0.97	0.2/0.98	0.3/0.93

续表

研磨工作的指标	齿角 γ/°			
	65	75	90	110
粗粉/%	1.0/0.92	1.1/0.89	1.1/0.9	1.2/0.86
面粉/%	2.25/0.92	3.2/0.92	2.8/0.92	3.0/0.9
面粉色泽(比色计单位)	66	66	71	61.5
单位新生成表面积的耗电量/[(W·s)/cm²]	0.18	0.19	0.20	0.22

表 4-3-4 研磨玻璃质 56%小麦时齿角 γ 对剥刮率与质量的影响(3 皮)

研磨工作的指标	齿角 γ/°			
	65	75	90	110
总剥刮率/%	19.1/0.72	26.0/0.82	30.7/0.85	40.7/0.78
麦渣(大粗粒)/%	6.2/0.81	8.1/1.01	11.6/0.99	13.1/0.95
麦心(中小粗粒)/%	4.1/0.69	5.3/0.69	5.3/0.74	6.5/0.66
粗粉/%	3.7/0.66	5.6/0.67	6.7/0.69	10.5/0.64
面粉/%	5.1/0.67	7.0/0.84	7.1/0.85	10.5/0.77
面粉色泽(比色计单位)	38	35	33	30
单位新生成表面积的耗电量/[(W·s)/cm²]	0.09	0.10	0.10	0.20

以上表中所列数值,分子表明在制品的数量(占 1 皮流量%),分母为该物料的质量(灰分%),面粉色泽以比色计单位表示。试验采用的小麦水分为 15.1%、灰分为 1.73%。试验 1 皮磨流量为 1300kg/(cm·24h),轧距为 1mm。

由实验数据可知,在入磨流量及轧距不变情况下,各项研磨工作指标随齿角的增大有以下变化。

随齿角的增大,总剥刮率增加,尤其是 2、3 皮磨,面粉质量有显著提高,色泽更白;单位新生成表面积的耗电量增加 8.5%～20%;在齿角 65°～75°时,总剥刮率低的原因是物料粉碎成较大的颗粒,穿过粗筛的麦渣和麦心较少。

面粉厂所采用的磨齿角度大体相同,一般为 90°～110°,见表 4-3-5。

表 4-3-5 各国面粉厂采用的磨齿角度

国 家	齿角 γ	锋角 α	钝角 β
前苏联	90°～110°	20°～35°	65°～75°
德国	90°～110°	25°～40°	65°～75°
英国	88°～110°	21°～45°	60°～65°
美国	87°～115°	23°～40°	63°～75°
中国	90°～110°	20°～45°	55°～70°

2) 前角

在研磨过程中,小麦落入两磨辊间,被慢辊托住,由快辊对小麦进行粉碎。所谓前角是指

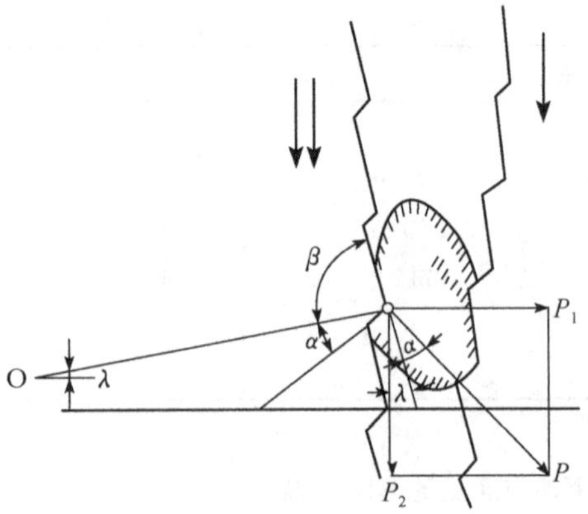

图 4-3-7　快辊磨齿作用示意图

与物料接触并对物料进行破碎的那个角，由于磨辊排列不同，它可以是锋角或是钝角。物料在磨辊间所受作用力的大小，不仅取决于齿角，更取决于前角。

前角对研磨效果的影响

为了分析前角大小对研磨效果的影响，需研究物料在两磨辊间的受力情况。如图 4-3-7 所示，麦粒在两磨辊间，是由快辊磨齿对小麦剪切的结果而破碎的。在粉碎过程中，快辊磨齿对小麦的作用力 P 是垂直于前角的斜面，并可分解成垂直于两磨辊中心连线的力 P_2，以及平行于两磨辊中心连线的力 P_1。P_2 对小麦起剪切作用，P_1 对小麦起挤压作用。

$$P_2 = P\cos(\alpha + \lambda) \tag{4-3-4}$$

$$P_1 = P\sin(\alpha + \lambda) \tag{4-3-5}$$

式中，λ 为磨辊对物料的起轧角(°)；α 为前角(°)。

当磨辊直径、物料大小、轧距和起轧角不变时，挤压力 P_1 和剪切力 P_2 将随前角 α 而变化。前角增大，挤压力增大、剪切力减小；前角减小，则挤压力减小、剪切力增大。

前苏联谷物科学研究所采用 48%玻璃质小麦利用同一种齿角不同的前角进行研磨试验，结果见表 4-3-6。

表 4-3-6　前角对剥刮率与质量的影响

研磨工作的指标	磨齿前角			
	20°	30°	40°	50°
总剥刮率/%	23.9/0.90	20.5/0.95	16.5/0.93	16.6/0.95
麦渣/%	15.1/0.93	13.2/1.04	9.9/1.03	9.4/1.08
麦心/%	3.3/0.78	2.7/0.86	2.4/0.91	2.6/0.84
粗粉/%	2.9/0.74	2.5/0.77	2.3/0.65	2.5/0.73
面粉/%	2.6/1.02	2.1/0.73	1.9/0.78	2.1/0.80
单位新生成表面积的耗电量/[(W·s)/cm²]	0.25	0.28	0.33	0.33

由表 4-3-6 可见，磨齿前角减小，总剥刮率增加，剥刮下的物料中含胚乳稍多，故粗粒和粗粉的品质改善，灰分较低；磨齿前角减小，剪切力增大，挤压力减小，麦渣的提取率显著增多，对麦皮的破碎程度增大，故生产面粉的质量较次；随着磨齿前角的减小，单位新生成表面积的耗电量降低。

实际生产中，齿角和前角的应用可归纳如下几个方面。

在皮磨系统，要提取一定数量的麦渣和麦心，则应在流量较高的情况下采用较小的齿角，尤其要采用较小的前角，在加工软麦和水分过高的小麦时更应如此；在前路皮磨，要多出粉少出麦渣、麦心，为了保持麸片的完整，将麦皮上的胚乳刮净，可采用较大的齿角，尤其应采用较大的前角，在加工硬麦和低水分的小麦更应如此；为了刮净后路皮磨麸片上的胚乳，而不使麦皮过碎，应采用较大的齿角和前角；为了降低磨粉机的动力消耗，可采用较小的齿角和前角。

3) 后角

磨齿的后角虽然对研磨不起主要作用，但后角的大小表现在磨齿的高度及耐磨性上。当齿角不变而后角增大，则磨齿高度减低，厚度增加。图 4-3-8 表明几种不同磨齿齿型的比较。图 4-3-8 中不同磨齿齿型的技术特性见表 4-3-7。由表 4-3-7 和图 4-3-8 可见，30°/65°和 35°/65°的磨齿，其磨齿较钝，齿角达 95°和 100°，横断面尺寸较大，钝边较高，磨齿有较大的强度。

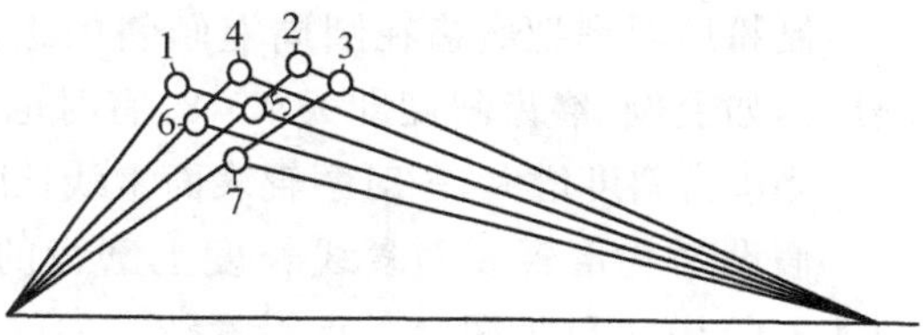

图 4-3-8 不同磨齿齿型的比较

表 4-3-7 不同磨齿齿型的技术特性

序 号	锋角/°	钝角/°	齿角/°
1	20	70	90
2	30	65	95
3	35	65	100
4	27	68	95
5	30	70	100
6	27	72	100
7	35	75	110

(3) 磨齿的斜度

为了获得更好的研磨效果，在磨辊的轴向磨齿必须与磨辊中心线倾斜成一角度，称为磨齿的斜度。快辊磨齿与慢辊磨齿的倾斜方向相同并保持完全的平行，这样，当一对磨辊相向转动时，快辊磨齿与慢辊磨齿便形成许多交叉点，在磨辊间的轧距小于被研磨物料的情况下，物料就在交叉点上得到粉碎。如果磨齿没有斜度，则两磨辊磨齿的接触将是间歇性的，有时快辊磨齿沿全长与慢辊磨齿齿顶接触，有时快辊则与慢辊的齿槽相遇，这样，不但粉碎作用不能均衡地完成，还将导致磨粉机的震动。

磨齿斜度通常以同一磨齿两端在磨辊端面圆周上的距离(弧长)与磨辊长度之比表示，如图 4-3-9 所示。

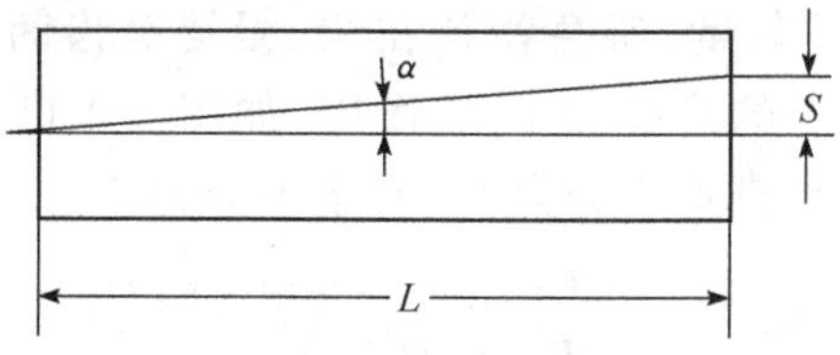

(a)

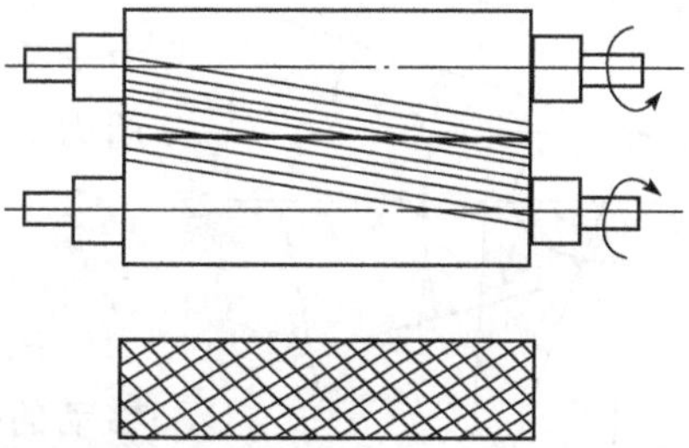
(b)

图 4-3-9 磨齿斜度及磨辊相对回转时形成的交叉点

(a) 磨齿斜度，L 为磨辊长度，S 为同一磨齿两端在磨辊表面圆周上倾斜的距离；(b) 相对回转形成的交叉点

假设 L 为磨辊长度(1000mm)；S 为同一磨齿两端在磨辊表面圆周上倾斜的距离(125mm)，则磨齿斜度

$$X = \frac{S}{L} = \frac{125}{1000} = \frac{1}{8}$$

制粉厂习惯把磨齿在圆周上倾斜的距离作为1,而用磨辊长度是倾斜距离的倍数来表示斜度。如上例,磨齿斜度即为1∶8,有时也称磨齿斜度为12.5%。

当磨齿斜度增大,一对磨辊表面素线长度上磨齿的交叉点便增加,交叉点数可按下法求出。

假设Y为磨辊表面素线长度上磨齿的数;L为磨辊长度(cm);n为磨齿数(牙/cm)。在图4-3-10中,CD为两交叉点沿素线方向的距离(cm);DE为两磨齿的间距($1/n$,cm);α为磨齿倾斜角度(°)。

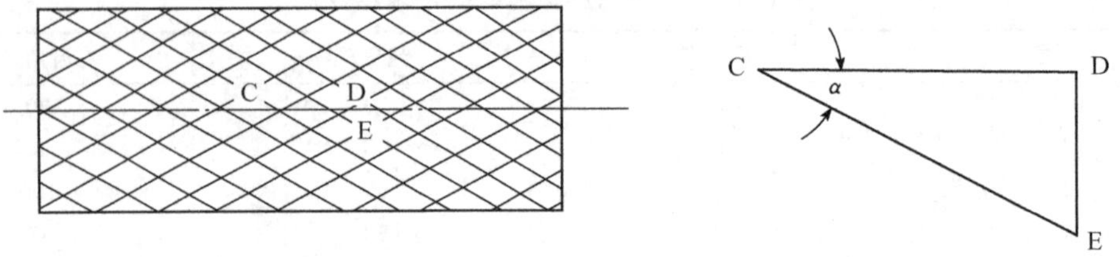

图4-3-10　磨齿的交叉点

由图4-3-10可知:

$$\frac{\text{DE}}{\text{CD}} = \text{tg}\alpha$$

$$\text{CD} = \frac{\text{DE}}{\text{tg}\alpha} = \frac{1}{n \cdot \text{tg}\alpha}$$

$$(\text{DE} \approx \overset{\frown}{\text{DE}})$$

$$L = Y \cdot \text{CD} = Y \cdot \frac{1}{n \cdot \text{tg}\alpha}$$

所以

$$Y = L \cdot n \cdot \text{tg}\alpha$$

由上式可知,当磨辊长度和齿数不变时,斜度越大,交叉点越多,交叉点距离越小,物料在磨齿交叉点受剪切作用使粉碎的机会越多,粉碎作用越强。

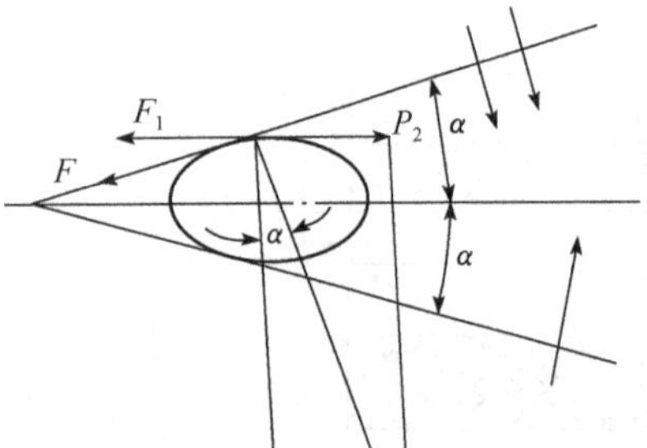

图4-3-11　磨齿的作用力

磨齿有了斜度,研磨物料在快、慢辊磨齿间受到作用力P和磨齿上的摩擦力F的作用,如图4-3-11所示。作用力P可分解或垂直分力P_1和水平分力P_2。

$$P_1 = P\cos\alpha$$

$$P_2 = P\sin\alpha$$

P_1为作用于物料使它变形的力;P_2为使物料沿轴向移动的推力。

物料与磨辊的摩擦力F为

$$F = Pf = P\text{tg}\varphi$$

式中,f为物料与磨辊的摩擦系数;φ为物料与磨辊表面的摩擦角(°)。

设F_1为摩擦力在水平方向的分力,即

$$F_1 = F\cos\alpha = P\cos\alpha\ \text{tg}\varphi$$

物料沿轴向移动的条件:

$$P_2 \geqslant F_1 \tag{4-3-6}$$

$$P\sin\alpha \geqslant P\cos\alpha \ \mathrm{tg}\varphi$$

$$\mathrm{tg}\alpha \geqslant \mathrm{tg}\varphi$$

$$\alpha \geqslant \varphi \tag{4-3-7}$$

小麦及其中间产品与铸铁表面的摩擦角 φ 一般为 11°～18°。

从以上分析可知，当磨齿倾斜角大于物料与磨辊表面的摩擦角时，物料将做轴向移动而被推向磨辊的一端，反而削弱了粉碎作用。面粉厂中，使用最大的磨齿斜度通常为 1∶6，即 16%，其对水平轴线的倾斜角度为 9.5°。

磨齿斜度对研磨效果的影响

磨齿斜度增大，磨齿交叉点之间的距离越小，交叉点越多。因此，物料在研磨时受到的剪切机会增加，麦皮容易切碎，获得的产品质量较次。

如果用不同的磨齿斜度而要求物料得到相同的粉碎程度，则磨齿斜度大时在研磨过程中依靠剪切力的因素居多，所以动力消耗较低。

当研磨干而硬的小麦时，为防止麦皮过碎，应比研磨软而湿的小麦所采用的磨齿斜度要小。

表 4-3-8 列出了不同磨齿斜度对研磨效果的影响。

表 4-3-8　不同磨齿斜度对研磨效果的影响

1皮、2皮、3皮磨齿斜度/%	研磨效果指标			
	玻璃质 84%的小麦		玻璃质 30%的小麦	
	总剥刮率及产品灰分/%	剥刮成 1kg 产品的电耗/(W·h)	总剥刮率及产品灰分/%	剥刮成 1kg 产品的电耗/(W·h)
4	73.9/0.97	10.4	69.9/0.96	8.0
6	71.5/1.24	8.76	66.2/1.09	7.4
8	69.8/1.29	8.17	66.0/1.15	7.1
10	69.7/1.31	8.0	65.8/1.27	6.9
12	65.1/1.32	—	65.6/1.30	—

由表 4-3-8 可以看出，随着斜度的增加，剥刮率下降，产品质量下降，单位耗电量降低。

(4) *磨齿的排列*

磨齿有锋角和钝角之分，而磨辊又有快辊与慢辊之分，因此快辊齿角与慢辊齿角的相对排列，按作用于研磨物料的前角来表示，有 4 种方法，即锋对锋、锋对钝、钝对锋和钝对钝，如图 4-3-12 所示。

锋对锋(F-F)：快辊磨齿锋角向下，慢辊磨齿锋角向上。采用这种排列，磨齿对物料的剪切作用最强，粉碎程度高，而动力消耗低，麸片较碎，麦心多而细粉少，适宜加工水分大或软而韧的小麦。

锋对钝(F-D)：快辊磨齿锋角向下，慢辊磨齿钝角向上。

钝对锋(D-F)：快辊磨齿钝角向下，慢辊磨齿锋角向上。

钝对钝(D-D)：快辊磨齿钝角向下，慢辊磨齿钝角向上。采用这种排列，物料落在慢辊钝面上，同时受到快辊钝面的剥刮作用。钝对钝排列的研磨作用较缓和，物料受剪切力小而压力

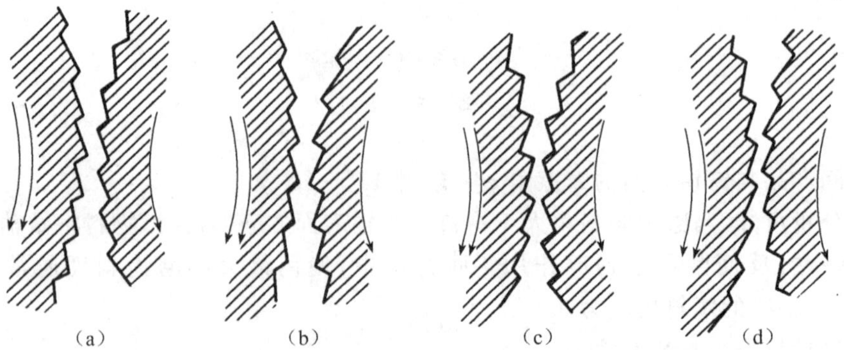

图 4-3-12 磨齿的排列
(a) 锋对锋;(b) 锋对钝;(c) 钝对锋;(d) 钝对钝

较大,磨下物中麸片大,麦渣和麦心少而面粉多,面粉的颗粒细含麸星少,但动力消耗较高。D-D排列适宜于加工水分低或硬而脆的小麦。

磨齿排列采用钝对锋或锋对钝时,它们的研磨作用介于钝对钝和锋对锋之间。

磨齿的参数对小麦加工的影响较大,应针对小麦的工艺品质来设置,不同品质小麦对磨齿齿型的要求如下所述。

一般情况下,加工干而硬的小麦时,可用钝对钝排列,齿数少,小斜度,为降低电耗,最好用较小的齿角,尤其是较小的前角;加工湿而软的小麦时,可用锋对锋排列,密牙齿,大斜度,为避免物料过于破碎,最好用大齿角,尤其是较大的前角。

(二) 磨辊的圆周速度和速比

如果一对相向转动的磨辊是同一线速,那么物料在研磨工作区域内,只能受到两辊的挤压作用而被压扁,不会得到粉碎。因此,在制粉过程中,一对磨辊应有不同的线速,并结合磨辊表面的技术特性,使研磨物料达到一定的研磨程度。

通常磨辊快辊转速在 450~600r/min,最低的为 350r/min,前路皮磨采用较高的速度,后路心磨系统的转速最低。

1. 麦粒在研磨区域内的平均速度

使用快速摄影机对谷物的粉碎过程进行研究,并用图解分析法确定谷粒在粉碎行程中的轨迹,探明其运动规律。以磨辊直径为 225mm、快辊线速为 5.3m/s 的磨粉机,采用不同的速比和磨齿排列将小麦进行研磨,通过每秒 3700 个镜头的速率摄影所得照相,计算出谷粒在研磨区域内的平均速度,其结果如表 4-3-9 所示。

表 4-3-9 谷粒在研磨区域内的平均速度

磨齿排列	快辊线速/(m/s)	慢辊线速/(m/s)	谷物速度/(m/s)
锋对锋	5.3	3.53	4.36
锋对锋	5.3	2.12	3.75
锋对钝	5.3	3.53	4.14
锋对钝	5.3	2.12	3.09
锋对锋	2.4	0.96	1.64
锋对钝	2.4	0.96	1.47

小麦粒在研磨区域的平均速度(不考虑滑动)可由下式求得

$$V_g = \frac{V_k + V_m}{2}\cos\alpha \tag{4-3-8}$$

式中，V_k 为快辊圆周速度(m/s)；V_m 为慢辊线速(m/s)；α 为磨辊对研磨物料的起轧角(°)。

2. 磨辊线速对研磨效果的影响

磨辊线速增加，磨辊速比不变，对磨粉机的生产能力有着直接的影响。若将快辊线速由6m/s增加到12m/s，生产能力可提高1倍，若提高到18m/s，则生产能力可提高2～3倍。

对前三道皮磨系统，采用不同的磨辊线速度进行试验(表4-3-10)，研究结果表明，在磨辊速比不变的条件下，不同磨辊线速对研磨效果的影响不大，仅麦渣的灰分随磨辊转速的提高而略有增加，但其品质稍次。其他参数不变情况下，磨辊线速增加，可以提高磨粉机产量，但对研磨效果影响不大。

表4-3-10　磨辊圆周速度对研磨效果的影响(快慢辊速比为2.5∶1)

指　标	快辊线速(1～4皮磨合计)		
	6/(m/s)	12/(m/s)	18/(m/s)
总剥刮率/%	69.60	69.21	69.47
粗粒(20W/54GG)	45.52/1.13	45.97/1.16	47.17/1.21
其中的大粗粒(20W/32W)/%	30.30/1.20	31.23/1.27	31.23/1.36
粗粉(54GG/9XX)/%	11.8	11.68	11.28
面粉(9XX/—)/%	12.5	11.56	11.02
剥刮1kg物料耗电量/(W/h)	43.99	44.05	45.03

3. 速比对研磨效果的影响

磨辊快、慢辊圆周线速度之比称为速比。

小麦在研磨时，从麸片上剥刮胚乳的作用主要依靠快辊磨齿进行的，速比越大研磨作用越强。这是因为在齿辊上，当其他条件不变时，研磨物料的粉碎程度与作用齿数相关。所谓作用齿数，是指物料在研磨区域内，快辊工作表面对物料作用的齿数。作用齿数 R_i 可用下式表示。

作用齿数 R_i 与磨辊各参数的关系如下：

$$R_i = (V_k - V_g)t \cdot n \tag{4-3-9}$$

式中，V_k 为快辊圆周速度(m/s)；V_g 为物料粉碎的平均速度(m/s)；t 为物料在研磨区域内逗留时间(s)；n 为快辊齿数(牙/cm)。

物料在研磨区域逗留的时间可由下式求得：

$$t = \frac{L}{V_g} = \frac{2L}{V_k + V_m} \tag{4-3-10}$$

式中，L 为研磨区域长度(cm)；V_m 为慢辊圆周速度(m/s)。

所以

$$R_i = \left(V_k - \frac{V_k + V_m}{2}\right) \times \frac{2L}{V_k + V_m} \times n = Ln\frac{K-1}{K+1} \tag{4-3-11}$$

从上式可看出，当 L 和 n 不变，则作用齿数 R_i 仅决定于速比 K。这表明当快慢辊的速比 K 提高时，快辊对物料的作用齿数增加，显然将提高物料被粉碎的程度。

如果提高 K 而不相应地提高 V_k，则由于 V_m 的减小而使 V_g 降低，这样势必导致磨粉机生产能力的下降。

表 4-3-11 列出速比对研磨效果的影响，在磨制等级粉的 2 皮磨试验中，单位流量为 650kg/(cm · 24h)、快辊圆周速度为 6m/s、小麦玻璃质为 48%。

表 4-3-11　速比对剥刮率和在制品质量的影响

指　标	磨辊速比		
	K=1.5	K=2.5	K=3.5
总剥刮率 /%	32.5/0.77	41.4/0.84	43.8/0.95
其中包括：			
大粗粒/%	13.3/1.01	16.6/1.10	17.1/1.25
中小粗粒/%	12.5/0.62	16.0/0.7	16.8/0.78
粗粉/%	3.7/0.58	5.5/0.65	6.3/0.72
面粉 /%	3.0/0.46	3.3/0.53	3.6/0.72
剥刮 1kg 物料耗电量/(W · h)	6.16	7.50	8.78

注：分母数值为灰分(%)。

从表 4-3-11 可见，在其他条件不变，增加速比会增加粗粒、粗粉和面粉的数量，同时物料的灰分也增高。这主要是由于在研磨区域内磨齿对物料的作用齿数增多，剥刮作用加强，同时使麦皮易碎，而剥刮 1kg 物料的耗电量也随着增加。

前苏联谷物科学研究所曾在心磨系统研究不同的磨辊速比和相对速度($V_o=V_k-V_m$)对研磨效果和面粉质量的影响，其结果见表 4-3-12。

表 4-3-12　磨辊速比和相对速度对研磨效果和面粉质量的影响

[1 心磨，单位流量 250kg/(cm · 24h)]

速　比	快辊速度 /(m/s)	取粉率/%	面粉灰分/%	面粉白度	单位表面积 /(cm²/g)	淀粉损伤/F	吸水量/%	能耗/[(W · h) /kg]
相对速度 V_o=2m/s								
1.5	6.0	26.0	0.47	20	2150	14.0	65.0	5.34
2.0	4.0	32.0	0.52	19	2460	17.5	66.7	6.21
2.5	3.3	38.0	0.49	18	2780	22.0	68.2	8.57
相对速度 V_o=3m/s								
1.5	9.0	35	0.45	21.0	2020	12.0	64.0	5.08
2.0	6.0	38	0.46	20.5	2220	14.0	65.2	5.21
2.5	5.0	42	0.46	20.0	2315	7.5	66.2	5.32
相对速度 V_o=4m/s								
1.5	12.0	42	0.43	23.0	2000	10.0	62.5	5.04
2.0	8.0	46	0.46	20.0	2020	12.0	64.0	5.55
2.5	6.7	49	0.46	21.0	2110	15.0	65.8	5.90

由表 4-3-12 得出以下结果。

① 当磨粉机流量不变、快慢辊速比不变时，快辊线速增加，则取粉率增加，面粉品质略有改善，灰分降低、色泽变白，单位产品的能耗变化不大。当轧距不变时，物料粉碎程度理应只随速比而改变。但在实验中速比不变而粉碎程度增加的原因，可能由于物料在研磨时物理性质的改变，即原来呈塑性的物料，在速度增加的情况下，可能在受到破坏时呈现出脆性。这样，当

磨辊圆周速度增加后，物料的粉碎速度提高了，因此，使含大量胚乳的麦心和粗粉在研磨时呈现出脆性，增加了粉碎程度。

② 相对速度不变而速比增加，则取粉率增加，面粉质量稍有下降，灰分略有增加，粉色变次，单位产品的能耗随单位表面积的增加而增大。

③ 在面粉品质方面，随着速比增加，面粉的淀粉损伤增多，面粉吸水率提高。

在制粉生产中，根据面粉的种类和各道磨粉机的作用不同，应采用不同的速比。在磨制等级粉时，皮磨系统的速比 $K=2.5:1$；渣磨系统的速比 $K=(1.5\sim2.0):1$；心磨系统的速比 $K=1.25:1\sim1.5:1$。

在磨制高出粉率（85%左右）的面粉时，各研磨系统都采用速比 $K=2.5:1$。磨制全麦粉时可取较大的速比 $K=3:1$，磨制玉米粉时可用更大的速比 $K=3.5:1$。

（三）研磨区域长度

1. 麦粒进入研磨区域的条件

磨辊是否能攫住物料进行研磨，需研究麦粒进入研磨区域的条件。为研究方便，设磨辊是水平排列的，磨辊表面光滑，物料呈球形，其大小相等。图 4-3-13 表明物料被磨辊攫住的情况，图中 α 为起轧角，这时物料受磨辊的反作用力 P，P 力的垂直分力 $2P\sin\alpha$ 促使物料离开研磨区域，但摩擦分力 $2fP\cos\alpha$ 则将物料拉入研磨区域。

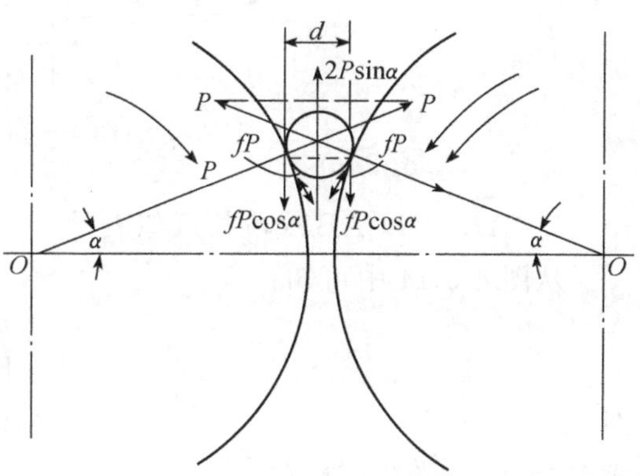

图 4-3-13　物料被磨辊攫住的情况

根据上述情况，可列出物料开始与磨辊接触所受到力的平衡方程式

$$2P\sin\alpha = 2fP\cos\alpha \qquad (4\text{-}3\text{-}12)$$

式中，f 为物料与磨辊表面的摩擦系数。

使磨辊攫住物料必须符合以下条件：

$$2P\sin\alpha \leqslant 2fP\cos\alpha$$

从而：

$$\frac{\sin\alpha}{\cos\alpha} \leqslant f$$

即

$$\mathrm{tg}\alpha \leqslant \mathrm{tg}\varphi$$

$$\alpha \leqslant \varphi \qquad (4\text{-}3\text{-}13)$$

由此证实，起轧角 α 应小于物料与磨辊表面的摩擦角 φ，物料才能进入研磨区。根据磨辊材料，在研磨粗粒时，摩擦角 φ 为 11°～17°；研磨粗粉时，φ 为 12°～18°。

起轧角 α 的大小，可根据图 4-3-13 求得

$$\cos\alpha = \frac{D+b}{D+d} \qquad (4\text{-}3\text{-}14)$$

式中，D 为磨辊直径（mm）；b 为磨辊间的轧距（mm）；d 为研磨物料的平均直径（mm）。

式（4-3-14）表明，起轧角的大小与被研磨物料的平均直径、磨辊直径及轧距有关。当磨辊

直径及轧距不变时，被研磨物料直径越大，起轧角便越大，不易进入研磨区。如增大轧距，起轧角可减小，物料易进入研磨区域。

2. 研磨区域长度

研磨区域是指物料落入两磨辊间（开始被两磨辊攫住）到物料被研磨后离开两磨辊为止，即从起轧点到轧点之间的区域。物料在研磨区内才能受到磨辊的研磨作用，研磨区域的长短对研磨效果的影响很大，研磨区域长，物料受两磨辊研磨的时间就长，破碎的程度就越强。研磨区域长度 L 可根据图 4-3-14 计算。

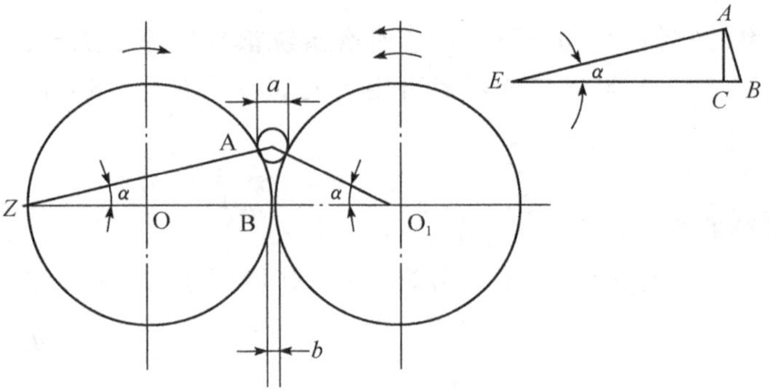

图 4-3-14　研磨区域的长度

$L=\widehat{AB}$，可以 AB 线段长近似表示。

从图 4-3-14 中可知：

$$\frac{AB}{BC}=\frac{BE}{AB}$$

即

$$AB^2=BE\cdot BC$$

式中，AB＝L；BE＝D。

而

$$BC=\frac{a-b}{2}\quad 0<b<a$$

所以

$$L^2=D\cdot\frac{a-b}{2}=\frac{D}{2}(a-b)$$

$$L=\sqrt{\frac{D}{2}(a-b)} \tag{4-3-15}$$

可见，磨辊直径或物料平均直径越大及轧距越小时，则研磨区域越长。ϕ300 磨辊较 ϕ250、ϕ220 磨辊有更长的研磨区域，研磨区域的长度随各道磨粉机的作用而异，一般为 4～20mm。

三、磨粉机的操作指标

（一）轧距

两磨辊中心连线上，两磨辊表面之间的距离即为轧距。改变两磨辊之间的距离是磨粉机生产操作的主要调节方法。轧距对粉碎程度的影响最大，轧距越小，研磨作用越强，动力消耗越高，磨粉机的流量减小。

图 4-3-15 表明轧距（mm）与剥刮率的关系。例如，1 皮磨轧距为 0.9mm 时，剥刮率为

20%;轧距为 0.7mm 时,剥刮率增加到 35%;轧距缩小至 0.5mm 时,剥刮率达 75%。由图 4-3-15 可知,1 皮磨轧距在 0.5~0.7mm 时,对剥刮率的影响最大。

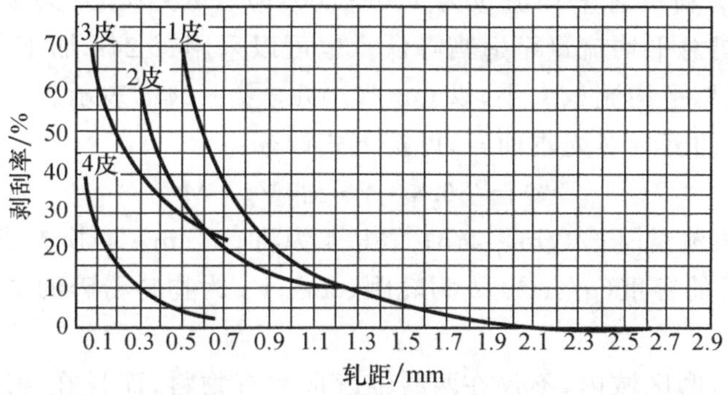

图 4-3-15 轧距与剥刮率的关系

磨粉机轧距调节应根据工艺要求,使每对磨粉机的剥刮率(取粉率)达到要求的指标。轧距过紧或过松,以及一对磨辊两端的轧距不一致,都会使研磨效果降低。轧距的大小,一般皮磨系统为 0.1~0.7mm,心磨系统为 0.07~0.2mm,后路研磨系统较小。

(二) 磨粉机的喂料

研磨效果的好坏在很大程度上与喂料机构的结构、喂料速度及喂料的均匀程度等有关。

磨粉机双辊喂料比单辊喂料优越,但结构较复杂,可使物料均匀一致的分布在整个磨辊长度上。喂料不均,物料在整个辊长度上厚薄不一,必然使研磨效果降低,粉碎程度不匀,同时,物料厚的所在磨辊容易局部磨损,造成整个磨辊长度上轧距不一致。

喂料辊的位置必须保证物料能准确地进入研磨区域,其速度要和磨辊的线速相配合,这样,不会因喂料过快造成物料在研磨区域有堆积现象,或者不会由于喂料速度过慢而使磨粉机生产量降低。

喂料不正确,物料在下落时会撞击在快辊表面而反射到对面的磨辊上,因此物料不能直接进入研磨区域内,并使物料达到研磨区域内的终点速度降低,从而影响研磨工作的正常进行。

由于多数的分配辊直径为 75~90mm,如以直径 75mm 计算,相应的分配辊最大线速是

$$V_{max} = \sqrt{g \times \frac{d}{2}} \tag{4-3-16}$$

式中,V_{max}为分配辊最大线速度(m/s);g 为重力加速度(m/s^2);d 为分配辊直径(m)。

以 $g = 9.81m/s^2$,$d = 0.075m$ 代入上式得

$$V_{max} = 0.061(m/s)$$

实际上由于空气阻力,而且考虑到分配辊表面的物料是堆高成层的,因此 V_{max}的数值还可以略大一些。为了使各种物料都能正确地进入研磨区域,就应使喂料的速度能随研磨物料的性质而改变。

(三) 磨粉机的单位流量

磨粉机的单位流量是指该道磨粉机每厘米磨辊接触长度、单位时间内研磨物料的质量,以

kg/(cm·h)表示。各道磨粉机的单位流量因制粉方法和每道磨粉机的作用而异。将制粉厂加工原料的质量除以全部磨辊的总接触长度，称为磨粉机总平均流量，以 kg/(cm·24h)表示。磨制标准粉时，磨粉机总平均流量为 150～200kg/(cm·24h)；磨制高质量的面粉时，因研磨道数较长，磨粉机总平均流量可适当降低。也可以采用每 24h 加工 100kg 小麦所耗用磨辊长度来衡量磨粉机总平均流量大小，以 mm/(100kg 麦·24h)表示。

磨粉机在理论上的流量对光辊而言，可按下式计算：

$$Q = 86.4 \cdot \gamma \cdot b \cdot V_g \cdot M \tag{4-3-17}$$

式中，Q 为光辊磨粉机流量[kg/(cm·24h)]；86.4 为将 g/(cm·s)换算成 kg/(cm·24h)的系数；γ 为物料经研磨后的容重(g/cm³)；b 为轧距(cm)；V_g 为物料粉碎的平均速度(cm/s)；M 为研磨区域充满系数。

对齿辊而言，在研磨区域内，不仅在两磨辊齿顶间有物料，而且在两磨齿的齿槽内也有物料(图 4-3-16)，因此，其流量可用下式计算：

$$Q = 86.4\gamma \cdot V_g \cdot M(b + h) \tag{4-3-18}$$

式中，Q 为齿辊磨粉机流量[kg/(cm·24h)]；h 为磨齿高度(cm)。

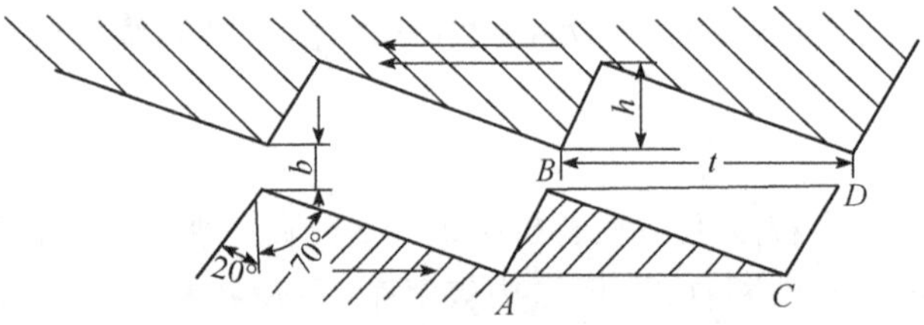

图 4-3-16　磨粉机研磨区域内物料的分布

t-齿间距；b-轧距；h-齿高

设 1 皮磨辊 V_g=5.5m/s、磨齿数为 3.5 牙/cm、齿型为 35°/60°、磨齿高度 h=0.095cm、轧距 b=0.06cm、研磨后物料容重 γ=0.41g/cm³、充满系数 M=1，则 1 皮磨磨粉机理论上的单位流量为

$$Q = 86.4 \times 0.41 \times 550 \times (0.06 + 0.095) \times 1 = 3020\text{kg/(cm} \cdot 24\text{h)}$$

由于磨辊研磨区域内物料的装满系数总是小于 1，所以制粉厂磨粉机实际的单位流量总是低于理论上的计算值。在上述条件下，若 1 皮磨的流量按 1000kg/(cm·24h)计算，则充满系数为

$$M = \frac{1000}{3020} = 0.33$$

磨粉机产量在磨辊技术特性不变时，与下列因素有关。

① 物料的粉碎程度。在操作磨粉机时，随轧距的减小研磨区域长度增加，这时，快辊对物料的作用齿数增多而粉碎程度提高，但磨粉机单位流量相应地降低。

② 磨齿的高度。在研磨过程中，随着磨齿的逐渐磨损，磨齿便不易捉住物料，而在磨辊表面上的滑动增加，即物料在研磨区域中的移动速度降低，且由于磨齿高度减小，两磨齿间隙中的物料减少，使磨粉机产量逐渐降低。

③ 研磨物料的容重。小麦经逐道研磨，由于胚乳被逐渐刮下，物料的容重便减小，磨粉机单位流量也降低。例如，末道皮磨研磨的物料，容重仅为 270g/L 左右，这时，该道皮磨的单位

流量只在 200～250kg/(cm·24h)。

④ 进入同一研磨系统中物料颗粒的均匀度。进入同一研磨系统物料颗粒的粒度相差悬殊时，一些最小的颗粒便不会受到研磨作用，这样就不能发挥磨粉机的作用，磨粉机的生产量将降低。

(四) 磨辊的吸风与清理

物料被磨辊粉碎时，部分机械能转为热能，使磨辊和物料发热，有时磨辊表面温度高达60～70℃。这样就会引起水汽凝结，在磨粉机机壳表面、自流管及运输设备中形成粉块。此外，还会引起筛理效率降低，应筛出的面粉不能筛净又重新回入磨粉机，降低了磨粉机的产量。磨辊温度过高，会使蛋白质变性，而麦皮受热失去水分，变得脆而易碎，混入面粉影响品质。

为了吸去磨粉机研磨时产生的热量、水汽和粉尘，必须进行吸风除尘。

制粉间采用气力输送，在吸运磨下物料的同时，能有效地对磨粉机进行冷却和除尘。磨辊采用水冷装置，可使快辊表面温度降低到 37～45℃，轴承温度也下降。同时，可使经研磨的物料温度降低 5℃，提高了磨粉机的工作效率。

磨辊表面清理不良，特别是研磨物料的水分较高、磨辊间的压力较大，就会使物料黏结在磨辊的表面或齿辊的齿槽内，影响研磨效果。

第四节 辅助研磨设备

一、松 粉 机

松粉机在制粉过程中主要有三种作用：辅助研磨、松开由于光辊挤压而形成的粉片和杀死部分虫卵。松粉机可分为两类，撞击松粉机和打板松粉机。其中撞击松粉机根据转速、盘直径、撞击柱形状可分为普通撞击松粉机、强力撞击松粉机两种。

(一) 撞击松粉机

撞击松粉机主要由两个圆盘(一个转动、一个固定)和固定在圆盘上的柱销组成。其工作原理是，物料进入撞击机，由于离心力的作用，物料由中心向四周甩出并在旋转盘的柱销之间产生强力的撞击，并将物料甩出，再与撞击座圈四周摩擦碰撞后，使物料粉碎，同时杀死虫卵。普通型(ZJ43)松粉机线速度达 65m/s，强力型(ZJ51)线速度达 77m/s。经处理后的物料从环形料槽沿切向出口离心甩出，并由出料口处排出。

撞击松粉机的结构见图 4-4-1，撞击松粉机的主要技术参数见表 4-4-1。

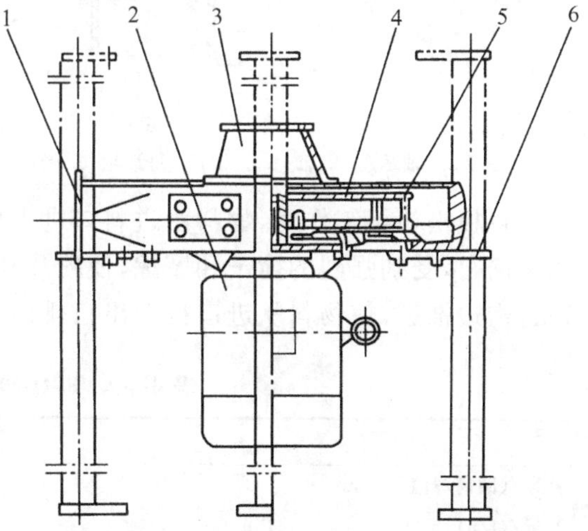

图 4-4-1 撞击松粉机结构示意图

1. 撞击座圈；2. 电机；3. 进料筒；4. 甩盘；5. 柱销；6. 柱脚

表 4-4-1　撞击松粉机的主要技术参数

型　号	转子直径/mm	电机功率/kW	转速/(r/min)	产量/(t/h)	质量/kg	外形尺寸/mm(参考)
ZJ36	360	3	2900	0.8	95	517×676×580
ZJ36	360	4	2900	1	103	537×676×580
ZJ43	430	3	2900	1.5	105	537×740×650
ZJ43	430	4	2900	1.5～2.5	113	537×740×650
ZJ43	430	5.5	2900	2.3～4.0	170	612×740×650
ZJ51	510	4	2900	0.8	180	557×850×580
ZJ51	510	5.5	2900	1	200	612×850×746
ZJ51	510	7.5	2900	1.7	210	612×850×746
ZJ51	510	11	2900	2.8	249	707×850×746

(二) 打板松粉机

打板松粉机的结构如图 4-4-2 所示，在铁制的机架内，装有高速旋转的打板和工作圆筒，打板通过支架固定在主轴上。由传动轮带动，打板为长条形，有 4 块，具有较高的圆周速度(15.7m/s)。

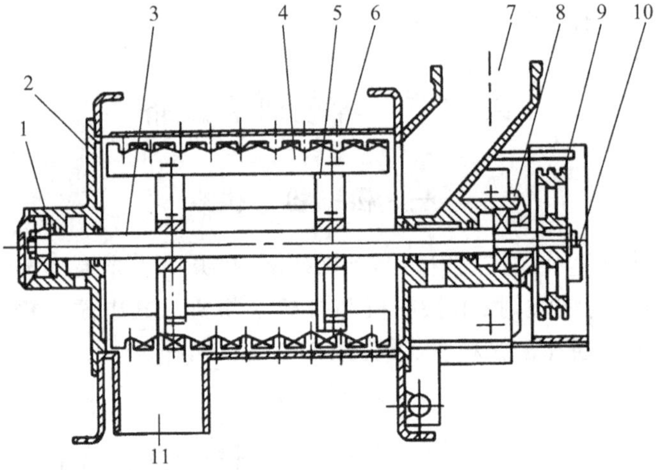

图 4-4-2　打板松粉机结构示意图

1. 轴承；2. 轴承座；3. 轴；4. 打板；5. 星形轮；6. 壳体；7. 进料口；8. 电动机；9. 大皮带轮；10. 电机皮带轮；11. 出料口

打板松粉机工作时，物料由进料口进入机内，在高速旋转的打板作用下，将物料打击在工作圆筒上，受到强烈的撞击和摩擦，使粉片和预损伤的胚乳粒得到粉碎。长条打板呈锯齿形，边打击边推进，使物料从进口推向出口排出。打板松粉机主要技术参数见表 4-4-2。

表 4-4-2　FSJD29 型打板松粉机技术参数

型　号	FSJD29						
直径/(圆筒/打板)/mm	300/290						
产量/(t/h)	1.5	2.0	2.5	1.0	1.5	2.0	2.5
动力/kW	3.0	4.0	5.5	2.2	3.0	4.0	5.5
传动方式	电机直联			皮带传动			
打板转速/(r/min)	960			710	1000		

（三）松粉机的工艺效果

制粉过程中，通常采用撞击松粉机处理前路心磨磨粉机研磨后的物料，采用打板松粉机处理渣磨、中后路心磨磨粉机研磨后的物料。

表 4-4-3 为物料经磨粉机及松粉机研磨前后颗粒大小的变化情况，表中所列撞击机系指撞击松粉机，松粉机为打板松粉机。

表 4-4-3 物料在磨粉机和具有撞击研磨作用的机器中研磨时的粒度组成

系统及取样点	粒度/%					
	32W 筛上物麦渣	32W/42W 粗麦心	42W/54W 细麦心	54W/9XX 硬粗粉	9XX/10XX 软粗粉	10XX 筛下物面粉
1 渣						
磨粉机前	—	3	29	57	8	3
磨粉机后	—	2	3	36	19	40
磨粉机和粉松机后	—	2	3	21	17	57
1 心粗						
磨粉机前	35	41	17	3	1	3
磨粉机后	3	4	10	52	7	24
磨粉机和撞击机后	2	1	3	44	10	40
1 心细						
磨粉机前	—	40	26	28	4	2
磨粉机后	—	2	2	36	13	47
磨粉机和撞击机后	—	2	1	18	11	68
3 心						
磨粉机前	—	8	7	19	45	21
磨粉机后	—	2	1	20	6	71
磨粉机和撞击机后	—	0	2	12	4	82
4 心						
磨粉机前	—	37	38	19	3	3
磨粉机后	—	26	14	33	6	21
磨粉机和松粉机后	—	20	11	23	7	39
7 心						
磨粉机前	—	2	37	50	3	7
磨粉机后	—	7	19	46	8	20
磨粉机和松粉机后	—	2	9	35	9	45
8 心						
磨粉机前	—	—	2	38	29	31
磨粉机后	—	—	8	26	17	49
磨粉机和松粉机后	—	—	1	20	14	45

由表 4-4-3 可以看出，各研磨系统中，经磨粉机研磨和松粉机撞击后，大颗粒物料（麦渣和粗麦心）的数量显著减少，而小颗粒物料（粗粉和面粉）的数量则增多。

物料在 7 心和 8 心磨粉机研磨后，大粒度的颗粒增加，这是由于采用光辊及磨辊速比不大（1.25∶1）时，被研磨的胚乳颗粒产生团聚作用所造成的。例如，在 7 心和 8 心，大颗粒数量相应由3%和2%增加到7%和8%。团聚颗粒经松粉机加工后，被粉碎成粗粉和面粉。在不用松粉机时，这些颗粒不会作为筛上物送到后路的心磨研磨，从而增大了物料的周转量。

某厂对磨粉机和松粉机的研磨效果进行了测定，结果见表4-4-4。

表4-4-4　磨粉机、松粉机和撞击机的工艺效果

系统	单位负荷/[kg/(cm·24h)]	未筛净面粉/%	取粉率/%			灰分/%				单位产品的表面积/(cm²/g)	
			磨粉机	磨粉机和松粉机(撞击机)	松粉机(撞击机)	筛上物	磨粉机之前的面粉	磨粉机之后的面粉	磨粉机和松粉机(撞击机)之后的面粉	磨粉机之后	磨粉机和松粉机(撞击机)之后
1渣+松粉机	101	1.7	17.0	34.4	20.9	1.25	0.80	0.42	0.45	1 920	1 820
2渣+松粉机	72	6.5	41.3	71.3	51.2	0.60	0.42	0.36	0.39	2 080	2 015
1心粗+撞击机	114	0.6	33.0	58.7	33.4	0.60	0.47	0.45	0.45	1 935	1 930
1心细+撞击机	175	0.70	42.0	68.8	46.0	0.52	0.51	0.47	0.48	1 875	1 970
2心粗+撞击机	64	1.0	65.2	86.8	59.4	0.61	0.55	0.48	0.51	1 970	1 980
2心细+撞击机	68	3.0	70.6	87.6	57.9	0.63	0.53	0.48	0.48	20 050	2 050
3心+撞击机	30	21.5	59.2	66.9	18.7	0.99	0.55	0.54	0.56	2 230	2 340
4心+松粉机	70	2.2	21.8	45.8	30.7	1.73	0.73	0.46	0.52	1 995	1 960
7心+松粉机	97	7.5	27.0	44.9	23.3	1.63	0.65	0.53	0.59	1 765	1 855
8心+松粉机	55	30.0	16.2	36.2	23.8	1.68	0.88	0.85	1.00	1 830	1 780
9心+松粉机	99	29.0	0.4	18.0	17.7	2.83	1.54	1.56	1.83	1 925	1 860
10心+松粉机	91	24.7	11.3	15.3	5.2	2.92	1.79	1.95	2.29	1 825	950
11心+松粉机	71	15.8	7.4	18.4	11.9	3.53	2.25	2.67	2.97	2 165	2 290

由表4-4-4可见，在各道研磨系统的取粉率上，通过磨粉机和松粉机两次研磨，比单用磨粉机取粉率有较大的提高。在面粉的质量上，磨粉机和松粉机两次研磨所生产的面粉，与单用磨粉机所生产的面粉相比较，就渣磨系统而言，两者所生产的面粉质量略有差别，面粉灰分仅差0.03%；在1心和2心系统，两者所生产的面粉质量几乎无差别；在后路心磨系统，两者所生产的面粉质量有较明显的差别，灰分增加0.3%左右。

由于撞击松粉机具有强烈的研磨作用，因此在加工含麦皮较多的麦渣和麦心(属二等品质)时，面粉灰分增加。

二、撞　击　磨

(一) 撞击磨的工作原理

撞击磨的工作原理与强力撞击松粉机基本类似，只是旋转盘直径加大，撞击柱销数量增加，转速提高。目前国内经常使用的撞击磨，与撞击松粉机具有同样的结构，转速一般为2900r/min，但是销柱得到了加强，并在撞击面使用了制作高耐磨的材料，图4-4-3为国产撞击磨内部结构示意图。

图4-4-3　撞击磨内部结构示意图

(二) 撞击磨的工艺效果

表4-4-5对撞击磨和磨粉机结合撞击松粉机的出粉质量进行了比较，从结果可以看出，同磨粉机相比，撞击磨生产的面粉破损淀粉含量减少，但面粉灰分较高。因

此，撞击磨主要用于处理一等品质的麦心，即处理粉路中从清粉机精选出来的较纯净的胚乳颗粒，或从平筛中分出的灰分很低的细物料。由于这些物料灰分很低，纯度较高，尽可能使其大量成粉，减少物料后推，可节省心磨磨粉机的使用数量，缩短粉路。

表 4-4-5　大粗粒麦心和粗麦心使用撞击磨和磨粉机出粉质量情况

系　统	产量/(kg/h)	水分/%	灰分/%	湿面筋/%	降落值/s	黏度/B. U.	吹泡示功仪(W)×10^{-4}/J	吹泡示功仪P/I	粉质吸水率/%	粉质特性评价值	拉伸特性能量/cm^3	拉伸特性拉伸比	破损淀粉Chopin单位	破损淀粉Farrand单位
1M 磨粉机＋撞击机	1600 (67%)	13.0	0.38	25.5	301	1370	120	1.00	55.0	45	74	2.85	14.1	8.1
1M 撞击磨	1700 (67%)	13.2	0.40	26.5	302	1350	135	0.69	55.0	50	71	2.39	14.2	8.2
2M(F1)磨粉机＋撞击机	1500 (54.5%)	12.9	0.41	28.5	297	1270	185	0.61	55.5	56	85	1.83	11.1	5.1
2M(F1)撞击磨	1600 (50%)	13.1	0.42	28.0	331	1110	165	0.40	55.5	54	85	1.83	10.0	4.0
2M(F2)磨粉机＋撞击机	200 (7.3%)	13.1	0.38	17.0	310	1280	190	0.60	56.5	54	82	1.75	9.5	3.5
2M(F2)撞击磨	250 (9%)	13.3	0.41	29.0	327	1290	200	0.59	56.5	54	85	1.72	8.2	2.2

（林江涛）

第五章 筛 理

在小麦制粉生产过程中，每道磨粉机研磨之后，粉碎物料均为粒度和形状不同的混合物，其中一些细小胚乳已达到面粉的细度要求，需将其分离出去，避免重复研磨，而粒度较大的物料也需按粒度大小分成若干等级，根据粒度大小、品质状况（胚乳纯度或含麦皮量的多少）及制粉工艺安排送往下道研磨、清粉或打麸等工序连续处理。制粉厂通常采用筛理的方法完成上述分级任务，常用设备为平筛。

第一节 概 述

一、各系统物料的筛理特性

（一）皮磨系统

前路皮磨系统筛理物料的物理特性是容重较高，颗粒体积大小悬殊，且形状不同（麸片多呈片状，粗粒、粗粉和面粉为不规则的粒状），在皮磨剥刮率不很高的情况下，筛理物料温度较低，麸片上含胚乳多而且较硬，大粗粒（麦渣）颗粒较大，含麦皮较少，因而散落性、流动性及自动分级性能良好。在筛理过程中，麸片、粗粒容易上浮，粗粉和面粉易下沉与筛面接触，故麸片、粗粒、粗粉和面粉易于分离。

随着皮磨的逐道剥刮，麸片上的胚乳含量逐渐减少，研磨时相应从麦皮上剥刮下的胚乳量减少，因而后路皮磨系统筛理物料中麸片多，粗粒、粗粉和面粉较少，大粗粒数量极少。麸片粒度减小，且变薄、变轻、变软，刮下的粗粒、粗粉和面粉中含有较多的细小麦皮，品质较差。因而筛理物料的特性是体积松散、流动滞缓、容重低，颗粒大小差异不如前路系统悬殊，散落性减小、流动性变差，自动分级性能较差。麸片、粗粒、粗粉和面粉间相互粘连性较强，不易分清，筛理时麸片、粗粒上浮和面粉下沉都比较困难，因此筛理分级时需要较长的筛理行程。

（二）渣磨系统

采用轻研细刮的制粉方法时，渣磨系统研磨的物料主要是皮磨或清粉系统提取的大粗粒。大粗粒中含有胚乳颗粒、粘连麦皮的胚乳颗粒和少量麦皮，这些物料经过渣磨研磨后，麦皮与胚乳分离、胚乳粒度减小。因此筛理物料中含有较多的中小粗粒、粗粉、一定量的面粉和少量麦皮，渣磨采用光辊时还含有一些被压成小片的麦胚。胚片和麦皮粒度较大，其余物料粒度差异不悬殊，散落性中等，筛理时有较好的自动分级性能，粗粒、粗粉和面粉较容易分清。

（三）心磨和尾磨系统

心磨系统的作用是将皮磨、渣磨及清粉系统分出的较纯的胚乳颗粒（粗粒、粗粉）磨细成粉，为提高面粉质量，心磨多采用光辊，并配以松粉机辅助研磨，所以筛理物料中面粉含量较高，尤其前路心磨通过光辊研磨和撞击松粉机的联合作用，筛理物料含粉率在50%以上，同时较大的胚乳粒被磨细成为更细小的粗粒和粗粉。因此心磨筛理物料的特征是麸屑少、含粉多、颗粒大小差别不显著、散落性较小。要将所含面粉基本筛净,需要较长的筛理路线。

尾磨系统用于处理心磨物料中筛分出的混有少量胚乳粒的麸屑及少量麦胚。经光辊研磨后,胚乳粒被磨碎,麦胚被碾压成较大的薄片,因此筛理物料中相应含有一些品质较差的粗粉、面粉,以及较多的麸屑和少量的胚片。若单独提取麦胚,需采用较稀的筛孔将麦胚先筛分出来。

(四) 打麸粉(刷麸粉)和吸风粉

用打麸机(刷麸机)处理麸片上残留的胚乳,所获得筛出物称为打麸粉(刷麸粉)。气力输送风网中卸料之后的含粉尘气体、制粉间低压除尘风网(含清粉机风网)的含粉尘气体经除尘器过滤后的细小粉粒称为吸风粉。这些物料的特点是粉粒细小而黏性大、吸附性强、容重低而散落性差、流动性能差,筛理时不易自动分级,粉粒易黏附筛面,堵塞筛孔。

二、筛理工作的要求

鉴于制粉过程中筛理物料的上述特征,筛理时就要满足以下要求。

① 筛理分级种类要多,并能根据原料状况、工艺要求和研磨系统不同,灵活调整分级种类的多少。

② 具有足够的筛理面积和合理的筛理路线,将面粉筛净、分级物料按粒度分清,并有较高的筛理效率。

③ 能容纳较高的物料流量,筛理物料流动顺畅,在常规的工艺流量波动范围内不易造成堵塞,减少筛理设备使用台数,降低生产成本。

④ 设备结构合理,有足够的刚度,构件间连接牢固,密封性能好,经久耐用。运动参数合理,保证筛理效果,运转平稳,噪音低。

⑤ 筛格加工精度高,长期使用不变形,与构件间配合紧密,不窜粉、不漏粉。筛格互换性强,便于调整筛网、调整筛路。

⑥ 隔热性能要好,筛箱内部不结露、不积垢生虫。

三、筛理的基本原理

(一) 筛理物料相对于筛面运动的条件

平筛工作时做平面回转运动,只有当筛面的运动速度达到使物料所受到的离心惯性力大于它与筛面的摩擦阻力时,才能使物料在筛面上产生相对运动。因此,筛理物料相对于筛面运动的必要条件为

$$m\omega^2 R \geqslant mfg \quad \omega^2 R \geqslant fg \tag{5-1-1}$$

式中,m 为筛理物料质量(kg);R 为平筛回转半径(m);ω 为平筛回转角速度(rad/s);g 为重力加速度(9.8m/s^2);f 为摩擦系数。

$$\omega = \frac{n\pi}{30} \tag{5-1-2}$$

将式(5-1-2)带入式(5-1-1)，得平筛的最小临界转速

$$n_{\min} = 30\sqrt{\frac{f}{R}} \tag{5-1-3}$$

式中，n 为平筛转速(r/min)。

上述平筛转速公式是建立在对单颗粒物料的运动分析基础上，而在实际生产中，筛理物料是运动群体，物料层的压力及运动中的摩擦阻力都要比单颗粒物料大得多。因此，筛体的实际转速要比式(5-1-3)的计算值大。平筛的实际转速为

$$n_{\min} = (40 \sim 50)\sqrt{\frac{f}{R}} \tag{5-1-4}$$

由此可见，平筛的转速 n 和回转半径 R 的平方根呈反比，当平筛的回转半径较小时，其转速应加大，反之亦然。

(二) 筛理物料在筛面上的运动轨迹

筛理物料在筛面上的相对运动轨迹半径公式如下：

$$r_x = R\sqrt{1-\frac{(kgf)^2}{(\omega^2 R)^2}} \tag{5-1-5}$$

式中，r_x 为相对运动轨迹半径(m)；R 为平筛回转半径(m)；ω 为平筛回转角速度(rad/s)；g 为重力加速度(m/s^2)；f 为摩擦系数；k 为物料层厚度系数($k>1$)。

由上述公式得出：

① 物料的相对运动轨迹半径 r_x 总小于平筛回转半径 R；

② 当 f、ω 一定时，r_x 随 R 增大而增大；

③ 当 f、R 一定时，r_x 随 ω 增大而增大；

④ 当 ω、R 一定时，r_x 随 f 增大而减小；

⑤ 物料层厚度增加，即厚度系数 k 增大，r_x 减小。

实际生产中，平筛流量增加时料层加厚，下层物料所受的摩擦阻力增大。物料水分较大、容重较轻、黏性较大时，散落性变差，摩擦系数增大，造成物料的相对运动轨迹半径减小，尤其底层物料运动轨迹半径较小。为不降低筛理效率，可适当增大平筛的转速或回转半径。

(三) 平筛的回转半径

高方平筛的筛体通过吊杆悬挂在槽钢下方，两个筛体中间位置装备有可旋转的偏重块，依靠偏重块的旋转使筛体做回转运动。图 5-1-1 为高方平筛的传动平衡示意图。

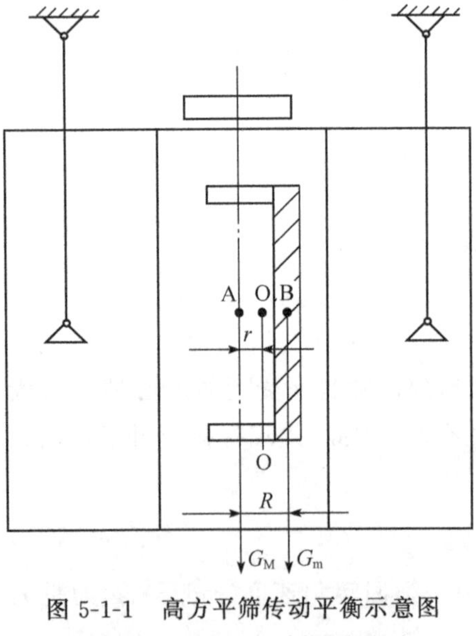

图 5-1-1 高方平筛传动平衡示意图

R. 偏重块的回转半径；r. 筛体的回转半径；G_m. 偏重块的重量；G_M. 筛体的重量(含筛内物料重量，但不含偏重块重量)

设筛体的质量(含筛内物料质量，但不含偏重块质量)为 G_M，重心位于 A；偏重块的质量为 G_m，重心位于 B；筛体与偏重块的合成重心位于 O。偏重块的回转半径为 R；筛体绕 O-O 旋转的半径为 r。

若忽略水平方向的外力(空气阻力、吊杆的横向弹性作用力等),根据质心运动定理,在水平投影面上,筛体无论做何种运动,整个系统的合成质心位置保持不变。由此可得

$$G_M \cdot r = G_m(R - r) \tag{5-1-6}$$

转换后可得出筛体的回转半径为

$$r = \frac{G_m}{G_M + G_m}R \tag{5-1-7}$$

由式(5-1-7)可以看出,改变偏重块的回转半径为 R,可以改变平筛的回转半径。

(四) 平筛回转半径与转速

由物料相对筛面运动的条件可知,$mR\omega^2$ 是使物料在筛面上散开的动力。提高平筛的转速 n 与回转半径 R,均可增大物料在筛面上的运动轨迹半径,延长物料的筛理路线,利于物料分级。在增大平筛的转速 n 或回转半径 R 的同时,筛体运动加速度 $R\omega^2$ 亦增大,筛体的动载荷加大,对整个筛体及其零部件的应力也随之增大,因此对筛体结构强度的要求也越高。当调整平筛转速与回转半径时,应核算其加速度(表 5-1-1)。

表 5-1-1 平筛回转半径与转速

半径与转速	序号							
	1	2	3	4	5	6	7	8
n/(r/min)	190	200	220	240	260	280	290	250～255
R/mm	50	47.5	42.5	37.5	32.5	27.5	25	32
ω/(rad/s)	19.9	20.9	23.0	25.1	27.2	29.3	30.4	26.2～26.7
$R\omega$/(m/s)	0.99	0.99	0.98	0.94	0.88	0.81	0.76	0.84～0.85
$R\omega^2$/(m/s)^2	19.8	20.8	22.6	23.7	24.1	23.6	23.1	21.9～22.8

注:表中序号 1～7 号为佐竹公司 B 型高方筛的参数,8 号则为布勒公司 MPAG 型高方筛的参数。

(五) 筛理物料的推进方式

1. 借助进料端物料堆积而形成的料面坡度推进

高方平筛筛格筛面水平,筛面格长度较短,一般为 560～660mm,筛理时进料端连续进料,在筛面上形成一自然的料面坡度。物料在筛体的离心惯性力、后续物料的推力及物料自身重力在料层斜面上分力的共同作用下,以半重叠状的回转运动形式向前推进。由于物料内部动摩擦因数不大,加之筛上物料的自动分级,以及不断地穿过筛孔,使筛上物料层斜面角度较小,常为 1°～2°。

筛上物中上层物料由于所受摩擦阻力较小,回转轨迹半径较大,在料层斜面上以较快的速度向出料端推进。与筛面接触的底层物料受到筛面及上层物料摩擦阻力的共同作用,回转轨迹半径相对较小,推进速度较慢,因而与筛面接触的时间较长,物料穿过筛孔的概率增多。

2. 利用拨齿推进

对于筛理行程较长的筛格,往往利用拨齿推进物料。过去小麦加工厂使用较多的挑担平筛,其筛格的筛上物就是利用拨齿推进的。物料的推进方向由拨齿的安装位置和平筛的回转运动方向决定,如图 5-1-2 所示。拨齿高度一般为 5～40mm,底边距筛面 6mm。拨齿长度 h、拨齿间距 t 及拨齿长度以外的筛宽 b 等尺寸的确定,与物料在筛面上的相对运动轨迹半径 r 有关,其关系式如下:

$$r < t < 2r \qquad h = (1 \sim 1.5)r \qquad b = (3 \sim 4)r$$

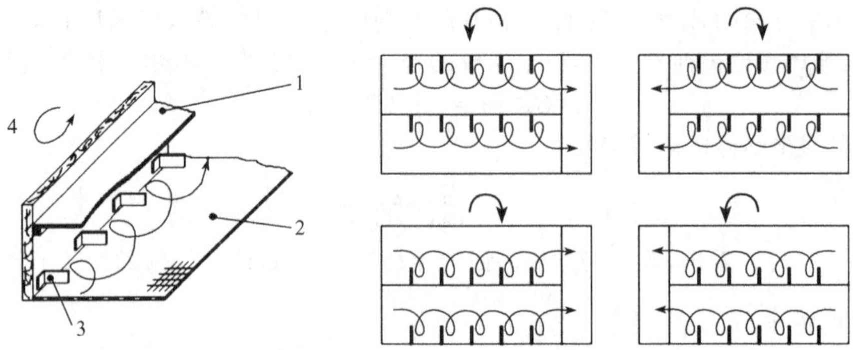

图 5-1-2　拨齿的安装方式

1. 收集底板；2. 筛网；3. 拨齿；4. 平筛旋转方向

齿间距过大，物料将在拨齿间回转；过小又会在拨齿间碰撞，难以向前推进。齿过长也会使物料在拨齿间做长时间停留，过短又会使推进速度减慢。

高方平筛筛下物的推进曾经采用拨齿推进方式，由于这种形式的筛格互换性较差、拨齿在收集底板上形成较多的死角等诸多因素，这种方式很快被淘汰。

拨齿推进方式可用于高方平筛因安装高度受限时，其筛出物料的水平输送(多安装在高方平筛下方)。

3. 借助推料块推进

高方平筛筛格的筛下物借助推料块推进物料，推料块质量较大，运动中的回转半径较大，筛下物借助于其惯性力排出筛格。

第二节　平　　筛

一、高 方 平 筛

(一) 高方平筛的结构

高方平筛一般由进料装置、筛体、出料装置、筛体吊挂装置、传动机构等组成，如图 5-2-1 所示。筛体由传动机架、筛箱、横梁三部分构成。筛箱通过螺栓与机架连接，并以横梁加固构成一个整体，通过吊杆悬挂在槽钢下方。电动机通过皮带轮带动机架中心固定有偏心块的主轴旋转，偏心块旋转时所产生的离心力使高方平筛在水平面内做回转运动。

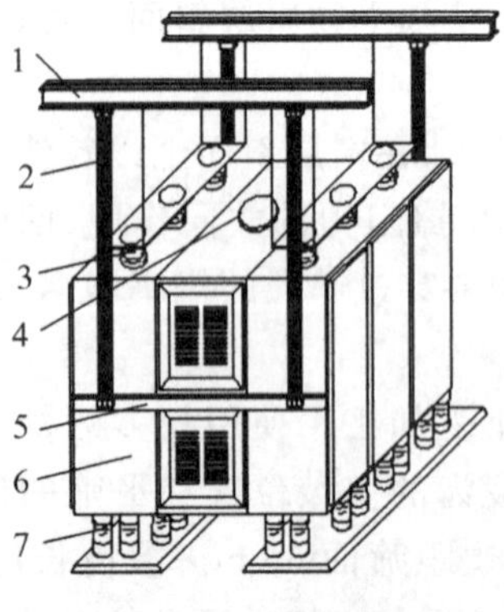

图 5-2-1　高方平筛结构图

1. 槽钢；2. 吊杆；3. 进料装置；4. 皮带轮(电动机)；5. 横梁；6. 筛箱；7. 出料筒

1. 筛箱

高方平筛一般有两个筛箱。每个筛箱都被分隔成若干个独立的工作单元，每个单元称为 1 仓，故有 4 仓式、6 仓式和 8 仓式平筛。对于筛格尺寸、层数相同的平筛，其筛理面积为 6 仓式是 4 仓式的 1.5 倍，8 仓式则是 4 仓式的 2 倍。筛理面积的增加，可降低单位筛理面积的设备造价，减少车间的占用面积，节省工厂的建筑投资。现已有 10 仓、12 仓式的平筛。

高方平筛的筛箱一般设在机架两侧，对称设置，如图 5-2-2 中(a)6 仓式、(b)8 仓式、(c)10 仓式。平筛仓数越多体积越大，负荷也越重，对设备及建筑要求的承载负荷也越大。为减少平筛体积，10 仓式平筛也有采用图 5-2-2(d)的组合形成，将两个筛仓设在传动架的两侧。由于横梁的存在，两侧筛箱门分为上下两段。

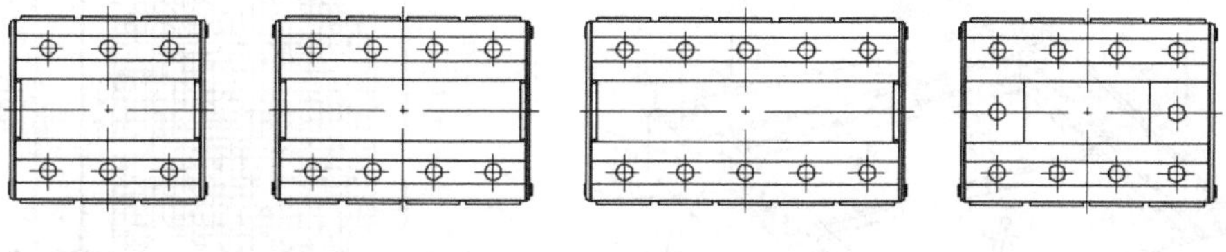

(a) (b) (c) (d)

图 5-2-2 筛箱的分隔形式

(a) 6 仓式；(b) 8 仓式；(c) 10 仓式；(d) 10 仓式

在小麦制粉厂的设计中，平筛仓数的选择还与磨粉机、清粉机的台数与布置相关，目前使用较多的是 6 仓式与 8 仓式平筛。

抽屉式高方平筛的筛格为长方形，除 6 仓式和 8 仓式外，还有 7 仓式，其中 1 个筛箱分为 3 仓，另一个分为 4 仓(窄筛格)。

高方平筛常规筛格呈正方形，每仓平筛中可叠加 20～30 层(个别 16 层)。筛格四周外侧面与筛箱内壁间形成有 4 个可供物料下落的狭长外通道，筛格本身有 1～3 个供本格筛上物或筛下物流动的内通道，如图 5-2-3 所示。每仓筛顶部都有一个或两个进料口，筛理物料经顶格散落于筛格的筛面上，连续筛理后分级物料经内、外通道落入底格出口流出。

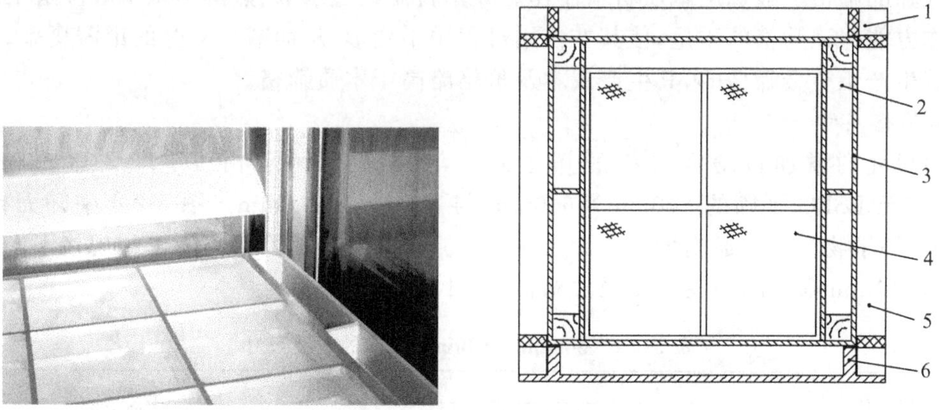

图 5-2-3 筛箱内的筛格

1. 筛箱立柱；2. 内通道；3. 筛格外框；4. 筛面格；5. 外通道；6. 筛门

2. 筛格

筛格在高方平筛筛箱内的安装方式有叠加式和抽屉式，我国大多数采用叠加式。筛格由筛框和筛面格组成。筛面格嵌在筛框上部，可以取出更换，如图 5-2-4 所示。

筛面格上面固定筛理筛网，底面固定有承托筛面清理块的钢丝筛网。筛面格根据尺寸大小可做成 4 分格、6 分格或 9 分格，每一小格内安放一个清理块或几个清理球。筛面格一般由木板或贴塑木板制成。筛网以前主要是通过小钉或 U 形钉固定在木制的筛面格上，现多通过

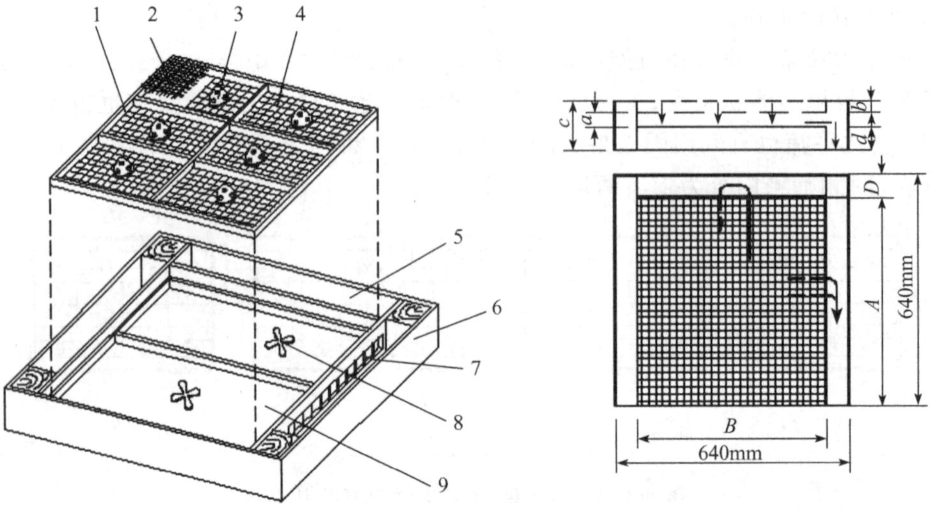

图 5-2-4　筛格结构示意图

1. 筛面格；2. 筛理筛网；3. 清理块；4. 钢丝筛网；5. 内通道；6. 筛框；7. 钢丝栅栏；8. 推料块；9. 收集底板。
a. 筛格高度；b. 筛面格高度；c. 筛下物层可流通高度；d. 筛上物层可流通高度。*A* 为筛面格的长度；*B* 为筛面格的高度；*D* 为筛格通道宽度

绷装机胶粘在筛面格上，故也有采用铝合金筛面格及筛格的。

筛格中部(位于筛面格下方)固定一收集筛下物的底板，底板上方一侧或两侧的边框上开有窄长孔，用作筛下物出口，底板上放置推料块，筛理时推动筛下物流出底板。为防止推料块随物料一起流出，出口处设有钢丝栅栏。

高方筛的筛格一般选用木质材料制作。其木材需经过水煮、蒸淋与烘干等多道工序处理，精工细作方能保证筛格的质量，使其在使用过程中不变形，从而减少平筛的窜漏概率。近年来也有尝试生产铝合金筛格的，其生产成本及价格略高于木质筛格。

(1) 筛格尺寸

筛格尺寸的增加可增大平筛的筛理面积，筛格的尺寸已由 FG 型平筛的 628mm×628mm，增至 FSFG 平筛的 640mm×640mm 与 740mm×740mm。图 5-2-4 中筛面格高度 b 是固定的，筛下物层可流通高度 c 与筛上物层可流通高度 d 随筛格高度 a 的规格不同而变动。640mm×640mm 筛格的一些主要尺寸见表 5-2-1。

表 5-2-1　640mm×640mm 筛格的主要尺寸

项　目	筛格形式					
	标准型			扩大型		
筛格高度(a)/mm	78	58	58	78	58	98
筛面格高度(b)/mm	22	22	22	22	22	22
筛上物层高度(d)/mm	40	20	35.5	36.5	20.5	75.5
筛下物层高度(c)/mm	15.5	15.5	无底板	19	15	无底板
筛面格尺寸(A)/mm	570	570	570	566	566	566
筛面格尺寸(B)/mm	500	500	500	620	620	620
通道宽度(D)/mm	52	52	52	56	56	56

(2) 标准型筛格

习惯上将具有三个通道的筛格称为标准型筛格(也有直接称之为三通道筛格)，其中一个

通道为筛上物通道，两侧为本格筛下物通道，或作为其上方筛格分级后某种物料的垂直通道。

标准型筛格分为 8 种基本形式，如图 5-2-5 所示。图 5-2-5 中实线表示筛上物流向，虚线表示筛下物流向。

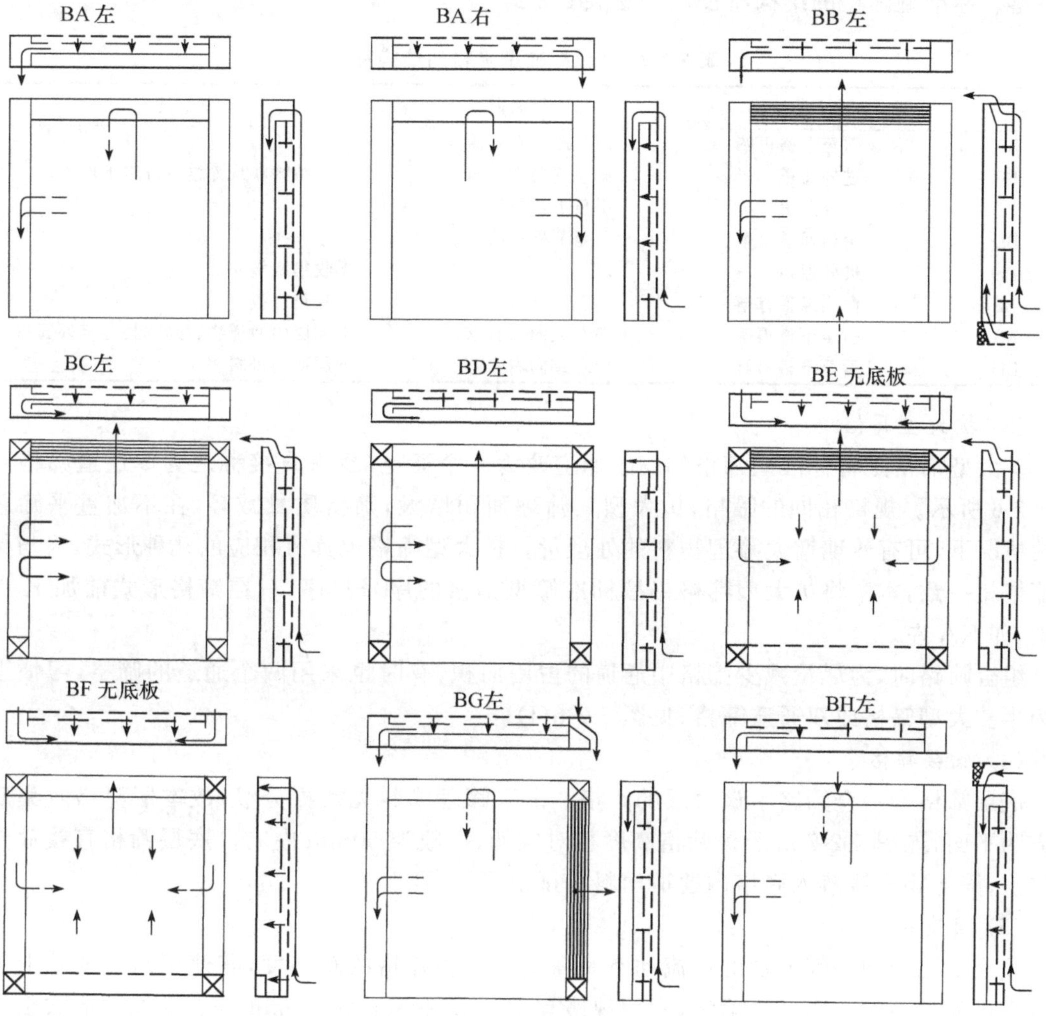

图 5-2-5 标准型筛格

A 型筛格筛上物经通道落在下层筛面上连续筛理，筛下物向左或向右直落。

B 型筛格筛上物进外通道（内通道封死，对应筛框上开一长槽），筛下物向左或向右直落，另一侧的筛框下部开一长槽使外通道物料进入下层筛面筛理，该筛格仅在双路筛理时采用。

C、D、E、F 型筛格均为筛下物落在下层筛面上连续筛理，不同之处在于：

① C 和 E 型筛格筛上物进外通道，D 和 F 型筛格筛上物直落；

② E 和 F 型筛格没有底板，本格筛下物直接落在下层筛面上，C 和 D 型筛格筛下物需经左右通道落在下层筛面上。

G、H 型筛上物和筛下物流向与 A 型筛格相同，不同之处在于：

① G 型筛格的一侧通道封死，并在筛框上开一长槽，使落入该通道的物料进入外通道；

② H 型筛格筛上物通道一侧的筛框上开一长槽，使外通道的物料能进入下格筛理。

根据筛下物的下落方向不同,A、B、C、D、G、H 型筛格又分为左、右两种形式。判断方法以筛上物流动方向为基准,筛上物向前流动,筛下物向左流动的为左格(如图 5-2-5 中 BA 左);筛下物向右流动为右格(如图 5-2-5 中 BA 右)。实际应用中,一些筛格筛下物还可左右两边同时下落。标准型筛格的结构特征归纳见表 5-2-2。

表 5-2-2　8 种标准型筛格的结构特征

筛格型号	筛上物去向	筛下物去向	备　注
BA	引至下格再筛	向左或向右直落	
BB	进外通道	向左或向右直落	另一路物料从筛格下方至下层筛理
BC	进外通道	引至下格再筛	
BD	由内通道直落	引至下格再筛	
BE	进外通道	落至下格再筛	无收集底板
BF	由内通道直落	落至下格再筛	无收集底板
BG	引至下格再筛	向左或向右直落	上几层内通道物料经本格导至外通道
BH	引至下格再筛	向左或向右直落	下层逆向进料

(3) *扩大型筛格*

扩大型筛格是将标准型筛格的三个通道改为一个通道(也有直接称之为单通道筛格),如图 5-2-6 所示。规格相同的筛格,扩大型其筛理面积增大,筛格质量减轻,在不加重平筛总负荷的情况下,可有效地增大筛理物料的处理量。扩大型筛格也具有相应的几种形式,为与标准型筛格相一致,本章将扩大型筛格仍按标准筛型筛格的序号排序,只在筛格形式前加 K 以示区别,如 KA 左。

组合筛路时,为尽量减少筛格中通道的占用面积,有时也采用两个通道的筛格,习惯上称之为半扩大型筛格或双通道筛格,见图 5-2-6(f)。

(4) *底层筛格*

底层筛格为一仓筛路中最底层的筛格。由于筛理物料无需再分级,故本层筛格收集底板下方为平面,如图 5-2-7 所示。筛格高度相对较低,一般为 50mm 左右。底层筛格直接放置在底格上,筛上物直接落入底格内通道出料口排出。

(5) *填充格*

填充格用于增加筛上物的可流动空间高度及调整筛格的总高度,其使用高度随筛上物的流量大小和筛格的总高度来确定,常用规格有 10mm、20mm 和 30mm 等。填充格形式根据筛格的类型和筛理物料流向来确定,也分单通道、双通道和三通道。筛路设计时应尽量少使用填充格,以减少筛格间的缝隙,减少筛理物料窜漏的概率。

(6) *抽屉式筛格*

抽屉式筛格呈长方形,安装时直接插入筛箱内设置的抽屉槽中,筛上物可从筛格两端(靠筛门)流出,筛下物可从筛格两侧流出。紧贴筛格两端面的筛门上设有通道和分隔板,根据需要隔板位置可以变动。抽屉式平筛筛格更换和筛路调整较方便,但密封不严时易窜仓。

3. 顶格

平筛顶格位于每仓平筛的顶部,其上方与平筛进料筒连接,下部在工作时紧压在第一层筛格上。其作用:一是将筛理物料散落在第一层筛面上或导入后侧外通道;二是配合压紧装置对本仓筛格进行垂直压紧。顶格通过滑块[见图 5-2-16 FSFG 型平筛垂直压紧装置的滑块(10)]在斜滑槽中的相对滑动而上下移动。

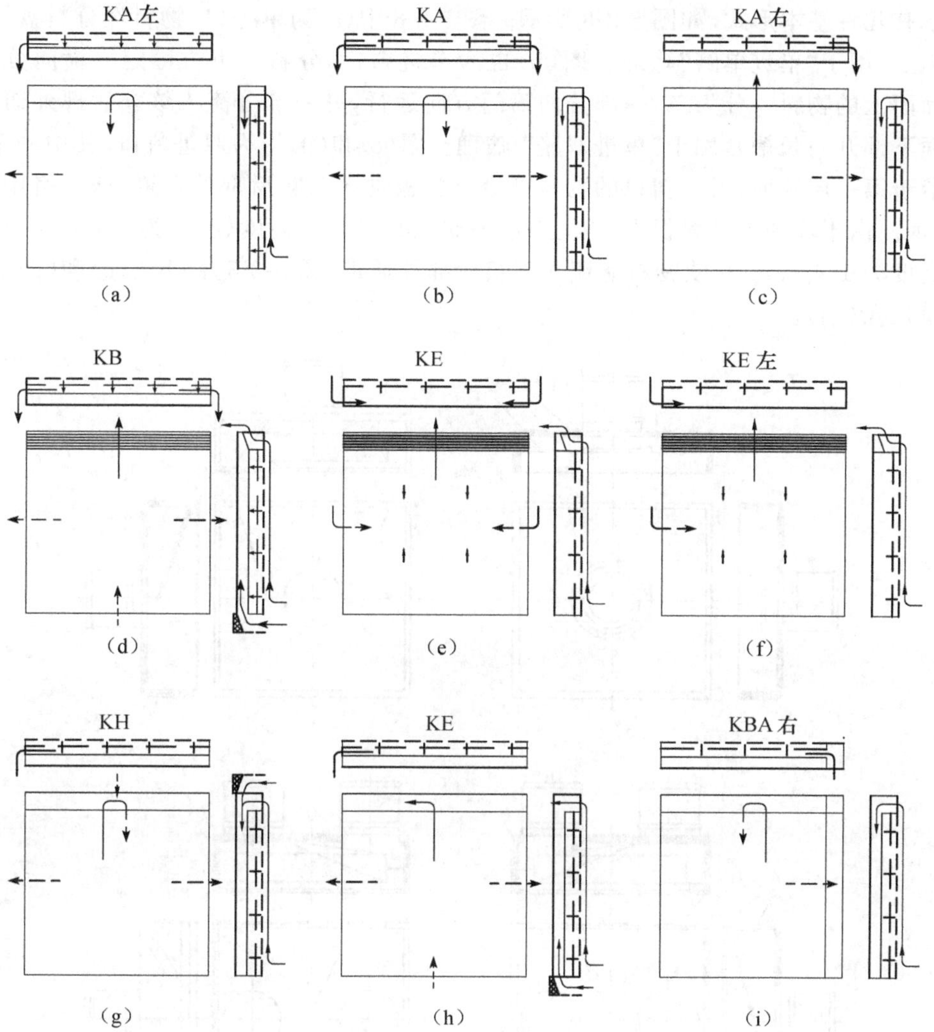

图 5-2-6 扩大型筛格

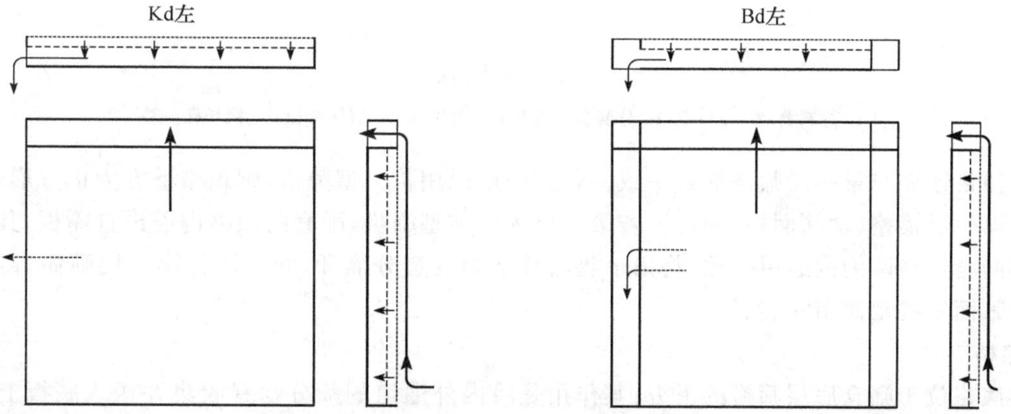

图 5-2-7 底层筛格

顶格有几种基本形式,如图 5-2-8 所示。图 5-2-8 中(a)为单进口,物料经分料盘缓冲后散落在筛面上,用于"单进单路"筛理。图(b)也为单进料口,分料盘下方固定一横向分割板,将散落在筛面上的物料一分为二,一部分向筛门方向运行,另一部分流入该仓后部外通道(顶格里侧筛框下部开一长槽),用于"单进双路" 筛理。图(c)和(d)均为双进料口,其中一个料口的物料散落于第一层筛面,另一料口的物料则经导料板进入筛箱后部外通道,该顶格用于"双进双路"筛理。由于增加了导料板上方的空间,双进料口的顶格高度较高,为 170mm。单进料口的顶格高度为 134mm。为使物料能流入筛箱后部外通道,图 5-2-8 中(b)、(c)和(d)顶格里侧均开一横长孔(槽)。

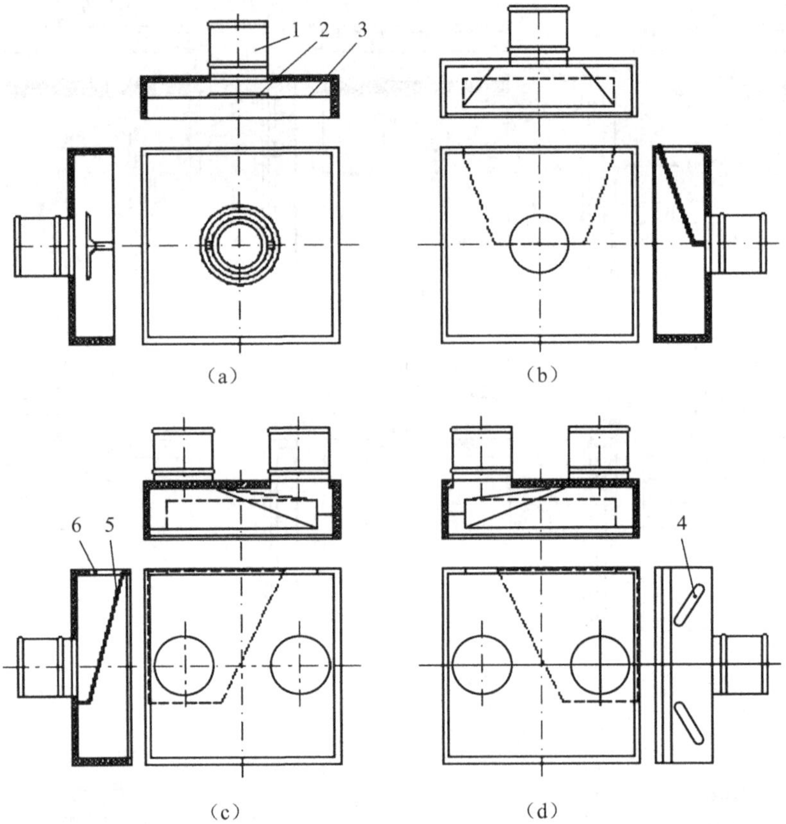

图 5-2-8　顶格

1. 进料筒;2. 分料盘;3. 分料盘承托板;4. 斜滑槽;5. 横导料板;6. 横长孔(槽)

顶格还需与第一层筛格形式一致。若第一层采用扩大型筛格,则顶格下方为正方形外框,压住第一层筛格(含筛面格)即可。若第一层为标准型筛格,配套的顶格内需设置隔板,其位置和方向与筛格两侧内通道一致,将筛上物与筛下物通道分隔开,同时压住第一层筛面,避免筛理时筛面格跳动而窜粉、漏粉。

4. 底格

底格位于筛仓底层筛格的下方,其作用是将内外通道的筛分物料收集并送入底板上的出料口,见图 5-2-9。目前生产的高方平筛底格上均不设置筛面,故底层筛格需与之配套,该层筛格高度仅包括筛面格和筛下物流动的高度。底格高度一般为 150mm,底层筛格高度:扩大型

51mm、标准型 48mm。检修时底格可以抽出以便清扫仓底积粉。

每仓底格上有 8 个出料口供选用(图 5-2-10)。筛箱的 4 个侧面各对应两个出料口,一个用作外通道物料出口,另一个用作物料内通道出口。物料流量大时可同时用作外通道出口,如图 5-2-10(c)和(d)中的④、⑤孔常用作皮磨筛路的麸片出口。图 5-2-10(a)中②、④、⑦和⑧为外通道物料出口,其余为内通道物料出口。

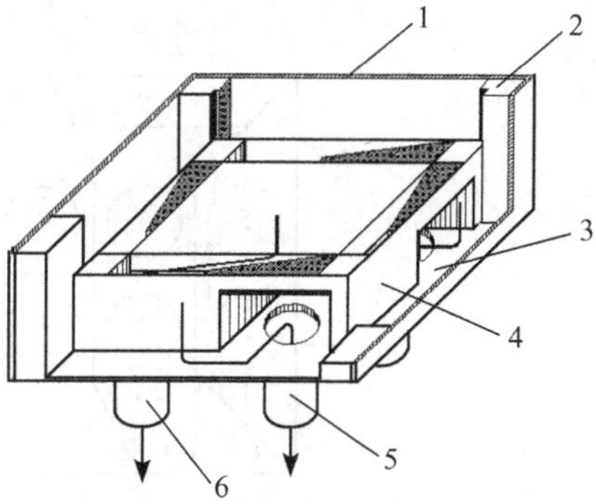

图 5-2-9 筛仓中的底格

1. 筛箱隔板;2. 立柱;3. 筛箱底板;4. 底格;5. 外通道出料孔;6. 内通道出料孔

底格出口序号按顺时针排列的仓称为右仓,如图 5-2-10(a)和(c);逆时针排列的称为左仓。习惯上将位于右侧的筛仓设置为右仓,左侧的筛仓设置为左仓,中间仓根据需要设定,没有特殊要求时一般设为右仓,如图 5-2-11 所示。设计筛路时,在满足筛理要求的前提下,尽量选用靠外侧的出料口,便于生产中取料观察。尤其是流量较大、散落性较差或需经常检查的物料出口,设置时应首选外侧出料口。

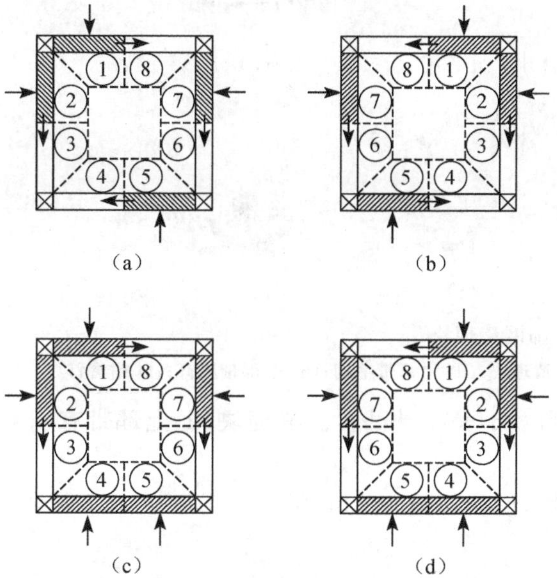

图 5-2-10 高方平筛出口排列

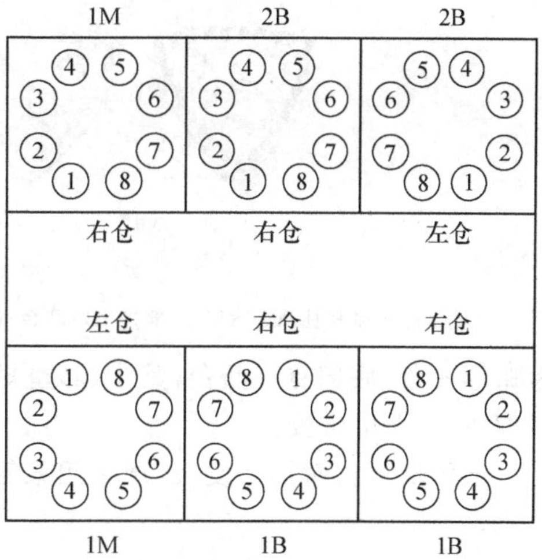

图 5-2-11 高方平筛出口排列示意图

FSFG(B)型筛的底格见图 5-2-12。8 个出料口排成两排,其中①、⑤和④、⑧[图 5-2-12(b),④、⑦]分别为左右两侧内外通道的出料口,中间为前后两侧的出料口。底格有两种形式,皮磨筛路采用第二种,麸片流入⑥出口。底格根据需要可以旋转 180°。

5. 筛网清理块和推料块

清理块托网每 25.4mm 长度有 2 孔,一般是用钢丝直径为 1mm 的 6W(6 孔/25.4mm)钢丝筛网改制而成。

目前平筛使用的有不同的材质与形状的清理块,见图 5-2-13。图中(c)为帆布清理块,帆布块的下部带有半球形的耐磨钉(f),大小约 50mm×60mm。(a)、(b)为聚氨酯清理块,形状

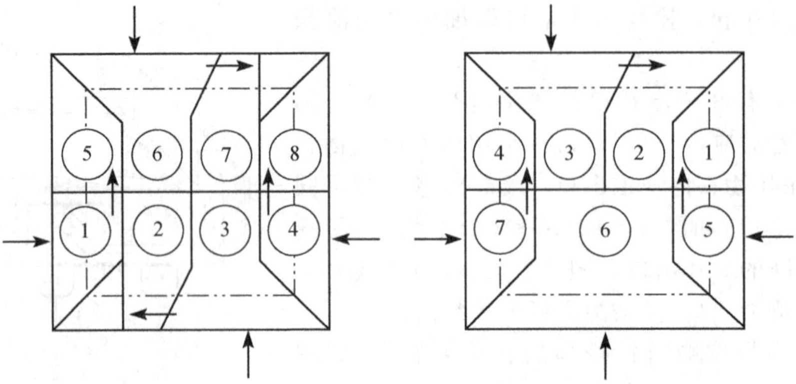

(a)　　　　(b)

图 5-2-12　FSFG(B)型平筛底格

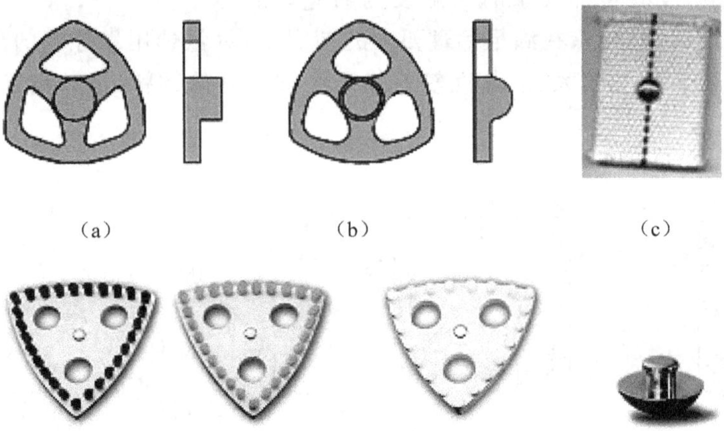

(a)　　(b)　　(c)

(d)　　(e)　　(f)

图 5-2-13　筛网清理块

(a) 底部带短柱凸台;(b) 底部带半球凸台;(c) 帆布清理块;(d) 上部带毛刷;(e) 上部带胶钉;(f) 耐磨钉

为弧形三角,底部有一凸台,其中(a)呈短柱凸台、(b)呈半球凸台。清理块(d)上部带有刷毛,清理块(e)上部带胶钉。

推料块过去常用牛皮块,现多用聚氨酯制作,形状如图 5-2-14 所示。

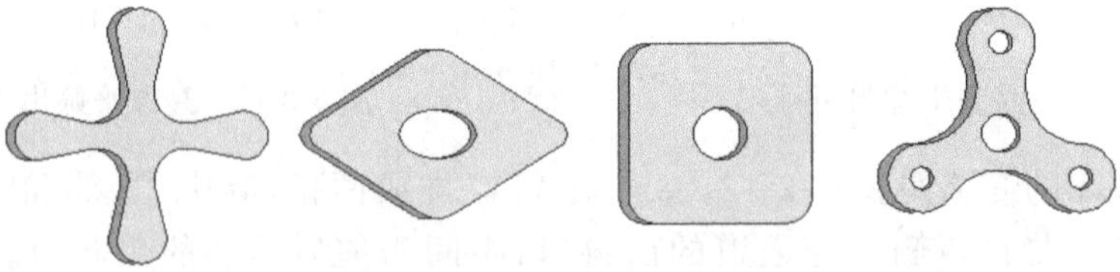

(a)　　(b)　　(c)　　(d)

图 5-2-14　推料块

(a) 十字形;(b) 菱形;(c) 方形;(d) 三叶形

瑞士布勒公司推出 NOVA 筛格采用的是兼有清理筛面和推动筛下物功能的三臂筛面清理块,见图 5-2-15。由于清理块中心支柱比臂端支柱高,且一条臂端下部固定有清理块,因而处于不稳定状态,清理块向带有扫除块的一端倾斜。平筛工作时清理块在收集底板上做回转圆运动,通过离心振动而不断撞击四壁,外伸的扫除块推扫筛下物,保持狭长的出料槽清洁、畅通;同时,清理块的另外两端翘起,臂端上方的球头短柱或刷毛碰撞、接触筛面,达到清理筛面的目的。此清理块分为两类:臂端上方带球头短柱的用于粗筛、分级筛的清理,而臂端上方带刷毛的则用于粉筛清理。

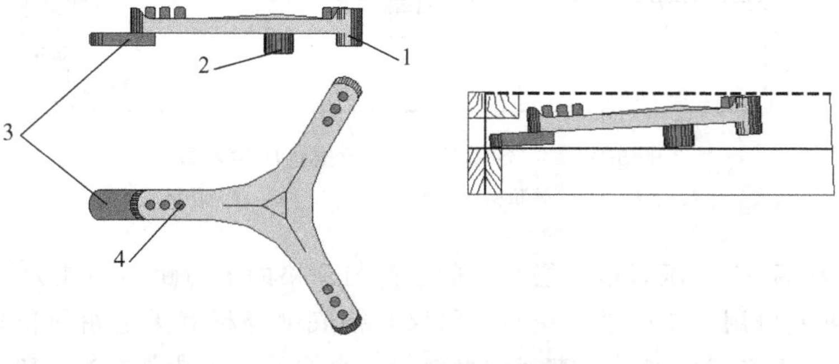

图 5-2-15 三臂筛面清理块

1. 臂端支柱;2. 中心支柱;3. 扫除块;4. 球头短柱

与三臂筛面清理块配套的 NOVA 金属筛面格,由于筛格不设置清理块托网,清理块直接放置在筛下物收集底板上,NOVA 筛格比传统筛格高度降低约 10mm。

6. 筛格的压紧装置

(1) 垂直压紧

1) 顶格两边侧面压紧

FSFG 型平筛垂直压紧装置见图 5-2-16。每仓平筛顶格的左右两侧设置有两套调节螺杆,螺杆固定在筛架上,通过专用扳手可转动。螺杆的两端分别设有左旋、右旋螺纹,转动螺杆可使滑块螺母相向靠拢或相互背离。滑块斜置于筛顶格侧面的斜滑槽内,随着滑块螺母的移动,滑块在滑槽内做相对滑动。当滑块靠拢时,筛顶格升起;滑块分开时,顶格下压。两滑块产生的水平分力相互抵消,垂直合力向下压紧筛格。

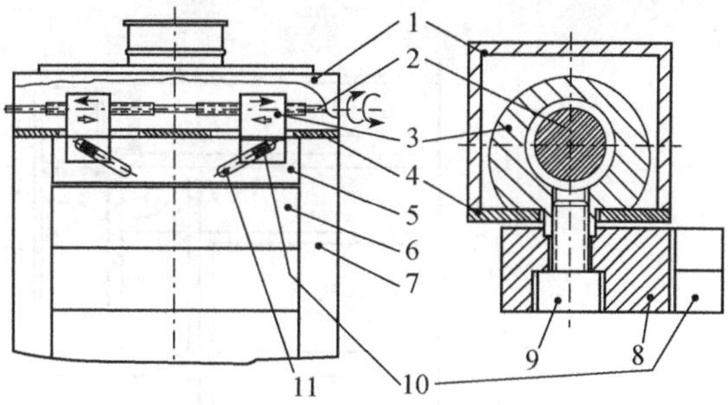

图 5-2-16 FSFG 型平筛垂直压紧装置

1. 筛架;2. 调节螺杆;3. 滑块螺母;4. 滑轨;5. 筛顶格;6. 筛格;7. 外通道;8. 滑块体;9. 螺钉;10. 滑块;11. 斜滑槽

2) 顶格上方两边垂直压紧

顶格上方两边垂直压紧装置与 FSFG 型平筛垂直压紧装置类同,区别在于调节螺杆上的滑块螺母、通过连杆和连杆座与筛顶格直接相连,连杆座固定在筛顶格上方的两边。当两滑块滑动时,连杆随之转动(倾斜角度变化),从而带动顶格上下移动。

3) 筛仓顶部中央一点压紧

筛仓顶部中央一点压紧利用一套涡轮涡杆或伞齿轮装置进行垂直压紧。垂直压紧部位设在筛仓顶部中央。

FSFG(B)型平筛垂直压紧装置见图 5-2-17。筛顶格为金属结构,顶部与压紧螺杆相连,转动螺杆可使顶格上下移动。FSFG(B)型平筛现已改为前后两点压紧。

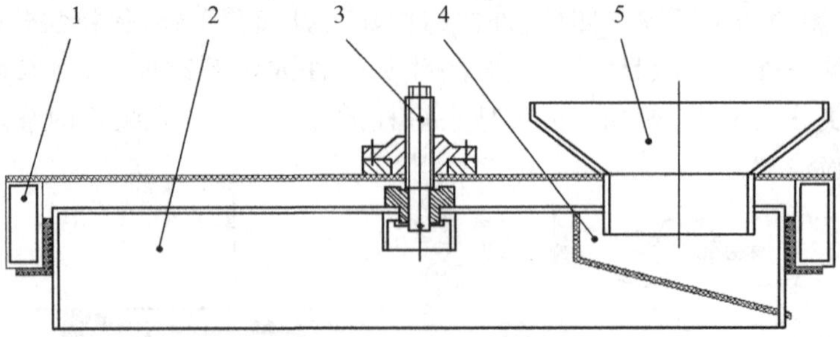

图 5-2-17　FSFG(B)型平筛垂直压紧装置

1. 上法兰；2. 筛顶格；3. 压紧螺杆；4. 料斗；5. 进料筒

每仓筛格叠加后，未受压时最上层筛格的上边与顶格的下边距离不能大于 30mm，否则筛格压不紧，其高度差可用填充格进行调整。每层筛格底部都粘有羊毛密封毡条，垂直压紧时，密封毡压缩而保证筛格间的密封。密封毡材料应符合原纺织工业部标准 FJ314—66。

由于各层筛格中的筛面格是嵌在筛格框上的，为防止筛面格因筛体的运动而产生跳动，筛格设计时上层筛格在压紧下层筛格的同时，要压紧下层筛面格。

(2) 水平压紧

筛格在筛仓中的水平定位：里侧两个角卡在筛箱后部的立柱中，两侧卡在箱体外侧两边的立柱间，靠筛门一侧进行水平压紧。与筛格接触的筛箱立柱及筛门边框处都粘有长毛绒进行密封。长毛绒密封材料应符合 FJ421—81、422—81 和 376—79 的规定。筛格的水平压紧有两种形式：一种是利用筛仓门直接压紧筛格，如图 5-2-18 所示；另一种是在筛格外侧用条形木楔先压紧，再压紧筛门。

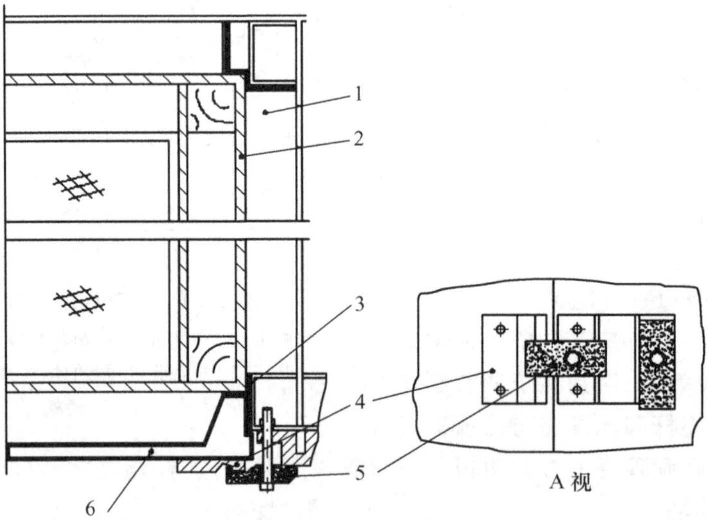

图 5-2-18　FSFG 型平筛水平压紧装置

1. 外通道；2. 筛格；3. 长毛绒密封条；4. 扣门块；5. 压扣；6. 筛仓门

垂直压紧时必须均匀下压，使筛顶格平行压紧，并与水平压紧交替进行，不可单独一次压紧。

7. 筛体悬挂装置

高方平筛通过两侧大梁上固定的吊杆悬挂在上方的槽钢下。常用吊装材料有藤条、玻璃钢和钢丝绳。玻璃钢吊杆强度较大，负荷相同情况下，可减少吊杆根数，平筛回转轨迹稳定，但运行时对厂房悬吊梁产生的扭矩较大。测定数据表明：直径 16mm、悬臂长 1706mm 的玻璃钢吊杆所产生的阻抗力是相同规格藤条吊杆阻抗力的 17.8 倍，故使用时应加强吊杆座和悬吊梁的强度。钢丝绳对悬吊梁产生的扭矩很小可忽略不计，但平筛启动和停止时游动量较大，游动时间较长。FSFG 型高方平筛采用玻璃钢与钢丝绳组合使用，使二者性能互补。藤条具有较大的强度和较好的弹性，是理想的吊装材料，但资源少价格昂贵，进口平筛多选用。

8. 传动装置

高方平筛的传动装置安装在两筛箱中间的传动钢架上。电动机通过皮带传动带动主轴旋转，主轴上固定有可调节的偏重块，偏重块旋转所产生的离心惯性力使筛体回转。

目前生产的高方平筛传动装置中偏重块主要有两种形式，图 5-2-19 为双偏重块，图 5-2-20 为单偏重块，后者从 1990 年开始采用。

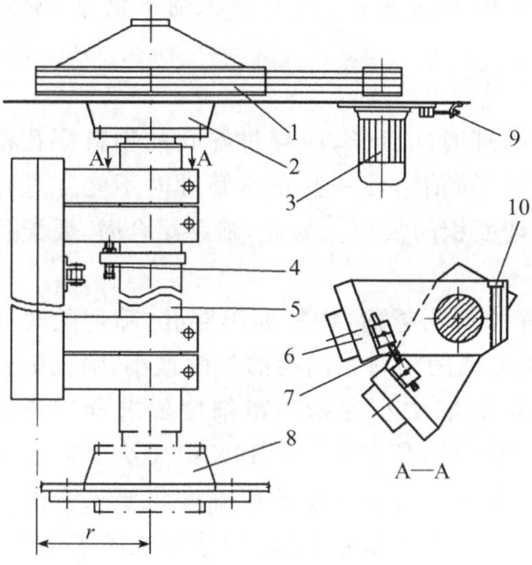

图 5-2-19　双偏重块传动装置

1. 皮带轮；2. 上轴承座；3. 电动机；4. 调节螺栓；5. 传动轴；6. 偏重块；7. 偏重块位置调节螺栓；8. 下轴承座；9. 张紧装置；10. 夹紧螺钉。r 为半径

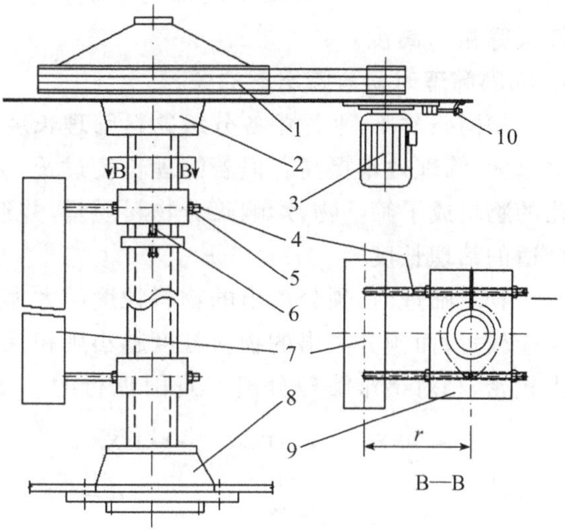

图 5-2-20　单偏重块传动装置

1. 皮带轮；2. 上轴承座；3. 电动机；4. 偏重块支撑螺杆；5. 偏重块水平位置调节螺母；6. 偏重块垂直位置调节螺栓；7. 偏重块；8. 下轴承座；9. 偏重块支撑体；10. 张紧装置。r 为半径

双偏重块之间的夹角约为 50°，通过水平夹角调节机构可增大或减小夹角。夹角增大，偏重块中心离筛体的回转中心线距离 r 减小，筛体的回转半径减小；反之则增大。该装置结构较合理，但由于两偏重块所产生的一部分惯性力相互抵消，故偏重块重量较大。

单偏重块通过调节螺栓，直接调节偏重块离筛体传动轴的距离，偏重块质量相对减轻，结构紧凑。

9. 进料与出料布筒

由于高方平筛筛体上方的进料筒及下方出料管在工作时均与筛体一起运动，因而需通过柔性软管将其与固定的进、出料溜管连接。连接的柔性软管要求不漏粉且有一定的透气性，目前一般选用聚酯纤维布筒。聚酯纤维布的经线 22 根/cm、纬线 17 根/cm，透气性 88L/dm^2。确定进、出料布筒长度时，应考虑机器开机及停机时产生的最大游动距离，在运转中不扭曲，保证进、出物料畅通。

（二）高方平筛的筛路

物料在平筛中筛理分级时流动的路线称为筛路。筛路由多种形式的筛格组合而成。筛路组合的原则：充分利用筛理空间，增大有效筛理面积，保证各种分级物料的筛净率，提高平筛的处理量。

筛路组合时，首先要根据制粉工艺的要求，确定各筛路分级物料的种类。一般情况下面粉精度要求越高，分级越细，分级种类就越多。然后本着先易后难的原则确定分级次序，将数量多容易筛分的物料先筛分出去，这样可有效地减少后续分级物料的筛理量。其次，根据筛分物料的粒度、筛理性质、筛孔大小、含应筛出物数量的多少，以及穿过筛孔的难易程度等因素确定合适的筛理长度。最后，参考筛分物料的出料口位置，确定各层筛格的形式和排列方向，并依据筛箱内部的总高度、各层筛格物料的流量（筛上物和筛下物量）确定各层筛格的高度。

1. 物料筛理时间与筛出率的关系

相同条件下，平筛中各分级物料筛理长度增加，筛理时间延长，应穿过筛孔的物料穿孔概率增大，筛理效率提高。但若筛理长度过长，会使物料"筛枯"，使一些正常筛理时不能穿过筛孔的物料成了筛下物，影响筛分物料质量，并造成筛理面积的浪费。为此，筛路组合时，要配备合适的筛理长度。

物料筛理时，预分离出的物料粒度越大相应配置的筛孔越稀，物料易于穿孔，筛理的时间相应较短；而预分离出的物料粒度越小则相反。在预分离的物料中面粉的粒度最小，筛孔配置也较密，相对最难筛理分离。我国现行的小麦粉质量标准中小麦粉的粗细度要求全部通过 CB36（9XX），留存 CB42（10XX）要小于或等于 10%，而修订后小麦粉的粗细度将要求全部通过 CB30（7XX），留存 CB36 要小于或等于 10%。但在实际生产中，为了提高面粉的色泽及加工精度，制粉工艺中粉筛配置往往较密，已由过去的 9XX～12XX，逐步加密至 12XX～15XX。为研究不同粒度面粉的筛理时间与筛理效率的关系，河南工业大学曾对制粉生产线中不同系统的小麦粉，分别采用 9XX、11XX 与 15XX 筛网进行筛理试验。生产线中加工原料为硬麦，入磨水分为 15.5%，样品质量为 100g，使用 LYFS 型验粉筛进行筛理。图 5-2-21 是其中 1 心物料的筛理试验结果。

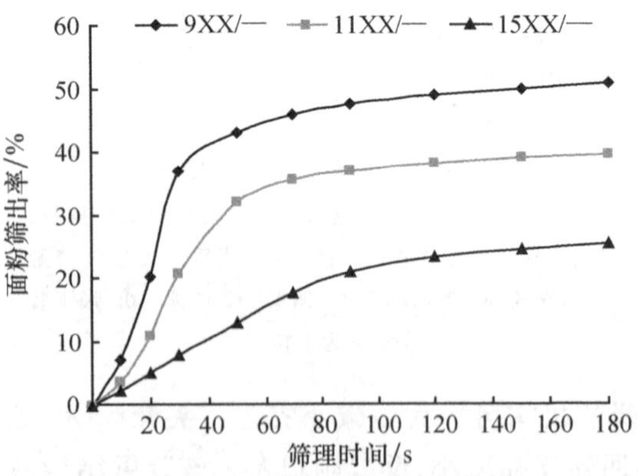

图 5-2-21　物料筛理时间与面粉筛出率的关系

试验表明：

① 筛理时间对面粉的筛出率影响较大，随着筛理时间的延长面粉筛出率提高，但面粉粒度不同，筛出率提高的幅度不同。图 5-2-21 中显示，筛理最初 30s 时，粒度为 9XX/—与

11XX/—的面粉筛理曲线斜率较大，筛理 50s 后曲线趋于平缓；而粒度为 15XX/—的面粉筛理曲线斜率较小，筛理 90～100s 才趋于平缓。

② 粉筛筛网的加密导致面粉筛出率的递减。图 5-2-21 中显示，当筛理 3min 时，粒度分别为 9XX/—、11XX/—与 15XX/—的面粉筛出率为 51.13%、39.84%和 25.54%。由此可见，筛网配置越密，物料筛理的时间应越长。

根据长期生产实践经验，在流量适当时，一般将粗筛与分级筛的筛理长度设定为 2～3m，每个筛格的筛理长度约 0.5m，故一般配置 4～6 层。粉筛需较长的筛理长度，设计时参照筛格的总层数，尽量延长。流量大、筛孔较密、物料分级困难时适当增加筛理长度。

2. 各系统筛路

(1) 前路皮磨及重筛筛路

通常将制粉流程中的 1 皮、2 皮称为前路皮磨。目前小麦制粉多采用轻研细分的生产工艺，前路皮磨的主要作用是尽可能从皮层上剥刮下数量较多、粒度较大的胚乳颗粒，并使麸片不过于破碎。因而研磨后的物料中大颗粒的物料较多，同时含有一些细小颗粒和少量细粉。因此，前路皮磨筛路的特点是以分级为主，在制品常分为 5 或 6 种。按制粉工艺要求前路皮磨一般要分出麸片(大麸片、小麸片)、大粗粒、中小粗粒、硬粗粉、软粗粉与面粉。

目前使用的高方平筛单仓筛箱所容纳筛格的空间高度多为 2000mm 左右，因而单仓平筛允许的筛格层数一般 22～26 层(层数随各层筛格高度的差异而变化)，单仓平筛筛理长度无法满足物料的分级与筛粉要求，故通过设置重筛将皮磨平筛分出的部分混合物料单独再进行筛理分级。

前路皮磨研磨后物料中麸片、粗粒、粗粉及面粉的粒度差异悬殊，物理特性差别亦大，在筛理过程中容易分离。筛理物料中麸片粒度最大，皮磨剥刮率越小麸片越大、数量也越多，筛理时一般先用粗筛将其分离出去，筛理长度为 1.5～2.5m(3～5 层)，流量大时延长至 3～3.5m(6 或 7 层)。然后用分级筛依次分出大、中、小粗粒，筛理长度为 2.5～3m(5 或 6 层)，最后筛净面粉。采用这种筛分方式，由于先分离了相当数量的麸片和粗粒，可使进入粉筛的流量减少，筛面上料层减薄，提高了粉筛的筛理效果，减小对筛面的磨损。

筛理流量较大时，需相应增加筛格的高度(尤其粗筛的筛格高度)，也可采用加宽筛面、缩短筛理长度的方法，选用双路筛理，筛理长度为 1.5～2m(3 或 4 层)。

前路皮磨系统常采用图 5-2-22 中的 1#、2#、3#、4#、5# 筛路。其中 1# 筛路分级种类最多，自上而下依次分出的筛上物为大麸片、小麸片、大粗粒、中粗粒、小粗粒与面粉。粉筛的筛理长度较短，其筛上物送往重筛继续筛理。此筛路一般用于制粉工艺中设有粗、细皮磨的前路皮磨系统。

图 5-2-22 中 2#、3#、4#、5# 筛路中麸片不分粗细，比 1# 筛路少一道分级。2# 与 3# 筛路、4# 与 5# 筛路的筛分次序相同；2# 与 3# 筛路中的中、小粗粒与面粉的筛分采用先分级后筛粉，而 4# 与 5# 筛路则采用先筛粉后分级，粉筛的层数相对较多，其中 4# 筛路的筛格叠置形式见图 5-2-23。图 5-2-22 中 3# 与 5# 筛路的粗筛为单进双路筛理，筛理之后筛上物合并为麸片，由于筛理物料一分为二，筛上物料层减薄，粗筛筛理长度相应缩短，该筛路适用于较大的物料流量。3# 筛路在筛路设计时其双路的筛理长度不完全相同。单进双路在使用时要注意分开的两路流量尽量均衡，否则流量大的一路可能筛理不透，必要时也可采用双进双路，进口流量通过分流阀调节。

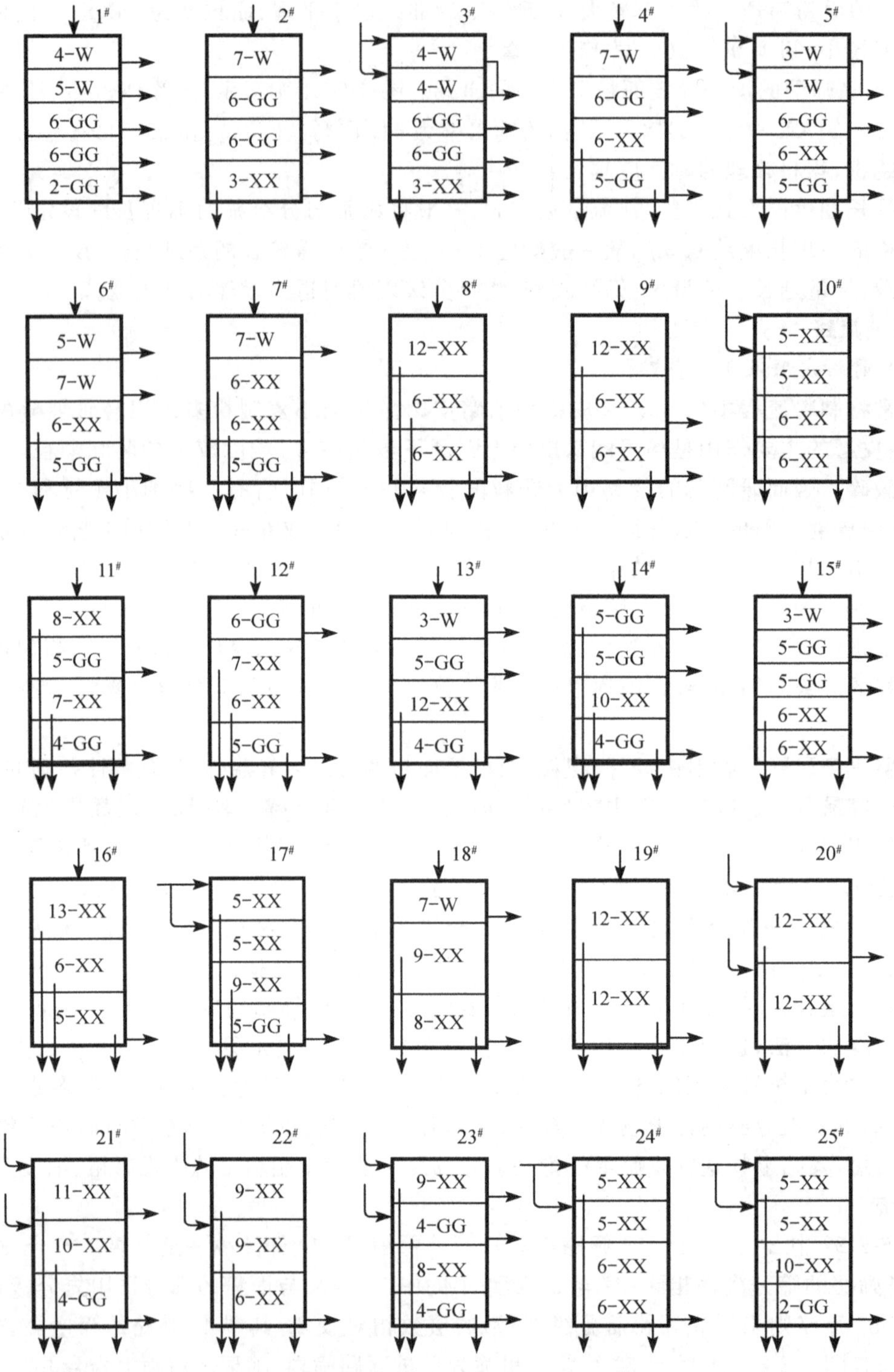

图 5-2-22　常用制粉筛路

上述皮磨筛路的筛格层数可根据平筛实际筛理物料量加以调整，流量大时可适当增大筛格高度，尤其前几层的筛格高度，减少层数；流量小时则相反。

重筛的作用是将混合物料中的面粉筛净，并进一步分级。由于皮磨筛路中粉筛的筛理层数往往配置较少，因而重筛筛路中粉筛配置的相对较多。重筛筛路可先筛粉后分级，也可采用筛粉—分级—再筛粉，如图 5-2-22 中的 8#、9#、10#、11# 筛路。

前路皮磨提取的粗粒、粗粉一般需经清粉机进行提纯，因而这部分物料应尽可能减少细粉含量。否则在清粉过程中这部分细粉很容易在风道中沉积，影响清粉效果，同时一部分细粉作为吸风粉而推往制粉工艺的中后路，影响优质粉的出率，故在条件许可的情况下可适当延长分级筛的筛理长度。

(2) 中后路皮磨筛路

中后路皮磨筛理物料含麦皮较多、容重较小，流动性变差，粒度差异也不如前路显著，分级种类相对减少。图 5-2-22 中的 4#、5#、6#、7# 筛路可作为后路皮磨筛路。4#、5#、6# 筛路比 7# 筛路多一种分级，粉筛层数相对较少，粉筛筛上物需另设重筛继续筛粉分级。7# 筛路粉筛较多，可不设重筛。

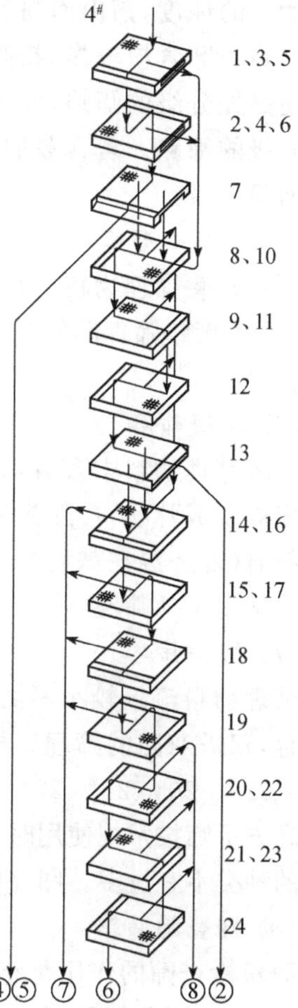

图 5-2-23　4# 筛路的筛格叠置形式图

(3) 渣磨和麸粉筛路

渣磨研磨物料为前路皮磨分出的麦渣或清粉机分出的连皮胚乳粒、胚乳粒和少量麦皮，研磨后物料中含有少量细麸、面粉，以及较多的麦心和粗粉。筛路设计时，应先将细麸筛分出去，按分级、筛粉、再分级的顺序筛理，可参见图 5-2-22 制粉筛路中的 12#、13#、14#、15# 筛路。12#、13#、14# 筛路分级种类较少，粉筛层数较多，而 15# 筛路分级种类较多，粉筛层数较少，粉筛筛上物需入重筛继续筛粉。13#、15# 筛路适用于提胚的工艺。由于目前采用的制粉工艺中渣磨多用光辊，物料中混入的麦胚黏性较大，经研磨后会挤压成稍大的片状，可通过配置较稀的筛孔将其筛出。

打麸粉和刷麸粉为从麸片上打(刷)下来的细小粉粒，混有少量麸屑，黏性较大。筛理时需设置较长的粉筛，可参照图 5-2-22 筛路中的 11#、12# 筛路。11# 筛路分级顺序为筛粉—分级(分出麸屑)—再筛粉—再分级。12# 筛路则为分级(分出麸屑)—筛粉—再分级。也可采用先筛粉再分级的形式，如图 5-2-22 中的 16# 筛路。

(4) 前路心磨筛路

无论采用何种制粉方法，前路心磨都是主要的出粉部位，筛理物料中的面粉含量达 50% 以上，因此筛路中需配置较长的粉筛。由于研磨物料中或多或少混有少量麸屑，为减少下道心磨的麸屑含量，需设置分级筛将其筛粉出去。

图 5-2-22 等级粉筛路中的 16#、17#、18# 筛路为前路心磨筛路。16# 筛路为单进单路筛理、17# 筛路则为单进双路筛理。

图 5-2-22 中 18# 筛路采用先分级后筛粉的组合形式。先用分级筛筛出麸屑，以提高后续

筛理物料的纯度,筛出面粉后再进行分级。下分级比较灵活,若配置粉筛,筛下物即为面粉。

前路心磨含粉较多,粉筛筛理层数较多,筛路设计时最好分为上交粉与下交粉。是采用先筛粉还是先分级的筛路,要视若筛理物料含麸屑情况及流量而定。物料含麸屑少,可采用先筛粉后分级的筛路。若含麸屑较多,且流量较小时,应采用先分级后筛粉,以免筛面料层较薄时,影响面粉质量。

(5) 后路心磨筛路

后路心磨筛理物料含粉量减少,麦心质量变差,一般不再分级。图 5-2-22 中的 19# 和 20# 筛路。19# 筛路筛理路线长,流量大时采用。20# 筛路为双进双路,可筛理两种物料,流量小时采用。

(6) 尾磨筛路

尾磨筛理物料中含有麸屑、少量麦胚、质量稍差的麦心、粗粉和面粉。若单独提取麦胚,因麦胚多被压成片状,一般先用 16W～18W 将其筛出,再筛出麸屑。若不提麦胚,直接用分级筛筛出麸屑(麦胚混在麸屑中)。提胚时可选用图 5-2-22 中等级粉筛路中的 13# 和 15# 筛路,不提胚时选用 12# 筛路。

(7) 组合筛路

筛理物料流量较小不需较大筛理面积时,可将两个系统组合在一仓中筛理。一般采用上下组合,双进双路的筛理。根据筛分物料的种类不同,组合的形式有多种,常用的组合方式见图 5-2-22 中 20#、21#、22#、23# 筛路。其中 22# 筛路为双路筛粉,合并进入第 19 层单路分级。由于高方平筛按常规使用时可有 4 个外通道与 3 个内通道,8 个出料口,故双路组合筛路时物料分级的种类不宜过多。图 5-2-22 中的 23# 筛路,上方一路分出 2 种物料,下方分出 4 种物料。

(8) 检查筛筛路

面粉检查筛的作用是将制粉工艺生产过程中筛理时因筛网破损或窜仓而混入面粉中的物料筛分出去,因此筛路设计时应考虑将面粉全部筛出,只留少量筛上物。图 5-2-22 中 24#、25# 筛路可作为面粉检查筛使用。为适应较高的流量,筛路多采用单进双路,同时加高筛格,故筛格总层数相对减少。

3. 筛路中筛格的组合举例

高方平筛筛路是通过不同形式筛格变换组合而成。因筛格为正方形,可在筛箱内旋转 90°、180°或 270°,具有较强的通用性和互换性。同规格的筛格通用,同类型筛格在不同仓、不同位置可互换,相同规格的筛面格通用,因而高方平筛筛路的组合、变换及筛网的调整比较灵活、方便。

(1) 单进单路的筛路

高方平筛筛路最为常见的筛路是单进单路筛理。图 5-2-24 是前路皮磨常用的 2# 筛路的筛理路线图(左侧)与纵向剖面图。剖面图中前方表示筛门的位置。图 5-2-25 是 2# 筛路的筛格水平展开图,为表明一仓平筛中物料与筛格内、外通道的关系,除绘出筛格外,同时绘出了筛箱壁及立柱。筛路设计时,为简单明了,一般筛格水平展开图中仅展示筛格,不画筛箱壁,其画法见图 5-2-26。

图 5-2-24 与图 5-2-25 中第 7、8 层筛格的物料流向稍有差异:图 5-2-24 中 1～6 层进入外通道的筛下物同时从第 7 格下方进入第 8 格;图 5-2-25 中 1～6 层左侧筛下物从第 7 格下方进入第 8 格筛理,右侧筛下物则从第 8 格下方进入第 9 格筛理。

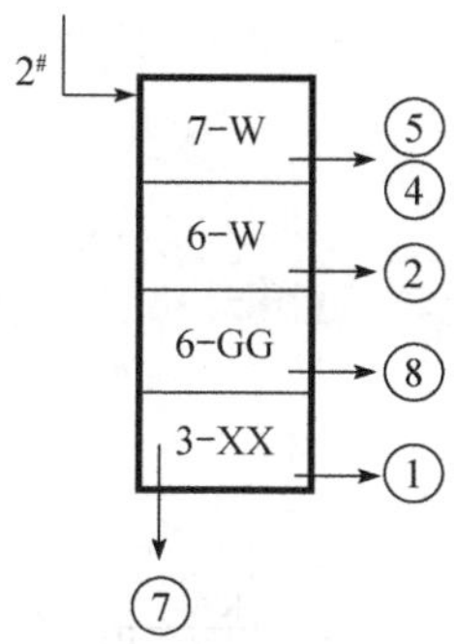

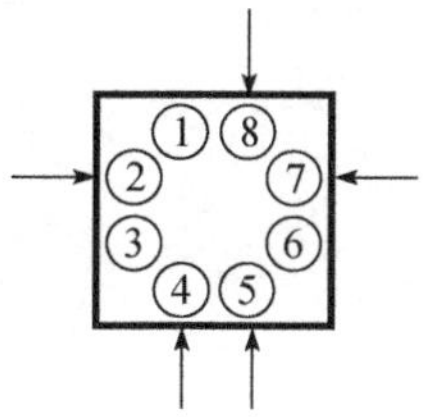

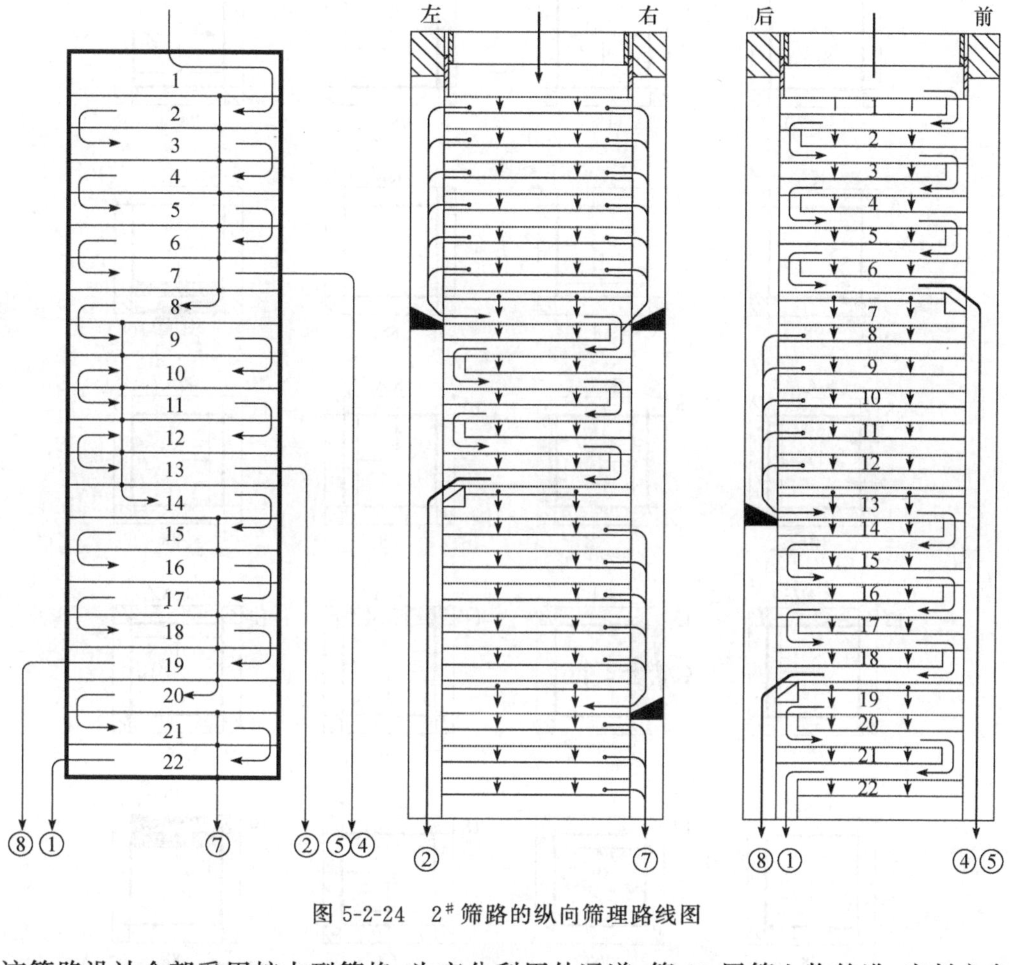

图 5-2-24　2# 筛路的纵向筛理路线图

该筛路设计全部采用扩大型筛格，为充分利用外通道，第 20 层筛上物的进、出料方向转了 90°。若下方采用标准型筛格则不需转向。

(2) 单进双路的筛路

双路筛理可有效降低筛面上料层的厚度，增加筛理物料穿孔的概率。17# 筛路为单进双路的筛路，多用于前路心磨系统。进料时由挡板将物料一分为二，一路物料向筛门方向运动，另一路则流向后方的外通道进入第 6 层筛面(图 5-2-26)。两路物料各经过 5 层粉筛筛理后，第 5 层和第 10 层的筛上物合并送入第 11 层筛面筛理，再连续筛理 9 层，筛下物面粉为上交粉和下交粉。第 19 层筛面的筛上物经 5 层分级筛分级后，筛下物为麦心和粗粉，筛上物为麸屑。

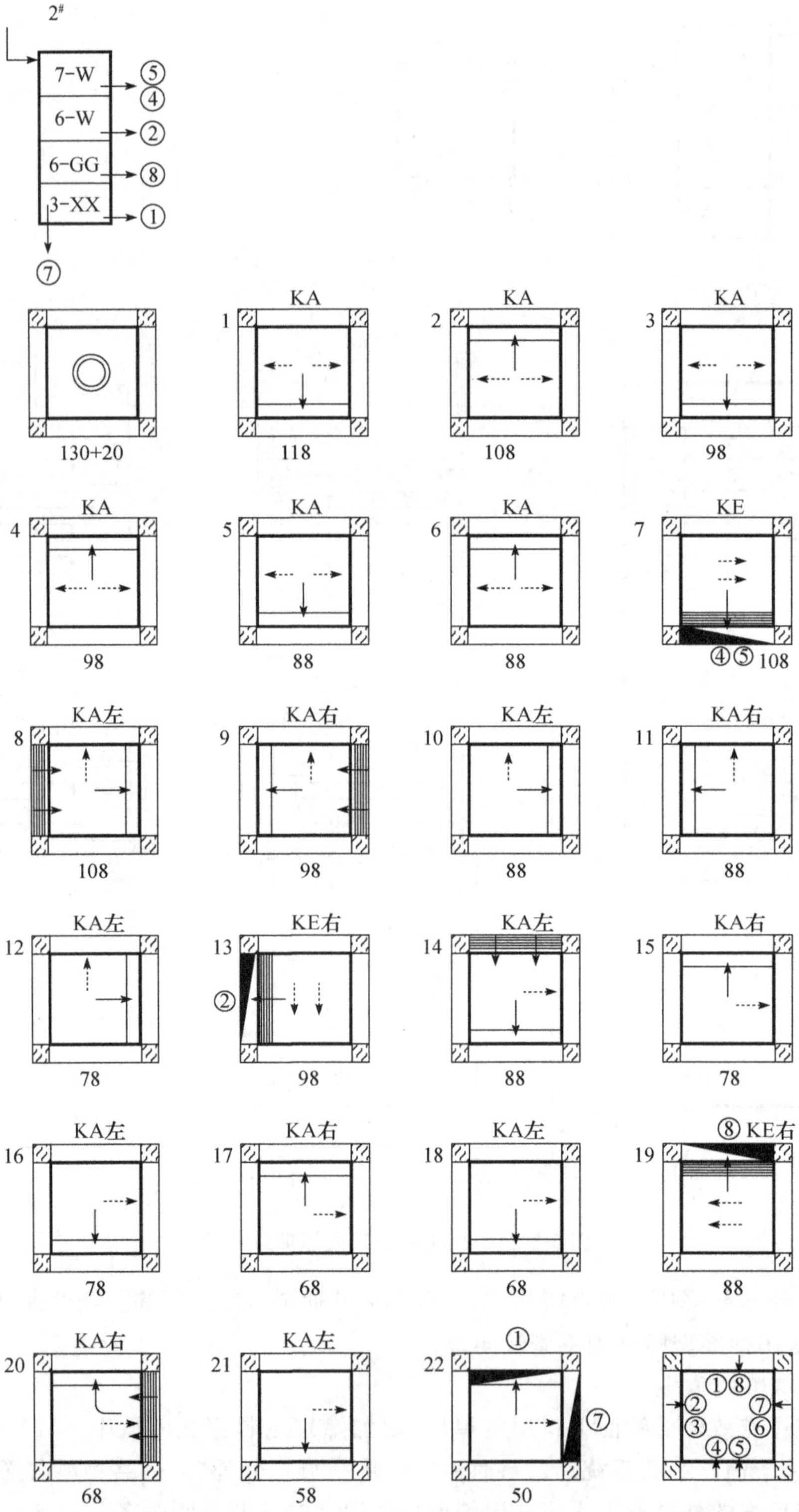

图 5-2-25　2# 筛路的筛格水平展开图

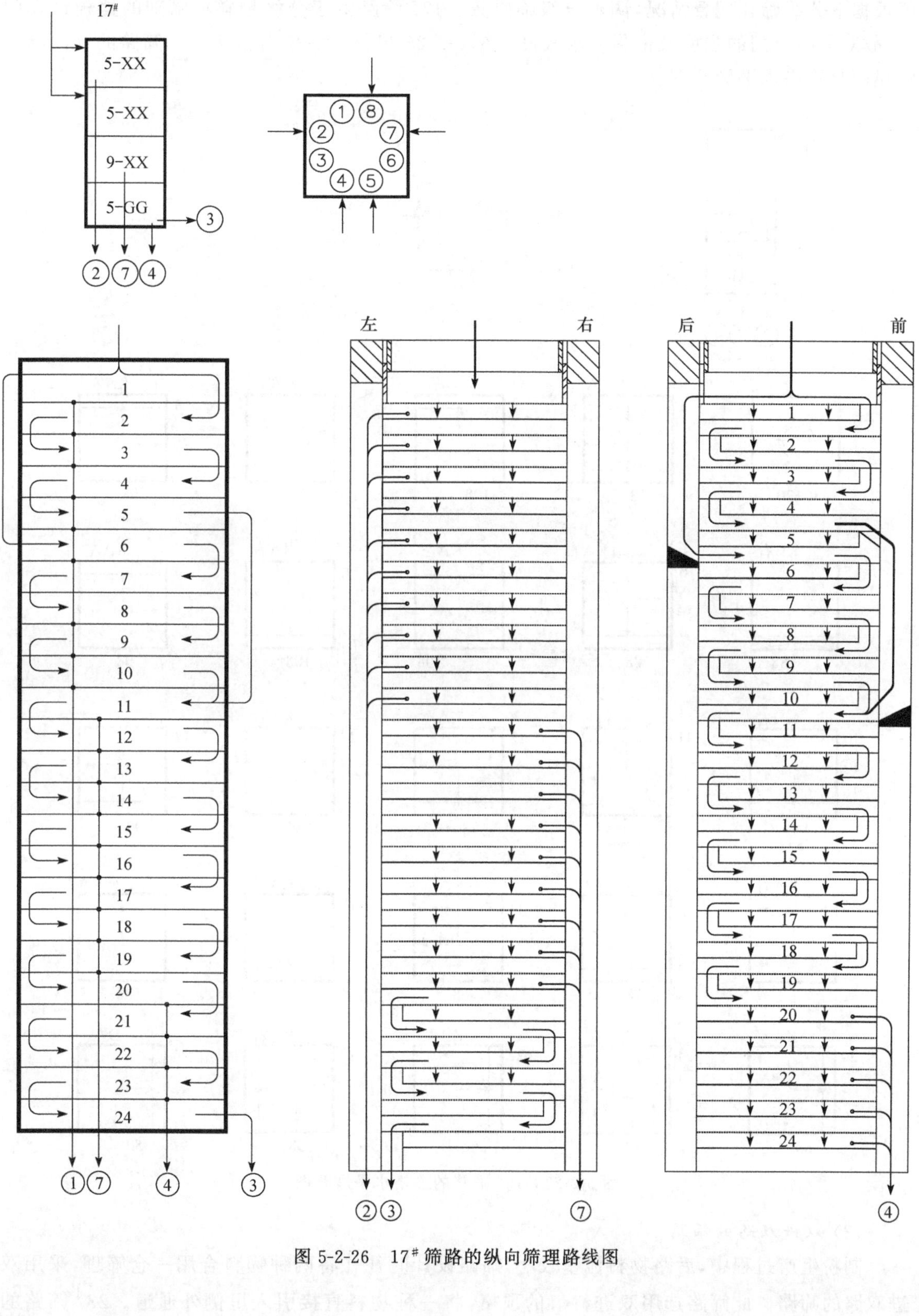

图 5-2-26　17# 筛路的纵向筛理路线图

可根据下分级筛孔配置情况，调整分级筛层数。17# 筛路由于分级物料再筛理的挡板设在门上，故对平筛仓门的强度及密封要求较高。图 5-2-26 与图 5-2-27 分别为 17# 筛路的纵向筛理路线图与筛格水平展开图。

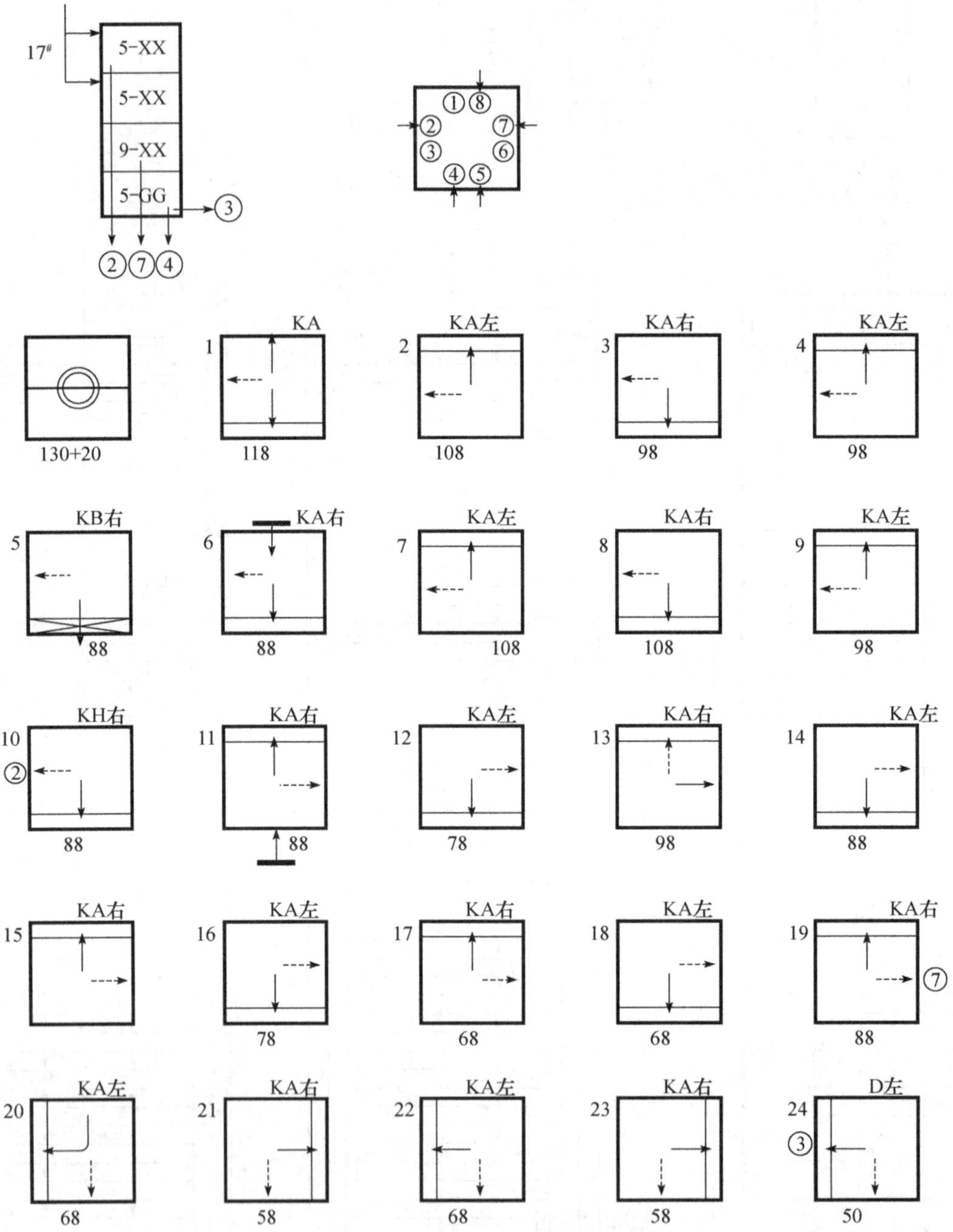

图 5-2-27　17# 筛路的筛格水平展开图

（3）双进双路的筛路

制粉生产过程中，后路物料流量较小，筛路设计时往往将两种物料合用一仓筛理，采用双进双路的筛路。此筛路选用双进料口的顶格，将一种物料直接引入里侧外通道。23# 筛路的筛理路线图与筛格水平展开图分别见图 5-2-28 和图 5-2-29。

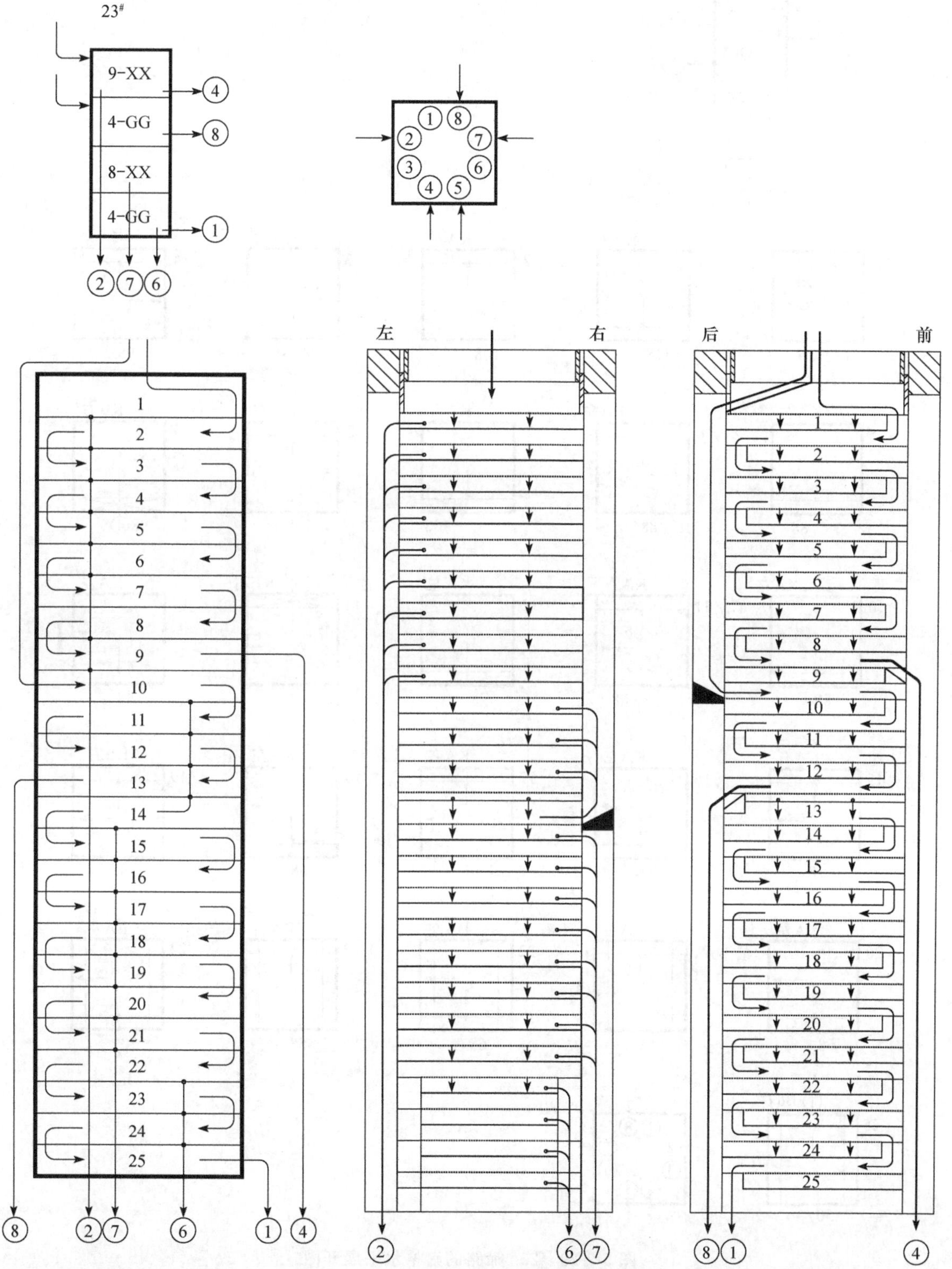

图 5-2-28　23# 筛路的纵向筛理路线图

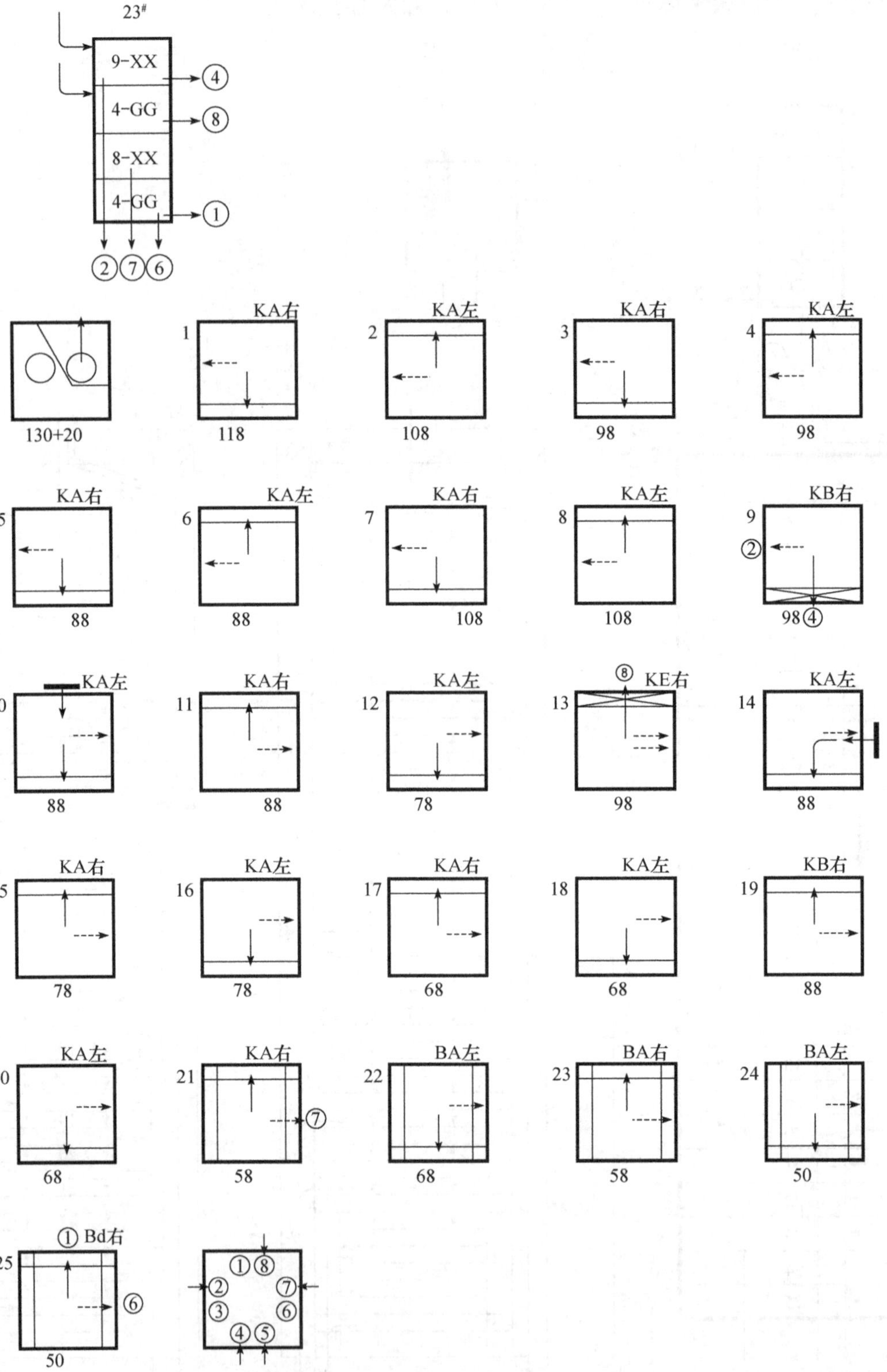

图 5-2-29　23# 筛路的筛格水平展开图

(三) 高方平筛的操作维护与故障排除

1. 操作与维护

操作与维护方法如下所述。

① 新设备经过空转后,应检查所有的紧固件是否松动。凡停机检查时,均应全面检查紧固件松动情况,并紧固。

② 设备必须在完全静止状态下启动,以保证启动时运转平稳。否则平筛回转不正常,且筛体回转半径会远大于正常运转时的半径,甚至呈现不规则的运行轨迹,将布筒拉脱,还可能出现其他事故。

③ 生产过程中要注意观察平筛的进、出料布筒的工作状态。若出料布筒鼓胀,一般由溜管堵塞使物料堆积引起,应脱开布筒分流物料,并及时疏通溜管,避免造成平筛仓内物料通道堵塞。若进料布筒鼓胀,则多由平筛仓内堵塞引起,条件允许时应及时分流进机物料,或停止进料,并疏通出口,使之恢复正常运转。如堵塞严重,则需停机检修。

④ 生产过程中应定期检查平筛各出料口物料的分级状况:面粉中是否混有麸屑,粉筛筛上物的含粉状况,分级物料的流量大小等。发现问题,查找原因。导致筛理效率低原因如下:物料流量过大;物料水分过高,流动性差;筛面堵塞;筛面松弛;筛面修补面积过大;筛面清理块磨损;筛网配备过密;筛理面积分配不合理;筛体运行不正常等。

⑤ 平筛检修时,筛格装拆应注意减少筛格底面与下层筛格及其他硬物的摩擦,避免引起筛格底部密封条的卷曲与脱落。检查筛箱垂直密封条、筛格底部密封条的损坏状况,一旦缺损应及时修补。同时注意将筛仓内与筛格内的积粉清除干净,保持筛格装配平整,以减少平筛窜漏的概率。

筛格的筛面应保证足够的张力,否则筛面松弛下垂将阻碍清理块的正常运行,影响清理效果,物料也易积于凹陷处,降低筛理效率。检修时要注意检查筛面的磨损及清理情况,严禁敲打筛绢,若筛面破损要及时修补或更换。

筛格在仓内的叠放顺序、方向要正确,保证筛路通畅。筛格的垂直与水平压紧装置要交替进行,使筛格受力均衡。

⑥ 在平筛安装与维修后,以及正常操作过程中应定期检查平筛的运转轨迹。设法将铅笔分别固定在筛体上部与下部,随筛体一起运动的铅笔在纸板上画出筛体的运动轨迹。通过轨迹来检查分析筛体的运动状态。若筛体顶部与底部运动轨迹均为正圆,筛体圆直径顶部大于底部,偏重块重心应向下移,反之则需上移。筛体顶部与底部回转半径均小于正常值时,偏重块重心应外移。

⑦ 经常检查筛体的运转速度,当平筛转速低于正常值时,应检查传动带的张紧状况。上下轴承要定期、定量注油润滑,若发现不正常声响,要及时停机检修。

2. 常见故障及排除方法

(1) 运动轨迹不正常

运动轨迹不正常的原因可能是:a. 筛体吊挂不平衡;b. 偏重块位置不合适,或两偏重块的重心不在同一垂直面上(或位置偏移);c. 进、出口布筒装夹得太紧;d. 筛体安装不水平。

排除方法有:a. 检查四周吊杆,使其受力均匀;b. 调整偏重块的位置或夹角等;c. 检查布筒装夹应该适宜,不要太紧;c. 使平筛保持水平。

(2) 轴承发热和有杂音

轴承发热和有杂音可能是密封圈失效或润滑脂不清洁,或轴承磨损。应更换密封圈,选择清洁的润滑脂,或更换轴承。

(3) 窜料、漏料

高方平筛窜料、漏料主要有外通道间、筛格内部、内外通道间、底格各出料口间等多种窜料、漏料形式。造成窜料、漏料的原因有:筛网破损、筛格没有均匀压紧、筛格变形、外通道挡板漏料、密封绒布条脱落或折叠、仓内及筛格内的积粉使筛格不平整或筛格密封不严,底板不平等。出现问题后应仔细排查,逐一解决。

(四) 典型设备

1. FSFG 型高方平筛

高方平筛因筛格正方,筛格层数较多,筛箱体较高而得名。高方平筛筛体由两个筛箱和一个传动架通过两根横梁连接,并通过横梁上固定的吊杆悬挂起来,如图 5-2-30 所示。

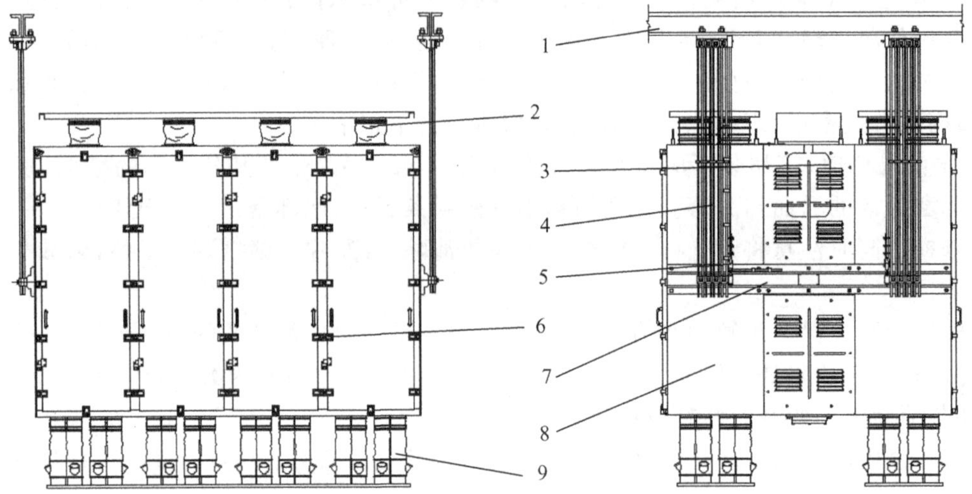

图 5-2-30 FSFG 型高方平筛结构示意图

1. 槽钢;2. 进料装置;3. 吊杆;4. 电动机;5. 钢丝绳;6. 筛门压紧块;7. 横梁;8. 筛箱;9. 出料筒

FSFG 型高方平筛的主要技术参数见表 5-2-3。

表 5-2-3 FSFG 型高方平筛的主要技术参数

技术参数	型号				
	FSFG4×24C	FSFG6×24C	FSFG8×24C	FSFG6×24D	FSFG8×24D
仓数/个	4	6	8	6	8
筛格平面尺寸/mm	640×640	640×640	640×640	740×740	740×740
每仓格数/层	22～28	22～28	22～28	22～28	22～28
总筛理面积/m^2	23～28.6	34.6～42.9	46～57	57.1～68.7	79～92
转速/(r/min)	240	240	240	240	240
回转直径/mm	65	65	65	65	65
功率/kW	3	4	5.5	5.5	7.5
筛箱内腔高度/mm	2100	2100	2100	2100	2100

续表

技术参数	型　号				
	FSFG4×24C	FSFG6×24C	FSFG8×24C	FSFG6×24D	FSFG8×24D
筛格总高度/mm	2065	2065	2065	2065	2065
筛顶格高度/mm	140/200	140/200	140/200	140/200	140/200
筛底格高度/mm	150	150	150	150	150
外形尺寸(长×宽×高)/mm	2295×1537×2520	2295×2285×2520	2295×3033×2520	2495×2585×2520	2535×3433×2520

2. FSFG(B)型高方平筛

不同制造厂家生产的高方平筛构造稍有差异。FSFG(B)型高方筛(图 5-2-31)与 FSFG 型筛的不同之处在于:a. 高方平筛的横梁固定在筛体下部,而 FSFG 型横梁在筛体中部;b. 电机等驱动系统装于筛箱体下部,筛体重心低,吊杆长,允许安装高度低,适于楼层较低的厂房内安装,而 FSFG 型高方筛电机装于筛体上部,筛体重心较高,要求安装高度相对较高;c. 筛格结构、形式及底格出口排列也有所不同。

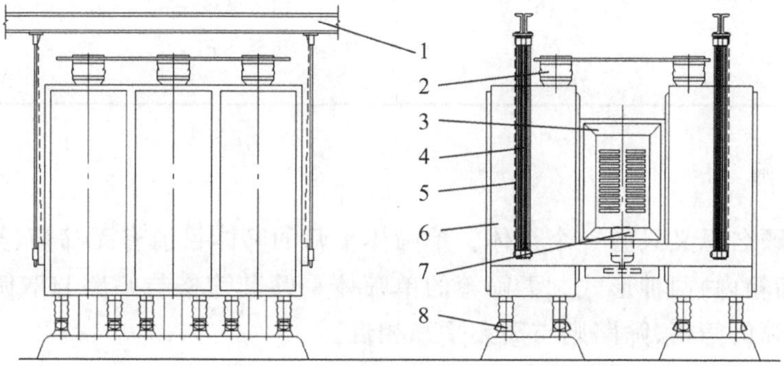

图 5-2-31　FSFG(B)型高方筛结构示意图

1. 槽钢;2. 进料装置;3. 传动钢架;4. 吊杆;5. 安全钢丝绳;6. 筛箱;7. 传动机构;8. 出料筒

二、双筛体平筛与单筛体平筛

平筛可满足小麦制粉生产的筛理要求。平筛按结构不同分为挑担平筛、双筛体平筛和单筛体平筛。挑担平筛有两个对呈筛体,各筛体叠置 12 层筛格,因筛格大而笨重、筛格层数少,筛路设置受限制、不灵活、调整不方便等因素,已较少使用。双筛体平筛与单筛体平筛体积小,筛格层数少,多用于小型制粉机组和面粉检查筛。

(一) 双筛体平筛

FSFS 型双筛体平筛由两个筛体组成,筛体通过吊杆悬挂在金属结构的吊架上,吊架固定于地面,见图 5-2-32。两筛体中间设有电机和偏重块,增减偏重块的质量可调节筛体的回转半径。每个筛体可叠加 6～10 层筛格,筛格直接叠置在筛底板上,没有筛箱,靠四角的 4 个压紧螺栓及手柄将其压紧。

双筛体平筛筛格层数少,筛路简单,体积较小,安装方便,多用于面粉检查筛和小型粉厂的筛理分级,其主要技术参数见表 5-2-4。

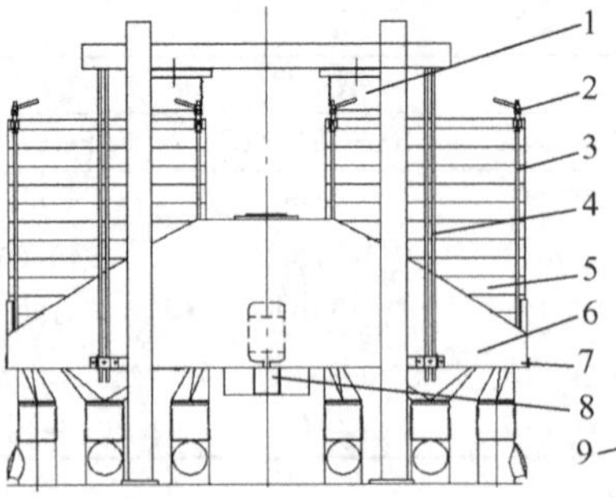

图 5-2-32　FSFS 型双筛体平筛结构示意图

1. 进料筒；2. 压紧手柄；3. 压紧螺栓；4. 玻璃钢吊杆；5. 筛格；6. 筛体；
7. 水平压紧装置；8. 传动机构；9. 吊挂钢架

表 5-2-4　FSFS 型双筛体平筛的主要技术参数

技术参数	FSFS2×10	技术参数	FSFS2×10
筛格层数	10	回转半径/mm	22.5～27.5
筛理面积/m^2	7.4	功率/kW	1.5
转速/(r/min)	240～255		

(二) 单筛体平筛

单筛体平筛顾名思义只有一个筛体。单筛体平筛的筛体目前有无筛箱(筛格外露)与有筛箱(筛格密封在筛箱内)两种形式。无筛箱的单筛体平筛其筛格与筛路与双筛体平筛相近，有筛箱的单筛体平筛的筛格、筛路则与高方平筛相近。

图 5-2-33 为无筛箱的单筛体平筛结构示意图。筛体通过吊杆悬挂在金属结构的吊架上，传动装置位于筛体下方。单筛体平筛体积小、安装灵活，大型小麦粉加工厂多将其用作面粉后处理工序的检查筛。

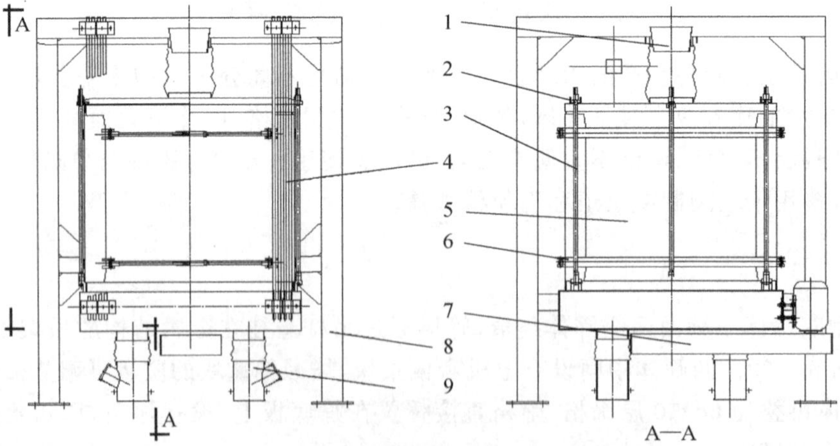

图 5-2-33　单筛体平筛结构示意图

1. 进料筒；2. 压紧手柄；3. 压紧螺栓；4. 吊杆；5. 筛体；
6. 水平压紧装置；7. 传动机构；8. 吊挂钢架；9. 出料筒

（三）筛格与筛路

单、双筛体平筛筛格有 4 种形式，见图 5-2-34。因单、双筛体平筛没有筛箱，筛分后的物料均需从筛格内的通道下落，故筛格设有 4 个通道。筛格尺寸为 830mm×830mm、1000mm×1000mm。单、双筛体多用于面粉检查筛，筛下物较多且筛格尺寸较大，为使筛下物迅速排出，筛下物可从两边同时下落，且收集底板从中部向两侧稍微倾斜。

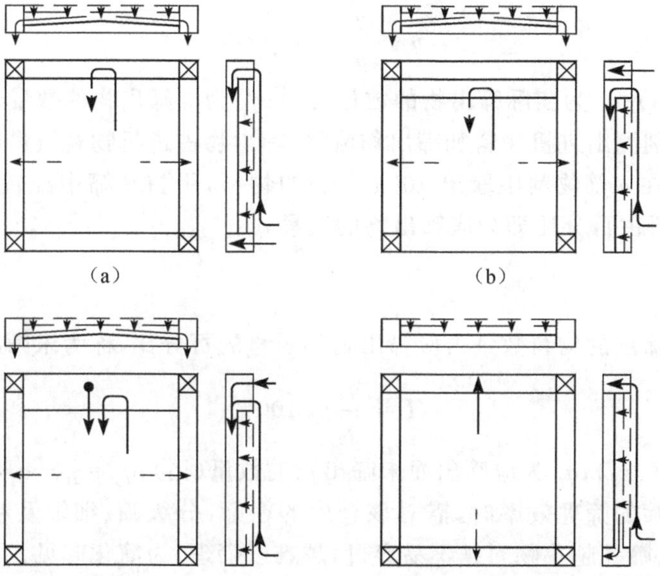

图 5-2-34 单、双筛体平筛筛格

单、双筛体平筛作为面粉后处理的面粉检查筛使用时，流量较大，故筛网配置稍稀。筛路一般选用单进双路筛理，可降低筛上物料层厚度，提高面粉筛出率。由于通道设在筛格上，其筛理路线与高方筛的单进双路有所不同，如图 5-2-35 所示。

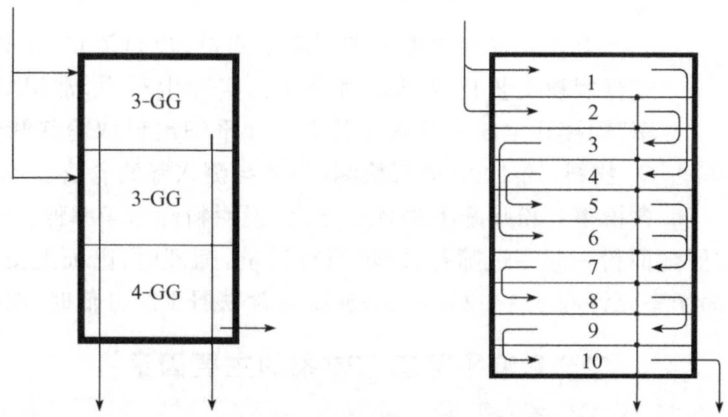

图 5-2-35 单、双筛体平筛的检查筛筛路

第三节　平筛筛理效果的评定与影响因素

一、平筛筛理工艺效果的评定

(一) 筛净率

实际筛出物的数量占应筛出物的数量的百分比,称为筛净率。

$$\eta = \frac{q_1}{q_2} \times 100\% \tag{5-3-1}$$

式中,η 为筛净率(%);q_1 为实际筛出物的数量(%);q_2 为应筛出物的数量(%)。

实际生产中分别测出进机物料和筛出物流量,筛出物占进机物料流量的百分比,即为实际筛出物的数量 q_1。在入筛物料中取出 100g 左右的物料,用与平筛中配置筛孔相同的检验筛筛理 2min,筛下物所占百分比即为应筛出物的数量 q_2。

(二) 未筛净率

应筛出而没有筛出的物料数量占应筛出物的数量的百分比,称为未筛净率。

$$H = \frac{q_3}{q_2} \times 100\% \tag{5-3-2}$$

式中,H 为未筛净率(%);q_3 为应筛出而未筛出物的数量(%);$q_3 = q_2 - q_1$,故 $H = 1 - \eta$。

评定某一仓平筛的筛理效率时,需对该仓中的粗筛、分级筛、细筛及粉筛逐项进行评定。在实际筛理过程中,筛孔越小物料越不易穿过,越难以筛理,为简化起见,一般仅评定该仓粉筛的筛理效率。

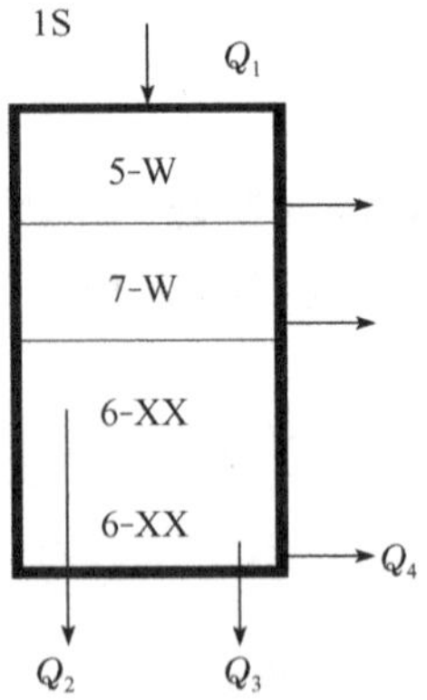

图 5-3-1　一仓 1 渣的筛路

例:图 5-3-1 表示一仓 1 渣的筛路。在平筛进口处(闭风器下方)测得流量 Q_1 为 15kg/min,取出约 100g 的样品,用 CB42 筛网在检验筛上筛理 2min,筛出面粉 30g,则进机物料含粉率 q_2 为 30%。同时在平筛出口处测得面粉流量($Q_2 + Q_3$)为 3.6kg/min。实际面粉筛出率 $q_1 = [(Q_2 + Q_3)/Q_1] = 24\%$。粉筛的筛净率 η 为 80%,粉筛的未筛净率 H 为 20%。

上述评定方法需分别测定平筛进、出口流量,工作量较大,一般在进行制粉工艺技术测定时采用。实际生产中,常用"粉筛筛上物含粉率"间接评定粉筛的筛理效率。在平筛出口取粉筛筛上物(图 5-3-1 中 Q_4 物料)约 100g 进行检测(方法与测入筛物料含粉率相同),可得到其含粉率。粉筛筛上物含粉率高,说明粉筛筛净率低。

为避免细小麸屑随面粉一起穿过筛孔,影响面粉质量,筛理时,筛面上要保持一定的料层厚度,故面粉的未筛净率允许在 5%～25%。筛理物料含麸屑少灰分低时,取低值。

二、影响平筛工艺效果的主要因素

(一) 筛理物料的物理特性

硬麦研磨后颗粒状物料较多,流动性较好,易于自动分级。面粉多呈细小沙砾状,易于穿过筛孔，而麦皮易碎。为保证面粉质量，粉筛筛网应适当加密。软麦研磨后物料麸片较大，颗粒状的物料相对较少，粗粉和细粉较多，流动性稍差，在保证粉质的前提下，可适当放稀粉筛筛孔或延长筛理路线。

筛理物料水分高时，流动性及自动分级性能变差，细粉不易筛理且易堵塞筛孔，麸片大（尤其是软麦）易堵塞通道，应适当降低流量或放稀筛孔。

筛理物料的形状、粒度和比重差别大时，自动分级性能好，筛理效率高。后路较前路物料分级性能差，且筛孔较密，需要较长的筛理长度。

（二）环境因素

筛理的工作环境，即温度和湿度对筛理效率有较大影响。温度高、湿度大时，筛理物料流动性变差，筛孔易堵塞，故在高温和高湿季节，应适当放稀筛孔或降低产量，并注意定时检查清理块的清理效果，保证筛孔畅通。

（三）筛路的组合及筛孔配置

各仓平筛筛路组合的完善程度与其筛理效率直接相关。筛路组合时要根据各仓平筛物料的流量、筛理性质、筛孔配备、分级后物料的数量及分级的难易程度，合理确定分级的先后次序，并配以合适的筛理长度，使物料有较高的筛净率，同时避免出现筛枯。

筛孔的配备对筛理效率、产量、产品质量，以及整个制粉工艺流程中的流量与质量的平衡都有很大影响，应根据筛理物料的分级性能、粒度、含应筛出物的数量、筛理路线等因素合理选配。筛网配置的一般原则如下：整个粉路中，同类筛网“前稀后密”；每仓平筛中，同组筛网“上稀下密”；筛理同种物料，流量大时适当放稀；物料质量差时，适当加密。

（四）筛面的工作状态

筛面工作时，既要承受物料的负荷，还要保证物料的正常运动，因此，必须有足够的张力。否则筛面松弛，承受物料后下垂，筛上物料运动速度减慢，筛理效率降低，甚至造成堵塞。同时，筛面下垂还会压住清理块，使其运动受阻，筛孔得不到清理而堵塞。

物料在筛理过程中，一些比筛孔稍大的颗粒会卡入孔中阻塞筛孔，若不清理必然降低有效筛理面积，降低筛理效率。另外，物料与筛面摩擦所产生的静电使一些细小颗粒黏附在筛面下方，阻碍颗粒通过筛孔。因此，筛面的清理极为重要。

（五）平筛的工作参数

筛理的必要条件是物料在筛面上产生相对运动，运动过程中的自动分级，小的、重的、光滑的颗粒沉于料层底部接触筛面，粒度小于孔径时，在重力作用下穿过筛孔。

物料的相对运动轨迹半径随平筛的回转半径和运动频率的增加而增大。物料的相对运动回转半径增大，向出料端推进的速度加快，平筛处理量加大。若物料相对运动回转半径过大，则使一些细小颗粒未沉于底层即被推出筛面，而接触筛面的应穿孔物料因速度大无法穿过筛孔，从而降低筛理效率；若物料相对运动回转半径过小，则料层加厚，分级时间延长，降低通过的物料量。因此，平筛的回转半径和运动频率要配合恰当。

（六）流量

各系统平筛的处理量随筛理物料的粒度、容重、筛孔大小、水分等因素变化。一般皮磨流量较大，渣磨次之，心磨较低；前路流量较大，后路相对减小。各系统平筛的经验流量参见第七章第二节、第三节和第五节的相关内容。

为达到相同的筛理效果，某种物料分几仓筛理时，负荷分配要均衡。同道物料可采用“分磨混筛”。流量较大时，可采用“双路”筛理，减少筛上物的厚度，双路物料流量应尽量分配均衡。

各仓平筛流量要分配合理。流量过大，筛理负荷加重，筛理效率降低，严重时会造成平筛堵塞；流量过小，则易筛枯，平筛的功效降低。

平筛的流量一般以单位筛理面积在单位时间内处理的物料量来表示，单位为 t/(m^2 · d)。也有用每仓平筛在单位时间内处理的物料量来表示的，单位为 kg/(仓 · h)。

第四节　辅助筛理设备

一、打 麸 机

（一）打麸机的结构与工作过程

打麸机的主要工作机构为一快速旋转的打板转子与工作圆筒。物料进入工作圆筒内，受到打板转子的打击，使黏附在麸片上的粉粒与之分离，穿过筛孔成为筛出物，而麸片则留在筛筒内从出料口排出。打麸处理一般设在制粉流程的中、后路皮磨系统，用于处理粗筛分出的麸片，以降低后续皮磨的负荷，提高研磨效率，或降低麸皮的含粉率。

打麸机根据其结构形式不同，分为卧式打麸机和立式打麸机两种，其中卧式打麸机最为常用。

卧式打麸机主要由打板转子、筒体、箱形机壳、可调挡板机构和传动机构等组成，其结构如图 5-4-1 所示。打板转子支架上装有 4 块打板，打板上的长圆孔可以调节打板与筛筒的工作

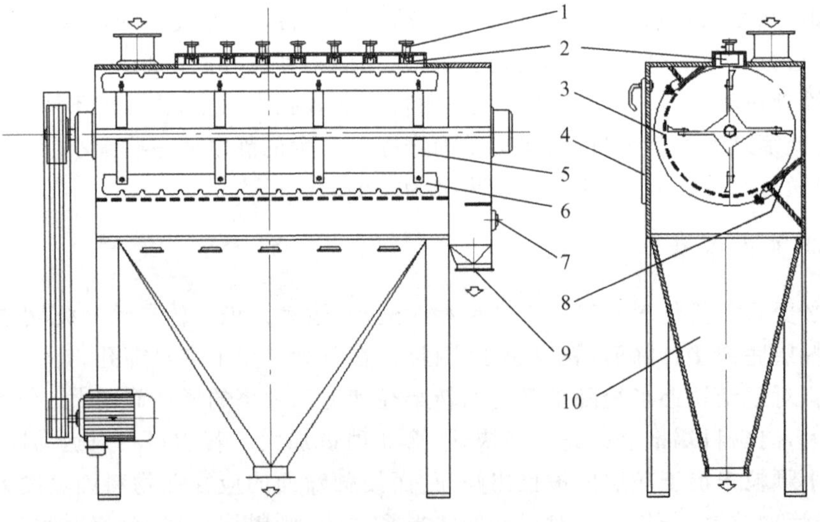

图 5-4-1　卧式打麸机结构示意图

1. 挡板固定手轮；2. 可调挡板；3. 半圆多棱筛面；4. 检查门；5. 打板支架；6. 锯齿形可调打板；7. 取样门；8. 缓冲板；9. 麸片（皮）出口；10. 麸粉出口

间隙。打板的外沿为锯齿形，且每齿扭转12°～15°，用以打击并轴向推进物料。由于打板转子的快速旋转，其离心力迫使分离的麸粉穿过筛孔。工作圆筒由后墙板、顶板、缓冲板及半圆筛面组成，其中筛面与垂直面成45°装置。筛面呈八棱多边形，材质为不锈钢板，厚度0.5～0.8mm，筛孔直径有0.7mm、1.0mm、1.2mm三种规格。多边形的工作圆筒可阻滞麸片随打板转子连续旋转，延长物料在机体内的停留时间，保持打击强度。机壳顶部沿机体轴线方向设置有7～9块挡板，挡板角度在左右旋向45°范围内可调，以改变物料在机内的停留时间，改变打击效果。

打麸机的主要参数见表5-4-1。

表5-4-1 FFPD型卧式打麸机的主要技术参数

技术参数	型号			
	FFPD30	FFPD45		
筛筒直径/mm	300	450		
筛筒长度/mm	800	1100		
打板轴转速/(r/m)	1300～1600	1000～1100		
吸风量/(m^3/h)	300	420		
产量/(t/h)	0.9	0.9～1.1	1.3～1.5	2.0～2.5
配用动力/kW	2.2	4	5.5	7.5

（二）影响打麸机工艺效果的因素

1. 物料性质

麸片的大小、水分高低、粉麸结合的紧密程度都会影响打麸的效果。一般麸片大、水分低、粉麸结合松散时，打麸效果好。

2. 流量

物料流量过大时，打麸效率下降。流量过小时，打击作用强烈，打麸粉的品质较次。

3. 打板与筛筒的工作参数

打板的线速度：线速度越高，打麸的作用越强烈，产量也越高，但动力消耗大，打麸粉品质差，打板的线速一般为22～25m/s。

工作间隙：间隙小，打击作用强烈，动力消耗高，打麸效果好；间距大，打击作用缓和，打麸效果差，但打麸粉品质好，动力消耗低。工作间隙一般为7.5～9mm。

4. 筛面状况

筛面的质量、筛面是否平整、筛孔是否合适、筛面清理效果的好坏都直接影响打麸效果。打麸机筛孔配置：粗麸的筛孔配置稍大，一般采用ϕ1.0～1.2mm；细麸则相对较小，一般采用ϕ0.7～0.8mm。中路麸片粒度较大，相对筛孔配置稍大。

5. 吸风方式

吸风的主要作用是及时除去机内的湿热空气及粉尘，保持筛孔畅通，促进粉粒穿过筛孔。卧式打麸机有上、下两种吸风形式，下吸风效果较好。

（三）打麸机的操作与维护

操作与维护方法如下所述。

① 开机时，空载运转正常后再进料；停机时，先停料之后再停机。机筒内若堆积较多物

料，增大启动电流。

② 生产中应定期检查打麸粉的品质状况。若发现异常，应检查筛板两端的密封及筛板的完好状况，及时调节紧固装置或修补更换筛板。

③ 生产中发现机内有异声，将物料拨入旁通管后，立即停机拆下筛板，检查是否有异物进入机内。

④ 定期检查麸中的含粉状况，结合物料的流量，调节机壳顶部挡板的角度，改变打麸的强度。

⑤ 机内堵塞时，会发出“嗡嗡”声和三角带打滑声，应立即切断电源，并将物料拨入旁通管内。之后，打开出料端的观察活门，扒出物料，并转动三角带直至机内物料完全排出方能开机。运行正常后，再将物料拨回机内。

二、刷　麸　机

（一）刷麸机的结构与工作过程

刷麸机的主要工作机构为一快速旋转的立式刷帚转子与一慢速同向旋转的筛筒。物料落入刷帚转子上端的圆盘上，在离心力的作用下甩向筛筒，在筛筒与刷帚的间隙中下落并受到刷帚的刷理，将黏附在麸片上的细小粉粒刷下，穿过筛孔成为麸粉，而麸片则留在筛筒之内，从下方出料口排出。刷麸机与打麸机相比较，打击力度较弱，用于处理麸片的最后一道工序，以降低麸皮的含粉率。

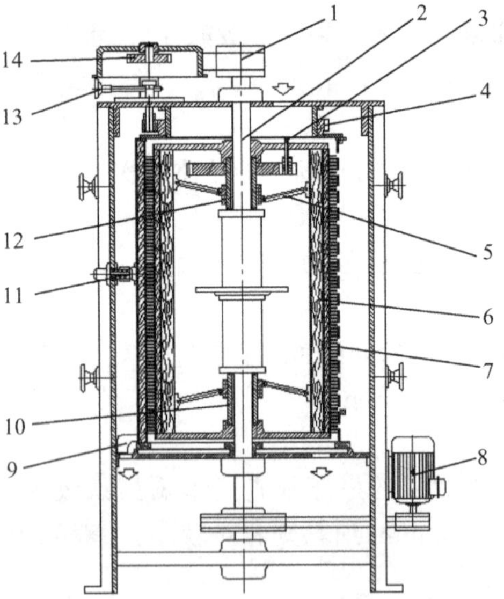

图 5-4-2　刷麸机结构示意图

1. 皮带轮；2. 主轴；3. 刷帚的齿轮调节螺栓；4. 筛筒传动齿轮；5. 刷帚撑杆；6. 刷帚；7. 筛面圆筒；8. 电机；9. 刮板；10. 下螺纹套筒；11. 筛面清理装置；12. 上螺纹套筒；13. 带轮调节装置；14. 齿轮

刷麸机主要由机架、刷帚转子、筛筒、刷帚调节机构、传动机构、筛筒清理装置等组成，其结构如图 5-4-2 所示。

刷麸机的刷帚转子由 6 根立式长条刷帚与上、下圆盘组成。刷帚撑杆的收拢与撑开可以改变刷帚的转子直径，从而调节刷帚毛与筛筒的距离。调节时，转动调节螺栓（图 5-4-2 中 3），通过其下方齿轮组的传动，带动上螺纹套筒（12）与下螺纹套筒（10）一起转动，使撑杆螺母与螺纹套筒产生相对位移。由于上、下螺纹套筒的旋向相反，故上、下刷帚撑杆得以同时收拢或撑开。

电动机通过三角带传动，带动刷帚转子旋转。筛筒则通过主轴上部的平皮带轮及两组齿轮减速传动，方与刷帚转子同向转动，转动得很缓慢。

刷麸机机架由 4 根支柱组成，上下与盖板和底板连接。在盖板上开有进料口及吸风口，底板上有两个排料孔，在底板与盖板之间装有 4 块可拆卸的圆弧形门，围成圆筒形的外壳。

筛筒转子一般采用钢丝筛网。多通过弹簧压缩装置敲打筛框，使筛面振动，达到清理目的。

刷麸机的主要技术参数见表 5-4-2。

表 5-4-2　刷麸机的主要技术参数

技术参数	型号		
	470×800	655×1200	655×1200
筛筒直径/mm	470	655	655
筛筒高度/mm	800	1200	1200
筛理面积/m^2	1.18	2.5	2.5
刷帚转速/(r/m)	477	345 ～375	345 ～375
筛筒转速/(r/m)	17.7	8 ～8.7	8 ～8.7
配用动力/kW	2.2	3.0	3.0

(二) 刷麸机的操作与维护

操作与维护方法如下所述。

① 进入机内的物料流量应均匀稳定,否则会影响刷麸效果。

② 定期检查刷麸粉的品质状况。若刷麸粉中含有一定数量的麸皮时,应检查筛面与筛框接合处是否有缝隙,筛面是否破损,并及时紧固或修补、更换筛面。

③ 经常检查出机麸片(皮)的含粉状况。若含粉较高,可检查进机麸片的含粉状况、流量大小、刷帚与筛面的间距、转子的转速、刷帚的磨损程度、筛孔堵塞及传动带的松紧状况等。从中分析原因,并采取相应措施加以解决。

④ 若出料管堵塞时,应迅速疏通出口,若无效应停止进料。停机后卸下机门,清出机内物料后进行检修。再开机时,运转正常后,物料进机流量要由小到大,逐渐增加,直至正常生产流量。

⑤ 停机时机内物料应全部走空。长期停机,应将机内物料全部清理干净。

三、皮 磨 粗 筛

制粉流程中,皮磨粗筛一般置于皮磨平筛之前,用于筛出研磨后物料中的麸片,之后再将剩余物料送入平筛筛理分级,这样可有效地减少平筛的处理量。

图 5-4-3 为皮磨粗筛的结构示意图。进入进料斗的物料,被螺旋推进器送入锥形筛筒,受到转子上刷子的作用,较小的颗粒穿过筛孔成为筛下物,筛筒内的物料由一端出料口排出。锥形筛筒利于筛筒内粗物料的流出。

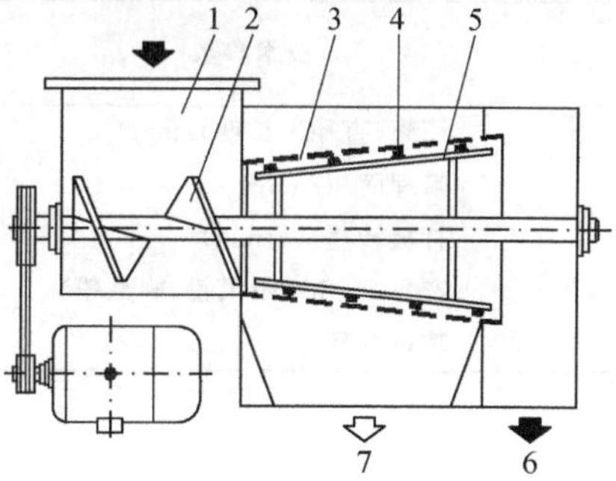

图 5-4-3　皮磨粗筛结构示意图

1. 进料斗;2. 螺旋推进器;3. 锥形筛筒;4. 刷子;5. 叶轮;6. 筛上物出口;7. 筛下物出口

皮磨粗筛的处理量见表 5-4-3。

表 5-4-3　皮磨粗筛的处理量

项　目	处理量/(t/h)							
系统	1 皮		2 皮		3 皮		4 皮	
筛网	10W	8W	12W	10W	14W	12W	16W	14W
FSFP30	3.8	5.2	2.5	3.8	1.5	2.1	1.1	1.5
FSFP35	6.0	8.2	4.2	6.0	2.5	3.4	1.9	2.5
FSFP40	9.5	13.0	6.6	9.5	4.1	5.5	3.2	4.1
FSFP45	15.0	20.3	10.4	15.0	6.6	8.7	5.1	6.6

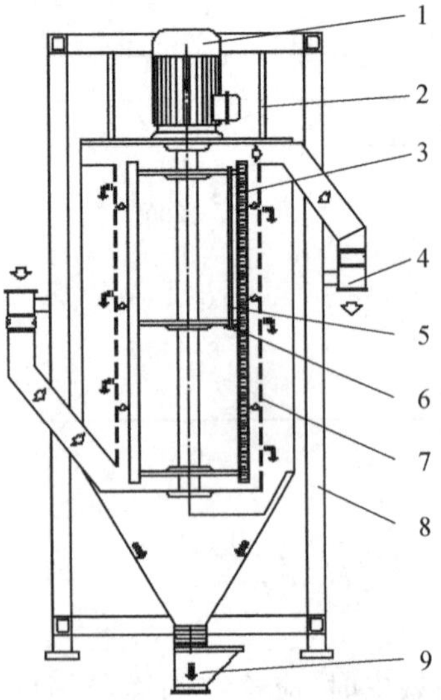

图 5-4-4　立式振动圆筛示意图
1. 电动机；2. 吊杆；3. 打板；4. 筛内物出口；5. 偏重块；6. 调节螺栓；7. 筛筒；8. 机架；9. 筛出物出口

四、振动圆筛

振动圆筛主要用于处理黏性较大的吸风粉和打（刷）麸粉，其分为立式和卧式两类。

立式振动圆筛的结构如图 5-4-4 所示，其主要构件为吊挂在机架上的筛体。筛体中部是一打板转子，外部为圆形筛筒。转子主轴的一侧装有偏重块(5)，使筛体产生小振幅的高频振动。打板转子圆周均布 4 块条形打板，打板向后倾斜一定角度，上面安装有许多向上倾斜的叶片，叶片间隔排列呈螺旋状。物料自下方进料口进入筛筒内，在打板的作用下甩向筛筒内表面，细小颗粒穿过筛孔，从下方出口排出，筒内物料被逐渐推至上方出料口。

筛筒采用锦纶筛网。

除上述结构形式外，立式振动圆筛有的采用上方进料、下方出料形式；还有的是将筛体安装在减震器上，减震器固定在地板上，电机带动主轴旋转，主轴上的偏重块所产生的惯性力使筛体振动。

立式振动圆筛的主要技术参数见表 5-4-4。

表 5-4-4　立式振动圆筛的主要技术参数

技术参数	型号	
	FSFZ45	FSFZ40
筛筒(直径×长度)/mm	ϕ450×800	ϕ400×800
筛理面积/mm²	1.13	1.0
打板转速/(r/min)	1020	960
产量/(t/h)(吸风粉、刷麸粉)	0.4～1.0	0.3～0.5
功率/kW	4	3

（田建珍）

第六章　清　　粉

经皮磨、渣磨系统研磨筛理分级后，分出的粗粒和粗粉多为从麦皮上剥刮分离出的胚乳颗粒，需进一步研磨成粉。但其中或多或少还含有一些连皮胚乳粒和细碎麦皮，其含量随粗粒和粗粉的提取部位、研磨物料特性及粉碎程度等因素的变化而改变。如果将粗粒和粗粉直接送往心磨研磨，在胚乳颗粒被磨碎成粉的同时，必然使一些麦皮随之粉碎，从而降低面粉质量，尤其降低前路心磨优质面粉的出品率和质量。因此，生产高等级和高出粉率的面粉时，需将粗粒和粗粉进行精选。精选之后，分出的细碎麦皮送往相应的细皮磨，连皮胚乳粒送往渣磨或尾磨，胚乳颗粒送往前路心磨。制粉工艺中，精选粗粒和粗粉的工序称为清粉，所用设备为清粉机。

第一节　概　　述

一、粗粒和粗粉的理化特性

前苏联制粉工作者曾研究粗粒、粗粉的悬浮速度与灰分的关系，结果见图 6-1-1。从图中看出：a. 随着悬浮速度的增加，悬浮颗粒的灰分呈上升趋势，达到最高值后逐渐下降。选取合适的风速，可分离出低灰分的胚乳颗粒。b. 物料粒度减小曲线左移，即颗粒悬浮速度减小，且悬浮速度范围缩小。例如，22W/24W 的大粗粒的悬浮速度为 0.4～2.9m/s，34W/36W 的中粗粒则为 0.3～1.8m/s，而 54GG/56GG 的粗粉仅为 0.2～1.0m/s。由此可见，同粒度的大粗粒混合物中胚乳粒、连皮胚乳粒、碎麦皮的悬浮速度相差较大，中粗粒次之，而粗粉相差较小。因此，清粉时大粗粒所需风量较大，风速较高且易于调节；粗粉所需风量较小，风速也不易掌握，筛出物料的灰分降低率相对较低。

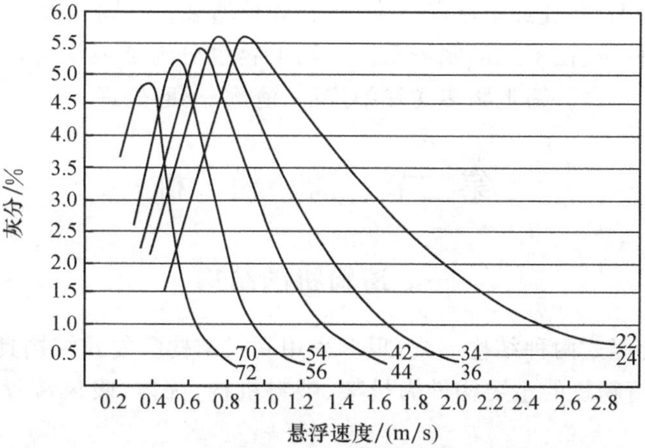

图 6-1-1　粗粒、粗粉悬浮速度与灰分的关系

同一悬浮速度下，悬浮颗粒的灰分取决于其粒度大小。表 6-1-1 列出悬浮速度为 1.8m/s 时不同悬浮颗粒灰分的变化。因此，要提高粗粒和粗粉的清粉效果，必须在清粉前按粒度将其分级，缩小其粒度差异。

表 6-1-1　同一悬浮速度(1.8m/s)下粒度与灰分的关系

粒度/GG	46/48	40/42	34/36	30/32	24/26
灰分/%	0.46	0.81	1.57	2.47	3.34

二、清粉机的工作原理

清粉机是利用筛分、振动抛掷和风选的联合作用，将粗粒、粗粉混合物分级的。清粉机筛面在振动电机的作用下做往复抛掷运动，落在筛面上的物料被抛掷向前，气流自下而上(图 6-1-2 中黑色箭头方向)穿过筛面、穿过料层，对抛掷散开的物料产生一股向上的、与重力相反的作用力，使物料在向前推进的过程中自下而上按以下顺序自动分层：即小的纯胚乳颗粒、大的纯胚乳颗粒、较小的混合颗粒、大的混合颗粒、含有少量胚乳的麦皮及较轻的麦皮。各层间无明显界线，尤其大的纯胚乳颗粒与较小的混合颗粒之间区别更小。选取合适的气流速度，使较轻的颗粒处于悬浮和半悬浮状态，较重的颗粒接触筛面，再通过配置适当的筛孔，使纯胚乳颗粒成为筛下物，混合颗粒成为后段筛下物与下层筛上物，麦皮混合物则成为上层筛上物(图 6-1-2)。

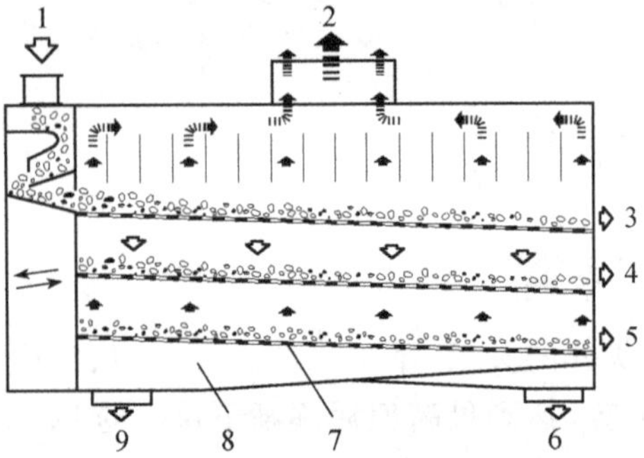

图 6-1-2　清粉机的工作原理图

1. 进料；2. 吸风；3. 第一层筛上物；4. 第二层筛上物；5. 第三层筛上物；6. 后段筛下物；7. 筛面；8. 筛下物收集槽；9. 前段筛下物

清粉机有 2 或 3 层筛面，现多采用 3 层。每层筛面前后分为 4 段，筛孔配置由进料端向后逐渐增大，同段下层筛孔比上层筛孔稍密。因此，筛下物中前段物料粒度最小，胚乳纯度较高；后段物料粒度逐渐增大，胚乳纯度逐渐下降，混合颗粒增多。不同纯度的筛下物分别入收集槽内，可合并成 2 或 3 种，送往不同的制粉系统。筛上物也分为 2 或 3 种，其中上层较下层物料的粒度大、轻，麦皮含量高。筛上物多送往细皮磨、渣磨、尾磨处理。

第二节　清　粉　机

一、清粉机的结构

清粉机有单式与复式两种结构形式，现多采用复式结构。复式结构具有两组对称的筛体，其外形见图 6-2-1。清粉机的主要构件为机架、喂料机构、筛体、吸风装置、出料装置与振动机构等，见图 6-2-2。

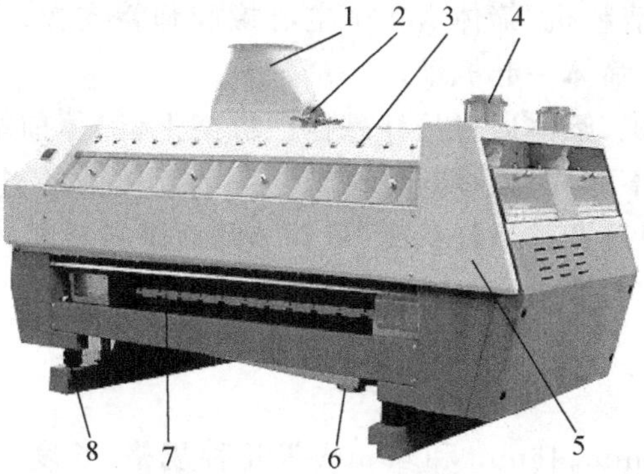

图 6-2-1　清粉机的外形图

1. 吸风管；2. 总风门调节阀；3. 筛面上方风门调节旋钮；4. 进料；5. 机架；
6. 筛下物出料口；7. 筛下物分流拨斗；8. 筛下物收集槽

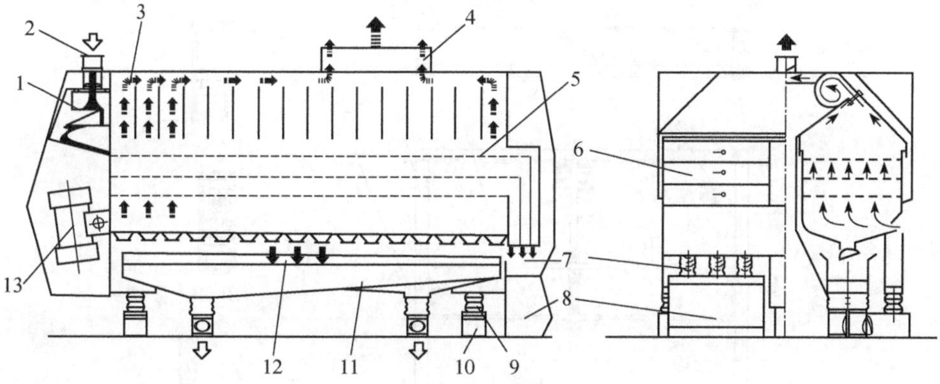

图 6-2-2　清粉机结构示意图

1. 喂料机构；2. 进料口；3. 吸风室；4. 总风管；5. 筛面；6. 筛上物出口；7. 筛上物出料调节箱；8. 方钢立柱；9. 机座；
10. 集料输送槽；11. 筛下物出口；12. 振动电机；13. 中空橡胶弹簧

（一）喂料机构

图 6-2-3 所示的喂料机构固定于筛体上，随筛体一起振动。振动进料口与固定于机架上的进料筒柔性连接。物料由进料室流经喂料室，聚集于喂料口，又经喂料门开口落在筛面的头端。喂料门开启大小可通过调节板的上下移动调节，使物料沿筛面上分布均匀，同时可控制筛面上的物料流量。

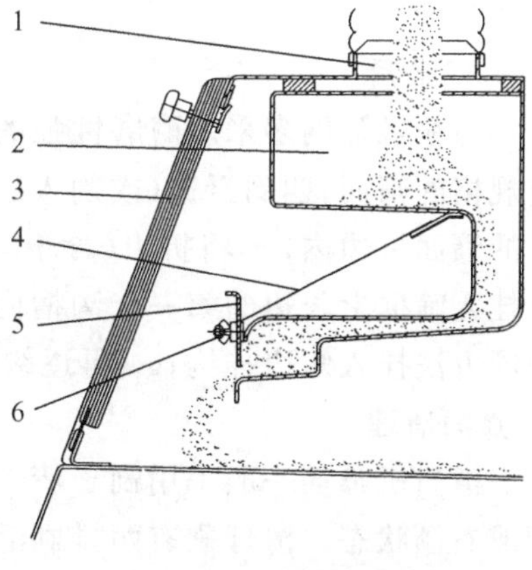

图 6-2-3　喂料机构

1. 进料口；2. 进料室；3. 有机玻璃门；4. 调节板；5. 喂料活门；6. 蝶形螺母

（二）筛体

清粉机的机架中有两个结构相同的筛体，每个筛体中有 2 或 3 层筛面。每层筛面有 4 个筛格，通过搭钩相互连接，筛格以抽屉式卡在筛体两侧的滑槽内，可从出料端逐个连续抽出或逐个装入，出料端锁紧（纵向压紧）。

采用振动电机传动的清粉机，筛体由4个空心橡胶弹簧支撑。每个筛体在进料端下方各固定一台振动电机，电机与筛体一起振动。

采用偏心传动的清粉机，筛体通过吊杆悬挂在机架上，筛体前端两侧有两根吊杆，尾端一根吊杆。前后吊杆倾角可不相同，根据需要调节。一般筛体前端料层厚，抛掷角较大，尾端料层薄，抛掷角适当减小。通过调整吊杆长度，可调节筛面倾斜角度。两个筛体的悬吊装置各自独立。

（三）筛格

清粉机筛格宽度有30mm、46mm和49mm等几种规格，长度均为50mm。筛格框架采用铝合金制成，中间装有两条承托清理刷的导轨（图6-2-4）。筛框的4个外侧面制有绷紧筛网的沟槽，当筛网张力减少时，可连续进行2或3次绷紧，并可迅速更换筛网。

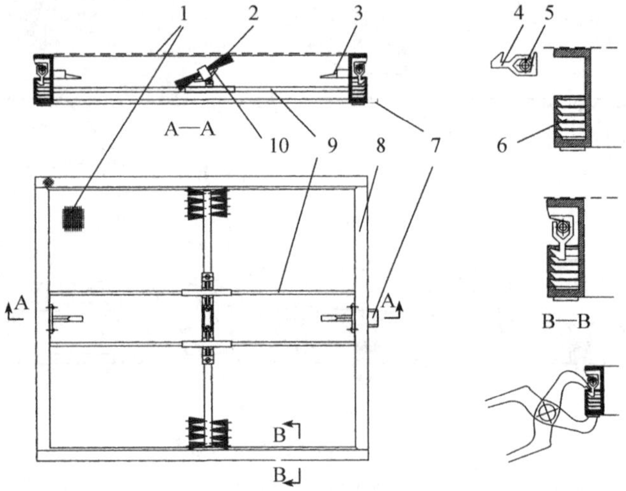

图6-2-4　筛格结构示意图

1. 筛面；2. 清理刷；3. 换向柱；4. 筛面张紧拉钩条；5. 塑料杆；6. 沟槽；7. 挂钩；8. 筛框；9. 清理刷导轨；10. 清理刷导向块

1. 筛网张紧

清粉机筛网多采用耐磨性强的聚酯筛网。筛网安装与张紧程序如下：a. 将筛网制备成一定规格的筛面，四周折边（或购入已制备好的筛面）；b. 将ϕ3mm的塑料杆插入已缝制或胶粘好的筛面折边内；c. 将折边（含塑料杆）插入铝型材拉条中；d. 将筛网覆盖筛框上，并将一侧拉条挂入筛框上长边的第一个沟槽内；e. 用专用钳将对边的拉条挂入筛框另一侧沟槽内；f. 以相同方法挂入短边挂钩；g. 再逐级下压至下一档沟槽，直至筛网张紧。

2. 筛面清理

清粉机筛面一般采用刷子清理。清理刷架与导向块铰接，刷子可相对导向块转动，处于左倾或右倾状态。清理刷有两排刷毛，只有一排刷毛与筛网接触。工作时筛面往复振动，当振动方向与刷毛倾斜方向相反时，刷毛顶住筛网，筛孔得以清理。转换振动方向，清理刷沿导轨滑动，再转换振动时，刷毛又顶住筛网。如此连续振动，当刷子逐渐移动到筛格边框时，边框上的换向柱顶住刷架，使刷子转动，另一排刷毛向上与筛网接触并反向移动连续清理筛面。

清粉机用于生产颗粒粉时，多采用橡皮球清理筛网。

3. 筛格压紧装置

清粉机每层的4个筛格通过出料端的压力门锁紧，压紧装置见图6-2-5。通过调节螺母(图中2)可改变压紧力的大小。图中3为筛上物出口，各层筛面的出口对应下方各自的出料口，安装时需注意，不可调换。

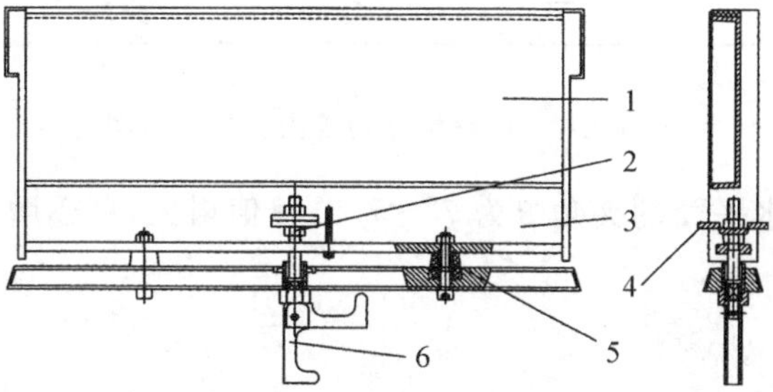

图 6-2-5 筛格压紧装置

1. 连接架；2. 调节螺母；3. 筛上物出口；4. 搭扣；5. 垫块；6. 锁紧把手

(四) 出料装置

清粉机的出料端固定有筛上物出料调节箱。三层筛面清粉机的出料调节箱下方一般设有三根输料管，每层筛上物各对应一根料管。工艺需要时，转动出料箱中的调节板，可将相邻的两种筛上物合并。

清粉机筛体下方设置有集料斗，料斗出口有16个活门，用以控制筛下物进入下方振动输送槽中的任意一路。振动输送槽通过连杆与筛体连接，与筛体一起振动。输送槽有5种基本形式，见图6-2-6。可根据制粉工艺中筛下物的分级种类与送往系统的相对位置进行组合。

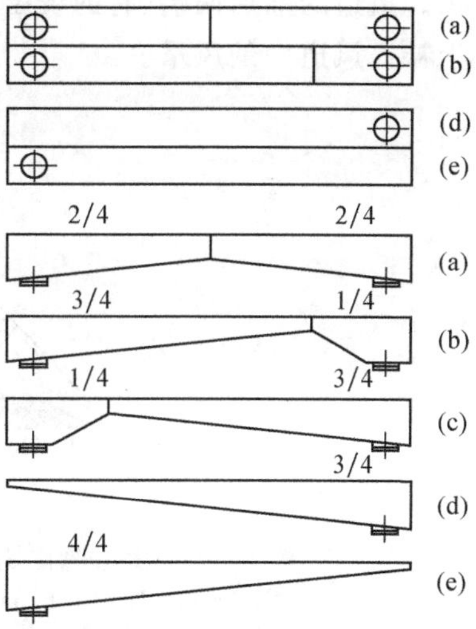

图 6-2-6 振动输送槽的结构形式

(五) 传动机构

清粉机传动机构分偏心轴传动和振动电机传动两种。

新型清粉机多采用振动电机传动，图6-2-7为清粉机振动受力分析示意图。图中A由喂料机构、筛格、清粉物料、筛上物出口、集料槽、输料槽和振动电机组成的振动体，由弹簧P支撑。F为振动电机激振力、C为振动体的中心、β为激振力和水平面的夹角(即抛掷角)、W为振动体的重心、P为弹簧反作用力、E为F力作用线离开重心C的距离。

振动体A在FD方向以振幅4.25～4.5mm往复振动。由于F力偏心重心C，振动体A除了往复振动外，还有在XOY平面内的摆动。由于振动体A上部是自由的，下部受弹簧阻尼的作用，所以FD线以上各点摆动大，以下各点摆动小。振动结合摆动，使FD线以上各点(头端)抛掷角范围大(10°～15°)，以下各点(尾端)抛掷角范围小(5°～10°)。

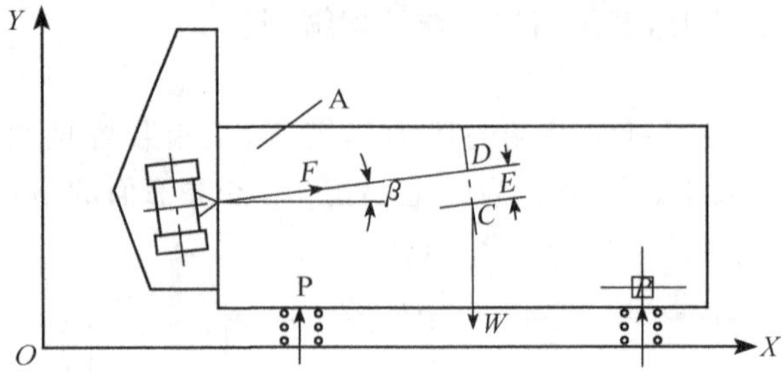

图 6-2-7　清粉机振动受力分析示意图

振动电机激振力与水平面的夹角 β 为 7°～7.5°，β 值增大，E 亦增大，FD 线上、下两部分的抛掷角差别加大。

（六）风量调节机构

清粉机的风量调节机构由吸风室、吸风道和总风管三部分组成。

清粉机筛面上方空间被分割成 16 个吸风室，吸风室隔板下边离筛面距离为 28～30mm。每个吸风室通向吸风道处都设有调节插板或活门，用以调节各段筛面上升气流的风速。

清粉机的吸风道有变截面、旋流式和倒梯形三种形式。图 6-2-8 为旋流式吸风道，吸风室内的气流切向进入吸风道，以较高的风速呈螺旋状向总风管前进，减少风道中细小颗粒的沉积。风道的前后两端（有的设备只有一端）设有的圆板补风活门，可在半开与全闭之间调节，用于补充风道中的风量。

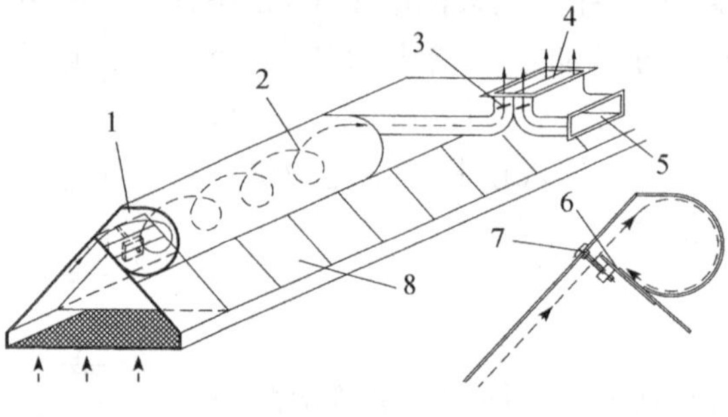

图 6-2-8　旋流式吸风道示意图

1. 圆筒形吸风道；2. 螺旋气流；3. 总风量调节阀门；4. 隔板；
5. 风道；6. 单调风门；7. 风门调节螺栓；8. 吸风室

吸风道中的气流汇入总风道。两侧筛体的总风道中均装有蝶形阀门，用以控制各筛体的总吸风量。

二、典型清粉设备

我国 1982 年研制生产的清粉机是 FQFD50×2×2 型。该机双筛体两层筛面，筛体由三根吊杆悬挂，其筛面抛掷角度和筛面斜度可以调节。采用偏心轴传动，水平吸风道，目前该机型已被新型三层筛面清粉机替代。图 6-2-9 是典型清粉机结构示意图，双筛体三层筛面，筛体采用振动电机传动，空心鼓形橡胶弹簧支撑筛体及旋流式吸风道。

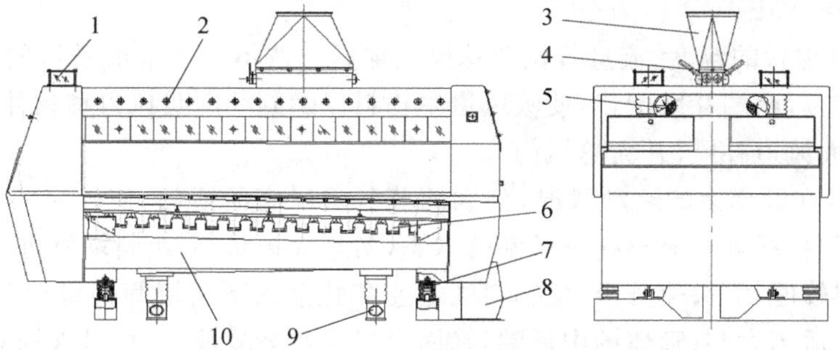

图 6-2-9　典型清粉机结构示意图

1. 进料口；2. 风室调节旋钮；3. 总吸风管；4. 总风量调节手柄；5. 补风口；6. 调节拨斗；
7. 中空橡胶弹簧；8. 筛上物出料调节箱；9. 筛下物出口；10. 集料输送槽

目前使用的清粉机有 FQFD46×2×3 型、FQFD49×2×3 型及 FQFD60×2×3 型等多种规格，FQFD46×2×3 型与 FQFD49×2×3 型清粉机的主要技术参数见表 6-2-1。

表 6-2-1　清粉机主要技术参数

技术参数		FQFD46(49)×2×3
筛体/个		2
筛面宽度/mm		460(490)
筛面/层		3
筛面长度/mm		2000
吸风量/(m^3/min)		40～70
振幅/mm		4.25～4.5
转速/(r/min)		590
功率/kW		2×0.18(0.25)
产量/(kg/h)	大粗粒	(700～1400)×2
	中小粗粒	(400～700)×2
吸风阻力/Pa	大粗粒	250～350
	中小粗粒	100～200
外形尺寸(长×宽×高)/mm		2700×1290×1700

三、清粉机的操作维护与故障排除

(一) 操作与维护

1. 开机前的准备

开机前应检查筛网号码与筛面的张紧状况；将各吸风室活门及总风道阀门开启约 1/2，前后补风口开启约 1/4；检查振动电机的安装及螺栓的紧固状况等。

2. 空载运行

观察筛格中清理刷的运行情况，确保所有清理刷运行自如。检查筛格的锁紧状况，运行中筛格若有异常碰撞声，应拉出尾部筛格锁紧块进行调整。

3. 带料运行

① 进机物料调节。观察筛面上物料的分布状况，若宽度方向料层厚度不均，可对喂料活门进行调整，将料门的一侧向上或向下移动，使喂料间隙一致，出料均匀。

② 风量调节。

a. 根据进机物料的粒度、流量等调节总风道蝶阀。按不同系统清粉机的总风量要求进行粗调,并与风道前后两端补风配合,使吸风道中物料以螺旋状向吸风口移动并被吸出。若风道中有积粉,应加大风道补风、开大总风门。

b. 根据物料在筛面上的运动状况,分别调节各吸风室的活门,使较轻的麦皮飘逸上升汇入吸风道,较重的物料被气流承托呈微沸腾状态(勿呈沸扬状)向出料端推进。一般情况下,进料端筛面上料层较厚,需快速分级、使物料能迅速穿孔落入下两层筛面继续分级,故筛体前端吸风室的风门应适当大些;筛体的中后端,筛面上料层逐渐减薄,距总风管相对较近,压损相对减小,吸风室风门可适当小些。

③ 筛下物的调节。生产中注意观察清粉机筛下物的质量,应将不同质量的筛下物分别进行收集合并。按制粉工艺要求,将较纯的胚乳颗粒收集送入前路心磨。调节时只需翻动拨料斗,将不同筛下物经输送槽合并即可。

④ 筛上物的调节。生产中应借助机器尾端地面上的分料箱,观察清粉机筛上物的质量。根据工艺设计要求,将三层筛面的筛上物分别送入溜管排出,或通过拨板将其中的两层筛上物合并。若上层筛上物中含有较多的胚乳颗粒,则需检查筛面的张紧状况、清理刷的运行、筛网的配置、风量的大小等,并及时调整。否则,胚乳颗粒将送往制粉工艺的中后路心磨,影响优质面粉的出率。

⑤ 清理刷运行的检查。生产过程中,清理刷必须始终保持正常运行,使刷毛充分接触筛面。若清理刷运行不正常,应检查筛面是否松弛、清理刷导轨的直线度与平行度、清理刷方向转换的灵活性等。

4. 筛格的维护

① 筛格拆卸时要均衡用力缓慢把筛格抽出,禁止因物料堵塞而强行抽出筛格,避免损坏筛格。

② 筛格从筛体中取出放置时,应将筛格侧立摆放,注意使清理刷在筛格中处于竖立状态。切勿将筛格平放地面或侧立摆放时清理刷平卧,以免刷毛受力弯曲变形。

③ 若密封条脱落或损坏严重,应及时更换。

5. 清除积粉

① 应经常清理清粉机气室的内外两侧、进料装置的有机玻璃观察窗,使其保持良好的透光性,便于观察物料的运行状况。气室内侧的观察窗平时不易清理,建议至少每周清理一次,否则影响机器内日光灯的光线,不利于观察物料的运动。

② 进料装置内部的清理。清粉机在使用过程中,进料装置内部难免会黏附和沉积一些粉尘,建议每周或两周清理一次。

③ 吸风道的清理。当吸风道内只有少量粉尘沉积时,可通过开大补风活门进行快速清理,清理完毕后应立即将补风活门调到适当的位置,以保证筛面物料的吸风量。如果粉尘沉积严重,开大补风门也无济于事,应手工进行清理。粉尘沉积严重的原因是补风活门调节不当,而又较长时间没有及时清理造成,应经常观察粉尘的情况,随时进行清理、调整,以保持适当的进风量。

6. 电机与弹簧的更换

清粉机电机需更换时,应两台同时更换。橡胶弹簧亦如此,不能单只更换,要成对更换。

要经常检查橡胶轴承有无损坏，损坏时应及时更换，避免造成其他轴承的损坏。

（二）常见故障与排除方法

1. 物料在筛面上分布不均或走单边

物料在筛面上分布不均或走单边产生的原因有：a. 喂料不均匀；b. 筛面松弛；c. 筛体安装不水平；d. 橡胶弹簧变形或轴向刚度不一致，导致弹簧压缩后高度不一致；e. 橡胶轴承严重磨损；f. 筛体运行轨迹不正确。

排除方法：a. 调整喂料活门；b. 张紧或更换筛面；c. 应重新找平地面，并在清粉机机架下加垫调平；d. 成对更换橡胶弹簧；e. 成对更换橡胶轴承；f. 调整振动电机的安装角度、位置及偏重块的位置，使两台振动电机的激振力保持平衡对称。

2. 清理刷运行不正常

清理刷运行不正常产生的原因有：a. 筛面松弛；b. 刷毛磨损或变形；c. 清理刷导轨的平行度差。

排除方法：a. 张紧或更换筛面；b. 更换清理刷；c. 维修或更换导轨。

3. 开机时筛体有撞击现象

开机时筛体有撞击现象产生的原因有：a. 两台振动电机的启动时间相差较大，不同步运行，水平方向力不平衡；b. 两台振动电机的安装位置、角度不对称；c. 电机更换时，新电机与另一台电机不完全匹配。

排除方法：a. 更换电机；b. 调整振动电机安装角度与位置；c. 最好成对更换电机。

第三节　清粉工艺效果的评定与影响因素

一、清粉工艺效果的评定

清粉机的工艺效果以物料经清粉后，精选出粗粒、粗粉的数量及相应的灰分降低程度来衡量。清粉机提纯出的粗粒、粗粉数量越多，其灰分与清粉前的物料灰分相差越大，清粉效果越高。清粉机的清粉效率按下式计算：

$$\eta = \eta_1 \cdot \eta_2 \tag{6-3-1}$$

式中，η 为清粉机的清粉效率（%）；η_1 为粗粒、粗粉筛出率（%）；η_2 为精选后粗粒、粗粉灰分降低率（%）。

粗粒、粗粉筛出率（η_1）为清粉机精选后，提纯的粗粒、粗粉流量占进机物料流量的百分比。

$$\eta_1 = \frac{q}{Q} \times 100\% \tag{6-3-2}$$

式中，q 为清粉机筛出物的流量（kg/h）；Q 为进入清粉机物料的流量（kg/h）。

粗粒、粗粉灰分降低率（η_2）为入机物料灰分与筛出物料灰分之差占入机物料灰分的百分比。

$$\eta_2 = \frac{Z_1 - Z_2}{Z_1} \times 100\% \tag{6-3-3}$$

式中，Z_1 为进入清粉机物料的灰分（%）；Z_2 为清粉机筛下物料的灰分（%）。

例如，某台大粗粒（20GG/36GG）清粉机工艺效果的测定结果如下：入机物料流量 996kg/h，灰分1.53%；前段筛下物流量256kg/h，灰分0.69%；后段筛下物流量302kg/h，灰分0.90%。

$$\eta_1 = \frac{256 + 302}{996} \times 100\% = 56\%$$

$$Z_2 = \frac{256 \times 0.69\% + 302 \times 0.90\%}{256 + 302} = 0.80\%$$

$$\eta_2 = \frac{1.53 - 0.8}{1.53} \times 100\% = 47.7\%$$

$$\eta = \eta_1 \cdot \eta_2 = 26.7\%$$

清粉机的工艺效果如表6-3-1所示。

表6-3-1 清粉机的一般工艺效果

物料名称	筛出率/%	灰分降低率/%
大粗粒	45～60	45～60
中、小粗粒	60～75	20～40
粗粉	75～85	20～25

二、影响清粉工艺效果的主要因素

（一）筛理物料的特性

清粉机进机物料颗粒的均匀度与清粉效果直接相关，若粒度差别大，大粒的麦皮与小粒的胚乳悬浮速度接近，很难将它们分清。因此，为提高粗粒、粗粉的清粉效果，必须在清粉前将物料预先分级，缩小其粒度范围，并在筛理时设置合适的筛理长度筛净细粉。否则，所含细粉将被吸走成为低等级面粉，而且这些细粉容易在风道中沉积，造成风道堵塞而影响清粉效果。

硬麦胚乳硬、麦皮薄易碎，研磨后提取的大、中粗粒较多，粗粒中的胚乳颗粒含量较高、流动性好易于穿孔，因而筛出率相对较高。软麦皮厚、胚乳结构疏松、研磨后提取的大粗粒数量较少且粒形不规则、所含的连皮胚乳颗粒和麦皮较多，因而筛上物数量较多。

（二）清粉机的运动参数

清粉机的运动参数包括振幅、振动频率和筛体抛掷角度，其中振动频率一般保持不变。

清粉机进料量增大，可采用较大的振幅；进料量减少，则需较小的振幅。振动电机传动的清粉机，缩小振动电机两端偏重块的夹角，即增加两偏重块的重叠部分，可增大振幅和筛体的激振力（转速一定）。

清粉机工作时筛体做倾斜向上的抛掷振动，此运动可分解为垂直和水平两个方向的运动。前者使物料松散开，利于气流穿过料层，易于精选分级；后者则使物料逐渐向出料端推进。筛体前段采用较大的抛掷角度，利于物料分层，提高精选分级效果。偏心传动的清粉机，可通过调整前后吊杆倾角改变筛体的抛掷角度。精选大粗粒时选用较大的抛掷角度（7.5°～12°），精选中、小粗粒时用较小的抛掷角度（4.5°～6.0°）。振动电机传动的清粉机，通过调整两台振动电机的装置角度可改变筛体抛掷角度，但一般不做调整。

（三）筛面的工作状态

清粉机工作时，要求筛网有足够的张力来承托物料的负荷，使物料能沿筛面宽度分布均匀，以便做相应的分级运动。否则，筛面下垂、物料集中在筛格中部，物料运动受阻、分级状态变差、风选作用减弱、清理刷受压不能正常动作而引起筛孔堵塞，上述状况均造成清粉效果的降低。因此，清粉机筛网必须张紧，并在使用过程中，通过观察物料的运动状况和筛网的伸展程度定期张紧。

筛面工作时，清理刷应运行自如，保证筛孔畅通。

（四）筛网配置

制粉工艺中各道清粉机筛网配置是否合适与其工艺效果密切相关。清粉机筛网配置时必须综合考虑以下因素：清粉物料的粒度、该道清粉机的负荷量及所配备的吸风量等。

由于自下而上气流的作用和料层厚度的影响，清粉机的下层头段筛网应明显稀于入机物料筛选分级的留存筛网号，才能使其中的细小纯胚乳粒穿过筛网成为筛下物。末段筛网应稀于或等于入机物料筛选分级的穿过筛网号，使大的纯胚乳粒穿过筛孔。中间各段筛号可均匀分布（筛号差别小时，相邻两段可取相同筛号）。同段下层筛网应比上层密 2 号；精选的物料粒度越小、分级难度越大，筛孔应比物料粒度大得越多；流量大时，筛孔应适当放稀。

筛网配置的总原则为同层筛网前密后稀，同段筛网上稀下密。

图 6-3-1（a）、（b）分别为精选大粗粒（20W/36W）和中、小粗粒（36W/56GG）清粉机的筛网配置。

20	18	18	16
22	20	20	18
24	24	22	20

（a）

32	32	30	30
34	34	32	30
36	34	34	32

（b）

图 6-3-1 清粉机的筛网配置

图中采用 GG 筛网

（五）流量

清粉机流量以每小时每厘米筛面宽度清粉物料的质量表示[kg/(cm·h)]。清粉机的流量对筛面上混合颗粒的分层条件有很大影响，其流量大小取决于被精选物料的组成、粒度和均匀程度。精选物料粒度大，流量较高；精选物料粒度小，则流量较低。

若清粉机流量过大，筛面上料层过厚使混合物料不能完全自动分级，气流因阻力大而难以均匀通过料层，清粉效果明显降低。若流量过小，则气流易从料层过薄处溢出，同样不能良好分级而降低清粉效果。因此，制粉生产中应通过研磨和筛网调整，合理地控制各清粉机的物料流量，并注意将同系统清粉机流量调配均衡。不同物料的清粉机流量可参见第七章第四节清粉系统的道数和流量。

（六）风量

清粉机的风量取决于清粉物料的类别，大粗粒比细小物料需要更多的风量。清粉机全负荷生产时，总风门要开启 2/3，保证各段筛面有足够的吸风量。

总风量确定后，各吸风室的风门要做相应调节。一般情况下，筛体前段料层较厚，需将前段吸风室风门开大些，使物料迅速松散并向前运行。其他各段风门通过观察物料的运行状况来精细调节，使通过筛面的气流在物料中激起微小的喷射，较轻的麦皮飘逸上升被吸入风道，较重的物料被气流承托着呈沸腾状向出料端推进。

在控制吸风量的同时，清粉机的喂料活门必须根据物料流量大小合理调节，以保证清粉物料连续均匀地分布在全部筛面宽度上，并覆盖在全部筛面长度上，否则气流将因从料层薄或无料处筛面走捷径而溢出，从而失去风选作用。流量不足的情况下，允许出料端筛面有少量裸露，但应关小该段吸风室的风门。清粉机工作时，其观察门不可随意取下，应使其处于良好的密闭状态，否则风选作用会降低甚至丧失。

（田建珍）

第七章　小麦制粉流程

第一节　概　　述

小麦制粉包括研磨、筛理、清粉、撞击(松粉)、打麸(刷麸)等工序,将各工序组合起来,把净麦加工成面粉的生产工艺过程称为小麦制粉流程,简称粉路。小麦制粉流程的合理与否,是影响制粉工艺效果的最关键因素。

一、小麦制粉流程设计的原则

1. 采用合理的制粉方法

根据产品的质量要求、原料的品质、生产规模,以及单位产量、电耗指标等,确定合理的制粉方法,即制粉流程的"长度"、"宽度"和清粉范围等。

2. 流量平衡(负荷均衡)

制粉流程中各设备、各系统的配备,应根据各系统物料的工艺性质及其数量来决定,使负荷合理。

3. 质量平衡(同质合并)

将粒度接近、品质相近的物料合并处理,以简化制粉流程,方便操作。不同品质要求的产品对在制品分离和组合的要求不一,质量平衡直接影响产品质量和出率。

4. 循序(可控)后推

制粉流程中对在制品的处理不能有回路,一般应逐道循序后推的原本原则。在生产高等级面粉时,为了提高面粉出率和质量,可采用可控后推技术(根据在制品质量控制后推速度),延缓优质在制品后推速度,加快次等级物料推进速度。

5. 保证工艺过程的连续、稳定和灵活性

净麦、吸风粉及成品打包前应设一定容量的缓冲仓,以保证生产的连续性;设备配置和选用应考虑原料、气候、产品的变化,保证生产的稳定性和适应性;工艺中可设置活路,使工艺具有一定的灵活性。

6. 节省投资,降低消耗,清洁生产

制粉流程设计中应选用高效低耗设备,在保证产量和质量情况下尽量简化制粉流程,减少设备数量、降低能耗。工艺设计中还应注重清洁生产,保证产品卫生安全。

除遵循上述原则组合制粉流程外,还要根据制粉流程制订合理的操作指标,以保证良好的制粉效果。

二、常用的制粉方法

1. 简化物料分级的制粉方法

简化物料分级的制粉方法实质上是在制粉过程的前几道磨(1 皮、2 皮和 1 心)大量出粉

(70%左右),而物料分级很少。一般3或4道皮磨,2～4道心磨,生产特二粉时4或5道心磨,有时还增设1或2道渣磨,通常不用清粉机。该制粉方法的主要特点是制粉流程短、物料分级少、单位产量高、电耗低,但面粉加工精度较差。

采用该法生产标准粉时,一般出粉率85%左右,吨粉耗电34～40kW·h,磨粉机的产量为5.5～8kg/(cm·h)面粉。采用该法生产国标特制二等粉时,一般出粉率为72%～76%,磨粉机单位产量为4.2～5.0kg/(cm·h)面粉,吨粉电耗40～50kW·h。

2. 物料分级中等的制粉方法

物料分级中等的制粉方法也称为中路出粉法。该方法实质上是在制粉过程的前几道心磨(1心、2心和3心)大量出粉(35%～40%),心磨总出粉率55%～60%(占1皮),皮磨总出粉率13%～20%。流程中物料分级较多,一般设置4或5道皮磨、2或3道渣磨、7或8道心磨、2道尾磨、3或4道清粉,大量使用光辊磨粉机,并配以各种技术参数的松粉机。该制粉方法的主要特点是制粉流程长且有一定的宽度,物料分级中等,单位产量较低,电耗较高,但面粉质量较好。

采用该法生产等级粉时,出粉率73%,面粉平均灰分0.6%左右,吨粉电耗70～75kW·h,磨粉机单位接触长度11mm磨辊/(100kg麦·24h)左右。

3. 强化物料分级的制粉方法

强化物料分级的制粉方法是在中路出粉方法的基础上改进而成,主要强调前路物料的分级,要求制粉工艺不仅要有一定的长度,更要有宽度,还要加强清粉,以尽可能保证进入前路心磨物料的纯度。该制粉方法的主要特点是制粉流程复杂、操作管理难度大、单位产量低、电耗高,但高精度面粉的出率高、灰分低、粉色白。

采用该法生产等级粉,高精度面粉出率比其他方法明显提高,吨粉电耗73～78kW·h,磨粉机单位接触长度11.5mm磨辊/(100kg麦·24h)左右。

4. 磨撞均衡出粉的制粉方法

磨撞均衡出粉的制粉方法是在强化物料分级制粉方法基础上,对“理想纯度”的物料采用“撞击磨粉机”处理,大量出粉,减少物料后推。对纯度较高的物料,用普通撞击机代替磨粉机。对于中后路系统细料采用普通撞击制粉技术,减少磨粉机流量,减少入磨物料细物料含量,提高研磨效果。该制粉方法一般和物料纯化技术、可控物料后推技术结合使用,可提高产量20%左右,磨粉机单位接触长度10mm磨辊/(100kg麦·24h)左右。该技术物料重复研磨少、淀粉损伤程度小,适宜磨制低发酵或非发酵食品专用面粉。

5. 其他制粉方法

(1) 剥皮制粉方法

剥皮制粉方法是在小麦制粉前,先剥去5%～8%(占1皮)的麦皮,再进行制粉,故称为剥皮制粉。该方法皮磨可缩短1或2道,减少粗皮磨的宽度,心磨缩短2或3道,其原因一是由于2或3次的着水润麦,降低了心磨物料的强度;二是由于中后路皮磨提心数量的减少,但渣磨系统增加1或2道,总的来讲,制粉工艺简化了。剥皮制粉的主要特点是制粉流程简单、易操作管理、单位产量较高、粉色较白、面粉灰分较高,面粉清洁度较高,麸皮较碎、电耗较高。

采用该法生产等级粉时,出粉率70%～73%、吨粉电耗78～85kW·h,磨粉机单位接触长度10mm磨辊/(100kg麦·24h)。

(2) 采用撞击磨的制粉方法

采用撞击磨的制粉方法是在中路出粉法的基础上，在前路心磨系统或后路皮磨系统采用撞击磨替代磨粉机的一种制粉方法。用于前路心磨时，撞击磨的取粉率可达60%以上，且单机产量较高，相当于两对1000mm的磨粉机(产量)，因此前路心磨系统负荷大大减小，心磨系统的道数缩短。采用撞击磨制粉的主要特点是心磨系统简化、磨粉机和高方筛的设备配备减少、建厂总投资降低。但面粉质量稍差(与中路出粉方法相比)，特别是一号粉的出率降低。

(3) 采用八辊磨的制粉方法

采用八辊磨的制粉方法是在中路出粉方法的基础上，将通常的研磨—筛理改成部分或全部研磨—研磨—筛理的一种制粉方法。采用八辊磨制粉的主要特点是节省了筛理面积、节省了气力输送风量、节省了建厂总投资、吨粉电耗较低，但磨粉机单位产量稍低、面粉质量稍差。

第二节　皮磨系统

一、皮磨系统的作用

磨制高等级面粉时，前路皮磨的作用是剥开麦粒，刮下胚乳，提取量多质好的粗粒、粗粉，并尽可能保持麸片的完整；后路皮磨则用以刮净麸片上残留的胚乳。

二、皮磨系统的道数和磨辊接触长度

皮磨系统的道数主要取决于小麦品质、产品质量和出粉率要求。一般采用4或5道皮磨。

皮磨系统的接触长度主要取决于产品质量和小麦的品质。磨制高等级面粉时，皮磨采用轻研细刮的方式，要有较长的皮磨道数，磨制低等级面粉时，前路皮磨以出粉为主，皮磨道数较短。当磨制皮薄、硬质率高的小麦时，皮磨系统的接触长度为4～4.5mm/(100kg·24h)，占全部磨辊总长的32%～37%，各道皮磨所分配的数值见表7-2-1。当磨制皮厚、硬质率低的小麦，皮磨系统的接触长度为4.5～5.0mm/(100kg麦·24h)，占全部磨辊总长的37.5%～45%，各道皮磨所分配的数值见表7-2-2。

表7-2-1　皮磨系统磨辊接触长度(硬麦)

系　统	磨辊接触长度/[mm/(100kg麦·24h)]
1皮	0.8～1.2
2皮	0.8～1.2
3皮	0.8～1.2
4皮	0.8～1.2

表7-2-2　皮磨系统磨辊接触长度(软麦)

系　统	磨辊接触长度/[mm/(100kg麦·24h)]
1皮	0.8～1.2
2皮	0.8～1.2
3皮	0.8～1.2
4皮	0.8～1.2
5皮	0.4

三、皮磨系统的流程

皮磨系统的组成及每道皮磨研磨后物料的分级情况见图7-2-1。每道皮磨研磨后的物料经平筛筛理，从上层的粗筛筛面分出麸片，进入下道皮磨或打麸机处理。1皮、2皮(前路皮磨)

经分级筛分出的大粗粒送入1P(清粉机)或1渣磨处理,经分级筛分出的中粗粒送入2P精选,经细筛分出的小粗粒(或硬粗粉)送入3P精选,分出的软粗粉送入前路细心磨研磨,3皮经分级筛分出的粗物料品质较差,单独送入4P精选,分出的细物料可送入3P精选,分出的软粗粉送入2心磨或3心磨研磨。4皮经分级筛分出的粗物料一般送入尾磨处理,分出的细物料或粗粉送入中后路心磨研磨。实际生产中,粗筛和分级筛的筛号,要根据在制品的分级需要和物料的质量要求,同时考虑各系统流量的平衡来配置,一般的原则是前稀后密、上稀下密,分级筛的筛号配置见表7-2-3。

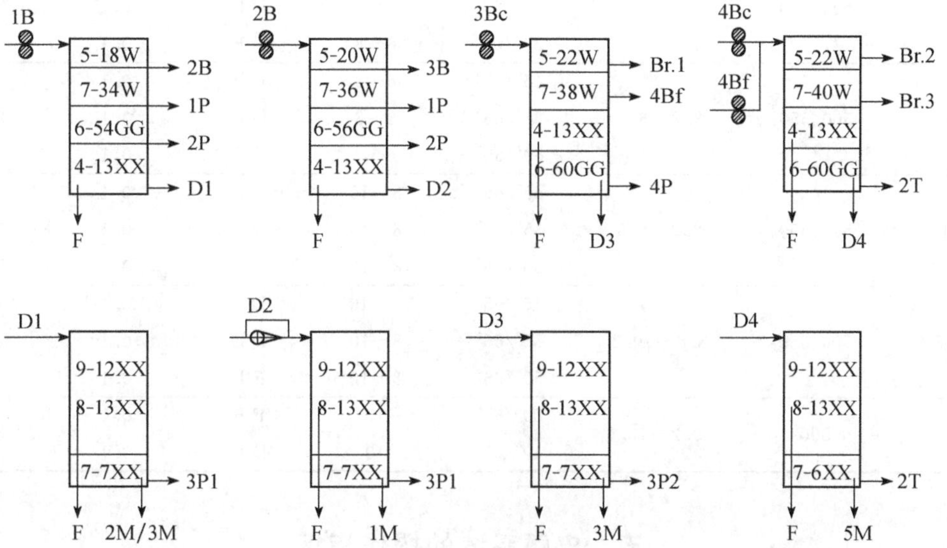

图7-2-1　皮磨系统的流程

表7-2-3　分级筛的筛号配置

系　统	在制品	穿过筛号	留存筛号
1皮、2皮	大粗粒	16W～20W	32W～40W
	中粗粒	32W～40W	CQ22～24
	小粗粒	CQ22～24	6XX～7XX
	细粗粒	6XX～7XX	8XX～9XX
	粗粉	8XX～9XX	11XX～13XX
3皮	3皮粗物料	36W～40W	CQ23～25
	3皮细物料	CQ23～25	6XX～7XX
4皮	4皮粗物料	36W～40W	CQ23～24
	4皮细物料	CQ23～24	CQ27～28

四、皮磨系统磨辊的技术参数

皮磨系统磨辊的技术参数见表7-2-4。通常皮磨系统磨辊转速为前高后低、齿数为前稀后密、斜度为前小后大、齿顶平面为前宽后窄,速比一般为2.5∶1。磨辊技术参数的配置要依据原料特性、单位流量大小、操作指标等具体情况,进行磨辊表面的各项技术参数合理匹配。

表 7-2-4　皮磨系统磨辊的技术参数

系　统	转速/(r/min)	齿数/(牙/cm)	齿　角	斜度/%	排　列	齿顶平面/mm	速　比
1 皮	550、600	3.2～4.0	21°/67°	4～6	D-D	0.2～0.25	2.5∶1
			30°/65°				
2 皮	550、600	5.2～5.8	21°/67°	4～6	D-D	0.2	2.5∶1
			30°/65°	4～6	D-D	0.2	
			50°/65°	6～7	F-F	0.1	
3 皮粗	500、550	6.6～7.0	45°/65°	6～8	D-F	0.1	2.5∶1
			35°/65°	6～8	D-D	0.1	
			50°/65°	6～8	F-F	0.1	
3 皮细	500、550	8.2～8.6	45°/65°	6～8	D-F	0.1	2.5∶1
			35°/65°	6～8	D-D	0.1	
			50°/65°	6～8	F-F	0.1	
4 皮粗	500、550	8.2～8.6	45°/65°	8～10	D-F	0.1	2.5∶1
			35°/65°	8～10	D-D	0.1	
			50°/65°	8～10	F-F	0.1	
4 皮细	500、550	8.8～10.2	45°/65°	8～10	D-F	0.1	2.5∶1
			35°/65°	8～10	D-D	0.1	
			50°/65°	8～10	F-F	0.1	
5 皮	500	10.2～10.6	50°/65°	10	F-F	0.1	2.5∶1
			40°/65°	10	D-D	0.1	

五、皮磨系统的操作指标

皮磨系统的操作指标包括剥刮率、取粉率、在制品的数量与质量、单位流量等，其中皮磨系统的剥刮率和在制品的数量与质量为重要的操作指标。

(一) 剥刮率与取粉率

皮磨系统各道磨粉机的剥刮率在不同的面粉厂有很大的差别，主要取决于原料的品质、产品质量、单位流量、皮磨系统的长度及出粉率高低等。当加工厚皮麦、软质麦、高水分小麦，或当单位流量较低、皮磨系统的长度短时，前路皮磨的剥刮率相对取高值，否则取低值。尽管各生产线每道皮磨的剥刮率可能存在较大的差异，但前三道皮磨的总剥刮率和总出粉率之间却有着密切的内在联系，即前三道皮磨的总剥刮率≈出粉率＋8%。

例如，磨制 73%粉时，可把前三道皮磨的剥刮率总和定为 81%(占 1 皮%)。在扣除清粉机、渣磨、心磨分出的含麸物料后，即可保证生产出粉率 73%的面粉。在确定了前三道皮磨总剥刮率 81%后，再分别制订各道皮磨的剥刮率，可分配如下：1 皮剥刮率，31%；2 皮剥刮率，38%；3 皮剥刮率，12%。

然后再计算出以本道入机流量为基础的剥刮率，可得

1 皮剥刮率，31%(占本道)；2 皮剥刮率，[38%÷(100－31)%]＝55.1%(占本道)；3 皮剥刮率，[12%÷(100－31－38)%]＝38.7%(占本道)。

为提高皮磨系统的研磨效果，从 2 皮或 3 皮(有时 4 皮)起的后续皮磨，将麸片分成大、小

两种，分别进行研磨，称为粗皮磨和细皮磨。分粗细与否的原则是既要考虑研磨效果，又要兼顾工艺的可操作性。表 7-2-5 列举了国外粉厂磨制等级粉时皮磨系统的剥刮率。

表 7-2-5　国外面粉厂磨制等级粉时皮磨系统的剥刮率

系统	前苏联						英国 72%粉		美国 72%粉	
	75%～78%粉		85%粉		72%粉					
	筛号	剥刮率/%	筛号	剥刮率/%	筛号	剥刮率/%	筛号	剥刮率/%	筛号	剥刮率/%
1 皮	粗 19W	35～45	19W	45～55	19W	25～30	20W	35～45	16W	30～35
2 皮	粗 19W	45～50	24W	50～60	19W	55～60	20W	50～55		45～50
	细 36W	50～55								
3 皮	粗 24W	40～45			24W	40～45	20W	30～35		45～50
	细 42W	55～60								
4 皮	42W	25～30			32W	25～30				

皮磨系统的取粉率与剥刮率、原料品质、磨辊表面技术特性等有关。剥刮率高，皮磨取粉率高；剥刮率低，皮磨取粉率低；软质麦多时，皮磨取粉率高；软质麦少时，皮磨取粉率低；磨辊 D-D 排列，取粉率高；F-F 排列，取粉率低。由于 1 皮、4 皮和 5 皮的面粉质量都比较差，因此应尽量少生产皮磨粉。一般情况下，皮磨总取粉 15%～20%(占 1 皮)，其中 1 皮取粉 2%～6%、2 皮取粉 5%～10%、3 皮取粉 5%～8%、4 皮取粉 5%～8%(均为占本道的取粉率)。

(二) 皮磨系统的单位流量

各道皮磨的单位流量主要与制粉方法、研磨道数、产品质量、出粉率、设备的技术特性、研磨程度及物料品质有关。磨制等级粉时，皮磨系统的单位流量见表 7-2-6。由表 7-2-6 可知，皮磨系统的单位流量是逐渐降低的。皮磨系统的物料随着系统位置的后移，胚乳含量越来越少、麦皮含量越来越多、物料容重降低、流散性变差，后道皮磨的磨粉机流量不宜过大，否则会出现“轧不透”现象。

表 7-2-6　磨制等级粉时皮磨系统的流量

系　统	磨粉机/[kg/(cm·24h)]	平筛/[t/(m^2·24h)]
1 皮	800～1200	9～15
2 皮	450～750	7～10
3 皮	300～450	4.5～7.5
4 皮	250～350	4～6
5 皮	200～300	3～4

平筛的单位流量相差较大，选用高限时，应增加筛格高度并增加重筛的筛理面积。

六、 粗粒、粗粉及面粉的数量和质量

皮磨研磨后分级所得的在制品和面粉的数量随着剥刮率的改变而变化。图 7-2-2 表明 1 皮磨在不同剥刮率时，各粒度物料的百分比关系。当剥刮率在 30%以下时，粗粒、粗粉和面粉随着剥刮率的增加而渐增，超过此限后，大粗粒的比例逐渐减少，中粗粒增加，粗粉增加较多，而面粉增加最多。

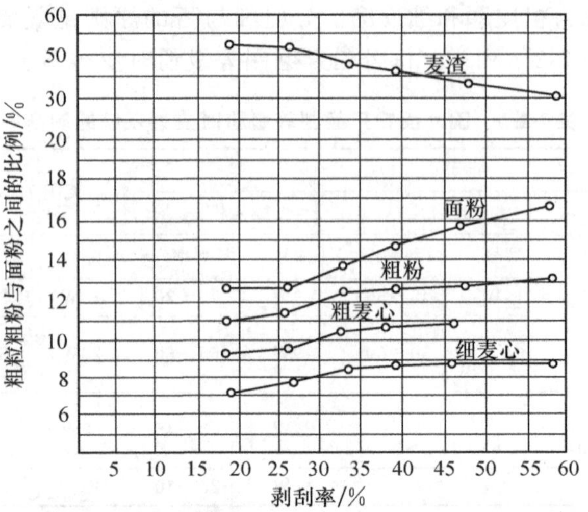

图 7-2-2　1 皮剥刮率与粗粒、粗粉、面粉数量的关系

随着剥刮率的增加，研磨后分级所得的在制品和面粉的质量（用灰分来衡量）也有很大变化。图 7-2-3 表明，1 皮剥刮率在 30％以下，粗粒和粗粉的灰分变化不大，当剥刮率大于 30％时，大粗粒的灰分增加，中小粗粒及面粉的灰分降低。当剥刮率大于 45％时，大粗粒的灰分急剧增加，中粗粒的灰分开始增加，小粗粒及面粉的灰分变化不大。

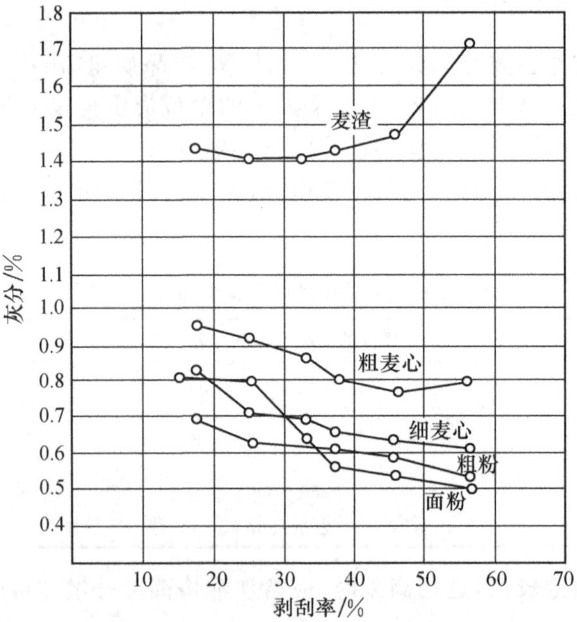

图 7-2-3　1 皮剥刮率与粗粒、粗粉、面粉灰分的关系

磨辊技术特性也影响着各级中间产品的数量和质量，如磨辊磨齿的角度、齿顶平面、斜度、齿数及磨齿新旧等。

粗粒、粗粉的灰分与小麦的品质有很大关系。小麦的灰分，特别是胚乳的灰分与在制品的质量有很大的正相关性。胚乳的硬度、皮层的厚薄、皮层的强度、小麦的水分、小麦的容重对在制品的质量也有较大的影响。

第三节　渣磨系统

一、渣磨系统的作用

渣磨主要处理从皮磨或清粉系统提出的带有麦皮的胚乳粒，经磨辊轻微剥刮，使麦皮与胚乳分开，经过筛理，提取质量好的胚乳。

二、渣磨系统的道数和磨辊接触长度

渣磨系统的道数一般为两道，当加工硬质麦或磨辊接触长度较长时，可增加为 3 道渣磨；当磨辊接触长度较短时，可减少为 1 道渣磨。渣磨系统的磨辊接触长度为 0.8～1.2mm/(100kg 麦 · 24h)，占全部磨粉机磨辊总长的 5%～10%。

三、渣磨系统的流程

加工硬质小麦时，通常采用“先清粉，后入渣”的渣磨流程，见图 7-3-1。该流程的主要特点是清粉范围较宽，一等品质的粗粒提取率较高，入渣磨的物料质量较均匀一致，研磨周转率低，适合加工硬度大的小麦。缺点是清粉设备使用稍多，渣磨物料未精选，渣磨的作用没有充分发挥。

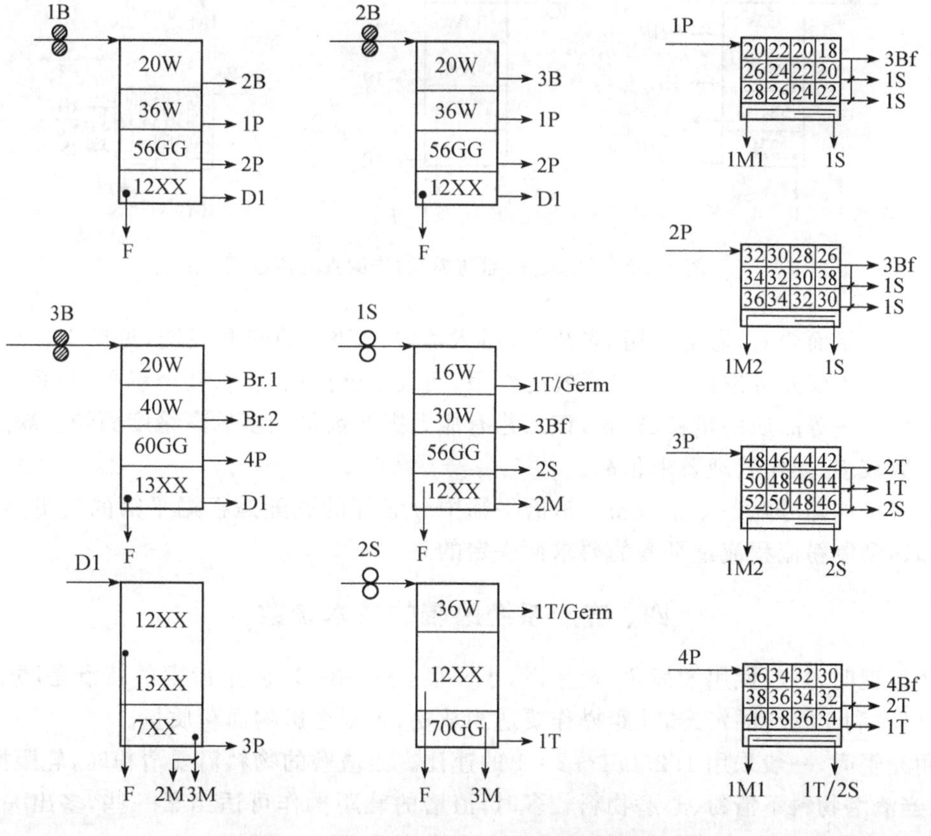

图 7-3-1　“先清粉，后入渣”的渣磨系统流程图

加工软质小麦时，可采用"先入渣，后清粉"的渣磨流程，见图 7-3-2。该流程的主要特点是充分发挥了渣磨系统的作用，清粉范围稍窄，清粉机使用数量较少，适合加工软质小麦。缺点是渣磨物料的质量不均匀，研磨周转率高，一等品质的粗粒提取率稍低。

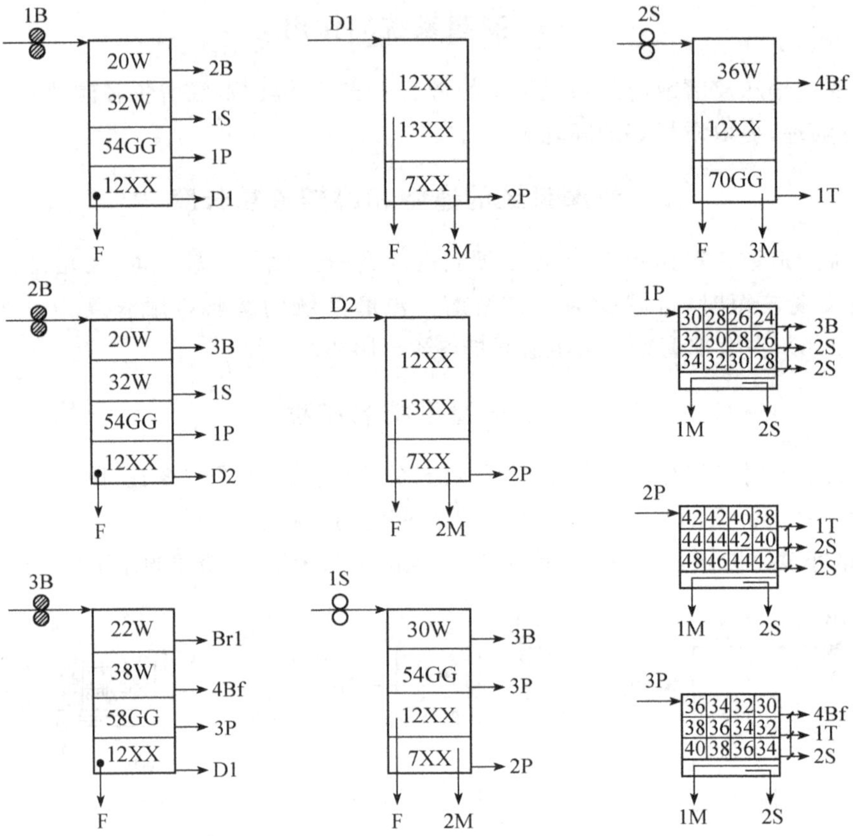

图 7-3-2　"先入渣，后清粉"的渣磨系统流程图

提取高质量面粉时，通常采用"先清粉，后入渣，再清粉"的渣磨系统，见图 7-3-3。该流程的主要特点是不仅充分发挥了清粉系统的作用，而且充分挖掘渣磨(甚至粗心磨)系统的潜力，尽可能多提取一等品质的粗粒、粗粉，该工艺有能力提取数量较多的高精度面粉。缺点是清粉机使用台数较多，操作管理要求稍高。

渣磨系统的筛号配备见流程图。渣磨平筛中分级筛的选配是根据平筛的流量、筛理物料的特性和达到制粉流程流量平衡的要求而决定的。

四、渣磨系统磨辊的技术参数

采用齿辊时，一般使用大齿角、密牙齿，小斜度(表 7-3-1)，使用齿辊的特点是磨下物的流散性较好，有利于物料的精选，轧距操作要适当放松，否则会影响面粉质量。

采用光辊时，一般采用 1.25∶1～2∶1 的速比。当渣磨的物料需要清粉时，轧距操作可适当放松；当渣磨物料不清粉、心磨物料较多时，渣磨的轧距操作可适当紧一些，多出一些面粉，以减少心磨系统的负荷，当然对面粉的质量会稍有影响。

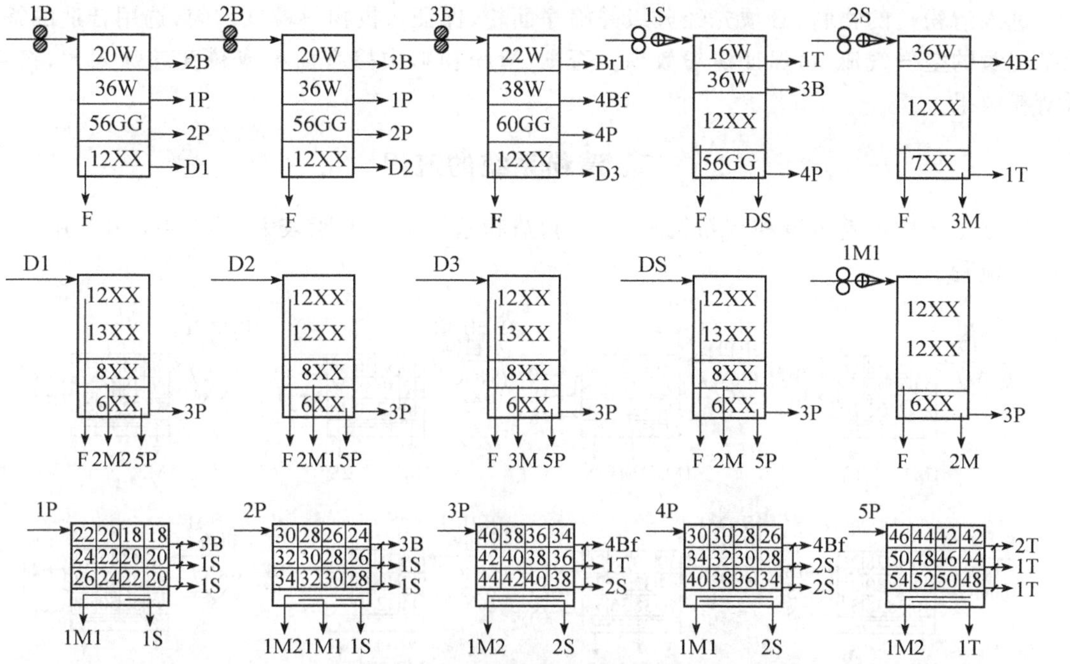

图 7-3-3 "先清粉，后入渣，再清粉"的渣磨系统流程图

表 7-3-1 渣磨系统磨辊的技术参数

系　统	转速/(r/min)	齿数/(牙/cm)	齿角/°	斜度/%	排　列	齿顶平面/mm	速　比
1S	550	8～9	40/70	8～10	D-D	0.1	1.5：1～2.5：1
2S	550	9～10	40/70	8～10	D-D	0.1	1.5：1～2.5:1

五、渣磨系统的操作指标

渣磨系统的取粉率一般为 5%～25%，当入磨物料较差、使用齿辊或生产高等级面粉时应取低值。

渣磨系统的单位流量见表 7-3-2，使用齿辊时流量可取上限。

表 7-3-2 渣磨系统的单位流量

系　统	磨粉机/[kg/(cm · 24h)]		平筛/[t/(m² · 24h)]
	3 道	2 道	
1 渣	350～500	350～450	5～7
2 渣	300～450	300～400	4～5
3 渣	200～250		3～4

第四节　清 粉 系 统

一、清粉的作用

清粉是将皮磨、渣磨或前路心磨提出的粗粒、粗粉进行精选，按质量分成麦皮、连麸粉粒和纯胚乳粒。并将分出的纯净胚乳按品质不同，分别送入相应的心磨研磨，以提高面粉质量。

进入清粉机的物料，必须先经分级并筛净面粉，保证入机物料粒度均匀，选用合适的筛网，配备适量的空气气流，可保证清粉效果。否则，清粉物料中掺有面粉或粒度悬殊太大，将会降低清粉效果。

二、清粉系统的流程

根据工艺中清粉范围和清粉机来料不同，清粉系统流程差距较大，图 7-4-1 为常用的清粉系统的流程。

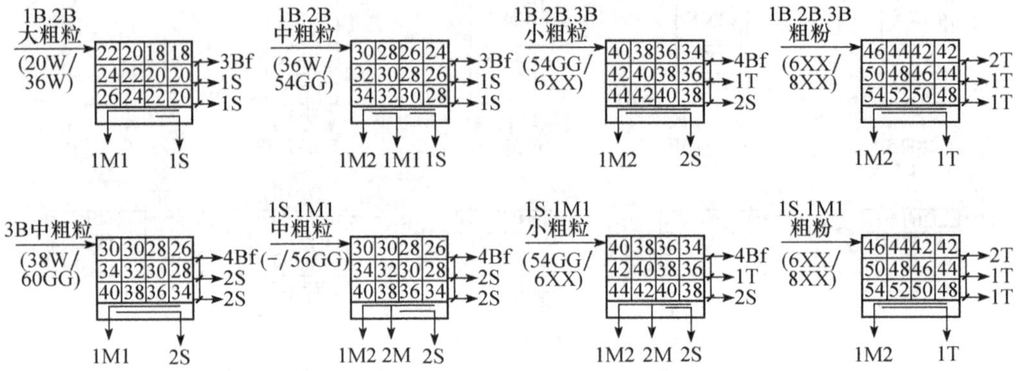

图 7-4-1　清粉系统的流程

三、清粉机的单位流量

清粉机的单位流量(表 7-4-1)主要和颗粒的粗细度、容重、筛孔的大小及吸风量有关。当颗粒的容重高、流动性好、清粉机筛孔适当放稀、吸风量适量增大时，清粉机的单位流量取高限，否则应取下限。

表 7-4-1　FQFD46×2×3 清粉机的单位流量及吸风量

系　统	流量/(kg/h)	风量/(m^3/h)
大粗粒	2000～2800	3200～4200
中粗粒	1500～2200	2600～3200
小粗粒	800～1500	2400～2800
细粗粒	400～1000	2000～2500

第五节　心磨系统

一、心磨和松粉机的作用

心磨是将皮磨、渣磨及清粉系统提取的胚乳颗粒磨细成粉，同时尽可能减少麦皮和麦胚的破碎，并通过筛理的方法将小麸片分出送入尾磨、将麦心送入下道心磨处理。从末道心磨平筛分出的筛上物，作为麸粉饲料。通常在心磨系统的中后路设置两道尾磨，专门处理心磨、渣磨、皮磨或清粉系统的麸屑及部分粒度较小的连麸粉粒，经过尾磨的轻微研磨，由平筛分出麦心送入中、后路心磨研磨。

现代制粉生产线心磨大都采用光辊，物料经光辊研磨后，部分胚乳会形成粉片或粉团，不能及时从平筛中筛出面粉，而被推往后路心磨重复研磨，势必降低磨粉机的效率，因此，心磨系统经光辊研磨后的物料，应立即送入松粉机将粉片打碎，同时将大颗粒的胚乳粉碎成小颗粒，小颗粒的胚乳粉碎成面粉，从而起到辅助研磨的作用。

二、心磨系统的道数和磨辊接触长度

采用物料分级中等的制粉方法磨制等级粉，一般需要 6～8 道心磨，1 或 2 道尾磨。从前路皮磨、渣磨或清粉系统获得的心磨物料，不可能一次研磨就全部成粉。此外，中后路皮磨、渣磨系统还将不断地制造品质逐渐变差的心磨物料，为此心磨系统需要有一定的长度。硬度大、水分低的小麦，胚乳硬难以磨细成粉，加之皮磨系统获得的粗粒、粗粉数量较多，因此心磨的道数比加工软麦多，宽度比加工软麦大。心磨系统的接触长度见表 7-5-1。

表 7-5-1　心磨系统的磨辊接触长度

项　目	心磨名称											
	1M	2M	3M	合计	1T	4M	5M	2T	6M	7M	8M	合计
磨辊接触长度/[mm/(100kg 麦 · 24h]	1～1.5	1～1.2	0.5～1	3.0	0.5	0.5	0.5	0.5	0.5	0.5	0.5	3.5

三、心磨系统的流程

心磨系统的流程见图 7-5-1。在前路心磨，物料经研磨后经松粉再筛理，提出一等品质的面粉，再分为麦心（粗粉）和次麦心，麦心进入下道心磨研磨，次麦心为含麸屑较多的胚乳，进入细渣磨或一尾磨处理。中路心磨研磨的是二等品质的麦心（粗粉），物料研磨后经松粉后再筛理，提出二等品质的面粉，分出的次麦心进入二尾磨，麦心进入下道心磨处理。后路心磨研磨的是三等品质的麦心，物料研磨后经松粉机再筛理，最后一道心磨的筛上物作为麸粉饲料。

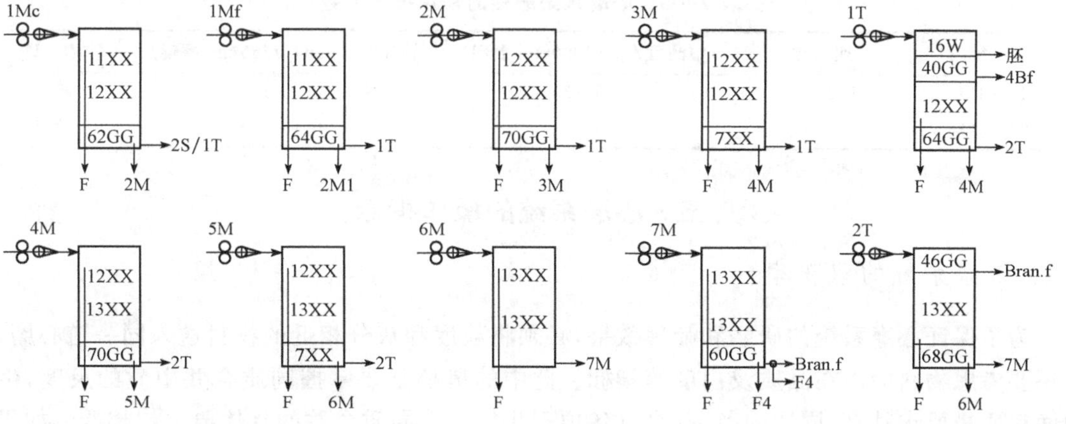

图 7-5-1　心磨系统的流程

需要提胚时，一尾磨后的松粉机可以取掉或降低打击作用，以免将压成片状的麦胚打碎。一尾筛通常采用 16W～18W 的筛网提胚，用 40W～44W 的筛网提取小麸片送入后路细皮磨，用 60GG～70GG 的筛网提取麸屑送入二尾处理，胚乳送入中路心路处理。二尾研磨后经松粉再筛理，40GG～50GG 的筛上物作为细麸皮直接打包，筛下物再进行一次分级，分别送入后路心路处理。

实际生产中，粉筛和分级筛的筛号应根据工艺要求、产品质量、原料品质及加工厂的具体情况进行合理配置。通常要提高心磨物料纯度、降低高质量面粉的灰分时，应加密粉筛和分级筛筛号，如果一号粉的提取率大于 45%，分级筛的筛号不能过密，否则将会减少一号粉的提取率。心磨的筛号配备见表 7-5-2。

表 7-5-2　分级筛的筛号配备

系　统	在制品	穿过筛号	留存筛号
1M	次心		50GG
	粗粉	50GG	6XX
2M、3M	次心		6XX～7XX
4M、5M	次心		70GG～7XX
1T	麸屑、次心		40GG～44GG
	细心	40GG～44GG	60GG～70GG
2T	麸屑、次心		40GG～50GG
	细心	40GG～50GG	64GG～70GG

现代制粉工艺中，心磨、尾磨几乎全部用光辊，速比较低，其目的是为了减少麦皮的破碎，保证面粉的质量和面粉出率。另外，要想提高取粉率，磨辊要有较大的粗糙度；要想提高面粉质量，磨辊要有较小的粗糙度。

四、心磨系统磨辊的技术参数

现代制粉工艺心尾磨系统一般采用光辊，磨辊的常用技术参数见表 7-5-3。心磨采用齿辊时通常采用 D-D 排列，40°/70°齿角，10%斜度，2.5∶1 速比。

表 7-5-3　心磨系统磨辊的常用技术参数

系　统	速　比	中凸度/μm(1000mm 磨辊)	转速/(r/min)(ϕ250mm 磨辊)	喷　砂
1M～3M	1.25∶1	25～35	480～550	喷砂
其他心磨	1.25∶1	15～25	400～480	喷砂

五、心磨系统的操作指标

(一) 心磨系统的取粉率

为了保证心磨系统的研磨和筛理效果，必须将粒度和灰分相近的物料送入同一道心磨，有时还要考虑物料的内在品质及白度等指标。此中的奥秘是要掌握同质合并中质的尺度，生产的面粉质量要求越高，同质的范围越广(各项理化指标)，同质合并的具体要求就越严。如果生产的面粉质量要求不高，则同质的具体要求就低。另外，要使各道设备的流量均衡适当，以达到理想的生产效率。

心磨轧距大小取决于物料的粒度、流动性及单位流量的高低。理论上，轧距不能大于研磨物料所留存的筛孔宽度。缩小轧距可提高该道心磨的取粉率，但也不能轧得过紧，以免磨粉机产生振动、磨辊温度过高，影响面粉质量。现代制粉工艺流程中，心磨系统是主要的出粉部位。当磨制出率72%～74%的面粉时，整个心磨系统的取粉率为50%～56%，各道心磨的取粉率见表7-5-4。

表7-5-4　各道心磨占本道的取粉率(12XX)

项　目	系　统					
	1M	2M～3M	4M～6M	7M～10M	1尾	2尾
取粉率/%	45～50	50～55	35～45	20～30	15～20	10～15

(二) 心磨系统的单位流量

心磨系统磨辊采用光辊，面粉粒度很细，心磨系统的流量(表7-5-5)较低。心磨系统的单位流量主要和研磨物料的性质有关，当物料颗粒较粗、流动性较好时，单位流量取高值；当物料颗粒较细、含粉较多时，单位流量取低值。

表7-5-5　心磨系统的单位流量

系　统	磨粉机单位流量/[kg/(cm·24h)]	平筛单位流量/[t/(m²·24h)]
1M	300～350	5～7
2M～3M	200～250	5～6
4M～9M	150～200	4～5
1T	200～250	5～6
2T	150～200	4～5

第六节　小麦制粉流程举例与分析

一、简化物料分级的制粉流程

(一) 日处理小麦150t磨制标准粉的制粉流程

日处理小麦150t磨制标准粉的制粉流程如图7-6-1所示，该制粉流程采用4皮3心的制粉工艺，采用4台磨粉机、3台6仓式挑担平筛、3台刷麸机。磨辊总接触长度为669cm，平筛总筛理面积99m^2，磨粉机总平均流量220kg/(cm·24h)，平筛总平均流量1500kg/(m^2·24h)(表7-6-1)。该工艺加工混合小麦(软麦占85%、硬麦占15%)，净麦水分14%，容重754g/L，千粒重37.8g，灰分1.6%。磨制标准粉时出粉率83.6%，面粉灰分0.97%。该制粉流程的磨粉机技术特性见表7-6-2，制粉流程的流量与质量平衡见表7-6-3。

该制粉流程的特点如下所述。

① 采用4皮3心3道刷麸的制粉工艺，不用清粉机，全齿辊配置，工艺简单。

② 采用2皮刷麸，刷下麸片上松散的胚乳，以减轻后路皮磨的负荷量，缩短皮磨的道数。

③ 在设备分配上，皮磨系统磨辊长度占较大比重，占磨辊总接触长度的61.3%，皮磨系统平筛筛理面积占总面积的61.4%。

④ 1皮磨采用中等的研磨压力，取粉率18.6%，同时获得较多的麦心(占1皮流量的40.2%)，供心磨研磨成粉。

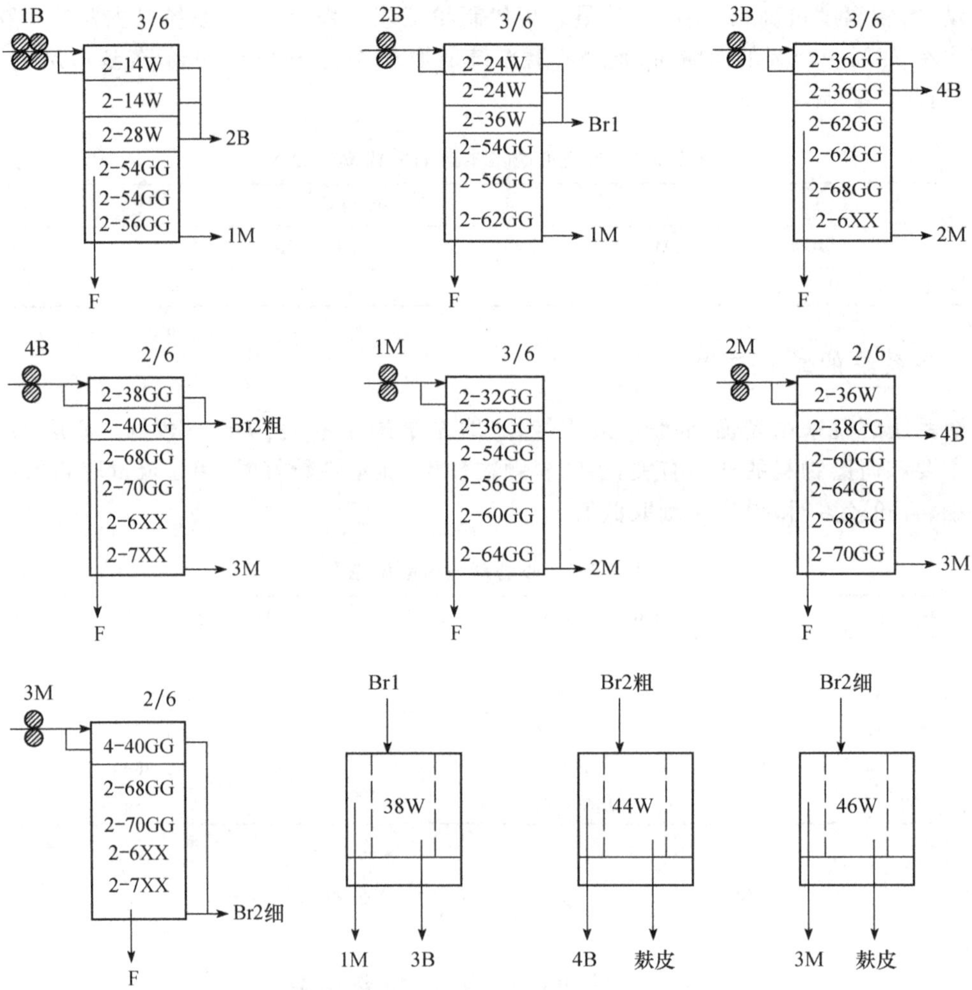

图 7-6-1　日处理小麦 150t 磨制标准粉制粉流程

表 7-6-1　各系统磨辊长度、筛理面积分配及流量表

系统	流量		磨粉机			平筛			
	占1皮/%	t/24h	长度/cm	占总接触长度的百分比/%	流量/[kg/(m·24h)]	仓数	筛理面积/m²	占总筛理面积的百分比/%	流量/[t/(m²·24h)]
1皮	100	148	152	22.7	975	3	16.5	16.67	9.0
2皮	41.2	61.3	91	13.6	670	3	16.5	16.67	3.7
3皮	17.5	26.0	91	13.6	280	3	16.5	16.67	1.6
4皮	19.4	24.1	76	11.4	320	2	11	11.11	2.2
小计			410	61.3		11	60.5	61.12	
1心	45.2	67.2	91	13.6	735	3	16.5	16.66	4.1
2心	21.3	31.5	91	13.6	350	2	11	11.11	2.9
3心	9.2	13.7	77	11.5	180	2	11	11.11	1.2
小计			259	38.7		7	38.5	38.88	
合计			669	100		18	99	100	

表 7-6-2 磨粉机技术特性表

系统	齿数/(牙/cm)	齿角/°	快辊转速/(r/min)	速比	排列	斜度/°
1皮	4	35/65	620	2.4	F-F	1∶8
2皮	6.5	40/70	620	2.4	F-F	1∶10
3皮	8	35/65	620	2.4	D-D	1∶10
4皮	9.5	35/65	620	2.4	D-D	1∶10
1心	9	30/60	620	2.4	D-D	1∶8
2心	9.5	40/70	620	2.4	F-F	1∶10
3心	10.5	35/65	620	2.4	D-D	1∶10

表 7-6-3 各系统流量与质量平衡表

系统	占1皮/% / 灰分/%	皮磨系统				心磨系统			尾刷		产品	
		2皮	2皮刷	3皮	4皮	1心	2心	3心	粗刷	细刷	面粉	麸皮
1皮	100/1.60	41.2/2.28				40.2/1.32					18.6/0.68	
2皮	41.2/2.28		19/3.28			3.5/1.89					18.7/0.79	
2皮刷	19/3.28			17.5/3.99		1.5/0.79						
3皮	17.5/3.99				11.4/4.7		2.4/4.1				3.7/1.33	
4皮	19.4/4.1								16.6/4.5		2.8/1.9	
1心	45.2/1.33						15.5/2.7				29.7/0.83	
2心	21.3/3.32				4.4/4.0			9.2/3.45			7.7/1.78	
3心	9.2/3.54									6.8/3.9	2.4/2.4	
粗刷	16.6/4.5				3.6/2.23							13/5.13
细刷	6.8/3.9						3.4/3.5					3.4/4.27
合计		41.2/2.28	19/3.28	17.5/3.99	19.4/4.58	45.2/1.33	21.3/3.32	9.2/3.54	16.6/4.5	6.8/3.9	83.6/0.97	16.4/4.95

⑤ 为适应1皮有较高的流量,1皮磨磨齿采用4牙/cm,磨辊为锋对锋排列。

⑥ 在生产操作上,2皮磨取粉率(占本道流量)为45%,3皮磨取粉率为21%,整个皮磨系统出粉率为43.8%。在心磨系统,1心磨取粉率占本道流量65.7%,2心磨取粉率为36%,3心磨为26%,整个心磨系统出粉率为39.8%。

⑦ 系统的粉筛筛网,在1皮平筛配置54GG~56GG,以后各道逐渐加密,后路系统粉筛采用68GG至7X提出标准粉。

⑧ 4B粗刷的刷麸粉入4B、细刷的刷麸粉入3M都是不太合理的回路,如果粗、细刷麸粉入2M筛,可避免或减少回路,效果会好一些。

(二) 日处理小麦170t磨制等级粉的制粉流程

日处理小麦170t磨制等级粉的制粉流程见图7-6-2。该制粉流程采用4道皮磨(3皮4皮

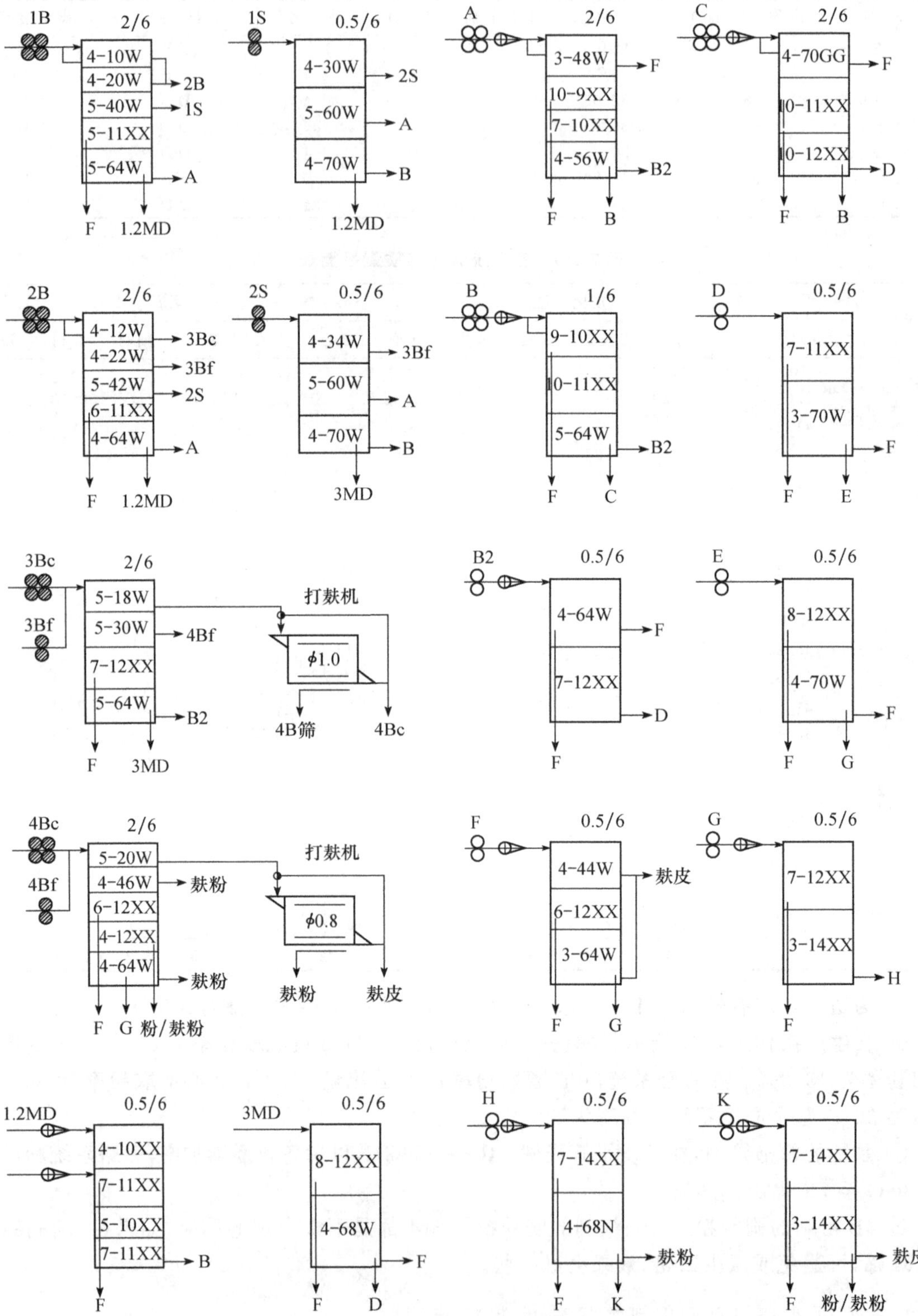

图 7-6-2　日处理小麦 170t 磨制等级粉的制粉流程

分粗细)、4 道粗心磨、6 道细心磨的制粉工艺，使用 12 台 1000mm 磨粉机、3 台 6 仓式高方平筛、2 台打麸机，5 台撞击松粉机和 4 台打板松粉机，2 台立式振动圆筛；磨辊总接触长度为 2400cm，平筛总筛理面积 114m²；磨粉机总平均流量 70.8kg/(cm · 24h)，平筛总平均流量 1490kg/(m² · 24h)(表 7-6-4)。该制粉流程的磨粉机技术特性见表 7-6-5，各系统面粉的质量和数量见表 7-6-6。

表 7-6-4　制粉流程技术参数

技术参数	数　值	技术参数	数　值
磨粉机磨辊总接触长度/cm	2400	平筛总筛理面积/m²	114
其中：皮磨/cm	900	其中：皮磨/%	62
心磨(包括渣磨)/cm	1500	心磨/%	52
皮磨与心磨磨辊长度比	1∶1.66	皮磨与心磨筛理面积比	1.19∶1
磨粉机总平均流量/[kg/(cm · 24h)]	70.8	筛理设备总平均流量/[kg/(m² · 24h)]	1490

表 7-6-5　磨粉机技术特性表

系　统	齿角/°	齿数/(牙/25.4mm)	排　列	速　比	斜　度	转速/(r/min)
1B	21/67	10.5	D-D	2.63	1∶24	550
2B	21/67	14	D-D	2.63	1∶24	550
3BC	45/65	16	F-F	2.63	1∶24	550
3Bf	45/65	18	F-F	20.63	1∶24	500
4BC	40/60	26	F-F	2.63	1∶24	500
4Bf	40/60	28	F-F	2.63	1∶24	500
1S	40/60	24	D-D	1.8	1∶24	550
2S	40/60	26	D-D	1.8	1∶24	550
A		光辊		1.23		550
B-K		光辊		1.23		450

表 7-6-6　各系统面粉的数量与质量表

系　统	水分/%	蛋白质/%	取粉率/% (占 1 皮流量)	灰分/% 干基	累计出粉率/% (占 1 皮流量)	累计平均 灰分/%
A-1	15.6	8.8	8.90	0.47	8.90	0.47
B-1-1	15.1	9.1	12.42	0.49	21.33	0.48
B-1-2	14.9	9.1	3.18	0.52	24.52	0.49
2B-1	15.1	9.25	2.99	0.57	27.51	0.50
A-2	15.0	8.75	8.90	0.59	36.41	0.52
C-1-1	14.3	9.2	5.21	0.60	41.63	0.53
C-1-2	13.9	9.2	0.95	0.65	42.59	0.53
1B-1	15.2	8.25	2.05	0.68	44.64	0.54
2B-1	15.3	8.15	2.99	0.68	47.63	0.55
1.2MD	15.4	8.6	13.09	0.69	60.73	0.58
1B-2	15.3	8.15	2.05	0.74	62.78	0.58
E	14.2	11.2	1.94	0.83	64.72	0.59
D	14.5	10.75	1.61	0.87	66.34	0.60
B2	14.9	11.2	0.85	0.91	67.20	0.60
3B-2	14.7	11.0	1.08	0.97	68.28	0.61
3B-1	14.4	11.0	1.08	1.00	69.37	0.61
G	13.8	11.8	0.81	1.33	70.19	0.62
3MD	14.1	11.8	0.99	1.39	71.18	0.63
K	1.34	12.4	0.12	1.40	71.31	0.63
H	13.4	12.15	0.46	1.60	71.77	0.64
4B	13.7	12.45	2.24	1.61	74.01	0.67

续表

系　统	水分/%	蛋白质/%	取粉率/%（占1皮流量）	灰分/%干基	累计出粉率/%（占1皮流量）	累计平均灰分/%
F	13.8	12.0	0.58	1.79	74.60	0.68
4B粉或饲料	13.9	14.25		1.88		
K粉或饲料	13.4	12.4		1.33		

该制粉流程的特点如下所述。

① 皮磨缩短为4道，从3皮起分粗细，以提高研磨效率。3皮磨后分出的大麸片和小麸片分别进入2道打麸机（筛孔直径0.8～1mm），以适应研磨道数缩短后，加强对麸片的处理，将胚乳最大限度地刮净。

② 经前三道皮磨研磨后的物料分成麸片、麦渣、麦心、粗粉，并提出面粉。并将上述粗粉（60-64GG/11XX-12XX）按质量好次，分别进入分级筛，再次分出面粉。从1、2分级筛（1.2MD）分出的粗粉（64GG/11XX）进入B磨，3分级筛（3MD）分出的粗粉（64GG/12XX）质量稍次，进入中路心磨研磨。

③ 1皮、2皮系统提出的麦渣按质量分别进入1渣和2渣磨研磨。渣磨磨辊采用齿辊，有较密的齿数，速比1.8∶1，使麦渣受到轻微的剥刮作用，将麦皮和胚乳分开，并将麦皮展开成较大的尺寸。从1S、2S筛分出一等品质的麦心，按粒度大小，分别进入心磨系统的A、B磨。从1S分级筛分出的次麦渣进入2S磨，2S分级筛的筛上物含麦皮较多，进入3皮细磨处理。1S、2S筛配备半仓，无粉筛，为此将穿过下层分级筛的粗粉和面粉混合物送入1.2分级筛再筛。

④ 制粉流程心磨系统有4道粗心磨（A、B、B2、F）和6道细心磨（C、D、E、G、H、K）。小麦经皮磨和渣磨系统研磨，并进行充分的分级，又按颗粒大小将分成粗与细的胚乳粒送入心磨系统，就可提高心磨的研磨效率。同时将不同质量的胚乳分别研磨，就可防止不纯的物料玷污纯净的物料，缩短了的心磨系统。前3道心磨的磨辊长度占全部心磨系统磨辊总接触长度的60%，同时，前3道心磨有较高的单位流量。通常，A、B心磨研磨的是较粗而纯的物料，经研磨后，使胚乳粉碎成大量优质的粗粉，再送入下一道心磨继续研磨，并将胚乳上带有的麦皮分离，使麦皮展开成片状，筛理后成为筛上物。送入C、D磨研磨的是品质优良的细物料，是从3分级筛粉出的软粗粉（68W/11XX）和B、B2、C筛粉出的粗粉（64W～70W/10XX～11XX），因而在研磨时，磨辊间不需过大的压力，就可产生大量优质的面粉，研磨后物料的温度较低。次的粗心磨B2和1尾磨F，研磨的物料是粒度较大、质量稍次的筛上物。要适当减轻磨辊间的压力，少出面粉、多出粗粒物料，供下道心磨磨细成粉，并使麦皮分离展开，而不将麦皮和麦胚粉碎成碎屑。后路心磨研磨的是颗粒细的物料，研磨压力应调整到使物料粉碎成面粉，但又不使物料过度挤压成片，并有过高的温度。

⑤ 该工艺中3B粗、B2及F磨流量偏低，设备潜力未能充分发挥。

二、物料分级中等的制粉流程

（一）日处理小麦200t制粉流程

图7-6-3是日处理小麦200t制粉流程，该流程采用6皮10心（含2道尾磨）2渣的制粉工艺，使用12台磨粉机、5台6仓式高方平筛、2台振动圆筛、4台清粉机、5台打麸机。磨辊总接触长度为2400cm。该制粉流程的磨粉机技术特性见表7-6-7，制粉流程流量与质量平衡见表7-6-8。

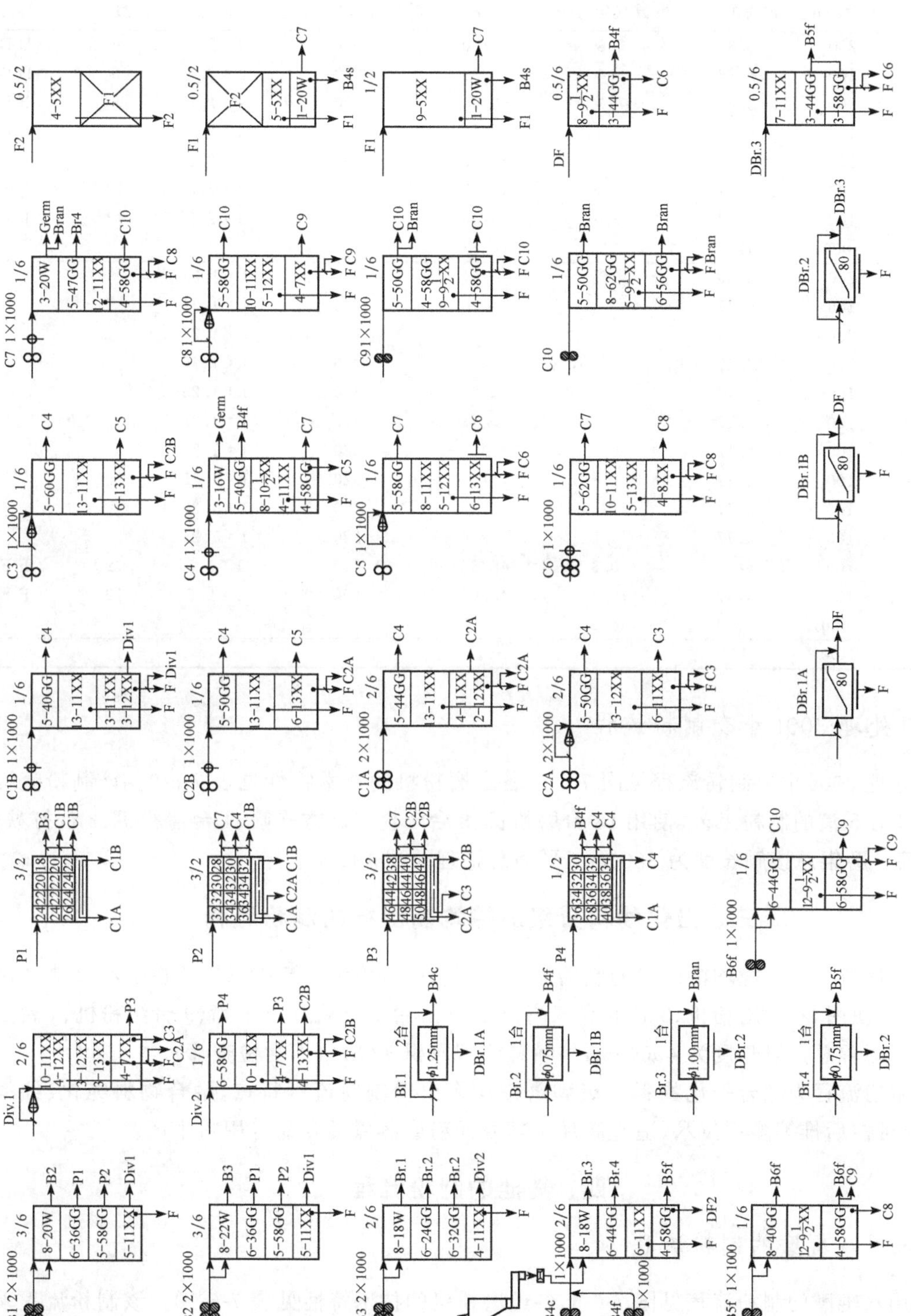

图7-6-3 日处理小麦200t制粉流程

表 7-6-7　磨粉机技术特性表

系统	长度/cm	占总的/%	齿数/(牙/cm)	齿角/°	慢辊转速/(r/min)	速比	斜度/%	排列
B1	200	8.33	3.8	65/30	200	1∶2.5	6	D-D
B2	200	8.33	5.4	65/30	200	1∶2.5	6	D-D
B3	200	8.33	7.0	50/65	200	1∶2.5	8	F-F
B4c	100	4.17	8.6	50/65	200	1∶2.5	8	F-F
B4f	100	4.17	10.2	50/65	200	1∶2.5	8	F-F
B5f	100	4.17	10.8	45/65	200	1∶2.5	10	F-F
B6f	100	4.17	12.1	45/65	200	1∶2.5	12	F-F
小计	1000	41.7						
C1A	200	8.33	光辊		360	1∶1.25		
C1B	100	4.17			440	1∶1.25		
C2A	200	8.33			360	1∶1.25		
C2B	100	4.17			440	1∶1.25		
C3	100	4.17			360	1∶1.25		
C4	100	4.17			360	1∶1.25		
C5	100	4.17			320	1∶1.25		
C6	100	4.17			320	1∶1.25		
C7	100	4.17			360	1∶1.25		
C8	100	4.17			320	1∶1.25		
C9	100	4.17	10.8	45/65	200	1∶2.5	12	F-F
C10	100	4.17	15.3	45/65	200	1∶2.5	12	F-F
小计	1400	58.3						
总计	2400	100						

（二）日处理 300t 小麦制粉流程

日处理 300t 小麦制粉流程见图 7-6-4，各道磨粉机的技术特性见表 7-6-9。该制粉流程采用 5 皮 6 心 5 渣的制粉工艺，使用 18 台磨粉机、3 台 8 仓式高方平筛、4 台清粉机、3 台打麸机、3 台圆筛。磨辊总接触长度为 3600cm，平筛总筛理面积 $192m^2$。

三、强化物料分级磨撞均衡出粉的制粉流程

强化物料分级磨撞均衡出粉的制粉流程见图 7-6-5，该制粉流程采用 4 皮 7 心 2 渣 2 尾的制粉工艺，使用 20 台磨粉机、5 台 8 仓式高方平筛、1 台 6 仓式高方平筛、9 台清粉机、4 台复式打麸机。磨辊总接触长度为 4000cm，平筛总筛理面积 $320m^2$（不含检查筛）。

该制粉流程为综合强化物料分级和磨撞均衡出粉制粉流程特点，融合物料纯化、细料处理、物料可控后推等多项技术，适宜高加工精度面粉或蒸煮类食品专用粉生产。

四、其他的制粉流程

（一）采用八辊磨的制粉流程

采用八辊磨的制粉流程见图 7-6-6，各道磨粉机的技术特性见表 7-6-10。该制粉流程采用 4 皮 8 心 2 渣 2 尾的制粉工艺，使用 18 台磨粉机（其中 7 台八辊磨）、5 台 8 仓式高方平筛和 1 台 6 仓式高方平筛、6 台清粉机、5 台复式打麸机。磨辊总接触长度为 5000cm，平筛总筛理面积 $320m^2$（不含检查筛），日处理小麦 500t。

表 7-6-8　各系统流量及质量平衡表

系统名称	流量占B1%	B2	B3	B4c	B4f	B6f	KLM	C1A	C2A	C1B	C2B	C3	C4	C5	C6	C7	C8	C9	C10	Div1	Div2	DF	DBr1A	DBr1B	DBr2	DBr3	P1	P2	P3	P4	Br1	Br2	Br3	Br4	吸粉	F1	F2	麸皮	胚芽	备注
B1	100/1.63	57.61/2.32																		10.67/0.54							17.27/0.93	10.48/0.53							0.05/0.66	3.92/0.50				
B2	57.61/2.32		26.20/3.73																	11.65/0.69							8.32/2.76	6.75/0.89							0.05/0.66	4.64/0.54				
B3	31.11/3.65																				9.40/1.88										10.24/4.81	10.07/4.22			0.12/0.75	1.28/0.77				
B4	23.82/4.56					0.37/4.24																				0.93/3.17							9.76/5.25	11.85/4.62	0.12/0.75	0.37/1.37	0.42/1.43			
B6f	13.07/4.64						9.03/5.09											1.83/4.68																	0.06/0.75		2.15/3.12			
KLM	9.03/5.09																	1.28/5.08	6.51/5.35																0.05/0.75		1.19/3.43			
C1A	20.27/0.60								8.66/0.68				0.34/2.65																						0.03/0.66	11.24/0.40				
C2A	15.19/0.71											3.00/1.44																							0.03/0.66	12.16/0.44				
C1B	15.74/1.28												5.45/2.67							6.72/0.59															0.02/0.66	3.55/0.47				
C2B	5.00/0.93								0.14/1.13				0.07/3.42	1.77/1.31																					0.02/0.66	3.00/0.55				
C3	9.67/0.85										1.27/0.60		0.26/3.73	5.53/0.88																					0.02/0.66	2.59/0.48				
C4	8.59/2.44			3.87/3.21										1.74/0.20	0.30/2.60																				0.05/0.75	2.53/0.59			0.10/4.44	
C5	9.04/1.03														6.50/1.27	0.06/4.15																			0.01/0.66	2.47/0.50				
C6	7.23/1.39															5.32/1.52																			0.05/0.75	1.86/0.56				
C7	7.53/1.53																4.48/1.73		0.19/3.55															0.62/3.68	0.06/0.75	2.38/0.50				
C8	4.48/1.73																	0.03/4.21																	0.06/0.75	0.59/0.91	3.50/2.76			
C9	3.14/4.84																		1.02/4.92																0.06/0.75		2.06/4.53			
C10	7.72/5.25																																		0.06/0.75		0.51/3.50	7.15/5.23		

续表

系统名称	流量占B1%	B2	B3	B4c	B4f	B6f	KLM	C1A	C2A	C1B	C2B	C3	C4	C5	C6	C7	C8	C9	C10	Div1	Div2	DF	DBr1A	DBr1B	DBr2	DBr3	P1	P2	P3	P4	Br1	Br2	Br3	Br4	吸粉	F1	F2	麸皮	胚芽	备注
Div1	29.04/0.57											6.67/0.59																	8.47/0.72						0.02/0.66	13.68/0.49				
Div2	9.40/1.88										1.73/1.11																		1.71/1.69	3.22/3.09					0.01/0.66	2.67/0.82				
DF	2.70/3.96				2.07/4.75										0.43/2.37																					0.20/0.96				
DBr1A	2.67/2.57																					1.21/4.89													0.05/0.75	1.41/0.96				
DBr1B	2.77/2.53																					1.49/3.20													0.04/0.75	1.24/0.80				
DBr2	3.71/2.88																									3.41/3.18									0.01/0.66	0.29/1.38				
DBr3	4.34/3.18					1.64/4.19																													0.01/0.66		2.69/2.30			
P1	25.59/1.53		4.91/3.20					7.00/0.69		13.56/1.31																									0.12/1.43					
P2	17.23/0.67							13.27/0.55		2.18/1.09			0.86/1.16			0.80/1.79																			0.12/1.43					
P3	10.24/0.69								6.39/0.73		2.00/0.98					1.75/1.33																			0.10/1.43					
P4	3.22/3.09				1.50/3.30								1.61/2.07																						0.11/1.43					
Br1	10.24/4.81			7.57/5.43																			2.67/2.57																	
Br2	11.59/3.79				8.81/4.58																			2.77/2.53											0.01/0.66					
Br3	9.76/5.25																								2.10/2.89													7.66/5.73		
Br4	12.67/4.56					11.06/4.72																			1.61/2.87															
吸粉	1.52/0.94																																							
总计		57.61/2.32	31.11/3.65	23.82/4.56		13.07/4.64	9.03/5.09	20.27/0.60	15.19/0.71	15.74/1.28	5.00/0.93	9.67/0.85	8.59/2.44	9.04/1.03	7.23/1.39	7.93/1.53	4.48/1.73	3.14/4.84	7.72/5.25	29.04/0.57	9.40/1.88	2.70/3.96	2.67/2.57	2.77/2.53	3.71/2.88	4.34/3.18	25.59/1.53	17.23/0.67	10.24/0.89	3.22/3.09	10.24/4.81	11.59/3.79	9.76/5.25	12.67/4.56	1.52/0.94	72.27/0.53	12.82/3.06	14.81/5.49	0.10/4.44	

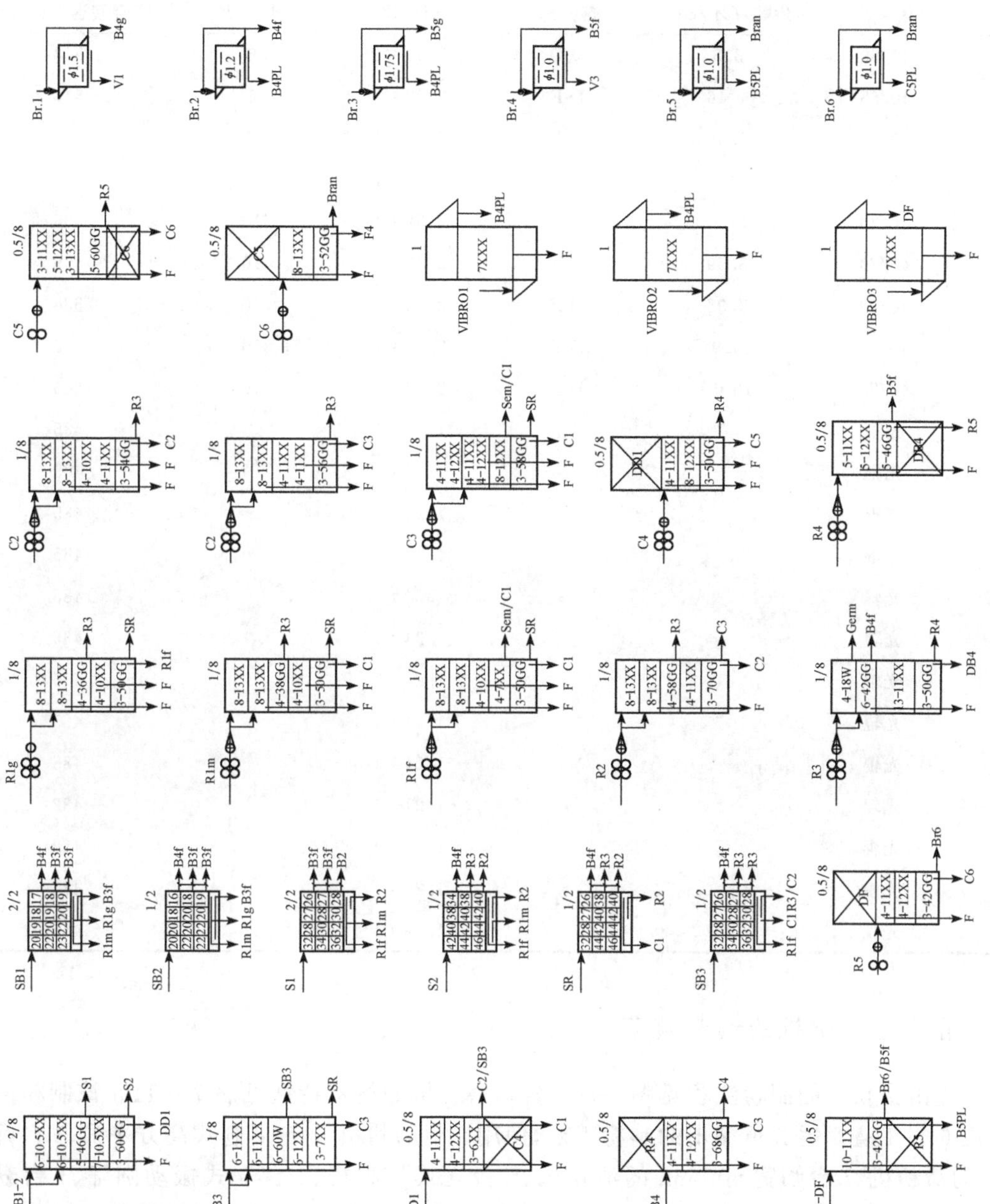

图7-6-4 日处理小麦300t制粉流程

表 7-6-9　磨粉机技术特性表

系　统	齿角/°	齿数/(牙/cm)	排　列	速　比	斜度/%	快辊转速/(r/min)
B1	40/60	3.5	D-D	2.52∶1	6	542
B2g	40/65	4.46	D-F	2.52∶1	8	541
B2f	40/70	5.09	D-F	2.52∶1	10	608
B3g	40/70	6.05	D-F	2.52∶1	10	541
B3f	40/70	7.00	D-F	2.52∶1	10	606
B4f	40/70	8.59	D-F	2.52∶1	10	606
B4g	40/70	7.96	D-F	2.52∶1	10	538
B5f	40/70	10.92	D-F	2.52∶1	10	606
B5g	40/70	10.19	D-F	2.52∶1	10	606
R1g	光辊			1.24∶1		485
R1m	光辊			1.24∶1		485
R1f	光辊			1.24∶1		485
R2	光辊			1.24∶1		485
R3	光辊			1.24∶1		485
R4	光辊			1.24∶1		485
R5	光辊			1.24∶1		485
C1	光辊			1.24∶1		485
C2	光辊			1.24∶1		485
C3	光辊			1.24∶1		482
C4	光辊			1.24∶1		482
C5	光辊			1.24∶1		482
C6	光辊			1.24∶1		482

(二) 采用撞击磨粉机的制粉流程

采用撞击磨粉机的制粉流程见图 7-6-7，各道磨粉机的技术特性见表 7-6-11。该制粉流程采用 5 皮 6 心 1 渣 2 尾 2 道撞击的制粉工艺，使用 9 台磨粉机、2 台 8 仓式高方平筛、1 台筛宽 750mm 的清粉机、1 台筛宽 500mm 的清粉机、5 台立式打麸机、4 台立式振动圆筛、1 台麸皮磨，2 台撞击磨。磨辊总接触长度为 1800cm，平筛总筛理面积 144m^2(不含检查筛)，日处理小麦 200t。

(三) 剥皮制粉工艺

剥皮制粉工艺见图 7-6-8，各道磨粉机技术特性见表 7-6-12。该制粉流程采用 4 皮 5 心 1 渣 1 尾 2 道撞击磨制粉工艺，使用 6 台磨粉机、3 台 6 仓式高方筛和 2 台 4 仓式高方筛(含检查筛)、2 台清粉机、2 台打麸机。磨辊总接触长度 1200cm，平筛总筛理面积 105m^2，日处理小麦 120t。

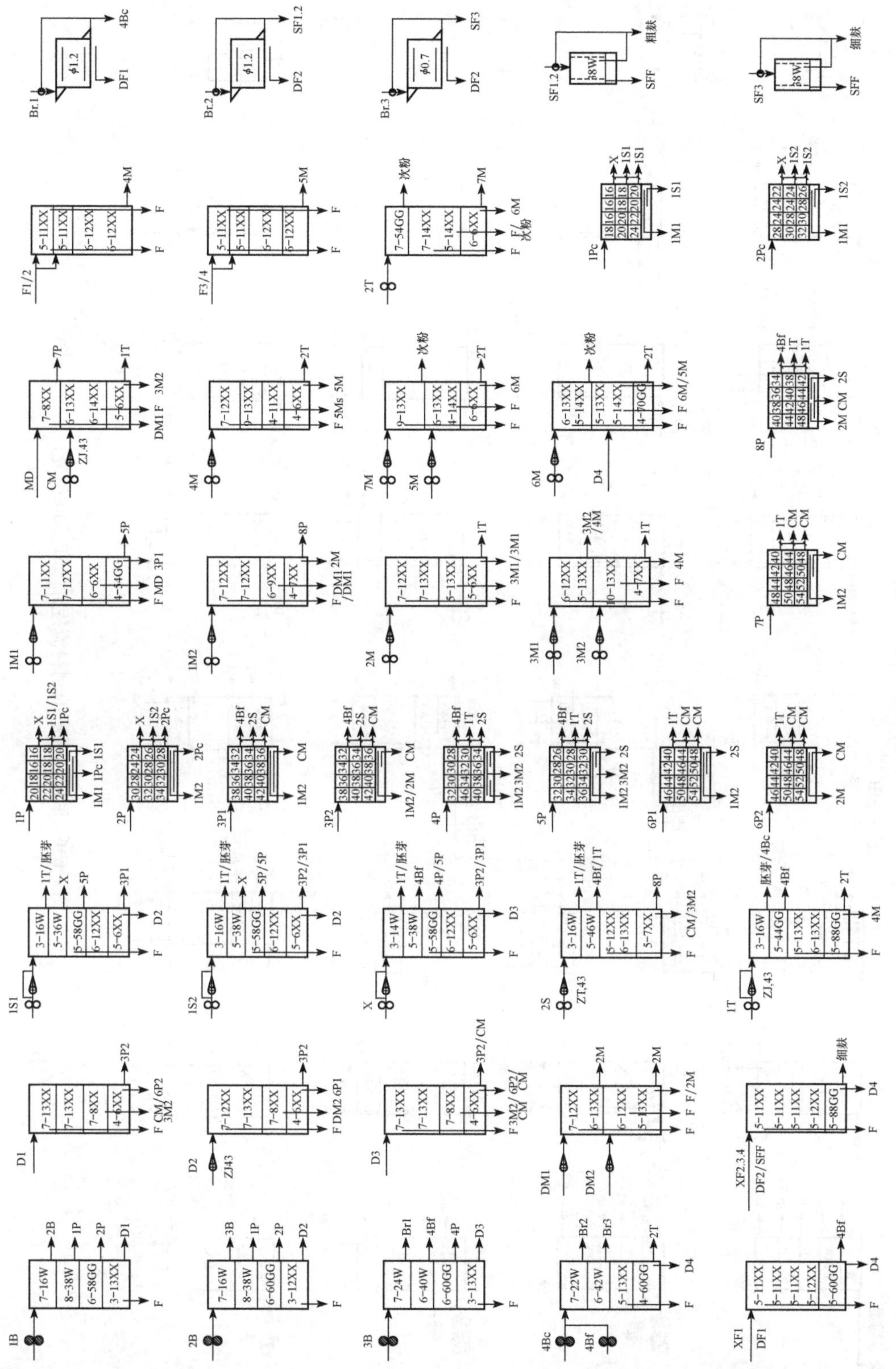

图7-6-5 强化物料分级磨撞均衡出粉的制粉流程（日处理400t小麦）

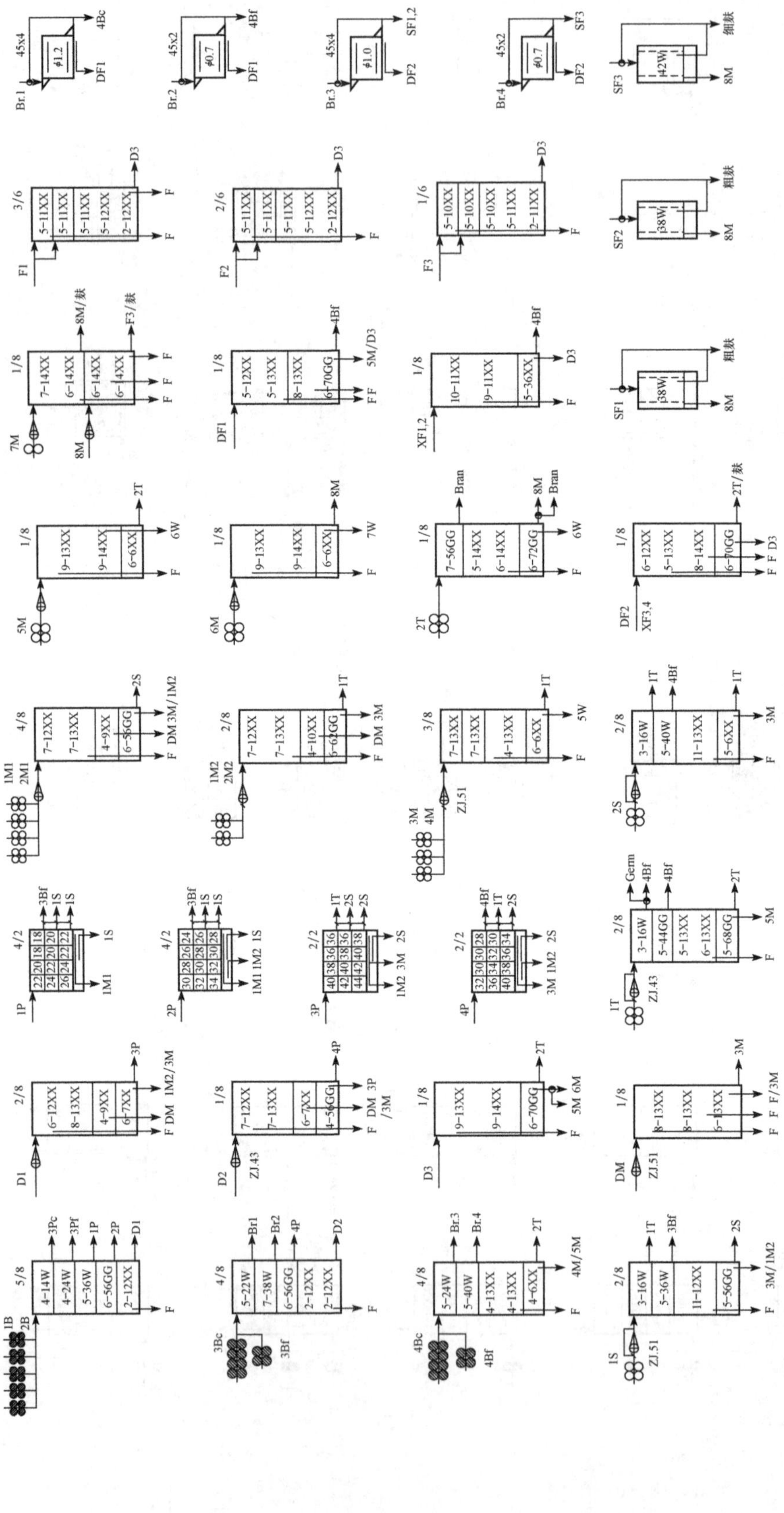

图7-6-6　采用八辊磨的制粉流程(日处理500t小麦)

表 7-6-10 磨粉机技术特性表(八辊磨制粉)

系 统	齿角/°	齿数/(牙/cm)	排列	速比	斜度/%	快辊转速/(r/min)
1B	30/65	3.4	D-D	2.6∶1	6	540
2B	30/65	4.8	D-D	2.6∶1	6	540
3B	35/65	7.0	D-D	2.6∶1	8	540
4Bc	35/65	8.6	D-D	2.6∶1	10	540
4Bf	35/65	9.6	D-D	2.6∶1	10	540
1S	光辊			1.25∶1		540
2S	光辊			1.25∶1		540
1T	光辊			1.25∶1		540
1M	光辊			1.25∶1		540
2M	光辊			1.25∶1		540
3M	光辊			1.25∶1		540
4M	光辊			1.25∶1		480
5M	光辊			1.25∶1		480
6M	光辊			1.25∶1		480
7M	光辊			1.25∶1		480
8M				1.25∶1		480
2T				1.25∶1		480

表 7-6-11 磨粉机技术特性表(撞击磨粉机制粉)

系 统	齿角/°	齿数/(牙/cm)	排 列	速 比	斜度/%	快辊转速/(r/min)
1B	30/65	3.5	D-D	2.5∶1	6	540
2B	30/65	5.4	D-D	2.5∶1	6	540
3B	45/65	7.0	D-F	2.5∶1	8	540
4Bf	45/65	9.6	D-F	2.5∶1	10	540
4Bc	45/65	8.6	D-F	2.5∶1	10	540
1S	光辊			1.25∶1		480
1M	光辊			1.25∶1		480
2M	光辊			1.25∶1		480
3M	光辊			1.25∶1		480
1T	光辊			1.25∶1		480
4M	光辊			1.25∶1		480
5M	光辊			1.25∶1		480
6M	光辊			1.25∶1		480
2T	光辊			1.25∶1		480

表 7-6-12 磨粉机技术特性表(剥皮制粉)

系 统	齿角/°	齿数/(牙/cm)	排 列	速 比	斜度/%	快辊转速/(r/min)
1B	35/65	3.5	D-D	2.5∶1	6	650
2B	35/65	7.0	D-D	2.5∶1	6	650
3B	35/70	8.6	D-D	2.5∶1	86	650
4B	35/70	9.5	D-D	2.5∶1	10	600
1S	光辊			1.25∶1		550
1Mc	光辊			1.25∶1		550
1Mf	光辊			1.25∶1		550
2M	光辊			1.25∶1		550
3M	光辊			1.25∶1		500
1T	光辊			1.25∶1		600
4M	光辊			1.25∶1		550
5M	光辊			1.25∶1		500

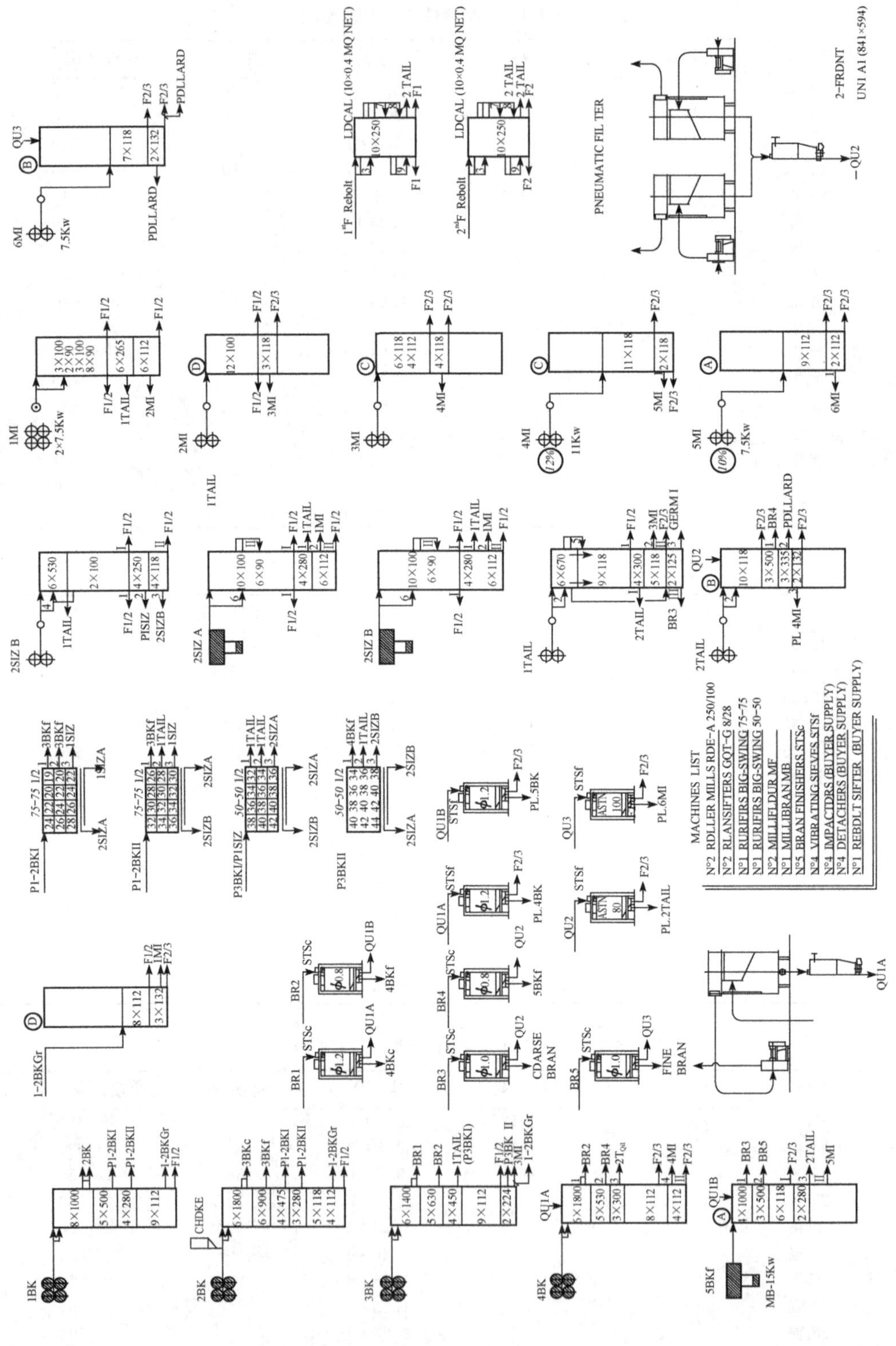

图7-6-7　采用撞击磨粉机的制粉流程(日处理200t小麦)

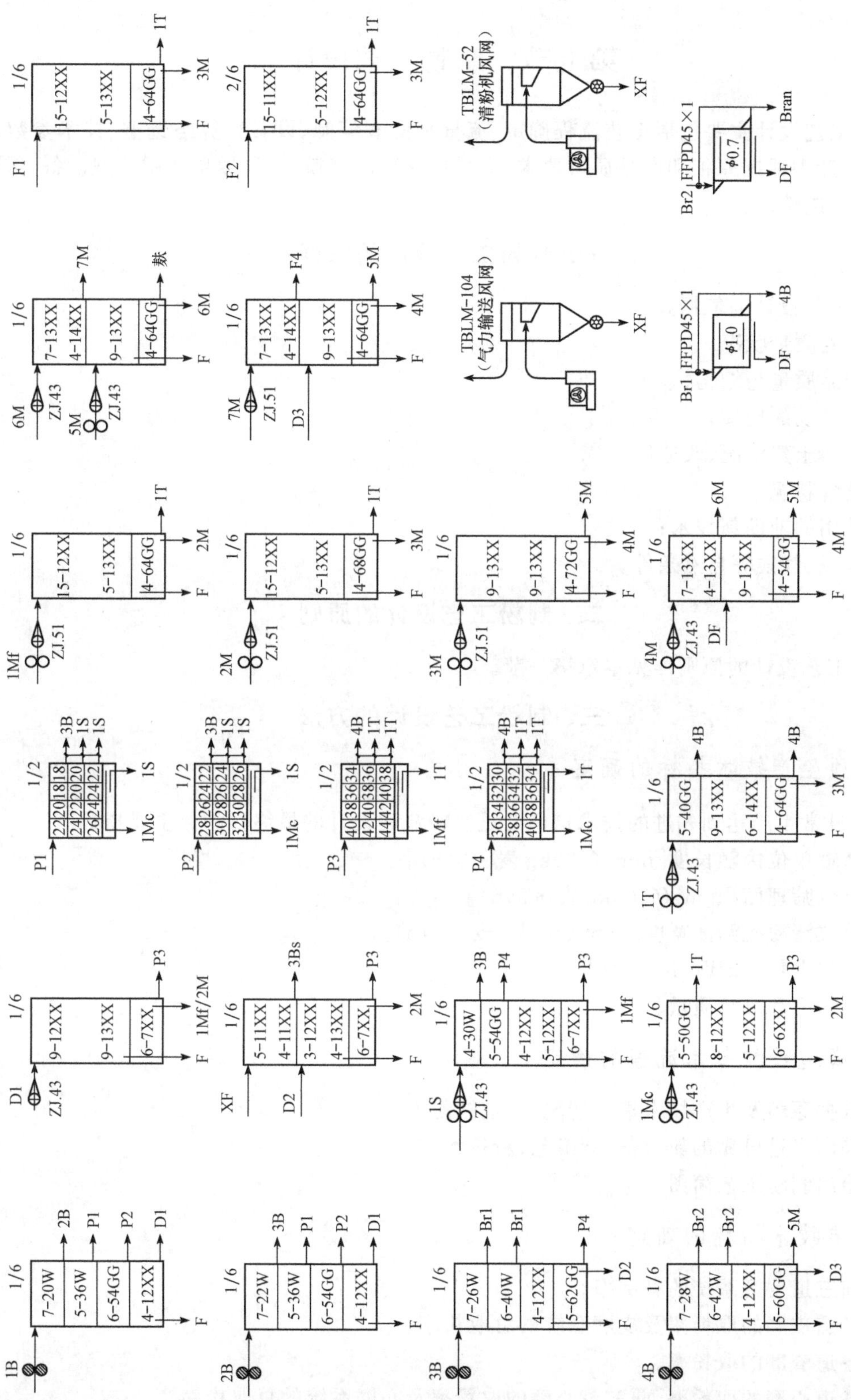

图7-6-8　剥皮制粉流程(日处理120t小麦)

第七节 制粉工艺设计

制粉工艺设计主要包括工艺流程确定、流量平衡表编制、设备计算与选型、技术参数确定等内容，设计中根据原粮和产品质量要求，应采用先进的制粉技术，尽量选用新型设备，保证生产工艺的先进性。

一、制粉工艺设计的依据

制粉工艺设计的依据如下：

① 小麦质量状况；

② 产品质量与结构；

③ 生产线的规模；

④ 车间土建状况(改造厂)；

⑤ 设备状况；

⑥ 采用的辅助新技术；

⑦ 地域、气候等自然条件。

二、制粉工艺设计的原则

制粉工艺设计的原则详见本章第一节。

三、制粉工艺设计的方法

(一) 各项生产技术指标的确定

保证日常生产达到先进的技术指标乃是制粉流程设计的最终目的。主要指标有：

① 磨辊单位接触长度[mm/(100kg 麦 · 24h)]；

② 单位筛理面积[m^2/(100kg 麦 · 24h)]；

③ 单位清粉机筛面宽度[mm/(100kg 麦 · 24h)]；

④ 单位电耗[(kW · h)/t 粉]；

⑤ 出粉率和成品质量。

(二) 研磨道数和基本流程的确定

① 依据原粮及生产技术指标情况，确定制粉方法。

② 采用先进可靠的新设备、新工艺、新技术。

③ 绘出制粉工艺简图。

(三) 主要技术指标的确定

① 前三道皮磨系统的剥刮率。

② 各道皮磨的取粉率及皮磨系统的总取粉率。

③ 各道渣磨的取粉率。

④ 各道心磨的取粉率，前三道心磨的取粉率及心磨系统的总取粉率。

⑤ 渣磨小麸片的提取率(10%～20%)，心磨小麸片的提取率(5%～10%)。

⑥ 清粉机的精选率、打麸机的打麸粉提取率等。

(四) 编制流量平衡表

编制流量平衡表是根据制粉工艺简图确定的工艺流向。根据主要技术指标,进行简单的核算,结果以各种物料的分配比例表示,并按一定的顺序填写流量平衡表。

确定制粉流程中各道物料分配比例的最佳方法是通过研磨和筛理绘制出粒度曲线,从而得出各种粒度范围的物料分配比例。或参照同类粉厂的技术测定资料,制订制粉流程流量平衡表。

(五) 设备数量和型号的确定

根据流量平衡表中初定的各道设备的流量及选定的设备单位流量指标,计算各道磨辊接触长度和平筛的筛理面积,确定所需设备台数。一般情况下,可能有少数设备的单位流量不符合要求或设备总数量超出范围。此时应对物料分配比例、流量平衡表或设备的单位处理量在允许的范围内进行调整。

进行系统分配时,也可按照所设计的生产能力算出整个制粉流程所需总的磨辊接触长度、筛理面积、清粉机筛面总宽度等,然后按比例分配到各系统去。此种方法简明快捷,但需要有丰富的设计经验作为基础。

实际工作中,两种方法可同时并用,效果更佳。

(六) 机械设备各项技术参数的确定

机械设备各项技术参数的确定,如磨粉机的技术特性,制粉流程中的各种数据等。

(七) 绘制制粉流程图,编写制粉流程设计说明书

根据制粉工艺简图绘制正式制粉工艺流程图,编制设计说明书。设计说明书一般包括设计依据、采用的技术、工艺分析、流量平衡表、设备计算表、设备选型、设计总结等内容。

四、制粉工艺设计举例

1. 设计依据

① 原料:河南小麦,容重 750g/L,灰分 1.75%,角质率 40%,白麦占 50%。

② 产品结构:生产等级粉,特一粉、特二粉联产,总出粉率 70%,灰分≤0.58%。

③ 生产能力:日处理小麦 160t。

2. 主要技术经济指标和主机设备类型

① 磨粉机单位接触长度:12mm/(100kg 麦 · 24h);

② 平筛单位筛理面积:0.08～0.09m^2/(100kg 麦 · 24h);

③ 清粉机单位筛面宽度:1.5～2mm/(100kg 麦 · 24h);

④ 主要设备选型:FMFQ10×2 磨粉机、FSFG6/4×24C 高方筛、FQFD50×2×3 清粉机。

3. 研磨道数和基本流程确定

根据原料情况、产品结构、产品质量及主机设备状况,采用四道皮磨,四皮分粗细、分磨混筛;一道渣磨;七道心磨,一心分粗细,二心分好次,二道尾磨;四道清粉;三皮、四皮打麸的工艺流程。绘出制粉流程简图。

4. 编制流量平衡表

编制流量平衡表见表 7-7-1。

表 7-7-1　流量平衡表

系统	占1皮/%	2B	3B	4Bc	4Bf	D1	D2	D3	D4	Br1	Br2	Br3	DF	1P	2P	3P	4P	1S	$1M_1$	$1M_2$	$2M_1$	$2M_2$	3M	1T	4M	5M	2T	6M	7M	F1.2	F4	麸皮
1B	100	66				10								14	8															2		
2B	66		32				12							8	12															2		
3B	39				7			6		20							4													2		
4Bc	16								4		9	9															4			2		
4Bf	12																															
D1	10															2						6								2		
D2	12															1				7										4		
D3	6															1						4								1		
D4	4																									3				1		
Br1	20			16									4																			
Br2	9												1																			8
Br3	9												1																			8
DF	6																										2	2		2		
1P	22		3															10	9													
2P	20		1															5	11	3												
3P	8																			6				2								
4P	9				3															2		2		2								
1S	15		3													2	3				1	4								2		
$1M_1$	20															2	2				8									8		
$1M_2$	18																				7			2						9		
$2M_1$	16																						6	1						9		
$2M_2$	16																						7	1						8		
3M	13																							1	6					6		
1T	9				2																				4		2			1		
4M	10																									6	1			3		
5M	9																										1	5		3		
2T	10																											2		1		7
6M	9																												8	1		
7M	8																													1	7	
		66	39	16	12	10	12	6	4	20	9	9	6	22	20	8	9	15	20	18	16	16	13	9	10	9	10	9	8	70	7	23

5. 主要技术指标的确定

根据制粉方法的要求，初拟皮磨系统的剥刮率和取粉率指标如表 7-7-2 所示。

表 7-7-2 皮磨系统的剥刮率和取粉率指标

系统	剥刮率		取粉率	
	占 1 皮/%	占本道/%	占 1 皮/%	占本道/%
1 皮	34	34	4	4
2 皮	34	51.5	6	9
3 皮	12	37.5	3	8

6. 主要机械设备数量的确定

根据流量平衡表，计算相应的磨粉机和高方平筛的数量。磨粉机的计算和选用见表 7-7-3，高方平筛的计算和选用见表 7-7-4，清粉机计算和选用见表 7-7-5，打麸机的计算和选用见表 7-7-6。

表 7-7-3 磨粉机的计算和选用表

系统	流量		设备流量/[kg/(cm · 24h)]			磨辊长度/cm		磨粉粉数量
	占 1 皮/%	(t/24h)	经验流量	设计	实际	计算	选用	FMFQ10/台
1B	100	160	800～1200	850	800	16 000/850=188	200	1
2B	66	105.6	500～700	500	528	105 600/500=211	200	1
3B	39	62.4	300～450	400	312	62 400/400=156	200	1
4Bc	16	25.6	250～300	280	256	25 600/280=91	200	0.5
4Bf	12	19.2	200～300	200	192	19 200/200=96	200	0.5
1S	15	24	250～350	300	240	24 000/300=80	100	0.5
$1M_1$	20	32	250～350	300	320	32 000/300=107	100	0.5
$1M_2$	18	28.8	250～350	300	288	28 800/300=96	100	0.5
$2M_1$	16	25.6	250～300	300	256	25 600/300=85	100	0.5
$2M_2$	16	25.6	250～300	300	256	25 600/300=85	100	0.5
3M	13	20.8	200～250	200	208	20 800/200=104	100	0.5
1T	9	14.4	200～250	200	144	14 400/200=72	100	0.5
4M	10	16	150～250	200	160	16 000/200=80	100	0.5
5M	9	14.4	150～200	150	144	144 000/150=96	100	0.5
2T	10	16	150～200	150	160	16 000/150=107	100	0.5
6M	9	14.4	150～200	150	144	14 400/150=96	100	0.5
7M	8	12.8	150～200	150	128	12 800/150=85	100	0.5
合计							2 000	10

表 7-7-4 平筛的计算和选用表

系统	流量		设备流量/[$t/(m^2 \cdot 24h)$]			高方平筛		
	占 1 皮/%	(t/24h)	经验流量	设计	实际	计算/m^2	选用/仓	选用/台
1B	100	160	9.0～15.0	11	11.4	160/11=14.5	2	2/6
2B	66	105.6	7.0～10.0	7.5	7.5	105.6/7.5=14.08	2	2/6
3B	39	62.4	4.5～7.5	4.5	4.5	62.4/4.5=8.9	2	2/6

续表

系　统	流　量		设备流量/[t/(m² · 24h)]			高方平筛		
	占1皮/%	(t/24h)	经验流量	设　计	实　际	计算/m²	选用/仓	选用/台
4Bc	16	25.6	4.0～6.0	3.8	3.7	25.6/3.8=6.7	1	1/6
4Bf	12	19.2	3.0～4.0	3.0	2.7	19.2/3.0=6.4	1	1/4
D1	10	16	4.0～6.0	4.5	4.6	16/4.5=3.6	0.5	0.5/6
D2	12	19.2	3.0～5.0	2.8	2.7	19.2/2.8=6.9	1	1/6
D3	6	9.6	3.0～4.0	3.0	2.7	9.6/3.0=3.2	0.5	0.5/6
D4	4	9.4	2.0～3.0	2.5	1.8	6.4/2.5=2.6	0.5	0.5/6
DF	6	9.6	2.0～3.0	2.0	1.38	9.6/2.0=4.8	1	1/6
1S	15	24	4.0～5.5	5.0	3.5	24/5.0=4.8	1	1/6
$1M_1$	20	32	5.0～7.0	5.0	4.6	32/5.0=6.4	1	1/6
$1M_2$	18	28.8	5.0～7.0	5.0	4.1	28.8/5.0=5.8	1	1/6
$2M_1$	16	25.6	5.0～6.0	4.5	3.7	25.6/4.5=5.7	1	1/6
$2M_2$	16	25.6	5.0～6.0	4.5	3.7	25.6/4.5=5.7	1	1/6
3M	13	20.8	5.0～6.0	3.5	3.0	20.8/3.5=5.9	1	1/6
1T	9	14.4	5.0～6.0	2.5	2.1	14.4/2.5=5.8	1	1/6
4M	10	16	4.0～5.0	3.5	4.6	16/3.5=4.6	0.5	0.5/6
5M	9	14.4	4.0～5.0	3.5	4.1	14.4/3.5=4.1	0.5	0.5/4
2T	10	16	4.0～5.0	3.5	4.6	16/3.5=4.6	0.5	0.5/4
6M	9	14.4	4.0～5.0	3.5	4.1	14.4/3.5=4.1	0.5	0.5/4
7M	8	12.8	4.0～5.0	3.5	3.7	12.8/3.5=3.7	0.5	0.5/4
DF							1	1/4
XF							1	1/4
F1	40	64	5.0～7.0	5.0	4.5	64/5=12.8	2	2/4
F2	30	48	5.0～7.0	5.0	3.4	48/5=9.6	2	2/4
合计							26	

表 7-7-5　清粉机的计算和选用表

系　统	流　量			经验流量/[(kg · 仓)/h]	选用型号及仓数
	占1皮/%	(t/24h)	(kg/h)		
1P	22	35.2	1467	700～1400	FQFD46×2×3　2仓
2P	20	32	1333	400～700	FQFD46×2×3　2仓
3P	8	12.8	533	400～700	FQFD46×2×3　1仓
4P	9	14.4	600	400～700	FQFD46×2×3　1仓

表 7-7-6　打麸机的计算和选用表

系　统	流　量			FFPD45×1 产量/(kg/h)	选用型号及台数
	占1皮/%	(t/24h)	(kg/h)		
Br1	20	32	13.33	1300～1600	FFPD45×1　2台
Br2	9	14.4	600	1300～1600	FFPD45×1　1台
Br3	9	14.4	600	1300～1600	FFPD45×1　1台

通过以上计算,确定共选用 FMFQ10 台,磨辊总接触长度 2000cm。该制粉流程日处理小麦 160t,按出粉率 70%(粉麸比)计算,则日产面粉 112t。磨粉机总平均流量 80kg 麦/(cm · 24h),厘米磨辊时产量为 2.5kg 粉/(cm · h)。

通过计算确定选用 3 台 6 仓式高方平筛,2 台 4 仓式高方平筛,筛理面积 196m^2,减去面粉检查筛筛理面积 28m^2,实际筛理面积 168m^2,故筛理设备总平均流量 952kg 麦/(m^2 · 24h)。其中每仓筛理面积按 7m^2 计。

通过计算确定选用 FQFD46×2×3 型清粉机 3 台,FFPD45×1 型打麸机 4 台。

7. 设备主要技术参数的确定

在 1 皮系统,由于原料中含有少量硬麦,入磨麦水粉宜在 14.8%左右。为适应 1 皮磨有较低的单位流量 800kg/(cm · 24h),并提取大量的麦渣和麦心,节省动力,磨辊采用齿数 3.8 牙/cm、D-D 排列、齿角 65°/30°、斜度 5%。操作时 1 皮剥刮率为 34%左右,取粉率约 4%。

2 皮磨不分粗细,磨辊齿数为 5.4 牙/cm,磨辊排列钝对钝、斜度 5%、齿角 65°/30°。操作时,2 皮剥刮率为 34%,取粉率 6%左右(占 1 皮)。1 渣磨单位流量适中,为在生产一定数量的面粉的同时,提取较多的粗粒和粗粉,磨辊采用光辊,速比 1.25 : 1。操作时,1 渣取粉率约 14%(占本道)。为保证面粉质量,心磨全部采用光辊,速比 1.25 : 1,前路心磨磨辊转速 550r/min,后路心磨磨辊转速 450r/min。

各道磨粉机的技术特性如表 7-7-7 所示。

表 7-7-7 各道磨粉机的技术特性表

系统	齿角/°	齿数/(牙/cm)	排列	速比	斜度/%	快辊转速/(r/min)
1B	30/65	3.8	D-D	2.5 : 1	5	600
2B	30/65	5.4	D-D	2.5 : 1	6	600
3B	50/65	7.1	F-F	2.5 : 1	8	600
4Bc	50/65	8.6	F-F	2.5 : 1	10	600
4Bf	40/65	9.4	D-D	2.5 : 1	10	550
1S				1.25 : 1		550
$1M_1$				1.25 : 1		550
$1M_2$				1.25 : 1		550
$2M_1$				1.25 : 1		550
$2M_2$				1.25 : 1		550
1T				1.25 : 1		550
3M				1.25 : 1		550
4M				1.25 : 1		550
5M				1.25 : 1		450
6M				1.25 : 1		450
7M				1.25 : 1		450
2T				1.25 : 1		450

8. 绘制正式的制粉流程图

绘制正式的制粉流程图见图 7-7-1。

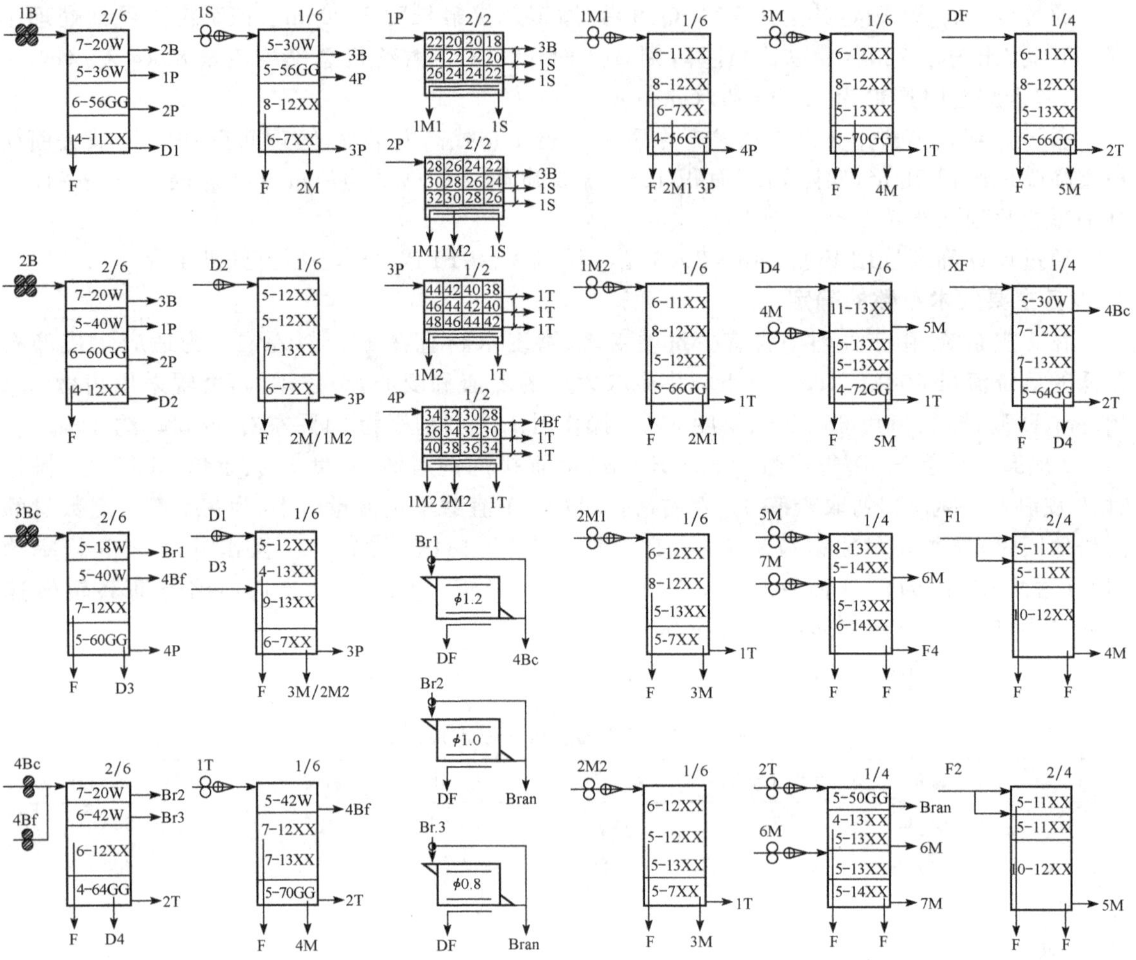

图 7-7-1　日处理小麦 160t 等级粉工艺流程图

（温纪平）

第八章　小麦粉后处理

小麦粉后处理是小麦粉加工的最后阶段，这个阶段包括小麦粉的收集与配制、小麦粉的散存、称量、杀虫、微量元素的添加，以及小麦粉的修饰与营养强化等。在现代化的小麦粉加工厂，小麦粉的后处理是非常重要的环节，设置小麦粉后处理有以下功能。

(1) 稳定小麦粉质量

小麦粉质量的稳定是用户最大的愿望，特别是食品加工工厂。面粉厂向它提供质量稳定均匀的小麦粉，才能稳定其配方和工艺操作，生产出品质稳定的食品。但面粉厂使用的原料小麦受品种、气候、地域、耕作条件等的影响，其在品质上有很大差别，生产出的小麦粉品质也有较大差异，因此需通过小麦粉搭配来生产出质量稳定的小麦粉。

(2) 提高小麦粉质量，增加小麦粉品种

在小麦粉后处理中可加入各种所需的小麦粉添加料、添加剂以改变小麦粉的组成或改变小麦粉的理化性状，来满足制作各种面制食品的需要；还可以添加各种人体需求而面粉中缺乏的营养素，生产出营养强化面粉。以上措施不仅可以提高面粉质量，还可以增加面粉品种。

在小麦粉后处理的工艺中设置有杀虫机，可以击杀虫卵。设置有再筛设备，可以去除可能存在的杂质，这些也是保证面粉质量的有效措施。

第一节　小麦粉的收集与配制

由于市场的需要，现代化的面粉厂一般同时生产几种档次的小麦粉或专用粉，这主要通过配粉来实现。小麦籽粒不同部位的胚乳中，蛋白质、淀粉的含量和质量有所不同，不同系统的小麦粉来自小麦籽粒中不同部位，其蛋白质、淀粉的含量和质量及灰分都有所差别，因此，一般将小麦粉按照质量分成 2 或 3 种，分别送入不同的小麦粉散存仓或配粉仓，然后按照市场的要求进行不同比例的搭配。小麦粉的搭配也可以利用螺旋输送机在生产线上实现动态配粉，但精确度相对较低。

一、小麦粉的收集

小麦粉的收集是将从高方筛下面筛出的小麦粉按质量分别送入几条螺旋输送机(一般为 2～4 条)中，然后经过检查筛、杀虫机、称重送入配粉车间，称为基本小麦粉。不同系统的小麦粉流，其质量和烘焙品质有所差别。一般来说，前路皮磨和前路心磨的小麦粉其灰分较低，白度较好。渣磨和前路心磨的小麦粉是从胚乳中心制得，其蛋白质含量比其他系统要低，纤维素含量也最低，但降落数值较高，所以烘焙特性相对较好。从后路皮磨和后路心磨制得的小麦粉，来自于小麦胚乳的外围部分，此部分小麦粉的蛋白质和纤维素含量较高，降落数值和形成面筋能力下降，烘焙性能相对较差。

有时由同一系统所得的单一小麦粉料流的质量也是不同的，因此，应根据具体情况和实际检测结果，以及产品的定位和质量要求进行配粉。小麦粉流的流向应具有一定的灵活性，有时由于生产、原粮等的变化或配粉方案的调整要改变小麦粉流的流向，因而任何单独的小麦粉流都应有 2 或 3 种流向。

二、小麦粉的配制

基本小麦粉经检查筛检查后，入杀虫机杀虫，再由螺旋输送机送入定量秤，经正压输送或机械输送送入相应的散存仓。散存仓内的几种基本小麦粉，根据其品质的不同按比例混合搭配，或根据需要加入品质改良剂、营养强化剂等，成为不同用途、不同等级的小麦粉。小麦粉的搭配比例可通过各小麦粉散存仓出口的螺旋喂料器与批量称来控制。微量元素的添加是通过有精确喂料装置的微量元素添加机实现，最后通过混合机制成各种等级的小麦粉。配粉车间制成的成品小麦粉，可通过气力输送送往打包间的打包仓内打包或送入发送仓，向汽车、火车散装发运。

第二节　小麦粉的修饰与强化

随着社会的发展和生活水平的提高，人们对面食品的要求越来越高，除好吃外，人们还关注面食品的营养、造型、外观、色泽，以及食品制作的难易程度等。为了满足市场的这种需求，小麦粉的修饰与强化逐渐受到小麦粉加工企业的重视。

一、小麦粉的修饰

小麦粉的修饰是指根据小麦粉的用途，通过一定的物理或化学方法对小麦粉进行处理，以弥补小麦粉在某些方面的缺陷或不足。小麦粉修饰的方法有很多种，最常用的方法是漂白、氧化、氯化和酶处理等。

（一）漂白

新加工的小麦粉中含有微量的脂溶性胡萝卜素，呈浅黄色，影响小麦粉的色泽。当小麦粉储存一段时间后，可自然氧化而改善色泽。小麦粉的色泽也可通过漂白的方法来改善。以往，小麦粉的漂白方法有电弧法、亚硝酰氯法、三氯化氮法等，目前最常用的方法是利用过氧化苯甲酰作为漂白剂进行漂白。

我国 1986 年将过氧化苯甲酰列入国家允许使用的小麦粉改良剂。过氧化苯甲酰能氧化小麦粉中类胡萝卜素等色素，达到增白的作用。有资料表明也能抑制小麦粉中的酶和微生物，促进小麦粉的熟化。过氧化苯甲酰为白色结晶、无臭、略有苯甲醛味，它是一种高反应性氧化物，遇撞击可自发爆炸。所以使用时，应先用载体稀释。过氧化苯甲酰属于慢速氧化剂，对麸皮的颜色作用不大。过氧化苯甲酰过量的添加会破坏小麦粉中的营养成分（如维生素），同时也会对人体产生不良作用，目前在一些发达国家限制使用过氧化苯甲酰。我国食品添加剂标准化技术委员会于 1993 年规定，将小麦粉中过氧化苯甲酰的允许添加量由原来的 0.3g/kg 降至 0.06g/kg。卫生部又于 2011 年决定，自 2011 年 5 月 1 日起，禁止在面粉生产中添加过氧化苯甲酰和过氧化钙，有关面粉（小麦粉）中允许添加过氧化苯甲酰、过氧化钙的食品标准内容自行废止。

（二）氧化

小麦粉蛋白质中含有很多—SH 基，这些—SH 基在受到氧化作用后会形成二硫键，二硫键数量的多少对小麦粉的筋力起着决定性的作用，因此对小麦粉的氧化处理可增加小麦粉的筋力，改善面筋的结构性能。此外，氧化剂还具有抑制蛋白酶活性和增白的作用。常用的氧化剂有快速、中速和慢速三种类型。快速型氧化剂有碘酸钾、碘酸钙等，中速型氧化剂有 L-维生素C,慢性氧化剂有溴酸钾、溴酸钙等。面包头专用粉宜采用中、慢速氧化剂,因为它们在发酵、醒发及焙烤初期对小麦粉的筋力要求较高。小麦粉中常用的氧化剂为溴酸钾和L-维生素C,二者混合使用效果更佳。对筋力较强的小麦粉氧化作用的效果较为显著,而对筋力较弱的小麦粉,氧化剂的作用不是很明显,因此应根据小麦粉的具体特点选择合适的氧化剂。目前溴酸钾因其对人体的危害已在国内外被禁止使用。

(三) 氯化

对于高比(高糖、高水含量)蛋糕所用小麦粉而言,需要用氯气处理以打断蛋白质分子间的钛链和氢键,增加蛋白质的分散性和面筋的可溶性,增加面团的吸水量和膨胀力,从而增加蛋糕的体积,同时氯气还具有漂白的作用。

氯气的处理量过高,反而会使蛋糕品质变次。不同的小麦粉所需要氯气的量各不相同,一般各种处理后小麦粉的pH以4.6～5.1为易。

(四) 酶处理

小麦粉中的淀粉酶对发酵食品,如面包、馒头等有一定的作用,一定数量的淀粉酶可将小麦粉中的淀粉分解成可发酵糖,为酵母提供充足的营养,保证其发酵能力。当小麦粉中的淀粉酶活性不足时,可以添加富含淀粉酶的物质,如大麦芽、发芽小麦粉等以增加其淀粉酶的活性。对于饼干用小麦粉,有时为了降低面筋的筋力,可加入一定的蛋白酶以水解部分蛋白质,以满足饼干生产的需要。

(五) 添加谷朊粉

谷朊粉又名活性面筋粉,它是从小麦粉中提取出来的天然蛋白质,含有70%～80%的蛋白质。谷朊粉中含有麦谷蛋白和醇溶蛋白,其水合形式与面粉中天然存在的面筋蛋白相似。所以,将谷朊粉加入到面粉中进行搅拌,当形成面团后,其可完全与面粉中的面筋相互作用形成一体。

谷朊粉是一种优良的面团改良剂,广泛用于面包、面条、方便面的生产,在肉类制品中可作为保水剂。目前国内还把谷朊粉作为一种高效的面粉增筋剂,将其用于高筋粉、面包专用粉的生产。另外,添加谷朊粉还是增加食品中植物蛋白质含量的有效方法。谷朊粉用于专用小麦粉,可明显提高面筋含量和面团结构强度,改善面团的加工性能。一般谷朊粉的添加量控制在2%以下,这不是说它有毒性或能损人体健康,而是因为谷朊粉本身有一个缺点,即在水中易水化而形成小面筋球,不但不能发挥其增强面团结构的作用,还会阻碍面团中其他面筋形成强持气性结构。当超过2%的添加量,谷朊粉的作用会大大降低。

谷朊粉在强力粉中的添加量一般为1%～1.5%,在筋力较弱的面粉中添加量通常为2%～5%。在使用谷朊粉时,要预先使面粉与谷朊粉充分混合,而不可以直接将其加入水中或发酵液中,以防面粉结块。

(六) 添加淀粉及衍生物

面粉中淀粉含量及性质是影响面粉品质的重要因素,根据需要在面粉中添加淀粉或其衍生物可改变面团及所作食品的质构、外观、口感等,尤其是对面条品质的影响更为显著。如果说决定生面面团或面条物理性质的主要成分是面筋的话,对于煮熟的可食状态的面条,淀粉则是影响口感品质的主要因素之一。在挂面和方便面生产中添加一定量的淀粉,可改良面条的品质,如咀嚼性、滑爽性、光亮度等。在面粉中添加淀粉还可降低面团中面筋的相对含量,达到弱化面筋的目的。

用于面条生产的淀粉,一般要求具有“糊化温度低、糊化膨胀容易、黏度高”等特点。目前常用的淀粉有马铃薯淀粉、玉米淀粉、木薯淀粉、黏质玉米淀粉及小麦淀粉等。马铃薯淀粉的糊化温度低、淀粉膨胀力大,因此添加马铃薯淀粉的面条表面光亮、黏弹性强,其蒸煮时间可以明显缩短;玉米淀粉中直链淀粉含量多,添加到面条中面条质地较硬,有咬劲,但易使面条老化;木薯淀粉含有的直链淀粉少,黏弹性好,添加后可使面条有嚼劲、滑爽、表面光亮;黏质玉米淀粉与糯米一样不含直链淀粉,添加后可使面条质地变软、有糯性,且面条不易老化;小麦淀粉与玉米淀粉相似,直链淀粉含量较多,添加后面条食感硬、易老化。

尽管淀粉对面条的品质有一定的改良作用,但在特殊加工条件下或特殊情况下,原淀粉则不能很好地满足这些要求,只有通过变性作用改变淀粉分子的基本性质,才能使其更适应于食品工业的要求。淀粉分子具有许多羟基,这些羟基可与氧化剂、交联剂、有机酸或无机酸作用,在不同条件下得到脂化、醚化、交联或降解产物,这些产物与原淀粉相比,其糊化温度、糊的成膜、透明度,以及对酸碱、机械搅拌影响的稳定性、耐高温性均有明显变化。变性淀粉在面条生产中的应用主要是作为一种增稠剂,其作用在于其具有良好的黏附性能,当将其加入面粉中和面时,使面筋和淀粉颗粒、淀粉颗粒与淀粉颗粒,以及碎散的面筋很好的黏合起来,形成具有黏弹性能良好、组织细密的面团。在这方面,木薯磷酸交联淀粉、木薯羧甲基淀粉、木薯磷酸淀粉、木薯乙酸淀粉表现较突出。特别是木薯磷酸交联淀粉不但具有良好的黏附性能,而且糊化后黏度适中,较稳定,有利于面筋及淀粉颗粒的接触浸润,起到良好的黏合作用;另外,在其糊化膨胀后,这些交联淀粉会有交联的网络溶胀在水中,这样就有可能在和面时与刚形成的面筋网络互相贯穿,形成互相贯穿的高聚物网络,对面团起到增强作用。

淀粉在面条中的使用量一般以10%～20%为好,过多会造成面带的抗拉应力、抗拉强度,并使面带压缩厚度下降。

二、小麦粉的营养强化

小麦粉中的赖氨酸比较缺乏,这会影响人体对蛋白质的吸收,同时高精度小麦粉中的维生素和某些矿物质的含量偏低。21世纪,健康和营养将是人们饮食的主导思想,这也应贯彻到小麦粉这一主食中。由于小麦粉具有消费群体广泛、消费数量稳定等特点,所以极适合营养物质或药物成分的添加。目前,在美洲和欧洲的一些国家已广泛食用营养强化小麦粉。

小麦粉的营养强化可分为氨基酸强化、维生素强化和矿物质强化。

(一)氨基酸强化

人体对蛋白质的吸收程度取决于蛋白质中的氨基酸的比例和平衡,小麦粉中的赖氨酸和色氨酸最为缺乏,属第一和第二限制性氨基酸。小麦中的各种必需氨基酸的含量和缺乏程度见表8-2-1。

表8-2-1　小麦蛋白质中各种必需氨基酸的含量和缺乏程度

含量与缺乏程度	种类							
	色氨酸	赖氨酸	蛋氨酸	苯丙氨酸	苏氨酸	亮氨酸	异亮氨酸	缬氨酸
含量/%	1.15	2.44	1.40	4.56	3.06	7.10	3.61	4.24
缺乏程度/%	−30.00	−55.00	−12.50	+40.00	−3.40	+30.40	−16.70	+4.50

注:“−”号表示与平衡比例相比缺乏的百分比;“+”号表示与平衡比例相比过量的百分比。

小麦粉中的氨基酸强化主要是强化赖氨酸，强化的方法是在小麦粉中直接添加赖氨酸盐，也可以在小麦粉中添加富含赖氨酸的大豆粉或大豆蛋白。研究表明，在小麦粉中添加1g赖氨酸，可以增加10g可利用蛋白质。赖氨酸的添加量用于面包、饼干，用量为1～2g/kg，在和面时加入；用于面条的面粉，用量为2～4g/kg。

（二）维生素强化

维生素是人体内不能合成的一种有机物质，人体对维生素的需求量很小，但维生素的作用却非常重要，因为它是调节和维持人体正常新陈代谢的重要物质。某种维生素的缺乏就会导致相应的疾病。由于饮食习惯及其他原因，维生素缺乏症在我国比较常见，在小麦粉中添加维生素是一种有效的途径。

人体需求量比较大的维生素是B族维生素和维生素C。我国规定，小麦粉中的维生素B_1、维生素B_2的添加量为4～5mg/kg。在小麦粉中添加维生素时，应考虑维生素的稳定性，有些维生素（如维生素C）的性质十分不稳定，添加时应进行一定的稳定化处理。稳定化处理的方法有两种，第一种化合法，即将维生素与其他物质进行成盐、成酯等化学反应，使之形成比较稳定的化合物，如将维生素C处理成维生素C-磷酸酯、维生素C-硫酸酯、维生素C-Ca、维生素C-Na等；第二种方法是微胶囊法，即将维生素包埋在微胶囊中，制作微胶囊的方法有很多种，使用的材料也不尽相同，应根据维生素的种类、性质来选择。在小麦粉中添加经过微胶囊化的维生素其成本会有较大的提高，因此目前还比较少见。

（三）矿物质强化

矿物质是构成人体骨骼、体液，以及调节人体化学反应的酶的重要成分，它还能维持人体体液的酸碱平衡。据调查我国有相当多的儿童和老年人缺乏钙质元素，有60%的儿童在主食中获得锌的量低于正常值（110mg/kg），因此补钙和补锌是当前我国营养食品的主流之一。以小麦粉作为钙和锌的添加载体，其添加量比较容易掌握，在英国、美国、法国等国家，向小麦粉中添加锌强化剂已成为法规。

钙的强化剂有骨粉、蛋壳粉和钙化合物（主要是弱酸钙），成人的钙供给标准为800mg/d，普通人的实际摄入量仅为500～600mg/d。常见的锌强化剂有葡萄糖酸锌、乳酸锌和柠檬酸锌，其中最常用的是柠檬酸锌。正常人每日需锌10～15mg，我国营养强化剂使用标准规定锌加入量为20mg/kg。除钙和锌外，铁也是人体需要较多的矿物质元素之一，铁的缺乏会导致缺铁性贫血，铁的强化主要是添加葡萄糖酸亚铁、硫酸铁等。

第三节　小麦粉后处理工艺

小麦粉后处理工艺流程一般为小麦粉检查→自动秤→磁选器→杀虫机→小麦粉散存仓→配粉仓→批量秤→混合机→打包仓→打包机。

小麦粉后处理的工艺可分为两类，一类是将配粉仓与小麦粉散存仓合二为一，如图8-3-1所示。该工艺的优点是：配粉仓兼作小麦粉散存仓，节省了投资和动耗；缺点是：由于配粉仓不能充分利用楼层空间，仓容受到限制。另一类是分别设立配粉仓和小麦粉散存仓的工艺流程

(图 8-3-2),小麦粉散存仓的仓容较大,可暂时储存一定数量的小麦粉,以缓解销售的压力;同时还设有倒仓功能,可防止小麦粉结块。散存仓的小麦粉可以直接打包,也可以入配粉仓进行配粉,其缺点是提升的道数较多、动耗较大。

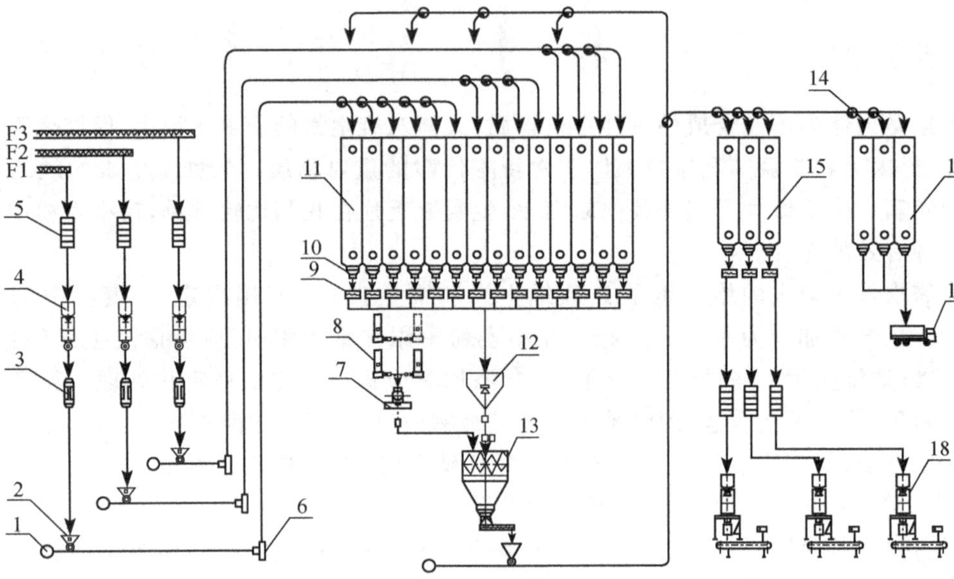

图 8-3-1　配粉仓与小麦粉散存仓合二为一的配粉工艺流程图

1. 罗茨风机;2. 正压关风器;3. 磁选器;4. 中间计量秤;5. 检查筛;6. 杀虫机;7. 微量秤;8. 微量元素添加机;9. 圆管螺旋输送机;10. 振动出仓器;11. 面粉散装、配粉仓;12. 批量秤;13. 混合机;14. 双路阀;15. 面粉打包仓;16. 散装发仓;17. 面粉散装车;18. 面粉打包机

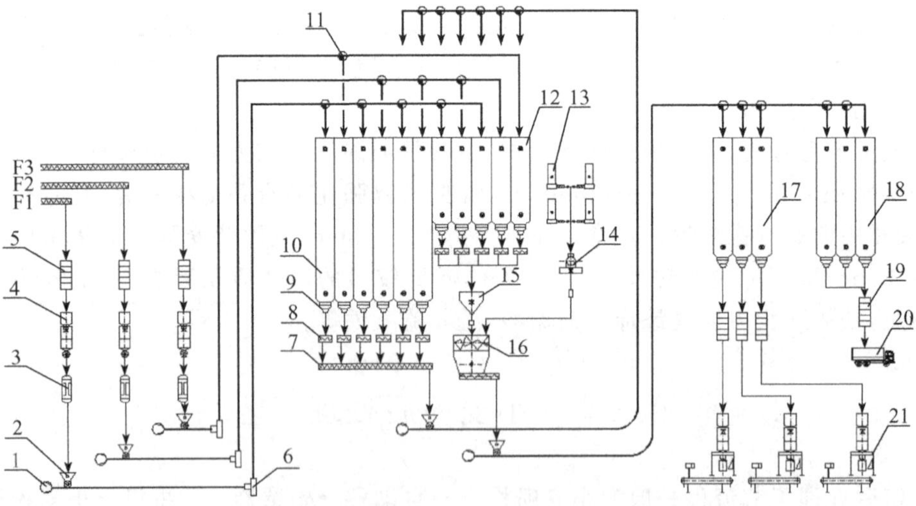

图 8-3-2　分别设立配粉仓和小麦粉散存仓的配粉工艺流程

1. 罗茨风机;2. 正压关风器;3. 磁选器;4. 中间计量秤;5. 检查筛;6. 杀虫机;7. 输送绞龙;8. 圆管螺旋输送机;9. 振动出仓器;10. 面粉散装仓;11. 双路阀;12. 配粉仓;13. 微量元素添加机;14. 微量秤;15. 批量秤;16. 混合机;17. 面粉打包仓;18. 散装发放仓;19. 检查筛;20. 面粉散装车;21. 面粉打包机

第四节　小麦粉后处理设备

小麦粉后处理的设备主要有杀虫机、振动卸料器、小麦粉混合机、批量秤、微量元素添加机等。

一、杀　虫　机

小麦经过研磨和筛理后，制成的小麦粉中有时会存在一定数量的虫卵，这些虫卵在环境条件适宜时就会孵化成幼虫，幼虫长成成虫，给小麦粉的储存造成一定的困难，因此必须将这些虫卵杀死。

小麦粉厂的杀虫一般是通过杀虫机来实现，杀虫机的工作原理类似于撞击松粉机，它能利用对小麦粉的撞击撞碎昆虫和虫卵，同时还能起到撞击机的作用。

常用的杀虫机有 MJZD 型撞击杀虫机，其主要结构见图 8-4-1。这种杀虫机有两种机型。其一是电机在机体内部，电机轴与主轴直接相连。其二是电机在机体外部，电机轴与主轴采用传动带相连。其主要由物料进口、甩盘、撞击圈和传动装置组成。

MJZD 型撞击杀虫机性能参数见表 8-4-1。

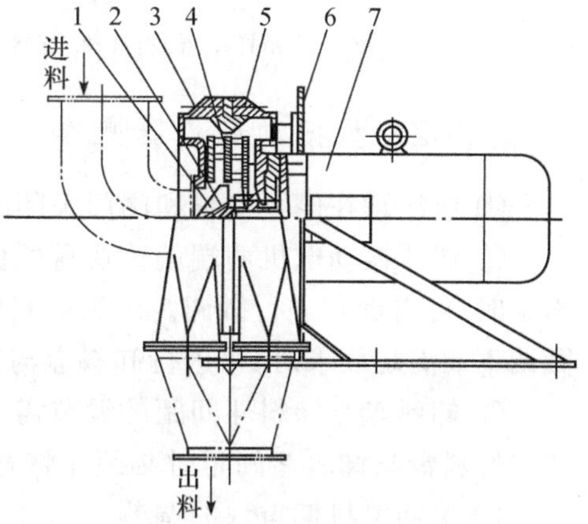

图 8-4-1　MJZD 撞击杀虫机结构图

1. 拨料器；2. 转子轴座；3. 上壳体；4. 转子；5. 下壳体；6. 支座；7. 电动机

表 8-4-1　MJZD 型撞击杀虫机性能参数

型　号	转子直径/cm	功率/kW	产量/(t/h)	转速/(r/min)
MJZD	43.36	3.0	0.00～6.00	1500
MJZD	43.36	4.0	6.00～9.00	1500
MJZD	43.36	5.5	9.00～15.00	1500

二、振动卸料器

振动卸料器是一种物料给料装置，它应用于小麦粉仓的底部，通过振动，使小麦粉均匀流出。TDXZ 型振动式卸料器是目前常用的卸料器，它采用振动电机产生的振动力，使振动器及内部的球面活化器随之振动，并将振动力通过活化器呈放射状传向物料，从而破坏仓内物料产生的结拱现象，使物料均匀、连续不断地排出。当电机停振，排料随即中断。它的特点是：结构简单、性能可靠、破拱性能强；能使小麦粉稳定、均匀、连续准确地排出；运行平衡、噪音低、节能、寿命长，给料量可调。

TDXZ 型振动卸料器的结构如图 8-4-2 所示。卸料器由电动机、连接法兰、卸料斗、卸料盘、定距管、吊杆、橡胶密封圈等组成，物料从仓底落下，流至下面的卸料斗里，振动电机驱动卸料斗做高频振动，物料受振动后，经过卸料盘中间及四周均匀缓慢地流下来，从而改善了物料的流动性，使物料稳定均匀，同时仓内物料不易结拱。

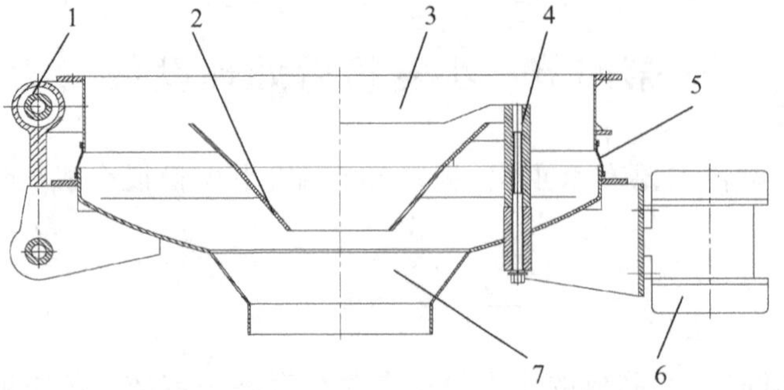

图 8-4-2　TDZX 型振动卸料器结构示意图

1. 吊杆；2. 卸料盘；3. 连接法兰；4. 卸料盘；5. 软连接；6. 电动机；7. 卸料斗

(一) TDZX 型振动卸料器操作

① 应注意在停止喂料和闸门关闭时，不能启动电机，否则仓内的物料会振动结实。

② 调节振动电机两端偏重块重叠位置，可改变其振幅大小和离心力的大小。当卸料能力不足时，可借助它进行微调。因为卸料能力还与仓内物料的温度、破碎程度、透气率有关，故当微调不能满足要求时，可进行卸料盘与卸料斗间距的调节。

③ 卸料盘与卸料斗间距的调节需更换定距管，间距大，卸料能力大；间距小，卸料能力小。调节卸料盘与卸料斗间距时必须先将仓内的物料排尽，一般在设备出厂前已调好。

④ 振动电机偏重块的调节。

a. 振动电机偏重块设在电机轴的两端，每一端有两块，调节时只需松开偏重块的夹紧螺母，转动上块，调至需要位置后用螺母加紧，两偏重块重叠部分越多，离心力越大。

b. 偏重块上有尺寸刻度标记，电机两头的偏重块位置必须根据刻度标调到完全一致。

(二) TDZX 型振动卸料器维护

① 吊杆支点处的橡胶套使用一定时间后会产生老化现象，需要定期更换，橡胶套与钢套铰接，更换时将橡胶套、钢套一起从吊杆中取出。装配时在吊孔内孔、橡胶套内圆表面涂皂液，然后将胶套压入吊杆内。

② 橡胶密封圈使用一段时间后需要更换。

③ 振动电机的固定位置可借助固定电机底板上的腰形孔来调节，主要调节其上、下位置。拆卸电机时做好标记，以便装配时复位。

④ 振动电机使用 4 个月后需更换润滑油、清除机体内污垢等，每年更换一次轴承。

TDZX 型振动卸料器的主要技术参数见表 8-4-2。

表 8-4-2　仓底振动卸料器的主要规格

型　号	振动电机			适用散存仓直径	
	功率/kW	转速/(r/min)	数量/只	最小/mm	最大/mm
TDXZ80×20	0.30	1120	1	800	2400
TDXZ100×30	0.37	1430	1	1000	3000
TDXZ130×50	0.37	1430	1	1300	3900
TDXZ160×50	0.75	1410	1	1600	4800
TDXZ200×50	0.75	1970	2	2000	6000

三、小麦粉混合机

小麦粉混合机的主要作用是将两种或两种以上不同质量的小麦粉，以及添加的微量元素混合成为均匀的小麦粉。面粉厂的混合机大都采用卧式混合机，其具有混合效率高、卸料迅速的特点。常用的混合机有双轴桨叶混合机和卧式环带混合机两种。

（一）双轴桨叶混合机

（1）工作原理和结构

双轴桨叶混合机由两个旋转方向相反的转子组成，转子上焊有多个特殊角度的桨叶，桨叶带动物料一方面沿着机槽内逆时针旋转，另一方面带动物料左右翻动；在两转子的交叉重叠处，形成了一个失重区，在此区域内，不论物料的形状、大小和密度如何，都能使物料上浮，处于瞬间的失重状态，使物料在机槽内表面全方位连续循环翻动、相互交错剪切，从而达到快速柔和混合均匀的效果。

出料门控制由气缸、连杆、摇臂、双连摇杆、联动轴、形成开关等组成。出料门装在联动轴上，联动轴与摇臂连接在一起，摇臂与连杆，连杆与双连摇杆相互交接，气缸往复运动，通过双连摇杆使联动轴转动，从而带动底部的两个出料门开启或关闭。

双轴桨叶式高效混合机结构图见图 8-4-3。

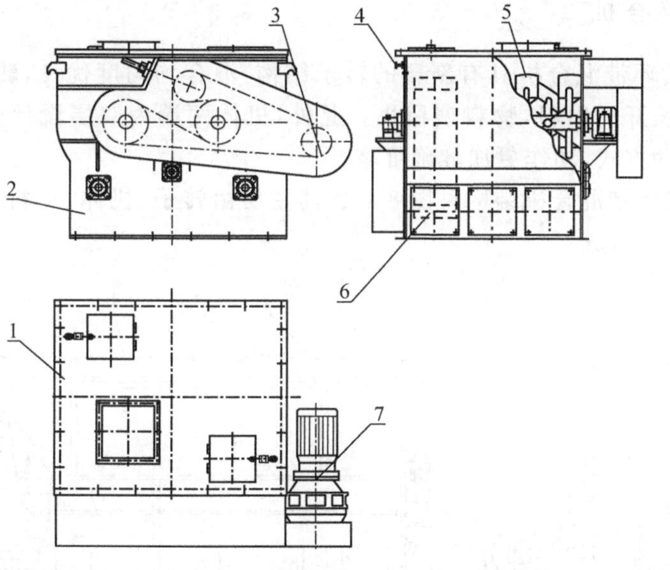

图 8-4-3　双轴桨叶式高效混合机结构图

1. 上盖；2. 机体；3. 传动装置；4. 油质添加装置；5. 转子；6. 回风管；7. 电动机

（2）特点

① 物料混合时间一般为 45～60s，混合均匀度 CV≤5%。混合时间较短，有利于提高面粉后处理工序的生产效率。

② 装填系数为 0.1～0.8，适用于不同比重、粒度物料的混合。

③ 混合不产生偏析。该机在 1min 内混合均匀后，继续混合物料不发生分级现象，且不会

因为比重、粒度等物性差别大而产生偏析，从而得到高精度混合物。

④ 底部采用了全长双开门结构，排料迅速、残留少。

⑤ 链轮链条采用三排链结构，由摆线针轮减速机带动两转子相向转动，传动机构运转平稳，传动扭矩大。

(3) 性能规格

双轴桨叶式高效混合机有 SLHSJ7、SLHSJ4、SLHSJ2 等型号，其性能指标见表 8-4-3。

表 8-4-3　双轴桨叶式高效混合机主要规格

型　号	有效容积/m^3	混合量/(kg/批)	混合时间/(s/批)	混合均匀度≤%	动力/kW	质量/kg
SLHSJ7	7	3000	45～60	5	45	8650
SLHSJ4	4	2000	45～60	5	30	6770
SLHSJ2	2	1000	45～60	5	18.5	5190
SLHSJ1	1	500	45～60	5	11	2540
SLHSJ0.5	0.5	250	45～60	5	5.5	1370
SLHSJ0.35	0.35	175	45～60	5	4	1210
SLHSJ0.2	0.2	100	45～60	5	2.2	760
SLHSJ0.1	0.1	50	45～60	5	2.2	620
SLHSJ0.06	0.06	25	45～60	5	0.75	370

(二) 卧式环带混合机

SLHY 型卧式环带混合机具有新颖的转子结构，混合均匀度优良，转子与机壳的间隙可以调整，底部为全长开门出料，物料残留小。此外，机体两端为双层设计，杜绝了两端漏料现象；出料门采用气动方式，动作更加准确可靠。

SLHY 型卧式环带混合机结构见图 8-4-4，其主要由转子、机体、出料门、出料控制机构和液体添加管道等部分组成。

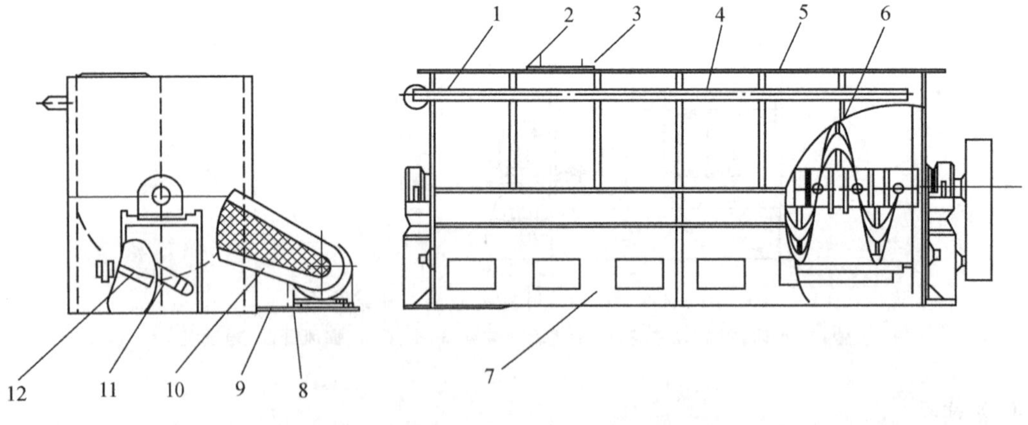

图 8-4-4　SLHY 型卧式环带混合机结构示意图

1. 上机体；2. 添加剂进口盖板；3. 观察门；4. 液体添加管道；5. 主料进口盖板；6. 转子；7. 下机体；8. 摆线针轮减速机；9. 滑轨；10. 链罩；11. 气缸；12. 出料门

转子由带状螺旋叶片、轴和圆环及支撑杆等组成。螺旋叶片分为内外两圈，分别为左旋和右旋。转子转动时，左旋叶片使物料从一端推向另一端，右旋叶片则使物料向相反方向移动，通过这样不断地翻动和对流，可使物料均匀混合。转子两端在靠近机体内壁处、外叶片撑杆上焊有刮料板，使机内四角的物料能够得到充分搅拌。

机体两端部分有内外两层墙板。内外墙板之间的空间和机体上下部相通，在进出料时被物料排出的空气可在此空间循环，不致溢出机外。机体盖上有观察门及两个进料口。混合机的机顶盖分为三段，一段为可作检修用的观察门，另两段为大盖板，使用时可根据需要开孔连接进料管或安装气动闸门。

机壳下部出料门框周围装有密封件，门关紧时，出料门体的侧面紧贴密封件上的橡胶密封条，使机内物料不致漏出，密封条损坏后可更换。必要时调整在门体上的螺母位置，可以使出料门紧贴机壳底部使其密封。

出料控制机构由气缸、连杆机构、联动轴、行程开关等组成。出料门装在联动轴上，联动轴与从动摇杆连接在一起，气缸头和主动摇杆铰接。气缸往复运动，通过连杆机构使联动轴转动，从而带动出料门开启或关闭。

主轴承座底面和机体上的支撑面之间装有两块垫铁，两块垫铁间的接触面为斜面，移动两块垫铁，就可以调节轴承座的高度，即调整转子外径和机槽底部的间隙。调整后两垫铁的两端分别由安装在机体上的螺栓顶紧。

SLHY 型卧式环带混合机主要技术参数见表 8-4-4。

表 8-4-4　SLHY 型卧式环带混合机的技术参数

型　号	有效容积/m^3	每批混合量/kg	每批混合时间/min	混合均匀度/%	功率/kW	机重/kg
SLHY15	15.00	6 000	3～6	≤7	75.00	11 600
SLHY12.5	12.50	5 000	3～6	≤7	55.00	9 800
SLHY10	10.00	4 000	3～6	≤7	45.00	8 600
SLHY7.5	7.50	3 000	3～6	≤7	37.00	6 540
SLHY5A	5.00	2 000	3～6	≤7	30.00	4 720
SLHY2.5A	2.50	1 000	3～6	≤7	15.00	2 789
SLHY1A	1.00	500	3～6	≤7	11.00	1 759
SLHY0.6A	0.6	250	3～6	≤7	5.5	1 149
SLHY0.25A	0.25	100	3～6	≤7	2.2	711
SLHY0.125	0.13	50	3～6	≤7	0.75	332

1. SLHY 型卧式环带混合机操作步骤

① 使用前应进行空转，机体应平稳，无非正常振动，并观察出料机构工作是否正常。

② 使用时应先启动减速机，待转子转动正常后再进料。

③ 机体内物料面不得低于主轴轴线平面。

④ 添加机应在机内物料进入一半批量后加入。

⑤ 物料中不得混入金属杂质，以免损坏转子叶片。

⑥ 减速机、气缸和辅助元件的使用要符合使用说明书的规定。

2. SLHY 型卧式环带混合机维护

① 出料机构应保持运动灵活，经常清除积尘。

② 各轴承应定期更换润滑脂。

③ 传动链条应刷有适量机油并定期清洗。

④ 减速机于第一次运转500h后，应更换新油，以后再连续工作，每半年更换一次新油。

3. SLHY型卧式环带混合机故障及排除方法

① 使用过程中如发生突然停机，应待打开出料门排掉物料后再启动电机。

② 出料门如有漏粉，应检查出料门和机壳间密封件的接触情况，如果是出料门关闭不严或密封条老化，应调整行程开关或托臂上的调节螺母，或更换密封条，检查出料门是否积料或检查系统气压是否达到要求。

③ 出料机构如不能正常工作，应检查气缸和供气系统有无故障，特别观察系统压力是否符合要求。

④ 出料门打开后如关不上，应检查消声节流阀是否打开。

⑤ 在试机时，如发现有摩擦声，应调整转子高度或左右位置。

四、微量元素添加机

为了提高小麦粉的质量，满足人们对小麦粉种类、品质的需求，大多数面粉厂必须使用小麦粉添加剂，特别是在专用粉的生产中。小麦粉添加剂的添加有静态添加和定量动态添加两种方式。静态添加是将小麦粉和添加剂按比例分别称重后，投入混合机中进行搅拌，达到混合添加的目的，静态添加的优点是添加比例准确，缺点是需要的设备多、周期长。定量动态添加是将添加机安装在小麦粉螺旋输送机的上面，根据小麦粉的流量设定添加机的添加速度。定量动态添加的优点是具有连续性、操作简单方便，缺点是由于小麦粉流量的不稳定会造成添加量的不准确。大多数面粉厂都采用定量动态添加微量元素的方法。

微量元素添加机的结构一般为在料斗的下面设一条或几条大小不一的变频调速的螺旋喂料输送机，其速度能根据需要进行调节，以实现喂料量的调节，喂料的精度与螺旋输送机的大小和转速的稳定性有关，新型微量元素添加机可实现喂料量自动调节，并大大提高了喂料的精度。微量元素添加机应具有同时添加多种微量元素的功能。

（王晓曦）

附录一　优质小麦　强筋小麦　(GB/T 17892—1999)

1　范围

本标准规定了强筋小麦的定义、分类、品质指标、检验方法、检验规则，以及包装、运输、储存要求。

本标准适用于收购、储存、运输、加工、销售的强筋商品小麦。

2　引用标准

下列标准所包含的条文，通过在本标准中引用而构成为本标准的条文。本标准出版时，所示版本均为有效。所有标准都会被修订，使用本标准的各方应探讨使用下列标准最新版本的可能性。

GB1351—1999　小麦

GB/T5506—1985　粮食、油料检验　面筋测定法

GB/T5511—1985　粮食、油料检验　粗蛋白质测定法

GB/T10361—1989　谷物降落数值测定法

GB/T14608　小麦粉湿面筋测定法

GB/T14611—1993　小麦粉面包烘焙品质试验法　直接发酵法

GB/T14611—1993　小麦粉吸水量和面团揉和性能测定法　粉质仪法

3　定义

本标准采用下列定义。

3.1　容重、不完善粒、杂质、色泽、气味。

按 GB1351—1999 中 3.1、3.2、3.3、3.4、3.5 执行。

3.2　强筋小麦。

角质率不低于 70%，加工成的小麦粉筋力强，适合于制作面包等食品。

4　质量指标

4.1　强筋小麦应符合下表中的质量要求。

强筋小麦品质指标

项目				指标 一等	指标 二等
籽粒	容重/(g/L)		≥	770	
	水分/%		≤	12.5	
	不完善粒/%		≤	6.0	
	杂质/%	总量	≤	1.0	
		矿物质	≤	0.5	
	色泽、气味			正常	
	降落数值/s		≥	300	
	粗蛋白质/%(干基)		≥	15.0	14.0
小麦粉	湿面筋/%(14%水分基)		≥	35.0	32.0
	面团稳定时间/min		≥	10.0	7.0
	烘焙品质评分值		≥	80	

4.2　卫生检验和植物检疫按国家有关标准和规定执行。

5　检验方法

5.1　检验的一般原则、扦样、分样，以及色泽、气味、角质率、杂质、不完善粒、水分、容重的检验按 GB1351 中的 6.1、6.2、6.3、6.4、6.5、6.6、6.7 执行。

5.2　降落数值检验按 GB/T10361 执行。

5.3　粗蛋白质检验按 GB/T5511 执行。

5.4　湿面筋检验按 GB/T5506 和 GB/T14608 执行。

5.5　面团稳定时间检验按 GB/T14614 执行。

5.6　烘焙品质评分值检验按 GB/T14611 执行。

6　检验规则

6.1　可使用有皮磨、心磨系统的制粉设备制备检验用小麦粉。出粉率应控制在 60%～65%，灰分值应不大于 0.65%(以干基计)。制成的小麦粉应充分混匀后装入聚乙烯袋或其他干燥密封容器内放置至少一周，待小麦粉品质趋于稳定后，方可进行粉质试验和烘焙试验。

6.2　降落数值、粗蛋白质含量、湿面筋含量、面团稳定时间及烘焙品质评分值必须达到上表中规定的质量指标，其中有一项不合格者，不作为强筋小麦。

7　包装、运输和储存

包装、运输和储存按国家有关标准和规定执行。

附录二　优质小麦　弱筋小麦　(GB/T 17893—1999)

1　范围

本标准规定了弱筋小麦的有关定义、分类、品质指标、检验方法、检验规则，以及包装、运输、储存要求。

本标准适用于收购、储存、运输、加工、销售的弱筋商品小麦。

2　引用标准

下列标准所包含的条文，通过在本标准中引用而构成为本标准的条文。本标准出版时，所示版本均为有效。所有标准都会被修订，使用本标准的各方应探讨使用下列标准最新版本的可能性。

GB1351—1999　小麦

GB/T5506—1985　粮食、油料检验　面筋测定法

GB/T5511—1985　粮食、油料检验　粗蛋白质测定法

GB/T10361—1989　谷物降落数值测定法

GB/T14608—1993　小麦粉湿面筋测定法

GB/T14611—1993　小麦粉吸水量和面团揉和性能测定法粉质仪法

3　定义

本标准采用下列定义。

3.1　容重、不完善粒、杂质、色泽、气味。

按 GB1351—1999 中 3.1、3.2、3.3、3.4、3.5 执行。

3.2　弱筋小麦。

角质率不低于 70%，加工成的小麦粉筋力弱，适合于制作蛋糕和酥性饼干等食品。

4　质量指标

4.1　弱筋小麦应符合下表中的质量要求。

弱筋小麦品质指标

项　目				指　标
籽粒	容重/(g/L)		≥	750
	水分/%		≤	12.5
	不完善粒/%		≤	6.0
	杂质/%	总量	≤	1.0
		矿物质	≤	0.5
	色泽、气味			正常
	降落数值/s		≥	300
	粗蛋白质/%(干基)		≤	11.5
小麦粉	湿面筋/%(14%水分基)		≤	22.0
	面团稳定时间/min		≤	2.5

4.2　卫生检验和植物检疫按国家有关标准和规定执行。

5　检验方法

5.1　检验的一般原则、扦样、分样及色泽、气味、粉质率、杂质、不完善粒、水分、容重的检验按 GB1351 的 6.1、6.2、6.3、6.4、6.5、6.6、6.7 执行。

5.2　降落数值检验按 GB/T10361 执行。

5.3　粗蛋白质检验按 GB/T5511 执行。

5.4　湿面筋检验按 GB/T5506 和 GB/T14608 执行。

5.5　面团稳定时间检验按 GB/T14614 执行。

6　检验规则

6.1　可使用有皮磨、心磨系统的制粉设备制备检验用小麦粉。出粉率应控制在 60%～65%，灰分值应不大于 0.65%（以干基计）。制成的小麦粉应充分混匀后装入聚乙烯袋或其他干燥密封容器内放置至少一周，待小麦粉品质趋于稳定后，方可进行粉质试验和烘焙试验。

6.2　降落数值、粗蛋白质含量、湿面筋含量、面团稳定时间及烘焙品质评分值必须达到上表中规定的质量指标，其中有一项不合格者，不作为弱筋小麦。

7　包装、运输和储存

包装、运输和储存按国家有关标准和规定执行。

附录三 小麦粉质量标准 （GB1355—1986）

本标准适用于加工、销售、调拨、储存和出口的商品小麦粉。

1 质量标准

1.1 小麦粉按加工精度分等。等级指标及其他质量指标见下表。

等级	加工精度	灰分/%（干基）	精细度	面筋质/%（湿基）	含砂量/%	磁性金属物/(g/kg)	水分/%	脂肪酸值（湿基）	气味口味
特制一等	按实物标准样品对照检验粉色麸星	≤0.70	全部通过CB36号筛，留存在CB42号筛的不超过10.0%	≥26.0	≤0.02	≤0.003	13.5±0.5	≤80	正常
特制二等	按实物标准样品对照检验粉色麸星	≤0.85	全部通过CB30号筛，留存在CB36号筛的不超过10.0%	≥25.0	≤0.02	≤0.003	13.5±0.5	≤80	正常
标准粉	按实物标准样品对照检验粉色麸星	≤1.10	全部通过CQ20号筛，留存在CB30号筛的不超过20.0%	≥24.0	≤0.02	≤0.003	13.0±0.5	≤80	正常
普通粉	按实物标准样品对照检验粉色麸星	≤1.40	全部通过CQ20号筛	≥22.0	≤0.02	≤0.003	13.0±0.5	≤80	正常

1.2 特制一等、特制二等和标准粉的加工精度，以国家制订的标准样品为准。

普通粉的加工精度标准样品，由省、自治区、直辖市制订。

1.3 粗细度中的筛上剩余物，用感量1/10天平称量不出数的，视为全部通过。

1.4 气味、口味。一批小麦粉固有的综合气味和口味。

1.5 卫生标准和动植物检疫项目，按照国家有关规定执行。

2 检验方法

小麦粉样品的扦取和各项指标的检验，按照GB5490～5539—85《粮食、油料及植物油脂检验》执行。

3 包装、运输和储存

小麦粉的包装、运输和储存必须符合保质、保量、运输安全和分等储存的要求，严防污染。

附录四　高筋小麦粉质量指标　（GB8607—1988）

项　目	等　级	
	一　级	二　级
灰分(干基)/%	≤0.70	≤0.85
粗细度	CB36 全通过、CB42 留存≤10%	CB30 全通过、CB36 留存≤10%
粉色、麸星	按实物标样对照检验	
面筋质/%(湿基)	≥30.0	
蛋白质/%(干基)	≥12.2	
气味、口味	正常	
含砂量/%	≤0.02	
磁性金属物/(g/kg)	≤0.003	
水分/%	≤14.5	
脂肪酸值(湿基)	≤80	

附录五 低筋小麦粉质量指标 （GB8608—1988）

项　目	等　级	
	一　级	二　级
灰分(干基)/%	≤0.60	≤0.80
粗细度	CB36 全通过、CB42 留存≤10%	CB30 全通过、CB36 留存≤10%
粉色、麸星	按实物标样对照检验	
面筋质/%(湿基)	≤24.0	
蛋白质/%(干基)	≤10.0	
气味、口味	正常	
含砂量/%	≤0.02	
磁性金属物/(g/kg)	≤0.003	
水分/%	≤14.0	
脂肪酸值(湿基)	≤80	

附录六　即将颁布的小麦粉标准质量指标　（GB1355）

表1　普通小麦粉质量指标

项　目		等　级			
		一级	二级	三级	四级
灰分(干基)/%	≤	0.55	0.70	0.85	1.10
气味、口味		**正常**			
含砂量/%	≤	**0.02**			
磁性金属物/(g/kg)	≤	**0.003**			
水分/%	≤	**14.5**			
脂肪酸值(干基)/[KOH/(mg/100g)]	≤	**60**			
降落数值/s	≥	200			
粗细度		CB30 全通过、CB36 留存≤10%			
加工精度		按实物标样对照粉色、麸星			

注:黑体部分指标强制。

表2　中筋小麦粉质量指标

项　目		南方型中筋小麦粉				北方型中筋小麦粉			
		一级	二级	三级	四级	一级	二级	三级	四级
灰分(干基)/%	≤	0.55	0.70	0.85	1.10	0.55	0.70	0.85	1.10
气味、口味		**正常**				**正常**			
含砂量/%	≤	**0.02**				**0.02**			
磁性金属物/(g/kg)	≤	**0.003**				**0.003**			
水分/%	≤	**14.5**				**14.5**			
脂肪酸值(干基)/[KOH/(mg/100g)]	≤	**60**				**60**			
湿面筋含量(14%水分)/%	≥	24.0				28.0			
稳定时间/min	≥	2.5				4.5			
降落数值/s	≥	200				200			
粗细度		CB30 全通过、CB36 留存≤10%							
加工精度		按实物标样对照粉色、麸星							

注:黑体部分指标强制。

表3　强筋小麦粉、弱筋小麦粉质量指标

项　目		强筋小麦粉			弱筋小麦粉		
		一级	二级	三级	一级	二级	三级
灰分(干基)/%	≤	0.55	0.70	0.85	0.50	0.60	0.70
气味、口味		**正常**			**正常**		
含砂量/%	≤	**0.02**			**0.02**		

续表

项 目		强筋小麦粉			弱筋小麦粉		
		一级	二级	三级	一级	二级	三级
磁性金属物/(g/kg)	≤		**0.003**			**0.003**	
水分/%	≤		**14.5**			**14.5**	
脂肪酸值(干基)/[KOH/(mg/100g)]	≤		**60**			**60**	
降落数值/s	≥		250			200	
湿面筋含量(14%水分)/%			≥32.0			<24.0	
面筋指数/%			≥70			—	
稳定时间/min			≥7.0			<2.5	
粗细度		CB30 全通过、CB36 留存≤10%					

注:① 表中划有"—"的项目不检验。
② 黑体部分指标强制。

附录七 专用小麦粉的质量标准

专用小麦粉名称	等级	水分/%	灰分/%（干基）	粗细度	湿面筋/%	粉质曲线稳定时间/min	降落数值/s	含砂量/%	磁性金属物/(g/kg)	气味口味	SB/T
面包用粉	精制级 普通级	≤14.5	≤0.60 ≤0.75	全部通过 CB30 号筛，留存在 GB36 号筛的不超过 15.0%	≥33.0 ≥30.0	≥10.0 ≥7.0	250～350	≤0.02	≤0.003	无异味	10136—93
面条用粉	精制级 普通级	≤14.5	≤0.55 ≤0.70	全部通过 CB36 号筛，留存在 GB42 号筛的不超过 10.0%	≥28.0 ≥26.0	≥4.0 ≥3.0	≥200	≤0.02	≤0.003	无异味	10137—93
馒头用粉	精制级 普通级	≤14.0	≤0.55 ≤0.70	全部通过 CB36 号筛	25～30 25～30	≥3.0 ≥3.0	≥250	≤0.02	≤0.003	无异味	10139—93
饺子用粉	精制级 普通级	≤14.5	≤0.55 ≤0.70	全部通过 CB36 号筛，留存在 GB42 号筛的不超过 10.0%	28～32 28～32	≥3.5 ≥3.5	≥200	≤0.02	≤0.003	无异味	10138—93
酥性饼干用粉	精制级 普通级	≤14.0	≤0.55 ≤0.70	全部通过 CB36 号筛，留存在 GB42 号筛的不超过 10.0%	22～26 22～26	≥2.5 ≥3.5	≥150	≤0.02	≤0.003	无异味	10141—93
发酵饼干用粉	精制级 普通级	≤14.0	≤0.50 ≤0.70	全部通过 CB36 号筛，留存在 CB42 号筛的不超过 10.0%	24～30 24～30	≤3.5 ≤3.5	250～350	≤0.02	≤0.003	无异味	10140—93
蛋糕用粉	精制级 普通级	≤14.0	≤0.53 ≤0.65	全部通过 CB42 号筛	≤22.0 ≤24.0	≤1.5 ≤2.0	≥250	≤0.02	≤0.003	无异味	10142—93
糕点用粉	精制级 普通级	≤14.0	≤0.55 ≤0.70	全部通过 CB36 号筛，留存在 GB42 号筛的不超过 10.0%	≤22.0 ≤24.0	≤1.5 ≤2.0	≥160	≤0.02	≤0.003	无异味	10143—93

附录八　小麦胚(胚片、胚粉)分等和质量标准
(SB/T 10145—1993)

等级	产品分类	精细度	灰分/%(以干物计)	粗蛋白质/%	含砂量/%	磁性金属物/(g/kg)	水分/%	脂肪酸值(以湿基计)	气味口味
一等	片状	片状	≤4.6	≥28.0	≤0.02	≤0.003	≤4.0	≤140	正常
	粗粒	全部通过JQ20号筛，留存在JQ23号筛的不超过10%							
	粉状	全部通过CB36号筛，留存在CB42号筛的不超过10%							
二等	片状	片状	≤5.2	≥25.0	≤0.02	≤0.003	≤4.0	≤140	正常
	粗粒	全部通过JQ20号筛，留存在JQ23号筛的不超过10%							
	粉状	全部通过CB36号筛，留存在CB42号筛的不超过10%							
三等	片状	片状	≤5.8	≥22.0	≤0.02	≤0.003	≤4.0	≤140	正常
	粗粒	全部通过JQ20号筛，留存在JQ23号筛的不超过10%							
	粉状	全部通过JQ20号筛，留存在CB30号筛的不超过20%							

附录九　粮油工业用图形符号、代号　通用部分

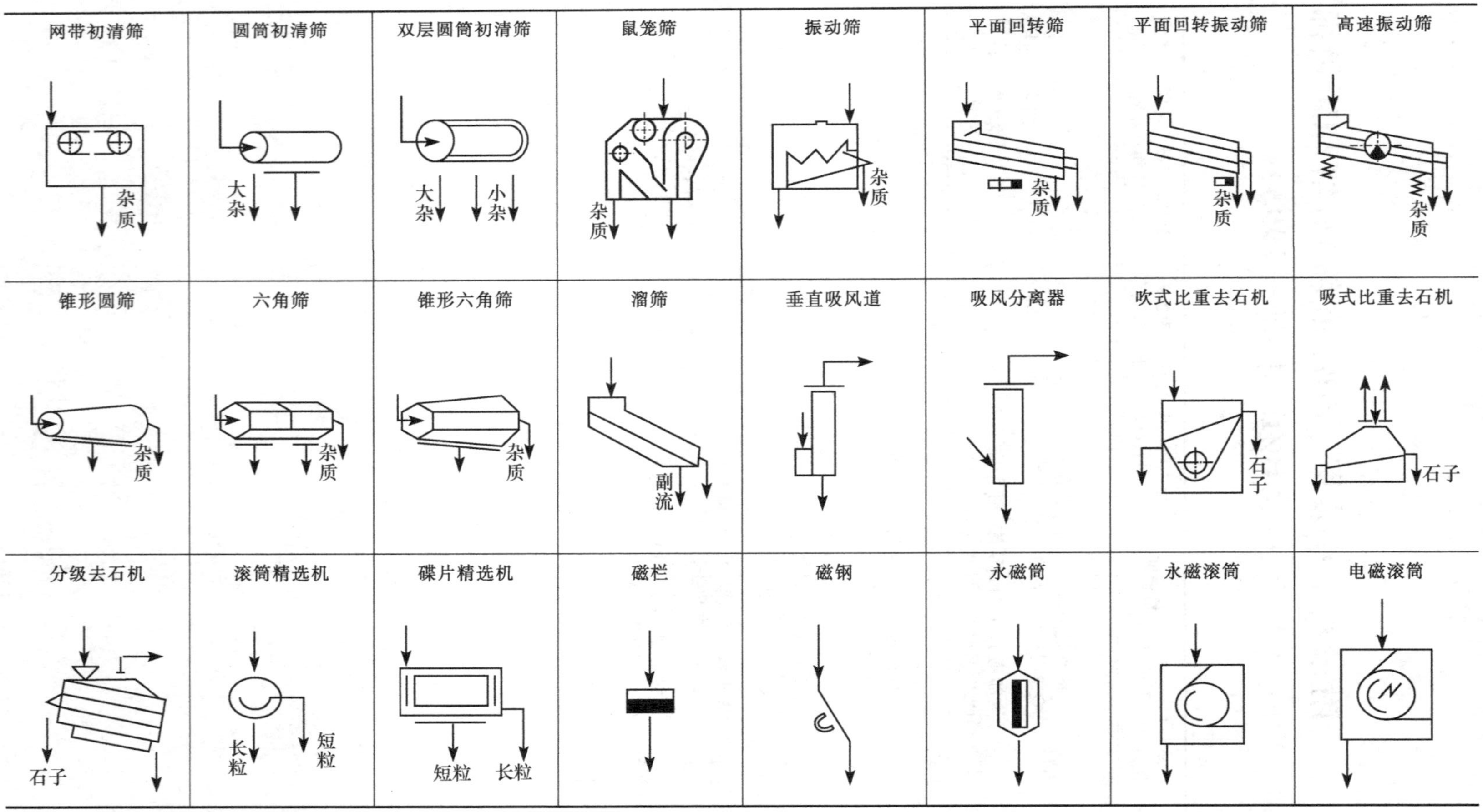

续表

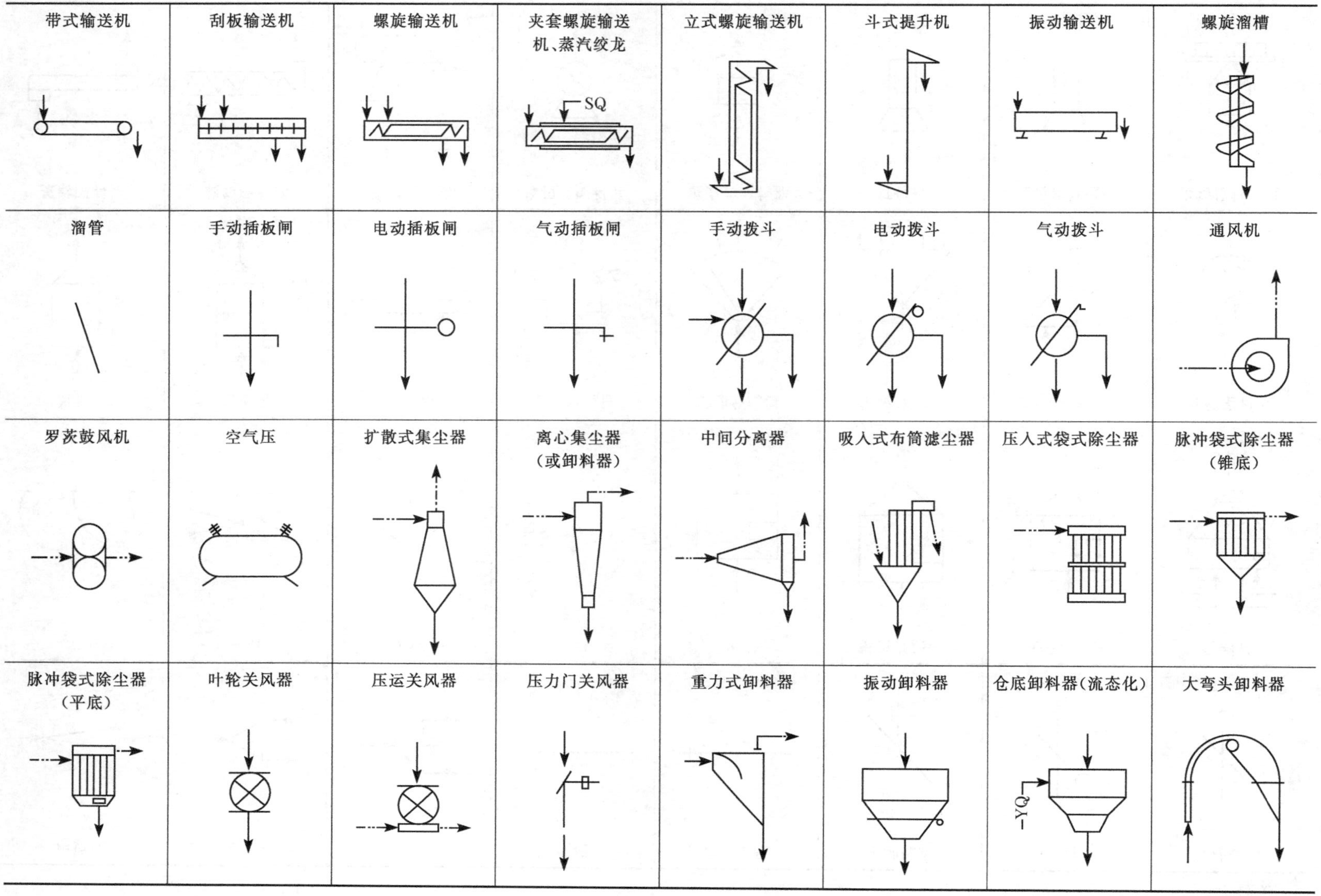
带式输送机
刮板输送机
螺旋输送机
夹套螺旋输送机、蒸汽绞龙
SQ
立式螺旋输送机
斗式提升机
振动输送机
螺旋溜槽
溜管
手动插板闸
电动插板闸
气动插板闸
手动拨斗
电动拨斗
气动拨斗
通风机
罗茨鼓风机
空气压
扩散式集尘器
离心集尘器（或卸料器）
中间分离器
吸入式布筒滤尘器
压入式袋式除尘器
脉冲袋式除尘器（锥底）
脉冲袋式除尘器（平底）
叶轮关风器
压运关风器
压力门关风器
重力式卸料器
振动卸料器
仓底卸料器(流态化)
YQ
大弯头卸料器

续表

声速阀	双路阀	多路阀	气流	含尘空气	手动碟阀	电动碟阀	气动碟阀
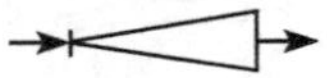	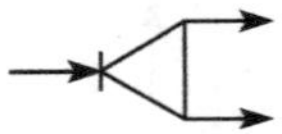	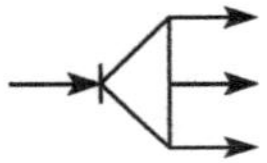		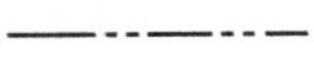			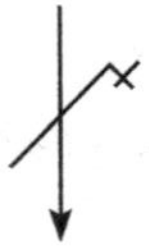
弯头	三通	风帽	吸口	秤	机械自动秤	电子自动秤	配料秤
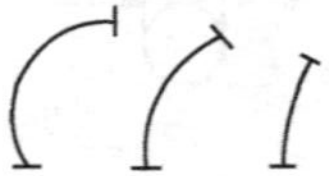	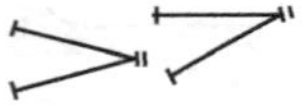			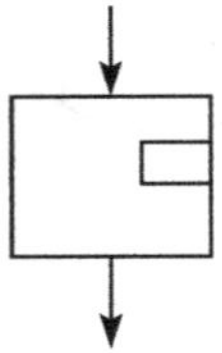	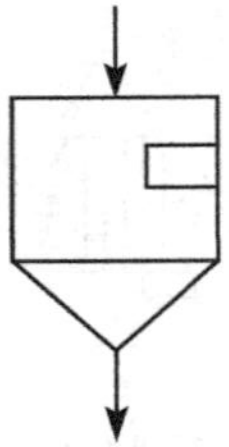	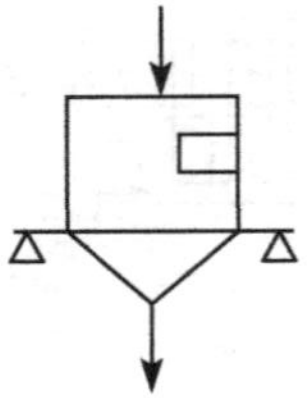	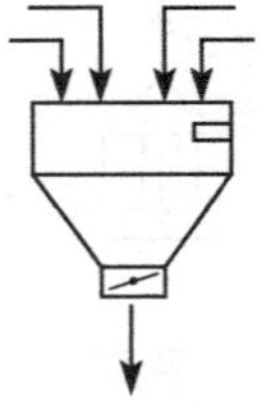
流量计	轨道衡	汽车衡	电子打包秤	摆动分配器	旋转分配器	棍式喂料器	叶轮喂料器
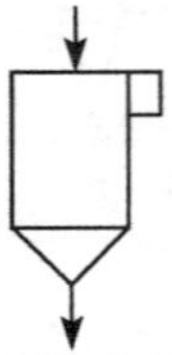	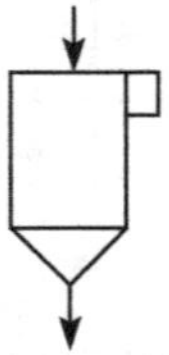	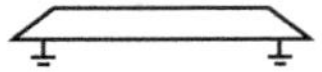	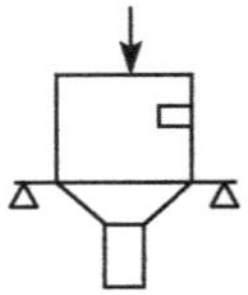	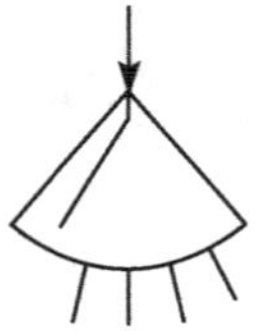	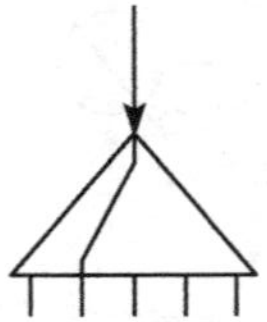	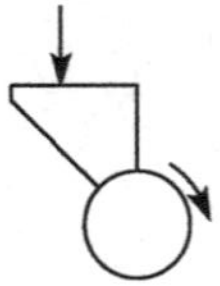	
振动喂料器	旋转喂料器	带式喂料器	容积式配料器	重力式配料器	打包机	旋转式打包机	多功位打包机
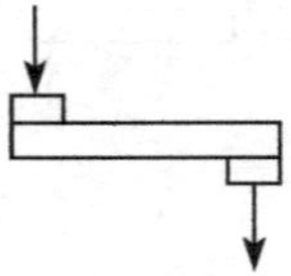	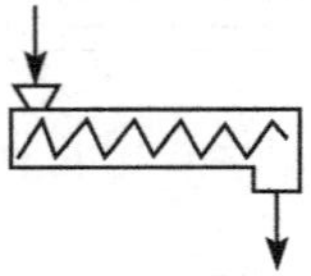	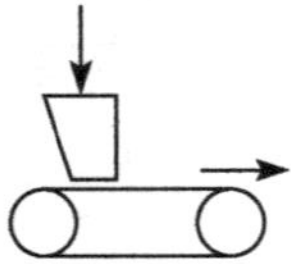		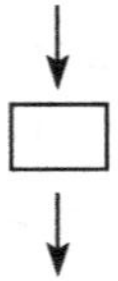		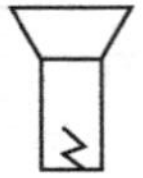	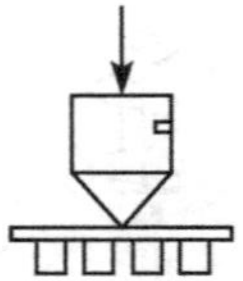

续表

缝口机 	下料坑 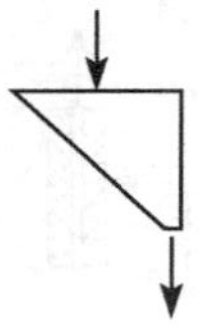	料仓 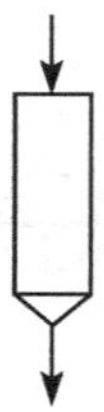	缓冲仓 	电气连接 	料位检测器 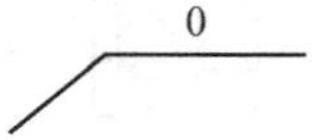	电流检测器 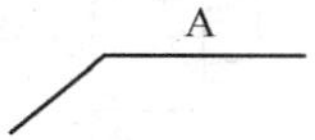	温度检测器 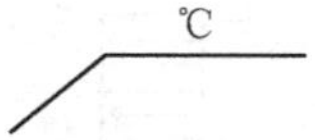
转速检测器 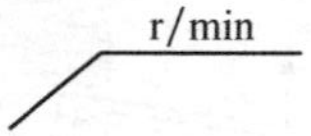	检测器 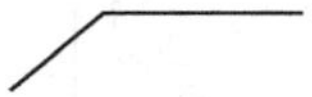	自动着水装置 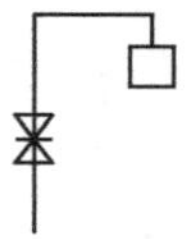	在线水分检测器 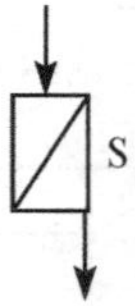	在线容重检测器 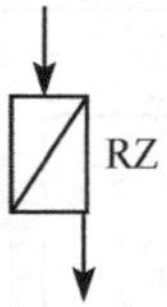	在线温度检测器 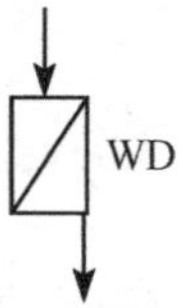	在线蛋白质检测器 	跑偏检测器 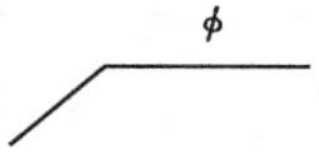
按钮开关 	照明 	溢流孔口 	料位器 	报警器 	喷嘴 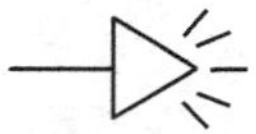	水 	水蒸气 
气力输送 	压缩空气 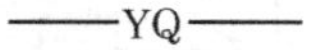	喷雾着水机(立式) 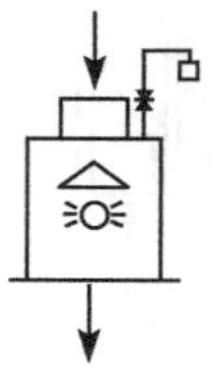	喷雾着水机(卧式) 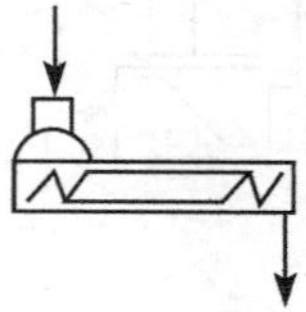	粉碎机 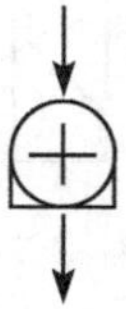	混合机 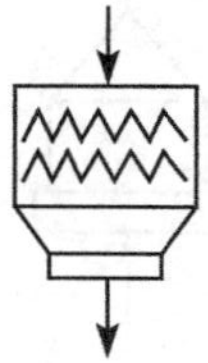	双轴桨叶式混合机 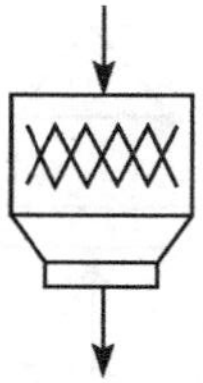	多组微量添加装置 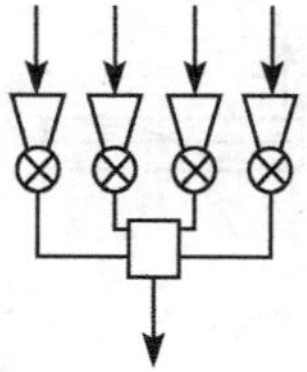

附录十　粮油工业用图形符号、代号　制粉部分

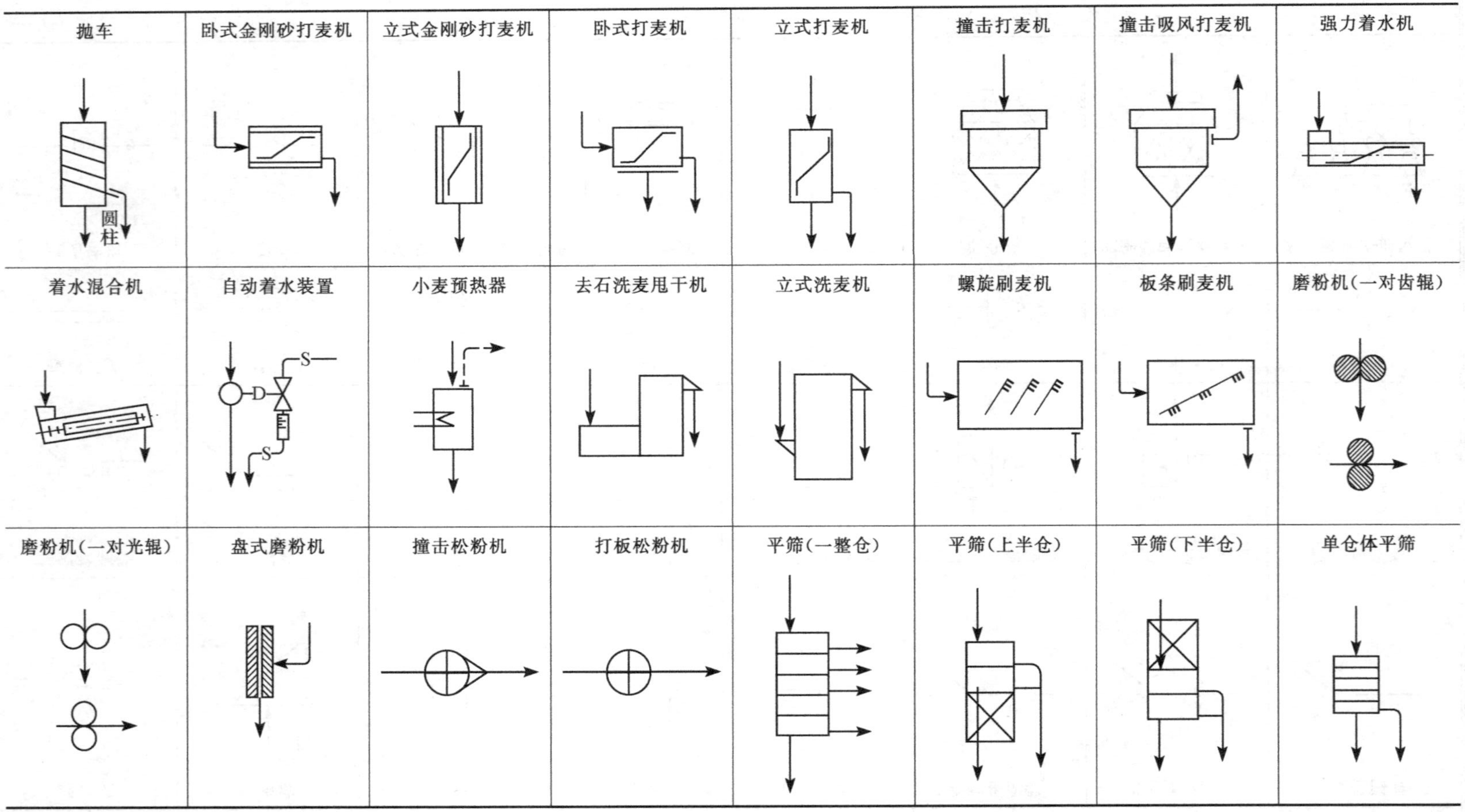

续表

振动圆筛	立式振动圆筛	清粉机(三层筛面)	清粉机(双层筛面)	刷麸机	打麸机	立式打麸机	回粉机
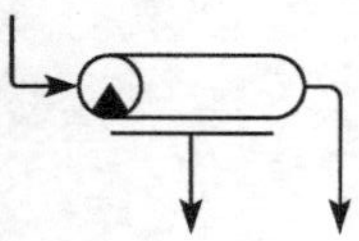		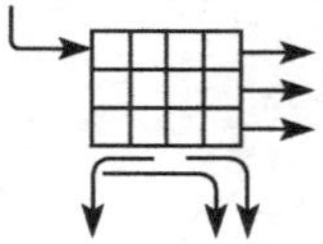	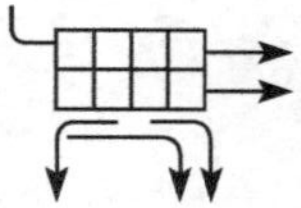	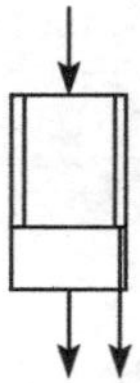	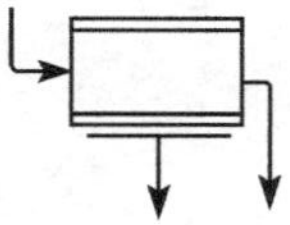	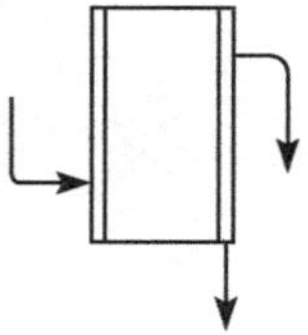	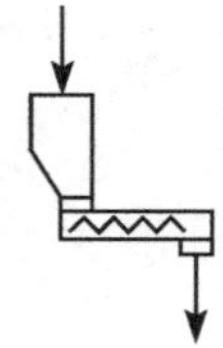
振动喂料器	人工喂料器	撞击杀虫机	面粉粉料筛	旋转间歇式分料器	打板连续式分料器	伸缩装车软管	散装车
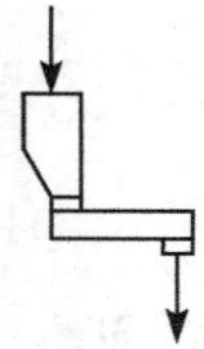		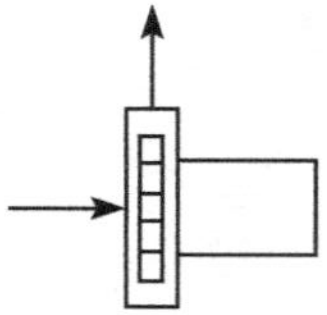	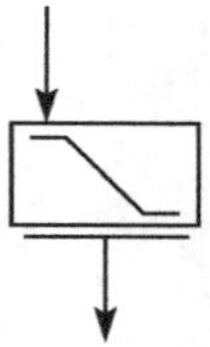		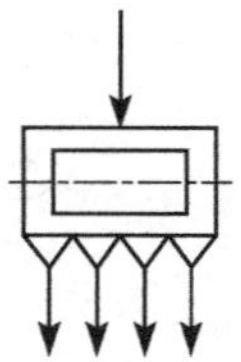	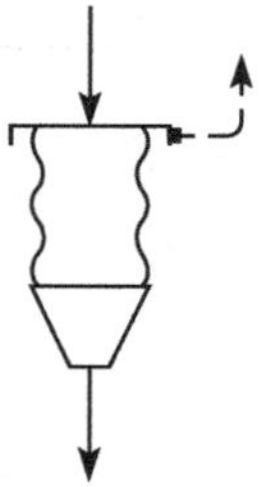	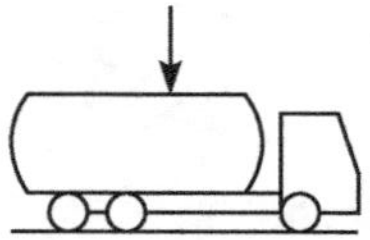
面粉扫集器	在线粉色检测器	在线出粉率检测器	麦胚分选机	皮磨系统	渣磨系统	心磨系统	尾磨系统
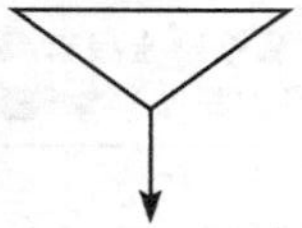	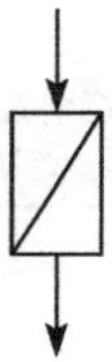 FS	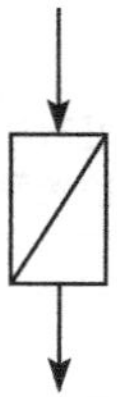 FL		B	S	M	T
清粉	重筛,分级筛	刷麸	打麸	粗	细	磨齿斜度	磨辊速比
P	D	BrB	BrF	c	f	$\frac{n\%}{1:n}$	$n:1$

续表

磨辊齿型 $n°/n°$	磨齿排列：锋对锋 S-S	磨齿排列：钝对钝 D-D	磨齿排列：锋对钝 S-D	磨齿排列：钝对锋 D-S	磨辊接触长度：对数×每对长度 $n \times n$	快辊线速(m/s) V	磨辊齿数(齿/cm) Z
平筛：本系统占用仓数/每台平筛仓数 n/n	清粉机：本系统占用筛体数/2 $n/2$	金属丝编织网筛号(加注孔径) nW(n'μm)	蚕丝全绞织网筛号(加注孔径) CQn(n'μm)	锦纶丝全绞织网筛号(加注孔径) JQn(n'μm)	蚕丝半绞织网筛号(加注孔径) CBn(n'μm)	锦纶丝半绞织网筛号(加注孔径) JBn(n'μm)	粉 F
麸皮 Br	胚 G						

参考文献

郭祯祥.2003.小麦加工技术.北京:化学工业出版社.6.

郭祯祥,温纪平,齐兵建.2007.论安徽小麦的加工技术.粮油加工,(08):66-67.

毛广卿,阮少兰,温纪平,等.2005.小麦清理工艺的新变化及碾麦技术的应用.粮食与饲料工业,(09):10-11.

彭建恩.2005.制粉工艺与设备.成都:西南交通大学出版社.

阮竞兰,武文斌.2006.粮食机械原理及应用技术.北京:中国轻工业出版社.

田建珍.2004.专用小麦粉生产技术.郑州:郑州大学出版社.8.

田建珍,郑学玲,邢福晓,等.2006a.不同粒度小麦粉的实验筛理性能探讨.粮食与饲料工业,(11):8-10.

田建珍,朱永义,温纪平,等.2006b.不同实验磨研磨的小麦粉的粒度分布.粮食与饮料工业,(5):7-9.

王初阳,田素丽.2003.新型雾化着水机及其在粮食加工中的应用.粮油加工与食品机械,(6):44-46.

王晓曦,陈颖,徐荣敏,等.2006.小麦加工工艺与小麦粉品质.粮食与饲料工业,(10):9-12.

王晓曦,温纪平,朱永义.2006.小麦胚乳中直链淀粉含量及糊化特性的研究初探.河南工业大学学报(自然科学版),(02):17-20.

王晓曦,徐荣敏.2007.小麦胚乳中直链淀粉含量分布及其对面条品质影响.中国粮油学报,(7):33-37.

温纪平,林江涛,温钦豪,等.2010.小麦清洁处理技术探讨.粮食与饲料工业,(2):10-11.

于磊,王晓曦,王修法.2007.小麦调质处理及其对制粉特性和小麦粉品质的影响.粮食与饲料工业,(10):4-6.

郑学玲,李利民,朱永义,等.2002.戊聚糖在小麦中的分布规律及其与灰分、白度相关性的研究.中国粮油学报,(06):19-22.

朱天钦.1988.制粉工艺与设备.成都:四川科学技术出版社.

朱永义,郭祯祥,田建珍,等.2000.谷物加工工艺与设备.北京:科学出版社.8.

Delcour J A,Hoseney R C.2010.Principles of Cereal Science and Technology.3rd ed.Minnesota:American Association of Cereal Chemists,Inc.

Faridi H,Faubion J.1995.Wheat End Uses around the World.Minnesota:American Association of Cereal Chemists,Inc.

Khan K,Shewry P R.2009.Wheat Chemistry and Technology.4th ed.Minnesota:American Association of Cereal Chemists,Inc.

Lorenz K J,Kulp K.2000.Handbook of Cereal Science and Technology.2nd ed.New York:Marcel Dekker,Inc.

Posner E S,Hibbs A N.2004.Wheat Flour Milling.2nd ed.Minnesota:American Association of Cereal Chemists,Inc.

Shewry P R,Lookhart G L.2003.Wheat Gluten Protein Analysis.Minnesota:American Association of Cereal Chemists,Inc.